立法の実務と理論

上田章先生喜寿記念論文集

編　集

中村睦男

大石　眞

信山社

上田章先生近影

㐂寿をお祝いし謹んで　上田　章先生に捧げる

執筆者一同

はしがき

本書『立法の実務と理論』は、日頃敬愛する元衆議院法制局長、上田 章先生の喜寿を祝賀するために、上田先生と関係の深い多くの方々のご協力を仰ぎ、ここに刊行するものである。

上田先生のご経歴とご業績については、巻末の紹介を参照していただきたいが、長く衆議院法制局において実務をリードし、後進の指導に当たられるとともに、多くの著書や論考を通して、学界にも多大の貢献をされたことは、人のよく知るところである。

われわれ編者は、学界に身をおく者であるが、常々、この分野においては、実務家と研究者との密接な交流が必要であるにもかかわらず、相互の協力があまりに少なかったこれまでのあり方について、率直に反省すべきところが多いと考えていた。そこで、本書は、議会や立法のあり方をめぐる学界の研究動向や、立法と議会運営の衝に当たっている実務の関心と智恵を反映させることによって、いわば理論と実務の架橋を図ろうとする一つの試みでもある。

折しも、健全な高度専門職業人の育成を目指して、昨年四月に法科大学院の制度が全国的な規模でスタートしたが、今また、公共政策大学院が制度化されつつある。こうした専門職大学院において、立法学の分野についても、司法制度の領域ほどではないとしても、理論と実務との協働の必要が強く叫ばれている。本書は、そうした要求にも応ずることができるように、編集上の工夫を加えたつもりである。

本書に寄せられた論考は、いずれも期待通りの力作ぞろいである。これを前にして、われわれとしては、右に述べた趣旨からいっても、その内容に即して、主として立法府の組織と構想に関わるもの（Ⅰ）、政策の具体化や法の設計を中心に論じたもの（Ⅱ）、とくに国会両議院の動態に焦点を当てたもの（Ⅲ）の三つの部分に大別することが適切と判断し、そのように本書を構成した。

これによって、実務と理論を架橋するという本書のねらいがいっそう明確になるとともに、文字通り、立法の実務と理論をめぐる現況と課題を展観するにふさわしい、そして上田先生の喜寿をお祝いするにふさわしい有意義な書物になったのではないか、と自負している。

最後になったが、われわれの企画の趣旨をご理解くださり、ご多用の中それぞれ充実した論考をお寄せくださった執筆者各位に深甚なる謝意を表するとともに、快く出版を引き受けてくださった信山社のご好意に篤く感謝したい。なかでも、編集部の村岡侖衛氏には、数年前の企画の段階からいろいろとお世話になった。ここに記してお礼を申し上げたい。

二〇〇五年（平一七）一月一日

編者を代表して

大　石　　眞

上田章先生喜寿記念論文集　立法の実務と理論

目　次

Ⅱ 法の設計

Ⅲ　議院の動態

Ⅰ　組織と構想

討議民主政の再構築

——民主主義をめぐる「合意モデル」と「挑戦モデル」——

駒村圭吾

一　議会と討議

二　挑戦モデルとしての討議民主政

三　わが国に寄せて

一　議会と討議

1　討議への意志とその暗転

第一回総選挙が施行され、帝国議会が開設された明治二三年（一八九〇年）は、「東洋諸國に毫末の例なき立憲政体の建設せらるへき年」[1]と評されるほど、少なくとも当時の日本人にとってはアジア史的大事件であったらしい。[2]幕末における公議政体の希求運動に始まり、維新宣言たる「五箇条の御誓文」が「広ク会議ヲ興シ万機公論ニ決スベシ」との正統性原理を謳い上げ、さらには、明治七年（一八七四年）の「民撰議院設立建白書」が議場を人民開明の場と捉えた。日本のルソーこと中江兆民は、この「立憲政体の建設せらるへき年」に、「代議士其人々は国会の中に居て常に輿論に注意し一問題起る毎に目を国会の外に放ち耳を国会の外に傾け新聞に諮詢し演説に図謀し冥々裡に自ら輿論の採訪者と為り公議の発揮者と為りて敢て或は違ふこと無し」と喝破した。[3]このように、議会黎明期の日本には、山室信一が指摘するように、[4]「討論と公開」への意志に溢れていたと言ってよい。

が、立ち上げられた帝国議会は「協賛」機関であった（明治帝国憲法第五条）。「協賛」機関が「討論」の府であるわけがない。また、事実上の最高審議機関である枢密院での熟議は「公開」されるわけがない。「討論と公開」への意志に支えられた議会構想は暗転し、直ちに超然主義の台頭を許すことになる。

以後の歴史的末路は記すまでもないだろう。時代は一気に昭和に飛ぶ。昭和二二年（一九四七年）に制定された日本国憲法では、「討論と公開」を旨とする民主的議会「国会」が創設された。兆民たちの「討論と公開」への意志は半世紀を経て制度に結実したかのようである。しかし、決してそうではないことは明らかであろう。内閣提出法案の横行は、それこそ国会の協賛機関化を示すものではないか？　与党事前審査は、公開制を空洞化させ、討議を恫喝や取引におとしめてはいまいか？　事務次官会議は現代の枢密院ではないのか？　重大案件が総選挙に曝されることなく、派閥や連立政権内での「調整」で処理される現状は「万機公論ヲ排スベシ」とは言えまいか？、等々、その病理は枚挙に暇がない。「協賛と密議」の制度であった帝国議会時代においてすら論争への意志と情熱を感得させる熟議の軌跡を拾い上げることは可能であり、むしろ「討論と公開」が制度化されながらも、「討論と公開」への意志が翳んでしまう現代の方が病状は深刻であるとさえ言いうる。

2　討議民主政論の浮上

どうやら「討論と公開」への意志の再興は時代を超えた課題であり、原理的に探求しておく必要を感じさせずにはおかない問題のようである。近時、討議民主政（deliberative democracy）と総称される理論群が欧米で活発に論じられ、わが国の憲法学界においても注目されている。(5)

この討議民主政の名の下に語られる言説は、いろいろな文脈から展開されており、ひとつの理論動向として同定しにくいところがある。ある者は、古典的な共和主義への回帰ないし憧憬としてこれを語っているかのような論調を見せ、(6)ある者は、共和主義の討議の伝統をリベラリズムと民主主義の理論的対立を架橋する新たな地平として現代的に再定式化する脈絡でこれを論じているかのように見える。(7)さらに、討議民主政論の主要な論者が盛んにハーバーマスを取り上げているように、政治哲学・社会哲学のコミュニケーション的転回の派生理論ないし補正理論として論じられる場合もある。(8) 加えて、討議民主政は右に見たようにその理論的出自が多様であるばかりでなく、その制度的帰結も多様かつ不明瞭である。

このように討議民主政論はやや混濁した理論群であるが、木下智史の整理によれば、(9) この理論群は、①人々の選好は所与のものではなく討議によって変更されうる、②人々は討議を経ることによってコンセンサスを形成することができる、③民主主義的決定の正当性は、結果として選択された選好によってではなく、討議の過程を経て選択されたという手続的正当化によって担保される、との三つの前提に集約することが可能である。つまり、討議民主政は、討議によって人の選好は形成ないし変更され、そのような相互調整の結果として人々は合意に達することができ、かかる手続を経た合意を民主的決定の基礎にする……というプロセス指向の民主政論である。そして勢いのおもむくところに従って、そのような討議民主政的決定に、リベラリズムが護ろうとする実体的価値をも凌駕する特権的優位を与えようとする……。かと思いきや、他方で、討議民主政の論者は、討議のプロセスが相互理解や異見に対する寛容の精神を促進し、また、討議の前提条件には「自由」「平等」が織り込まれている……と説くことによって、リベラルな価値とも整合することを主張したりする。(10)

このような整理が正しいとすれば、上述の議論要素は、従来の民主政論、あるいは民主主義対リベラリズムの対立図式の中で既に多かれ少なかれ論じられてきたのであって、討議民主政はその再演にすぎないように思われる。討議がリベラルな価値の産出過程でもあり、討議の前提的諸条件が実はリベラルな価値を擁護することによってこそ維持される……という形での対立の止揚は、実は、対立の激化を潜在させた「暫定協定」に過ぎない可能性がある。(11) 討議民主政論とはこの「暫定協定」の言い換えでしかなく、いずれは従来からの民主主義とリベラリズムの原理的対立図式の中に再び回収されていく運命にあるのかもしれない。

3　「不決定の民主政」としての討議民主政論

リベラリズムとの原理的対立の膠着状況を打開しうるか否かは留保するとして、従来の民主主義論そのものに対して討議民主政論はいかなる独自の意義を持つのだろうか。自覚の度合いは別にしても、「討議」を構成要素としない民主政論などあったのだろうか。

もちろん、この点、選好と効用関数を所与のものとおき、選好の集計最大化によって機械的に解を求めるタイプの功利主義的民主政観に対して、討議民主政が、討議を通じての選好の可塑性を強調することによって対抗軸を提供してきたことは認めなければならないだろう。[12] 確かに、「選好の所与性」に対して「選好の可塑性」を対置する功利主義批判の基本戦略によって、あるいはまた、私益追求型の功利主義的民主政に対し公益希求型の討議民主政をおくという（分かり易いが少々荒っぽい）対比に訴えることによって、討議民主政は民主政観をめぐる争いを鍛えてはきた。しかし、選好の所与性を前提にその集計最大化の結果を民主的決定の基礎に据える功利主義的民主政も、選好の可塑性を前提に討議の末獲得されるコンセンサスを民主的決定の基礎に据える討議民主政も、民主的決定を目指し正当化する「決定の民主政」としての論理構造をもつ点では変わりはない。

功利主義批判が、討議民主政が唱えられた背景のひとつであり、重要な成果のひとつであるとしても、選好の可塑性はリベラリズムの従来の議論においてもたびたび指摘されてきた批判視角であり、討議という条件を強調する議論もそれほど珍しいとも思われない。討議民主政論が従来の民主政論に対して独自の意義を有するのは、選好の形成・修正・集積のプロセスに独自の公共性を認め、討議を民主的決定の条件ないし正当化要素としてだけでなく、むしろ、民主的決定に対置しうる独自の意義を強調する方向に出た場合であろう。このように理解された討議民主政は、継続される熟慮や議論に独自の公共的価値を与え、例えば、民主的決定に至らなかったこと、民主的決定を阻止したこと、アジェンダそのものを問い続け、決定のプロセスである立法手続にそのアジェンダをのせないこと、等が民主主義にもたらす固有の意義を再評価するであろう。そして、制度論的には、議会制定法の有する、民主的決定としての特権的地位を相対化するであろう。さらに、決定のプロセスとしての立法過程・行政過程を超えて、市民社会における論争アリーナの構築をも射程におくであろう。

つまり、討議民主政の意義は、決定のための合意を調達する点にではなく、決定そのものを相対化する点にあるのではないか。討議は、決定を支え正当化するだけではなく、むしろそれ以上に、決定に対置しうる価値を持ち得るのではないか。「決定の民主政」に対して「不決定の民主政」と呼ぶべき事態を招来させるような勢いで討議の可能性を強調してこそ、はじめて democracy に deliberative の形容を冠する意義が顕現するのではないか。リベラリズムとの関係でいえば、討議というフィルターで濾過したリベラルな要請を民主的決定の基礎におくことによって、リベラリズムとの原理的対立の止揚を目論むよりも、「不決定の民主政」をもたらす討議のダイナミズムを発動させることによって民主政を活性化する方向においてこそ、双方は親和的に理解しうるのではないか。

以上の展望の下に、筆者は以下において、討議民主政の可能性を民主的正当性に関する「挑戦モデル」として模索してみたい。

二　挑戦モデルとしての討議民主政

1　民主政の合意モデル

民主主義（democracy）とは、大衆（demos）による支配（kratia）を意味する統治形態を指すが、民主主義の正当性を基礎付ける最も代表的な理論は「合意理論（consensual theories）」であろう。ある論者によれば、合意（consent）こそは最も古典的な民主政の正当化論拠であり、それを基礎におくことは、統治と個人の自律を矛盾なく説明しうる唯一の方法である、とされる。[13]

もっとも、合意といっても、誰のどのような合意を指すのかによってその理論化はさまざまであるが、[14]合意理論は、大要、「統治権はその支配を受ける人々の合意を基礎にしてはじめて正当化される」という論理であり、被支配者である大衆が治者を逆支配するという字義を有する「民主政」はまさにこの論理のスローガン的表現にほかならないとされるのである。このような民主政の正当化を、ここでは民主政に関する「合意モデル」と呼ぶことにする。

討議民主政を擁護する論者の多くは、この合意モデルに立つものと思われる。

例えば、ジョシュア・コーエン（Joshua Cohen）は、「対等な者同士での間での自由で理由づけられた同意（a free and reasoned agreement among equals）」を調達しうる「理想的討議手続（ideal deliberative procedure）」を経て、道徳的対立状況を克服する構想を提示する。[15]コーエンによれば、各人の選好、信念、理想は、各人がそれを抱いているという事実だけでは正当化されないのであって、理由を提示するという実践を伴わなければならないとされ、全ての討議参加者に対して訴求性をもちうる理由付けは、共通善（common good）の解釈をめぐる公共的討議という形を採ることになるとされる。[16] かかる理想的討議手続は、最終的に「理性に動機づけられた合意（a rationally motivated consensus）」を到達目標とするものであるが、それが不首尾に終った場合は多数決によって決着をつけることが許される。が、そのような場合であっても、理性に動機づけられた合意を模索したというコミットメントが存在したことは、そのようなコミットメントを伴わない単純な集計的表決と比較して、民主的帰結の持つ意味が全く異なると言う。[17]

また、カルロス・サンチャゴ・ニーノ（Carlos Santiago Nino）は、合意モデルに関し、ロックからジョン・ロールズに至る一連の社会契約論における合意理論を、抽象的原理として措定する「仮想的合意（hypothetical consent）」理論と呼び、他方、合意を形作る行動や実践を重視する立場を「現実的合意（actual consent）」理論と呼んで、両者を区別する。[18] ニーノは、仮想的合意理論については、仮想的に合意されたことはあくまでも仮想的に正当化されるに過ぎないと批判し、他方、現実的合意理論については、合意を形成する行動、実践、慣習を特定化しにくいという難点を抱えるとして、合意モデルに批判的な構えを示すが、続けて、討議による選好の変成（transformation）の観点を打ち出し、上述の仮想的合意理論と現実的合意理論を討議民主政によって反照的に架橋しようとしている。[19]

このように、討議民主政論は合意モデルを洗練・補強するものであったと言えよう。

2　リベラリズムとの整合?

しかし、同時に、討議民主政は、合意モデルに対する否定的な応答としての側面を持つものでもあった。討議民主政の合意モデルへの批判的視点はふたつあったように思われる。ひとつは、洗練・補強された合意モデルに依拠した場合、それがもたらす制度的含意（特に権利保障や司法審査制などのリベラルな諸制度との関係）をめぐるものであり、もうひとつは、合意モデルそのものに対する批判的観点である。

第一の問題から見てみたい。討議民主政論は、討議が各人の選好の可塑性を引き出し、相互の尊重と理解を背景とした理由の提示と議論の応酬を経て到達する合意を重視し、かかる合意を民主的決定の基礎におくことを主張するが、それは主に理性的討議に関する政治哲学的分析が中心であり、そのような民主的決定の制度的含意については曖昧なところが多かった。

討議民主政論を擁護するカス・R・サンスティン（Cass R.Sunstein）は、憲法学者だけに、その制度的含意に無関心でいられない。

彼によれば、民主政の役割を、人々の剥き出しの選好（naked preferences）を政策にそのまま転写することであると見るのは誤りである。なぜなら、人々の選好は自然的所与としてあるわけではなく、法を中心とする背景的ルールに従ってなされた資源配分状態の下で形成・規定されたものであるからで、法を離れて独立して選好が存在するわけではない。したがって、民主政の役割は、実定法の制定・改廃を通じて人々の選好を変動させ、社会改革を推進していくことにある、とする。[20] サンスティンは、このような選好の変動と政策の形成のダイナミズムを支える原理を、制憲期以来のマディソン的共和主義の伝統に求め、それを彼流の討議民主政として定式化する。こうして、彼は、「政治的討議（political deliberation）」「公民性（citizenship）」「規制的理念としての合意達成（agreement as a regulative ideal）」「政治的平等（political equality）」といった、討議民主政における「お約束」の構成要素を散りばめた議論を展開するのである[21]。

さて、このような討議民主政論からすると、リベラルな権利保障と裁判所の役割について、以下のような制度的含意がもたらされるとサンスティンは言う。彼は、アメリカ立憲主義の核心におかれる権利の保障と討議民主政のフレイムワークの間には敵対関係は存在しないとし、「権利は、しばしば討議プロセスの前提条件であって、かかるプロセスに対して脆弱なわけではない。……。権利は時として討議の所産である。が、常に理性がその擁護のために動員されなければならない」と言う[22]。討議民主政の条件と権利保障の関係をこのように捉えた結果、彼は、権利の保障は多数派の暴走を抑制するだけでなく、それ以上に、民主過程がうまく機能することを可能にする条件としてはたらくことを強調して、その観点から、司法審査において厳格な審査が発動されるのは、①民主プロセスにとって重要な権利で、政治的救済が見込めないもの、および、②立法過程に公正な参加を認められていない少数派の利益、が争点になるふたつの場合に限定する[23]。

こうして、サンスティンは、既存の資源配分と選好のあり方のベースラインを討議によって変動させる役割を政治部門に担わせるとともに、政治部門によるかかる社会改革の試みに対して、原則として裁判所は敬譲を払わなければならないとし、さらに、権利を討議のプロセスや決定から独立に認められる原理としてではなく、討議の順機能を維持するための条件ないし討議の成果物として理解し、裁判所による権利救済の対象を限定的に捉えている。サンスティンの前記の厳格審査論からすると、討議の条件を構成する権利については厚い司法的保護が与えられるが、他面、討議の成果物として認められるにすぎない権利についてはそのような保護は与えられないということになろう。その結果、彼は、自己決定権やプライヴァシー、性表現などの非政治的表現の自由など保護に関しては消極的な構えを見せる[24]。

サンスティンの構想は、私的選好の専制と結び付きやすい、権利の基底性の発想を討議的合意によって乗り越え、既存の資源配分秩序を改革しようとする市民のアスピレーションを擁護するため、社会改革に抵抗する司法審査制についても消極主義を導き出そうとする。権利の基底性を原理的に拒否し、権利保障の象徴である司法審査権の発動を制限しようとするベクトルを内包したこのような構成は、権利の基底性や司法審査制を自らの制度的発現として擁護してきたリベラリズムの立場からすると多くの危険性を抱えている。しかし、サンスティンもそうであるが[25]、討議民主政の論者はそれぞれにリベラルと親和性を持たせる装置を自らの理論の中にそれなりに組み込んでおり、リベラリズムに対して本当に危険なものなのかどうかが分かりにくい仕掛けになっている。

したがって、個別の権利侵害事例では両者が結論を同じくするところも多い。が、特定の善き生き方を公共化させず、道徳的信念の多元的共存をめざすリベラリズムにとっては、信念体系の衝突や多様性の解釈をめぐる対立も討議を通じて既存の選好を変動させることにより解決可能であるとみなされること自体、警戒の対象であり、また、討議によって得られた通念的合意が直接・間接に善き生き方の私的追求の前に立ちはだかりうる、そこはかとない不安を感じずにはいられないだろう。

かかる道徳的信念体系のぶつかり合いにおいてリベラリズムと討議民主政をどのように調和させるかを再検討したのが、エイミー・ガットマン（Amy Gutmann）とデニス・トンプソン（Dennis Thompson）である。そこで示された提案は、討議民主政の条件をプロセスに関するものと、実体的内容に関するものとに分け、前者には「(正当化における）相互尊重（reciprocity)」、「公開性（publicity)」、「説明責任（accountability)」を、後者には「基本的自由の保障（basic liberty）」、「基本的機会の保障（basic opportunity）」、「公正な機会の提供（fair opportunity）」を、それぞれ制約原理とするアプローチである。[26]後者がリベラリズムからの要請に応えるための装置であることは明らかであろう。

ガットマン＝トンプソンは、道徳的主張を討議にのせる際の発話の条件は「一般性（generality）」の要請を充足することであるとして、リベラリズムが要請する道徳的正当化における普遍化可能性と類似の視点を導入しながら上記の討議条件の定式化を試みている。[27]が、討議民主政の理論的構成要素を、討議条件に関わる手続的なものと権利保障に関わる実体的なものとに分けるといっても、問題は両条件の優劣関係ないし相互関係がどのようなものなのかである。ガットマン＝トンプソンはこのようなリベラルからの問いかけを十分想定しており、ハーバーマスらの討議理論を自由や平等を討議の条件としてしか理解していないとして批判する一方で、自分たちの討議民主政では「討議は、自由や機会の保障に優越しない」と述べている。このような姿勢は、討議の実体的条件として彼らが挙げた諸原理が、討議に立脚した民主的決定に対しても切り札として機能することを意味するならば、従来の立憲主義と民主主義の拮抗図式をなぞったものに過ぎない。が、彼らの主張の中には、権利の基底性・切り札性の発想への明確な応答も司法審査制の重視の観点も明示されていない。それどころか、共著作品の後半部分で、彼らは次のように告白する。つまり、自由や機会の保障といった討議民主政の実体的要件は政治過程における道徳的討議によって内実が与えられるが、その限界線は不分明であるため、結局、自由や機会の保障に関する共同体の理解（collective understandings）を刷新してゆく討議のポテンシャルに実体的要件の形成は依存せざるを得ないとする。[28]彼らの説くところは必ずしも明瞭ではないが、「だから、討議民主政は自己制限的契機を内在させている（self-limiting）だけでなく、……自己自体を変成してゆく契機を内在させてもいる（self-transforming）」と示唆するところを見ると、自由や機会の保障という実体的要件と討議過程の手続的要件を相互規定的な関係で構想していることが露わになってこよう。ガットマン＝トンプソンが示した「討議は、自由や機会の保障に優越しない」との言説は、自由や機会の保障が基底性・切り札性をもって討議を通じた民主的決定に優越することを意味するのではなく、せいぜいそれらは民主的決定といわば循環的に同値であり、ありていに言えば民主的討議の自己運動に規定される理念に過ぎないことを意味するものと見るのが適切なようである。

以上のように、討議民主政論が試みるリベラリズムとの整合は、これらの怪しげな循環関係のモチーフに回収されていく。討議民主政論は、討議という視点を強調することによって合意モデルを洗練し、民主的決定の優位をさらに前進させるものであったが、それがリベラルな価値との衝突をはらむものであることにも配慮し、リベラリズムの要請を討議の条件に内在化させることによって、双方の調停を試みてきた。しかし、上に見たように、それは未知数にあふれた調停案であるだけに、成功を即断できるものではない。それだけではない。以上のような討議条件の設定方法自体が困難を生む。つまり、討議の実体的条件としてリベラルな原理を措くものの、かかるリベラルな原理の産出過程自体が討議プロセスなのであるとすると（さらに加えて、サンスティンのように司法消極主義的構成をとると）、そのような実体的条件の形成手続と認定方法がいずれも討議過程から自律していないことになり、そもそも条件として機能することは期待できないのではないか。

3　小　括

さて、討議民主政は人々の選好を可変的なものとおき、かつ討議によって変成・集約可能なものと見た。それによって、いわゆるプロセス憲法観の多元主義的前提（人々の選好を所与と見た上で、多様な利益集団間の競争を生き残った選好体系が民主的決定に転写されると見る立場）を排除したものの、リベラリズムとの関係では、プロセス憲法観の有する個人権保障に対する危険性を、プロセス憲法観よりも不正直な形で継承しているように思われる。

リベラリズムとの暫定協定的な調停を意識した戦略は誤っている。むしろ、サンスティンが既存の選好を変動させて社会改革の推進を企図する市民の情熱的意志（aspirations）の制度的発露を討議民主政に求めたように[29]、あるいはまた、ガットマン＝トンプソンが道徳的不一致の調停、あるいはそれが無理でも不一致点の確認のためにも、道徳的争点を民主的討議の俎上に上げることを重視したように、討議民主政は、討議が巻き起こすダイナミズムをもっと正面から引き受けるものとして再構成されるべきであろう。したがって、理性の拘束やリベラリズムへの配慮によってかかるダイナミズムのポテンシャルを減殺し、民主政を表向き自己規制するのではなく、民主的討議のポテンシャルを全開させることによって、むしろ民主政の回路を開くことこそが目指されるべきではないか。討議によって練り上げられたコンセンサスを決定の基礎にすえることによって合意モデルを洗練させ、「決定の民主政」を前進させるよりも、討議の継続による「不決定」の意義すらも自らの原動力に加えてしまう貪欲さにこそ活路を見出すべきではないか。このように再構成された討議民主政論は、理性の拘束は議論の整理・収斂にではなく議論の継続と決定の不安定化にこそ重要な働きをすることを強調するであろう。リベラルな価値を不十分に密輸入した民主的決定を振りかざすのではなく、民主的決定自体を相対化し、さらなる討議へと開く方向にこそ、リベラリズムとの調停がありうることを発見するだろう。

そのような観点から、討議民主政を再構成するものが、次に見る挑戦モデルとしての民主政論である。

4　挑戦モデルの可能性

リベラリズムとの整合問題が少々長くなった。

2の冒頭で述べた、合意モデルに対する討議民主政論の批判的応答の二点目は、討議と合意の緊張関係に関わるものである。これは、合意モデルに基づく討議民主政とリベラリズムとの緊張関係を問題にした第一点目の批判的応答とは異なり、民主政の正当化に関して「合意モデル以外のオルタナティヴ」を模索するものであり、合意モデルそのものの正当性に対する懐疑であるという意味で討議民主政にとって内在的な批判である。

討議民主政論は、功利主義的民主制観を強力に批判すると同時に、自己抑制も行ってきた。まさしく、討議民主政論自体に討議を適用してきたというところか。討議民主政論の自己批判の観点は多様であるが、おそらく最大の自己批判は次のようなものであろう。すなわち、討議は果たしてうまくいくのか。討議による合意調達を楽観視してはいまいか[30]。そもそも討議の目標地点を合意に基づく決定におくべきなのか。こういった自己批判は、民主制に関する合意モデルそのものへの懐疑を含意する[31]。

反討議民主政を表明する論者には当然のことながらこのような論調が濃厚である。すなわち、広汎な討議への動員を呼びかける一方で、実は、合意の練り上げの過程で排除が行われると。対立と合意の間に討議というブラックボックスを置くことによって、排除の機構を隠蔽することを画策しているのではないかと。例えば、リン・N・サンダース（Lynn N.Sanders）によれば、排除されうるものは二つある。ひとつは、「共通の声（common voice）」を糾合する半面で、削り取られてしまう「批判的な声（critical voice）」であり、もうひとつは、コミュニケーション形式を討議に限定することにより、削り取られる「語り（story-telling）」や「証言（testimony）」といった独白形式の発話である。[32]

さて、このような批判に討議民主政の論者はどのように応じるのだろうか。討議民主政を自己批判しつつ、擁護しようとする論者は、支配的ディスコースに対抗しようとする上記のような多様な声や発話形式をも貪欲に飲み込み、ダイナミックな討議が生み出す反合意・不決定の帰結をも討議の意義にむしろ積極的に盛り込もうとする方向を示しだしている。

そのような姿勢に出る論者としてここでは、フィリップ・ペティト（Philip Pettit）を取り上げてみる。ペティトは、アイザイア・バーリンのいう消極的自由と積極的自由の二分論を参照し、自由を侵害からの自由（freedom as non-interference）とする消極的理解と、自己達成への自由（freedom as self-mastery）とする積極的理解をともに排し、彼自身がよって立つ共和主義（republicanism）の伝統に依拠して、自由を「支配からの自由（freedom as non-domination）」と規定する。ペティトの自由観によれば、侵害のない状態が直ちに自由を意味するわけではなく、侵害可能性や操作可能性をはらむ権力を政府が留保している状況そのものが自由への脅威であると捉える。[33]

共和政体の意義のひとつは、このような「支配からの自由」を実現する観点から統治システムを構築する点にある。「支配からの自由」にとっては、言ってみれば支配の論理である民主的統治そのものが自由の脅威になりうる。ペティトは、合意モデルに立つ民主政観では、人々が抵抗権を行使するような局面に至らない限り、合意の決裂を顕現させることはできず、政府決定の恣意性を糾弾することは不可能になるのではないかとの疑義の下、公権力行使が同意に由来するものであるからといって、恣意的に行使されないことの保障にそのことが直結するわけではないとする。[34] 彼は、政府の恣意的支配からの自由を確保するには、民主政を「基本的には合意よりも異議申し立てに立脚するモデル（a model that is primarily contestatory rather than consensual)」として理解する必要があるとする[35]。それによれば、「公的決定の無恣意性は、それが一定の合意形成プロセスに従って形成されて来たという条件を充たすか否かではなく、公的決定が人々のありうる利益や理念と衝突する際、人々が決定に有効に異議を申し立てることができる条件を充足するか否かで判断される」ものであり、「民主政の理念は、言われるところの人々の合意に依拠するのではなく、政府のやることにことごとく異議を申し立てることができるかどうかにかかっているのであり、従って、政府の行動が人民意思の所産であるかどうかではなく、人々の異議申し立てを生き延びる（survive）ことができるかどうかこそが重要なのである[36]」。

ペティトはこのような民主政を「異議申し立ての民主政（contestatory democracy)」と呼ぶ。そこでは、異議申し立てのための多様なチャンネルが開かれることが要請される。そのような視点からすると、ペティトは討議民主政のある特徴を特に強調する必要があると言う。それは「挑戦すること」の意義の強調である。討議によって合意を調達することはできなくとも、「対話的な挑戦を仕掛けることができる」というのである[37]。

このような構想からいくつかの含意をペティトは引き出す。

「異議申し立ての民主政」における討議が尽くされてもなお当該権力行使を恣意的なものとみなす者、つまり根源的反対者（radical dissenters）が残る場合、どうするか。ペティトは、共和主義の社会では、彼らを共同体から排斥するのではなく、良心的拒否者（conscientious objectors）として特別な処遇を与えることが考えられるとする[38]。

また、共和主義は、卓越主義的な公民性の陶冶を目指す「公民的共和主義（civic republicanism)」という立場と結び付きやすい。ペティトも公民性の陶冶を強調するが、彼の求める公民としての徳目は、「警戒し続けること（eternal vigilance)」である[39]。通例、「公民性の陶冶」は、共同体の伝統、相互連帯、ある種の「礼儀」など実体的な道徳が想定されやすいが、彼の求める「警戒し続けること」はそのような徳目とは異なり、むしろそのような実体的な道徳の立法を相対化し続けることを可能にするだろう。

以上がペティトの「異議申し立ての民主政」の概要である。

このように、民主的決定の正統性を、強固かつ完璧に仕立てられた合意に求めるのではなく、むしろ決定が多様なチャンネルからの挑戦にさらされるダイナミズム自体に求める民主政理解を、「合意モデル」に対して、「挑戦モデル」と呼びたい。

ペティトが「異議申し立ての民主政」の理念を用いて討議民主政を再解釈したように、「挑戦モデル」から眺められた討議のあり方は、「合意モデル」とは異なる様相を呈することになる。合意モデルに立つ討議民主政では、規制理念としての「合意への到達」が討議過程を規律することになる。その下で理想的発話状況（理由を明示しての理性的な公開討議）の確保というそれ自体は中立的な諸条件が、合意の練り上げという調整圧力によって、「共通の声」の糾合と「批判的な声」の排除という副作用を生む可能性が危惧される。

対して、「挑戦モデル」に立つ討議民主政は、合意への到達を楽観視しない。むしろ、そのような到達点を措定すること自体を回避しようとする。挑戦モデル型討議民主政において、決定の正統性は、議題が多様な挑戦をかいくぐり、生き延びえた点に求められ、そして、民主政の正統性は、多様なチャンネルを通じての挑戦が活発に展開されていることそれ自体に求められる。もちろん、決定はなされる。しかし、挑戦モデルでは、そのような決定も、新たな再挑戦を受け、再審議にかけられる可能性に開かれたものでなければならない。挑戦モデルに出た討議民主政における討議のダイナミズムは、国民の選好を「計画的再開発」においてではなく、決定を相対化するチャンネルを確保することと、不決定に対しても一定の民主主義的意義を見出すことにおいて発揮されることになる。

討議民主政論がリベラリズムとの一定の整合を追求するならば、それは、リベラルな諸価値・諸条件をプリコミットメント論的に詐取することによってではなく、公的決定を再挑戦・再審議を通じての「蒸し返し可能性」の下におき、それを断続的に相対化していく方向、すなわち「挑戦モデル」の方向において考えられるべきであろう。

三　わが国に寄せて

1　〝手間のかかるまどろこしい〟民主政

挑戦モデル的民主政をよく描写するものが、わが国の法的言明の中にある。それは、在宅投票制廃止の立法不作為性を争った、昭和五三年の札幌高裁判決に見られる。(40) 同判決は次のように述べている。

議会制民主主義は、全国民の意思を代表する議会が三権分立主義を基調とする国家統治機構の中で、他の機関の行為の準則を定める立法権を行使する政治体制を指称するが、議会は、多数決の原理によつて運営され、右原理に基いて決定された議会の意思が政治的には国民多数の意思であるとされ、法的には国家意思とされる。国民多数の意思としての議会の意思は、その時々の歴史的、社会的状況に応じて一定の選択を採る。しかし一つの選択への固執は許されない。一つの選択への固執がなされたとき、仮令それがいかなる目的、いかなる動機のもとになされるにせよ、民主主義は終焉する。民主主義が生きていると言い得るためには、異なつた選択への可能性が常に留保されていなければならない。今日の少数意見は明日の多数意見となる可能性を秘めるものであり、異つた選択の可能性を保障するものである。民主主義のもとで少数意見が尊重されなければならない根本理由はここに在る。

この言明は、もちろん主として選挙制度のあり方に向けて語られたものであるが、挑戦モデルのイメージをよく表すものである。同判決は、上記に加えて、「この条件を充たすには、或るいは手間のかかるまどろこしい、或るいは費用のかかる選挙制度が要求されることになるかも知れない。しかし、我々は少数意見を尊重する民主主義ないし議会制民主主義を守護しようとするならば、そのまどろこしさや費用のかかることをおそれて、それからの逃避を考えてはならない」とも指摘する。

選挙制度に限らず、挑戦モデルが要請する民主的討議は「或るいは手間のかかるまどろこしい、或るいは費用のかかる」ものになるだろう。非理性的な討議の代表例として、牛歩や座り込み、あるいは乱闘が挙げられるのは想定されやすいことであろう。確かに、牛歩も座り込みも、また乱闘も、それ自体としては愚行の一種なのかもしれない。が、問われるべきは、それらの愚行が進行中の討議のどのような文脈で行われたかである。そして、仮にそれらが愚行であったとしても、そこから国民が得られる政治的メッセージには、仕切られた討議から感得する倦怠感よりもはるかに重要なものが秘められている可能性もある。

2　挑戦モデルの法制度

さて、討議民主政を政治哲学的な可能性の次元から憲法的な制度の次元に移して議論した場合、わが国の裁判例の中には、討議を法的に担保する制度のあり方に関して示唆を提供するものが散見される。その中から、興味深い二つの制度を挙げておきたい。請願と附帯決議である。

(1) 請　願

先にあげた在宅投票制廃止違憲訴訟の札幌高裁判決では、「国会が憲法によって義務付けられた立法を唯単にしないというだけでは、裁判所は国会の当該立法不作為の合憲性判断をすべきではない」との前提に立ち、「国会が憲法によって義務付けられた立法をしない場合、それによって損害を被る者は、国会に右立法をなすべく請願することができ……、かかる請願を受けたのを契機として、国会が憲法によって義務付けられた立法をすることを期待することができなくはないから、かかる請願もなされていないような段階で、右損害を被る者に、裁判所が救済の手を貸すのは時期尚早ということもできる」として、立法行為に対する違憲審査権行使の前提として国民の請願権行使を位置づけるような構えを見せている。このような構え自体は議論の余地があろうが[41]、これに続いて、同高裁判決は次のように述べている。

……衆、参両議院に対して一定の立法をなすべきことを求める請願がなされ（憲法一六条、国会法七九条）、右請願にかかる立法をなすことが憲法によって義務付けられている場合に、各議院の然るべき委員会が右請願について審査をし（国会法八〇条一項）、本会議に付するのを留保すると決定したとすれば、これにより当該議院がそれぞれ右請願にかかる立法を少くとも当分の間はしないことに決定したことになり、衆、参両議院がそれぞれ右のように決定したことになる以上、結局、国会が右のように決定したことになるといわざるを得ないから、その後合理的と認められる相当の期間内に国会が当該立法をしないときは、国会は憲法によって義務付けられた立法をすることを故意に放置するに至るものということができる。

これは、請願権行使そのものが立法ないし立法行為の違憲・違法性をもたらすことを言っているわけではないが、請願がなされたことに対する国会の応答が消極的なものである場合、単なる立法義務の懈怠が、請願審査とそれに続く本会議付託の留保を契機に合理的期間の徒過がカウントされ、故意の放置に変質するとともに、違憲・違法な行為になることを物語っている。(42)

⑵ **附帯決議**

平成一三年のハンセン病予防法違憲国家賠償請求事件に関する熊本地裁判決(43)は、立法行為に対する国賠請求の途を極度に限定した、昭和六〇年の在宅投票制廃止違憲訴訟上告審判決(44)を「立法行為の国家賠償法上の違法性を認めるための絶対条件とは解されない」とし、同上告審判決が「立法の内容が憲法の一義的な文言に違反している」との表現を用いたのも、立法行為が国賠法上違法と評価されるのが、極めて特殊で例外的な場合に限られるべきであることを「強調しようとしたにすぎない」と理解して、一定の「門戸開放」を示した。

これに続いて、熊本地裁は、ハンセン病予防法に基づく隔離政策を改廃しなかったことの違法性について次のように述べた。

新法の隔離規定は、新法制定当時から既に、ハンセン病予防上の必要を超えて過度な人権の制限を課すものであり、公共の福祉による合理的な制限を逸脱していたというべきであり、遅くとも昭和三五年には、その違憲性が明白になっていたのであるが、このことに加え、新法附帯決議が、近い将来、新法の改正を期するとしており、もともと新法制定当時から新法の隔離規定を見直すべきことが予定されていたこと、……を考慮し、新法の隔離規定が存続することによる人権被害の重大性とこれに対する司法的救済の必要性にかんがみれば、他にはおよそ想定し難いような極めて特殊で例外的な場合として、遅くとも昭和四〇年以降に新法の隔離規定を改廃しなかった国会議員の立法上の不作為につき、国家賠償法上の違法性を認めるのが相当である。

このように、従来、それ自体としては法的拘束力が認められていなかった附帯決議という法形式が、立法行為の違法性を認定する際の一考慮要素になる可能性が示唆された。

(3)　挑戦の途を開く

以上のような裁判例動向の中で、立法行為、政令制定行為、内閣の法案提出権行使などの国賠法上の違法性等を認定する際の要素として、請願や附帯決議に言及する例が、原告の主張に頻繁に見られるようになった（例えば、ＡＬＳ患者選挙権訴訟における東京地裁平成一四年判決[45]、不安神経症等障害者選挙権訴訟における大阪地裁平成一五年判決[46]、参照）。

確かに、立法行為の国賠訴訟に消極的な最高裁と比較して、下級審では意欲的な試みが散見されるが、請願や附帯決議の法的な位置づけに関して⑴⑵にあげた方向性が下級審判決中で決して一般化しているわけではない。

例えば、ＡＬＳ患者選挙権訴訟における東京地裁平成一四年判決は、「選挙権は国民の政治への参加を保障する基本的権利として、議会制民主主義の根幹をなすものであり、原告ら（…）のような状態にある国民も選挙権を行使できてこそ、議会制民主主義が適正に機能するということもできるので、原告ら（…）から選挙権行使の機会を奪う立法行為の違法性の問題は、他の立法行為の違法性の問題と全く同一に論じることはできない面もあることは否定できない」との見解に立ちつつも、「しかし、選挙権行使が不可能であったとしても、請願権（憲法一六条）を行使することや議員に対する陳情は可能である」として、基本的には在宅投票制廃止違憲訴訟における昭和六〇年最高裁判決の限定路線を踏襲するとしている。請願による陳情の放置が立法行為の違法性の一部を構成するとした熊本地裁平成一三年判決に対して、請願権の保障が、選挙権侵害の疑いの強い立法行為の違法性を相対化するという方向性を示したわけである。もっとも、請願権が選挙権に対して補完的な意味を持つとしても、請願権の行使可能性が残されていることをもって選挙権剥奪を相対化するのは本末転倒であるし、仮にそのような相対化を認めたとしても、そのことと、実際に行使された請願に対する政治部門の対応が違法性評価の対象になることとは別次元の問題であろう。さらに、東京地裁平成一四年判決は、附帯決議につき、「原告は、本件立法行為時の附帯決議の存在を内閣の法案提出義務の根拠の一つとするが、附帯決議は、国会の委員会が、付託された本案の議決とは別に、それに附帯して、法律施行についての希望や解釈の基準など種々の意見を表明する決議であって、法律上の効果を伴わないものであるから、これにより内閣に法案提出義務が生じることはあり得ない」とする。確かに、附帯決議自体は「意見表明」に過ぎず、その決議内容が法的効果を持つわけではないとしても、決議内容そのものの法的効果と、決議を放置した審議実態が立法行為の違法性評価に対して有し得る法的意味とは別論することが可能であろう。

いずれにしても、在宅投票制廃止違憲訴訟やハンセン病予防法違憲訴訟などの下級審裁判例において示唆された請願や附帯決議の新たな可能性は、「挑戦モデル」の観点からすると一定の評価に値するのではないだろうか。附帯決議は、野党あるいは与党が法案に見直しや修正の余地をあらかじめ組み込むことによって、法律の基礎となる合意を相対化する意味を持つし、また、請願は、立法の制度の外に位置する市民社会が政策形成のプロセスに参加することを可能にする。(47) こうして、これらの仕組みは、立法過程の内外から合意を不安定化させ、民主的合意への挑戦の機会を提供する。討議民主政論を法制度の次元で導入しようとすれば、あるいは、政治プロセスの保障を立憲主義の核心に置こうとするならば、これら挑戦モデルの諸制度とその法的効果は真剣な検討に値するのではないか。

(1)『日本人』第六四号（明治二三年一二月三〇日、新教社）（『日本人』刊行会編・日本人〔第五巻〕（一九八三年、日本図書センター）一五一頁）。

(2) 山室信一「明治議会制への道」ジュリスト第九五五号（一九九〇年）一七頁。本稿冒頭節の明治二三年評および中江兆民の言は、この山室論文の教示に与るものである。

(3) 中江兆民「選挙人目ざまし」（中江兆民全集〔第一〇巻〕（一九八三年、岩波書店）九六頁）。

(4) 山室・前注（2）三一頁。

(5) 討議民主政に関する欧米での議論動向を紹介するものとして、木下智史「アメリカ合衆国における民主主義論の新傾向」法律時報第七三巻第六号七〇頁、阪口正二郎「リベラリズムと討議民主政」公法研究第六五号（二〇〇三年）、長谷部恭男「討議民主主義とその敵対者たち」法学協会雑誌一一八巻一二号（二〇〇一年）、毛利透『民主政の規範理論―憲法パトリオティズムは可能か』（勁草書房、二〇〇二年）（特に第二章）、柳瀬昇「熟慮と討議の民主主義理論」法学政治学論究第五八号（二〇〇三年）、山本龍彦「憲法の『変遷』と討議民主主義」法学政治学論究第六一号（二〇〇四年）、参照。

なお、deliberative democracy の訳語について、deliberation には「熟慮」と「討議」の二義があることから筆者は従来「熟慮的討議の民主制」を当ててきた。「熟慮的討議」といった場合、そこには「熟慮」と「討議」の二つの要素が混入し、また、両者はある種の緊張関係に立つようにも思われる。従って、「熟慮的討議」ないし「熟議」という訳語の方が、deliberative democracy の抱える問題性をよりよく描写しているように思うが、そのような二つの要素を、しかも緊張関係をはらむものとして、論争参加者が想定しているかどうかは別途探求する必要があるので、本稿では比較的通用していると思われる「討議民主政」の訳語をとりあえず使用してある。

（6） Cass R.Sunstein, The Partial Constitution （Harvard University Press,1993） at 19-35. サンスティンは、従前より、マディソン流民主主義の遺産や合衆国憲法制定会議における熟慮的討議を高く評価しており、そこには初期アメリカ共和制への憧憬が見て取れる。彼の討議民主政論にはこのような共和主義の伝統への賞賛が基礎にあるように思われる。

（7） 討議民主政が、討議を通過することを条件に多数決に一定の特別な優位を与えようとする理論であることは間違いがないと思われる。もしその意味するところが、討議という手続的正当化を経ることを条件に実体的道徳に踏み込む決定をしてもよい、というものであるなら、それはリベラリズムと緊張関係に立つ。この点に関して、ジョシュア・コーエンは、討議の前提条件として、「対等な者の間での自由で公的な理由付け（free public reasoning among equals）」と「理にかなった多元主義（reasonable pluralism）」の維持を挙げている。ここから、信教の自由、表現の自由、道徳的自由などの保障が民主的決定の不可欠の条件とされるわけである。Joshua Cohen, Democracy and Liberty, in Jon Elster ed., Deliberative Democracy（Cambridge University Press, 1998） at 186-192,201-221. コーエンが提示した条件を構成する要素、「自由」「対等」「公的」等は、リベラリズムにおける中心的概念、「自由」「平等」「公私二分論」等にコミットするものであり、かかる要素を討議の前提条件とおくことによって民主主義とリベラリズムの対立は解消されたかのように見える。が、そのような論法を採用する場合、討議民主政における民主的決定は手続的正当化のみならず実体的正当化のテストにもさらされることになり、リベラルな民主政に対して討議の民主政を主張する意義がどこにあるのかが分からなくなる。さらに、コーエンの論法による対立調整は「暫定協定」でしかない。つまり、リベラリズムの自由が個人権の尊重に根差すのに対し、かたや討議民主政の自由は集合的決定の公正性確保を根拠におくものであり、そのような原理的対立が一向に解かれていない以上、見せかけの対立調整は直ちにほころびを見せるであろう。

（8）Joshua Cohen, Deliberation and Democratic Legitimacy, in J.Bohman and W.Rehg eds., Deliberative Democracy (MIT Press, 1997) at 88 n.12.

（9）木下・前注（5）七二頁。

（10）前注（7）参照。

（11）再び、前注（7）参照。

（12）功利主義と討議民主政との関係については、阪口・前注（5）一一七—一一九頁。

（13）Carlos Santiago Nino,The Constitution of Deliberative Democracy (Yale University Press, 1996) at 86-87.

（14）例えば、統治の対象は国民に限らず、外国人観光客や難民も当然に所在する国家の支配を受けているが、彼らに国民と同様の民主主義的な権利・地位が与えられているわけではなく、合意を取り付ける対象から基本的には除外されている。また、合意といっても、契約において典型的に見られる対抗関係的なものもあれば、国民間の共同行為的なものもありうる。さらに、個別の政治的規制に対して当事者がおこなう「同意（agreement)」と、道徳的信念に関する包括的な通念的コンセンサス（consensus）を区別する必要もあるように思える。合意の対象となる案件によっては合意ないし同意の調達方法が異なってくるように思われるし、また、「意を同じくすること」と、「意を合わせること」の間には、当事者の意思の抽象化における差異とそこから生じる質的懸隔があるように思われるからである。が、以上のような問題に本稿では立ち入らず、討議民主政の論者たちがそうであるように、ここでは、consent、consensus、agreementを特に区別せずに用いることにしたい。

（15）Joshua Cohen, Deliberation and Democratic Legitimacy, in A.Hamlin and P.Pettit eds, The Good Polity (Blackwell, 1989) at 22.

（16）Id.at 23-24.

（17）Id.at 23.

（18）Nino, supra note 13, at 87-91.

（19）Id.at 91-92.

(20) Sunstein, supra note 6, at 6, 23-27, 133-135, 192-194.
(21) Id.at 134-141.
(22) Id.at 135.
(23) Id.at 142-143. このような発想は、ジョン・ハート・イリィ(John Hart Ely) などのいわゆる多元主義的プロセス憲法観を想起させるが、サンスティンは、イリィの理論と異なり、自分の立場は実体的価値判断をめぐる理念的争点を回避してはいないと言う。Id.at 143.
(24) Id.at 261-270, 270-285.
(25) サンスティンの討議民主政論も必ずしも明瞭でない部分があり、危険をはらんでいるが、例えば共同体主義者などが見せるリベラリズムとの非対称性が明確にされているわけではない。それは、討議民主政論を展開する際にサンスティンが依拠するもうひとつの理論前提に由来している。彼によれば、立憲主義が要請する国家の中立性に関して連邦最高裁判所は、既存の資源配分と選好状態を自然的所与ないしベイスラインと理解し、そこからの逸脱を非中立的な決定として退ける判断を繰り返してきたという。サンスティンはこのような最高裁の中立観を「現状維持的中立性(status quo neutrality)」と呼んで、厳しく批判する。Id.at 3-7, 40, 351-353. 既存の資源配分も選好状況も、法的な背景的ルールの下で人為的・社会的に配分・操作されたものであって、自然的所与などではありえず、したがって、そのような既存の選好は、法政策をめぐる政治的討議によって変動することが可能であり、かかる変動を求める市民の社会改革への情熱的意志(aspiration)に制度的発露を十分に与えることこそが、民主主義・立憲主義の役割であるとする。Id.at 192-194. こうして、彼は、例えば、中絶に対する国家助成の否定は貧困女性に対する差別的政策として、むしろ、政府は助成の射程を拡大すべき義務があるとしたり、労働時間制限立法を放任主義的資源配分状況からの逸脱として違憲とすることは現状維持の名による格差の保守に過ぎず、また、社会的選好の変動を企図した民主主義的努力の否定に等しいとする。Id.at 261-285. 現状の維持は社会的不公正を同時に維持することになり、とりわけ平等保護の観点から問題になると説く、サンスティンの現状維持的中立性批判は、それ自体リベラルな価値を増進するものとして評価可能である。彼の討議民主政論がその具体的適用の場面でリベラリズムとむしろ符合する結論を導き出しているのは、このような事情による。しかし、現状維持から脱却してどのような地点に社会的公正の着地点を求めるのか、また、討議の結果、現状保守的な決定がなされた場合、討議の条件である政治的平等の要請がどこまで現状維持批判として機能するのか、あるいは、資源配分と選好状態を決定することとそれを変動させることの両方を政治部門に独占させる場合、むしろ社会改革の契機が生まれなくなる可能性はないか、などの疑問が残る。なお、論者の中には、現状維持的中立性批判と討議民主政を分けて議論すべきであったことや、あるいは、サンスティンの最高裁判例解釈の特殊性を指摘したりする者がいる。Gregory E.Maggs, Yet Still Partial to It, 103 Yale L.J.1627, 1642, 1643-1647（1994）.

(26) Amy Gutmann & Dennis Thompson, Democracy and Disagreement（Belknap Press, 1996）at 12.

(27) Id.at 13.

(28) Id.at 223-224, 229.

(29) Sunstein,supra note 6,at 163, 193.

(30) Ian Shapiro, The State of Democratic Theory（Princeton University Press, 2003）at 26-27.

(31) Philip Pettit, Republicanism : A Theory of Freedom and Government（Oxford University Press, 1997）at 184-185.

(32) Lynn M.Sanders, Against Deliberation, 25 Political Theory 347, 370-372（1997）.

(33) Pettit,supra note 31,at chapt.1・2, 277(1)(2).

(34) Id. at 184.

(35) Id. at 185. ジョン・S・ドライゼク（John S. Dryzek）は、民主的討議において、理由に関して全会一致の合意の調達を目標とすることは、不必要かつ有害だと言い切り、リベラルな立憲主義に依拠する討議民主政論も、法制度や主権の枠に討議を押し込み、抽象的市民像の中に差異を吸収する危険があるとする。彼は、合意の政治に対して差異の政治を対置し、法制度や経済システムの周辺に位置する少数派の声を、かかる制度やシステムの枠を超えて連帯させてゆく点に民主主義の可能性を見ている。John S. Dryzek, Deliberative Democracy and Beyond（Oxford University Press, 2000）at chapt. 1, chapt. 7. ドライゼクは従来の deliberative democracy に代えて、discursive democracy というターミノロジーを提唱している。差異を周縁から中心に引き寄せるダイナミックな討議を構想するドライゼクのこのターミノロジーには、篠原一によれば「闘議」の語を当てるのが妥当であるとされる。討議民主政論の概観およびドライゼクの紹介については、篠原一『市民の政治学—討議デモクラシーとは何か—』（岩波書店、二〇〇四年）、参照。

(36) Pettit, supra note 31, at 185, 277(8).

(37) Id. at 190, 277(9).

(38) Id. at 200, 277-78(11). 討議民主政における権力論の不在を批判するイアン・シャピロも合意モデルを疑っているひとりである。討議の過程において現れる根源的反対者問題について、決定からの脱出可能性と基本的利益への脅威の点から捉えようとしている。シャピロの回答は、基本的利益を脅かされつつある者たちに「引き延ばしの権利（right of delay）」を認めることである。Shapiro,supra note 30, at 5, 44-48.

(39) Pettit, supra note 31, at 250, 263-264. 公民的共和主義者が個人の自律を共同体への参加・同一化として理解するのに対し、ペティトは次のように言う。「個人の自律のインデックスは、歴史的なものではなく、様相的あるいは反事実的なものである。人々は、ありうること——自己の信念や願望をチェックするに際して自分に何ができるのか——によって自律的なのであり、あったこと——自己検証や自己解釈を積み重ねた記録——によって自律的なのではない。」Id. at 186.

(40) 札幌高判昭和五三年五月二四日高等裁判所民事判例集三一巻二号二三一頁、訟務月報二四巻八号一五四一頁、判例時報八八八号二六頁。

(41) 同事件の第四上告理由において、まさにこの点が争われている。最判昭和六〇年一一月二一日民集三九巻七号一五一二頁、判例時報一一七七号三頁。

(42) もっとも、札幌高裁判決は、立法不作為の違法性を客観的に認定しつつも、請願の内容に「選挙権侵害」などの違法違反性が主張されていなかったことなどを論拠に、議会における議論過程では、もっぱら障害をもつ有権者への「便宜」の問題として、在宅投票制復活の是否が論じられていたとして、国会議員の「憲法上の立法義務違反」に対する故意・過失は認められないとした。

(43)　熊本地判平成一三年五月一一日・訟務月報四八巻四号八八一頁、判例時報一七四八号三〇頁。

(44)　最判昭和六〇年一一月二一日民集三九巻七号一五一二頁、判例時報一一七七号三頁。

(45)　東京地判平成一四年一一月二八日・訟務月報四九巻八号二二一三頁、判例タイムズ一一一四号九三頁。

(46)　大阪地判平成一五年二月一〇日・訟務月報四九巻八号二三四一頁、判例時報一八二一号四九頁

(47)　請願権の再評価については、平成一三年一一月一九日に公表された、綿貫民輔衆議院議長の諮問にかかる「衆議院改革に関する調査会」答申も、「請願審査のあり方について、ハンセン病問題で指摘された国会の立法不作為を契機として、その問題点が改めて問われることとなった」と同年五月の熊本地裁を意識したと思われる所見を示した上で、「請願の内容をどのように処理するかについて、一義的には送付を受けた行政府の判断を待つとしても、国会自ら、請願を立法措置を講ずるための重要な判断材料として活用すべきである」としている（二一世紀臨調編『政治の構造改革』（東信堂、二〇〇二年）一六二頁）。

なお、立法過程への市民参加の文脈では、請願という形態を取らない陳情や市民運動なども重要な意味を持つ。ちなみに、ハンセン病予防法違憲訴訟の熊本地裁判決は、「……新法の隔離規定の違憲性を判断する前提として認定した事実関係については、国会議員が調査すれば容易に知ることができたものであり、また、昭和三八年ころには、全患協による新法改正運動が行われ、国会議員や厚生省に対する陳情等の働き掛けも盛んに行われていたことなどからすれば、国会議員には過失が認められるというべきである」と述べている。

「都道府県代表としての参議院議員」再考

大石和彦

一　問題の位置
二　合衆国上院とのアナロジーの不可能性
三　参議院の構成をめぐる原初理解
四　合衆国上院とのアナロジーの可能性
五　実体的でなく手続的瑕疵に着目した違憲審査方法論の適用

一　問題の位置

参議院選挙区選出議員定数配分規定（公職選挙法別表第三）の合憲性に関する現下最新の最高裁判決が、二〇〇四年一月一四日、下された[1]。この判決において最も多数の裁判官が同調した「補足意見1」は、過半数の支持を得られなかったため、法廷意見としての地位を獲得できず、相対多数意見にとどまった。我が国の最高裁においては極めて異例のことである。「補足意見1」は、一九八三年判決[2]において最初に提示され、参院選挙区（旧「地方区」）を含め以後「都道府県選挙区」という）における投票価値の平等を争うその後の訴訟でも繰り返し確認支持されてきた「従来の多数意見」（二〇〇四年判決「補足意見2」はそう呼ぶ）の「趣旨とするところ」を先の参院選にあてはめることで、現定数配分は合憲であるとしている。

「従来の多数意見」とは、大要次のような論理である。

確かに憲法は「投票価値の平等」を基本的人権の一環として保障している。だが一方憲法は、四三条において「両議院の議員の定数」につき、また四七条において「両議院の議員の選挙に関する事項」につき、「法律でこれを定める」としているから、憲法はそれらの事項につき「国会の（極めて）広い裁量にゆだねている」ものと解せられる。従って憲法は「投票価値の平等を選挙制度の仕組みの決定における唯一、絶対の基準としているものではなく、［…中略…］国会が正当に考慮することができる他の政策的目的ないし理由との関係において調和的に実現されるべきものとしていると解さなければならない」。

ここまでは、衆院選挙における投票価値格差に関する一九七六年判決[3]以来の判例との共用部分である。参院都道府県選挙区独特の事情につき、一九八三年判決以来の「従来の多数意見」は、さらに次のように加え、「人口比例主義を最も重要かつ基本的な基準とする［衆院］選挙制度」では許されない大きな投票価値格差を許容する理由としてきた。

まず一九八三年判決は参院都道府県選挙区の定数配分の基本ポリシーを次のように解した。

「総定数一五二人のうち最小限の二人を四七の各選挙区に配分した上、残余の五八人については人口を基準とする各都道府県の大小に応じ、これに比例する形で二人ないし六人の偶数の定数を付加配分したものであることが明らかである。」

このように各都道府県の人口に関わらず無差別配分されたとされる二×四七（九四）人の都道府県選挙区選出議員の性格につき「従来の多数意見」は、

「都道府県が歴史的にも政治的、経済的、社会的にも独自の意義と実体を有し、政治的に一つのまとまりを有する単位としてとらえ得ることに照らし、都道府県を構成する住民の意思を集約的に反映させるという意義ないし機能を加味しようとしたものである」

としてきた。結論として、「上記のような選挙制度の仕組みの下では、投票価値の平等の要求は、人口比例主義を最も重要かつ基本的な基準とする選挙制度の場合と比較して、一定の譲歩を免れないといわざるを得ない」。

まずは最初に、原告主張の基本的人権の憲法上の重要性を認めてみせる。その上で、

① それに対抗する政府利益を持ち出す、一種の実体的価値衡量論。

② さらに、右実体的価値衡量には、高度に「政策的又は技術的考慮要素が存在する」から、それは裁判所ではなく、「国会の広い裁量」に委ねられるべきだとする、有権的憲法解釈機関相互における一種の役割配分論。

参院都道府県選挙区定数配分の合憲性に関する「従来の多数意見」とは、右のような、戦後最高裁が幾多の憲法判例において分野横断的に繰り返してきた、おなじみの公式に、当該分野独自の要素を代入したものにほかならない。

以下本稿**二**〜**四**においては、「従来の多数意見」が右の公式のうち、①部分で、政府が正当になしうる実体判断の部分に「都道府県代表的要素の加味」という要素を代入したことの問題性につき論じる。続く**五**では、従来の判例が右②の論法により、実体的価値衡量を「国会の広い裁量」に委ねて当該定数配分を合憲としているのに対し、立法裁量論そのものは共有しつつも、合憲判決だけがその必然的帰結ではなく、むしろ立法府の判断を尊重すればこそ、違憲判決を下さざるを得ない場合もありうるのだと主張する。

二　合衆国上院とのアナロジーの不可能性

「従来の多数意見」の論法を徹底させると、「地方区的な制度を定める場合に、アメリカの上院方式——すべての地方区の定数を一律に同数とする方式——をとることも、憲法上は違憲ではない」とする議論[4]へと行き着くことになる。もっとも一九九六年判決[5]において違憲不平等状態の宣告を下すに至り、さすがに「アメリカ方式だってかま

わない」という議論とは袂を分かたざるを得なかったのであろう。同判決に関する調査官解説によれば、我が国の参院都道府県選挙区はそこまで徹底したものではなく、「そこでは、なお人口比例主義は第二に重要な配分原則であ」るという。(6)それでもなお、「従来の多数意見」において、参院都道府県選挙区選出議員に事実上都道府県代表的要素が加味されているということが、投票価値の平等に対して大幅な譲歩を迫るための主要な正当化理由とされてきたことだけは確かである。

合衆国上院議員選挙をめぐって人口最小のワイオミング州（四九万四千人）と最大のカリフォルニア州（三三八七万二千人）との間に一体どれだけの「投票価値の格差」があるのか、戯れに計算してみたところ、何と約六八・五七倍という数字であった。(7)このような極端な「格差」につき、「訴訟好き」といわれるアメリカ人が、下院選挙における投票価値の平等にあれ程厳格なその国の連邦裁判所へと訴訟を持ち込まない理由は明白である。上院議員は人口にかかわりなく各州二人という定数配分が憲法典上明文（合衆国憲法第一条第三節および第一七修正）で示されたポリシーである以上、そこに違憲問題の生じる余地はない。これに対し我が国の参院都道府県選挙区の場合、仮にそこに「事実上都道府県代表的要素が加味」されているとしても、それは直接にはあくまで法律レベルでのポリシー選択に過ぎないのであって、それ自体としては違憲審査の対象ではあっても、違憲審査基準自体を当然に緩和しうる存在では本来ない。

この点につき、私が手元の和訳を通して見た範囲内という限定つきだが、合衆国以外の代表的諸外国（連邦も単一国も両方含む）の憲法典をも見てみると、その多くは、両院の議員定数配分に関して各院個別の規定を設けている。(8)フランス現行第五共和国憲法は、その二五条で両院の構成の詳細につき法律に委任している限りにおいては日本国憲法（四三条二項および四七条）に似るが、第二院の性格につき「元老院は、共和国の地方公共団体の代表を確保する」という独自の条項をもしっかりと置いている点で、任期（四五・四六条）や参院の半数改選制（四六条）を別とすれば、議院の構成に関する基本的原則（四三条一項および四四条）が両院共用の形で置かれていている日本国憲法とは、やはり根本的に異なるものがある。(9)

選挙権の平等につき規定する日本国憲法四四条は、衆議院のみに向けられたものではなく「両議院」に向けられたものである。同四三条一項をも含め、各院の構成原理につき、このような形で両院共通規定を置くことは、諸外国憲法典（および明治憲法）との比較の上では、極めて異例である。「アメリカ方式」を法律によって採用すること、あるいはより控えめに、「事実上」都道府県代表的「要素を加味」することによって、選挙人一人当たりの投票価値に第一院議員選挙では到底許されないような選挙区間格差を生じさせても「違憲ではない」という結論へと急ぐ前に、右に見た日本国憲法の比較憲法的異例さの問題は一体どうクリアーされるのか、本来説明が必要なはずであり、そうした説明一切無しに、右結論へと飛躍することは、法解釈方法としてはややアクロバット的である。

三　参議院の構成をめぐる原初理解

右アクロバットは、仮に次のように考えることが可能ならば成功するかもしれない。すなわち日本国憲法は参院の構成につき立法者に白紙委任したのだと解すること、あるいは、憲法は参院の構成につき何らかの実質的ポリシー選択をしているが、法律レベルのポリシー選択がそれと抵触していないと解すること、それらのうちいずれかが可能でなくてはならないはずである。これにつき一九八三年判決調査官解説は、次のように述べる。

「……第二院たる参議院の組織及びその議員の選出に関し、憲法は、第一院たる衆議院と同一の規定によりこれを規律し、その間に特に差異を設けず、その具体化をあげて法律に一任したのである。そこで憲法の予定する二院制の趣旨を両議院の組織や選出方法にどのように反映させ、参議院独自の性格を如何に作り出すかは、立法政策上の課題となったわけである」[10]（傍点は大石）。

この点に関し私見を述べるためには、日本国憲法および参議院議員選挙法の制定者がいかなるポリシー選択を行った（行わなかった）のかを確認するという準備作業を要する。以下この**三**と次の**四**では、現行憲法および参議院議員選挙法の制定当時の、参院の構成に関する制定関係者の当初理解を、いずれも一般に広く出回っている、現下手持の資料[11]から可能なという限定付ではあるが、確認する。先取的にいうと、実際の参議院議員選挙法の立法関係者は都道府県選挙区に対して、「衆議院とは異なる参議院の独自性」など、実は期待してはいなかったのだということを、**三**で指摘する。さらに**四**では、参院議員に対し各都道府県の一部利益代表としての意義を法律で加味することには、両院議員を「全国民の代表」とする日本国憲法四三条一項のみならず、四六条に表れたポリシーに反する疑いがあることを指摘する。

1　初期日本側の意向

まず「『マッカーサー草案』手交」までの段階について、主に佐藤達夫『日本国憲法成立史』から、参院制度成立にかかわる要素を、大体時系列的に抜き出して整理すると、概ね以下のような流れが見て取れる。

貴族院（明治憲法三四条および貴族院令）から参議院（日本国憲法四三条一項および参議院議員選挙法）への転換過程は、日本政府によるポツダム宣言受諾に遡る。すなわち同宣言中の「日本国政府ハ、日本国国民ノ間ニ於ケル民主主義的傾向ノ復活強化ニ対スル一切ノ障礙ヲ除去スベシ」という条項に忠実であろうとすれば、民主的基礎を持たない立法参与機関の重要な一つである貴族院につき、改廃作業を要することは明らかであった。このことは当時の日本側にも認識されており、当時法制局内で非公式研究にあたっていた入江俊郎による一九四五年九月一八日付メモ「終戦ト憲法」は、「ポツダム宣言受諾ニ伴ヒ考慮ヲ要スベキモノ」の一項目として「憲法第三十四条（貴族院ノ構成）ハ改ムルノ要ナキカ」をあげている。(12) そして右法制局内部研究において既に、貴族院を職能代表議員によって構成すべきか否かが、早くも検討課題の一つとしてあげられていた。(13)

このように、新たな第二院を職能代表として構成しようとの構想は、早くも一九四五年内に現れていたが、(14) 全国区と地方区の並立制という現行制度の輪郭が現れ始めたのは、「憲法問題調査委員会」（いわゆる「松本委員会」）およびその周辺においてであった。(15) 同委員会での審議の結果とりまとめられた「憲法改正案」（甲案）(16) のうち、参議院の構成に関する三五条は以下の通りである。

（A案）「参議院ハ法律ノ定ムル所ニ依リ職域地域及学識経験ニ拠リ選挙又ハ勅任セラレタル議員ヲ以テ組織ス」

（B案）「参議院ハ法律ノ定ムル所ニ依リ職域及ヒ地域ヲ代表スル者並ニ学識経験アル者ヨリ選挙又ハ勅任セラレタル議員ヲ以テ組織ス」

松本委員会の活動とほぼ同時、日本政府は貴族院令改正準備作業にも着手している。(17) 一九四六年一月八日閣議決定「貴族院令改正要綱」は、貴族院議員の種類として「一、皇族議員」、「二、華族議員」（華族議員の定員は三〇名）と並び「三、勅任議員」をあげているが、「三、勅任議員」の内訳は以下の通りである。

「(イ)　国家ニ勲労アリ又ハ学識経験アル満三十歳以上ノ帝国臣民ニシテ特別ノ銓衡機関ノ銓衡ヲ経テ勅任セラレタルモノ

右議員ノ数ハ百二十五人ヲ超過スベカラザルモノトスルコト

(ロ)　満三十歳以上ノ帝国臣民ニシテ帝国学士院ノ互選ニ由リ勅任セラレタルモノ定数ハ現行通四人トスルコト」

(ハ)　教育、農林畜産業、水産業、鉱業、工業、商業、金融業、交通業、医業又ハ弁護士業ニ十年以上従事シ且現ニ之ニ従事スルアル満三十歳以上ノ帝国臣民ニシテ(イ)ノ銓衡ヲ経テ勅任セラレタルモノ

右議員ノ定数ハ各職域ニ付二人又ハ四人トシ総数二十四人以内トスルコト」

(ニ)　東京都議会、道府県会及市町村会ノ議員［…中略…］ニ於テ当該都道府県内ニ住居ヲ有スル満三十歳以上ノ帝国臣民ノ中ヨリ二人、四人又ハ六人ヲ選挙シ其ノ選ニ当リ勅任セラレタルモノ

右議員ノ総数ハ百二十人以内トシ其ノ各都道府県ニ於ケル定数ハ人口ニ応ジ之ヲ定ムルモノトスルコト」

注目されるのは、同「要綱」が、右のうち(ロ)(ハ)(ニ)につき任期を六年、三年毎に半数入れ替えとし、さらに(ニ)については各都道府県に対し偶数配分としていたことである。現行参院選挙制度を特徴付けるこれらの要素が、この段階で出揃っていたことになる。右「要綱」のうち「一、皇族議員」、「二、華族議員」が削除され、「三、勅任議員」のうち(イ)(ロ)が(ハ)に吸収され、(ハ)（職能代表）が全国区制に代替され、勅任が民選に置き換わる過程を経て至った先、

それが現行参院制度だということになる。
この時期の、各政党による草案を始めとする民間の憲法改正案の中には、一院制を採るものも一部ないわけではないが、それらの殆どは両院制を採用しており、しかもその中には、これまで見た政府案と通ずる部分を持つものが少なくない(18)。新たな第二院を職能代表として構成しようとの構想は、当時の日本側にかなり広範囲にわたっていたといえる(19)。

2 マッカーサー草案手交から現行条文構造の確定へ

以上のような流れは、アメリカ側による松本委員会案に対する全面拒否、さらに、一九四六年二月一三日の、いわゆる「マッカーサー草案」の突然の「手交」により、急転回をむかえる。「マッカーサー草案」は、国会の構成につき衆院のみの一院制を採用していたため(20)、一九四六年二月二二日の会談において日本政府側と司令部との間には次のようなやりとりがあったものとされる(21)。

「…二院制ハ絶対ニ認メラレサルヤ」
「…両院共ニ民選議員ヲ以テ構成セラルル条件下ニ之ヲ許スモ可ナリ」
[…中略…]
「府県会議員等ヲ選挙人トスルハ如何」
「右ハ民選ナリ」

「例ヘハ商業会議所議員ヲ選挙人トスルカ如キ職能代表ハ如何」
「右ハ民選的ト認メ得ス」？

マッカーサー草案をベースに日本側が手を入れた一九四六年「三月二日案」[22]では、議院の構成に関する条文が各院別に置かれていた。

四一条一項「衆議院ハ選挙セラレタル議員ヲ以テ組織ス」
四二条「衆議院議員ノ選挙人及候補者タル資格ハ法律ヲ以テ之ヲ定ム。但シ性別、信条又ハ社会上ノ身分ニ依リテ差別ヲ附スルコトヲ禁ズ」
四五条一項「参議院ハ地域別又ハ職能別ニ依リ選挙セラレタル議員及内閣ガ両議院ノ議員ヨリ成ル委員会ノ決議ニ依リ任命スル議員ヲ以テ組織ス」
四七条「参議院議員ノ選挙又ハ任命、各種議員ノ員数及其ノ候補者タル資格ニ関スル事項ハ法律ヲ以テ之ヲ定ム」

このうち四五条一項が、松本委員会甲案三五条と基本的に同じものであることは、いうまでもない。これにつき佐藤達夫は、「この行き方は、二月二二日に行われた司令部側との会談では先方の拒否したものであるが、松本大臣は、この案においてあえてこれを持ち出し、後出の説明書をもってその説得を企てられたものと思われる」[23]としている。また現行憲法四四条に相当する「四二条」但書の平等選挙の要請は、参院議員の選出手続には適用のない形であった。

本稿に関する限りで、現行日本国憲法の持つ、その独特な条文構造は、「三月二日案」をめぐる日本側とアメリカ側との間の逐条審議（一九四六年三月四～五日）段階で確定されたといってよい。その第一は、現行四三条の成立にかかわるものであり、これにつき佐藤達夫『日本国憲法成立史』[24]は次のように述べる。

「衆議院の組織及びその議員定数に関する第四一条については、両院共通の規定にすべきだということで、その第一項は、『両議院ハ国民ニ依リ選挙セラレ国民全体ヲ代表スル議員ヲ以テ組織ス』となった。

この『国民全体ヲ代表スル』のことばは、マ草案にはなかったものであるが、先方は、これによって後出の日本案第四五条に規定していた職能代表的なものを封ずるつもりであったのかも知れない。」

第二に、これもアメリカ側の要求で、三月二日の日本案「第四二条の衆議院議員の選挙人及び候補者の資格に関する規定も、同様に両院共通の規定とされ」た。さらに、「これらの修正に関連して、参議院の組織に関する日本案第四五条は全然存置の見込みがないか・とたずねたところ、absolutely unacceptable だということであった」。

こうした経緯から、第九〇回帝国議会における政府答弁も、結論的には、職能代表制の採用に消極的であった。すなわち、法制局が議会対策用に準備した想定問答においては、職能代表制導入をめぐっては、新憲法との適合性という「理論的」問題もさることながら、選出母体として機能することが可能な程の組織化が全ての職能にわたって行われてはいない当時の我が国の状況下においてそれを導入した場合、平等選挙や「全国民の代表」という理念に則って運用するのは実際上困難であると説明されていたが[25]、実際の議会での政府答弁も、これに従っている[26]。

もっとも、現行憲法上職能代表制が「理論的」次元で（あるいは将来において）全く不可能であるとはいい切らない点も、右政府見解の一つの特徴である。司令部の強い指示による、両院の構成をめぐる憲法条文確定の後も、職能代表制に対する未練が、日本側には残った。[27] 特に九〇回議会において職能代表制に固執したのは社会党であったが、これに一定の賛意を示す他党議員も少なくなかった。結局、衆院小委員会における憲法案可決の際、附帯決議の一条項として以下が加えられた。

「参議院は衆議院と均しく国民を代表する選挙せられたる議員を以て組織すとの原則はこれを認めむるも、之がために衆議院と重複する如き機関となり終わることは、その存在の意義を没却するものである。政府は須く此点に留意し、参議院の構成については、努めて社会各部門の智識経験ある者及び職能代表者がその議員となるに容易なるよう考慮すべきである。[28]」

マッカーサー草案の「基本原則および根本形態」と同様、「参議院は衆議院と均しく国民を代表する選挙せられたる議員を以て組織すとの」憲法条項もまた、その出所からして、当時状況下の我が国にとってはアンタッチャブルであった。従って以後、参院の構成をめぐる議論は、附属法律たる参議院議員選挙法へと、その土俵を移さざるを得なかった。そして右附帯決議は、同法をめぐる審議に対して、一定の規定要因となった。

3 参議院議員選挙法の成立過程と都道府県選挙区をめぐる原初理解

両院制を採る憲法案を提出したものの、「正式な意味での職能代表」制の採用も不可能だとする政府、そして各院毎の特性につき、はっきりとした定めを置かない憲法案を前に、では参院を衆院と異なったものとするため、参議院議員選挙法につき政府は一体どのような腹案を持っているのか、議会において提示を迫られたのは当然であった。そこで、議会における答弁資料準備のための研究が、時期的には九〇回議会に並行する形で、政府部内で発足する。これを受け金森徳次郎国務大臣を中心に法制局で準備された第一案が、現行制度へとつながる、各都道府県選挙区選出議員と全国区選出議員の並立制であった(29)。

全国区構想は、もともと職能代表制構想とは別の問題意識から発したものといえる。つまり、それは、「三月二日案」における参議院の構成に関する条項が、司令部側指示による現行四三条一項および四十四条によって封殺された後に、いかにして各院の構成方法につき、附属法令レベルでそれぞれの特性を出すかという観点から発している。具体的には、当時の衆議院議員選挙法との比較で、選挙及び被選挙年齢や選挙区規模の設定において、いかに参院の特色を出すかが最大の課題となったわけである。まず考えられたのは、一県一選挙区を原則とする当時の衆院議員選挙(30)との比較の上での「選挙区の拡大」であった。つまり、もともと全国区とは、都道府県選挙区、あるいはさらに都道府県のいくつかをまとめた「地方行政事務局の区域」を一選挙区とする（後にいわゆる「ブロック制」）構想とともに出てきた選挙区規模設定上の選択肢の一つであったと考えられる(31)。

だが、「正式の職能代表」制の採用が、少なくとも当時の状況下では、附属法令レベルでも無理であることが判ると、今度はそのやむをえざる「代用物」としての役割が全国区に負わされた。すなわち、全国区制の「運用において職能的考慮を加える」こと、職能代表の「趣旨を加味」することが期待できるとすることで、職能代表支持勢力への説得がなされた。「すなわち、全国を一選挙区とすることによつて、事実上、全国的組織を背景とする各界の有識者、著書論文などによつて全国的に知名な学者・文筆家等の進出が容易となるであろうという期待を含むものであった」[32]（「事実上」「職能代表の趣旨を加味」といった、一九八三年判決が用いた表現は、もともとこうした当時の議論において用いられたものであった）。その後一時、法制局部内では、職能団体による推薦制の導入も検討されたようであるが、「職能代表の色彩を除去する」ことや「ダイレクト・ゼネラル・フリーエレクション」にこだわる司令部への配慮から、参議院議員選挙法の原案作りに当たった臨時法制調査会第二部会は、結局これを断念した[33]。

一方、「地方区」選出枠のルーツが、松本委員会案における「地域（別）ニ依リ選挙セラレタル議員」、「地域ヲ代表スル議員」や「貴族院令改正要綱」における「三、勅任議院」の㈡まで遡ることは先に見た通りである。だが、特にその後の参院の構成をめぐる当時の動きを見てくると、「衆議院とは異なる参議院の独自性」を与える要素として期待されたのはあくまで職能代表、さらにはそのやむをえざる「代用物」としての全国区の方であって、地方区に対しては、参院を特色付けるという積極的役割ではなく、むしろ、全国区制という個性の強い方式の「行きすぎ」、「冒険」を緩和するという消極的役割が期待されていたことが判る。これにつき佐藤達夫は次のように説明する。

「この全国区制は従来例のないものであり、一人一票で多数の議員を選挙することになると、一部の候補者に投票が集中して、定数だけの議員の当選が確保できないことになりはしないか、その他、選挙事務の実施がはたして円滑に行くかどうか・というような点ついて多くに危惧があつた。したがつて、全国区選出議員は定数の三分の一程度にとどめ、かつ、候補者の限定を考慮するとともに、他は都道府県区域の地方区選出としたのであつた[34]。」

「[全国区制一本ではなく地方区との並立制が採られた]理由としては、参議院から地域的要素を全然抹殺してしまうことについての懸念と、[…中略…]最終案における全国区制の場合については、議員全員を全国区で選挙することは、技術上から見て冒険に失することは明らかであり、そのような考慮も加わつてその範囲を一定数の議員に止めたものと認められる[35]。」

確かに参院地方区選出議員を「地域代表」と呼ぶことも、当時あった。問題は、当時の人々がその言葉を、どのような意味で用いていたかである。例えば参院の構成につき「全国代表」一本でなく、「地方代表」との並立制を良しとする理由の一つとして、「やはり地方の事情を知って居る方も衆議院の外に参議院にも居って戴きたい[36]」ということを、金森徳次郎国務大臣が議会で述べている（傍点は大石）。つまり当時の彼らにとって「地方代表」とは参院都道府県選挙区選出議員の「特殊性」を指す言葉などではなく、むしろ「地方を代表」するのはあくまで先ず衆院議員なのであって、参院にも、その特性を担った全国区選出議員のみならず、「地方代表」という、衆院議員と共通の性格を持った議員がいて欲しい。右金森発言は、そういう意味である。「地域代表」はむしろ衆議院の方だという観念は、右金森大臣発言にとどまらない。当時文部省が各方面に配った「新教育方針」にも、「議会制度ハ二院制度デアル、地域代表トシテノ衆議院ト、モウ一ツ職能代表トシテノ一ツノ院ト、是ガ二院制度ノ基本デアリマスガ、……[37]」とある（傍点大石）。

さらに、全国区と都道府県選挙区の並立制という現行制度につながる第一案とは別の試案、つまり参院全議席を都道府県選挙区選出議員一本で構成すべしという第二案が結局は淘汰された事情もここで援用しよう。これが淘汰されたのは、佐藤達夫によると、「結局衆議院と同じ構成となり、二院制度の意義を失うおそれがある」とされたからである。(38)さらに地方区一本案をめぐっては、選挙区を都道府県単位とする案の他に「地方行政事務局の区域」を単位とする選択肢が併記されていたこと、さらに右選挙区規模選択は「衆議院議員の選挙区と睨み合わせて決定する」とされていたことも指摘しておく。(39)要は衆院との比較の上で参院議員の選挙方法にいかにして特色を与えるかだったのであって、都道府県という区分に特にこだわりがあったようには見えない。むしろそれは、選挙区割に便宜な単なる行政区画の一つに過ぎなかったと見た方が近いのでないか。実際の参議院議員選挙制度制定関係者の当初理解に関する、以上の本稿の認識が的外れでないとすれば、従来の最高裁判例は、立法者が実際には表明してもいないポリシーを持ち出すことによって、基本的人権――最高裁は、「投票価値の平等」はその一つだとした――が制約・侵害されている状況を正当化してきたことになる。

4　国会は参院選挙について人口比例的要素を犠牲にしたか

本稿冒頭一で指摘した通り、一九八三年判決は、参院都道府県選挙区の定数配分につき「総定数一五二人のうち最小限の二人を四七の各選挙区に配分した上、残余の五八人については人口を基準とする各都道府県の大小に応じ、これに比例する形で二人ないし六人の偶数の定数を付加配分したもの」と理解する。しかし、この理解が誤りであること、つまり参議院議員選挙法制定当初実際には、五八名のみならず、一五二人すべての議員が、基本的に当時の衆議院議員の定数配分と同じ方法により、人口比例的に配分されたことが、市村充満の実証的研究により、既に明らかにされている(40)。その後参議院都道府県選挙区をめぐる最大の改正は一九九四年の「八増八減」であったが、ここで行われた「逆転現象」の解消は、定数配分を人口比例状態により近づけることを目的としたものであったことは疑いないし、これを行ってもなお大きな較差が残ったのも、次期選挙に間に合わせるための限られた期間の中では問題の抜本解消が不可能と考えられたからであって、積極的に人口比例原則を犠牲にする別のポリシーが示されたわけではない(41)。すなわち、参議院議員選挙法制定当時から現在に至るまで、各都道府県に偶数配分という参院都道府県選挙区の枠組みの中で、全ての議員を人口比例原則によって配分するというポリシーは、国会自身が明示的に示した別のポリシーによって何らの制約も変更も受けていないのである。

四　合衆国上院とのアナロジーの可能性

1　六年の任期

参院は現在我が国の「第二院」である。そこにいう「一」「二」は、どちらが一般有権者に近いかで決まるとされる(42)。合衆国議会の両院は権限上対等である（上院にしかない権能すらある）し、上院議員の方が社会的に地位も上と見られる傾向にあるようだが、「我々人民（We, the People）」の代表者としての地位獲得の唯一のチャネルたる選挙を通じて民主的正統性をより頻繁（二年毎）に調達する下院の方が第一院で、下院の三分の一の回数しかそれを調達する機会を持たない上院が二院ということになる。この理屈を日本国憲法に当てはめると、任期四年で、しかも解散のために実際は平均約二〜三年で次の選挙となる衆院が第一院、任期六年でしかも解散のない参院が二院ということになる。つまり、衆院を国民により近い第一院、参院を国民からの距離をより置いた第二院としている四五条、四六条こそ、両院の構成につき、他には各院別個の規定を持たない日本国憲法の下で、両院制、あるいは参院独自の役割を論ずるうえで、もちろん不十分な素材ではあれ（法典上の基本条文から即具体的問題解決が出て来るものでないことは何もこれらの条文に限ったことではない）、出発点とされなくてはならない、少なくとも無視して素通りできない規定なのではなかろうか。

右に述べたように、衆院に対する参院の独自性ということを考える素材としては、日本国憲法四六条はあまりにもあっさりし過ぎている。だが、これだけは言える。すなわち、ただ二つの院を作って「審議の慎重」を期そうとするなら、例えば一回の選挙で上位当選者を一方の院、下位当選者を他方の院に振り分ければ、選挙にかかるコストも最小限で済むはずであるが（こういう両院のうちどちらが一院、二院かは、もはや右で本稿が依拠した定義の埒外である）、日本国憲法はそういう選択をしていない。選挙の機会と種類を増やすことで、一院議員選挙のみでは拾い尽くせない「多角的民意の反映」を図ることだけが目的なら、何も参院議員の任期を衆院より長くしなければならない理由はない。それらでは、参議院議員の任期が衆院の二〜三倍にもわたることを説明し尽くすことはできないのである。

参議院議員の任期を六年とし、しかも三年毎半数改選という、「三月二日案」において初めて現れたこの条項につき、佐藤達夫は「松本大臣の考案であり、いわば第二院の〝練熟耐久〟を期待したもの」と推察しているが(43)、考案者の当時の主観的意図はともかく、少なくとも客観的に見た場合、二院議員に六年という長きにわたる任期を与えることで選挙民から相対的に隔離し、且つ、彼らを一度の選挙で総入替しないという方式において、日本国憲法四六条と合衆国憲法一条三節一項および二項が、互いに極めて似通ったものであることは一見明白である。よく知られている通り合衆国憲法の起草意図については、『ザ・フェデラリスト』という起草者自身による文書が残されている。我が国の教科書において決まって「連邦国家における州代表型第二院」の典型例として紹介される合衆国上院であるが、建国の父祖自身が語る連邦政府構想全体の文脈の中でより重要なのは、上院の「州代表型二院」としての側面ではなく、「思慮深く尊敬に値する市民によって構成された議院[44]」としての側面なのである。

2 『フェデラリスト』の上院観

『フェデラリスト』の上院構想は、同書の提示する次のような政治観の一部である。同書によれば、代議制は直接民主政という理想のやむをえざる代替物ではなく、「派閥（faction）の弊害」の抑制に資する点で直接民主政よりも優れたものである。利害を共有するする者どうしが「利益［集団］（interest）」を形成し、見解を共有する者どうしが「党派（party）」を形成し、利益・見解を異にする別の派閥と対立することは、人間の本性上やむをえないことであるし、それを禁圧することは自由の制約となる。だが、これらそれぞれ自らの一部利益を求める派閥が政府を支配するなら、国家の全体利益と、政府を支配できない少数派の権利とが犠牲とされよう[45]。こうした「派閥の弊害」を防止するための、しかも自由を標榜する政府が結社と政治活動の自由を抑圧しないで採りうる手段として、新連邦の統治構造が正当化される。その一つは、政府をいくつかの部門に（さらに一部門を上下両院に）分割し、一部門が一部利益追求的派閥に支配されたとしても、その「野心は」別の部門を支配する別の派閥の「野心によって対抗されるようにする」ことである[46]。もう一つは、一部利益を追求する各自の欲求がダイレクトに国政の場に反映されるのを防ぎ、国家全体の利益のための判断をなしうる知識と徳を備えた少数の人々によって国政が行われることである。[47]後者のための具体的手段こそ、大統領や合衆国憲法制定当時の上院議員の中間選挙制であり、直接民主政でなく代議制であり、[48]小共和国（各邦）を包摂する大共和国（連邦）の形成であ［り、そしておそらくは当時の制限選挙制であ］る。それらのうち、中間選挙制につき、

「……大統領と上院議員を選ぶ場合のこの形式は、怠惰や無知とか、軽率で欲得ずくの希望や恐怖とかを利用する党派的情熱による活動が、選挙人の小部分の投票によってしばしばつまらぬ人物を当選させている人民全般による選挙よりも大いにすぐれている。

大統領を選ぶために選抜された者による集まりや、上院議員を任命する州立法部は、一般的にみて、賢明で尊敬すべき市民をもって構成されるだろうから、彼らの配慮と票決は、その能力と徳性において傑出した人物、人民が信頼するに足る十分な条件が認められる人物にのみ向けられるだろう……」[49]。

また連邦という、交通・通信手段の未発達な当時において人々の統治への参加と関心を希薄化させるに十分な規模の大共和国形成が、派閥の弊害除去と有為の士の選出に役立つことにつき、

「……代表にふさわしい人格をそなえた人の割合が、大きい共和国においても小さい共和国においても同じであるとすれば、大きい共和国のほうがより大きい選択の自由をもち、したがって妥当な選択がなされる可能性も大きいということになろう。

次に、各代表者は、小さい共和国においてよりも大きい共和国においてのほうが、より多数の市民によって選出されることになるから、値打ちのない候補者が選挙にはつきものの悪質な手段に訴えて当選するなどということは、いっそう困難になるであろうし、また人びとの投票もいっそう自由に行われるから、より魅力ある才能、実績のある人や、より普遍的で、より確立した性格の人に投票が集中することになるであろう。(50)」

「……もし領域を拡大するならば、党派や利益群はいっそう多様化し、全体中の多数者が、他の市民たちの権利を侵害しようとする共通の動機をもつなどということは、おそらく、ますます少なくなるであろう。(51)」

確かに合衆国憲法制定当初（第一条第三節第一項）、上院議員は州議会により選出するものとされていたところ、一九一三年第一七修正によって直接選挙制に移行した。だが、上院議員の被選挙年齢が下院より高いこと（Senat（上院）＜senatus（元老院）＜senior）と、六年という長期任期、さらに議席数が少ないことは、そのまま現在の上院に引き継がれている特徴である。『フェデラリスト』においても被選挙年齢の高さは、広範な知識という、上院議員に期待される要請から説明されるが(52)、長期任期と議席数の少なさについてもまた、以上のような同書の政治観全体からの帰結として、以下のように導かれる。

「……上院の必要性を少なからず示すものは、一院制で、しかも多数の議員で構成される議会はすべて、突発的で激越な感情による衝動に支配され、党派的指導者に迷わされて、途方もない有害な決議をしてしまう傾向があるということである。［…中略…］この欠点を匡正すべき議院は、それ自体にその傾向があってはならず、したがって、その議員数は多数であってはならないということである。さらに、この議院は、大いに確固としていなければならず、したがって、相当に長い任期でその権力を保有すべきであるということにつきる」[53]。

「上院が補うべきもうひとつの欠陥は、立法目的と立法原則についての適切な知識の不足という点である。主として私的な性質の利益追求のために集まっている人々の議院、すなわち下院は、その任期も短く、公職の余暇を法律研究に当てようとする永続的動機に導かれることはないから、国家の政務や全体的利益は、もし全面的に下院議員だけにまかせるとすれば、下院に信託された立法権の行使における重大な過誤を免れることはできない」[54]。

合衆国の統治機構が人民に基礎を持たねばならぬこと、そのための唯一のチャネルが選挙であることを、その設計者はよくよくわきまえていた。だから、下院については「直接人民に依存し、人民と密接な共感をもつことが、とくに重要である。再三選挙を行うことは、この依存と共感とを有効に得られる唯一の方策である」と述べている[55]。しかし人民に近いことはまた、その院に私的一部利益どうしの争いが持ち込まれる危険を増大させる。これに対し上院は、人民への近さという点では下院に劣後するものの、人民から距離を置いているがゆえに「派閥の弊害」を免れ、全体利益を図ることができるとされる。反派閥主義（共和主義）的性格こそ『フェデラリスト』の政治観の特徴だとすれば、それが描く統治機構の中でも上院はとりわけ、反派閥主義（共和主義）的機関だということになる。

3 参議院の「練熟耐久」

日本国憲法および参議院議員選挙法制定当時に話題を戻そう。本稿三においては、参議院議員選出方法の成立過程を追ったが、実はそこで意識的に触れずに、ここまで後まわしにしてきた要素がある。「〝練熟耐久〟の第二院」、あるいは「練熟堪能の士」の院としての参議院という像である。参院を職能代表として構成すべしとの考えが、早くも一九四五年内に既に浮かんでいたことは、本稿でも先に見たとおりであるが、その際、あるいは職能代表と並ぶ形で、または職能代表制に期待される要素の一部として、日本側の議論の大勢は殆ど終始一貫して、参院議員に対して「練達の士」としての役割を期待していたことに注目せざるをえない(56)。

九〇回議会において金森大臣は、「徹底したる職能代表主義」採用は、少なくとも「今の日本の実情としては適当でない」とする一方、「職能的なる熱意と知識と経験とを持つような方々が適当な程度に於て参議院に現われることは好ましいのであります。それが若し全国的な選挙区で、若干の議員を選ぶ、而もそれに推薦と云うような形式を採るならば、幾分その趣旨を達成し得る」と述べている(57)。さらにこの文脈で無視できないのは、衆院小委員会においてなされた附帯決議が「社会各部門各職域の智識経験ある者」をもって参院を構成すべしとしたことである。参院議員の職能代表的性格の要素として、その知識経験を期待するという方向が、党の憲法案においてそれを主張する社会党のみならず、政府、議会を通じ広く支持されていたことを物語るものといえよう。

総定員、選挙区の設定や被選挙年齢などの法律事項についても、右のような参議院観は決定的に影響している。例えば金森大臣は議会において、政府部内での研究において以下のような意見があることを述べている。「国民の中の練熟して居る人々、即ち知識と経験を持って、物事を考える慎重であるべき人々を求むると云うのであるならば、この適材はそう国家の中に沢山はないのであるから、議員数もこれに合わせて少なくしたら宜いじゃないか」[58]。また被選挙年齢についても「参議院議員の被選挙資格の年齢と云うものよりも高くした方が、所謂慎重熟練の議員を此処に出すことが出来るのじゃないか、斯う云う議論もあります」[59]。全国区についても「比較的人材と云うものは、日本に公平に分散されては居りませぬ。各々何処かに固まって居る傾向がありまして、地域的に分けて選挙を致しますと、結局人材が公平に参議院に送られないのではないか。之を避ける為には、全国平均の選挙区にした方が宜いのではなかろうか」と述べている[60]。立案過程の中で一時、候補者推薦制を採るべしとの意見が浮上したことも、同じ目的によるものであることは、先に引用した議会での金森発言にも表れている。いかにして「熟練堪能の士」を集めるかという問題意識が参院議員選挙を特徴付ける諸要素を貫くポリシーであったことを、これらは示している。

問題は、当時の日本人による右のような議論において、「練達の士」を参院に集めるということが、いかなる政治観の文脈の中に位置づけられていたか、ということである。これにつき最も明確な形で述べているのは、松本烝治国務大臣が「三月二日案」に付した「説明書」の以下の件である。

「[二院制]ノ長所ハ不当ナル多数圧制ニ対スル抑制ト行過ギタル一時的ノ偏倚ニ対スル制止トニ在リ議会政治ハ必然的ニ選挙制度ト多数決制度ニ依リテ行ハルルモノナル所其ノ結果ハ動モスレハ多数党ノ専制ヲ生シ多数党ノ政策ハ時ニハ一党ノ利害ニ専念スル為国民全体ノ利益ニ副ハサルモノト為ルノ幣アルハ従来幾多ノ実例ノ示ス所ナリ」[61]（傍点は大石）

ここで述べられている参院の役割とは要するに、多数党の一部利益によって国政が専断されることのないよう、支持母体の一部利益ではなく、むしろその知識経験により、全体利益のための判断を行うことで、衆院の至らざるところを補うことである。松本大臣が六年という長い任期をもって参院議員を選挙人から隔離し、あるいは半数改選制をもって参院を、その時々の新鮮な世論の動向から隔離することで期待した「第二院の〝練熟耐久〟」も、右「説明書」のこうした参院観の中に位置付けて理解されるべきものであろう。

参議院発足後も、「緑風会」所属の有識者議員が最も参院らしいものとして懐古され[62]、あるいは「参議院の政党化」が問題とされてきたことは、まさに反党派的院としての参議院という期待が広く共有されてきたことを示している。かつて全国区に託された「練熟の士」による「良識の府」の理想は、現実の選挙結果の中で裏切られてきたが、最近に至ってもなお、その期待は捨て去られたわけではない[63]。

4　時代錯誤？

「練熟耐久」の徳を持つ一部知的上層エリートが庶民の支持に基礎を置く衆院（さらに間接的には議院内閣）の横暴・軽率を抑制するという、参院の意義に関する制定関係者の説明は、戦前の貴族院の存在意義に関する説明と軌を一にするものであり[64]、その裏に、何とか貴族院的なものを戦後に残そうという保守的意図を推測することも不可能ではないかもしれない。さらに『フェデラリスト』の上院観も、政治的判断能力育成に必要な教育が一部上層階級にのみアクセス可能であった当時を背景としているもので、その後の選挙権者の拡大、上院議員選挙の直接化および大統領選挙の事実上のそれとともに、現在のアメリカでは歴史的遺物と化しているといえるかもしれない。

そこで、そうした古き上流エリート主義的臭いの付着した「良識の府」という旧来の参議院像を捨て、むしろ衆院と同じく国民の直接選挙を受ける「民意の府」である以上、多元的一部利益間の競争が参院にも及ぶこと（「参議院の政党化」）をも真正面から肯定した上、衆院選挙では汲み尽くされない一部利益の反映機能を参議院に期待する議論が、参院問題に通じた人により、現下主張されている。[65] これは、参議院に「練熟堪能の士」を求めては現実の選挙制度の中で裏切られることを繰り返すという無い物ねだり的空論ではなく、現実的に調達可能な要素を用いて、不要とすら繰り返いわれてきた参議院に対し、その存在意義を再建しうるという強みを持っているようにも思えるが、これを未来志向の政策論としてではなく、現行法解釈というレトロスペクティヴな本質部分を持つ議論として見た場合、次のような疑問もある。まず「練達の士」を集めようとの参議院制度制定関係者の意図は、選挙区設定、総定数、被選挙年齢といった制度の枠組みのいたるところを規定しており、そうした意図を時代錯誤的だからといってむしり取って現行制度を理解することが、法改正論でなく現行法解釈として可能か。さらに、こうした論者は現行参議院制度のうち「ダイレクト・ゼネラル・フリーエレクション」にて構成せよという司令部側の指示の延長上にある「民主的第二院」という面に専ら着目しているのであろうが、そもそも司令部が当初提示してきた「マ草案」には参院はなく、それを日本国憲法に挿入したのは日本側である。しかも日本側案のうち、職能代表構想や任命制は、まさに司令部の右指示によって封殺されたが、松本大臣の挿入した現行四六条は残ったのである。殊参院制度については、「マ草案」前後の「血脈」「つながり」[66]を無視して良いものか。松本大臣の参院観が、憲法四六条を介して、現行法に残存していないか。参議院も、（あくまで質的に見た場合）衆議院と同様に、「民意の府」であると呼ぶことには吝かではない。しかし、現行憲法四五条・四六条の下では、両院の「国民代表的性格」には〝強弱〟（程度の差）があること、そしてそのことが、両院の権限の強弱と対応しているとする解釈[67]の方が、現行憲法解釈としては素直であろうと思う。だとすれば、では民主主義を建前とする憲法の下で、「国民代表的性格」において一院に劣る二院を、様々なコストを払ってまで、置くことがいかにして正当化され得るのか、という問題が次に浮上してくる。参院を共和主義的（「有為の士」による全体利益志向的・反党派的）機関として理解する本稿の立場は、その問題に対する現行法解釈論レベルでの解答例である（が、現行法によるそうしたポリシー選択の、現状の下での政策論的次元での有効性を弁護するものでは毛頭ない）。

5　共和主義的機関の多元主義的解釈？

両院議員を「全国民の代表」とする日本国憲法四三条一項の下で、議員に一部利益代表としての性格を与えることが引き起こす可能性のある問題については、樋口陽一によって指摘されてきた[68]。本稿が右で述べたように、松本大臣の挿入した現行四六条の背後にあるのが「練達の士」による全体利益志向的、反党派的政治観であるとすれば、樋口の指摘する問題は、参院においてより深刻であることになろう。

このような見地からすると、参院都道府県選挙区選出議員を都道府県の一部利益代表とする従来の最高裁判例の見方、さらにはその背景にある、現行参院議員選挙の仕組みを「国民各自、各層の利害や意見を公正かつ効果的に国会に代表させるための方法」（傍点大石）の一つとして理解しようとする多元主義的政治観がそもそも、参議院をめぐる原初理解とズレていることになる。

合衆国上院は、なるほど下院に比べ民意から距離を置いている点では共和主義的機関であるかもしれないが、一方でまた各州の一部利益代表でもある。だとすれば、二院を多元的一部利益代表として構成するのは我が国でも不可能ではないといわれるかもしれない。ならば二で述べたのとほぼ同じ議論を、煩を厭わずここでも繰り返すまでである。合衆国の場合、一方で上院を共和主義的機関とし、また一方で上院を州の一部利益代表としているのも、いずれも憲法典である。しかし我が国での問題は、参院を民意から相対的に引き離し、あるいは両院議員を「全国民の代表」としている憲法の下、法律レベルで勝手に参院を多元的一部利益代表に仕立てることが果たして許されるのかということなのであって、合衆国上院の場合とは、ここにおいても、問題次元が異なる。

参院を反党派的機関として構成しようとのポリシーが日本国憲法四六条に付着しているとすれば、一九八二年改正により全国区に比例代表制を導入したことは違憲かと問われるかもしれない。社会における多元的一部利益分布状況の相似的縮図を議会内に、少なくとも他の選挙制度との相対比較において正確に再現しうる点で、比例代表制は確かに多元主義的民主政観に親和的だといえる。あるいは公選法別表三で定員二人を割り振られた県選挙区は、一回の選挙につき当選人一人の小選挙区ということになるが、小選挙区制は大政党を支持する相対多数一部利益に圧倒的に有利だから、やはり参院を反党派的な院としようとしている憲法に違反するかと問われるかもしれない。だが、比例代表制や小選挙区制が、その他の選挙制度との比較で相対的に、特定の一部利益に有利な結果をもたらすことは確かにありうるが、選挙に参加できる各党派に対して投票前の段階で与えられている〝機会〟は平等である。これに対し、「都市」に対して「地方」の投票価値が重くなった状況にある定数配分が、都市と地方のどちらの一部利益に有利な〝結果〟をもたらすかは、投開票を行う前から既に判り切っているのであって（「地方」に対するアファーマティヴ・アクション？）、その一部利益優先度において質的差異があるものといわなければならない。

五　実体的でなく手続的瑕疵に着目した違憲審査方法論の適用

本稿の以上の考察からの結論は以下の通りである。

本稿**一**で指摘した通り、最高裁は「投票価値の平等」を憲法の保障する基本的人権の一環として認めてきた。だとすれば、参議院議員選挙法制定当初二・六二倍であった投票価値の選挙区間最大格差が五倍以上に開いてしまった現状は、違憲状態にある疑いが高いという前提から出発すべきである。

もっとも最高裁の従来の判例に従えば、

①　投票価値の平等あるいは人口比例原則に対抗されるべき何らかの正当な実体的政府利益が立法者によって提示されている場合、右瑕疵は治癒される可能性がある。

だが本稿**三**で確認したように、参院都道府県選挙区選出枠の成立過程においても、また制度発足後においても、投票価値の平等あるいは人口比例原則を譲歩させてでも各都道府県に各二人の参議院議員をその人口に関わらず無差別配分しようという、従来の最高裁判例が想像したようなポリシーの選択を、実際の立法過程は行っていない。では出発点に戻って、基本的人権が侵害されている状況は違憲であると裁判所はいうべきか。参議院議員選挙法制定当初二・六二倍であった格差がこれだけ開いても抜本的改正に国会が乗り出さないのは、もしかしたらそうした現状を国会が黙示的に追認しているのかもしれない。そして、これも本稿冒頭指摘したように、最高裁の従来の判例は次のような公式を議員定数配分にも適用してきた。

② 立法に当たって犠牲とされる基本的人権と追及される政府利益との間の実体的価値衡量には、高度に「政策的又は技術的考慮要素が存在する」から、それは裁判所ではなく、「国会の広い裁量」に委ねられるべきである。

この背景には、合憲か違憲か解釈の分かれる政策選択は、民主的正統性と専門技術的知識の調達可能性において裁判所よりも優れた国会が行うべきだ、国会の政策選択判断を裁判所が覆すことは反民主的かつ反専門技術的だ、という一種の役割配分論があるのだろう。これを正面突破して裁判所に違憲判断を求める評釈方法もあろうが、本稿としては、これら前提を最高裁と共有しつつ、しかも違憲判断を行う方途を試作提示することにする。(69) それは、参議院議員選挙法の制定に当たった人々が予想もしなかったその後の人口分布変化により、「投票価値の平等」という基本的人権の侵害度が当初の立法者の意図をはるかに超えているにもかかわらず、そうした状況を正当化するポリシー選択が、その後の国会によって明示されていないのは、基本的人権制約を行うために本来踏まねばならない民主的手続の要請に反しているがゆえに、違憲であるというものである。こうした違憲判断方法は、法律が権利制約状況をもたらしていることの実体的瑕疵ではなく、手続的瑕疵を問題にする点で、政府利益よりも人権の保護を優先すべきだといった裁判所自身の実体的価値判断でもって、逆に政府利益を優先させた国会の実体判断に置き換えるわけではないから、裁判所による違憲判断の反民主性、反専門技術性のいずれの問題をも生じさせない。

いや、本稿がいう手続的瑕疵着目的違憲判断方法も、現状を放置している国会の黙示の政策選択を覆す以上、反民主性、反専門技術性において実体的違憲審査方法と異ならないといわれるかもしれない(70)。だが、手続的違憲判断により、制定当時から大きく変更した事情の下で、人口比例原則を譲歩させてでも追及したい新たなポリシーの明示を立法者に要求する方が、法改正の不作為を放置するよりも、立法の民主性をより高めるであろう。いつでも合憲判断が民主的で違憲判断が反民主的だというわけではないのである。

こうした、権利制約状況形成過程の手続的瑕疵に着目する違憲審査方法論に対しては、基本的人権擁護という観点からは、立法府が新たな立法を通して規制を復活させる可能性を残す点で脆弱であるとの疑問がありうる。しかし、国民の目前で新たな立法を行わざるを得なくされた立法府は、再び規制を設ける場合、国民に対してそれなりの政治的責任を負わなくてはならなくなるであろう。むしろ民主的統治構造の中枢は、裁判所による実体的立法違憲判決ではなく、政治部門が国民に対して負う政治責任である。本稿が主張する手続的違憲審査方法論は、まさにこの政治責任を明確化するのに資する。また新たな立法による規制復活がなされた場合、それに対する実体内容的違憲判断の可能性を、本稿主張の方法は、特に排除するものではない。といえば、さらに次のような疑問がもたれるかもしれない。いずれ実体内容的違憲判断を行うのであれば、権利侵害状況形成過程の手続的瑕疵に依拠した違憲審査など行わずに、最初から実体内容的違憲審査を行っておれば、手間が省けるのでないかと。これに対してはさしあたり次の二つをもって応えておきたい。第一に、手続的瑕疵を理由とする違憲判断の結果、それに立法府が従って法律の改廃を行えば、裁判所による違憲判断の反民主性・反専門技術性が問われないで済む。第二に、民主主義を基本原理とする統治制度の下では、問題解決は、やはり人民の代表によってなされる方が本筋である。この違憲判断手法は代表者に対して、憲法問題解決義務を任意履行する機会を与える。民主的な政治共同体の市民たるもの、その手間を惜しんではいけない。

(1) 最大判平成一六年一月一四日・民集五八巻一号五六頁。
(2) 最大判昭和五八年四月二七日・民集三七巻三号三四五頁。
(3) 最大判昭和五一年四月一四日・民集三〇巻三号二二三頁。
(4) 佐藤功・法セミ二九三号（一九七九）一四［一九］頁。さらに「私は、参議院は別で、非常に極端なことをいえば、アメリカ方式だってかまわないのではないか。むしろ衆議院の方を頭数でやっていくなら、それとのバランスで、参議院の地方区では地域に重点を置き、過疎地帯からはたくさん代表が出なければ、過大代表でなければ、代表全体としてのバランスがとれないのではないか」とするジュリ六一七号（一九七六）一四頁以下の最大判昭和五一年四月一四日をめぐる座談会における久保田きぬ子発言［一八頁］。以上は一九八三年判決以前のものであるが、同判決以後のものでは尾吹善人『解説憲法基本判例』（有斐閣　一九八六）二二二頁が、「全参議院議員を各都道府県、またはより広域の各ブロックに同数ずつ配分することさえ憲法上可能」とする。
(5) 最大判平成八年九月一一日・民集五〇巻八号二二八三頁。
(6) 『最高裁判所判例解説　民事篇　平成八年度（下）』七一二頁［川神裕］。
(7) 各州人口データは外務省北米局監修『最新アメリカ合衆国要覧—五〇州と日本—（3訂版）』（東京書籍　二〇〇二）による。
(8) 例えばドイツ連邦参議院議員の各州への議席配分の場合、人口比例的要素も加味されてはいるが、やはりそれは基本法自体（五一条）に規定されており、しかもその条文は、連邦議会の構成原理に関する三八条とは別個に設けられている。こうした構造は基本的にワイマール憲法、一八七一年ドイツ帝国憲法も同じである（前者の六一条・六三条、後者六条が現行五一条に相当する）。
一八三一年（現行）ベルギー憲法典は第一院の構成につき四九条三項で、「選挙区間における代議院議員の配分は、人口に比例して、国王によって行なわれる。右の目的のため、一〇年毎に国勢調査を行う。調査の結果は六ヶ月以内に国王が公表する。右の公表後三ヶ月以内に、国王は、各選挙区に割り当てられる議席数を決定する。新配分は、次の選挙から適用される」とする一方、第二院たる「元老院」の構成については、やはり第一院とは別の条項（五三条）を置き、元老院を構成する議員のうち各州議会選出議員につき「住民二〇〇、〇〇〇人につき一人の割合で、州議会によって選出される議員。二〇〇、〇〇〇人を超えること少なくとも一二五、〇〇〇人以上のときは、さらに一人の元老院議員を選出することができる。ただし、各州議会は、少なくとも三人の元老院議員を選出する。」とする（五三条二号）。ここでは州議会選出元老院議員につき、基本的には人口比例的ポリシーが採用されているが、但書によって、それは後退させられている。しかしここでも、憲法典自体が明文で採用したポリシー選択の必然的帰結につき、違憲問題を語る余地がないことは同様である。

一九四七年（もっとも左引用条文はいずれも一九六三年改正による）イタリア憲法も、やはり第一院につき五六条で「議席の選挙区への配分は、最近の国勢調査による共和国の住民数を［総定数の］六三〇で割り、議席を、基数および最高剰余数の基礎にもとづき、各選挙区の人口に比例して割り当てることによって行われる。」とする。この憲法典は第二院についても五七条で「議席の州への配分は…最近の国勢調査による州の人口に比例して行われる」（四項）とする一方、「どの州も、七名より少ない数の元老院議員をもつことができない」（三項）とする。

以上、ドイツの諸憲法典については高田敏・初宿正典編訳『ドイツ憲法集（第三版）』（信山社　二〇〇二）、それ以外については宮沢俊義編『世界憲法集（第四版）』（岩波文庫　一九八三）に拠った。

（9）　議院の構成原理につき、我が国とは異なり、各院別個の規定を置くフランス現行第五共和国憲法の下ですら、「単一不可分の共和国」において「地域代表」としての二院という観念が困難であることを紹介した上、まして構成原理につき両院共通の規定しか持たない日本国憲法の下では、その観念が困難であることを指摘する只野雅人「不可分の共和国とフランス元老院―「地域代表」の観念をめぐって―」法時七三巻二号八八頁（二〇〇一）を、ここで引用しておかなくてはならない。

（10）『最高裁判所判例解説　民事篇　昭和五十八年度』一七九頁［村上敬一］。

（11）日本国憲法成立過程に関する最も包括的資料としては、いうまでもなく佐藤達夫（三・四巻は佐藤功補訂）『日本国憲法成立史』（有斐閣　一巻一九六二　二巻一九六四　三巻・四巻一九九四）があり、本稿も日本国憲法成立までの段階につき主にこれに依拠したが、その他本稿執筆に当たって参照確認した資料として入江俊郎「日本国憲法成立の経緯」（同著『憲法成立の経緯と憲法上の諸問題』（第一法規　一九七六）所収）、国会関連憲法規定の成立につき佐藤達夫「憲法『第四章国会』の成立過程」レファレンス五二号一頁（一九五五）、憲法調査会『憲法制定の経過に関する小委員会第二十八回議事録』（大蔵省印刷局　一九五九）における佐藤達夫参考人発言、清水伸編著『逐条日本国憲法審議録〔増訂版〕（第三巻）』（日本世論調査研究所　一九七六）。

以上は日本国憲法成立までを射程とするものであるが、参議院議員選挙法の成立過程を射程に入れるものとして、佐藤達夫「参議院全国区制の成立過程」レファレンス八三巻一頁（一九五七）、第九一回帝国議会における参議院議員選挙法に関する議事は、全国選挙管理委員会編『選挙制度国会審議録（第一輯）』（一九五一）に所収。

なお、概説書、注釈書および論文で参議院制度の成立過程に言及するものは少なくないが、そのテーマに特化した比較的最近の論稿として、市村充章「参議院選挙制度の制定過程と二院制の変貌」議会政策研究会年報創刊号四三頁（一九九四）、同「参議院議員選挙地方区／選挙区の定数配分はどのように計算されたか」議会政策研究会年報四号六五頁（一九九九）、同「参議院の役割と選挙制度の再検討⑴・⑵」議会政治研究五六号一七頁・五七号三二頁（二〇〇〇～二〇〇一）には、本稿執筆に当たって大いに示唆を受けた。

(12)　入江俊郎『憲法成立の経緯と憲法上の諸問題』八頁。

(13)　入江前掲書一二頁。さらに佐藤達夫『日本国憲法成立史（第一巻）』一六四頁。なお戦前の貴族院改革論議の中の一案として、ファシスタ党政権下のイタリアに倣い、貴族院に職能代表を導入すべしという主張があったとされるが（深瀬忠一「日本国憲法における両院制の特色」清宮四郎・佐藤功編『憲法講座3　国会・内閣』（有斐閣　一九六四）二〇〔三三〕頁）、こうした戦前の貴族院改革論議と戦後の「貴族院改革」あるいは参院をめぐる論議における職能代表導入論との間の脈略如何については現下確認していない。

(14)　貴族院に替わるべき「公選の議院は、おそらくは、地域集団よりもむしろ、土地所有・産業・金融のような集団利益を代表させることになろう」との、当時内大臣府御用掛であった近衛文麿の談話を、一九四五年一〇月二三日ニューヨーク・タイムズ紙が伝えていること（佐藤達夫『日本国憲法成立史（第一巻）』二一五頁）も、このことを示すものといえる。

(15) 松本委員会での審議のうち本稿の関心に関わる部分のみ佐藤達夫『日本国憲法成立史』第一巻二五二―三七四頁から抜き出すと、一一月八日第三回調査会では、「貴族院令を普通の法律とすると、議員が発議権をもつことになり、職能代表が出てきた場合に発案の乱用をするおそれがある」ことが話題となっており、また貴族院内にも「職能代表的な地方議員の新設」という主張があることが紹介されたが、一二月二二日第五回総会において配布されたプリント「憲法問題調査委員会第一回乃至第四回総会並びに第一回乃至第六回調査会において表明せられたる諸意見」中、旧憲法三四条の改正に関する部分には、併記された意見のうちの「三説」として、「議員は地域代表的性質を有するものの外職能代表的性質を有するものを設くべし」があげられている。なお、そこにいう「三説」が指すものとして考えられるのは、具体的には、「参議院ハ参議院法ノ定ムル所ニ依リ地方団体及職能団体ヨリ選挙セラレタル議員ヲ以テ組織ス」とする清宮四郎委員私案と、「参議院ハ法律ノ定ムル所ニ依リ練熟堪能ナル者並ニ職域及地域ヲ代表スル者ノ中ヨリ勅任又ハ選挙セラレタル議員ヲ以テ組織ス」とする入江俊郎委員私案であろう。また河村又介委員私案にも、「元老院ハ元老院組織法ノ定ムル所ニ依リ各種職域ニ於テ選挙セラレタル議員ヲ以テ組織ス」とある。この後しばらく、右プリントおよび各委員提出の私案をも参照しながら逐条的に検討が行われている。「第三章　帝国議会」に関しては一二月二六日第六回総会において話し合われたが、そこでは「参議院」が第二院の名称の候補として登場しており、またその構成につき「地域別・職能別の選挙によるものと、勅任によるものとの二種類にしたい」との発言があったとされる。

(16) 佐藤達夫『日本国憲法成立史』第二巻五四一頁以下に所収。なお同委員会による「乙案」三五条(A案)および(B案)(同書五七一頁)も、甲案(B案)と乙案(B案)との間に非本質的字句訂正がある他、甲案と全く同じ。なお、一九四六年二月一日の毎日新聞による「憲法問題調査会試案」スクープ事件の後、連合軍総司令部からの督促に応じて提出されたのは「甲案」の要綱である。

(17) 「貴族院令改正要綱」と松本委員会における議論や「甲案」との間に「一脈の関連がみられ」ることにつき、佐藤達夫『日本国憲法成立史』第一巻三九五―三九六頁は、「時期的にいって当然」だとする。

(18) 民間草案につき佐藤達夫『日本国憲法成立史』第一巻七三三―八八三頁。それに拠ると、例えば民間案中最初

（一九四五年一二月二六日）に発表された「憲法研究会」による要綱は、「第二院ハ各種職業並其ノ中ノ階層ヨリ公選セラレタル満二十歳以上ノ議院ヲ以テ組織サル」とする。なお、この「憲法研究会」メンバーであった高野岩三郎が、翌四六年一月、独自に発表した案も、「第二院」の構成については「研究会案」とほぼ同じであるが、さらにその任期を三年とし、毎年三分の一づつ改選することとしている。一九四六年一月二一日、要綱の形で発表された大日本弁護士会連合会案は、「職域代表及勤労ニ因リ勅任セラレタル者〔…中略…〕ヲ以テ之ヲ組織スル」としている。同月二八日発表の里見岸雄案も「西院」につき職能代表議員を加える。日本社会党が同年二月二三日発表した「新憲法要綱」は、「参議院は各種職業団体よりの公選議員を以て構成し、専門的審議に当る」としている。おそらく政府案に、おそらく最も近い形で参議院制度の輪郭を描く民間案は、「憲法懇談会」が三月五日発表した案である。その「第三十四条」一項は「参議院ハ地方議会議員ニ依リ選出セラレタル任期四年ノ議員（二年毎ニ其ノ半数ヲ改選ス）及学識経験アリ且ツ徳望高キ者ノ中ヨリ両議院ノ推挙シタル任期六箇年ノ議員ヲ以テ組織ス」というものであった。

(19) 佐藤達夫『日本国憲法成立史（第一巻）』九四〇頁以下に拠れば、これらとほぼ同時期の世論調査では、「貴族院を職能代表議院とする」ことへの賛成者二一%、「公選の知事、職能代表、学識者をもって第二院を構成せしめる」に賛成が四五%であった。もっとも「世論」とはいっても、当時の国民生活の逼迫状況を考えると、一般国民が憲法につきどの程度の関心を持ち得たかは疑わしい。

(20) 佐藤達夫・佐藤功補訂『日本国憲法成立史（第三巻）』二一八頁以下。

(21) 同前六三頁。

(22) 同前九七―九八頁。

(23) 同前八〇頁。

(24) 同前一三二―一三三頁。

(25) 同前四七三頁。

(26) 例えば清水伸編著『逐条日本国憲法審議録〔増補版〕（第三巻）』一五五頁及び佐藤達夫・佐藤功補訂『日本国憲

法成立史（第三巻）』五二五頁の金森徳次郎大臣発言。

(27) 例えば枢密院における憲法案審議の際、職能代表制が「全国民を代表するという条件、社会的身分による差別禁止の点から困難であるように見えるがどうか」という委員からの質問に対し、松本大臣は、「私見では、[参院議員の被選挙]資格を制限して、何年間、何の職に従事したという条件をきめても、第四〇条［現行四四条］の但書には関係あるまいと思う」と答えている（佐藤達夫・佐藤功補訂『日本国憲法成立史（第三巻）』四〇三頁）。

(28) 佐藤達夫・佐藤功補訂『日本国憲法成立史（第四巻）』八二七頁。

(29) 佐藤達夫・佐藤功補訂『日本国憲法成立史（第四巻）』六一六頁、佐藤達夫「参議院全国区制の成立過程」レファレンス八三巻五頁。

(30) 一九二五年法によって導入された、一選挙区あたり三―五人の当選人を割り当てる制度を我が国では「中選挙区制」と呼んできたが、一九四五年法改正で各県を一選挙区（一都一道二府四県のみ例外的に二選挙区）とする制度にかわり、これが一九四七年法改正による「中選挙区制」復活まで続いた。

(31) 佐藤達夫・佐藤功補訂『日本国憲法成立史（第三巻）』二九八―二九九頁は、参院の「選挙区の拡大」について日本側とケイディス大佐との会談で話題とされたと伝えている。九〇回帝国議会向け想定問答においても「衆議院議員の場合に比し、選挙区を一層大きく」することが、両院議員選挙を「できるだけ異ならしめる」ための手段の一つとされている（佐藤達夫・佐藤功補訂『日本国憲法成立史（第三巻）』四七四―四七五頁）。

(32) 佐藤達夫「参議院全国区制の成立過程」レファレンス八三巻六頁。

(33) 同前一八―二三頁。

(34) 同前七頁。

(35) 同前二七頁。

(36) 清水編前掲書註(26)一二五頁。

(37) 佐藤達夫・佐藤功補訂『日本国憲法成立史（第四巻）』六二四頁註（3）に引用されているものによった。

(38) 前掲註(29)。

(39) 佐藤達夫「参議院全国区制の成立過程」レファレンス八三巻二三頁。
(40) 市村充章「参議院議員選挙地方区／選挙区の定数配分はどのように計算されたか」議会政策研究会年報四号六五頁（一九九九）、同「参議院の役割と選挙制度の再検討(1)」議会政治研究五六号一七頁（二〇〇〇）。
(41) 一二九・参・政治改革特別委・四号（一九九四年六月二一日）における特に発議者松浦功議員発言。
(42) 例えば宮沢俊義（芦部信喜補訂）『全訂日本国憲法』（日本評論社　一九七八）三五一頁は、衆議院の方が「国民代表的性格がより強い」とする。
(43) 佐藤達夫・佐藤功補訂『日本国憲法成立史（第三巻）』八〇頁。
(44) 齋藤眞・武則忠見訳『ザ・フェデラリスト』（福村出版　一九九一）三〇八頁。
(45) 派閥の弊害とその除去策につき同前第一〇篇［マディソン］。
(46) 同前第五一篇（抑制均衡の理論）［マディソン］。
(47) 同前第一〇篇四七頁［マディソン］。
(48) 同前第一〇篇四六―四七頁［マディソン］。
(49) 同前第六四篇三一三頁［ジェイ］。
(50) 同前第一〇篇四八頁［マディソン］。
(51) 同前。
(52) 同前第六二篇三〇〇―三〇一頁［マディソン（ハミルトンの可能性もあり）］。
(53) 同前第六二篇三〇三頁［マディソン（ハミルトンの可能性もあり）］。多人数で構成された合議体が暴民（mob）化するという見方は『フェデラリスト』に何回か登場するが、その一つを、付随して以下に引用する。
「第一に、議会の議員数が多ければ、その構成者がいかなる性格のものであろうと、情念が理性を支配しやすいことはよく知られているところである。次に、人数が多いほど、知識が限られ能力のとぼしい者の割合が増えるということである」（第五八篇二八六頁［マディソン（ハミルトンの可能性もあり）］）。
(54) 同前第六二篇三〇三頁［マディソン（ハミルトンの可能性もあり）］。

(55) 同前第五二篇二五八頁［マディソン（ハミルトンの可能性もあり）］。

(56) 初期の政府系の案では、職能代表的要素と並立する形で、二院の練達が期待された。先に引用した、当時法制局第一部長入江俊郎が委員の一人として松本委員会で提示した案、同委員会「甲案」並びに「乙案」のうち（A案）および（B案）、さらには一九四六年一月八日閣議決定「貴族院令改正要綱」における「三、勅任議員」のうち(イ)がその例である（いずれも先に本稿で引用した）。

一方、民間の案にも、参院に「学識経験」を期待する案が多い。本稿註（23）で紹介した民間案は、職能代表的要素を採用するものに限ったが、それを採用しない日本自由党案も「参議院ハ学識経験ノ活用ト政治恒定ノ機関トス」としていたこと、同じく日本進歩党案も「参議院ハ参議院法ノ定ムル所ニ依リ学識経験者及選挙ニ依ル議員ヲ以テ之ヲ組織ス」としていた。さらに、佐藤達夫『日本国憲法成立史（第二巻）』九三三頁註一によれば、右諸案と同時期に出版された金森徳次郎『日本憲法民主化の焦点』も参院につき「其の構成要素は練熟堪能の士を以て宛てる」とする。

民間案の中には、職能代表の中に「学識経験」を期待するものも多かった。日本社会党案が「職業団体よりの公選議員を以て構成」される参院の役割を「専門的審議」としているのはその例と思われるが、さらに憲法研究会の鈴木安蔵が、そこでの議論を参考に作ったとされる「新憲法制定の根本要綱」にも、「第二院は職能代表をもって構成され、特に知能代表の特質を明確にし」とある。さらに憲法懇談会が憲法草案に付した「特色」と題する文書も、「参議院ハ寧ロ国民各層ノ知識経験ヲ代表セシムルコトトシタリ」とする。

(57) 清水編前掲書註（26）一五五‐一五六頁。

(58) 同前一二二―一二三頁。

(59) 同前一三四頁。

(60) 同前一三六頁。

(61) 佐藤達夫・佐藤功補訂『日本国憲法成立史（第三巻）』九一一頁。

(62) 「緑風会」含め初期参議院議員選挙の実態についての大変興味深い実証研究として市村充満「参議院選挙と選出

議員」議会政治研究五八号一七頁（二〇〇一）。
(63) 例えば一九八三年の全国区への比例代表制導入に当たり、名簿に各界有識者を載せるべきことがいわれた。また「参議院制度研究会」による一九八八年の「参議院のあり方及び改革に関する意見」においても、参議院に「専門家としての意見を十分に取り入れることが期待され」ている（議会政治研究一〇号所収）。さらにこの点第八次選挙制度審議会第一次答申（一九九〇）も同旨。
(64) 典型的には伊藤博文『憲法義解』のうち帝国憲法三三条および三四条への注釈。参議院制度立ち上げ当時盛んにいわれた二院の「熟練耐久」という言葉自体が、もともと同書に用いられたものである。
(65) 市村充満「参議院選挙制度の制定経過と二院制の変貌」議会政策研究会年報創刊号四三頁（一九九四）、同「参議院の役割と選挙制度の再検討(1)」議会政治研究五六号一七頁（二〇〇〇）、前田英昭「二院制—参議院の役割と『自主性』」ジュリ一一七七号三七頁（二〇〇〇）。
(66) 佐藤達夫「憲法『第四章国会』の成立過程」レファレンス五二号一頁、佐藤達夫（佐藤功補訂）『日本国憲法成立史　第三巻』五頁註二。
(67) 宮沢前註（42）。
(68) 樋口陽一「利益代表・地域代表・職能代表と国民」ジュリ八五九号一二頁（一九八六）、『注釈　日本国憲法　下巻』（青林書院　一九八八）八五九、八六六—八六七頁［樋口陽一］、樋口陽一『憲法Ⅰ』（青林書院　一九九八）一五二—一五三頁。
(69) こうした違憲判断手法に関する、より一般的考察として拙稿「司法審査における反専門技術性という困難—法形成過程の民主性補強的司法審査方法論の可能性と課題—」法学六七巻五号六九頁（二〇〇四）を参照いただければ幸甚である。
　なお、制定時点ではそれなりの合理性を持っていた法律が、その後の事情変更により合憲性を疑われるに至ってもなお改正がなされないという、本稿が扱うのと同じパターンの問題へ対処法として、ドイツでは立法の「改善義務論」なるものが、連邦憲法裁判所判例および学説上説かれているという（これを紹介するものとして合原理映「立法者に対する法改正の義務づけ—ドイツ連邦憲法裁判所における改善義務論—」阪大法学四九巻一号二六九頁（一九九九）、同「立法者に対する法改正の義務づけ—改善義務に関するドイツの学説の考察—」阪大法学五三巻六号一五三頁（二〇〇四）。私自身がドイツでの議論を丹念にフォローしたわけでなく、右合原論文を通して理解し得た限りということでいえば、ドイツの「改善義務論」は、やはり戦後その国でいわれてきた「基本権保護義務論」の一発現場面であり、基本権という実体的価値を保護しなければならないという立法者の義務が、「改善義務」の根拠とされているように見える。これに対し本稿および右拙稿主張の方法は、本文でも繰り返すように、権利制約状況に至るために必要な手続をきちんと踏まないことの瑕疵に着目するという形をとる点で、やはり違いがあるように思われる。

（70）実際、最大判平成一〇年九月二日・民集五二巻六号一三七三頁に関する調査官解説（最高裁判所判例解説　民事篇　平成一〇年度（下）七〇四頁［西川知一郎］）は、「較差の是正を図ることを目的とした議員定数配分規定の改正という立法行為も、較差の是正をしないという立法不作為も、共に現行の議員定数配分規定の下における投票価値の不平等状態という事態に直面した国会の裁量権の行使の一態様にほかならないのであって、［中略］考慮すべき要素に違いはない」とする（同七二三—七二四頁。『最高裁　時の判例I　公法編』（有斐閣　二〇〇三）八二頁［西川知一郎］も同じ）。

国会議員政策担当秘書の創設

島貫 孝敏

ここ数年国会議員の秘書にまつわる不祥事が頻繁に惹起し、秘書の解職、逮捕、起訴はおろか、主たる責任の所在である議員の逮捕、起訴に至り有罪判決の後の自殺さえも目にし、国民の信託を得ていながら、その代表としての立場と責任を問われる報道等が後を絶たない。

さらに国の内にあっては経済財政の危機、教育、道徳の崩壊、展望の見えない失業者への対策、地に足の着かない外交、安全保障、危機管理、国の外においては、見定めの不計測な加担と援助等々数え上げれば切りが無く、真に国家興亡の岐路にあるといえる近現の日本であるにもかかわらず、このような現実を背負う国民の信託を受け付託に応える義務のある国民の代表者は何をどのように考え国民のための未来への計画を持つのか、国民の範となるべき者がいわずもがなの諸法規を自ら制定しておきながらその最低限の遵守すべきことすらせず、自らそれを破滅させている。

イギリスの政治家グラッドストンは、「政治の目的は善を為すに易しくして悪を為すに難しい社会を作るにある」と明言している。しかるに現代日本の国家及び社会的傾向はこの言葉とは正反対で、悪を為すに易く、善を為すに難しい社会であり、不義者が跋扈し、正直者が引っ込む社会であるように思う。

かつて、末弘厳太郎先生が東大法学部の助教授時代に雑誌「改造」に発表されたエッセイ「嘘の効用」(先生のこの中のテーマは、民法論上の問題に対するこれまでにない具体的な提案で、「嘘」をもとにした新しい民法学の方法論をわかりやすく説明されたものである。)の中で、「ここでいう『嘘』は、西洋諸国や日本の言語で『嘘』ないしそれに該当することばが意味する『事実に反するということを知っている者が、そのことを知らない相手にそれを事実として述べて騙す行為』を意味するのではなく、『社会の現実の必要に鑑みると、法律上の定めを厳格に文字どおりに守るわけにはいかないので、法律のことばの意味を操作して、あたかも法律を条文のことばどおりに守ったかのごとき外形をつくる行為』をいう。」としている。

前者の「嘘」がまさしく軽々なる議員による秘書採用届けの際の名義借りであり、秘書による議員への名義貸しである。

末弘先生の「嘘（の効用）」を思い出し、昨今の事情に照し、自ら先生の説かれる真の効用なる「嘘」を理解できているかを問い正しながら本題に入る前の言葉とさせていただきました。

一　国会議員秘書制度の基礎構造

1　一般的概念としての「秘書」

「秘書」的機能は、事務量が多くなると多くの組織で必然的に整備が求められる。

「秘書」の本質は、「雇用者あるいはこの委任を受けた者若しくは重要な官職等にある者の命を受け機密に関する事項、事務を掌る職」とされるが、現実の秘書には、日程管理、来客の接遇、文書の管理、命を受けた事項等に関する資料の収集、研究、調査その他の補助的業務及び環境整備など種々雑多な職務が課せられ、かつその国、その組織の文化が投影される。

秘書的機能を整理すれば、秘書は、経営・管理層に向けられたその補助的業務を担当するもので、機密あるいは重要な情報が交換されるコミュニケーション・ネットワークの中心に位置付けられるものといえよう。

企業における秘書といえば、一般にビジネス秘書がイメージされ、経済学、地理、商業史、民商法、会計学、社会学、心理学などの基礎知識が期待される。

国会議員の秘書には、このような一般的特質を備えながら、かつ、政治秘書という他の秘書とは異なった側面を有し、特に平成五年度（平成六年一月一日から採用）から創設された政策担当秘書は、国会法第百三十二条第二項に定めるとおり、「議員の政策立案及び立法活動を補佐する」ため、歴史、経済学、社会学、法律学はおろかあらゆる分野に対し十分な学殖を備え、その備える能力が望まれる。

2　国会システムと秘書制度

秘書制度を取り巻く環境を見るとき、まず、秘書対議員の関係を中心に据えるとその外側に位置するのが国会システムとの関係であり、その囲りに国民、一般社会との関係が存在するといえよう。

まず、

(1)　秘書と国会議員の関係については、秘書を「事務補助員（国会法制定時）」としてスタートさせ、後に「秘書」の名称に改められるが、平成六年一月一日から採用可能となった「政策担当秘書」が創設されるまでは、秘書の性格、職務等は規定されることはなく、「議員の職務遂行の便に供するため、各議員に〇人の秘書を付し、……」として国会議員の職務遂行の便宜のために設けられた制度で、秘書固有の職務は、制度上存在することはなく、もっぱら議員との関係、私設秘書を含む当該議員の擁する各秘書との位置付けによって決まってくる。そこでは、どちらかと言うと、立法事務、調査事務などの専門知識は必ずしも必要とされず、議員個人の世話、機密保持などの便宜が優先されているようで、少なくとも政策担当秘書の制度が出来るまでは、このように言えよう。

秘書の職務は議員活動の一環をなすが、秘書は議員と異なる別個の人格を持つ。議員の身内が構成員の場合には相克は少ないであろうが、身内以外の者によって構成されている場合には議員との間において利害関係が発生する余地がある。

私設秘書の待遇については、雇用主である議員が腐心しなければならないが、公設秘書に関しては国が肩代わりをし、しかも退職手当、年金等多くの点で一般職の国家公務員に準ずる関係制度が整備されている。公設秘書が一般公務員と特異とするところは、解散、議員の任期、選挙の結果等に支配されるところである。

次に、

(2)　秘書と国会システムの関係であるが、立法府としての国会の組織は、衆議院、参議院、国会図書館、裁判官訴追委員会及び裁判官弾劾裁判所から構成されているが、これらの機関で営まれる国会活動は、国会議員と各機関に属する国会職員と秘書との協同によって担われる。

公設秘書の規模は両院で約二千二百名にも達し私設秘書を含めればこの四倍を超え、国会機構の大きな部分を占めている。秘書の活動舞台は、議員の選挙区関連のものをはじめ、院内外、行政府に広がり、政党、派閥の内外の情報、あるいは国際的情報交換を通じて議員の意向を体し、目標とする行政府等をターゲットとして、かかる意思決定過程に働きかける。このような活動は、政・官・民の日常的な融合を基盤として行われ、この場合秘書は国会と行政、国会と選挙区等の接点に位置づけられる。

次に、

(3)　秘書と国民の関係で、国民は、秘書と直接の関係を持つものではない。参政権を媒介としてつながるのは議員であり、日常種々の陳情、請願その他の依頼についても議員に対してである。秘書はあくまでも議員の「代理者」である。しかし、選挙区の住民に対して議員の看板をバックに日常的な接触を持つのも多くは秘書であり、事実上秘書は選挙民や企業等と議員とのパイプ役を務める。このパイプ役には、当然私設秘書も含まれる。

ひるがえって、国民は秘書に対してどのような評価を与えているかに関する既往の調査や研究は存在しないが、秘書個々人の人間的魅力・力量というものが評価を左右する部分はあるとしても、直接評価の対象とはしないであろう。

秘書の活動は当然のことながら議員には極めて重要なものと意識されていても、議員自身の活動にすりかえられる。国民にとって、秘書は存在するが存在しない存在なのである。すなわち秘書を評価する主体は、ひとり議員自身であって、秘書は、国民に対して何等の義務も責任も負っているものではなく、ただ議員に対してのみ義務と責任を負っているのである。

二　国会議員秘書制度の歴史と現状

1　国会議員秘書制度の誕生

国会議員秘書制度の沿革は、昭和二十二年五月三日、日本国憲法の施行と同時に施行された国会法（法律第七十九号）第百三十二条に「議員の職務遂行の便に供するため、議員会館を設け事務室を提供し、及び各議員に一人の事務補助員を付する。」と定められたことに始まる。そして、各議員に「一人の事務補助員」を置くこととした趣旨は、各議員が「小事雑事にこだわることなく、国家のために国民の信託を受けた国民の代表者として国政に参画し奔走し得るようにした。」ものとされている。その背景の一端は、当時（昭和二十一年十二月二十日）の国会（第九十一回帝国議会・衆議院国会法案委員会）での議論において、ある議員が「議員が非常に多忙になって参りまして、どうしても自分だけではやりきれないというような場合も予想せられますので、今度は議員一人について専門の事務員を一人付けるというような規定が新たに加えられましたので、外国で実際やっておりますように議員に対しましては秘書役を設けまして、そして議員の仕事を完全に行うことのできるようなことも考慮せられておる」という発言にも伺うことができよう。この発言にもあるように、秘書制度の創設の初発から「外国」と「専門（どれほどの内容、程度を予定、予想していたかは確かでないが）」が意識されていたのである。

当時わが国は、ＧＨＱの間接統治下にあり、立法過程もまたＧＨＱの意向に支配されていた。

国会議員秘書制度の誕生の契機は、当時のＧＨＱの民政局国会課長ジャスティン・ウィリアムズの指導にあった。すなわち、彼の母国アメリカ合衆国において、一九四六年に立法府再編成法（Legislative Reorganization Act of 1946）が制定され、上院議員が通常の雑事を処理する秘書の外に高級の主任秘書を任用できるようになったことが大きな影響を与えていたと思われる。

このウィリアムズ課長は、わが国の国家財政に余裕がなかったことを承知しつつ、秘書制度の効果について「立法府に十ドルつぎ込むことで、行政府の経費が百ドル節約できることになる。どちらが得か、よく考えてほしい。」と述べたことが伝えられている。

昭和二十四年八月十日付の朝日新聞朝刊の解説記事は、この発言を解釈して「ＧＨＱが描いていたのは法案の大半が議員自身によって調査・研究され、政策が法案となるための活動が、いわゆるアメリカにおける議会の本分と同様、政府に頼らず議員立法を充実させるためにはそれなりのスタッフが必要」と考えたのであろう、との見解を示している。

昭和二十三年七月国家公務員法が施行され、その第二条第三項第十八号で国会職員が特別職として定められるが、この時点で後に秘書と改称される国会議員の事務補助員が含まれていたかどうかの確証がない。

2 国会議員秘書制度の変遷

国会法第百三十二条で「事務補助員」として出発した秘書は、国会法制定のときから、衆議院国会法案委員会の席上「百三十二条の極めて細かいことを申し上げるのですが」と前置をした上で、「事務補助員という名称は一つ変えて欲しいと思う。国会議員は事務員ではない。したがって国会議員に付する……何というか、協同者が事務補助員ということはない。いかにも侮辱した言葉に響きますると、国会議員の手足となっていろいろ調査研究する場合に支障を来たす。これは事務補助員という言葉を適当に直しておくことが必要かと思います。秘書とか事務員とか調査員とか、適当な言葉がある。あえて事務補助員という言葉を使う必要はない。」との意見を述べる委員が存在した。このような事情を反映してか、国会議員秘書制度の最初の改正は、国会法施行の年の翌二十三年七月「秘書」への名称変更であった。

さらに「国家公務員法の一部を改正する法律（昭和二十三年十二月三日法律第二二二号）」によると、一度（国家公務員法制定当時）特別職として定められた国会及び裁判所職員等を一般職に戻しているのである。

これは当時大蔵省とＧＨＱが構成メンバーとなっていた人事委員会（公務員の身分、服務、保障、定数、一般職と特別職の職種等を検討していた。昭和二十五年人事院となる。）から、「特別職公務員」をできるだけ絞る方針が出され

表１－１　国会議員秘書の給料等改定経過

年月	秘　書　給　料		備　　　考
	第一秘書	第二秘書	
22. 5	官吏21号（1.150）		各議員に事務補助員１人（給与については歳費法に規定）
23. 3	10級６号（5.000）		
23. 7			事務補助員の名称を『秘書』に改める（国会法改正）
26. 1	秘書官１号俸相当（12.000）		
27. 1			特別職の国家公務員に規定
27. 4	秘書官１～２号俸相当の間		
31. 4			滞在雑費の支給
32. 4			秘書給料法の制定
35.10	秘書官２号俸相当（30.000）		
35.12			秘書の公務上の災害補償制度導入
36. 4			政府管掌の健康保険及び厚生年金保険の適用を受ける
37. 4			退職手当の支給
38. 4		新設 行政職㈠７－２相当	各議員に秘書２人（国会法改正）、閉会中雑費の支給
41. 4	秘書官３号俸相当		
42. 4	秘書官５号俸相当	行政職㈠６－11相当	滞在雑費及び閉会中雑費の廃止（給料繰入れ）
43. 4			調整手当の給料繰入れ（秘書はその特殊性により、勤務官署等はっきりしないので、調整手当として別立てする根拠がないため、退職手当の基礎額となり有利。）
45. 4			通勤手当の支給（一律）
45. 5			住居手当の支給（一般公務員と同じ）
45.10			厚生年金基金の設立

国会議員政策担当秘書の創設

47．4			健康保険組合の設立
48．4 48.12 49．4			勤続特別手当の支給（10%・15%・20%） 通勤災害補償制度の導入 勤続特別手当の改善（5%新設）
50．4	秘書官6号俸相当	秘書官2号俸相当	①議員秘書を採用するにはあらかじめ議長の同意を得ることとする。 ②議員秘書出身の秘書官の俸給決定の改善（従来の年齢基準の格付方式でなく、勤続特別手当を加算した額の直近上位にランクする。）
53．4		秘書官3号俸相当	
54．4			①勤続特別手当の在職期間の通算 ②期末・勤勉手当の改善（勤勉特別手当を算定基礎に加える） ③退職手当の改善（勤勉特別手当を算定基礎に加える）
57．4			勤勉特別手当の改善（25%新設）
59．4			退職手当の改善（在職期間の通算）
61．4			①勤続特別手当の改善（支給割合を3年毎に変更） （5%・8%・11%・14%・17%・20%・23%） ②永年勤続特別手当の新設（25年以上7%） （期末・勤勉・退職手当の算入基礎に導入）
63．2			勤労者財産形成貯蓄制度導入
63．5			議員の任期期限又は衆議院の解散による退職中の健康保険及び厚生年金の適用についての特別措置
H 2．4	秘書官7号俸基礎 秘書官6号俸基礎 秘書官5号俸基礎	秘書官4号俸基礎 秘書官3号俸基礎 秘書官2号俸基礎	①秘書給料法の全部改正（秘書給与法となる） ②1官3給・号給制の導入（給料表の新設） ③一定の民間期間等の加算（24歳～30歳　1/6換算　30歳～56歳　1/4換算） ④58歳昇給停止年齢の設定 ⑤勤続特別手当・永年勤続特別手当の廃止

年月	秘書給料			備考
	施策担当秘書	第一秘書	第二秘書	
H 6．1				政策担当秘書新設 第一秘書が格付けされる級号給より一号給上位の号給

表１－２　国会議員秘書の身分及び給与等の概要

<table>
<tr><th colspan="2">項　　目</th><th>内　　容</th><th>根拠法及び条文</th></tr>
<tr><td colspan="2">身　　分</td><td>国家公務員特別職</td><td>国家公務員法２条３項15号</td></tr>
<tr><td colspan="2">議員に付される根拠</td><td colspan="2">国会法132条（１項：第１・第２秘書、２項：政策担当秘書）</td></tr>
<tr><td colspan="2">採用・解職</td><td>あらかじめ又は事後速やかに議長の同意を得。解職（含死亡）したときは議長に届け出る。</td><td>国会議員の秘書と給与の支給等に関する規程　５条</td></tr>
<tr><td rowspan="4">給与</td><td>給　　料</td><td>政策担当秘書　別表第１を適用
（第１秘書格付の１号上位）
第１秘書　　　別表第１を適用
第２秘書　　　別表第２を適用</td><td>国会議員の秘書に給与等に関する法律　３条～８条</td></tr>
<tr><td>住居手当</td><td>一般職公務員の例による</td><td>上記同法10条</td></tr>
<tr><td>通勤手当</td><td>一般職公務員に支給される月額の最高額の６割</td><td>上記同法11条</td></tr>
<tr><td>期末・勤勉手当</td><td>一般職公務員に準じた額を支給</td><td>上記同法14条～16条</td></tr>
<tr><td colspan="2">災害補償</td><td>右規程によるほか政府職員の例による（国家公務員災害補償法）</td><td>国会議員の秘書の公務上の災害及び通勤による災害に対する補償等に関する規程</td></tr>
<tr><td colspan="2">退職手当</td><td>右規程によるほか国家公務員退職手当法に準ずる</td><td>国会議員の秘書の退職手当支給規程</td></tr>
<tr><td colspan="2">健康保険</td><td>国会議員秘書健康保険組合</td><td>健康保険法・健康保険組合規約</td></tr>
<tr><td colspan="2">厚生年金保険</td><td>国会議員秘書厚生年金基金</td><td>厚生年金保険法・厚生年金基金規約</td></tr>
</table>

ていたことによる。ただし、これは昭和二十六年十二月三十一日までを暫定期間として、一般職になじむかどうか、服務が行政官としてどうかなどを検討し、様子を見ることになったものである。この検討期間を経て「国会職員及び国会議員の秘書は行政職になじむ要素が少ない（人事院会議録　昭和二十六年十一月十日）。」との結論が出され、昭和二十七年一月一日から施行された「国家公務員法の一部を改正する法律」において、国会職員が国家公務員の特別職に戻され、新たに国会議員の秘書が特別職に加えられた。

なお、この検討期間中休眠していた国会職員法の施行が復活したが、国会議員秘書については、当該法令等が制定されていない。

その後、今日に至るまでの国会議員秘書制度の変遷を整理したものが前の表である（表1―1）。

この表を見て分かるように、もっぱら給与を含む秘書の待遇改善にエネルギーがつぎ込まれている。

3　現在の国会議員秘書制度

(1)　**秘書増員までの沿革（平成二年まで）**

国会議員の秘書制度は、前述したように現行憲法施行と同時に国会法第百三十二条により「事務補助員」として規定されたことから始まるが、現行のいわゆる政策秘書が規定されるもとになるのは、昭和五十年以降の主に衆議院の議員と秘書による「公設秘書の増員要求」からである。

昭和五十年（四月）は、昭和四十四年以降の「いざなぎ景気」による民間給与の急上昇とその較差を是正するための人事院勧告による国家公務員の給与のベースアップが続いた中のピークに当たる年で、秘書の給料月額も同様に引き上げられていながらそれを基礎にしていた大臣秘書官の俸給月額の号俸そのものをさらに指定換えの形による引き上げで改善された年である。

しかし、秘書を一人から二人にした昭和三十八年四月以後昭和五十年までの間に何んの改善もなかったわけではなく、大きいところを見るだけでも調整手当の給料月額への繰り入れ（昭和四十三年四月）、通勤手当（昭和四十五年四月）及び住居手当（昭和四十五年五月）の新設、さらに勤続特別手当（昭和四十八年四月）の創設等により増員はできなかったものの秘書自身の給与上の待遇は改善されており、より公務員性を強くしてきている。

このように秘書自身のための改善はあったものの、国会議員自身の活動が広範、増大となり、かつ、内容の複雑、多岐となっていく職務の重要、重大さにはあまり力点が置かれず、秘書増員の声だけが衆議院秘書協議会とともに議院運営委員会を構成する各理事等からも聞こえるようになり、この秘書増員要求が平成四年十二月の平成五年度予算編成時まで引き続くのである。

このような時点までの長期間公設秘書の増員が認められなかった理由は、政府において行政運営の簡素能率化を図り、国民負担の軽減に資するため、公務員の定員管理が厳重に行われていたためである。

それは、昭和四十二年十二月十五日に閣議決定された「各省庁の一局削減について」及び「今後における定員管理について」に基づくもので、これによる定員管理は、昭和四十三年度から三年毎の計画による削減目標を達成するためのもので、行政改革のための名称や削減幅等の変更があったものの今日まで継続されているのも理由の一つであった。

また、衆・参の各議員に一人の公設秘書を増すことは、会計検査院や文化庁の職員総数を一度に増員することに匹敵し、容易に国民の納得を得られることではなく、厳しくなりつつあった財政状況及び当時の政党に対する公的助成の動向等を考慮せざるを得ないことも重要な理由となっていた。

このように秘書増員要求が叶わぬ中にあっても昭和五十年までの待遇改善と同様これ以後においても給与面での改善要求がなされ、期末・勤勉手当への勤続特別手当の繰り入れ（昭和五十四年四月）、勤続特別手当の支給率の改善及び永年勤続特別手当の新設（昭和六十一年四月）並びに秘書給料法の全部改正（平成二年四月＝大臣秘書官号俸を基礎に勤続特別手当を加味したスクラップ・アンド・ビルドによる二種の給料表制＝）がなされている。

(2) 平成二年からの秘書増員の経緯

秘書増員要求は、平成二年四月適用による国会議員の秘書の給料等に関する法律が全部改正以後さらに強い要求となり、同年八月の議院運営委員会理事会において庶務小委員長から「秘書増員に係る予算の問題というだけでなく、政治改革の一環として考えなくてはならないし、各党一致ということでもあるので、今後、庶務小委員会で協議していきたい」旨の発言とともに、これによる財政当局への要求の足固めをするため、随時この小委員会を開き、平成三年度予算の概算要求書を提出する際、秘書増員を事項要求の形で行った（通常の概算要求における事項要求は、要求額を容れていないため、十二月の予算編成時の当初内示の段階では何もなく、すなわち零査定であった）。

十一月に入り庶務小委員長は、同委員会として当時の大蔵省主計局次長と担当主計官に出席していただき、秘書増員の件について財政当局としての考え方を聞き、同次長からは、「政治改革全体の方向性が明確にならなければ、秘書に対する公務員性のあり方についての検討をなかなか行い得ないため、要望は難しい。」との発言があった。そして、このあと各党の意見を聴取したところ、各党一名増員で一致し強い要求を行った上、財政面だけの要求ではなく、国会自身がやるべきこととして、庶務小委員長の提案による「公設秘書の服務等の規定」及び「秘書を採用する際の基準あるいは条件」を整備していく必要があるということで、事務局にその検討を委ね、十一月中に庶務小委員長の試案として「国会議員の秘書の採用及び服務に関する件要綱案」を各党に示した上、衆議院秘書協議会の代表者の出席を求め、同要綱案を示して意見を聴取し、議員（庶務小委員）からの意見は十二月初旬に聴することとした。

十二月に入り、庶務小委員会は、各党からの具体的な修正意見等を受け秘書協議会の意見も検討し、同小委員会の要綱案とした。

同委員会の秘書増員に向ける思いは強く、数日後の議会制度協議会は大蔵省の国会所管を担当する主計局主計官と給与課長にこの要綱案を手交し、あらためて庶務小委員会及び議会制度協議会における意思として財政面だけの要求ではない姿勢を強く伝えた。

この姿勢は、十二月の平成三年度予算編成時においても同様で、同要綱案は議院運営委員会理事会と同庶務小委員会において、議院運営委員会で決議することで了承を与え、この予算編成のＴＯＰ会談の材料の一つとし、この増員要求の強い意思は、財政当局から秘書増員問題についての「第三者機関」の設置のための予算を認めさせた上、その結論（「答申」）を待つことになった。

翌年一月の常会は庶務小委員長を改選し、同小委員会はあらためて平成三年度の予算要求の概要と秘書増員問題に関する経緯を同小委員長に説明を求めた。

平成三年度の予算が成立した国会で衆議院は、議会制度協議会を開会し「第三者機関」の設置に意見を集約させ、議院運営委員会と同理事会において、議長の私的諮問機関として、「国会議員の秘書に関する調査会（案）」の設置を決定することで了承し、この了承の三週間後議院運営委員会理事会の了承とともに、同委員会において決定したのである。

既に前述したが、平成二年は、一月二十四日に衆議院が解散され翌二月十八日に第三十九回総選挙が行われた年で、二年ほど前から議院運営委員長と同理事及び衆議院秘書協議会会長並びに衆議院事務総長で取り交わした「覚書（秘書の実在職年数とその他の経験年数さらに年齢を加味した一官三級号給制を基本とした給与体系）」に添って秘書給与法の改正を進めており、これは、大蔵省主計局給与課との協議・検討並びに査定等が終盤にかかっていたところでもあり、合わせて国会議員互助年金法の改正（最高・最低基礎歳費等の改定）も同省主計局厚生五係との準備を行っているところで、その外数件の「規程（国会議員及び秘書関係の法律の下位規定）の改正」及び「関する件（規程の下位規定）」等の改正があり、この時期の解散・総選挙がなければ三月末には、これらの法律等の改正が済んでいたのである。

特に秘書給料法の全部改正による施行は、この年の四月一日を予定しながら六月になったことから、既に措置されていた予算と期待していた秘書のため、四月適用とした。

ちなみに、国会議員互助年金法の改正は、一月解散時に落選や引退した元議員のために行うつもりはなかったので、改善の目的と範囲は、最低基礎歳費（六十四万円を六十六万円に改めた。）をもとに受給している元議員及びその遺族の方々だけであったが、高額所得停止措置は、新たに引退・落選をした元議員にもかかり、その上最低基礎歳費の引上げによる負担だけが、改正時に存在しなかった議員にもまったなしに課される結果となったのである。

余談を記したが、斯して「国会議員の秘書に関する調査会」の設置が決定され、同時に同調査会を構成する委員として、当時、東京大学名誉教授で亜細亜大学学長の衞藤瀋吉先生、元労働事務次官で財形住宅金融株式会社社長の道正邦彦先生、元衆議院法制局長の上田　章先生、読売新聞社社長の渡邉恒雄先生、元ＮＨＫ解説委員で政治評論家の高橋祥起先生、そしてジャーナリストの大宅映子先生の六名の方々の就任が承認され、第一回の調査会が平成三年五月十四日午前十一時衆議院議長公邸において開催され、副議長、議院運営委員長、庶務小委員長の列席のもと衆議院議長から委嘱状が交付されるとともに「国会議員の秘書制度の問題点と今後の改善策」及び「第三秘書新設問題」等に関し、諮問がなされ、早速、事務総長からこの調査会が設置されるまでの経緯について説明がなされた。

そして、一回目の調査会で決めていただく事項すなわち、調査会の公開・非公開、速記の要不要、答申の時期、参考意見の聴取（議員、秘書及び有識者等）、写真撮影及び記者会見並びに次回以降の日程の調整等について協議した。

以後調査会の審議は十回を数えるが各回の主な審議事項は次のとおりである。

○五月一七日　第二回　調査会　於憲政記念館（以下同じ）

清水勇議運委理事（社）からの意見聴取及び質疑

○六月一四日　第三回　調査会

秘書協議会から各党（自、社、公、共、民、社民連）を代表する公設秘書九名からの意見聴取及び質疑

○六月二八日　第四回　調査会

各党（自、社、公、共、民、社民連）を代表する私設秘書七名からの意見聴取及び質疑

○七月一一日　第五回　調査会

諸外国の秘書制度について国立国会図書館政治議会課長等からの意見聴取及び質疑

○七月二九日　第六回　調査会

各党議員（議運委理事）から意見聴取及び質疑

○九月三日　第七回　調査会

答申とりまとめについて協議

○九月九日　第八回　調査会

〃

○九月二六日　第九回　調査会

〃　一〇月一日　第十回　調査会

〃　一〇月一一日　第十一回　調査会

　　答申確定→答申

この審議経過による答申内容と調査会委員の記者会見概要は、次のとおりである。

調査会の答申

１　答　申

　平成三年十月十一日、本調査会は、「国会議員の秘書制度の問題点と今後の改善策」及び「第三秘書新設問題」等に関し、櫻内議長に次のとおり答申した。

平成三年十月十一日

国会議員の秘書に関する調査会

委　員　衞藤瀋吉

同　　　道正邦彦

同　　　上田　章

同　　　渡邊恒雄

同　高　橋　祥　起
同　大　宅　映　子

衆議院議長　櫻　内　義　雄　殿

「国会議員の秘書制度の問題点と今後の改善策」及び「第三秘書新設問題」等に関し、別紙のとおり答申いたします。

答　申

本調査会は、去る五月、衆議院議長から「国会議員の秘書制度の問題点と今後の改善策」及び「第三秘書新設問題」等について審議検討するよう、諮問を受けて以来、各党を代表する衆議院議員及び議員秘書等の意見を聴取しつつ、今日まで十一回にわたり、衆議院の秘書制度について鋭意慎重に調査・審議を行ってきた。ここに、その結果を左記のとおり答申する。

記

一、政策秘書の創設

最近の議員活動の広範多様化により、公設秘書二人をもってしては、議員の職務の遂行に十分対処できないという増員要求の声も理解しがたいことではないが、いわゆる第三秘書の新設については、現在の厳しい財政状況と政党に対する公的助成の今後の動向を考慮すると、にわかに是認することはできない。

しかしながら、他方、喫緊の課題である国会改革を推進させるためには、抜本的なもろもろの方策を講ずる必要があり、我々は、この見地から、あえて「政策秘書」の創設を提言することとした。すなわち、議員の政策立案・立法調査機能を高めるため、議員の政策活動を直接補佐する秘書を設けることとし、これにより秘書体制の質的向上と議員の政策活動の充実、強化を図ろうとするものである。

したがって、この政策秘書は、議員の政策活動を十分に補佐し得る能力と適性を備えた者でなければならず、衆議院が実施する高度な資格試験に合格した者及び豊富な学識経験を有する者を採用すべきである。

二、現行秘書制度の改善策

現行秘書制度については、今後検討すべき問題も少なくないが、改善を要する諸点について提言するとともに、「国会議員の秘書の採用及び服務に関する件（平成二年十二月二十七日議院運営委員会決議。以下「秘書に関する決議」という。）」について、その実効を期するため、次の措置を講ずるよう提言する。

1　公設秘書の採用については、その資質の向上を図り、広く人材を求める見地から、今後は、資格試験を議院において実施し、その合格者を採用する方法が適当である。
また、近親者の採用は、これを避けるべきである。

2　公設秘書の身分保障及び服務については、勤務関係の近代化を図り、でき得る限り身分の安定に努めるため、解職の基準を定めるとともに、国民の信頼を確保するため、原則として営利事業には従事しないこととすることが望ましい。

3　議院の多様な活動にこたえ得るよう、議院において公設秘書に対する研修を行い、その知識、能力を向上させていくことが必要である。

4　いわゆる私設秘書の処遇については、雇用主たる議員は、労働基準法の精神にのっとり雇用関係の改善に努めるとともに、将来的には、議院においても、何らかの整備を図っていく必要があろう。

三、秘書の行為に対する議員の責任

公設秘書、私設秘書を問わず、秘書の職務上の行為、特に政治倫理から逸脱した行為については、議員は、その責任を負うべきである。

四、秘書問題協議会の設置

新たに衆議院秘書問題協議会（仮称）を設置することとし、この協議会は、本答申において提言した諸事項について、その実施のための具体的措置を講ずるとともに、公設秘書、私設秘書を問わず、秘書制度全般について審議検討を行い、あわせて「秘書に関する決議」における議員及び秘書の励行すべき事項の違反を初め、政治倫理にもとる行為についても調査・審議できることとし、これらの問題について、議長等に対し勧告することができる機関とすべきである。

以上、当調査会は、秘書制度の各般にわたる提言を行ったが、これには、早急に解決できるもののほか、将来にわたって検討すべき問題として提起したものが含まれている。これらの提言が、政治改革の一環として、逐次実施に移され、真に国会改革の一助となることを強く望むものである。

〔提言の趣旨〕

現下、我が国は、複雑多岐にわたる内外の諸問題に直面しており、迅速かつ適切な対応が迫られている。このような状況のもとで、改めて政治のあり方が問われており、今日の国会改革には、いかにして国民的合意を形成する機能を高めるかが求められている。

他方、政治に対する国民の批判にこたえ、国民の信頼を確保するためには、また、もろもろの政治改革を推進することが不可欠であり、これに対する国民の期待も高まっている。

我々は、これらの観点から、前記の提言のとおり秘書制度の整備充実を図ることは、議員の政策立案・立法調査機能を強化するとともに、国会審議を活性化することにつながり、ひいては、政治に対する国民の信頼を回復することとなると考えた。

以下、提言の考え方及び背景等について述べることとするが、これらが、衆議院における今後の秘書制度改革の指針となることを期待するものである。

一、我が国秘書制度の基本問題

1　我が国秘書制度の特質

(1)　公設秘書の地位の特殊性

公設秘書は、国家公務員法上、特別職に属する国家公務員とされており、給与、退職手当、災害補償等の法規は整備されているが、その任用、分限、懲戒、服務等に関する具体的な規定は存在せず、わずかに国会法第百三十二条において、「議員の職務遂行の便に供するため、各議員に二人の秘書を付し」とあるほか、国会議員の秘書の給与の支給等に関する規程第五条において、秘書の採用の際の議長の同意が規定されているにすぎない。

公設秘書は、特別職の公務員として位置づけられてはいるが、単に国から給与等を受けているにすぎず、その採用、人事管理は、挙げて個々の議員にゆだねられているのである。今日のように給与等の制度が整備されてくると、その他の点でも公務員的性格が強く意識されてくるのは当然であろうが、しかし、このように公設秘書の地位は極めて特殊なものであり、これを勘案しつつ対処すべきであると考える。

⑵　私設秘書の存在

議員のもとには、その職務遂行を補佐するために、議員が私的な契約により雇用するいわゆる私設秘書と称される秘書が多数存在している。最近の調査によれば、各党別の一議員当たりの私設秘書の数は、平均で多い党では十数人、少ない党でも二人ないし三人という状況にある。これらは、公設秘書と同様の職務に従事している。

このように公設秘書のほかに私設秘書が存在しているが、私設秘書は、採用においても職務においても、実質的には公設秘書と何ら変わるところがない。したがって、このような特質に着目すると、今後の秘書制度を考えていく上で、私設秘書の存在を絶えず視野に入れていく必要があろう。

⑶　我が国秘書制度の特異性

我が国と欧米諸国の秘書制度を比較してみると、それぞれの国の政治構造や議会制度のあり方によって相当の差異がある。

欧州諸国では、主として秘書雇用手当制度を採用しており、この手当の範囲内で、議員は何人でも私的に秘書を採用することができるものとされている。例えば、英国下院においては、秘書・調査助手雇用手当を含む職務手当として年額二万四千九百三ポンド（約五百六十万円）が議員に支給されるにすぎず、議員は、任意に秘書を私的に雇用することとされている。

英国は、我が国と同様に議院内閣制をとっており、また、法律案の提出を初め本会議中心の議会運営が政府主導で行われており、秘書に対してもタイピスト的な職務を中心に考えられているようである。

他方、米国下院では、一議員当たり年額四十四万千百二十ドル（約五千六百万円）の秘書雇用経費が割り当てられ、議員は、専門スタッフを含め、常勤秘書十八人、非常勤または短期雇用等の秘書四人までを限度として、何人でも雇用することができることとされている。また、秘書の身分は議院の被用者としての扱いを受け、その給与は議院から直接本人に支給されている。なお、我が国のような私設秘書の雇用は禁止されている。

米国は、大統領制に基づく厳格な三権分立制のもとに、法律案の提出権が両議院の議員に専属していることから、この立法作業に当たる専門スタッフの比重も高く、秘書も直接間接にこれにかかわる程度の高い職務に従事しており、秘書雇用経費の額は、我が国や英国に比して格段の差がある。

これらに対して、我が国のように議院内閣制をとっているにもかかわらず、秘書にさまざまな職務を期待し、その身分を公務員とするとともに、私設秘書が存在するような型の秘書制度は、先進諸国において特異な制度と言わなければならない。

したがって、今後秘書制度の整備を図っていく場合、我が国のかかる特異性に十分留意しなければならないと考える。米国にならって単に秘書の数や給与をふやそうとすることは、この特異性をますます拡大することになり、矛盾を深めることになろう。しかし、議院内閣制をとっている英国におけるように秘書手当方式を採用することも、既に四十年以上にわたってつくり上げられてきた公設秘書制度を全廃することとなり、適当ではなかろう。

2 秘書の政治倫理

秘書は、議員と同様に、政治倫理から逸脱することがあってはならず、その職務遂行の適正さを確保し、国民の信頼を得なければならないことは言うまでもない。秘書が、直接または間接に政治腐敗行為に関与した例は少なくなく、既に「秘書に関する決議」において、議員は、秘書に職務を行わせるに当たっては、政治倫理綱領の定めにのっとることとされているが、この厳正な励行が望まれるところである。

なお、この観点から、秘書の職務上の行為について、議員の責任を明確にし、議員は秘書のかかる行為に対して責任を負うべきである。

3　秘書制度と国家財政

秘書制度の整備充実を図っていくためには、今後、所要の財政支出が不可避であると考えられる。しかし、我が国の財政状況は極めて厳しく、このような国費の支出を求めるには、その国費が何のためにどのように使われるかを国民に明示して理解を得ることが必要である。したがって、我々が本答申において提言する改善措置を含め、秘書制度の整備充実のため、新たな支出を求める場合、この点に十分な配慮が必要であろう。

二、政策秘書制度創設の問題点

政策秘書の創設は、制度の新設となるため、その制度上の問題点を検討する必要がある。

まず、現行の公設秘書は、その給与水準から見て、既に政策スタッフとしての機能を果たすことが期待されていると考えられるが、新たに導入される政策秘書と現行の公設秘書の位置づけをどのように調整するかを検討し、政策秘書の職務を明確にするなど所要の措置がとられる必要があろう。なお、政策秘書についても、秘書としての身分を有し、「秘書に関する決議」が当然に適用されるものと考える。

次に、政策秘書の採用に当たっては、原則として、現行の公設秘書について新たに導入される資格試験よりも高度な政策秘書資格試験を行うこととするが、これ以外に、政策秘書である以上、その能力、職歴、資格等について一定の社会的評価を得ている者に対しては、選考による採用を認める必要があろう。この選考採用については、国家公務員Ⅰ種試験、司法試験、公認会計士試験その他これらと同等以上の公的な試験に合格した者、博士号取得者または公的機関、政党職員若しくは民間企業で相応の経験を積み、その専門分野において業績を評価された者であって、政策秘書としてふさわしい者として、秘書問題協議会の定める委員会（学識経験者等を含む。）において審査、認定を受けたものが考えられる。また、政策秘書の給料に関して、その最高額は、現行の公設秘書の給料の最高額を下回らないようにする必要があろう。これら政策秘書の資格試験の水準、選考採用の基準、給料の格づけ等について、適切に定められるよう期待するものである。

さらに、この制度の安定した運用ができるような各般の条件を議院において整備すべきであると考える。

三、現行秘書制度の改善策

今日のように公設秘書の公務員的性格が強く意識されるようになってくると、各議員の裁量にゆだねられてきた採用や服務についても、その地位の特殊性に基づく制約があるものの、何らかの基準を設け、議員の採用権、人権管理権との調和を図っていくことが必要であると考えられる。

1　採　用（資格試験）

公設秘書の資格試験の実施機関については、この試験が資格試験の性格を有することから、議院となろうが、議院は、この試験に合格した者について、秘書試験合格者名簿を作成し、新たに秘書を採用しようとする議員は、この合格者のなかから適任者を議長に申し出ることによって具体的な採用を行うこととなろう。

試験の内容、水準としては、秘書に対して求められる最低限の能力または適性が判定できるものである必要があると考える。また、試験の方法としては、受験者の大多数は私設秘書によって占められるものと予想されるが、広く人材を求める見地から、公募公開の競争試験によることが適当であると考える。
なお、米国においては、いわゆる縁者法により、議員が一定の近親者を秘書として採用することが禁じられている。我が国においても、秘書の採用における適正さを確保し、国民の信頼を得るために、一定の近親者の採用は避けるべきである。

2　身分保障及び服務

公設秘書の身分保障については、特段の規定は設けられておらず、秘書の解職も議員の意思によって行われてきた。しかし、合理的理由がないにもかかわらず解職が行われることは、好ましいものではない。したがって、秘書の身分の安定を確保し、その勤務関係の近代化を図るという観点から、何らかの解職の基準を定める必要があると考える。さらに、秘書に対するかかる身分保障制度を整備していく以上、その意に反する解職に対して、何らかの救済手段を講ずる必要があると考える。

公設秘書の服務についても、従来は何ら規定はなく、各議員の人事管理権の枠内で処理されてきたところであるが、秘書の勤務関係の近代化を図る観点から、秘書に対して何らかの服務規律を設ける必要があると考える。既に「秘書に関する決議」において、①信用失墜行為の禁止、②秘密を守る義務、③営利事業従事の場合の要件、④非営利事業従事の場合の要件が定められたところであるが、これ以外に、少なくとも議員の命令に従う義務及び職務専念義務は秘書に課すべきであると考える。

なお、秘書の職務に対する国民の信頼を確保するとともに政治倫理の確立にも資するために、営利事業からは原則的に排除し、例外的な場合に限って許可を与えることとすべきであると考える。

3　研修制度の導入

公設秘書に対する研修を実施する機関は、議院となろうが、議院は、秘書研修計画を定め、これに従って効果的な研修を実施するように努めるべきである。なお、秘書が研修に参加する場合、各議員は、秘書がこの研修を受ける機会が十分に与えられるように配慮すべきである。

研修の種類としては、新たに秘書に採用された者に対して行う新規採用秘書研修と採用後一定期間秘書として勤務した者を対象に行う現任秘書研修（一般研修）を考えることができる。

4　私設秘書の処遇改善

私設秘書の雇用関係については、労働条件の保護に欠けるところが大きい。したがって、雇用主たる議員は、私設秘書の雇用に当たって、労働基準法の精神に適合するよう十分に配慮するとともに、特に雇用契約書の作成や労働条件の明示等に留意して、その雇用関係の近代化に努めるべきである。

また、私設秘書は、賃金、労働条件、福利厚生等その処遇の実態において、必ずしも満足できる待遇を受けていないように見受けられる。したがって、各議員は、その労働条件に関し一層の改善に努めるべきであろう。

さらに、私設秘書の福利厚生を図る観点から、私設秘書の健康保険や厚生年金について、議院においても、各般の条件整備を図ることを検討する必要があろう。

四、秘書問題協議会の設置

公設秘書及び私設秘書についての改善策と政策秘書の新設について諸問題を提起してきたが、議院において直ちにこれらを実施することが困難な事項も少なくないであろう。今後これらの改善策を検討し、その実施に向けて審議するとともに、秘書制度全般について審議していく場として、議院に秘書問題協議会を常設機関として設ける必要があると考える。

この協議会は、議院運営委員会の委員によって構成されるとともに、私設秘書を含めた秘書の代表者が出席し、発言する機会が十分に与えられるよう配慮されるべきである。なお、秘書の意に反する解職に対する公平審査もこの協議会で行うことができるように整備すべきである。

五、我が国秘書制度の整備充実の方向

秘書が、その職務を適正かつ効率的に遂行することは、議員の政治活動の質の向上をもたらし、国会の権威を高めるものと信ずる。この見地から、議員の職務を補佐する秘書が議員の期待にこたえてその任務を十分に果たし得るように、その制度の整備充実を図ることは極めて意義深いものである。

そのためには、まず、秘書の質の向上を図っていくことが、何よりも重要な課題である。また、我が国秘書制度の特質を十分に考慮して、今後の秘書制度を考えていかなければならない。さらに、秘書の職務の遂行が適正になされるとともに、これが政治倫理から逸脱することがあってはならないのも、また理の当然である。

このような視点を念頭に置きつつ、今後、我が国秘書制度の整備充実を引き続き図っていく必要があると考える。かくして、秘書の社会的地位の向上が図られるものと確信する。

2　調査会委員記者会見概要

答申の後、調査会委員は記者会見を行ったが、その概要は、次のとおりである。

〔まず、座長代理から総括的に次のように述べた。〕

本答申は、衆議院議長の諮問にこたえ、衆議院の秘書制度について行ったものである。秘書制度の諸般にわたる整備・充実を図ることは、国会改革ひいては政治改革の一環として意義あるものであるとの考えは、委員の一致した認識である。答申の提言は多岐にわたっているが、これらの具体化については、衆議院に秘書問題協議会を設置し、検討していただきたいと考えている。

政策秘書については、制度の新設となるため、特に政策スタッフとしての位置付け、職務の明確化、政策秘書資格試験の実施、選考採用のための審査・認定及び給料の格付けなどについて、提言を行っているが、これらの制度上の問題点を慎重かつ十分に検討して、政策秘書制度の安定した運用ができるよう議院において整備を行っていただきたいと考えている。なお、念のため付け加えると、現在の公設秘書については、答申の中において述べている「公的機関」に該当すると考えている。

現行秘書制度の改善策及び昨年十二月二十七日の議運決議である「秘書に関する決議」の実効措置については、秘書問題協議会でご検討願い、早急に解決できるものから逐次実施に移していただくことを希望している。

答申は、「秘書に関する決議」のなかに、「国会議員が励行すべき事項」があり、政治倫理の問題、また、広く人材を求め、議員秘書の資格試験を経た者であって相当な能力を有する者を採用すべき等の規定があり、公設秘書について一定の資格試験制度を導入し、所要の改善を図ることとした。他方、いわゆる第三秘書の単なる増員は認めることはできず、別に政策秘書の新設を提言し、高度な資格試験の実施とこれに合格した者を政策秘書に採用すべきこととしたのである。

その前提として議論となったのは、単なる第三秘書の増員は、現在の財政事情の点からいっても、来年度予算は、税収不足のため歳入減五兆円が予想されていること、政治改革三法案が廃案となり、与野党の今後の取り扱いに委ねられるが未だ解決をみていない状況であること、両議院で安易に第三秘書を増員すると、予算的に自治省や環境庁等の省庁を新設するのも同然であって、これは行財政改革に逆行するものであることなどであった。

しかし、国会の活性化や議会政治の効率化のために、議員の政策スタッフを強化することが是非とも必要である。これは、財政事情にかかわらず、行政府に対する立法府の権能、国権の最高機関としての役割を充分に果たすようにするためのものである。これに応じられる政策秘書を採用することができるように、高度の資格試験制度を導入したのである。

もう一つ、公設秘書、私設秘書を問わず、秘書の非行・違法行為については、雇用者である議員に責任を負わせる必要がある。公職選挙法の連座制とまでは言わないが、秘書がどんな行動をとっても議員は責任を免れないようにする。特に公設秘書については、公費を使う以上、議員は責任を負ってもらいたいということである。

〔以下、質疑応答〕

○問い　答申の今後の見通しについては、どのように考えているか。

○座長代理　議院運営委員会にかけてもらい、試験等細部についてはかなり時間をかけて、検討していただかなければならない。その際、答申で提言している秘書問題協議会を議院に設け、細部を検討していただきたい。今年の予算編成に間に合うかどうかは、この答申を議院でどう措置するかにかかっているが、私個人としては、難しいのではないかと思う。

○問い　調査会の意見として答申内容の実施時期は何時頃を考えているか。

○座長代理　可及的速やかに実施してほしいが、その時期は立法府の自主性にゆだねる。
○問い　調査会として答申事項に優先順位をつけるとしたらどれか。
○座長代理　個人的には、政策秘書及び公設秘書の資格試験の導入を早くして欲しいと考えている。
○問い　資格試験制度の導入が、最重要事項であるのか。
○座長代理　そのとおりである。第一に、資格試験制度。第二に、秘書の行為に対する議員の責任、つまり政治倫理の問題である。
○問い　政策秘書の創設については、どのように考えているか。
○座長代理　今の立法府は、議員は官僚の言いなりであって、立法府は行政府に従属している。今後は、米国並みとまではいかなくても、ある程度、立法府優位にしなければならない。そうでなければ、本当の政治改革にならない。答申の実施により、場合によっては、政策秘書が議員よりも政策に関する見識・知識が上回る場合もあるが、そうであってもよい。議員は、政策スタッフの助力を得て、行政府よりも優れた立法活動を行ってほしい。
要するに、秘書が選挙運動や陳情の応対等に明け暮れているのでは困る。米国の立法スタッフのように、議員の立法活動を助け、その地位の向上を図ることは、財政上の問題を超越する。単なる第三秘書の増員は、財政的見地から、また、政党助成法等の諸問題を解決していくプロセスで考えねばならないが、我々は、特に立法府の活性化、その地位の向上というスタンスから、新たに、政策秘書というものを考えたのである。
○問い　公設秘書も政策秘書になることができるのか。
○座長代理　公設秘書にも資格試験を実施し、政策秘書には、より高度な資格試験、例えば、国家公務員Ⅰ種試験と同等の試験を予定している。公設秘書も政策秘書資格試験に合格すれば、当然政策秘書になることができる。

なお、政策秘書資格試験の実施機関は、人事院、衆議院事務局などいろいろ考えられよう。ただし、博士号取得者や国家公務員Ⅰ種試験合格者などは学科試験を免除して、選考によってよい。大学教授も同じである。公設秘書勤務経験二十年以上の者については、議論はあったが、単に長期間在職しただけでは認められず、政策秘書としてふさわしい審査・認定を受けた場合には、選考採用も認められることとした。政策秘書試験は、それほど厳しいものとした。いずれにせよ、これで、公設秘書はもちろん、政策秘書にも縁故採用はできなくなる筈である。

○問い　他の委員の考えはどうか。

○T委員　座長代理と基本的に同じ考えだが、ここで若干補足したい。

第一に、答申は政治改革の一環として捉えるべきであり、国会の立法調査機能の強化の見地からも速やかに達成すべきである。政治資金規正法等の政治改革や証券不祥事等の激動する諸情勢をにらみつつ、政治改革及び国会改革の一環として、検討してきたものである。答申の提言は、政治改革の一環として、実施してほしい。

第二に、政治倫理の観点から、公職選挙法の連座制と同じような意味合いのものを提言した。秘書に、その職務の重大性を認識させ、自覚を促し、議員との一体感を持たせ、また、議員に対しても、秘書の不祥事に対して責任を取らせたいからである。

○D委員　この答申は、衆議院議長の諮問にこたえたもので、衆議院独自のものである。政策秘書の創設等は、直ちに、参議院にあてはまるものではない。

○O委員　この答申は、議員と秘書のニーズには応えていないかもしれない。秘書も議員も、人手不足や人件費不足だけを主張しているからだ。秘書を何人増員しようと、政策を立案するものが一人もいないと批判されてはいけないし、それでは国民は費用を負担できない。我々は、立法活動に本当に費用がかかるなら、それを負担しても構わないという立場を採っているのである。

そもそも、審議会の答申というようなものは、シナリオができあがっており、事務方のペースで進められるものだが、この調査会では、政策秘書の創設など各委員の主張が充分反映されたので、大変満足している。

以上のように議長に対する答申とその内容についての記者会見が急用のできた座長に替って座長代理からなされ、特に政策スタッフとしての位置付け、職務の明確化、資格試験及び選考採用のための審査、認定等の制度上の問題点を慎重かつ十分に検討することを強調するとともに、答申は政治改革の一環として捉えるべきものであり、かつ、国会の立法機能の強化の観点からのものであるとした。

また、同席した委員も、秘書に職務の重大性を認識させ自覚を促すとともに議員にも秘書の不祥事に対する責任を重く受けとめさせ、単に人手不足や人件費不足を理由として国民への負担増を納得させることはできないとして力説した。

斯くして、議長は、この答申を受けた日、早速、議院運営委員長に対し、答申の取り扱いについて同委員会で協議、検討するよう諮問し、その三日後、同委員長は理事会において、議長から諮問を受けた旨を報告し、今後同委員会で協議していくことで了承されたのである。

ここで時間の前後があるが、議長から議院運営委員長への諮問がある十日ほど前、近く秘書調査会からの答申が提出されることを受け、与野党（四党）の幹事長、書記長及び国会対策委員長が、答申への姿勢と実現への意思を確認するとともに協力の態度を示す覚え書きを、次のように交わしている。

覚　書

一、秘書制度の充実についてはかねてより議院運営委員会及び議会制度に関する協議会において各党間で協議されて来た。

一、一方、衆議院議長のもとに調査会がおかれ「国会議員の秘書制度の問題点と今後の改善策」及び「第三秘書新設問題」等の諮問事項が審議検討されている。その結果は十月中旬までに衆議院議長に答申される予定である。

一、これらの問題点は長期的な懸案であったことに鑑み、答申のあり次第、その答申を尊重しつつまた現実的要素を加味しながら、その早急な現実を期することをここに合意する。

平成三年十月三日

自由民主党幹事長
同　国会対策委員長
日本社会党　護憲共同　書記長
同　国会対策委員長
公明党　国民会議　書記長
同　国会対策委員長
民社党書記長
同　国会対策委員長

そして国会は、十一月五日第百二十二回国会（臨時会）を迎え、議院運営委員長に新たに選挙された議員が就任し、早速答申の中の「秘書問題協議会」の設置にとりかかり、その提言にあったとおり諸事項の具体的な措置を講ずるとともに、公設私設を問わず秘書制度全般について審議検討を行い、あわせて「国会議員の秘書の採用及び服務に関する件（平成二年十二月二十七日議院運営委員会決議）」における議員及び秘書の励行すべき事項の違反をはじめ、政治倫理にもとる行為についても調査審議できることとし、かつ、これらの問題について議長等に勧告することができる機関とするべく同月十九日までほぼ毎日のように委員長のもとで同協議会の要綱案の作成に取りかかったのである。

その際、委員長は自ら「この秘書問題協議会の座長には私が就く」との発言があり、従ってその委員も議院運営委員会の理事が就くことで同理事会の了承を得て、「秘書問題協議会」の設置の決定となった。

この決定の一カ月後の十二月十九日議院運営委員会理事会に引き続き同懇談会が開かれ、平成四年度予算編成のトップ会談（各省庁の大臣折衝にあたる）に向けて協議がなされ、これが事実上第一回目の秘書問題協議会となった。この時の内容は、協議会の性格を当面「答申の提言事項の実効を図るための準備機関として、改めて参議院とも調整した上で本格的な常設機関とすることで了承され「衆議院秘書問題協議会要綱案」を決定し、引き続き特に「政策秘書新設」に係る平成四年度予算に向けて財政当局に対する要求について協議に入り、そのトップ会談の席上、国会の姿勢として政策秘書新設等への意のあるところを強く示すため、全会派一致の確認書を作成することになった。

この確認書は、当時の事務次長によって案が作成され、十二月二十四日の事実上の第二回秘書問題協議会（議運理事会に引き続き開かれた懇談会）に提示され、その案のとおり決定し、二日後の平成四年度予算編成のトップ会談において財政当局に提示されたのである。

その「衆議院秘書問題協議会要綱案」と「政策秘書新設等についての財政当局に対する国会としての姿勢確認書」は、次のとおりである。

衆議院秘書問題協議会要綱（案）

1　会の名称

「衆議院秘書問題協議会（仮称。以下「協議会」という。）」と呼称する。

2　構成

一　協議会の委員は、議院運営委員会委員長及び同理事並びに同委員長の指名する委員をもって充てる。

二　協議会に、座長を置き、議院運営委員長をもって充てる。

3　所掌事項等

一　協議会は、秘書制度全般に関する事項並びに「国会議員の秘書に関する調査会（平成三年五月七日設置。）」の答申（平成三年十月十一日）において提言された事項について、審査及び調査を行う。

二　協議会は、前号に掲げる事項について、議長等に対し勧告又は意見を述べることができる。

三　協議会は、国会議員、議員秘書その他必要と認めた者から意見を聴くことができる。

4　運営

一　協議会の招集は、座長が行う。
二　協議会の会議は、座長が主宰する。
5　協議会の事務
協議会の事務は、衆議院事務局が行う。
6　座長への委任
前五項に定めるもののほか、必要な事項は、座長が議院運営委員会の了承を得てこれを定める。

政策秘書新設等についての財政当局に対する
国会としての姿勢確認書（平成三年十二月二十四日議院運委員会理事会）

議員秘書増員問題については、昭和五十年以来、その実現に向けて鋭意交渉を重ねてきたが、まだ解決をみるに至っていないのは、誠に残念である。

とりわけ、平成三年度予算請求に際しては、内外の経済・社会の激変に適切に対応するため、立法・国政調査両面における国会の機能の活性化・強化の必要性はもとより、近年議員の国政活動が広範多岐にわたり、公設秘書二人をもってしては十分に活動を展開することができないとの議員並びに秘書の切実な声に応え、各党一致して秘書増員の要求を従前にもまして強く要求したところである。

財政当局との交渉は難航を重ね、その過程で現行秘書制度をめぐる幾つかの問題が提起されたが、国会としても、増員に対する国民の理解を得るために、自ら秘書制度に対する環境整備の必要を痛感し、その努力を行ってきた。議院運営委員会における「国会議員の秘書の採用及び服務に関する件」決議は、その努力の一つの結果である。

しかしながら、平成三年度予算においては、秘書増員を実現することはできなかった。その際のトップ会談において、各界を代表する有識者からなる権威ある第三者機関を設置し、本問題を中立公正に幅広い角度から検討し、その結論を、国会・財政当局双方が重く受け止めるとの合意がなされたことは、御承知のとおりである。

これを受けて、今年五月、各界を代表する委員六名で構成する「国会議員の秘書に関する調査会」が設置された。調査会は、議長から諮問された「第三秘書新設問題」をはじめ、「国会議員の秘書制度の問題点と今後の改善策」等について、十一回にわたり鋭意かつ慎重に調査・審議を行い、去る十月十一日、議長に答申を行った。

第三秘書新設問題に対して、答申は、

「最近の議員活動の広範多様化により、公設秘書二人をもってしては、議員の職務の遂行に十分対処できないという増員要求の声も理解しがたいことではないが、いわゆる第三秘書の新設については、現実の厳しい財政状況と政党に対する公的助成の今後の動向を考慮すると、にわかに是認することはできない。

しかしながら、他方、喫緊の課題である国会改革を推進させるためには、抜本的なもろもろの方策を講ずる必要があり、我々は、この見地から、あえて「政策秘書」の創設を提言することとした。すなわち、議員の政策立案・立法調査機能を高めるため、議員の政策活動を直接補佐する秘書を設けることとし、これにより秘書体制の質的向上と議員の政策活動の充実、強化を図ろうとするものである。」との提言を行っている。

我々は、この提言は、従来からの秘書増員要求、即ち、「議員の政策立案、立法調査機能の充実のため、議員の政策活動を補佐する秘書の増員要求」と軌を一にするものであり、答申に則り政策秘書の創設をはじめ、秘書制度各般にわたる整備充実を図ることは、国会における政治改革に連なるものであると考える。

答申は、その実現のための具体的措置の検討を、「秘書問題協議会」を設置して行うよう提言している。故に、我々は、去る十一月十九日、議院運営委員会において、その設置を決定したところである。

今後、「秘書問題協議会」において、政策秘書の創設に向け、これを早急に具体化するため、各般の条件整備を進め、あわせて現行秘書制度の改善策等についても、鋭意協議をしていく所存である。として、平成三年十二月二十六日平成四年度予算編成のトップ会談は正午から衆議院議長応接室で行われ、「議員秘書の増員」等について要求し、この増員問題については大蔵政務次官から「答申は重く受けとめるが、その時々の財政事情、他とのバランス等を勘案の上、対処する。」また、「秘書問題協議会等関係経費について所要の額を認める。」との回答を得、相応の額が計上された。

このように一応協議会経費の所要額は認められたが、席上野党を代表して出席していた議院運営委員会の理事から次のような発言があった。

「秘書増員の問題については、永年の懸案であり、これについては、与野党一致して増員に向けて同意を得ており当理事会においてその確認も行い、表明し、かつ、幹事長・書記長会談の覚書も交わしているにもかかわらず、国会としての意思に対し、一行政庁の答弁としては承服できない。加えて、この問題は、現大蔵大臣が庶務小委員長（議院運営委員会の下部機関）の時に既に全党一致してのものであった。大蔵大臣に報告の後、もう一度しかるべき回答をするように。」

これに対し、トップ会談後の財政当局は、大蔵大臣の意を政務次官が議運委員長と庶務小委員長に伝えることで結着を試み、同日中同理事に会い議院運営委員長室でその説明と回答を行った。

秘書問題協議会関係経費が予算化されたものの「秘書増員」に向けての具体的検討協議が進まず、いかに答申どおりの政策秘書ならばといっても公務員の削減が厳然と行われており、一度期に文化庁や会計検査院を創設するほどのものは誰もが認められるものではない、という認識でいた。

従って、平成四年一月に入ってから平成五年度予算の概算要求前までの協議は進行しなかったが、直接の事務担当となる庶務部議員課では、「政策秘書」が増員となるための「国会法の改正案」、「国会議員の政策秘書試験等実施規程案」及び「国会議員の政策秘書審査認定及び研修実施規程案」等の準備に取り掛かっていた。

平成四年八月六日、平成五年度予算概算要求のための庶務小委員会を迎えた。

午前十一時からの同小委員会における事務総長からの説明は次のとおりである。

「議員秘書の増員問題につきましては、御承知のとおり、昨年十月、国会議員の秘書に関する調査会において、政策秘書を認める旨の答申を得たところであります。本答申には、各党におかれましてもこれを尊重しつつ、また現実的な要素を加味しながらその早急な実現を期する旨が表明されておりまして、その後答申の趣旨にのっとり秘書問題協議会が設置され、同協議会で答申の諸事項実施のための具体的措置を詰めていただくことになっておりますので、早急に本件の取り扱いを協議していただき、それにのっとって対処してまいりたいと存じます。」として、しかるべき時期までに「政策秘書の創設のための基本的な考え方の案」を作成することとし、同小委員長から事務局へその命が下されたのである。

十月二十一日、第三回秘書問題協議会が議長公邸で開会され、その案が示された。座長（秘書問題協議会では議院運営委員長がこの任に就いている。）から答申後の経緯を簡単に説明した後、協議に入り、庶務部長から答申の趣旨に基づいた「政策秘書の創設のための基本的な考え方（案）」について説明が行われ、懇談に入った。

その際、資格試験の実施とその内容については概ね意見の一致がみられたが、試験以外の政策秘書の審査の方法であるいわゆる選考採用審査認定については、「多様な認定の道を設けられるようにすべきである。」との意見が出され、この点を十一月九日の第四回と十一月十二日の第五回の秘書問題協議会で協議され、特に「公的機関、民間企業、政党職員若しくは議員秘書として、別に定める基準により……業績を評価された者」について議論された。

このような中で平成五年度予算編成の内示やトップ会談のスケジュール等が間近かになってきたことから、選考採用審査認定基準の中の「別に定める基準」については、座長一任となった。

座長一任となったこの「基準」作成は、事務総長、事務次長及び庶務部長同席のもとで協議・検討され、平成五年度の予算編成のトップ会談での当初からの材料とされていた「文書通信交通費」の増額とともに航空機利用の回数を「月三往復から四往復」に増やす件もあり、その詰めは急を要した。

そして、秘書増員のための財政当局に示す「基本的な考え方」と「別に定める基準」は次のようにまとめられた。

政策秘書制度の基本的な考え方

1　政策秘書の位置付け

一　職務上の位置付け（職務内容）について

国会法第百三十二条に新たに一項を設け、政策秘書の職務上の位置付けを明確にする。

二　給与上の位置付けについて

政策秘書の給料表は現行の公設第一秘書の給料表を使用し、採用時の格付けは、現行の公設第一秘書のものより一号給上位の号給とする。又、その最高額は現行の公設第一秘書の給料の最高額を下回らないものとする。

2　政策秘書の任用

一　資格試験について

①　試験の実施機関は衆議院事務局とする。

②　試験の水準・内容は、国家公務員Ⅰ種試験程度とする。

③　試験の方法は、二次試験方式で行い、一次試験は選択式及び論文式（課題提示による作文）を、二次試験は口述（面接）試験を行うこととする。

④　その他

二　選考採用の審査・認定について

①　審査認定機関は、秘書問題協議会の下に議員以外の有識者（事務総長・法制局長・国会図書館長又はこれらの経験を有する者等）数名からなる選考採用審査認定委員会（仮称）を設ける。

②　選考採用審査認定委員会は、各議員が申請した政策秘書として採用したい者について審査（書類及び口述）・認定する。

③　認定の基準については、（イ）一定の高度な国家試験（司法試験、国家公務員Ⅰ種試験等）合格者（ロ）各種博士号取得者（ハ）公的機関、民間企業、政党職員若しくは議員秘書として、別に定める基準（別紙）により、相応の経験を積み、その専門分野において業績を評価された者とする。

④　その他

三　採用方法について

①　政策秘書合格者名簿を作成し、資格試験合格者、選考採用による認定を受けた者を名簿に登載する。

②　資格試験合格者については、その名簿により議員が採用し、選考採用による認定を受けた者については、申請を申し出た議員が採用する。

③　議員の引退等により失職した場合にも、政策秘書の資格は有効であり、他の議員はその政策秘書を採用することができるものとする。

（別　紙）

（八）の「別に定める基準」について

一　公的機関、民間企業の場合

①　相応の経験として、十年以上の在職年数を有する者

②　専門分野における業績が顕著であることが客観的に認められる論文、著書等を有する者、又は専門分野に関する論文を提出し、審査に合格した者

二　政党職員、議員秘書の場合

①　十年以上の在職年数を有する者

②　予め議院の指定する政策秘書研修（仮称）を受講し、その修了試験あるいは修了論文に合格した者

このように財政当局に対する「秘書増員」及びその他の平成五年度予算に係る準備並びに日程が詰められ、そのトップ会談である十二月二十五日を迎え、衆議院の議長応接室にこの日の進行を掌る庶務小委員長をはじめ、衆参の議運委員長、野党筆頭理事（衆院）、参院の庶務小委員長それに財政当局側から大蔵政務次官、主計局次長、担当主計官等及び衆参の事務総長、庶務部長等が参集し、午後五時三十分開会された。

冒頭、衆院の庶務小委員長から挨拶があり、要求項目の順序に従って協議に入り、衆院の議運委員長から要求とその説明を行った。

その内容は、次のとおりである。

「政策秘書の問題につきましては、平成三年十月、議長の諮問機関たる権威ある第三者機関から、政策秘書を認める旨の答申を受けて以来、私どもはその実現に向けて努力を重ねてきたところであります。昨年暮れのトップ会談では、財政当局から『答申は重く受けとめるが、その時々の財政事情、他とのバランス等も勘案する。』とのことであり、遺憾ながら実現をみなかったのであります。その後、国会としても答申の趣旨にのっとり、数回にわたって秘書問題協議会を開催し、『政策秘書制度の基本的な考え方』という形で各党合意をみたものであります。また与野党間の合意に基づく政策改革協議会においても政策秘書創設について各党合意し、その処理は議院運営委員会に委ねられたものであります。更に、去る十二月二十二日、予算編成に関する党首会談の場において、各党首から政策秘書を実現するため、強い申し入れが行われたところであります。

このような情勢を踏まえ、私は厳しい財政事情下ではありますが、平成五年度において、政策秘書採用が実施できるよう要求いたしたいと存じます。」

これに対し財政当局は、

「第三者機関の答申及びそれを受けての秘書問題協議会において御検討されてきた経緯並びに政治改革協議会等での論議の経緯については、財政当局としても重く受けとめ、真剣に検討してきたところであります。しかし、政策秘書については、抜本的な政治改革の一環として取り扱うべきものと理解しております。」と答え、これを受けた議運委員長は、重ねて

「現在、国民の政治不信は極限まで達しているといっても過言ではありません。こういう中で国会としても、国会議員としても襟を正し、国民の信頼を回復するため、国会をめぐる諸々の不合理な面は、勇気をもって抜本的に改革し経費の節約や合理化に努めていかなければなりません。議員の政治活動を支える秘書問題は、抜本的政治改革の重要な課題の一つとなっておりますが、この際、私は、この抜本的政治改革を実現するためにも政策秘書の実現が必要と考えるところであり、所要の措置を重ねてお願いしたい。なお、採用にかかる諸手続きを勘案し、平成六年一月から採用できるようお願いしたい。」と述べ、再度要求の姿勢を示した。

再度の要求の言葉とその姿勢に対し政務次官は、次のように回答した。

「政策秘書の問題については、ただいま委員長から重ねて抜本的政治改革の一環としてこれを実現したいとの要請がありましたところでもあり、非常に厳しい財政事情下でありますが、政策秘書に関する所要の経費をお認めいたします。」とし、最後に委員長は、

「我々としては、財政当局の御決断を多として今後とも国会改革を含め、抜本的政治改革の実現に取り組んで参りたいと存じます。」として御礼とともに強く政治改革の意を表明した。

概算要求時には誰もが予想しなかった結果が、議運委員長をはじめとする関係議員の方々による「期を見てせざ

込まれたのである。

るは……」の思いを成し、平成五年度の予算の中に、すなわち平成六年一月から政策秘書が採用できる予算が組

(3)　政策秘書資格試験等実施までの経緯

明けて平成五年一月を迎え、まずこの年には元日に施行された「政治倫理の確立のための国会議員の資産等の公開等に関する法律（平成四年法律第百号）」があり、御用始めからは、元日現在の資産等の状況を全国会議員がこの日から百日以内に各議院の議長に提出することになり、その受付けが開始されるとともに、全国の地方自治体でも首長や議員の資産公開条例を制定するための準備が開始された。

国会議員の資産等の公開は、帝国議会以来初めてのことのため、当の国会議員はおろか秘書や国対事務室からの質問や苦情そして地方自治体からの質問が寄せられる中で、それと同時に明年一月一日付で政策秘書が採用できるための具体的な作業が開始されたのである。

その開始は、国会法、国会議員の秘書の給与等に関する法律、同支給規程、及び国会議員の政策担当秘書資格試験等実施規程等の改正及び制定に向け、庶務小委員会と、そのさらに下部機関として同小委員会の委員六名からなる「衆議院秘書問題協議会作業グループ（鳩山由起夫座長）」を設置した。

この機関の創設は、二月二十三日で、主に公募公開による資格試験について検討協議するためではなく、一方の試験態様である選考採用審査認定のためのもので、具体的な選考審査の基準及び条件・レベル・内容等について検討協議し、公募による資格試験に匹敵する選考採用を可能にするためのものであり、あらゆる分野方面からの窓口を開くための検討機関である。

平成五年の一月からこのグループの結成までの間は、概ね庶務小委員の了承を得ることができた資格試験についての試験のシステム、内容・レベル、試験問題（多枝選択式、論文式）及びその作成機関の選定のための交渉、そして試験の実施個所とその数、その選定と交渉、それにこれらの年間スケジュール等々について精力的に行ってきた。

試験の内容、レベルやシステムについては、既存の国家試験の十数種類について調査、検討を進めては行くものの、これまでにない国家試験の態様のためか、政策秘書に相応しい試験とはいえ一向にイメージが湧いてこなかったのが実情であった。

手を拱いている中で何らかのヒントあるいは材料が得られないかと人事院の試験担当者に庶務部長と議員課の担当が何度か訪問し時間のない状況のもとで、ようやく人事院からある試験機関を紹介していただいた（この紹介に至るまでの間に、公務員採用試験を実施する試験機関に、平成五年度だけでも資格試験も含めて実施していただけないかとの交渉も行っていた）。

早速庶務部長と担当者が同試験機関の専務理事と事業部長に会い、これまでの経緯と政策秘書を創設するための答申内容と試験のレベル・内容・性格等当方の思考と、差し迫る思いとを衷心より表し、承諾をお願いするべく数度の訪問を繰り返した。しかし、数度の懇願もむなしく「ノー」という結果になってしまった。

時間の迫ってくる中で、平成二年に国会議員の秘書の給料等に関する法律（昭和三十二年第百二十八号）を全部改正する前に、あるシンクタンクに秘書制度についての調査、研究を依頼し、一定の報告を得た財団法人を思い出し、同財団法人に先の試験機関のときと同様懇願を重ね、なんとか承諾を得たのである。

しかし、ここでも平成六年一月からの政策秘書採用開始に向けてのスケジュール調整はおろか、当の政策秘書に相応しい国家公務員Ⅰ種試験と同等とする試験制度を作成することは、同財団法人での検討もまた極めて困難を重ねたのである。

そして、約二か月を要した二月下旬、資格試験の内容・形式等の態様は概ね整えることができるところまで辿り着くことができた。

ところがまだ政策秘書試験の中の選考採用審査の形体を成す部分の具体的な内容が詰まっていなかったことから、前述した庶務小委員会の委員の代表で組織した「秘書問題協議会作業グループ」を早速に立ち上げ、検討に入った。

このグループの立ち上げが既に二月二十三日であったため、三月の一か月間に秘書問題協議会への報告を含め、八回（一回の協議時間が平均三時間）の会議をもつことになり、結果的にこの月の土日を除き三日に一度開会するハードな作業となった。ちなみにこの会議の場所は、ほとんど現在の議院運営委員長室（旧議院運営委員会理事会室）で行われた。加えてこの会議のスタート時刻は、本会議のある日はもとよりその他の日においても午後三時か四時からで、次回の会議のための、その日の会議のまとめと資料作成等は毎日深夜におよぶこととなった。

そのまとめ上げられた制度及び平成五年度のスケジュールは、次のとおりである。

そして六名の方々の堅い思いが、座長提言として、このグループの結論として秘書問題協議会に報告・提出され、制度の承認を得るための議院運営委員会で座長の発言とともにペーパーが各委員に配付され、意識の重責を覚えさせたのである。

その座長提言は、次のとおりである。

平成五年四月二十七日　　議院運営委員会

政策担当秘書創設に関する申合せ

政策担当秘書創設にあたり、次の事項を確認し、申合せを行う。

一、議員秘書等の経験年数等の議員の証明と政党の確認について、疑義が生じた場合には、その措置について、秘書問題協議会の調査及び審議の対象にすること。

二、一定の近親者の採用については、現行の公設秘書も含め、できるだけ避けるよう今後検討すること。

三、選考審査による政策担当秘書の採用は、いやしくも国民の信頼にもとることのないよう厳正に行うこと。

四、資格試験合格者、一定の高度な国家試験合格者、各種博士号取得者及び公的機関、民間企業等の経験者で論文等の審査に合格した者並びに現行の公設秘書に対する研修を実施するよう今後検討すること。

このようにして纏め上げられた「国会法の一部を改正する法律案」、「国会議員の秘書の給与等に関する法律の一部を改正する法律案」、「国会議員の秘書の給与の支給等に関する規程の一部を改正する規程案」及び「国会議員の政策担当秘書資格試験等実施規程案」並びに庶務部議員課に政策担当秘書に関する事務を所掌させるための「衆議院事務局事務分掌規程の一部を改正する規程案」は、平成五年四月二十七日（火）の議院運営委員会庶務小委員会の了承の上、議院運営委員会理事会及び同委員会の承認を得て、法律二本の改正案が本会議において全会一致で可決され参議院に送付された。

その翌日参議院では、午前十時からの本会議に上程するべく手続きが進められ、政策担当秘書に関連する法規の成立をみたのである。

そして連休開けの五月七日付の官報で公布され、はれて一般国民の方々にお披露目となったのである。

政策担当秘書について

資格試験（衆参合同）

［資格試験の受験資格］

①大学を卒業した者
②実施年度の末日までに大学卒業見込みの者
③資格試験委員会が大学を卒業した者と同等以上の学力があると認める者

資格試験委員会

・両議院の事務総長、法制局長、事務次長及び法制次長
・資格試験実施計画及び合格者の判定

↓

資　格　試　験

・第一次試験（多枝選択式及び論文式）
・第二次試験（口述式）
（国家公務員Ⅰ種程度）

↓

資格試験合格者

・合格証の交付
・資格試験合格者登録簿に登録

↓ 面　接 ↓

議　　員

・資格試験合格者登録簿から採用

選考採用審査認定（衆議院）

［審査対象者の要件］

①司法試験、公認会計士試験、国家公務員Ⅰ種試験若しくは外務公務員Ⅰ種試験又は選考採用審査認定委員会が定める試験に合格していること
②博士の学位を授与されていること
③国若しくは地方公共団体の公務員又は会社、労働組合その他の団体の職員としての在職期間が通算して10年以上であり、かつ、専門分野における業績が顕著であると客観的に認められる著書等があること
④次のいずれかに該当し、かつ、国会議員の政策担当秘書資格試験等実施規程第24条に規定する政策担当秘書研修を受講し、その修了証書の交付を受けていること
イ　国会法第132条第１項に規定する議員秘書（公設の議員秘書）として在職した期間が10年以上であること
ロ　議員秘書（公設）として在職した期間が５年以上10年未満であり、かつ、当該期間と政党職員（国会議員が所属している政党の職員）の職務その他議員秘書の職務に類似するものとして選考採用審査認定委員会が認める職務（私設の議員秘書又は国若しくは地方公共団体の公務員又は会社、労働組合その他の団体の職員として従事した政策立案・調査研究の職務）に従事した期間とを合算した期間が10年以上であること

［①　②］

議　　員

イ　議員による申請書
ロ　戸籍抄本
ハ　履歴書及び住民票
ニ　国家試験合格証又は博士号の証明書等

→ 政策担当秘書選考採用審査認定委員会

［　③　］

議　　員

イ　議員による申請書
ロ　戸籍抄本
ハ　履歴書及び住民票
ニ　著書等

→ 政策担当秘書選考採用審査認定委員会

［　④　］

議　　員

イ　議員による申請書
ロ　戸籍抄本
ハ　履歴書及び住民票
ニ　修了証書

→ 政策担当秘書選考採用審査認定委員会

（議員 →）
イ　研修受講申請書
ロ　在職期間証明書
ハ　履歴書及び住民票

↓

衆　議　院（→ 修了証書）

・三週間程度の研修
・修了試験
・修了証書交付

政策担当秘書選考採用審査認定委員会

・事務総長（委員長）、法制局長、図書館長並びに委員長の指名する者
・選考採用審査方法は書類審査及び口述試験

［認　　定］

・認定証を交付するとともに審査認定者登録簿に登録・採用

平成五年度　政策担当秘書採用日程（衆議院）

		資格試験		選考採用（議員秘書等）		選考採用 司法試験等合格者・博士号取得者・国等・会・労働組合等の職員
4月	20	秘書問題協議会（国会法、秘書給与法、秘書給与支給規程、資格試験等実施規程要綱案の決定）、国会法改正小委				
	22	庶務小委、議運理・委、本会議				
	27	議運理・委（資格試験等実施規程）				
5月	7	資格試験委員会（実施計画作成）				
			10	審査認定委員会（実施計画作成）→		
	10	秘書問題協議会（資格試験及び選考採用審査認定及び研修実施計画）→				
	14	募集公告官報掲載（受験案内配付）				
6月	1～	応募受付				
		受験票発送				
	14	応募受付締切				
			18	「お知らせ」「研修申請書等」配付	18	「お知らせ」配付
		受験者名簿作成	18～	研修申請受付		
				受講者名簿作成		
7月			16	研修申請受付締切		
	24	一次試験（午前多枝選択、午後論文）		（解散のため、受付期間を延長）		
		採点（多枝選択３日間、論文20日間）				
	28	資格試験委員会（一次試験の結果について）				
8月			10	研修申請受付締切		
			16	「選考採用審査認定申請用紙」の配付→	16～	選考採用審査認定申請受付
			17～	政策担当秘書研修		
	23	資格試験委員会（一次試験合格者決定）				
	24	一次試験合格者発表				
9月	10	二次試験（口述試験）	3	修了試験		
					13	選考採用審査認定申請受付締切著書等の審査
	14	資格試験委員会（最終合格者決定）				
			22	修了試験合格者発表及び修了証書の交付		
	28	最終合格者発表、名簿登録	22～	選考採用審査認定審査受付		
10月			6	選考採用審査認定申請受付締切		
		議員との面接			4	著書等業績評価部会
					15	著書等業績評価部会
					27	口述試験（第二別館）
			27	口述試験（憲政記念館）	27	著書等業績評価部会
			28	口述試験（第二別館）→		
			29	審査認定委員会（認定者決定）→		
11月	5	採用手続	5	認定者発表、名簿登録、採用手続→		
12月						
1月	1以降	採用	1以降	採用	1以降	採用

この公布の日、資格試験委員会（衆参両院の事務総長、事務次長、法制局長、法制次長の八名で構成）が衆議院の常任委員長室で開会され、前述の平成五年度実施計画の作成とその案の了承がなされるとともに、各院で実施される選考採用審査の年間計画が衆議院ではその二日後、事務総長、法制局長、国立国会図書館長事務次長、法制次長、国立国会図書館副館長及び元法制局長で構成する選考採用審査認定委員会が開会されて、その計画が了承され、五月十日の議院運営委員会理事会（秘書問題協議会）において了承されたのである。

斯くてこの計画（政策担当秘書資格試験実施案内）は、五月十三日の官報に掲載され、六月一日から二週間の応募受付があり実質的第一回目の資格試験のスタートが切られたのである。

しかし、順調にスタートさせてくれたかのように見えた政策担当秘書の実施計画に無慈悲な事態が介入してきたのである。

それは、資格試験の応募の受付が終了し、選考採用審査の応募の受付が開始された六月十八日衆議院が解散されたのである。

この年は、前述したとおり国会議員の資産公開法が一月一日に施行され、全議員が四月十日までに資産等報告書を提出し、六月十日に公開（閲覧）を開始するとともに、七月十八日に総選挙が行われたため、再度同報告書を十月二十六日までに提出し、十二月二十七日公開となった。

同法の施行日前からこの一年間は、各党・各会派への説明やその中の研究グループへの対応、それに議員個人さらには秘書の勉強会等への応接は、記録やメモに残っている回数だけでも百回を超える。

資格試験の方は解散があろうと坦坦と進めなければならないが、選考採用審査認定の日程は当然修正しなければならなくなったのである。

この審査認定の申請資格者は議員であって、審査対象者となる司法試験や公認会計士試験等の合格者、博士号の取得者あるいは専門分野における業績が顕著であると客観的に認められる著書等がある者そして各院が実施する政策担当秘書の研修を受講できる者には申請権はないため、解散の日に申請した議員、申請しなかった議員、総選挙の結果申請したが落選した議員等を平等公平に考慮しなければならず、中でも研修日程を組み外部の大学教授等に依頼した講義等については再度調整を行い、止むを得ず日時の都合が取れなくなった講師の方々には解散という事態であったとはいえお詫び申しあげた上、新たな講師を探し、さらに研修申請の受付期間を延長する等可能な限りの対策を計り円滑な行事の進行に神経を集中させた。

このような年間行事の日程の再調整をし、実施に移しながらも総選挙後における事務は進められた。

そして、初年度の行事の中の資格試験の最終合格者は、九月二十八日に発表され、司法試験、公認会計士試験及び国家公務員Ⅰ種試験等の合格者並びに博士号取得者及びあらゆる分野の政策に係る著書等を表したものを所持している者に対する合格者と政策担当秘書研修を受講し修了試験に合格した人達の最終合格は、十一月五日に発表され、これらの合格者の名簿登録とともに明年一月一日付の採用に向け、その準備のための手続きが一斉に開始された。

しかし、初年度でもあり、解散・総選挙があったこともあり、当の議員個々への浸透がもう一歩という感もあり、政策担当秘書はいらないという議員もあり、十二月末までに採用のための準備のできた議員は三分の二強であった。

この原因というか要素は当選一回の議員が全議員の約三分の一を占めていたことであった。このため御用納めの日も近くなったある議院運営委員会の理事会において、臨時の選考採用審査を計画するよう提案・要望が出され、翌年二月一日の応募開始のための準備が進められ、この審査態様の中の研修の部分を除く選考審査が再度行われた。

この再度の審査を経た結果においても五十名弱の議員には政策担当秘書の採用の姿を見るには至らなかったのである。

これ以後数多くの秘書制度に対する要望等があったものの政策担当秘書制度を支えてきた「国会議員の政策担当秘書資格試験等実施規程」は、一度の字句整理の改正はしたものの根幹の改正を要することなく十年余を経てきた。

初年度の合格者数こそ多かったが、その後における資格試験合格者及び選考採用審査認定者は、採用する議員数及び秘書の採用・解職の頻度あるいは数回の選挙を経ていることから観れば相応であろうと思う。

今後、この国会議員政策担当秘書制度が、より高度な質的向上を図り、真の実効を得て発展することを望む。

三　おわりに

現在の政治家は、昔もそうであったが、国民にどのようなイメージで写るのか、少なくとも日本の一部の観測は、権力欲と物欲等の塊として捕らえられ、特にメディアがそのイメージを作り、それが競って欲の塵まで見つけ出し誇大に取り上げ、本来の使命を忘れていることも気が付かないでいる。

メディアの使命には、国民の信託を受けた代表者としての政治家の地道な活動を国民あるいは世界に伝え、あるべき市民イメージ形成への力を日本政治の活気と再生に役立たせるものを持ち、時期を得て伝えるものがあろう。

今のメディアの希薄さは「政治不信」、「政治家不信」にあるのは事実ではあるが、メディアばかりではなく、政治家への「期待」が現代の日本人の中に極めて希薄であり、期待がない分、批判にも不信にも真剣さが全くないといっても過言ではなかろう。

しかし、近日、国会に対する改革の必要がようやく認識され始め、この改革実効の義務は、官僚にも民間にもできない国会固有の任務として国会を構成する議員にはある。単に議員に与えられた特権や活動にかかる経費の見直し並びに議員の政治活動をささえるスタッフの無駄を反省することではない。その任務を国民は今まさに政治家に託そうとしている。この「期待」なくして、到底国会議員の変質などあり得ない。

国民からの一票一票の信託、付託を受けていながらその翌日にはモラルもなにもなくなる行動を何の躊躇いもなく探る。これではとても……。

制度論から言っても政治家と国民の相互関係にある一方の国民の政治家に対する「期待」や「イメージ」に変化を与える結果、政治家側の「応答」や「モラル」にも変化を与え政治家はそれを感ぜざるを得なくなる。これを覚えることができる者かそうでない者かを国民自身は勿論、メディアの協力を得て判断し、選択をする必要がある。

このような国民の変質により政治家の変動も引き起こし得る。

国民が、議員に何を期待するのか、その期待の質も当然問われている。

政治家が政治家である前に誘惑や慣れ、そして選挙民に弱い人間ならば、その人間の性を背から離すことができないならば、自己の責任や内に潜むモラルの問題よりも監視・統制あるいは公開・管理そして罰則の内容・程度・方法等のいわゆる外在的な制度設計を考えていく必要がある。

あるときは政治倫理綱領を、またあるときは行為規範を議決し、そして資産公開法を麗々しく作ってみても次から次へと自らそれに背くのであるからいたしかたがない。

国家の情勢を憂い、公務員の削減を続行中であっても国民の信託を受け、その付託に応える国民の代表者のために、その代表者自身と直接的スタッフとしての秘書の資質を向上させるためにと創設した折角の政策担当秘書制度を自らの政治資金を作るための詐欺や贈賄を受け取るための道具にさえ使い、次の選挙のためだけに、あるいは次に見えてくる副大臣や大臣席のためだけにあるのであれば、政策担当秘書としての議員と直近にある唇歯輔車は何の意味も成さず、このスタッフ側からの意識変革と提言そして実行も当然必要であって、不断の国民の一人一人の意識の中にも当然必要なものである。

今、外在的な制度設計を中心に考えていく必要があるとしたが、国会議員であろうと地方議会議員であろうと、いやしくも正当に選挙された国民の代表者であることを常に意識し、政治倫理綱領や行為規範さらには政治資金規正法等々の補助車輪の付いた自転車などは捨て、議員自らの意識とモラルで立ち、国民に対して正直で、廉潔でなければならず、それを継続しなければならない。

内政・外交を問わず政治に最も大切なことは筋を正すことであろう。これを正さず表面的に誤魔化してゆけば、終わりには収拾のつかない悲劇が待っている。

現代政治の危険な点は、政治が事件に支配されていることではないだろうか。一国の政治の健全如何は、政策が問題を造って行くか、事件が政治をひきずるかによって判断できる。為政者が確乎たる主義・信念に基づいた政策によって政治を動かさぬかぎり、国家・社会は崩壊の危険を免れないのではないか。

社会科学としての「立法学」の構想

松本　進

一　はじめに
二　立法過程論その一（立法過程実態論）
三　立法過程論その二（立法過程制度論）
四　立法政策論その一（戦略的立法政策論）
五　立法政策論その二（戦術的立法政策論）
六　まとめ

一　はじめに

「立法学」に関しては、既に幾多の貴重な文献が公表されており、[1]さらにこの小論を加える必要はないかも知れない。しかし、永年にわたり衆議院制局に奉職した経験を踏まえて、私なりの「立法学の構想」について書き残しておくことも全く意味がないわけでもなかろうと考えて、敢えて筆を執った次第である。

1　「社会科学としての立法学」の主旨

「社会科学としての立法学」と題したのは、立法学なるものが得てして初めから特定の価値観を前提とした説示的なものになりがちであることにかんがみ、このような弊害に陥るのを避けようとするのがその主意である。即ち、「立法学」を、立法に関する現実の姿を客観的[2]に分析・認識することを基盤に据えて、その上に実践的価値判断としての立法のあるべき姿を構築しようとするものである。

「立法学」においては、先ず、立法に関する現実の客観的考察（これには立法過程に関するものと立法政策に関するものとがある）を基礎とする。この場合、その分析の視点、方法、評価等については考察者の価値観が働くであろうことは、前提として認めておかざるを得ないであろう（この「評価」は、客観的考察と実践的価値判断との接点となる）。

次に、右の客観的考察を踏まえて、立法の現実を如何に改善し改革して行くかという実践的価値判断（これにも立法過程に関するものと立法政策に関するものとがある）を示す必要がある。

そして、右の実践的価値判断が実施に移された場合には、その結果として生じた立法に関する新しい現実に対し、更に客観的な検証を行うことが要請されよう。

このように、客観的考察と実践的価値判断とが相互に関連しつつ立法に関する現実の姿を変遷させ続けて行く二重螺旋（その各螺旋には、立法過程に関する層と立法政策に関する層とが密接な相互関係をもちつつ内在している）の構造と機能の考究こそ、「社会科学としての立法学」の基本的な立場であると考える。(3)

2　立法学の主たる領域

立法学の主たる領域としては、立法過程を中心に考究する領域と、立法政策を中心に考究する領域が考えられる。前述のとおり、それぞれの領域において、客観的考察と実践的価値判断とによる研究が必要とされる。

しかし、それぞれの領域における研究は独立して行い得るものではなく、両者は密接な相互関係をもつものである。立法過程は諸立法政策間の法制化へ向っての闘争の場であると同時に、立法政策はそのような立法過程を通じて変化を受けつつ形成されて行くものであるからである。

この二つの領域を更に細分化すると、およそ次のようになるであろう。

①　立法過程論

その一　立法過程実態論

その二　立法過程制度論

② 立法政策論
その一　戦略的立法政策論
その二　戦術的立法政策論
以下において分説するが、本小論においては、その構想を示すに留まらざるを得ない。

二　立法過程論その一（立法過程実態論）

立法過程論のもつ意義は、政治的・経済的・社会的基盤における諸要求がその実現を目的とする法律を成立せしめるに至る過程を客観的に分析し、その考察の集積を踏まえて、立法過程に関する改善・改革を提言することにある、といえよう。

立法過程論には、大別して次の二つの分野がある。

その一は、立法過程実態論ともいうべき分野である。即ち、政治的・経済的・社会的基盤における問題状況とこれに対処すべき法律の成立との間を結ぶいくつかの輻輳した因果関係の連鎖の実態的側面について、考察の焦点を当てようとするものである。

その二は、立法過程制度論ともいうべき分野である。即ち、法律が立案されて国会に提出される過程及び国会において法律案が審議・議決される過程の制度的側面について、考察の焦点を当てようとするものである。

立法過程制度論については**三**に譲り、ここでは、立法過程実態論を中心に、論を進めることとする。

1　立法過程における実態の客観的考察

①　国民はそれぞれ異った政治的・経済的・社会的状況の中に生存し、それぞれの生活基盤に立脚する価値観から発する諸要求を有している。これらの諸要求は、或いは共同し或いは対立しつつ併存し、それぞれ自らの実現を望む。

国民の要求は、それが国民の権利・利益及び義務・負担等に重大な関連性をもつものであるほど、それを実現するには、その立法化に挑まなければならない。そのためには、「なま」の要求を政策化し、更にこれに法理論の衣を纏わせて立法政策化（法律の内容として構成することが可能な政策に仕立て上げること）する必要がある（立法政策については、**四**を参照）。

こうして登場するいくつかの立法政策が、政治力学的葛藤の中で、或いは勝利し或いは妥協し或いは敗退することにより、最終的に選択された立法政策が、法律として制定されることになる。

このように政治的・経済的・社会的基盤における諸要求が法律として成立するに至る過程（日の目を見ずに葬り去られた要求については、その捨てられた過程）を、現代資本主義経済社会の枠組みとの関連を注視しつつ、客観的に考察することは、わが国政の基本的構造を理解するうえで重要な意義があるといえよう。

②　前述のように、立法政策化及び法制化に挑戦する諸要求が現実の政治力学的闘争の荒海の中で競い合うためには、プレッシャーグループの形成が必要とされる。経営者団体・事業者団体、労働者団体、消費者団体、市民団体等による政府・政党への圧力が、立法過程において有効な機能を果たしているからである。

他方で、病者、障害者、高齢者等の政治的・経済的・社会的弱者は、プレッシャーグループを形成できず、その声は法律の内容として選択され難いのが現実の姿である。弱者の要求を吸い上げて立法に結びつけるためには、市民団体等によるいわゆる「市民立法」の活性化が期待される。

③　官僚は自己保存・自己拡張の志向の中で事業者団体を育成し、事業者団体は官僚による保護政策を求めて、両者は癒着する。族議員は政治資金と票を求めて、事業者団体は自らの要求の官僚への橋渡しを期待して、両者は癒着する。族議員は支持団体への利益誘導を求めて、官僚は自己の意図する政策の円滑な実現を図って、両者は癒着する。

プレッシャーグループのうちでも、特に経営者団体・事業者団体の要求が政治の舞台裏で選択され易いのも、右の政・官・業の癒着構造の然らしめるところであろう。

④　政府により法律案が作成される場合には、その作成過程において、審議会（諮問・調査機関的委員会を含む）、私的諮問機関等に諮問し、その答申を受ける形をとるケースが殆どである。そこでは、経営者団体・事業者団体、労働者団体、消費者団体等の利害関係を有する団体の代表者や学識経験者の意見を聴くことになる。委員の任免は、通常、関係省庁等の長が行うが、その人選は初めから所期の結論が得られるような構成とする意図のもとに行われている。

殊に、プレッシャーグループ間の意見調整の場として審議会等が利用される場合には、ここでも政・官・業の協働により、その答申内容が財界・業界側に有利なものとなる傾向がみられる。いわゆる男女雇用機会均等法の立法過程・改正過程は、右のことを示す典型的事例といえよう。

また、「道路関係四公団民営化推進委員会」のように、政治的パーフォーマンスの場と化すケースもある。

⑤　立法政策に対する新聞・雑誌・テレビ等のマスコミによる論評も、立法過程に大きな影響を与える。学者・

学会等による意見の公表、弁護士会等による提言も、立法過程上、重要な意味をもつ。また、野党による政策表明としての法律案の国会への提出も、立法過程を左右する力をもつ場合がある（野党提出法律案の政府立法誘導効果については、三1を参照）。

2　立法過程実態論の実践性

立法過程実態論の研究は、立法過程における実践的課題に効用を発揮できるであろうか。希望的観測を交えて言及すれば、次のようなことが挙げられよう。

その一は、類似するいくつかの立法過程に関する研究成果が集積された場合、将来行われる立法のうち、それらと類似する立法過程をとるものについて、その立法過程を或る程度予測できるのではないか、ということである（例えば、政・官・業の癒着構造の中で進められる立法についての終着方向の予測等）。

その二は、種々の領域における立法過程研究の成果の集積を前提として、立法過程のどこをどのような方法で押せばどのような効果が得られるかを或る程度の確実性をもって予測する等により、立法過程に関与する者が立法過程を或る程度コントロールできるのではないか、ということである（例えば、プレッシャーグループの形成と活動方法、政治的・経済的・社会的弱者の要望の立法化推進策、審議会等への効果的対応策等）。

その三は、立法過程研究の成果を、国政改革の一環として、国会・内閣を通じた立法に関する機構・制度及びその運用の改善・改革に繋げることができるのではないか、ということである（この点については、三を参照）。

これらの効用は、立法過程の実態についての研究の集積に基づいて発揮できるものであり、この分野の研究の進展が切望される所以である。

3　事例素描(1)

立法過程の現実の姿を示す一例として、製造物責任法（平成六年法律八五号）の制定過程を、「欠陥等の推定規定」と「開発危険の抗弁」の問題に焦点を当てて瞥見する。

製造物責任法については、医薬品、食品、電気製品、自動車等の欠陥による消費者被害の多発を背景に、同法の制定推進運動が起った。科学技術の進歩、製造工程の複雑化、製造業者による資料の保有等の理由により、過失責任の原則の下では、消費者による製造業者の過失の立証が困難であったからである。先進国におけるPL法制定の状況（昭和六〇年七月のEC指令等）がこの運動に拍車をかけた。

平成三年五月、全国消費者団体連絡会、主婦連合会、消費科学連合会、日本消費者連盟等のほか、学者、弁護士等も多数参加して、「消費者のための製造物責任法の制定を求める全国連絡会」が発足した。

これより先、昭和五〇年八月、我妻栄教授等をメンバーとする製造物責任研究会は、「製造業者の無過失責任、欠陥の存在の推定、因果関係の推定」等に関する規定を含む「製造物責任法要綱試案」を発表していた。

平成二年から四年にかけて、製造物責任法に関し、日本私法学会、東京弁護士会、日本弁護士連合会が、報告、試案、要綱を公表し、公明党、日本社会党がそれぞれ法律案を国会に提出した。これらはいずれも、「欠陥等の推定規定」を含み、「開発危険の抗弁」を認めない内容であった。

平成二年一二月に発足した第一三次国民生活審議会は、製造物責任制度の導入について検討したが、産業界の強い抵抗により、平成四年一〇月、その審議の終了に際して、結論を見送った。

その後は、各省別による所管製品に関する製造物責任の検討に移された。これは、各省庁において関係利益団体に有利な解決方法を探ることを企図したものと思われる。現に、経済団体連合会は、平成四年一二月に公表した「製造物責任問題について」という文書の中で、「法律論議に偏らず、少なくとも個別製品毎の影響、中小企業への影響、紛争処理の迅速性の確保と費用の最小化を含めた、経済的、社会的観点からの総合的な検討が必要と考える」旨を述べるとともに「製造物責任に関する自主的ガイドライン」を示している。

平成四年一二月に発足した第一四次国民生活審議会は、平成五年一一月に各省から製造物責任制度に関する検討結果の報告を受けたうえで、同年一二月、「製造物責任制度を中心とした総合的な消費者被害防止・救済の在り方について」と題する報告書を公表した。また、法制審議会民法部会においても、平成六年一月、「製造物責任制度に関する審議結果の報告」を公表した。しかし、いずれの報告も、「欠陥等の推定規定」を含まず、「開発危険の抗弁」を容認するものであった。

製造物責任法案についての最終的な調整役となったのは、連立与党（当時は、自由民主党・社会民主党・新党さきがけ）のPL法プロジェクトチームであった。平成六年四月に公表された同チームの「検討結果」によれば、消費者団体等が「証拠の開示規定が存在しない情況下で、消費者側が製造物の欠陥等を立証するのは極めて困難である」として要求していた「欠陥等の推定規定」については、「被害者の立証負担の軽減という目的を超えてしまう等の理由からこれを採用すべきではなく、裁判上事実の内容に応じて事実上の推定を柔軟に活用すべきである」とされ、また、消費者団体等が「技術開発に関するリスクを消費者が負わされ、モルモット化されるおそれがあるとともに、その抗弁が容易に認められれば実質上過失責任と変わりがなくなる」として反対していた「開発危険の抗弁」については、「新製品の開発、技術の革新等を不当に阻害しないとの視点から、これを採用するのが適当である」と結論づけられた。

このような過程を経て、平成六年四月、製造物責任法案は国会に提出され、同年六月、衆議院及び参議院において全会一致で可決され、同年七月一日に公布、翌年七月一日より施行された。

この製造物責任法の立法過程は、消費者団体等による立法推進運動により「過失責任から無過失責任へ」という世界的潮流へのキャッチアップは実現されたものの、官僚・族議員・業界団体の巧みな連携プレーにより、消費者団体側の要求は抑えられ業界寄りの決着が図られるという、わが国政の体質を如実に示す一例となったといえよう。

三　立法過程論その二（立法過程制度論）

ここでは、立法過程の制度的側面を客観的に考察したうえで、国政改革の一環として、立法過程制度の改善・改革を提言することが課題である。

1　政府提出法律案と議員提出法律案

政府提出法律案が議員提出法律案と比較して、その提出数において多く、成立率においても圧倒的に高いのは、[4]わが国が議院内閣制をとっているためであることはいうまでもない。即ち、福祉国家（社会国家）への移行に伴い、経済活動や国民生活への行政介入の範囲が拡大したため、政策立法（官僚立法）としての政府提出法律案が増加し、かつ、内閣の基礎たる多数党の賛成を得られるのが通常であることから、その成立率の高いのも当然のことといえよう。

これに対し、議員立法については、ⓐ与党は、自らの政策を政府提出法律案という形で実現できるので、敢えて議員立法による必要性は少ない、ⓑ野党側としては、自らの政策を実現するには、その政策を政府提出法律案の中に事実上取り入れさせるほかは、議員立法による以外に方法はないが、その議員立法とても与党の協力を得られない限り成立は望めず、その成立率の低いことが野党提出法律案の提出件数の減少という結果をもたらすことになる。

しかし、次のような場合には、議員提出法律案の形が選択される。

① 緊急事態に対処するため、政府部内における法律立案作業（特に法制審議会による審議等）を待つ暇がないと考えられる場合(5)

② 政府部内では消極的である政策について、超党派等でこれを積極的に推進しようとする場合(6)

③ 野党提出法律案について、たとえ成立しなくてもその提出の繰返しにより、同法案への世論の共鳴が高まり、政府をして類似する内容の法律案を提出せざるを得なくなる情況に追い込む効果（野党提出法律案の政府立法誘導効果）を期待する場合(7)

2　政府提出法律案の立案過程に関する客観的考察と改革案(8)

(1)　問題状況の考察

1において述べた如く、現代資本主義国家においては多くの政策立法が必要とされているが、その法律案の作成に必要な行政情報は官僚に独占されているため、実質的にみれば、政府提出法律案の大部分は、官僚により発議・決定されるといえよう。

右の法律案の決定に関し、政府内において最も重要視されていることは、他省庁の権限に関連する事項についての関係各省庁との折衝である。各省庁は、自己保存・自己拡張の立場から折衝し、それぞれ所管する利害関係団体の利益を考慮して、その合意点を探る。

審議会・私的諮問機関等における審議は、いくつかの例外はあるものの、関係省庁の用意した資料を鵜呑みにし、会議独自の調査能力を発揮することができない場合が多い。答申案文は事務局側で準備され、会議ではその文言の修正の範囲に留まりがちである。

いわゆる与党審査（政府提出法律案の事前手続として、与党（自由民主党）の関係機関に対して行う根回し）においては、利害関係団体と密接な関係を有する族議員が調整役を果たす。このため、法律案のもつ問題点に対する重要な議論が国会審査以外の密室で実質的に決着されることになる。

政府提出法律案を最終的に決定する閣議においても、その議題となるのは事務次官会議で承認された案件（各省折衝が終了したもの）である。閣議の構成員は、官僚の作成した法律案の是非を評価するための独自の判断基準をもたないため、異議を述べることは殆どなく、そのまま承認する。最も重要な場面において、政策決定権の空洞化がみられる。

(2)　**制度改革案**

議院内閣制の祖であるイギリスにおいては、与党の中核と内閣との実質的一体性の中で、首相を中心とした閣僚に権力が集中しており、官僚は政策決定の補助者に過ぎないとされている。わが国の現内閣は、外見上与党・官僚とも対立する独自の政策を推進しつつあるかのように演じようと努めているが、官僚と族議員と業界団体との癒着を基盤とする政治体制は、基本的には従来と変っていないとみられる。

政府提出法律案の決定過程（各省庁内における決定過程、関係省庁間の折衝過程、審議会・私的諮問機関等における審議過程、与党審査の審査過程等）は国民に見えにくいので、これに関する情報を公開する必要がある。情報公開法の制定に伴い、審議会の議事録等についてはかなり公開されるようになったが、政府提出法律案の決定過程に関するそれ以外の情報については依然として霧の中である。

国会の行政監視機能の強化を図るため、平成一〇年一月一二日から、衆議院に「決算行政監視委員会」（決算委員会を改組）が、参議院に「行政監視委員会」（決算委員会とは別組織）が、それぞれ新設された。しかし、これらの委員会の監視機能は法律の執行過程に限られると思われるので、政府提出法律の立案の全過程（特に、所管省庁の立案段階における利害調整過程、関係省庁間における折衝過程等）についても監視の眼が及ぶよう、国会の行政に対する監視体制を更に強化する必要があろう。

内閣及び与党機関は、官僚立法に対し、実質的な公共の福祉（単なる利益集団間の利益の調整ではなく、政治的・経済的・社会的弱者の立場にも十分配慮した真の国民的福祉）の観点から評価する独自の――官僚とは別の――判断基準を堅持して、国民のためのコントロール機能を発揮すべきであろう。ただし、それを可能にするためには、その前提として、国民の意見の分布が議席の分布に反映する選挙制度、関係業界との癒着を断つ政治資金制度の確立等が必要とされよう。

3 議員提出法律案の立案過程の客観的考察と改革案

(1) 問題状況の考察

議員・政党における立法政策の策定・法律案の作成のためには、各種の行政情報等の集収が不可欠であるにもかかわらず、必要な情報を政府から十分に得られない。また、議員立法等に関与する国会の補佐機関においても、政府側の許容する範囲の行政情報等しか入手できない。

加えて、議員・政党の政策策定能力は、政策スタッフが不足しているため、現状では官僚集団には対抗できない。かつて日本社会党、民社党等の野党には、優秀な政策スタッフを擁する政策審議会事務局が付置されていたが、先年の政党再編に伴いこれらの事務局は姿を消し、優秀な政策マンの多くが現場を去ってしまった。

また、現在、議員が議案を発議する場合等の賛成者の人数要件が国会法に定められている（五六条一項、五七条）。これは、不当なお手盛法案が提出されるのを防止する趣旨であると説明されている。また、衆議院においては、慣例として、政党提出法律案のみが議員提出法律案として取り扱われている（所属会派の機関による承認を法律案提出の要件とする制度）。いずれも、議員立法の活性化を阻むおそれがある。

なお、議員立法等に関与する国会の補佐機関の幹部職員に政府の職員が出向者としてしばしば送り込まれているのも問題である。これらの職員は出向元の省庁に顔が向いているので、立法政策の策定、法律案の作成に関し政府の影響を受けるおそれがある。

(2) 制度改革案

従来、国政調査権発動の一態様として、国会法一〇四条により内閣・官公署に対し報告・記録の提出を要求できることが定められていたが、強制装置を伴っていなかったため、あまり機能をしていなかった。そこで、平成九年一二月に同条が改正され、「各議院・委員会から内閣・官公署に対し報告・記録の提出要求があった場合において、内閣・官公署がこれに応じない場合、その理由を疎明しなければならないこととするとともに、議院・委員会がその理由を受諾することができない場合には、その報告・記録の提出が国家の重大な利益に悪影響を及ぼす旨の内閣の声明を要求することができる」旨の規定が加えられた。

この改正は、国政調査権の実効性の強化という視点から一歩前進であるといえよう。しかし、議院内閣制の下では、議会内少数者＝野党に国政調査の主導権を認めることにより、はじめて国民のための議員立法の立案・国政調査等に必要な行政情報の入手が可能となり、有効な行政コントロールが機能する。ドイツ連邦共和国基本法における「少数者調査権[9]」の如き仕組みの本格的導入への更なる検討が必要とされよう。

議員・政党の政策スタッフを強化するためには、ドイツ・アメリカ等に倣い、法制上・財政上、更に充実した措置を講ずる必要がある。現在、「国会における各会派に対する立法事務費の交付に関する法律」に基づき、国会議員の立法に関する調査研究の推進に資するため、各会派に対し、所属議員一人につき一定額の「立法事務費」が交付されているが、現実にはこれが政党運営費に使われている。立法事務費の使途を政策スタッフの人件費・調査依頼の経費等に限定するとともに、使途の報告書を国会に提出するよう、法改正を行うことが望まれる。

また、議案発議に係る賛成者の人数要件については、議員の法律提案権を侵害し、議員自らの首を絞めることになると考えられるので、これを廃止すべきであろう。不当なお手盛法案かどうかは、各議員の良識によって判断すればよいことである。また、衆議院における議員立法提出の際の機関承認制度は、議院内閣制とは何ら関係のないものである。この慣行に従えば、超党派による一部の議員の立案した法律案等は提出し難いこととなろう。一議員による提出法律案でも、議会で十分に議論を尽せばよい筈であり、機関承認制も廃止すべきであろう。[10]

なお、議員立法等に関する国会の補佐機関に政府の幹部職員が出向している状態では（最近その状態に若干改善の兆しがみられるようであるが）、真にあるべき議員立法の立案は不可能であるため、その出向を原則として禁止すべきであろう。国会の補佐機関は、自ら幹部スタッフを養成する能力を十分に有しているので、独自に質・量ともにこれを養成・強化すべきである。

4　国会における法律案の審議過程の客観的考察と改革案

(1)　問題状況の考察

委員会における審査は、主として野党議員の質疑に対する政府（官僚を含む）の答弁に終始し、討論は形式化している。この原因は、政府提出法律案の提出前の「与党審査」にあり、与党議員は既にこれにより提出案件についての議論を事実上済ませているからである。

法律案の賛否については、党議拘束がかけられる場合が殆どである。その本源も与党審査にあり、そこで了承された法律案について与党の党議拘束がかけられる。それが野党の党議拘束を呼び、会議切れをねらった野党の議事引延し作戦を生み、国会審議の空洞化をもたらす。

また、委員会提出法律案については、通常、委員会の審査が省略されるので、立法意思の明確さを欠く。起草小委員会を設置しても、そこでの議論が会議録として残っていることは稀である。

一般にはあまり注視されていない問題として、各委員会の理事会・理事懇談会における審議情況がある。そこは与・野党間の政策的協議、戦略・戦術的取引等の場であり、委員会における法律案の可決・否決・修正その他の重要な取扱に関する事項が協議され、実質的に決定される。委員会審査は、これを受けた儀式的なものとなる。にもかかわらず、理事会・理事懇談会の協議内容は、重要なものであるほど、外部に明らかにされない。議員以外の者は、原則として入室を許されず、委員会の補佐機関すらもシャットアウトされる場合がある。

委員会における請願審査も、形式化している。委員会審査（実際には理事会審査）において全会一致のもののみが内閣に送付される取扱いになっているが、実質的効果は殆んどないといえよう。

(2)　制度改革案

「国会審議の活性化及び政治主導の政策決定システムの確立に関する法律」（平成一一年法律一一六号）により、ⓐ各議院に常任委員会として国家基本政策委員会を設置する、ⓑ国会における政府委員制度を廃止する、ⓒ副大臣及び大臣政務官は、議院の会議又は委員会に出席することができる、ⓓ内閣は、両議院の議長の承認を得て、政府特別補佐人（人事院総裁・内閣法制局長官・公正取引委員会委員長・公害等調整委員会委員長）を議院の会議又は委員会に出席させることができる、とされるとともに、これに伴う衆議院規則（四五条の三）及び参議院規則（四二条の三）の改正により、委員会は行政に関する細目的又は技術的事項について審査・調査を行う場合、必要があれば政府参考人の出頭を求めることができることとして、内閣（政治家集団）対国会の対立劇を演出しようとしているかに見える。しかし、実際上は、国家基本政策委員会における党首討論にしても、議論の深さは全く感じられず、また、政府委員制度を政府参考人制度に切り替えたといっても、実体は従前とさほど変っているとは思われない。本当に必要なものは、与党議員（首相・閣僚等を含む）と野党議員との間の自由な「討論」（質疑・応答ではない）なのである。これが実現されることによって、討論の対象となっている立法政策の問題点が国民に明らかになり、適切な修正点に達する可能性が高まるものと考えられる。

このように、与・野党の議員同志の自由な「討論」の場が形成されるようになれば、法律案の内容によっては、超党派的「修正」が行われることが期待される。したがって、法律案の内容に応じて、党議拘束を緩和したり、自主投票を認容したりすることを積極的に考えるべきであろう(11)。

委員会提出法律案については、起草小委員会の積極的利用と充実化を図る。小委員会を議員間の活発な議論の場とし、国会の補佐機関のスタッフを積極的に参加させるものとし、起草段階における議論を会議録に残すべきである。

委員会の理事会及び理事懇談会については、その密室性を排除するため、少くとも事後に、何らかの方法により協議内容の公表を行う制度を導入する必要があろう。

請願審査の実効性を発揮させるため、所管委員会において法制化が可能と認められる請願については、委員会に起草小委員会を設けて自ら立法化を進め、委員会提出法律案としてその実現を図るべきであろう。

四　立法政策論その一（戦略的立法政策論）

立法政策論は、「実践的価値判断」が中核となる分野である。

この分野で最も注意を要することは、論者自身が初めから特定の価値観を選択し、その価値観に基づいた立法政策論を展開することを慎むことであろう。

そのためには、先ず、既に実現された、あるいは形成されつつある立法政策について、その立法政策における実践的価値判断そのものを客観的に考察するところから出発すべきであり、次に、その考察の成果を立法政策策定の実践に結び付けるよう努めるべきであると思う。

立法政策論には、大別して次の二つの分野がある。

その一は、戦略的立法政策論ともいうべき分野である。即ち、長期的・全体的な展望のもとに構成される立法政策論であって、本来的な意味における立法政策論といえよう。

その二は、戦術的立法政策論ともいうべき分野である。即ち、一定の目的を達成するための手段、方法等に関する立法政策論であって、立法技術論として位置付けることもできよう。

戦術的立法政策論については**五**に譲り、ここでは、戦略的立法政策論を中心に論を進めることとする。

既に**一**2で述べたように、立法過程論と立法政策論とはそれぞれ固有の研究領域をもちつつも、相互に密接な関連性を有しており、両者を全く分離して取り扱うことは不可能でもあり、また適切でもない。**二**3「事例素描(1)」においても明らかなように、両者にわたる複眼的・総合的な研究を要するものと思われる。

1　立法政策化の諸相

二1において述べたように、政治的・経済的・社会的基盤における国民の諸要求が、法律として結実するに至るまでには、プレッシャーグループ・族議員・官僚等を介しての政治的葛藤の過程を経ることになるが、この場合、「なま」の要求をぶつけるだけでは、この闘争に勝利することは覚つかない。その要求を政策化し、更に一歩進めて立法政策化することによって、立法化要求レースのコースに乗ることができる。

官僚主導立法の場合においても、立法政策化の必要性は同様である。官僚は、専門的能力を背景に通常は政策の継続を志向し、変革を好まない。しかし、官僚が、日常の行政活動を通じて従前の法制度のままでは政策遂行や行政目的の実現に不都合が生ずるため新たな手段を必要とすると考える場合、自己の所属する行政機関の権限の拡張・増殖を企図する場合等には、その要求の立法政策化に努め、その実現を推進する。

また、プレッシャーグループのうち与党と密接な関係を有する業界団体等の要望は、族議員を通じて、関係行政機関の官僚に持ち込まれ、当該行政機関の利益と一致すれば、この要望に立法政策の衣が着せられ、法成立が図られることになる。

野党と関係の深いプレッシャーグループの要望は、野党にすくい上げられて、党内機関で立法政策化され、議員提出法律案として国会に提出されることになる。

2　立法政策の客観的考察

既に実現された、或いは形成されつつある個々の立法政策について、次のような点に関する客観的考察が必要とされよう。

①　その立法政策が唱えられるに至ったのは、どのような政治的・経済的・社会的背景に基づくのか。

②　その立法政策の提唱者（政府・政党・各種団体・個人等）は、その政策策定の背景とどのような関わりの中から、そしてどのような価値観に基づいて、その立法政策を構成するに至ったのか。
③　その立法政策の名目上の目的の陰に隠されている真の目的が存在しないか。[12]
④　その立法政策の目的を達成するため、他の立法政策が選択される可能性はなかったのか。
⑤　類似の、或いは対立する他の立法政策との内容上の調整は、どのように行われたのか、或いは行われなかったのか。
⑥　最終的に選択された立法政策が法律として成立し、施行された場合において、その法律に基づいてどのような政令・省令・通達又は条例・規則等が制定されたのか。また、その法律が施行されたことによって、どのような政治的・経済的・社会的実態が生起したのか。

以上のうち、最も重要なものは⑥である。即ち、選択された立法政策について、その背景にある諸要求の観点からみて、また提唱者の価値観・真の目的からみて、法律として制定された効果がどの程度あったのか、又はなかったのか（また、他の立法政策・調整方法を採用する可能性はなかったのか）、を客観的に評価するには、当該立法政策に係る法律の成立により如何なる実態が生起したかを知らなければならない。いうまでもなく、制定された法律の条文と、行政庁・地方公共団体等が行うこと及び現実に生起することとは、異なるからである。

①から⑥までの考察は、わが国の政治的・経済的・社会的枠組の中において当該立法政策の実現が要請される真の理由を明らかにし、わが国政の現実の動きを国民に示すとともに、新たな実践的価値判断の体系の構築に際して、これを効果的に行うための重要な手懸りを与えることとなると思われる。

3　実践的立法政策論

前述の立法政策の客観的考察を踏まえて、実践としての立法政策論の大枠を述べれば、およそ次のとおりである。

①　当然のこととして、法律は憲法に違反することはできない。しかし、憲法の解釈の幅はかなり弾力性を有すると言うべきであろう。

政府提出法律案の場合は、時の内閣の憲法解釈の枠組みから逸脱することはできないであろう。

しかし、議員立法の場合は、各議員・政党のもつ価値観に応じて多様な憲法解釈があり得るわけである。明白に憲法の基本原理を逸脱すると考えられる場合を除き、各議員・政党の実践的価値判断（客観的考察を経たものに限る）に基づく政策の立法化を否定することはできないといえよう（裁判所がこれに対しどのような判断を示すかは別の問題であるが、議員立法に対する違憲立法審査の実際については、それ自体、客観的考察の対象となろう）。

②　政党——特に野党——の立法政策の内容に対し、しばしば政府側から「現行法体系との整合性を欠く」との反論がなされる。しかしそれは、当該立法政策の提案者の側に、現行法体系をどこまで広範囲に改変する意思があるのか（抜本的改革を行うのなら、法体系の不整合は起らない）、またそのような改変を行い得る政治力を自ら発揮し得ると判断するかどうか、という問題に帰着するといえよう。

③　国民の権利を制限し、又は国民に義務を課すのは法律に基づかなければならないことも論を俟たないが、その実質的内容をどこまで政令以下の法令に委任できるかは重要である（通達は行政組織の内部行為だとされているが、実際上は国民を拘束する効果をもつ）。緩い基準による委任の認容は、政府の自由裁量の幅を広め、人権上の問題を生じかねない。それ故、例えば、重要な政令の発効については、その制定を委任した法律の定めにより、国会の承

認を得ることを要件とする等、行政に対するコントロール機能を強化する手続を採用する必要があろう。

逆に、条例等への委任については、地方分権を推進するうえから、市民参加を前提としつつ、地方公共団体の裁量権を緩やかに認容し、その委任の範囲を拡大すべき立法政策を採用すべきであろう。

④　立法政策論は、現行法に関する解釈論（判例理論を含む）の延長線上において、現行法体系の論理的不整合性又は解釈論による問題解決の限界を是正するためのいわゆる「立法論」の範囲に留まってはならないことは勿論である。現行法と政治的・経済的・社会的現実との「ずれ」の根元にまで立ち入って、その改善・改革を図るものでなければならない。

そのためには、諸外国において既に実施されている諸制度の仕組やその運用の実際・効果等についての十分な調査・分析が必要であり、また――特に、諸外国においてもまだ経験のない課題等については――社会科学その他の諸科学の理論の検討・摂取も重要である。

こうして従来の立法政策を変更し、又は新しい立法政策を採用しようとする場合には、その実施による結果の予測について、十分な事前評価（アセスメント）及び社会現象の模擬実験（シミュレーション）による慎重な検証が必要であろう。

この際最も注意すべきことは、右の事前の検証においては、従前の立法政策が実際にもたらした効果（その結果としての現在の政治的・経済的・社会的実態を含む）に関する客観的考察（2⑥を参照）の集積を組み込んで実施されるべきこと（モデルの最適化等）であろう。諸外国の制度及び諸科学の理論等をわが国の政治的・経済的・社会的実態の中に投入した場合、現実にどのようなことが生起するかを適確に予測することが極めて重要であるからである。

⑤　近時における経済のボーダーレス化、電子情報のグローバル化等により、わが国の政治的・経済的・社会的現実に著しい変化が起っていること、そしてそのことにより、国内法のみによる対処では、諸課題の解決に限界が生じていること等にも注目する必要あろう。したがって、これらの新しい諸現実についても常に客観的に分析・調査し、その結果を立法政策実施の効果についての④による事前の検証に投影する必要があると思われる。

⑥　立法政策の決定に当たっては、複数の案を用意し、④の検証を経て、それぞれの作用と副作用とを予測する。これと併せて立法の可能性（各案が現実の政治的・経済的・社会的情況の中で法律として成立する可能性）についても検討し、最適な立法政策を選択することとなろう。

以上①から⑥までは、立法政策の策定及びそれに基づく法律の立案を行う場合の不可欠な要請であるが、これに関する反面教師ともいえる例として介護保険法（平成九年法律一二三号）の場合を挙げることができよう[13]。

なお、いわゆる政策評価法（平成一三年法律八六号）による政策評価については、客観的実施が謳われているものの実際には政府の価値基準に基づく評価とならざるを得ないであろうし、また、同法による評価手続を踏んだということが当該政策を正当化する手段として利用されるおそれもあろう。同法の運用に対する国民の監視が必要であると思われる。

4　事例素描(2)

昭和二四年及び二八年の独占禁止法の規制緩和に向けた改正により、市場構造の寡占化・独占化が進行する中、昭和四八年のオイル・ショックによる経済的パニックが発生した。このような情況を背景に、独占禁止法の規制強化を図ろうとする公正取引委員会・これを支持する消費者団体・学者グループ・野党等と、同法の規制強化に反対する財界・これと連携する通商産業省を中心とする政府部門・与党等とが対立する。

既に「不当な事業能力の較差の排除」規定を失い、市場行動規制中心の法構造に変質していた独占禁止法は、寡占市場・管理価格に対処すべき有効な手段を持ち合わせていなかった。

昭和四九年九月、公正取引委員会により「独占禁止法改正試案の骨子」が公にされたが、この中には、「公正取引委員会は独占的状態の排除措置として会社の分割、営業の一部譲渡等を命ずることができる」旨の規定も盛り込まれていた。

これに対し、通商産業省、関西経済連合会、経済団体連合会等は、それぞれ独占禁止法改正に対する見解を公表し、公正取引委員会の試案骨子に反対する意向を明らかにした。

政府・自民党内における紆余曲折の末、独占禁止法改正政府案が纏まり、昭和五〇年四月から五二年四月にかけて、三度国会に提出された。第一次案及び第二次案はいずれも廃案となったが、第三次案（「独占的状態の排除」規定を含む）は衆議院において若干の修正が加えられ、昭和五二年五月二七日に成立、同年六月三日に公布された。

右の改正案については、国会審議の過程で激しい論戦が行われた。その重要な対象の一つが、「公正取引委員会により独占的状態の排除措置として営業の一部譲渡が命ぜられた場合、会社は内部手続として商法二四五条一項の株主総会の特別決議を必要とするかどうか、また、その特別決議が得られないため命令が実施されなかった場合、命令違反に対する罰則の適用はあるかどうか。」ということであった。

この点に関する政府の立法政策に係る政府見解は、およそ次のようなものであった。

営業の一部譲渡の審決が確定した場合に、その一部が重要な一部であるときは、商法二四五条一項の規定による株主総会の特別決議が要件になる。公正取引委員会の命令する行為の内容は私法上の行為であり、私法上の行為をするには私法上の要件が必要であるためである。

取締役会は、業務執行機関として、譲渡命令に従って分割案を作り、株主総会に提出する。株主総会は、会社の一機関であるから、これ以上考える余地のない最良の分割案が出てきた場合には、これを可決する義務がある。ただ、株主総会は独立の人格をもっていないから、最良の分割案を否決した場合でも、これについて処罰をすることはできない。

また、取締役が最大限の努力をして客観的に合理的な分割案を提出したにもかかわらず、株主総会で了解を得られなかったときは、いわば自己の責めに帰すべからざる事由による履行不能ということになるわけであり、このような場合に取締役の責任を問うことはできない。

しかし、右のような政府見解については、次のような大きな疑問が残る。

昭和二八年の独占禁止法の緩和改正の結果、財閥系銀行による系列融資を中軸とし株式持合と役員兼任とを併用した六大企業集団が形成された。

昭和四九年の公正取引委員会の「試案骨子」が公表された当時、企業集団は主要な高度寡占企業をその構成メンバーとし、株式の相互保有による会社相互所有形態を形成していた。即ち、企業集団を構成する各会社の代表者の集りである社長会が、すべての企業集団構成会社の事実上の有力株主としてこれを支配していたといえる。

このような実態の下において、企業分割命令の実施につき、株主総会＝社長会に実質的拒否権を認めることは、当該命令が常に反故とされることを意味するものであり、命令の効果は全く期待できないと思われる。

また、政府の行政指導等により公正取引委員会の命令を実施させ得る可能性は、公正取引委員会と通商産業者、通商産業者と経済界との関係を考えれば、極めて少ないといってよいであろう。

なお、昭和五〇年三月、社会党が政府案に先立って国会に提出した独占禁止法改正法案は、右のような政府見解を予見して、かかる見解に基づいて法運用がなされるならば法機能上の障害となるであろう問題点を回避するため、公正取引委員会が競争秩序回復の目的で行う分割命令は株主の利益に優先することを立法政策上明らかにすべく、「会社の分割又は営業の一部の譲渡の命令を実施するについては、法令又は定款の規定にかかわらず、会社の創立総会又は株主総会の決議を要しない」旨の規定を設けていた。

翻って考えるに、公正取引委員会の「試案骨子」における「独占的状態の排除」規定は、厳格な独占禁止主義思想に基づき市場構造規制を目指すものであるの対し、政府の独占禁止政策に関する従来からの基本的な立場は、通商産業省による産業政策を優先させる緩やかな弊害規制主義的なものであった。

政府のこの基本的立場からすれば、政府案には、第二次案における如く「独占的状態の排除」規定を盛り込まずにおくべきであった。しかるに、第三次案においては、世論を慮ってか、第一次案にあった「独占的状態の排除」規定を復活することにより厳格な独占禁止主義的方向への接近を示すかの如き法の形態を採りつつも、同時に、法のもたらす効果を弊害規制主義的な範囲内に留めるべく、独占的状態の排除命令の発動について幾つかの厳格な認定要件・手続要件を付加するという立法政策を採るとともに、右の政府見解を用意したのであった。

このような独占禁止政策についての政府の基本的立場と法の形態との齟齬が、右の政府見解にみられる形式的解釈論への逃避を余儀なくさせたといえるが、これを実質論・実態論のレベルで客観的に考察するとき、政治的・経済的・社会的実態を視野に入れない立法政策のもつ問題点（実際には機能し得ない法規定の形骸性）が浮彫りになるのである。

現在に至るまで、公正取引委員会により独占的状態の排除命令が発せられた例は、一件もない。

五　立法政策論その二（戦術的立法政策論）

1　立法技術としての戦術的立法政策

ある立法政策を選択したいが、政治的・経済的・社会的現況の中ではそのままの立法化は不可能であると判断される場合等に、所期の目的と同様な又はそれに近い結果を実現するために選択するいわば「バイパス」的立法政策等が、ここでいう「戦術的立法政策」である。実際の法律立案の場では、しばしば用いられる立法技術であるといえる(14)。

この場合についても、当該立法政策の効果についての事前の検証、与野党の妥協による法成立の可能性の検討、その他立法政策に係る客観的考察・それに基づく適切な実践的価値判断が重要であることは、**四**で述べたところと同様である。

四4「事例素描⑵」に掲げた昭和五二年の独占禁止法改正法における「独占的状態の排除」規定に関する政府の立法政策とその見解も、世論対策として当該規定を改正法に盛り込みながら実際には当該規定を機能させまいとする戦術的立法政策であったとの見地に立てば、極めて巧妙に仕組まれた立法技術であると評することもできよう。

2　事例素描(3)

平成九年の衆議院規則等の改正により、同一〇年一月から、委員会における法律案の審査や国政調査の実効性を高めるための「予備的調査」の制度が創設された（衆議院規則五六条の二、五六条の三、八六条の二等）。予備的調査は、委員会が国政調査権に基づき行う調査の前段階における調査として位置付けられる。

① 委員会は、衆議院調査局長又は衆議院法制局長に対して、予備的調査を行いその報告書を提出するよう命ずることができる。

② 四〇人以上の議員は、連名で、委員会が①の命令を発するよう要請する書面を、議長に提出することができる。

③ 議長は、②の書面を適当の委員会に送付する。

④ ③の送付を受けた委員会は、要請された予備的調査が国民の基本的人権を不当に侵害するおそれのない場合には、①の命令を発するものとする。

⑤ 衆議院調査局長又は衆議院法制局長は、予備的調査に関して、官公署に対し、資料の提出、意見の開陳、説明その他の必要な協力を求めることができる。

⑥ 委員会が予備的調査に関する報告書の提出を受けたときは、委員長から議長にその写しを提出し、議長はこれを議院に報告する。

⑦ 衆議院調査局長又は衆議院法制局長に対する予備的調査の命令は、運用上、委員会の議決を要せず、理事会限りで決するものとする。

以上が予備的調査の制度の仕組と手続の概要である。

国民が主権者として重大な関心をもつべき国政に関する情報の収集は、議会内多数者の意に反してでも行われなければならないものであるが、現行の議院証言法及び強化改正された国会法一〇四条によっても、国政調査権の発動に必要な議院及び委員会における多数決の壁を乗り越えることは困難である。そこで、三3(2)で述べた如くドイツ連邦共和国における「少数者調査権」のような制度の導入が望まれるところであるが、予備的調査の制度は、実質的にそれに接近しようとする試みであると評価できよう。

実際にも、この制度はかなり有効に活用されており、しかも殆どの調査が野党の要請によるものである[15]。この調査結果を国政改革に結び付けることが望まれる。

六　まとめ

政治的・経済的・社会的基盤における諸要求が、或いは選択され或いは妥協し或いは捨てられて、現に存する法律として結実するに至る立法過程を客観的に考察することにより、その法律の位置付け（国民の多様な意思全体の中に占める位置）、国民（捨てられた少数意見の者を含む）のための適切な法運用のあり方等を知ることができるとともに、政治的・経済的・社会的弱者の声を取り込むこと等をも考慮した、有効な立法推進運動のあり方に関する示唆も把握できるであろう。

更に、国政改革の一環として、政府立法の立案過程への監視を強化するとともに、実質的市民立法を含む議員立法の活性化を実現するためには、立法過程の制度的側面に関し、実際の問題状況を把握したうえで、これを克服すべき諸改革案を提言しなければならない。
そして、立法過程に関するこれらの研究と協働して、立法政策の見地から、制定された法律又は制定途上にある法律案が、どのような政治的・経済的・社会的背景から、どのような実践的価値判断のもとに制定又は作成されたのか（立法の真の意図）、制定された法律が政治的・経済的・社会的現実の中でどのような作用を果たしているのか（法律の規定とその施行により生じた現実との間の乖離）等を、客観的に考察する必要がある。

右の考察の集積を踏まえて、制定されるべき法律に係る立法政策が政治的・経済的・社会的実態にどのような効果を及ぼすかにつき事前の客観的な検証を経たうえで、国民（政治的・経済的・社会的弱者を含む）の真の福祉を実現すべき最も効果的な立法政策を選択し、実現可能な立法技術を駆使して、その立法化に努めるべきであろう。

これらの諸課題への挑戦こそが、「社会科学としての立法学」の目指すべきところであると考える。

（1）　末弘嚴太郎「立法学に關する多少の考察――労働組合立法に聯關して――」『法学協会雑誌』六四巻一号（一九四六年）一頁以下、特集「立法過程をめぐって」『法律時報』三七巻九号（一九六五年）、特集「日本の立法」『ジュリスト』八〇五号（一九八四年）、小林直樹『立法学研究――理論と動態――』（三省堂、一九八四年）、特集「立法・法執行過程の法社会学」『法律時報』六四巻一〇号（一九九二年）、山田晟『立法学序説――体系論の試み――』（有斐閣、一九九四年）、平井宜雄『法政策学――法制度設計の理論と技法――』（有斐閣、第二版、一九九五年）、阿部泰隆『政策法学の基本指針（行政法研究双書11）』（弘文堂、一九九六年）ほか。

（2）　「客観性」の意義については、従来から深奥な論議がなされているが、ここでは一応「客観性＝間主観的批判可能性」と捉えておく。なお、碧海純一ほか「座談会・社会科学における理論・実践・客観性」碧海純一編『法学における理論と実践』（学陽書房、一九七五年）二一一頁以下参照。

（3）　立法学の基本的構造について論ずる場合、客観的認識の部分と実践的価値判断の部分とを明確に区別すべきであろう。この小論においても、でき得る限り、表現上これを明示すべく努めようと思う。

（4） 第一国会（昭和二二年）から第一六一国会（平成一六年）までにおける法律案の提出件数（カッコ内は成立率）は次のとおりである。ⓐ政府提出法律案八、六九一件（八八・七％）、ⓑ衆議院議員提出法律案三、二〇七件（三五・八％）、ⓒ参議院議員提出法律案一、一四九件（一五・六％）。

（5） 例えば、自己株式の取得等の見直しに関する「商法等の一部を改正する等の法律」（平成一三年法律七九号）、「商法及び株式会社の監査等に関する商法の特例に関する法律の一部を改正する法律」（平成一五年法律一三二号）等。

（6） 例えば、「臓器の移植に関する法律」（平成九年法律一〇四号）等。同法は、超党派の議員立法により設置された「臨時脳死及び臓器移植調査会」の答申を受けて、超党派の議員提出法律案として提案され、成立に至ったものである。詳細については、笠井真一『知っておきたい臓器移植法』（大蔵印刷局、一九九九年）二頁以下参照。

（7） 「野党提出法律案の政府立法誘導効果」により制定された法律の例は多い。糸久八重子編『育児休業法――四党共同法案と欧州諸国の法制』（労働教育センター、一九九〇年）、松本進「中小企業分野法の成立・改正に関する立法過程について――経済法領域における立法過程の一断面――」中村睦男ほか編『立法過程の研究――立法における政府の役割――』（信山社、一九九七年）三九五頁以下等参照。

（8） 松本進「国会と政府――法律学の分野から」上田章編『国会を考える4・国会と行政』（信山社、一九九八年）一四三頁以下参照。

（9） GG Artikel 44 1) Der Bundestag hat das Recht und auf Antrag eines Viertels seiner Mitglieder die Pflicht, einen Untersuchungsausschuß einzusetzen, der in öffentlicher Verhandlung die erforderlichen Beweise erhebt. Die Öffentlichkeit kann ausgeschloßen werden.

（10） 臓器移植法については、超党派の一部の議員により複数の法律案が立案されたが、いずれについても各党派内の賛否が確定していないにもかかわらず、各党派の機関承認を受けて国会に提出された。このことは、形式的な機関承認は不要であることを示すものといえよう。

（11） 笠井・前掲注（6）五頁によれば、臓器移植法案の審議に当たっては、日本共産党を除く各会派は、議員各人の生命観、倫理観に深くかかわる問題であるという理由から、通常の取扱いとは異なり、党議拘束をはずした。

(12) 松本進「ビジネス法領域における立法過程および立法政策に関する諸問題」ビジネス法学会『ビジネス法研究』創刊号（一九九四年）五四頁参照。

(13) 政府が介護保険制度の成立を急いだ理由は、「高齢者の介護を社会全体で支える」という大義名分の陰に、医療保険の破綻を介護保険でカバーしたいという意図が働いていたからである。厚生省の老人保健福祉審議会においては、国、国保・健保の保険者、市町村、使用者、労働者、医師会、福祉関係者等の間の利害関係が対立し、最終報告（平成八年四月二二日）においても複数の意見の併記となった（肝心な要介護高齢者自身の意見は審議会に登場していない）。与党（自由民主党・社会民主党・新党さきがけ）による「介護保険制度の創設に関するワーキングチーム」の調整により結着が図られ、平成八年一二月、国会に介護保険法案が提出された。しかし、厚生省側は「法律が成立したら実態調査を行う」旨の発言をしており（第一四一国会参議院厚生委員会会議録第四号（平成九年一〇月二八日））、法律の施行結果に対する事前の検証の重要性は全く無視されている。そのため、法律上の重要事項の多くを、法律成立後に定めるべく、政令以下の法令（政府の裁量）に委任せざるを得ないことになった。こうして、前述の政策上の理由から急いで不十分な介護保険法を世に送り出した結果、その直後から、ⓐ「保険あって介護なし」といわれる情況、ⓑ要介護認定作業の不公平性、ⓒ介護保険料の上昇、ⓓ市民の負担増（保険料＋利用者負担額）による在宅サービス利用率の低さ、ⓔ市町村の財政赤字の増加、ⓕケアマネージャの介護サービス事業者からの非独立性、その他の見過し難い諸問題が顕在化しつつある。

(14) 松本・前掲注（7）四〇七頁以下参照。

(15) 予備的調査制度の発足後の利用状況を概観すると、平成一〇年は「後天性免疫不全症候群の予防に関する法律案策定過程に関する予備的調査」ほか三件、平成一一年度は「公益法人の運営実態に関する予備的調査」ほか四件、平成一二年度は「医原性クロイツフェルト・ヤコブ病に関する予備的調査」ほか二件、平成一四年度は「独立行政法人の組織等に関する予備的調査」ほか三件、となっている。

立法が法体系を崩壊させるとき

――法哲学的覚書――

阿部 信行

一　はじめに
二　法哲学的探究1：フラーとハート
三　ワイマール体制の崩壊をめぐるフレンケル対ノイマン
四　法哲学的探究2：ラードブルフとその公式の実定化
五　法哲学的探究3：アレクシー
六　おわりに

一　はじめに

議員立法であれ閣法のかたちであれ法案が委員会後なんとか本会議場を通過したとき、議員は（党利党略・リアルポリティークにまつわるもの以外に）どんな感懐にひたるものなのだろうか。そんなものはなく「法洪水」[1]の現代では法生産工場の風景と機械的量産処理の無感動があるばかりなのか、それとも今なお古風に、一仕事やり終えた後の素朴な充実感や爽快感に一瞬でもひたることがあるのだろうか。期待の星ではなく明らかに出来の悪い子を世に送り出してしまった場合はどうか。年老いた母親の後ろ髪ひかれつづける想いが、現代の立法者にもあるのか。新法のなかに残ってしまった欠陥とおもわれるものへの不安、あるいは疑法ないし悪法をつくってしまったのではないかとの慄きが、そもそも今日の立法者になおありうるのか。やがてその尻拭いをさせられる司法部に思い巡らすことはあるのか、どこまでそれを見通しえているのであろうか。

こうした懸念は、日々議員と顔つき合わせる法制局員なら誰しも一度はいだいたことのある感想であろう（もっとも、こんな感想をいだく資格がそもそも法制局員にあるのか、法制局というものの三権上の複雑怪奇な位置づけ問題ともかかわる逆の疑念もないわけではないのだが）。ともあれこうした懸念や問いかけは古風な市民のものではあろう。詮索は、立法者意識の法社会学的現状分析や、立法者責任の比較法社会史あるいは最近はやりの政界当事者証言・回想録の政治過程論的分析にゆだねよう。法哲学者としての私が本稿で問うてみたいのは、それよりもう少しカゲキな問いである——立法が法体系を崩壊させることがあるか、あるならば崩壊はいかなるとき・いかにしてか。

二　法哲学的探究1：フラーとハート

「法体系の崩壊」という、立法実践の諸結果のうちでも最も苛烈な結果について、法哲学は理論的な考察をつみかさねてきた。たとえば米国の法哲学者フラー（Lon L. Fuller, 1902-1978）は、[2] 改革者としての熱意にもえて就任したひとりの若き立法者レックスが、国民サブジェクトらの導きとなるにふさわしいルールの定立に挫折するという寓話を設定する。そしてその「法の定立に失敗する八つの道」に応じて、〈法が法たりうるための八つの要件〉を摘示した。一般性、公布（秘密法でないこと）、不遡及、明確で了解可能、無矛盾、実施可能性（人間に実行不可能なことでないこと）、朝令暮改でないこと、そして法と公職者（公機関）行動との一致がそれである。しかもこれら八条件のうち、そのどれか一つでも全面的に[3]不充足となれば、法体系は法体系とは称しえぬ代物となる、との主張を展開している。

さらに英国のハート（H. L. A. Hart, 1907-1992）は、出生・独立・死去を画期とする「ひとの生涯」との類比に着想をえて、三つの画期とその二つの中間期とからなる「法体系の胎生学（embryology）」という構想を示したが、われわれの主題「法体系の崩壊」はその最後の一環に位置づけられる。[4] 母体内での受胎は人類史における「法」というものの発生の瞬間であり、胎児は（各地に伝播した）「近代法」への黎明期である。主に法史学の対象となるこの時期と、今日の実定法学が主対象とし従来の法哲学が考察の素石にしてきた主権国家の法体系に相当する独立自存の青壮年期との間には、未熟で従属的な乳幼児少年らのぐずりともいらだちとも目せる、「属国」状態・「占領」下・「中央支配」下のひとびとの苦しみと抵抗があり、独立運動・自治獲得運動のなかでの情念の迸りと法系の混乱がある。[5] この第一の中間期を、ハートは革命運動のはなひらくもうひとつの中間期とならぶ、法体系の非‐正常状態（abnormal）と方法的にみなし、「法体系の病理学（pathology）」を展開しようとしている。したがって占領、革命、アナーキー、海賊（盗賊）団などが典型的な病例として類型化される一方、その他やや軽度な類型としてもっぱら国家レベルにおけるもの、即ち三権間での憲法問題をめぐる対立紛糾があげられる。これらいずれの類型もその床例・発想源は、大英帝国の、かつて数多の植民地独立にゆさぶられはしたが今なお青壮年期の法体系にあるといってよい。ところで、病理究明の際その解析装置とされるのは、先の法体系の精緻な分析成果を一般化した〈一次ルールと二次ルールとの組合せ〉としての法体系という高名な「法体系の理論」であり、ここからとりだされた「〈ひとつの社会ないし集団に法体系が存在する〉と言えるための必要条件」[6] がメスとされる。ハートはこのメスで法体系の病理解剖に取り組み、病因を条件欠損にみいだし先の病例類型化にまで進んでいったのである。もっとも経過については、承認ルールの「内容」問題、そして「内容変更」による対処を示唆したにすぎない。その意味でかれの病理学は事始にすぎない。まだまだ越えるべき障害が少なくない。本稿ではハート理論やその数々の基礎要素を紹介・検討している余裕はないので、[7] 彼の指摘する重大な障害を一点だけ示しておきたい。「〈法体系が存在する〉という表現は〈中断〉を許容できるほど十分広くかつ一般性もあるタイプの言明だ」から、「いつ法体系が存在しなくなったかは、なかなか厳密には確定できないものなのである……」[8] 要するにひとの脳死規準にも似た困難さが法体系の不在化（＝崩壊）判定にもあるというわけである。この困難が立法者をして慄然と袖を糺しめるか、かえって野放図にするか、私にはわからない。だが、本当に確定困難なのか。わが脳裏で「蛙の死」の話とだぶり甚く気になる。[9] どこまで困難か、突破の道はあるかを法哲学的にさらに探ってみよう。

三　ワイマール体制の崩壊をめぐるフレンケル対ノイマン

確定の困難さは、ナチス体制の性格づけをめぐる論争が凝縮し例証してくれる。ナチス体制に法体系は在ったかをめぐって、『ビヒモス』のノイマン（Franz Neumann, 1900-1954）と『二重国家』のフレンケル（Ernst Fränkel, 1898-1975）が鋭い見解対立をみせる。[10] いずれも実定化まもない労働法関連の弁護士としてベルリンを舞台に活躍・協働するなかでワイマール共和国の腐食と新体制の確立（いわゆる第三帝国）を身を以って経験しやがて英・米にそれぞれ亡命を余儀なくされた者だが、一方のフレンケルが「然り、存在する」といえば他方のノイマンは「否」と答える。フレンケルによるなら、国会議事堂放火フレームアップ事件（二・二七）とその直下の、憲法四八条[11]による大統領の非常事態宣言・緊急命令（二・二八）および国会での授権法[12]成立（三・二四）とをみた一九三三年以降、ナチス体制は、たしかにその政治領域には客観法であれ主観法であれいかなる〈法律〉も存在せず、恣意的な〈措置〉と裁量特権がまかりとおる「大権国家 Massnahmestaat」の相貌を呈するが、しかし経済領域においては資本主義秩序とその機制を維持する目的合理的な法枠組みが堅持されている「規範国家」の相貌をもつ、したがって法体系が崩壊したとは言えぬ、ということになる。

　これに対しノイマンは主張する――「国家というものが法の支配によって特徴づけられるものだとしたら、この疑問［＝ナチス体制は国家か］に対する我々の答えは否である。なぜなら我々はドイツに法が存在することを否定するのだから。もっとも、国家と法は同一のものではなく、法がなくても国家は存在しうるという議論があるかもしれないが、しかし［近代］国家は、イタリアで生成してきたように、強権の独占を処理するための合理的に動く機構と考えられる。イデオロギー的に国家を特徴づけるものは、それが行使する政治権力の統一性なのである。

　このように限定された意味においてさえ、ドイツに国家が存在するかどうかは疑わしい。［さらに］国民社会主義《ナチス》体制は二重国家であるとの主張もある……が、我々はこの見解に与しない。なぜなら技術的規則は数千もあれど法の領域はまったく存在していない。強権独占者たちは非独占者に対処する場合には個別特殊的な条例に依拠し、また国家や競争者との関係では、法ならぬ便宜によって締結される妥協に依拠していると、我々は信ずるからである。そのうえ、もし指導者（フューラー）理論を真の教説だと認めないとすれば、国民社会主義《ナチス》体制は統一的強制機構をもっているかどうかすらも疑わしい。党は警察治安や青年に関する諸問題では国家から独立しているが、それ以外の問題ではすべて国家が党に優越している。多くの分野で軍が至上権をもち、官僚制は統制されておらず、産業界はどうにかうまくやって独自の地位をかちとっている。［ところでさらにまた］こうした対立関係はナチズムの特徴であるのと同様に民主主義の特徴でもある、という人がいるかもしれない。だがたとえそれを認めたとしても、まだ決定的な相違が一つある。民主主義やその他のいかなる立憲主義的制度においても、支配グループ内のそうした対立関係は、全体を一般的に拘束する方法で解決されなければならないという点である。国家が数百数千という個人や集団、それらの間の軋轢を［調整・］統一し統合する必要のある場合、その過程は、全体を一般的に拘束する方法で達成されなければならない。しかし国民社会主義《ナチス》のもとでは、社会全体がそれぞれ独自の指導者原理にもとづいて動き、それぞれ独自の立司行三権をもつ、中央集権化された強固な四つのグループに組織されている。そこでは一般的な法も、合理的に機能する官僚制も、統合にとって必要ない。四つの団体間の妥協は法律文書で表す必要もなく、四勢力の指導者層がある政策に非公式的に賛成すればそれで全く十分なのであって……あとはそれぞれが思いのままに、自らの機構をもちいて実施するだけなのである」[13]（傍線および［　］内は引用者阿部の付記）。

ナチス体制は「二重国家」かそれとも「Unrechtsstaat（法はあるが不正国家／法無き国家／無法治無国家）」か――この論争から聞こえてくることは何か。それは、政治と経済――人間社会にとってのそれぞれの重みは？　関係付けの原則は政経分離か不可分・結合か？　政治と経済のあいだにおかれた人生人倫が引き裂かれることなくそれぞれにどう対質するのか？　政経に第三因子の軍が加わるとどうなるのか？　そして法は政経軍にどうかかわっていくか？等々の難題であり、さらには、ワイマール時代すでに出来し今や壊滅段階に突入したかのごとき「近代法の〈形式合理性〉の危機」を前にしての「法の一般性」[14]回復をもとめる声である。ここではこれらに対する逐一の論評はひかえ一点だけ記そう。「死の工場」（強制絶滅収容所）に究極するナチズムという、直観的には盗賊団・無法状態と感ぜられるこの体制についてですら、全体としての法体系についてその存否を判定することはかくも困難なのである。

四　法哲学的探究2：ラードブルフとその公式の実定化

ところが個々の法規範についてはさほど困難ではない。今日、成文法主義諸国の多くで「違憲法令審査」が憲法典に記され実際にも運用されている。また、不文法主義をもひっくるめていうならば、前出の理論家ハートのいう「承認のルール」――つまり責務や義務を賦課する一次ルールに対して、それらだけからなる萌芽的な法体系の限界（状況変化への不即応性＝静態停滞性、服従遵守の不実効非効率性、同定の不確実不安定性）を克服するために、メタルールが発達する、それが二次ルールであり、そのうち「変更（立法）の」・「裁判の」とならぶ第三種目の「承認の」二次ルール――が判定役をはたすとされる。さらにはまた、単なる実定性・実証主義の水準を超えていうなら、ドイツの法哲学・刑法学者で一時はＳＰＤ政治家・法務大臣として新刑法典の制定にも携わったラートブルフ(Gustav Radbruch, 1878-1949) の唱えた法理論（とくに「法妥当」の理論）が注目される。[15] それに裏打ちされた公式が広く実践に用いられている。「ラートブルフ公式」とは、実定法における法安定性と正義との衝突の調整をめざし、たとえ正規に制定された法であっても「極端に不正義のときには、法ではなくなる」と要約できるものだが、[16] これは裁判法理としてドイツ国内では戦後処理のみならず近時ＤＤＲ体制転換処理でも多用され、さらにはＥＵの人権裁判所でも使用される一方、[17] 国際立法としてその精神はヨーロッパ人権条約の第七条第二項（罪刑法定主義を定めた第一項の絶対的例外規定）や、国連国際人権Ｂ規約の第十五条第二項（遡及処罰の禁止原則を定めた第一項の絶対的例外規定）のなかへ「文明諸国」「国際社会」「の認める法の一般原則」の究極保障のために実定化されている。

五　法哲学的探究３：アレクシー

こうしたラートブルフ公式が〈個々の〉法規範にだけでなく〈法体系〉にも使えるかとの観点から、われわれの主題「法体系の崩壊」問題に切り込んでいるのが、同じくドイツの法哲学・憲法学者アレクシー (Robert Alexy, 1944-) である。

アレクシーによれば、[18] 公式を素朴な類推操作によって体系水準へと書き換えると――

法体系は、だいたいにおいて (im gross und gazen ; generally) 極端不正のとき、もはや法ではないということになる。極端不正義なとき法体系は存在しなくなるとするこの命題は、しかしホーリスティックにも・個別主義的にも解せる（この両義性は私の見るところ、ハートが注意を喚起した「法体系」概念の多面曖昧性と係わり、[19]

さらには先のフレンケル・ノイマン論争の混乱因のひとつでもある）。

二様解釈のうちまず全体論的な方からみてゆこう。これは、簡単にいえば、体系内の創発特性をもつ部分が、法体系全体を変質させると説くものである。法体系全体の固有特徴を定めるという意味で重要な個別規範（憲法・下位法いずれかを問わぬ）が一つないし幾つかあり、そうした重要規範は〈根本内容〉をもつ。その根本内容が、例えば国家・社会でなく共同体、国民・人民でなく民族、人間（ヒト種）でなく人種（ヒト亜種）、自主自律の個人でなく指導者フューラー等の原理原則に替えられたとき、いわばそれに感染するかのごとくしてその他の体系内個別規範も変質させられる。この説は、体系の重要部分から発せられる、その他大部分の解釈・運用局面（ひいては立法・改正局面）にたいする、放射作用にちなみ、「放射説」と名づけられる。ただし放射作用のおよばない部分もある。先のフレンケル・ノイマン論争――とくに一九三三年以後も、規範国家の制度要素たる通常の裁判所・秘密警察・突撃隊・親衛隊といった大権国家のテロ制度に対抗し政治からの保護機能をなお維持したことを認められるか、資本主義経済の基盤として形式合理的な法律が残存したかをめぐる攻防で是認の立場をとった特にフレンケル――との関連で興味深いことには、アレクシーによって、道路交通法規（単なる技術的規則と性格づけられなくもないもの）だけではなく、契約法や不法行為法の法規などがその具体例としてあげられ、これら非感染の若干部分が体系の「非」典型要素として残るとされるのである。(20) ところで体系の典型性ないし個性の発生源とされる重要規範の「根本内容」に何が選ばれるか、またそれが極端不正かどうか、私なりに（戦後日本という平和主義的立憲国の憲法が「ふつうの憲法」になるのか、昨今の有事立法に伴うその平和主義の帰趨へのわが関心と交差させて）注目してみよう。根本内容として、（前出のフラーに顕在的に・またハートに潜在的に・そしてフレンケル・ノイマン論争において緊急事態とその直後の授権法という画一化（Gleichschaltung）策の発端とに極限的に垣間見られたように）「権力分立原則の無視ないし緩和を容認する原則」が選ばれた場合、あるいは（正か不正か、不正なら極端不正か否かにつき今日まで論争の余地ある）「共同体主義」が選ばれた場合――これらふたつの場合よりも、「人種的民族主義や指導者原理」が選ばれた場合の方が[21]、自国民の特定部分への排斥殲滅あるいは反民主主義・精神的自由の否認につながりやすいから、重要規範も・それに感染した大部分の規範も極端不正義であることがいっそう容易に評定されるだろう。その場合には、激しい放射作用によってその法体系はみるみる変質し「法ならざる体系」と化す。かくして「立法による法体系の一挙崩壊」の構図が無比の鮮明さでここに際立つ。

だが、アレクシーによれば、そもそも放射説は、明解だが受け入れ難い。その主な理由は第一に、放射説というものが極端不正義かどうか判然としない原則を根本内容とする一つないし幾つかの重要規範が放射源となった場合にも、法体系が崩壊すると主張するものだとすれば、その根本内容が規準なのであって極端不正義は規準ではないことになってしまうからである。しかも第二に、放射説はラートブルフ公式の法体系水準への適用の試みのはずだが、公式の趣旨（正義と法安定性の調整）を皮肉にも損ない、正義の偏重・法安定性の侵害、そして全体論ゆえの増幅的な安定性侵害をもたらしてしまうからである。いずれにしても放射説は本末転倒以外の何物でもないとされる。

そこで次に二様解釈のうちのもう一方、個別主義的な解釈に目を転じよう。これは、〈ラートブルフ公式は体系水準に素朴適用できない〉という知見にたち、創発特性やホーリスティックな発想に頼る代わりにボトムアップ方式を採用し、個々の規範ひとつひとつに公式を適用していった諸結果の結果として、体系崩壊のシナリオ・メカニズムを描き出そうとするものである。だから先の命題は次のように解釈される――

全体としての法体系は、「非常に多くの」個別規範が、わけても非常に多くの「体系にとって重要な」個別規範が、極端不正義ゆえに、法としての資格を剥奪されるとき、崩壊するこれが個別主義説だが、崩壊の理由とされるのはむろん放射ではなく、端的な次の事実、すなわち〈法体系にもはや十分なものが残っていない〉という事実である。ではこうした個別主義的解釈はなりたつのだろうか。放射説のような本末転倒の結果をもたらさないか、検討してみたい。

個別主義説に正しいところがあるとすれば、それは次の点にもとめられる――

「非常に多数の」個別規範が、しかも非常に多数の「体系に重要な」個別規範が、法としての性格を失ったとき、当該法体系の性格が根本的に変わりうる

として、体系の性格変化の可能性を認めている点である。そして実際に変化がおきた場合、〈変化は創発特性によってではなく個々の積み重ねによる〉との但し書きつきで、われわれは「法体系の内容的同一性が変化した」と語ってもいいし、もっと短く「法体系が崩壊した」と語ることもできる。要するにこれは、内容的同一性の変化としての崩壊（「崩壊a」）であり、こういう「弱い」意味でなら個別主義説は成り立つ。

ところが「強い」個別主義説は成り立つかどうか疑わしい。強い説とは体系の内容的同一性だけでなく体系の存在じたいが消滅する、つまりいままで存在した法体系が存在しなくなる（「崩壊b」）とする説である。これが疑わしいのは、法体系の内容的同一性ないし特徴が変わることと、法体系の存在自体がなくなることとは同じではないからである[22]。体系が存在しなくなれば（「崩壊b」）、特徴変化を云々することはできないが、そうでない場合、つまり全体的な特徴は変わったがその法体系が存続する場合がある。体系にとって重要な規範も含めて非常に多くの個別規範が極端不正義になったからといって、それがただちに体系自体の崩壊（「崩壊b」）につながるわけではないのである。そしてこのことは、先の端的な事実〈法体系にもはや十分なものが残っていない〉と逆の場合、即ち

〈必要最小限のものが残っている場合〉を考えてみれば明らかとなる。アレクシーの主張によれば、たとえ非常に多くの諸規範が極端不正義ゆえに法としての資格をうしなっても、しかもそれらのうちには体系にとって重要な諸規範も多々ふくまれているとしても、体系が存在するのに必要な最小限の重要規範が極端不正義でないならば、体系は法体系として引き続き存在する（fortexistieren）のである。かくして、強い個別主義説は否定される。

このアレクシー・テーゼの例証も兼ねて、以下では、ノイマン・フレンケル論争を髣髴とさせるところもある設例をみてゆくことにしたい。

【設　例】　ひとつの法体系があるとしよう。しかも考察の簡略化のために、その法体系は、国民国家の基本構造をさだめた憲法とその他の法形式へと二段階に分化した「発達した法体系」であるとしよう。そしてその体系内の「憲法」には、

独裁者に無制約な規範定立権限をさずける

という趣旨の規定があり、独裁者はその授権にもとづき以下のような諸規範を制定・発布した。そのうちわけは、

三〇%が、極端に不正なもの（extreme Unrecht）――――群一
二〇%が、なるほど不正だが極端にまで到らぬもの――――群二
二〇%が、不正とも正義促進的ともいえないもの――――群三
三〇%が、正義を促進するもの――――――――――群四

であったとしよう。そして群一には、「この体系は〝法〟体系と呼ばれてはいるがじつは法ならざる体系（Unrechtssystem）ではないか」との第一印象をもたらす、当該体系固有の個性をかたちづくる個別諸規範が属して

いる。われわれにはその具体例として、「人種主義的民族主義」をもとにした「ニュルンベルク三法」[23]が思い浮かぶであろう。それに対し群四には、(かつてフレンケルのこだわった)契約法の諸規範や不法行為法・社会法の諸規範などが属するとしよう。

さてこの法体系を分析してみよう。まず極端不正な規範が三〇％あるということをどう考えるか。これは強い個別主義説の表現「非常に多く」をどう捉えるか、過半数、特別多数……とみるかとも関連するが、もし単なる数字だけ考えれば三〇％は「非常に多い」とはいえまいが、一方、質的に考えれば極端に不正義な〝法〟規範が三〇％もある、したがって「非常に多い」ともいえるであろう(ちなみに法令審査制のある法体系の通常事態では文面違憲のみならず適用違憲をふくめても全立法の一％にも満たないだろう――もっとも非常事態の立法的帰結にわれわれの通常感覚を引き合いに出すことそれ自体に問題がないわけではないのだが。またかといって通常感覚なしにそもそも非常感覚を問えるのか・非常感覚だけの通常感覚つまり非常感覚の通常化という地球上各地で今なおつづく悲劇にひとはどう向き合うのか、いやもっと原理的に突き詰めていえば崩壊を論ずる者の人間観や、語用論的主体性というかポジショナリティーというかいずれにせよ論者自身の置かれた立場という根源的問題性が鋭く突きつけられているのだが)。次に、ではこの法体系は崩壊するか。ラートブルフ公式をもちいると、群一の個別諸規範だけが法性を剥奪される。そのほか残り七〇％の個別諸規範には公式が利かない、むしろ法安定性の見地から尊重される。したがって残り七〇％は体系内の憲法規定とともに法規範でありつづけ、この法体系は崩壊しないと容易に結論づけられそうである。この不崩壊bという結論は量的にも質的にも尤もらしい結論であろう。

ところがその他の七〇％が揺らぎはじめたらどうなるか。極端不正義でない七〇％の法規範にその法的妥当を保障していた憲法上の授権規範、つまり先の「強い個別主義説」へのアレクシーの反対命題にみられた「体系存在に必要不可欠な重要規範」が法でなくなってしまったら、それは体系全体にどう響くのか、法体系の存在がゆらぎはじめないか。体系の存在危機が万が一仮にあるとしたら、それは、群一の極端不正な諸規範が自らの成立の根拠となった憲法上の授権規定（自体やその解釈・運用）にいわば逆襲し、その反作用の結果、授権規定じたいが極端不正なものへと変質させられたときであろう。例えば、本来は非常事態にだけ限定されていた憲法上の授権規定が通常事態にまで常態化させられる場合や、議会の事後統制権を廃止・停止してしまう場合などが考えられるであろう（当然そのときにはその他多くの憲法規定も運用停止状態に追い込まれる）[24]。そしてこのように、肝心の憲法的授権規範がいったん決定的な影響をこうむってしまえば、法体系のその他残りの七〇％の法規範はその法的妥当基盤（Geltungsgrundlage）を失ってしまう。かくてこの法体系は、憲法―普通法律―命令などの複数の立法形式よりなる段階構造を破壊されると共に、（存在喪失という意味での）崩壊bするにいたる。これは、一般化していえば、先の強い個別主義説に対するアンチテーゼのまさに修正であり、以下のように定式化できよう――

たとえ非常に多くの諸規範が極端不正義ゆえに法としての資格をうしなっても、しかもそれらのうちには体系にとって重要な諸規範も多々ふくまれているとしても、体系が存在するのに必要な最低限の重要規範が極端不正義でないならば、体系は法体系として引き続き存在するが、しかしその必要最小限の重要規範すらもが極端不正義になっときには、もはや法体系は存続しない、崩壊bする、と。

もっともこの法体系が崩壊bしたとしても、その群四については別の見方が不可能ではない。三〇％の諸規範を、「慣習法と自然法に基礎づけられたひとつの法体系」として格付ける、という最後の奥の手がある。むろんこの場合、かつての法体系とは別の法体系である点を忘れてはならないが、ともあれ「法体系が存在する」とわれわれはなおも語ることができるのである――もっとも、制定された規範を慣習法・自然法とみなす逆説的構成には、かつて英国コモンローでよく見られた法宣明説[25]にも似た無理があろうけれども。

以上、適宜私なりに補足しながら、アレクシーによる設例とその考察を紹介してきた。その結果はといえば、ラートブルフ公式の体系水準への適用可能性の個別主義的解釈は強弱いずれの版も、放射説にみられたようなラートブルフ公式の本末転倒化の難を免れてはいたものの、（ことに強版は）体系内の定立規範のほぼ一〇〇％が極端不正義になるなどという、極めて非現実性の強いものであった（そしてこの非現実性を重視し・かつ弱版を法性非否認説＝不崩壊説と解すれば、体系水準へのラートブルフ公式の適用可能性の全否定へと結論づけることも不可能ではない）。またたしかにアレクシーの例証的検討は、私の見るところ、ノイマン・フレンケル論争への潜在的解答も読み取れるものだったが、しかし同時に限界を孕むものでもあった。最大の限界は、法体系というものの考察としては片手落ち、不十分だという点にある。第一に、個別規範の法的妥当（規範Xが法として妥当するか）の認定規準にして法体系の創出役たる憲法について、そのごく一部、授権規定しかとりあげず、その他の個別規定や憲法全体には何ら言及していない、第二に授権規定にかろうじてラートブルフ公式の適用が試みられた[26]もののその他個別規定や憲法全体には全く試みられていない、そして第三にまあマシな扱いだった授権規定ですら実は体系の要素としてカウントされていなかったのである。そこで最後に大急ぎで、「憲法」自体という大切な片手の考察を補い、ラートブルフ公式という法価値論的「切り込み口」の可能性と限界を見極めておきたい。

六　おわりに

われわれの主題「立法による法体系の崩壊」問題に対してアレクシーが据えた切り込み口は、じつは、「極端不正義」だけではない。その他に「社会的実効性」と「正規な定立性（ordnungsgemass e Gesetzlichkeit）」もある。新しい切り口は我々が視野をひろげ[27]観点をラートブルフ公式の可能性から解き放つとき見えてくる。そもそも憲法とそれに基づき定立された個別諸規範という二段階構造をもつ「発達した法体系」においては、その憲法じたいは何に拠っているのか。概して法体系の諸理論は、その答えを「究極的承認ルールないし根本規範」に求めてきた。アレクシー自身の答は何なのかと言えば、ラートブルフ公式適用の個別／全体という水準差を睨みつつあの不正義論的観点からケルゼン説・ハート説・カント説を批判的再構成した次の根本規範である。「或る憲法が何らかの制憲会議で決定され且つ社会的にも実効的であるならば、しかもこの憲法上の個別諸規範が極端不正義ではないならば、そのときにのみ、正当性要求を充たすべくこの憲法に則って行動することが《法》により命ぜられる[28]」。憲法じたいはこの根本規範によって法として妥当するというわけだが、では憲法全体の法的妥当は何を「前提」（assume / postulate / hypothesize 何れでもなく presuppose !）にしているのか、といえばそれは憲法全体の大体における社会的実効性であり、そしてこの憲法全体の大体における社会的実効性は結局のところ、定立諸規範全体の大体における社会的実効性を前提にしているのである。

してみると、発達した法体系の崩壊は、体系が大体において極端不正義であるとき、というよりむしろ、大体における社会的不実効——つまり大多数の個別規範の各々が大抵の場面で大多数の人々に対して実効性を失ったそ——のとき、まさにそのとき到来する、というのである。

本稿ではもはや検討している余裕はないが、もしこのアレクシーの見解[29]が正しいとすれば、われわれはここで法哲学の限界に立ち会っている。そして、法社会学との接面でもあるこの地点から翻って冒頭わが国の立法府状況を省みるとき、いったい何が見えてくるだろうか。経済グローバル化を前にした、法のトランスナショナル化の動向やポスト主権の憲法思想の胎動[30]もなんら眼中になく、ただただ古色蒼然たるナショナリズムを——これが日米安保と占領経験のルサンチマン補償か単なる仮託かはさておき——信奉し、自らの憲法忠誠義務はさておきながら憲法忠誠心ならぬ剥き出しの愛国心をとなえ、改憲の名のもとに実効的戦後憲法の掘り崩しキャンペーンと世論操作に日々此れ努め、既存法体系との整合性確保を支援してくれる法制局（内閣・両院のそれを問わず）を疎んじ一部の政策領域によってはその介助すら今や跳ね除けようとしているのみならず、重要法案であればあるほど一括方式で提出成立をもくろむ今日の議会多数派の立法行動は、わたしには、崩壊をまねきよせる所業にしか見えないのである。日本国において法体系の崩壊はすでに始まっているのかもしれない。

（1）　H・ロットロイトナー『現代ドイツ法社会学入門』越智啓三訳・六本佳平監修（不二出版一九九五）、八六頁以下。

（2）　フラー『法と道徳』稲垣良典訳、有斐閣一九六八［Lon L. Fuller, The Morality of Law,（Yale U. P., 1964, revised ed. 1969）］、特に第二章。本書から発した波紋については以下参照、H・L・A・ハート「ロン・フラー著『法と道徳』」同『法学・哲学論集』矢崎光圀他訳（みすず書房一九九〇）、第一六章（初出 Harvard L. R. v. 78, 1965）. Judith N. Shkalr, "Political Theory and the Rule of Law," dies, Political Theory and Political Thinker（U. of Chicago, 1998）chap. 2.　井上達夫「法の支配：その死と再生」同『法という企て』（岩波書店二〇〇三）第二章。

（3）　「全面的に」ということは、逆に、ある程度の充足・不充足がありうること、要件が定言的概念というより程度概念であることをも示唆する。じっさいフラーは、妥協と調整の問題、たとえば不遡及原則がいつ・どんな場合に例外を設定するべきか、刑法のみならず他の家族法・税法ではどうか等々、各要件の充足度・充足態様について詳細かつ啓発的に論じており、それが本書のもうひとつの読み所でもある。

（4）　ハート『法の概念』矢崎光圀監訳（みすず書房一九七六）。とくに第六章第二節・第三節［H. L. A. Hart, The

Concept of Law,（Oxford U. P., 1961, 1994^2 with a new postscript)]。
（5） 米国による侵略戦争後の現イラクが現在の生ける事例であるが、それは半世紀前の日本国とその法体系の在りようを髣髴させるものでもある。参照、刑集七巻七号一五六二頁、および北川善英「占領法規」『憲法判例百選Ⅱ（第三版）』（有斐閣一九九四）所収。
（6） ミニマムな必要条件とは、「公職者が（体系内で）妥当として承認したところのルールに一般市民が従っていること」をさす。分析的にいえば、条件一：法が責務や義務をかしているところで一般市民が従っていること・ないし少なくとも一般的に不服従でないこと、条件二：公職者（公機関）が二次ルールを受容し、それを法の創設・執行・適用・同定といった公機関行動のなかで共通規準として使用していること、である。ハート前掲書一一八頁／p. 118, 一二二頁／p. 112f.
（7） 拙稿「法体系の発生学と病理学：〈移行期社会の類型化〉と〈法理〉問題への一視角」、二〇〇四年二月二一・二二日開催の研究会「殺戮後の歴史和解プロセスの法理研究」（科研課題番号一五六五三〇〇七）での当日報告の補筆版草稿。
（8） ハート前掲書（註4）、一二八―一二九頁／p. 110。
（9）「人間は、そして政府は、ボパール、チェルノブイリ、侵略など事件そのものに反応しがちであって、その過程や、そのような災害を引き起こすにいたった長い歴史に対してはそうではない。生物学者は熱湯の入ったビーカーに蛙をいれる実験を知っている。その場合、賢明にも蛙は外にとび出す。しかし蛙が冷水の入ったビーカーにいれられ、それからゆっくりと沸点まで熱せられるとしよう。誰も何もしなければ、蛙はじっとして生きたまま煮られてしまう。自然は蛙に温度のわずかな変化を知覚する能力を与えていないからである。世論もこの蛙と同じ特性をもっている」スーザン・ジョージ『債務ブーメラン：第三世界債務は地球を脅かす』（朝日新聞社一九九五）、七一頁。
（10） フレンケル『二重国家』中道寿一訳（ミネルヴァ書房一九九四）[Ernest Fränkel, The Dual State : A Contribution to the Theory of Dictatorship, tr. by E. A. Schils（Oxford U. P., 1941)]。ノイマン『ビヒモス：ナチズムの構造と実際一九三三―一九四四』岡本友孝／小野英祐子／加藤恭一訳（みすず書房一九六三）[Franz Neuman,

BEHEMOTH : Structure and Practice of National Socialism 1933-1944, (Oxford U. P., 1942, 1944^2)]。W・ルトハト「不法国家か二重国家か」R・ロイトナー他『法、法哲学とナチズム』ナチス法理論研究会訳（みすず書房一九八七）、第一七章。船越耿一「ナチズムにおける法体制の変動」『法哲学年報』（有斐閣一九八八）所収。

(11)　四八条第二項「ドイツ共和国において公共の安全と秩序が著しく阻害ないし危機にさらされる場合、共和国大統領は公共の安全と秩序の回復のために必要な措置を執ることができ、必要な場合には武力をもって介入することができる。この目的のために共和国大統領は一一四［個人の自由］、一一五［住居不可侵］、一一七［信書通信の自由］、一一八［表現の自由・検閲禁止］、一二三［集会の自由］、一二四［結社の自由］、一五三［財産権］の各条に定められた基本権の一部または全部を暫定的に停止することができる」第五項「本条の詳細は法律によって定める」。なおいささか後智恵めくが、この一九一九年公布されたワイマール憲法は当時もっとも近代的と褒め称えられたとはいえ、そこには、上記いずれの基本権にも法律の留保がある一方、「生命への権利」規定もなく、裁判官拘束も法律に対してのみで「法律と法に」ではなく、違憲法令審査権も制定時論争はあったものの連邦レベルでは結局採用されず州レベルにゆだねられてしまった。Ch・グズィー『ワイマール憲法：その全体像と現実』原田武夫訳（風行社二〇〇二）。C・シュミット「憲法の番人」（一九二九版）田中浩／原田武雄訳『大統領の独裁』（未来社一九七四）所収、H. Kelsen, Wer soll der Hüter der Verfassung sein?, in : Die Justiz VI, 1931, SS. 576-628. J. Habermas, Faktizität und Geltung, (Suhrkamp, 1992), S. 296ff.

(12)　正式名・民族と帝国の緊急事態克服のための法律。その「第一条　帝国の法律は、帝国憲法［＝ワイマール憲法のこと］に定められた手続きの他に、帝国政府によっても議決することができる。……第二条　帝国政府によって議決された帝国法律は、帝国議会両院そのものを対象としない限り、帝国憲法から逸脱することもできる。帝国大統領の権限は不可侵のままである。」

(13)　ノイマン前掲書四〇〇―四〇一頁。

(14)　F. Neuman, Der Funktionswandel des Gesetzes im Recht der bürgerlichen Gesellschaft, Zeitschrift für Sozialforschung, 1937, SS. 542-596.

（15）『ラートブルフ著作集一：法哲学』（東大出版会一九六一）、第四章～第一〇章。『同著作集二：法哲学提要』（同一九六三）、第三章～第四章。『同著作集四：実定法と自然法』（同一九六一）、第二章：法の理念・第三章：実定法。

（16）「正義と法安定性との間の衝突は、制規［制定Satzung］と権力とによって裏うちされた実定法が、内容的にはたとえ不正であり非合目的的であっても、優位が与えられる、というふうにして解決されうるであろう。もっとも、正義にたいする実定法規の矛盾があまりに甚だしいために、その法律を「悪法」として、正義に道をゆずらせねばならないような場合には、話は別である。こうした制定法規の不正と、不正な内容をもつにもかかわらずなおかつ妥当する法律とのあいだには、これ以上は鮮明な一線をひくことはできない。だが次のような場合には、上とは別な一線をきわめて明確にひくことができる。すなわち、正義の追求がいささかもなされない場合、正義の核心をなす平等が、実定法の規定にさいして意識的に否認されたような場合には、そうした制定法は、おそらく単に「悪法」であるにとどまらず、むしろ法たる本質をおよそ欠いているのである」［ラートブルフ「実定法の不法と実定法を超える法（Gesetzliches Unrecht und übergesetzliches Recht）」（一九四六）、前掲『著作集四』所収、小林直樹訳、特に二六〇―六一頁］。なお、ここでいう「正義」とは、等しきものの等しき取扱い（いわゆる形式的正義）を意味する。

（17）東独の体制転換・移行処理については「ベルリンの壁射殺事件、〈国家の犯罪〉追及へ」朝日新聞一九九二年一月二一日等、足立英彦「法による〈過去の克服〉とラートブルフ公式」東北大法学研究科修士号請求論文一九九七、R. Alexy, Mauerschutzen, (Vandenhock & Rupert, 1993). Ders., A Defense of Radbruch's Formula, in D. Dyzenhaus (ed.) Recrafting of the Rule of Law : the Limits of Legal Order, (Hart / Oxford, 1999)。ドイツ連邦憲法裁判所決定を不服として上訴されたヨーロッパ人権裁判所の判決については国境警備兵K. -H. W. v. Germany, no. 37201 / 97、及び発令者側政府幹部Streletz, Kessler & Krenz v. Germany, no. 34044 / 96, 35532 / 97 & 44801 /98［いずれもhttp://hudoc.echr.-coe.int/hudoc（ECHR2001. 3. 22）で一般公開され入手可能］。なお判決当時来日中のアレクシー教授はラートブル公式とその洗練版たる自説が受け入れられたと私に語った（二〇〇一年三月二六日）。異論としてR. A. Miller, Der Europaische Gerichthof für Menschenrechte und Verbrechen der Staatsführung der DDR, Kritische Justiz, Bd. 34, SS. 255-263（2001）。

(18) Robert Alexy, Begriff und Geltung des Rechts, (Alber, 1992, 1999²), bes. S. 106-117, 139-153. なお以下本文は、拙稿「〈法的討議の社会理論〉への道程」(『法哲学年報』(有斐閣一九九六) 所収) の補完でもある。

(19) ハート「実証主義と法・道徳分離論」前掲 (註2)『法学・哲学論集』第二章、特に八七頁。

(20) こうした非典型な部分を体系内に認める「弱い放射説」に対して、論理的には「強い放射説、すなわち如何なる非典型的部分も認めず、体系内の規範は「殆ど総て」ならぬ文字通り「総て」、重要規範の根本内容一色に染め上げられるとする説も考えられるが、アレクシーは論じていない。論じているのはもっぱら、弱い放射説である。

(21) なお、根本内容への立入った考察をアレクシー自身がやっているわけではない。本文中の叙述は彼の叙述に潜在するものを私が顕在化させたものである。その考察は、ハートの「究極的承認ルールの内容問題・内容変更問題」という、ハート内在的にもみても・また最近の第二次ハート・ドゥオーキン論争のなかでも極めて重要な問題とともに、また後出の註 (28) の問題とも重ねて、私の今後さらに詰めるべき課題としたい。

(22) 本来ならば、「〈規範〉X／規範〈体系〉Yが《法》として〈妥当する〉」や「法規範X／法体系Yが〈存在する〉」などと一般に言われるときのその「妥当」や「存在」、「規範」や「体系」、そして究極的には「法」の概念を相互関係も含めいちいち明らかにしておくべきであろう。それらは法哲学の基礎をなす最重要の論点にして争点だが [Alexy, S. 146]、話が専門的すぎるので本稿では立入らない。その代りに、本文で前提とされている必要最小限度のことを以下五点述べるにとどめたい——比較的包摂性ないし汎用度の高いアレクシーのリアル定義志向的な用語法によれば、(a)意味論的なものへと切り詰められた「規範」概念 [S. 179, Fn52] と、その削減分を補填する厚みのある「妥当」概念とが対で使用されていること、(b)広義の法的妥当 (法として妥当する) というときその「妥当」は国家レベルから市民レベルまでの juristisch / ethisch / soziologisch 三局面の複合体であり、それぞれは①管轄権のある定立機関が・憲法を頂点とする既存の法体系と整合するものを・予め決められた仕方で定立公布するという狭義の法的妥当＝法律学的妥当局面、②(「法律は法律だ」でいいのかという問題提起をうけて)、正規に制定された法規範が道徳的正当化テストにさらされ、形式的 (不) 正義につきぬ内容的正しさや内容的不正義につきどんな要素 (道徳的／反道徳的／非道徳的＝中立的) をふくむものとして妥当するかをさす倫理的妥当局面、③少なくとも極端不正でない定立規範が定立機関の主に外部でどう妥当するか、どれほど多くの場面でどれほどの人々の間に従われているか・不遵守ならばサンクションが賦課されているかという社会的実効性をさす社会的妥当局面、であること、(c)《法》一般の「概念」をめぐる論争と諸立場については拙稿（註18）を参照、(d)法と道徳の弱結合を組み込んだ非実証主義的な《法》「概念」自体が一方で「法律学的妥当する」（法文の中に、あるいは意識行動の形で主に立法者の間・従に判事・行政官の間に、定着＝通用し）、他方では「社会的妥当する」（人々の間に定着＝通用する）。(e)したがって公職者・一般市民いずれとしてであれひとが実定法実践（法の定立運用アクト）や日常実践のなかで現し・現れたるものこそが法〈存在〉である、とされる。

(23) 一九三五年ナチス政権が九月一五日ニュルンベルク帝国議会で同時制定したもので、国民内の特定部分を「ユダヤ人」と厳密ならざる苦しまぎれの規準で認定した上でドイツ市民権を剥奪する国籍法 Reichbürgergesetz、赤白黒を帝国の色としハーケンクロイツ旗を国民・国家・商船の旗と定める帝国国旗法、そして民族の血と栄誉を保護するとの目的でユダヤ人とドイツ人との婚姻を禁ずる血縁保護法 Blutschutzgesetz の三本からなる。

(24) 実際ドイツでは、一九三三年に制定された「民族と帝国の緊急事態克服のための法律（通称・授権法ないし全権委任法）」が、非常事態の大統領大権の根拠法たる憲法四八条に、はたらきかけた。同法律は法律と命令の立法形式差を解体したばかりでなく、まさにその第二条後段は、独裁官に任命された帝国大統領に対し「権限の不可侵性」をあたえることによって、憲法四八条第三項・議会による大統領大権の事後コントロール権「大統領の帝国議会への措置報告義務」を実質的に葬り去ったのである。これは委任独裁から主権独裁への大転換である。

(25) Declaratory Theory についてはラートブルフ『著作集六：イギリス法の精神』（東大出版会一九六七）。田中英夫『英米法総論上下』（東大出版会一九八〇）。望月礼次郎『英米法・改訂版』（青林書院一九八五）などを参照。

(26) かろうじての適用試みとは以下の設例変更のすすめをさす――「設例の憲法規定、すなわち〈ひとりの独裁者に無制約の規範定立権限を授権する〉規定じたいが極端不正義ではないか」との予想される批判に対して、授権先を「ひとりの独裁者」から「民主的に選挙された議会」に代えてみよ、そうすれば極端不正義の懸念は解消しよう、そしてこの規定〈国民議会に無制約な規範定立権限をさずける〉から生み出される群一～四よりなる体系を再考してみよとアレクシーが勧めているところである（S. 116）。なおこの変更のリアル含意についてはH・ヘラー『主権論』大野達司／住吉雅美／山崎充彦訳（風行社一九九九）、五五頁。

（27）　Alexy,（註18）S. 137-206.

（28）　Alexy,（註18）S. 169f.　ではこの根本規範じたいは何に拠るのか。「歴史経験」からの学習事実に着目しつつ規範（当為）性と単なる事実性との媒介をもくろむハーバマスの討議理論を準拠枠とするが故に、アレクシーはハートの「メートル原器」類比説＝無根拠説に満足しきれず・根拠づけを要求するわけだが、彼自身の根本規範も、じつは目を凝らして見ればなお根拠づけ不足を否めない。その証しとして示唆された箇所（S. 185-L. 19-23）をここに書き留め、今後の法哲学的討議とわが研究前進のよすがとしたい。今後のためさらに以下参照、Nathan J. Brown, *Constitutions in a Nonconstitutional World : Arab Basic Laws and the Prospects for Accountable Government*, (State University of New York, 2002). ジョン・ロールズ「万民の法」S・シュート／S・ハリー編『人権について――オックスフォード・アメネスティー・レクチャーズ』みすず書房一九九八所収。J・ハーバーマス「〈世界無秩序〉克服の道」『世界』七二五、七二六号（二〇〇四年四月号、五月号）。とくにロールズの「秩序あるリベラルでない諸社会（well ordered nonliberal Societies）」概念とその世界社会への位置づけ・取り扱いは、昨今の非立憲主義的かつ単独行動主義的な米国の振る舞い――さらにはその原因（金で買える民主政治）と結果（血ナマグサイ戦争・混沌タル世界情勢）という外的視点面――とも照し合わせながら、継続形成してゆかねばならない。

（29）　この「前提」命題はハートの病理条件論（註6）に通じている。以上長々と追跡してきたアレクシーの所説は、ハートの「法体系の病理学」事始を引継ぎ、崩壊判定の困難さを突破する企てだったわけだが、突破の成否はどうあれ、ここで再びハートに出会っているのである。なおアレクシーはハートの「法体系の胎生学」における中間期問題につき「法体系の交代理論」（S. 146）が必要だと強く主張している点があわせて注目されてよい。

（30）　参照、Niel Walker, "The Idea of Constitutional Pluralism", Modern Law Review, vol. 65（2002）, 317-359. Gunther Teubner, "Global Zivilverfassungen : Alternativen zu staatszentrierten Verfassungstheorie Zeitschrift für ausländisches öffentliches Recht und Völkerrecht 63（2003）, 1-18. 遠藤乾「ポスト主権の政治思想：ヨーロッパ連合における補

完性原理の可能性」『思想』特集：帝国・戦争・平和、九四五号（岩波書店二〇〇三年一月）所収。なお、アレクシーは本文中のべた放射説への否定的見解を限定し、国際法レベルでの国家承認・政府承認プラクティスにおける放射説の可能性を示唆している（S. 117, Fn. 92）ことを最後に申し添えておく。

最高裁判所の違憲判決に対する立法府の対応

中村睦男

一　法律案を作成する動機
二　違憲判決の効力
三　最高裁判所の違憲判決に対する対応例
四　おわりに

一　法律案を作成する動機

法律の発案権は、議員と内閣に認められている。議員が法律の発案権を有することは、憲法上、国会が唯一の立法機関であり（四一条）、その国会は、「衆議院及び参議院の両議院でこれを構成する」（四二条）とされ、そして、その両議院は、「全国民を代表する選挙された議員でこれを構成する」（四三条）ことから、当然のこととされている。内閣の法律発案権については、憲法には明文の定めはないが、内閣法は「内閣総理大臣は、内閣を代表して内閣提出の法律案、予算その他の議案を国会に提出し」（五条）と定めて、内閣が法律を発案し国会へ提出する権限を認めている。[1] 議員の発議によって成立した法律が、議員立法と呼ばれているのに対して、内閣の発議によって成立した法律は、政府立法と呼ばれている。

法律案がどのような動機で作成されるかという問題に関し、政府立法について、①国政の執行上必要になるもの、②政府・与党の政策決定に基づくもの、③審議会の答申等に基づくもの、④用語の整理を行うもの、⑤裁判所の判断が出たことに基づくもの、という類型化がなされている。[2] また、議員立法については、①国会関係の法律、②国民的基盤をもった法律、③超党派的賛同を得た法律、④利益代表的な法律、⑤災害対策関係の法律、⑥特殊事情によるもの、⑦政策の表明をするもの、という類型化がなされている。[3]

法律案を作成するかどうか、法律案を作成する場合にどのような内容のものにするかについては、議員ないし内閣の自主的な判断に委ねられ、また、国会での審議についても、議員の自主的な判断に任されるのが原則である。しかし、例外的には、上記の類型で見ると、政府立法の⑤裁判所の判断が出たことに基づくものについては、憲法上独立した国家機関である裁判所の違憲判決によって立法が動機づけられるのである。また、裁判所の違憲判決以外にも、条約の締結によっても立法が動機づけられる。ただ、立法が動機づけられる場合にあっても、国会は国権の最高機関で、唯一の立法機関であることから、法律を作成するかどうか、法律を作成する場合には、どのような法律を作成するかについては、立法府に裁量が認められる。

本稿では、裁判所の違憲判決が出された場合における立法府の対応について検討を行うものである。

二　違憲判決の効力

憲法八一条は、「最高裁判所は、一切の法律、命令、規則又は処分が憲法に適合するかしないかを決定する権限を有する終審裁判所である」と規定して、裁判所に法律や条例が憲法に違反するか否かを審査する権限を認めると同時に、最終的な判断権を最高裁判所に与えている。最高裁判所が法律、命令、規則または処分を違憲と判断した場合には、最高裁判所事務処理規則一四条によると、「その要旨を官報に公告し、且つその裁判書の正本を内閣に送付」し、さらに、「その裁判が、法律が憲法に適合しないと判断したものであるときは、その裁判書の正本を国会に送付する」ことになっている。つまり、最高裁判所が法律を違憲と判断した場合には、国会に対して、裁判書の正本を送付して公式に通知するのである。

最高裁判所が法律を違憲と判断した場合に、違憲とされた法律の効力はどうなるかという問題について、学説は、一般的効力説、個別的効力説および法律委任説の三つの説に大きく分かれている(4)。一般的効力説は、違憲とされた法律の条項が、国会による廃止の手続きなくして存在を失い、客観的に無効となるとする見解である。これに対して、個別的効力説は、裁判になった事件に限って違憲とされた法律の条項の適用が排除されるとする見解である。法律委任説は、一般的効力説と個別的効力説のいずれをとるかは、法律に委ねられているとする見解である。

今日の通説的見解は、日本の違憲審査制が具体的事件を前提にする付随的違憲審査制であることと、法律の存在を最終的に失わせる権限を有するのは国会であるという憲法四一条の原則から、個別的効力説の立場に基本的に立ちつつ、一般的効力説の趣旨を取り入れ、個別的効力といっても、立法府および行政府は最高裁判所の違憲判決を十分尊重することが要求されると解している(5)。また、最高裁判所事務処理規則一四条が、違憲判決要旨を官報で公告し、裁判書正本を内閣および国会に送付すると定めていることも、立法府および行政府の義務を認める趣旨とされている(6)。

このような通説的見解が妥当であり、立法府は違憲と判断された法律を改廃する義務を負い、行政府もその法律を執行しない義務を負うものである。立法府が法律を改廃する義務を負うという場合に、その義務は法的義務なのかそれとも政治道徳的な義務にとどまるのかが問題になる。この点については、「国会における速やかな改廃措置や行政機関の執行差控えは、違憲判決の直接的帰結として要求されているものではないが、憲法のとる大原則の一つである法の支配の原則によって当然に要求されているもの(7)」と解するのが妥当である。

三　最高裁判所の違憲判決に対する対応例

1　法律の明文の規定を違憲と判断した最高裁判決の例

最高裁判所が法律の明文の規定を憲法違反と判断した例は、①刑法二〇〇条の尊属殺人罪を違憲と判断した一九七三年（昭和四八年）四月四日大法廷判決（刑集二七巻三号二六五頁）、②薬事法の薬局距離制限規定を違憲と判断した一九七五年（昭和五〇年）四月三〇日大法廷判決（民集二九巻四号五七二頁）、③公職選挙法別表第一（一九七五年改正前）の衆議院議員定数配分規定を違憲と判断した一九七六年（昭和五一年）四月一四日大法廷判決（民集三〇巻三号二二三頁）、④公職選挙法別表第一（一九七五年改正後）の衆議院議員定数配分規定を違憲と判断した一九八五年（昭和六〇年）七月一七日大法廷判決（民集三九巻五号一一〇〇頁）、⑤森林法の共有林分割制限規定を違憲と判断した一九八七年（昭和六二年）四月二二日大法廷判決（民集四一巻三号四〇八頁）、⑥郵便法の損害賠償責任免除・制限規定を一部違憲と判断した二〇〇二年（平成一四年）九月一一日大法廷判決（民集五六巻七号一四三九頁）の六件である。

2　尊属殺人罪違憲判決

最高裁による最初の違憲判決は、憲法施行後二六年経過した一九七三年に出された尊属殺違憲判決である。この判決に対して最高検察庁は、判決当日直ちに、全国の検察庁宛に、今後は尊属殺人事件についても刑法二〇〇条を適用せず一九九条を適用して捜査および公訴の提起をなし、すでに継続中の事件については罪名および罰条を刑法一九九条に変更する措置をとるべき旨の通達を出した。また警察庁も、同日法務省と協議の上、同日以後尊属殺人事件については送検段階からすべて刑法一九九条を適用することを決定した。

立法府の対応について、政府は法務省を中心に刑法の改正作業に着手した。違憲判決の二日後である一九七三年四月六日の衆議院法務委員会では、違憲審査権が発動されたことによって、刑法をいかに改正するつもりか、という質問が出された。

違憲判決の効力に関して、政府委員の答弁は、「最高裁のこの違憲の判決というものは、法律的にはその当該事件限りしか効果、効力を持たないものだと私ども考えておりますので、過去に当然遡及するとか将来に向かって当然にこの法律を無効にするような効力を持つかどうかは問題があって、しかしながら、その判決を尊重して、立法、改正を考えるべきだ、尊重する立場からそう考えるべきであると考えて、いわゆる違憲判決の一般的効力ということにつきましては、事務当局としては消極に考えておりまするが、結果的にそれは尊重して、立法の要否を検討し、内容の検討をしていくということを、技術的な問題でありまするが、御理解をいただきたいと思うのでございます」というものであった(8)。違憲判決の効力に関する政府見解は、学説の通説と同様に、個別的効力説を基本にしながら一般的効力説の趣旨を取り入れ、違憲判決を尊重して、法律の改廃を行うという立場に立っている。

また、具体的にどのように刑法の規定を改廃するかについて、田中伊三次法務大臣は、尊属殺人罪を規定した刑法二〇〇条のみを廃止し、削除するという意見、関連規定である尊属傷害致死罪、尊属逮捕監禁罪、尊属遺棄罪なども含めて改正するという意見、尊属殺人罪の刑罰を軽くすればよいという意見があることを紹介してから、自分

は、刑法二〇〇条を削除することを基本方針として、改正問題を検討し、部下を指導していきたい、と答えている。(9)

さらに、改正の時期について、法務大臣は、改正を急ぐという意見もあるが、刑法の全面改正が目前に来ているので、再来年の国会に間に合ったらよいと思っているくらいで、「慎重に、できる限り慎重にこれを検討しまして、そうして、あとう限り急ぎ立法措置を講じなければならぬ」と答弁している。(10)

法務大臣は、一九七三年五月一一日に法制審議会に尊属殺人罪をはじめ尊属加重規定の全面削除を諮問し、同月一四日に諮問どおりの答申を得て、法務省案を作成し、五月一八日には尊属加重規定の全面削除を内容とする刑法の一部改正案が法務省案どおり閣議決定された。(11)しかし、この閣議決定は与党である自由民主党の了承を得られることを条件としてなされたものであった。自由民主党政務調査会の法務部会では、五月二五日の会議で尊属加重規定の全面削除に反対の意見が続出し、「最高裁判決の多数意見は尊属殺人罪の規定そのものを違憲としていない」「親を尊ぶという人倫の精神が薄らいでいる現在、全面的に尊属規定を削るのは問題だ」などの理由から、「(刑法)二〇〇条の法定刑の下限を引き下げて有期懲役刑を導入すればよい」という意見が大勢をしめて、政府案の国会提出について了承が得られなかったのである。(12)野党からは、社会党、共産党および公明党の三党から政府案と同じく尊属加重規定の全面削除を内容とする刑法の一部改正案がそれぞれ五月八日、七月一〇日、七月一一日に衆議院に提出された。衆議院法務委員会は、前尾繁三郎衆議院議長の要請を受けて、一一名のメンバーで構成された刑法改正に関する小委員会を設置し、野党案を含めて刑法改正の審査を行ったが、結局、自由民主党の賛成が得られず、改正案をまとめることができなかった。(13)

その後、法制審議会は、一九七四年五月二九日にも尊属殺重罰規定全廃の答申を出したが、刑法改正案が国会に提出されることはなく、刑法二〇〇条は法令集に存在するが、実際には適用されないという不正常な状態が長らく続いていた。ところで、一九九五年四月二八日に成立した「刑法の一部を改正する法律」は、刑法の表記を平易化することを主たる内容とするものであるが、同時に、尊属殺人、尊属傷害致死、尊属遺棄および尊属逮捕監禁の四つの尊属加重規定をすべて廃止した。改正にあたって、最高裁違憲判決およびその後の尊属傷害致死に係る合憲判決の理由からすると、尊属殺人規定に係る違憲状態を回避するための必要最小限度の改正を行うという観点からは、例えば、尊属殺人規定の法定刑の短期を四年ないし五年とする改正も一応考えられた。しかし尊属殺の事案については、違憲判決後二二年にわたって通常の殺人の規定が適用されてきており、新たに通常の殺人罪よりも重い法定刑を設定することは、実質的に刑の引き上げになること、また、尊属殺の事案については、重い刑が言い渡される数も相当あるという量刑の実情から、短期を四年ないし五年に設定した場合、被告人に酌量すべき点の多いかなりの数の事件について、法定刑の範囲内で事案に即した量刑ができなくなるおそれがあると考えて、刑法二〇〇条の削除となったのである。(14)

最高裁判所の違憲判決が出されて二二年経ってようやく立法府が違憲判決に対応して、法律の改正が行われたのである。このように立法府の対応が遅れた理由は、尊属加重規定の当否が、家族観をめぐるイデオロギーの対立に関わる問題であることと、最高裁の違憲判決の内容が明確ではなく、尊属殺人罪の規定を単純に廃止するか、尊属殺人罪の刑を軽くして存続するかの選択を可能にしていたことによるものと考えられる。(15)また、一九七三年の違憲判決が出された段階で、政府が尊属加重規定を全面削除する刑法改正案を閣議決定しておきながら、与党の合意が得られないことによって国会に法案を提出できなかったことが立法府の対応が遅れた原因である。日本の立法過程の特色の一つに、自由民主党政務調査会の部会で行われる与党審査が政策や法案の生殺与奪の権限を持っていることをあげることができる。(16)その結果、本来は国会で行われるべき法律の制定・改廃をめぐる重要な議論が国会外のインフォーマルな場で行われることになるのである。尊属殺違憲判決に対して刑法の尊属加重規定をいかに改廃するかは、本来は国会で議論されるべきところであったが、自由民主党政務調査会の法務部会という国会外のインフォーマルな場で議論されたのである。戸松教授が指摘するように、「議会の場で審議を尽くした上で結論を得るのではなく、予め内閣が与党との間で結論を形成してしまうという、議会制の精神から乖離した現象がそこに存在する」といえる。(17)

3　薬事法距離制限規定違憲判決

最高裁一九七五年（昭和五〇年）四月三〇日大法廷判決は、薬事法六条による薬局の適正配置規制を憲法二二条の職業選択の自由に違反すると判断した。この違憲判決に対して、厚生省は判決当日に適正配置条項を削除する薬事法改正法案を国会に提出する方針を決め、同時に、薬事法に基づく都道府県の適正配置条例の適用を中止するよう全国都道府県に通達することにした。その後、違憲とされた適正配置条項は議員立法として成立していたため、国会には衆議院社会労働委員会提案の議員立法として、薬事法の関係規定の削除を内容とする改正案が提出された。薬事法改正案は、一九七五年五月二九日に衆議院本会議を通過し、ついで、六月六日には参議院本会議を通過して、六月一三日に薬事法一部改正法が公布された。

本件は、最高裁の違憲判決に対して、内閣と国会が迅速に対応した例である。違憲判決に迅速に対応したという限りにおいて、立法府が司法府を尊重してはいるが、薬事法の適正配置規制を違憲とする判断は、薬局以外の業種に対する同様の規制についても妥当するかどうかといった憲法論議を国会で行うことなく法案を成立させてしまっている。この点を捉えて、最高裁判所の違憲判決に対して、国会が積極的対応をしない傾向が、議会の行為と司法審査との関係における日本の特色とされている。(18)

4 衆議院議員定数不均衡違憲判決

(1) 一九七六年最高裁違憲判決

衆議院の議員定数不均衡に関する最初の違憲判決は、前掲最高裁一九七六年（昭和五一年）四月一六日大法廷判決である。本判決は、一九七二年（昭和四七年）一二月一〇日に行われた衆議院議員選挙に際しての千葉一区の選挙に関する選挙無効訴訟において、一票の重みに関する最大較差一対四・九九の不均衡が憲法の選挙権の平等に反し、かつ、一九八四年の定数是正後八年余の放置が是正のための合理的期間を徒過したため、公職選挙法の定数配分規定を違憲と判断しつつ、事情判決の法理を適用して選挙じたいは有効とすると同時に、千葉一区の選挙が違法である旨を判決の主文で宣言したのである。しかし、本件については、違憲判決が出された前年である一九七五年（昭和五〇年）に定数是正がなされ、最大較差が一対三以内になっていたため、立法府の対応は行われなかった。

すなわち、一九七〇年（昭和四五年）の国勢調査では、最大較差が一対四・八三にまで達したので、このような不均衡を是正するために衆議院公職選挙法改正調査特別委員会に小委員会が設けられ、与野党合意の線に沿って政府提案による「公職選挙法の一部を改正する法律」（昭和五〇年七月一五日法律六三号）が制定されていたのである。一九七五年の定数是正の結果、最大較差は、一九七〇年の国勢調査によると一対二・九二にまで引き下げられていた。

(2)　一九八五年違憲判決と定数是正

①　一九八三年「違憲警告」判決と定数是正の準備

二番目の違憲判決である最高裁一九八五年（昭和六〇年）七月一七日大法廷判決を直接受けた形で、翌年の一九八六年（昭和六一年）に公職選挙法が改正され、第三回目の衆議院の議員定数是正が行われた[19]。実際には、一九八五年の違憲判決の二年前に最高裁判所は、「違憲警告」判決を出しており、この時点で定数是正の準備が始まっている。すなわち、最高裁一九八三年（昭和五八年）一一月七日大法廷判決（民集三七巻九号一二四三頁）は、最大較差一対三・九四の不均衡の程度が違憲状態に達していることを認めつつ、本件選挙は一九七五年改正法の公布の日から起算すればほぼ五年後、定数配分規定の施行の日から起算すれば三年半後に行われたもので、是正のための合理的期間を徒過していないから違憲でないと判断したのである。

一九八三年一二月二六日に召集された第一〇一回国会（特別国会）での中曽根康弘内閣総理大臣の施政方針演説では、定数是正について、「なお、懸案である国会議員の定数是正等のための公職選挙法の改正につきましても、各党、各会派の今後の合意に基づき具体的な成果が上がるよう政府として努力してまいります」と述べている[20]。最高裁判決との関係で定数是正が緊急に行われるべきであるという野党側からの質疑に対して、中曽根総理大臣は、「定数問題は選挙制度の基本に係る重大な問題でございます。そして既に最高裁の判決もございまして、いわば、これは俗的に申し上げれば、議会が執行猶予の形でこれを処理せよというような課題を最高裁から与えられていると私は考えております。したがいまして、これは急ぐと思います。したがいまして、各党各会派とも、これは議会政治、民主政治のグランドの整備に関する重大問題でございますから、各党各会派の話し合いを十分行いまして、成案をできるだけ早く得るように努力して参りたいと思っております」と答弁している[21]。ここで中曽根総理大臣が、一九八三年の最高裁「違憲警告」判決を、国会に「執行猶予の形」で問題の迅速な処理を命じている判決として扱っていることが注目される。

与党である自由民主党内においても、「違憲警告」判決を受け、一九八四年二月から真剣に具体的な検討が行われた。[22] しかし、自由民主党の選挙制度調査会では、最大較差を三倍以内にして二人区新設を柱にする六増六減案がまとめられたが、減員区の関係議員を中心に強い反対が出され、結局、政府・自由民主党は、七月三〇日に首脳会議を開き、本国会での是正案の提出を断念し、次期国会での成立を期することを、政府か自民党総裁のいずれかの形で声明を出すことでけりを付ける方針を定めた。[23]

② 一九八四年東京高裁違憲判決と解散権制約の問題

一九八三年一二月の衆議院議員選挙に関して、一九八四年（昭和五九年）一〇月一九日の東京高裁判決（判例時報一一三一号七二頁）は、最大較差一対四・五四の不均衡を違憲とし、さらに、内閣の衆議院解散権についても言及し、定数配分規定が違憲となることによって、「その結果として内閣の解散権が事実上制約されることが起こりうるとしても、それは事柄の性質上やむをえない」旨判断した。この東京高裁判決を契機として、違憲の定数配分規定を是正しないままで内閣は衆議院を解散できるか、という問題が新たな憲法上の論点として活発に論議されるようになった。[24]

中曽根内閣総理大臣は、一一月一日、第二次改造内閣成立後の記者会見で、「次の国会に公選法改正案を提案できるよう全力を尽くす」ことを明らかにしてから、先の東京高裁判決について、「解散権は国家統治の基本に関する大問題だ。定数を是正するまで解散できないとすれば、例えば内閣不信任案が通って解散か、内閣総辞職かという場合、総辞職しかできないことになる。そうした重大な局面を考えると、判決はいかがなものか」と強い不満をみせ、定数是正をしなくても内閣の解散権は制約されない、という考え方を明らかにした(25)。

一九八四年（昭和五九年）一二月一日に召集された第一〇二回国会（通常国会）における中曽根総理大臣の施政方針演説のなかで、中曽根総理大臣は、「また、議会制民主政治の基礎にかかわる国会議員の定数配分問題につきましては、各党、各会派間で十分論議を尽くしていただき、今国会において定数是正が実現するよう、政府としても最大限の努力をしてまいります」と述べて、今国会で定数是正を実現する意向を明らかにした(26)。

各党党首の代表質問のなかでも定数是正の問題が取り上げられたが、そのうち社会党の石橋政嗣委員長からは、①裁判所が明らかに憲法違反であると判断しているのに放置してよいのか、②自由民主党の考えている六増六減案では本年に予定されている国勢調査の結果によって、すぐに三対一という較差が生まれるのが確実なので、二倍ないし二・五倍の線で手直しすること、③衆議院の定数是正が実現しないうちは内閣の解散権は制約されているのではないか、という質疑が出された(27)。これに対する中曽根総理大臣の答弁は、①については、一九八三年の最高裁判決で違憲状態にあるので速やかに是正するように判示され、引き続いて一九八三年一二月の総選挙に関する訴訟では各高裁の判決において違憲であると判示されたことを指摘してから、「政府としても、衆議院議員の定数是正は緊急かつきわめて重要な問題であると認識して努力しております。今国会におきましても、定数是正が実現するよう最大限努力してまいります」とし、②については、「自民党では現在、総定数をふやさない、最少限度の是正にとどめる、また最高裁の方針に沿う」という考えに立って鋭意検討しているとし、③については、「本来、解散権は憲法が国政の重大な局面において民意を問う手段として内閣に付与した基本的な機能であります。憲法上、解散権の行使を制約する規定はございません。したがって、解散権は法律的に制約され得るものではないと考えます」と述べ、定数是正に関しては最高裁に従うことと、解散権には法律上の制約がないことを明らかにしている(28)。

自由民主党は、正規の選挙制度調査会や政務調査会という機関で定数是正の検討をしても党としての意見がまとまらないので、政務調査会のなかに小委員会を設けて、定数是正を検討することにした。政務調査会の小委員会は、一九八五年四月二二日に「六・六案でやむを得ないとの意見が多数であった」とする小委員長報告を了承し、六増六減案を党の是正案とする方針を満場一致で決めた[29]。そして、自由民主党は、五月三一日に総務会で六増六減案を議員提案で国会に提出することを決定し、公職選挙法改正案が国会に提出されたのである。自由民主党が提出した六増六減案は、総定数五一一人を維持し、一九八〇年国勢調査に基づき較差を三倍以内にするため、六つの選挙区からそれぞれ一人減員し、六つの選挙区にそれぞれ一人増員するものであり、その結果、四つの選挙区が二人区になるものである。これに対して、野党側は、二人区の新設は小選挙区制につながるという懸念から、二人区を作らないとする統一案を作成し、衆議院に提出した。

自由民主党案の趣旨説明によると、「定数是正を行うに当たっては、衆議院のあり方、選挙のあり方等の根本論議を踏まえ、広い見地から見直しを行うことが望ましいこと」であるが、「現在の衆議院の定数配分につきましては、昭和五十八年の最高裁判決において違憲状態にある旨の判断が示されており、国民世論の動向から見まして、その是正はゆるがせにできない緊急の課題」であるため早急な定数是正が必要であるという認識から、①総定数は現行どおりにする、②最高裁判決を踏まえて最大較差を三倍程度とする等最小限の是正を行うとの基本方針に基づき定数是正を行うものである[30]。

③　一九八五年最高裁違憲判決

国会閉会中の一九八五年七月一七日に衆議院議員の定数配分規定を違憲とする最高裁判決が出され[31]、定数是正の問題は、政治日程において最重要課題となり、また、定数是正と解散権との関係が大きな問題となった。この最高裁判決は、多数意見が具体的事情のいかんによっては選挙無効もあり得ることを示し、さらに、寺田治郎長官ら四名の裁判官の補足意見が一定期間経過後に無効の効力が発生するという判決も可能であることを示唆した点において、従来の判例の線を一歩進めた判決であった。判決の四日後に放映された「定数是正違憲判決と国会の責任」と題するＮＨＫ国会討論会において、各党の代表者は厳しい判決として本判決を受けとめており、特に、自由民主党の森清議員は、第一に、今回の判決が、原則は選挙無効になるがたまたま有効と認めたニュアンスで、ニュアンスのとり方がこの前の判決と逆になっていること、第二に、四名の裁判官が、一定期間後に無効にするという判決もできないことではないということを補足意見で述べていること、という二つの点で、「最高裁が大きく踏み込んできたものとして我々は受けとめて、次の選挙までには必ず是正していかなければならない」[32]と述べているのが注目される。

一九八五年一〇月二四日に召集された第一〇三回国会（臨時国会）における所信表明演説のなかで、中曽根総理大臣は、「衆議院の定数是正は、この議会制民主主義の根本にかかわる問題であり、先般の最高裁の判決を厳粛に受けとめ、早急にその実現を図らなければなりません。今国会において、引き続き十分論議を尽くしていただき、定数是正に向けて合意が得られるよう、強く念願するものであります。このため政府としても最大限の努力をします」[33]と述べて、最高裁違憲判決によって早急に定数是正を実現しなければならないことを明らかにしている。中曽根総理大臣の所信表明演説に対する野党側の質疑では、最高裁違憲判決によって定数是正が緊急の課題になっていることを指摘しつつ、自由民主党の六増六減案が小選挙区制に道を開く二人区案を含んでいると同時に、今月実施された国勢調査結果とそぐわないものがあるという批判を加えている[34]。結局、二人区創設に対する野党側の反対が強く、委員会において採決するまでに至らず、与党案と野党案はともに廃案になった。

第一〇三国会の会期末である一二月二〇日には、公職選挙法改正に関する衆議院調査特別委員会および衆議院本会議において、次期国会で定数是正の実現を期する旨の決議が全党一致で行われた。衆議院本会議の決議は、次のようになっている。(35)

議員定数の是正に関する決議

衆議院議員の現行選挙区別定数配分規定については、最高裁判所において違憲と判断され、その早急な是正が強く求められている。

本件は、民主政治の基本にかかる問題であり、立法府としてその責任の重大性を深く認識しているところである。

本院は、前国会以来、定数是正法案について精力的に審査を進めてきたが、諸般の事情により、いまだその議了を見るに至っていない。

本問題の重要性と緊急性にかんがみ、次期国会において速やかに選挙区別定数是正の実現に期するものとする。

右決議する。

④　定数是正の成立

一九八五年（昭和六〇年）一二月一四日に召集された第一〇四国会（通常国会）における施政方針演説のなかで、中曽根総理大臣は、「衆議院議員の定数是正は、議会制民主主義の根幹にかかわる問題であり、昨年の最高裁判決によって違憲とされた異例の状態を、一日も早く解消し国民の信託にこたえることは、立法府全体に課された責務であると考えております。（拍手）さきの国会における衆議院議長見解及び衆議院本会議の決議に基づき、今国会において定数是正が速やかに実現し、国会の責務を一日も早く果たすように強く期待するものであります。このため、政府も最大限の努力をしてまいります[36]」と述べて、最高裁違憲判決、衆議院議長見解および衆議院本会議決議に基づき定数是正を早急に実現すべきことを明らかにした。

野党各党党首による代表質問においては、最高裁違憲判決により定数是正を早急に実現すべきであるが、小選挙区制に道を開く二人区の新設に反対するという従来からの主張を繰り返したほか、新しい問題として、一月四日の伊勢神宮参拝後の新春記者会見のなかで、中曽根総理大臣が、「司法がオーバーランすることのないように」と発言し、定数是正問題に関連して、立法、行政、司法三権の関係の見直しの必要性を訴えるとともに、最高裁違憲判決に対する不満表明とも受け取れる発言をしたため論議を呼んだ司法のオーバーラン問題についても質疑がなされた。この点に関して、中曽根総理大臣は、「私は、戦後四十年の日本の議会政治や政治全般を常に点検し、反省していくことが、我々国会議員や政治家の責任であると考えております。したがいまして、立法、司法、行政の三権の調和がうまくいっているかどうか、機能しているかどうか、これらは、我々はある意味においては、立法府の構成員であり、私はまた行政機関の長でもございます。そういう意味におきまして、この三権の関係を、常にうまくいっているかどうか反省する責任の一端を持っております。そういう意味におきまして、一つの例といたしまして、例えば行政が独善に陥っていないかとか、あるいは司法がオーバーランをしていないかとか、そういうような例示として申し上げたのであります[37]」と答えて、最高裁判決を批判するものでないという釈明を行っている。

定数是正について、与野党の協議が進められ、総定数を一人増やし五一二人とし、最大較差を一対三以内に収める八増七減案を内容とする衆議院議長の調停案が、一九八六年五月八日に出された。議長調停に基づき作成された公職選挙法改正起草案は、五月一六日に開かれた衆議院公職選挙法改正に関する調査特別委員会において委員長より提案され、賛成多数で可決された。その際、理事会での合意に基づいて、「衆議院議員の選挙区別定数については、昭和六十年国勢調査の確定人口の公表を待って、速やかに抜本的改正を図るものとし、抜本的改正に際しては、例外二人区の解消並びに議員総定数及び選挙区画の見直しを行い、あわせて、過疎過密等地域の実情に配慮した定数の配分を期するものとする」という委員長見解が述べられた[38]。

衆議院本会議は五月二一日に開かれ、公職選挙法改正調査特別委員会委員長提出による「公職選挙法の一部を改正する法律案」の提案の趣旨および概要が委員長より説明された。委員長は、一九八五年国勢調査の速報値により、議員一人当たりの人口の較差が一対五・一二倍にまで開いていること、および、一九八五年七月の最高裁判決において、現行衆議院議員定数配分規定が違憲と判断され、「その速やかな是正は、国会に課せられた緊急かつ重要な課題となっている」ことを指摘してから、議長調停に基づいて委員長が是正案を作成した旨を明らかにしている[39]。

共産党から三人ないし五人の中選挙区制を維持し、最大較差を一対二以内に抑える三二増三二減案を内容とする修正案が提出された。まず、共産党の修正案が否決され、ついで、委員長提出案が可決された[40]。さらに、自由民主党、社会党、公明党、民主党および社民連の五党共同提案により、次のような附帯決議案を可決した[41]。

選挙権の平等の確保は議会制民主主義の基本であり、選挙区別議員定数の適正な配分については、憲法の精神に則り、常に配慮されなければならない。

今回の衆議院議員の定数是正は、違憲とされた現行規定を早急に改正するための暫定措置であり、昭和六十年国勢調査の確定人口の公表をまって、速やかにその抜本改正の検討を行うものとする。

抜本改正に際しては、二人区・六人区の解消並びに議員総定数及び選挙区画の見直しを行い、併せて、過疎・過密等地域の実情に配慮した定数の配分を期するものとする。

右決議する。

参議院に送付された公職選挙法改正案は、会期末の五月二二日に開かれた選挙制度に関する特別委員会において、賛成多数で可決され、同日、参議院本会議に緊急上程されて賛成多数で可決成立した。

政府は、五月二七日の閣議で衆議院議員定数の違憲状態の解消と円高対策を名目とした臨時国会を六月二日に召集することを決め、あわせて、「特に、違憲状態として、当面その早急な是正を要請されてきた公職選挙法の定数規定が、衆議院議長の調停と与野党の協力の下に改正されたことは、今後の抜本改正を目指すための一歩前進でもあり、憲政の健全な運営上、誠によろこばしい。しかしながら、今日、国政上とりわけ重要なことは、今回公職選挙法の改正が行われた以上、一刻も早く国民の審判を改めて求めることが要請されている」旨を盛り込んだ中曽根首相談話を決定し、これを発表した[42]。第一〇五回臨時国会の召集日である六月二日の臨時閣議で、内閣は衆議院の解散を決定し、七月六日に衆参同日選挙が行われることになった。また、「今回の解散は違憲的状態を解消するため改正された新たな公職選挙法の規定により、新たな衆院議員を選出することを目的とするものである。…政府としては直接国民の厳粛なる審判を仰いで、速やかに、国権の最高機関たる国会を構成する衆院の議員定数にかかわる違憲的状態を実体的に是正し、国政の諸課題に対応する態勢を整えることが緊要であると判断し、衆院解散を断行した[43]」とする政府声明を発表して、今回の解散権の行使が、衆議院議員の定数にかかわる違憲的状態の是正を目的とすることを明らかにしている[44]。

⑤　まとめ

以上のような衆議院議員定数是正の成立の経緯から見て、一九八三年の最高裁「違憲警告」判決および一九八五年の最高裁違憲判決が、法案の準備過程から国会への提出、国会での審議と成立に至るまで国会および内閣に対して大きな影響力を行使していることが理解できる。最高裁判決の影響は、合憲か違憲か、当該選挙の効力が無効となるかそれとも事情判決により無効とならないか、という判決の結論だけではなく、判決の理由づけのなかにおける憲法判断及び国会や内閣に対する意見の表明、さらには、補足意見での憲法判断や意見の表明にも見られる。

一九八三年の「違憲警告」判決についていえば、判決の結論は合憲であったが、判決の理由のなかで、最大較差一対三・九四の不均衡の程度が違憲状態に達していると判断したこと、および一九七五年の改正によって最大較差を一対二・九二に縮小したことによって投票価値の不平等状態が一応解消されたことから、最高裁が最大較差一対三を基準に違憲・合憲を判断していることが、自由民主党案の作成から法案の成立までの立法過程に影響を与えたのである。また、一九八三年の判決が、なお書のなかで、定数配分規定は「できるだけ速やかに改正されることが強く望まれる」と述べていることは、本判決を「違憲警告」判決として国会や内閣に理解させたのである。

一九八五年の違憲判決は、現に効力を有している議員定数配分規定を違憲と判断したため、国会および内閣に定数配分規定を改正することなしに新たな選挙を行うことができないという事実上の拘束を与えた。多数意見が事情判決によらず選挙を無効にする場合もありうることを明らかにし、さらに、寺田長官ら四名の裁判官の補足意見が、選挙を無効にする場合にその効果を一定期間経過後に発生させるという、いわゆる将来効判決(45)の手法を示したことは、国会および内閣に対していっそう強い影響力を与えたものといえる。

また、一九八四年の東京高裁違憲判決をめぐって、違憲とされた議員定数配分規定を改正しないで内閣が衆議院を解散できるか、という問題も国会で議論され、「内閣の解散権は法律的には制約されない」というのが、政府の答弁であった。しかし、その後実際には定数改正を行うことなしに解散はなされず、また、定数是正後の早い時期に解散の決定がなされ、その際の政府声明が明らかにしたように、「衆院の議員定数にかかわる違憲状態を実体的に是正する」ために解散が行われたのである。最高裁に明確に違憲と判断された定数配分規定に基づく総選挙の執行は憲法上許されないことになり、解散と総選挙は不可分一体であるから、最高裁違憲判決後の内閣の解散権は法的な制約を受けるものと解されるのである。(46) さらに、一九八六年の憲法実例は、最高裁判所で違憲と判断された衆議院議員定数配分表を含む選挙法は、その不平等を是正する法改正がないまま衆議院を解散し違憲の選挙法による総選挙を実施することは憲法上許されない、という憲法習律上の準則を確立させたということができる。(47)

5　森林法共有林分割制限規定違憲判決

前掲最高裁一九八七年（昭和六二年）四月二二日大法廷判決は、持分二分の一以下の森林共有者の共有物分割請求権を否定している森林法一八六条が憲法二九条の財産権の保障規定に違反すると判断した。違憲とされた森林法一八六条を削除する森林法の改正は、判決言渡しから約一ヶ月後の一九八七年五月二七日に国会で成立し、六月二日に森林法の一部を改正する法律が昭和六二年法律四八号として公布された。立法府が違憲判決に迅速に対応した例となっている。

6　郵便法免責規定違憲判決

前掲最高裁二〇〇二年（平成一四年）九月一一日大法廷判決は、郵便物に関する国の損害賠償責任を免除または制限している郵便法六八条および七三条の規定に関して、まず、書留郵便物について、郵便業務従事者の故意または重大な過失によって損害が生じた場合に免責している部分、ついで、特別送達郵便物について、さらに、郵便業務従事者の軽過失によって損害を生じた場合に免責している部分を、国家賠償請求権を保障した憲法一七条に違反して、一部無効とする判断を下した。本判決に対しても、国会は判決の内容に従う形で郵便法改正を行い、判決から三ヶ月以内の一二月四日に郵便法の一部を改正する法律が平成一四年法律一二一号として公布された。

四　おわりに

最高裁判所の違憲判決に対する立法府の対応について、法律の明文の規定を違憲と判断した六つの事例を検討してきた。立法府が迅速に対応したのが、薬事法違憲判決、森林法違憲判決および郵便法違憲判決の三つの例である。これに対して、尊属殺違憲判決については、刑法の表記を平易化することを主たる内容とする刑法改正のなかで、違憲判決後二二年経ってようやく立法府は、尊属殺人罪を規定した刑法二〇〇条を含む四つの尊属加重規定を廃止することによって対応した。違憲判決の内容が尊属殺人罪を廃止するのか、それとも尊属殺人罪の刑を軽くして残してもよいのか明確でなかったことや、法案の提出に向けて行政府が迅速に対応しようとしたのに対して、尊属加重規定が家族観をめぐるイデオロギーの対立に関わる問題であるため、与党の合意が得られなかったことが、立法府の対応が遅れた理由である。

衆議院議員定数不均衡違憲判決については、最初の違憲判決である一九七六年判決については、違憲判決の前年である一九七五年に最大較差が一対三以内にする定数是正が行われていたために、立法府は対応する必要がなかった。一九八五年の違憲判決は、違憲判決の効力に関して、事情判決を繰り返すのではなく、将来効判決の可能性も示唆したことにより、立法府に対して待ったなしの対応を迫るものであったため、一年以内に定数是正のための公職選挙法の改正がなされた。しかし、一九八三年の「違憲警告」判決からは、二年半が経過したのは、議員定数の是正は国会議員の利害に直接関わり、特に減員区の議員の強い反対にあったことによる。

戸松教授は、違憲判決に対する立法府の対応を検討した結論として、日本では、「一方で、最高裁判所は自己の憲法判断が最終的であることを過大に感じとりその判断を示すことにあまりに慎重となり、他方で、国会は、違憲判決の重さを重視しすぎて、きわめて迅速な応諾をするか、応諾しないで放置するかという極端な対応形態を生み出している」ことを指摘してから、アメリカとの比較で、「アメリカにおける憲法問題の解決が立法・司法の動的な相互作用を通じて達成される傾向に対して、わが国ではそれが静的ないし消極的な相互作用としてしか機能していないと描くのが適当であろう」と述べている。(48) しかし、尊属殺違憲判決の場合を除くと、立法府は最高裁判所の違憲判決に対して適切ないし真摯な対応を行ったと評価できる。問題は、日本国憲法施行から五六年を経過して、法令違憲の最高裁判決が六件しかないという数字が端的に示すように、司法府が憲法判断、特に違憲判断に消極的な態度をとっていることである。違憲立法審査権は、司法部の憲法判断と立法府の適切な対応で完結することを考えると、司法部は立法府の対応を予測することが必要であるが、日本の最高裁判所は立法府の対応を配慮し過ぎて、憲法判断に慎重になっていると考える。

(1)「法律案の提出は法律を制定する作用に属する」と解して、憲法四一条を根拠に内閣の法律案の提出権を否定して、内閣法五条を違憲とする見解（佐々木惣一『改訂日本国憲法』（有斐閣、一九五二年）二七〇頁も少数説として存在する。しかし、大多数の学説は、内閣の法律案提出権を認めているが、認める根拠については、大きく二つの見解に分かれている。一つは、憲法七二条の「議案」に法律案が含まれると解し、議院内閣制の下で国会と内閣の協働が要請されていること、国会は内閣の提出する法律案に対しても完全な自主性をもって修正や否決する権能を持っていることなどをその理由としてあげている（佐藤功『憲法㊦』（有斐閣、一九八三年）八七〇～八七一頁、芦部信喜（高橋和之補訂）『憲法』（第三版）（岩波書店、二〇〇二年）二七一頁）。もう一つは、憲法七二条にいう「議案」に法律案は直接含まれないが、内閣法五条の規定、国会の論議、国会で審議される法律案の大部分が内閣提出であることから、先例が十分確立しているとして、内閣の法律案提出権の根拠を先例や慣習法に求める見解である（宮沢俊義（芦部信喜補訂）『全訂日本国憲法』（日本評論社、一九七八年）五五三頁、清宮四郎『憲法Ⅰ』（第三版）（有斐閣、一九七九年）四一七頁）。

(2) 浅野一郎編『ガイドブック国会』（ぎょうせい、一九九〇年）一七二頁以下［長野秀幸］。なお、小島和夫『法律ができるまで』（ぎょうせい、一九七九年）二二頁以下は、①政府・与党の政策決定に基づくもの、②国政の執行上の必要に基づくもの、③法律の解釈を明確にするためのもの、④裁判所の判断が国会や政府と違ったことによるもの、⑤審議会等の答申に基づくものに分類している。

(3) 浅野編・前掲書一八一頁以下［長野］。なお、小島・前傾書一四九頁以下は、議員立法の作成の動機について、①国民的基盤で制定されたもの、②議員の個人的な考え方に基づくもの、③業界や団体のためのもの、④地元の地域団体等のためのもの、⑤教育振興のためのもの、⑥議員が所属する政党の政策を表明または実現するためのもの、⑦国会関係の法律の制定改廃のためのもの、⑧政府から依頼されて、⑨内閣各省庁の所管争い調整のためのものをあげている。

(4) 学説の詳細は、種谷春洋「違憲判決の効力」ジュリスト六三八号（一九七七年）一七八頁以下、野中俊彦「判決の効力」芦部信喜編『講座憲法訴訟③』（有斐閣、一九八七年）一一六頁以下参照。

(5) 芦部・前掲書三五九～三六〇頁、佐藤幸治『憲法』（第三版）（青林書院、一九九五年）三七五頁、野中俊彦＝中村睦男＝高橋和之＝高見勝利『憲法Ⅱ』（第三版）（有斐閣、二〇〇一年）三〇一頁［野中］、長谷部恭男『憲法』（第二版）（新世社、二〇〇一年）四二三頁、松井茂記『日本国憲法』（第二版）（有斐閣、二〇〇二年）一一三頁など。

(6) 松井・前掲書一一三頁。

(7) 野中＝中村＝高橋＝高見・前掲書三〇一頁［野中執筆］。樋口陽一＝栗城壽夫『憲法と裁判』（法律文化社、一九

八八年）三四八頁［栗城］は、違憲判決に対応する立法府と行政府の義務の根拠を、「憲法のよりよい現実化のために寄与すべしという憲法に内在する原理、および、それの明文的表現としての憲法九九条」に求め、その義務は、「単なる政治的・道徳的なものあるいは礼譲とみるのも妥当ではなく、その履行を強制する法的手段はないにしても憲法現実化過程を支える重要な要素として広い意味における法的な義務と考えるのが妥当と思われる」としている。なお、松井・前掲書一二二頁は、「立法府が違憲とされた法律を廃止・修正する義務を負うといっても、それを憲法上の義務とまでいえるかは疑問であり、また最高裁判所の判決に不服な場合、あるいは最高裁判所の判決が覆されるべき理由がある場合など、最高裁判所にもう一度判断をし直してもらうために、新たな同種の法律を制定するなどの行為をとることが正当化される場合もありうるであろう」としている。

（8）　山内一夫＝浅野一郎編『国会の憲法論議Ⅱ』（ぎょうせい、一九八四年）三八四八〜三八四九頁。

（9）　同右書三八四四〜三八四六頁。

（10）　同右書三八四八頁。

（11）　鳴谷潤「尊属殺違憲判決その後――国会の対応を中心に――」立法と調査一〇一号（一九八〇年）三頁。

（12）　一九七三年五月二六日付け日本経済新聞。

（13）　鳴谷・前掲論文四頁。

（14）　麻生光洋ほか「刑法の一部を改正する法律について」ジュリスト一〇六七号（一九九五年）二二頁。

（15）　大林文敏「憲法判断のインパクト論」芦部編・前掲『講座憲法訴訟⑶』二七四頁は、「立法部の懈怠の背景には、一つには判決の内容が一義的ではないこと、もう一つには政党間の意見の一致がないこと、しかしながら本音のところは後述する行政部の早急な対応措置により実務上の不都合が生ぜず、かつ国会の放置状態が国政上直ちに重大・緊急な事態を招くことがないからであると推測される」ことを指摘している。

（16）　岩井泰信『立法過程』（東京大学出版会、一九八八年）一六七頁。

（17）　戸松秀典『立法裁量論』（有斐閣、一九九三年）三二四頁。

（18）　同右書三二五頁。

(19) 一九八六年公職選挙法改正と最高裁判決との関係について、詳しくは、中村睦男「衆議院定数是正の成立と最高裁判決――一九八六年公職選挙法改正をめぐって――」同編『議員立法の研究』(信山社、一九九三年)二二一頁以下参照。
(20) 第一〇一国会衆議院会議録三号(昭和五九年二月六日)三二頁。
(21) 同右会議録四号(昭和五九年二月八日)五二頁。
(22) 森清『衆議院定数問題論集』(菜根出版、一九八六年)一頁。
(23) 一九八四年七月三一日付け朝日新聞。
(24) 深瀬忠一「解散権問題と定数違憲判決」ジュリスト八三〇号(一九八五年)五五頁以下。
(25) 一九八四年一一月二日付け朝日新聞。
(26) 第一〇二国会衆議院会議録六号(二)(昭和六〇年一月二五日)二四七頁。
(27) 同右会議録七号(昭和六〇年一月二八日)二六〇頁。
(28) 同右会議録八号二九三頁。
(29) 一九八五年四月二三日付け朝日新聞。
(30) 第一〇二国会衆議院会議録三八号(一)(昭和六〇年六月二四日)一頁。
(31) 上妻博明「公職選挙法の一部を改正する法律」法令解説資料総攬五五号(一九八六年)八頁。
(32) NHK国会討論会の記録は、森・前掲書二三六～二六一頁に収録されている。後藤田正晴『内閣官房長官』(講談社、一九八九年)一七三頁は、昭和六〇年判決が、「多数意見を構成した裁判官のうち寺田治郎裁判長ら四裁判官が補足意見として『是正しないまま次の総選挙が行われた場合、選挙無効とすることもありうる』と述べるなど、立法府に対して厳しい内容の判決であった」とし、第一〇三臨時国会については、「定数是正は何としてでも達成しなければならない国会だという意識が強かった」としている。
(33) 第一〇三回国会衆議院会議録第一号(一)(昭和六〇年一〇月一四日)二頁。
(34) 同右会議録二号(昭和六〇年一〇月一六日)六頁以下、三号(昭和六〇年一〇月一七日)一頁以下。

(35)　同右会議録一四号（昭和六〇年一二月二〇日）二頁、九五頁。
(36)　第一〇四回国会衆議院会議録二号㈠（昭和六一年一月二七日）二頁。
(37)　同右会議録三号（昭和六一年一月二九日）九頁。
(38)　第一〇四回国会衆議院公職選挙法改正に関する調査特別委員会議録四号（昭和六一年五月一六日）一六頁。
(39)　第一〇四回国会衆議院会議録三〇号（昭和六一年五月二一日）三頁。
(40)　なお、採決の際、減員区の自由民主党議員数人が本会議場から退席し、棄権した（一九八六年五月二二日付け朝日新聞）。
(41)　第一〇四回国会衆議院会議録三〇号（昭和六一年五月二一日）五頁。
(42)　一九八六年五月二七日付け朝日新聞。
(43)　一九八六年六月三日付け朝日新聞。
(44)　一九八六年の衆議院解散および衆参同日選挙をめぐる憲法問題については、長谷部恭男「内閣の解散権の問題点」ジュリスト八六八号（一九八六年）一〇頁以下、大石眞「同日選挙の実施に伴う諸問題」同上誌一六頁以下、辻村みよ子「参議院の『独自性』と『特殊性』」同上誌二二頁以下、越路正巳「定数是正と解散権論議」法学教室七一号（一九八六年）六頁以下参照。
(45)　野中・前掲論文一三六頁は、「このような将来効判決の手法を議員定数訴訟に導入することに関しては、学説は概して肯定的であるようにみえ、筆者もおおむね賛成であるが、将来の時期をどの辺に設けるか、『事情判決』を一度通過する必要があるかなど、さらにつめなければならない論点もある」ことを指摘している。なお、戸松秀典『憲法訴訟』（有斐閣、二〇〇〇年）三四七頁は、このような内容の判決を「将来無効判決」と呼び、解明すべき理論上の問題点と実際上の問題点として、第一に、理論上の根拠について、「事情判決の場合と同じく、法律上の根拠というよりは、議員定数不均衡訴訟という訴訟の特殊性と国法秩序の維持を担う司法権の役割とを基盤として、司法部門、とりわけ最高裁判所が法創造機能を発揮して行うことだとするのが適当である」とし、第二に、最高裁判所が実際に将来無効の裁判を行うときに、一定期間の具体的設定には政策的配慮が伴い、また、国会が一定期間後に是正しなかったときは、最高裁判所が定数配分表を提示する方法をとるべきか、という問題があり、第三に、最高裁の従来の裁判姿勢に照らすと、この裁判方法を採用することがあるのか、立法的解決の方が実現の可能性が大きいのではないか、という問題があることを指摘している。

(46) 野中俊彦『憲法訴訟の原理と技術』(有斐閣、一九九五年)三八二頁。
(47) 深瀬・前掲論文六三頁参照。
(48) 戸松秀典『立法裁量論』(有斐閣、一九九三年)三四二~三四三頁。

混合協定に関する若干の考察(1)

荒木教夫

一　はじめに
二　混合協定の類型
三　混合協定の締結
四　結　語

一　はじめに

1　混合協定とは何か

混合協定（mixed agreements）とは、欧州共同体（以下、単に共同体とし、断りのない限りthe European Communityを代表させる）が第三国（国際組織を含む）と国際協定を締結するときに、共同体のみでなく、一またはそれ以上の共同体構成国も同時に当事者となる協定をいう。(2) こうした形式の協定の存在自体は古くから認められ、(3) 様々な状況で使用されてきた。最近では、共同体の締結する環境条約、商品協定、連合協定等のほとんどは混合協定の形式で締結されている。(4) 混合協定は、国家とも国際組織とも異なる国際的アクターとしての共同体が、対外関係を展開するにあたって生成発展させてきた技術のひとつであり、(5) 従来の国際法が経験してこなかった問題を提起している。

このような形式の協定締結について、欧州原子力共同体（European Atomic Energy Community）は明文の規定を有している（一〇二条）ものの、欧州共同体（European Community）およびヨーロッパ石炭鉄鋼共同体（European Coal and Steel Community）の設立条約には規定が存在しない。(6) また、「混合協定」という用語を最初に使用したのは欧州裁判所（European Court of Justice）であるが、(7) 同裁判所が混合協定の明確な法的意味を明らかにする機会は少なかった。

混合協定をめぐる議論は、これまで理論的なものにとどまるものが多かった。(8) しかし、最近では混合協定が量的に増大していることから、具体的な解決も迫られている。(9)

2　混合協定が必要とされる理由

このような形式の協定が必要とされる第一の理由は、欧州共同体設立条約（以下、設立条約とする）および欧州連合設立（マーストリヒト）条約が創設した政体の性質に由来する。[10] すなわち、共同体と構成国との権限の配分問題が関係している。構成国は主権を制限されたものの、あらゆる事項について共同体に権限を委ねたわけではない。確かに欧州裁判所は、共同体を、憲法的性質を持った政体とまで記述したが、[11] それでも構成国は自国民との関係、および対外関係について国家としての性格を維持している。すなわち、共同体の権限は限定的たらざるを得ない。例えば、国際協定の中には、一部が共同体の権限事項で、一部が共同体の権限外事項というものが存在する。こうした協定について共同体の行動を可能とするのは混合協定という形式しかない。[12] 協定実施のための予算を構成国が分担するとされる場合も同様に混合協定が必要とされる。[13] 共同体は、設立条約三〇八条を根拠にして、設立条約に明示されていない事項について一方的かつ排他的に第三者と協定を締結するべきではないし、事実、欧州裁判所は安易に三〇八条に依拠してこなかった。たとえ構成国が共同体に可能な限りの権限を行使させたかったとしても、任意の事項について既に一定の権限のみが明示的に共同体に付与されているときは、それを無視して設立条約の課す制限を回避するために三〇八条が利用されるべきではないからである。[14]

第二に、共同体に権限が存在しても、それらの権限は必ずしも排他的なものとはいえない。[15] 共同体の「排他的」権限という観念は欧州裁判所が創造したものである。[16] 共同体が優先的排他性（pre-emptive exclusivity）[17] を享有する分野は少ない。欧州裁判所が認めたのは共通通商政策、[18] 漁業資源の保存等[19] に限定される。その共通通商政策にしても、排他性を論理的に導くことはできるが明文で規定されているわけではない[20]。共通通商政策とは何かについて論争すらある[21]。構成国はといえば、共同体の諸機関を通じてではなく、自身の権限に基づいて国際協定を締結したいと考えている[22]。国際的アクターとしての自己の地位を主張して[23]、主権国家としての構成国が、国益確保、威厳の維持のために、可能な限り共同体の関与を免れようとするのは当然である。そこで、共同体が排他的な権限を持ち得ない事項を対象とする国際協定を締結する際に、混合協定が不可欠な方式として採用されることになる。

第三に、混合協定は、共同体の権限の正確な範囲を曖昧にすることができる[24]。そもそも共同体と構成国間の権限の配分は必ずしも明確ではなく、両者の関係は、常に「進化」しているとまでいわれる[25]。前述したように、一一三条で共同体の排他的管轄事項であるとされる共通通商政策でさえ、その内容は一義的に画定できていない。協定締結権限について共同体と共同体の権限拡大に異議を唱える構成国とで争いが生じる場合、混合協定を利用してあえて不明瞭にすれば域内での争いを回避できる[26]。設立条約三〇〇条はこのような場合に欧州裁判所の意見を求めることを想定しているが、そうせずに、あえて混合協定に依拠して処理しようとする[27]。実は第三国との関係で混合協定がもたらす最も大きな問題の一つがここにある。曖昧さによって第三国に不測の事態をもたらしかねないからである。

第四に、設立条約自体が構成国の参加を認めているためである[28]。三〇七条（既存条約の承認）二項等がこれにあたる。ウィーン条約法条約三〇条二項も設立条約三〇七条のような場合について言及し、以前の条約が優先することを認めている。

第五に、共同体を承認したくない第三国からの要請から、混合協定とする場合がある。混合協定は国際組織を設立する場合に締結されることが多い。このような場合に、共同体の加入について、かつて旧東欧諸国から強い抵抗を受けていたことがある。混合協定を採用することで、国家のみの参加を要求する国際組織または多数国間条約について、共同体に対する抵抗を緩和させることができる[29]。

第六に、国際組織における投票の問題から混合協定を望む傾向がみられる[30]。共同体に加えて構成国も投票権を維持できれば、一票ではなく複数の投票権を得られるので、共同体の立場を強化できるわけである。もっとも、国連海洋法条約のように、投票数の上限を構成国たる締約国数の総数に限定するのが普通である。

3　第三国との関係——問題の提起

混合協定に関連して、これまで多くの文献は、共同体と構成国との権限関係に注意を向けてきた[31]。第三国との関係について検討した文献は相対的に少ないのであるが、欧州裁判所は、Ruling 1/78（para.9）において、混合協定と第三国との関係について以下のように指摘している。

「混合協定の他の当事者に関していえば、共同体と構成国間…の権限配分について、説明したり決定する必要はない。とりわけ、両者間の権限配分は時間の経過と共に変化するかもしれないからである。他の当事者に対しては、以下のように述べれば十分である。すなわち、裁判所に提起された事項は、共同体内における権限配分を生じさせるにすぎないと。というのは、まさに権限配分のあり方は域内問題であり、第三者が介入する必要のない問題と理解されるからである。本件で重要なことは、混合協定の履行が不完全であってはならないということである。」

欧州裁判所のこの判断をワイラーは高く評価する。「さもないと、対外的な混合協定の締結が、共同体の権限の進化を域内的に凍結する効果をもたらしかねないからである。欧州裁判所のこうした理由づけからすれば、域内で権限の変更があっても、対外的には何等変化がないということになる。協定の履行が完全である限り、誰が域内で履行するのかは問題ではない(32)」。しかし、凍結の効果は、第三者にとって無関係である。また、履行が不完全であるとき、第三者としてはどのように履行を迫ればよいのか。連邦国家として扱うことができるのか。そのための手続は整備されているのか。欧州裁判所は、権限関係を決定する権限を有しているのか。構成国はその判断に拘束されるのか。第三者が構成国自体を相手に交渉することは、構成国の設立条約違反となるのかといった問題が想起される。

こうした疑問を予期して、ワイラーは、「混合協定が履行されている限り、権限配分は第三者と無関係という指摘は正しいが、協定上の義務の不履行による侵害の結末を予期した場合、第三者が介入したくなるのは当然であるという批判がもたらされるであろう」と指摘する。連邦国家の場合と異なり、第三者は内部の権力配分に無関心ではいられない。というのは、連邦国家の場合であれば、違反があった場合に、連邦国家自体に責任を追求することができるが、共同体の場合は、この点についてそれほど明確ではないからである。

欧州裁判所は、この点について本格的に取り組んではいない(33)。ワイラーは、上述の傍論から以下のように推論する。少なくとも第三者に対する全般的な国際責任は、共同体自体にあるとしている「ように思われる(34)」、と。また、共同体の決定過程は、構成国が中心的地位を占めており、構成国が事実上同意している協定について、構成国は責任の履行を妨害しないよう確保するであろうともいう(35)。しかし、このワイラーの認識は、説得力に欠ける。問題は共同体と構成国間における権限配分が不明確であること、そのため、不履行等の問題が生じた場合に、第三国たる混合協定当事国が、誰を相手に交渉すべきか不明ということになり、また、かりに権限の所在について構成国が欧州裁判所の判断をあおぐとしても、決定に至るまでに相当の時間がかかるということにある。そもそも第三者たる混合協定締結国が問題解決のために欧州裁判所に提訴する義務もないのである。ワイラーの記述にある「ように思われる」という認識自体が域外諸国にとって問題なのである。実際に、外交交渉の現場では、交渉相手が不明確でたらいまわしにされているケースも存在する。ある共同体構成国に赴任していたことのある大使によれば、接受国当局と交渉しようとしたところ、それは共同体の担当する事項だと指摘され、ブリュッセル経由で処理してもらおうとしたところ、ブリュッセルでは構成国で扱うべき事項だとされたという。共同体と構成国間の管轄権の配分は流動的で、時とともに変化していることと併せて考えれば[36]、域外諸国にとって誰とどのような事項について交渉し何を約束すべきかについて、常に不安な状態におかれる。常に国益の増大を前提にして行動する国家の性質を考えれば、共同体のみならず、構成国自身が域外諸国の犠牲の上で不明瞭性を利用して、責任を回避する行動に出るか、不明瞭なままにしておく可能性がある[37]。構成国にとって共同体との権限関係は自らの主権の委譲にかかわる問題であることから、切実な問題であることは確かである[38]。しかし、混合協定が、共同体と構成国の間で、関係事項に関する権限の明確な配分を必ずしも示さず、また、協定の履行はどのように確保されるのか、その制度はどのようになっているのかを示さない限り、第三国の不安は解消しない。共同体の内部関係がどのようなものであれ、国際法の根拠なしに、混合協定の締結によって第三国が不当な負担を負うべきではない。共同体は如何なる配慮を制度的に施しているのであろうか。

二　混合協定の類型

混合協定は類型化が可能である。ここでは、共同体の内部で行使される権限の性質に応じて、混合協定を分類しておきたい。[39] ロサスの分類によれば、共同体と構成国の権限関係は、まず並行権限（parallel competences）と共有権限（shared competences）に分類される。

1　並行権限

並行権限は、共同体と他の締約国たる構成国が同様に有する権限のことであり、共同体も構成国たる締約国と同様、完全な権利義務を有しつつ協定の当事者となり得る権限をいう。共同体が排他的権限を有する事項と構成国がそれを有する事項以外に、帰属が明確とされていない事項が相当存在することからこのような現象が見られることになる。[40] 共同体が同一の権利義務を有するからといって、同じ協定の当事者である構成国の権利義務に直接影響することはない。[41]

トムシャットによれば、混合協定において並行権限を行使する方法は二種類ある。第一に、共同体および構成国が混合協定を締結するために共同して行為する方法である。この場合、非構成国たる協定当事者は安心して共同体または構成国を信頼できるパートナーとすることができる。両者が当事者であるので、共同体の管轄権と構成国の管轄権の境界をめぐる内部紛争が生じても、国際法の下で確立した関係には影響しない。もう一つは、共同体と構成国がそれぞれ別個に協定を締結する場合であり、この場合には調整の必要性が生ずる。

後者の場合、①構成国は既存の設立条約と矛盾する行為を行うことはできない。さもないと、設立条約一〇条、および共同体法の国内法に対する優越という一般原則に反することになる。言うまでもなく、こうした法的問題は、第三者の地位には影響しない。トラブルを回避するためにも、第三者が共同体と構成国の権限関係を了知しているなどと考えてはならない。共通通商政策を除いて（あるいは共通通商政策でさえ！）、権限の境界線を外部の諸国が正確に認識するのは容易ではないし、構成国が権限を持つかのように振舞えば、第三者は当該構成国のみに権限があると考えるかもしれないからである。

②個々の構成国が先に行為して、それから共同体が同一事項を対象として別の協定を締結する場合、事態は複雑となる。先の協定と後の協定に矛盾が生ずる可能性があるからである。共同体は、構成国が個々の責任で締結した協定を終了させることができない。欧州経済共同体が一九五八年に創設される以前に締結された協定についての規定である設立条約三〇七条の前提と同じである。このような場合、構成国は設立条約三〇七条二項を類推して矛盾を解消する義務を負う。第三者が必要な修正に同意しないときは、廃棄することも含めて検討する必要がある。要約すると、並行権限の主たる問題は調整の問題となる。たとえ法的に矛盾がない場合でも、構成国が共通利益に頓着しないことで、共同体の政策に悪影響を及ぼすことがあるからである。したがって、構成国が自身の協定締結権を有する場合であっても調整手続が不可欠となる(42)。

並行権限を含む混合協定には欧州復興開発銀行設立条約がある。同条約は、構成国と共同体に開放されており、それぞれが第三国または国際基金に対して借款または補助金を提供するよう義務づけている。共同体の義務は共同体予算でまかなわれるということが、平行権限であるといえるための前提となる。また、共同体の商標保護のために促進された国際商標登録のためのマドリッド協定に関する一九八九年議定書、構成国が既に当事国である国際人権関係の協定に欧州共同体が加入する場合も並行権限の事例に該当するであろう。

2 共有権限

共有権限は、協定中の権限が、共同体と構成国の間で分有されている権限をいう。欧州裁判所は shared power という表現を Opinion 2/91, Opinion 1/94 等で使用してきたが、詳細に説明してはいない。共有権限の主要な帰結は、構成国が、依然として協定締結権を持ち、協定上の義務に従いつつ協定対象事項に関して行動できるということである。[43] 共同体法および共同体の実行では、共有された対外権限（shared external competence）という考え方は確立しているが、共同体と構成国の法的権限と利益が共存することを第三国に承認させるのは必ずしも容易ではない。[44] 第三国は共同体と構成国のいずれかが所与の事項について法的責任を負うべきだと主張する傾向にある。かくして、国際法が共有権限概念をどの程度承認するかは論争の対象となっている。[45]

共有権限は、共存権限（coexistent competence）と、競合権限（concurrent competence）に分類できる。

(1) 共存権限を伴う協定は、共同体の排他的権限事項と構成国の排他的権限事項に関する規定がそれぞれ並存する。したがって、原則として各々が責任をもつ二部に分割することが可能である。共存権限は、さらに水平的（horizontally）共存権限と垂直的（vertically）共存権限とに分類できる。

① 水平的共存権限は、一つの条約中に、商品貿易に関する一章と軍事防衛に関する一章が存在するような場合であり、[46] 分野別に権限が分配される協定である。実際上は同一の文書に二つの異なる条約が存在すると考えることも可能である。構成国の権限が認められている事項について、共同体の手続に従うよう構成国が要求されることはない。[47] アロットは、このような協定を、「弱い意味の」混合協定という。[48] この協定は共同体の管轄事項と構成国の

管轄事項に「完全に分離する」ことが可能である。

② 垂直的共存権限は、共同体が混合協定の主要な実体部分を締結する能力を持ち、構成国の参加は当該実体部分の履行および執行に関連する義務を履行するために必要とされる場合をいう。Opinion 1/78（Natural Rubber case）において、欧州裁判所は、天然ゴム貿易を規制する緩衝在庫設定協定が共同体の共通通商政策の対象であるから、設立条約一一三条に基づいて、共同体の排他的権限事項であると指摘する一方で、緩衝在庫維持のための資金は構成国が国家予算を通じて支出するものとした。したがって、財政事項は依然として構成国の排他的権限事項であるとし、構成国が協定に参加し続けることが必要とされたため、権限が共有（share）されていると判示した[49]。なお、欧州裁判所のこの判断については多くの批判がある。例えばクレモナは、緩衝在庫の設定が共同体の排他的権限事項であるというのであれば、財政負担も共同体とすべきであった、つまり、重要なのは、構成国が資金を提供するという事実ではなく、協定の性質だったと指摘している[50]。誰が財政負担をするかという問いに対する解答は誰が協定当事者となるかに依存するのであり、その逆ではないというわけである[51]。

Ruling 1/78（Euratom case）で検討されたＬＡＥＡ核物質保護協定もこの例である（para.78）。これらの協定では、少なくとも刑罰および引渡に関する規定の実施について構成国の参加を必要とする[52]。また、ストラドリング魚種及び回遊性魚種の保存及び管理に関する国連海洋法条約の規定の解釈のための協定（一九九五）について、理事会は、主としてⅣ部の遵守および執行規定の存在が構成国の参加を必要とするが故に、これを混合協定と定義した[53]。共同体は、同協定四七条に従って、署名に際して提示した宣言において次のように述べた。「共同体は海洋生物資源の保存および管理について排他的権限を有する。それには国際法で旗国に認められた通常の規制権限も含まれる。しかし、漁船に乗り込む士官として行動することの許可の拒否、撤回、停止といった措置、および公海上の船舶に対する旗国の管轄権行使に関する一定の執行措置は構成国の権限であり、これには旗国が自国船舶に対して公海上で行使する管轄権に関する一定の執行措置も含まれる」[54]。

(2) 競合権限は、共存権限の場合と異なり、協定中の権限が、共同体と構成国のそれに明確に分離できない権限をいう[55]。アロットのいう「強い意味での」混合協定のことで、共同体と構成国の関与が「ほどけないほどに」絡み合っていることを意味する[56]。マーストリヒト条約締結以降にあっても、競合権限事項は非常に広範囲にわたっており[57]、一一一条五項（経済通貨政策）、一二五条（雇用政策）、一七四条四項（環境協定）、一八一条二項（開発協力に関する協定）等については、共同体のみならず、構成国もその権限事項について国際会議で交渉し協定を締結できると明示的に規定している。ただし、マーストリヒト条約締結時の宣言（ＴＥＵ最終議定書）によれば、非排他的権限はＥＲＴＡ原則に服する。つまり、共同体が域内共通ルールを採択すると、上記の規定が対象とした非排他的な共同体の権限事項についても共同体の排他的権限が創出される[58]。すなわち、共同体がその権限事項について域内ルールを作成する権限を行使したならば、当該部分について、共同体の権限は排他的となる[59]。ただし、この域内ルール制定権限が行使されたとしても、①域内共通ルールが最低ルールと考えられる場合[60]、または②域内共通ルールが国際協定で規制される全分野を対象としていない場合[61]には、少なくとも部分的には共同体の対外権限は排他的とならない。すなわち、構成国も協定締結から排除されず、構成国の権限が認められる事項となるので、場合によっては構成国の参加が必要となる[62]。

三　混合協定の締結[63]

1　密接協力義務

共同体の諸機関と構成国は、混合協定の交渉・締結・履行について協力する法的義務を負う[64]。共同体はすべての約束について排他的権限を持つものではなく、むしろ多くの場合、権限は構成国と共有されるが、そのときでも共同体が対外的な代表として構成国に代わって行動する必要性があるため、共同体の国際的代表の統一性を確保することが要請されるからである[65]。共同体が協定の当事者となれない場合はなおのこと構成国の協力が必要となる。また、WTOのDSUが作成した相互制裁措置を共同体が実施するためには、共同体と構成国の協力が不可欠である[66]。

それだけではない。例えば、構成国の国内立法機関が混合協定の締結承認を拒否した場合、どのように処理されるのか。共同体は密接協力義務の名の下に該構成国に協定の批准を要求できるのか。共同体の権限が及ばない事項について、混合協定を批准しない構成国と第三国との間には如何なる関係が生じるのか。これらの問題の解決は、締結される混合協定が対象とする事項に関する共同体と構成国間の権限の配分次第ということになる。一般的には、実質的に二国間的な性質の混合協定（連合協定、開発協力協定等）の方が、多国間的協定（国連の枠組で締結される協定等）よりも対外的代表の統一性の要請が高い。また、二国間的協定が対象とする事項は、大体において共同体に委ねられた事項に関するものが多い。いずれにせよ、第三国にとって重要なのは、内部の協力義務が協定の具体的な実施に如何なる影響を及ぼし得るかという点につきる。

2 交渉

共同体が第三国と協定を締結するにあたり、交渉するのは欧州委員会である（三〇〇条）。通常は、交渉に際して理事会の正式の指示（mandate）が存在し、構成国代表の諮問委員会と協力して行われる。指示には、共同体が協定に参加する必要性、交渉代表団の構成、国際組織への加盟の場合には、該組織内での投票制度のあり方、分担金等が指示される。協定は、通常は理事会が締結するが、欧州委員会もまた（共同体のために）国際協定締結のための一定の権限を持ち（三〇〇条二項）、対外関係において共同体を代表する一般的権利を持つ[67]。全ての協定についてではないが、欧州議会の承認を必要とする場合もある。構成国、閣僚理事会、欧州委員会、欧州議会は、当該協定と設立条約の両立性について欧州裁判所に意見を求めることができる。意見は拘束力を有する。設立条約と両立しないと認定された協定は、共同体によって締結されない。三〇〇条のルールの厳格な遵守が不可欠とされる。

混合協定の交渉を誰が行うのかについて確立した国際法はない[68]。共同体および構成国が、考慮されている協定の内容に応じて、設立条約三〇〇条および構成国国内法で規律する。たいていは単独の代表が共同体と構成国のために交渉を行ってきたが、ほとんどの場合、共通代表は欧州委員会が理事会の許可（三〇〇条一項）および構成国政府の指示に基づいて担当している。交渉にあたっては、共同体を国際的に代表するにあたり統一性が必要なので、構成国と共同体機関との間で前述の密接協力義務が必要となる。欧州委員会が単独代表として交渉するにあたって、構成国はこのことが共同体内部の権限配分問題に如何なる影響も与えないことを条件として認めるのが普通である[69]。委員会が単独で交渉するのか、構成国の代表も含めて混合的に交渉が行なわれるのか、非構成国たる第三国も無関心でいられるわけではないが、この点について直接影響を及ぼすことができるのは例外的である[70]。

3　批　准

混合協定の批准に関しては、時間の問題がつきまとう。連合協定等の二国間的性質の混合協定が発効するには、国内手続に基づいた全当事国の通告後という規定が挿入されている。また、共同体と構成国が同時寄託を行うよう理事会で決定する旨の規定が存在する場合もある。もっとも、実行上、確立したルールは確立していない。実際には、構成国の寄託に遅れが見られるのが普通である[71]。

権限が共有されている事項を対象とする混合協定の場合、共同体も構成国も、他方なしに当事者となることはあり得ない。当該協定上の義務を履行することもできない。したがって、実務上、共存権限で混合性が義務的な場合、競合権限の場合で理事会が協定全体を共同体の権限行使の対象とするのを妨げる場合、共同体の批准は関係構成国の後に行われざるを得ない。構成国の批准に遅れがあるときは、暫定協定を利用することもある。いずれにせよ、構成国は、特定の時期に一定の方法で批准または承認文書を寄託する法的義務を受諾することに躊躇することが多い[72]。

かくして署名された協定が発効するのに何年もかかり、共同体内部の諸機関、構成国のみならず、第三者にも懸念をもたらすことになる。第三国は、批准の遅延が技術的問題によるのではなく妨害のせいだと考える可能性もある。また、共同体の批准のみで発効するのを怖れる第三国は、従属条項の挿入を主張する[73]。従属条項は第三国の要求を反映するものであり、共同体と構成国との間の権限関係に影響を及ぼすものではない。たとえ特定の構成国が未批准であっても、共同体の批准によって共同体管轄事項について当該構成国を拘束することに変わりはない。ただし、従属条項の挿入によって、共同体の批准を遅らせる権限を構成国に付与することにはなる。

問題点を示すのに有用な事例は、サン・マリノとの関税同盟および協力協定である。一九九一年一一月、委員会は協定締結に関する理事会決定を提案し、協定は一二月に署名された。協定中の貿易関係規定は、純粋な共同体協定としての暫定協定によって一九九二年一一月に発効した。協定の主要部分は社会条項が存在したため混合協定とみなされた。そのため、発効には当時の十二構成国すべての批准を待つ必要があった。構成国が十五ヶ国に拡大した一九九五年一月一日時点でもフランスは未批准だった。したがって、共同体も締結できないでいた。この状況で、新規加盟国も共同体拡大に伴う議定書で批准を規定する必要性が生じた。そして、この議定書もまた、サン・マリノ、十五構成国、および共同体による批准が必要となった。共同体が拡大する過程の中で生じたことであるが、批准が遅れている構成国の存在により、共同体自身が批准できずにいるわけである。事態の打開のために、協定中の「国家に関する」部分は、新規に共同体に加盟した三ヶ国には直ちに効力を生ずるものではないとの提案が行われたが、閣僚理事会で拒否された。そこで若干の構成国は不可能だと主張したものの、批准待ちの議定書の暫定的適用（条約三〇〇条二項）を許容することが決定された(74)。

共有権限事項を含む協定の場合、適用範囲はそれぞれが権限を有する事項に限定される。したがって、協定批准に際して、どの部分について共同体が権限を持ち、どの部分の権限が構成国によって行使されるか確定される必要がある。ここで別の問題が生ずる。欧州裁判所および欧州委員会は、権限関係を曖昧にする傾向にあるということである。共同体にとっての混合協定の有用性とは何か。協定対象事項の権限関係を曖昧にすることで共同体の自律性が維持されるとの主張がある。つまり、権限関係を明確にすると、前述したように、共同体の権限が一定の時点で凍結してしまうから統合過程にとって好ましくないとされる。ＥＲＴＡ判決以降、ダイナミックな要素を取り入れて自律的に展開してきた共同体の権限拡大過程が制約を被るというわけである。[75] このような「曖昧化の戦略」は、構成国にとっても責任回避のために有用と考えられているかもしれない。

4　手続違反によって締結された協定の効力

共同体法に違反して締結された混合協定は、第三国に如何なる効果を及ぼすのか。共同体の域内レベルでの権限、および共同体の協定締結手続は共同体法が決定する事項であるが、共同体法の枠組で締結された混合協定の第三国に関する有効性と効果は、共同体法ではなく国際法の視点から考慮されねばならない。[76]

マクロードも指摘するように、設立条約の実体的・手続的ルールに違反して締結された協定が共同体法において占める地位は不明確である。それらの協定が三〇〇条七項の原則の下で共同体法の不可分の一部となるとは考えられない。同様に、共同体の権限外の協定、または共同体の基本原則に違反して締結された協定を、共同体の諸機関および構成国に対して共同体法として義務づけることも困難である。しかし、共同体の域内ルールに違反して締結された協定であっても、国際法上、有効であれば、そして第三国との関係で共同体を拘束するのであれば、共同体の諸機関と構成国は、協定の下での当該第三国または他の国際組織の権利が尊重されるように確保しなければならない。第三国は共同体の権限の範囲を知っていると考えることはできないからである。したがって、国際機構条約法条約四六条が妥当すると考えてよいであろう。このように考えることで国際関係における安定的な関係を維持でき、共同体に対する信頼感を確保できるであろう。共同体が協定を締結する時、外国は交渉相手が権限を有すると考える。権限を越えたとき、共同体または共同体の構成国が共同体の権限の欠如、および権限の明確な性質を証明できないのであれば該協定は共同体を拘束する。ただし、この証明は共同体法の複雑な性質の故に特に複雑とならざるを得ないであろう。[77]協定締結に際して、共同体機関の役割と権限はそれ程明確でないからである。したがって、協定締結の際の共同体法違反は第三者にとって必ずしも「明白」とはいえず、共同体が共同体の名において締結した協定は、国際法上ほとんどの場合で共同体を拘束するとされよう。[78]

したがって、共同体の諸機関および構成国は、以下のような措置をとることによって、問題となっている協定の域内効果と域外効果を調整しなければならないであろう。①可能であれば当該協定からの脱退、②協定を無効とする共同体の法または実行の欠陥の改正、③共同体とともに構成国を協定に参加させることなどである。[79]

5　条約の終了および運用停止

国際組織が締結した条約の終了および運用停止については、国際機構条約法条約五四―七二条が規定している。六〇条によれば、条約当事者に重大な違反があった場合、他の当事者は当該条約について運用を停止することが可能となる。共同体の場合はどうか。

混合協定のうち共同体のみに関係する規定の部分的運用停止の場合、設立条約三〇〇条二項によれば欧州委員会の提案に基づいて閣僚理事会が特定多数決で決定することができるとしているので、構成国による別個の決定は不要である。運用停止が混合協定全般に関係するとき、または構成国の権限に属する部分に関係するとき、構成国の関与が必要となる。[80]

運用停止は一九九〇年代初頭以来、共同体が単独でまたは構成国と共同して締結する二国間的協定において、いわゆる人権条項を挿入してから重要性を増大してきている。例えば、第四次ロメ協定三六六ａ条は、混合協定に関する明示的運用停止条項の事例であり、同条約五条に規定する本質的要素、すなわち、人権、民主主義的原則、法の支配の尊重に関する基本的義務に違反した場合、「当事者」である共同体および欧州連合構成国、またはＡＣＰ（アフリカ・カリブ・太平洋地域）諸国は、条約を部分的に、または全体として運用停止することができる旨規定している。なお、三六六ａ条の手続規定が不明確だったので、一九九六年二月、理事会決定のための枠組が提案され、一九九九年、欧州議会が同意を与えた後に（三一〇条協定は、三〇〇条三項に基づいて事前同意が必要）、理事会が枠組決定を採択した。同決定は手続を単純化して、一部停止は特定多数決、全体的停止は全会一致で行えることとなった。(81)

6　混合協定不履行の場合の責任追及

共同体を拘束する協定を欧州委員会が履行しない場合、共同体は、当然国際法レベルで責任を負うことになる。(82)欧州裁判所の判例および共同体の主要法令が示すところによれば、構成国は共同体が締結した協定の当事者であろうとなかろうと、共同体の負った国際義務履行について共同体と協力して履行する義務がある。混合協定の場合はどうか。共同体と構成国の権利義務の区別がされない混合協定についてはすべての条項について共同体と構成国の双方に履行義務を課しているといえるのか。(83)共同体が混合協定上の義務を履行しない（できない）場合に、非構成国たる他の締約国に対する責任は如何に果たされるのか。

並行権限の場合、個々の当事者が協定全体の履行について責任を負う。したがって問題は単純である。問題が複雑となるのは共有権限の場合である。

共有権限のうち、共存権限の場合、共同体または構成国は、自己の権限外に関する規定の侵害について責任を免れる。すなわち、共同体権限事項に関する履行責任は共同体にあり、構成国権限事項は構成国の責任となる。[84] 例えば、垂直的共存権限型混合協定の場合の例で、構成国たる協定締約国が財政上の義務を履行できないときは、当該構成国が第三国に対して責任を負う。[85] ただし、第三国との間で相互に ultra vires な行為がないこと、第三国が共同体または構成国の権限の欠如に気がついているか、気がつくべきであることが条件である。権限の所在が不明確なときは第三国に不利となるような要求はできないであろう。

国連海洋法条約附属書Ⅸ、四条および六条は、国際組織またはその構成国のそれぞれの権限内規定の侵害についてのみ責任を負うという原則に基づいている。しかし、同六条二項によれば、他の条約当事国が共同体に対して、特定の問題について誰が責任を有しているのか情報を要求したにもかかわらず、情報を提供しなかったり矛盾する情報を提供した場合、共同体に連帯責任が生ずるとしている。[86]

混合協定では、権限の所在について将来変更が行われた場合に紛争が生じやすいことから、当該変更を通告されることが第三国にとって重要となる。国連海洋法条約の交渉において、ほとんどの国は①定期的に修正通告すべしと主張し、共同体の代表は②要求があり次第通告を行えばよいと提案した。①は、トラブル回避のためには誰がどの事項について権限を有しているのか定期的に報告しておくことが不可欠であるという理由に基づく。したがって、第三国に情報を要求する義務を課すのは誤りであるとも指摘する。②の主張の理由は、定期的に報告を提出するのは煩瑣であるという。また、報告を受領した国家がそれを解釈し、例えば共同体の内部の権限配分について適切な結論に至ることは困難であるともいう[87]。

国連海洋法条約は両者の妥協の下に、以下のような制度を設けた。①国際組織および条約当事国たるその構成国は、権限の移転について速やかに条約寄託者に通告する。②条約当事者は、誰が特定の問題について権限を有するのか、国際組織とその構成国に情報を提供するよう要求することができる（附属書IX、五条四・五項）。ただし、国際組織とその構成国に、定期的な情報提供義務はない。

共同体は、これらの規定に基づいて自身が有する権限を通告した。しかし、その文面は一般的な文言から成っており、将来生じ得るであろう問題を解決できるとは言い切れない。例えば、「共同体は条約第十部の事項について一定の権限を有する」といった具合である。通告の対象たる権限の内容は可能な限り詳細かつ具体的であることが望ましい。しかし、詳細にするには共同体内部の諸機関間における権限の明確化が不可欠となる。共同体は、一般的かつ曖昧な文言を使用することで、例えば委員会と閣僚理事会、委員会と構成国との権限争いを回避する必要があるという[88]。しかし、曖昧だからこそ第三国の不利にならないような装置を制度化しておかなければならない。権限関係の曖昧さによって紛争の解決に支障をきたす可能性があることを考慮すれば、事務が煩瑣であるというのは理由にならない。地域統合が域外諸国に不当な結果をもたらすのであれば、国際社会の秩序づけに寄与することはできない。

競合権限の場合、共同体の責任が明示的に排除されておらず、かつ第三国がこの制限（排除）を受諾していたと見られるのでない限り、おそらくは、共同体および構成国が協定全体の履行について共同責任を負うことになろう。換言すれば、被侵害国は、いずれに対しても履行を要求することができる。共同体は連帯責任を負うようにも思われる。つまり、共同体は単独で協定全体の履行について責任を負うことにもなろう。

ただし、こうした演繹が常に妥当するわけではないので、最も望ましいのは混合協定中に紛争解決や責任について明示規定を置いておくことであろう。いずれの型の混合協定であれ、その履行義務を怠ったとき、第三者が利用できる措置を協定であらかじめ決定しておくべきであることが望まれるのであるが、混合協定が紛争解決手続も責任明示規定もおいていない時はどうなるのか。しかも、共同体および構成国のいずれにも権限及び責任について宣言することを混合協定が義務づけていない時はどうか。共同体は域内権限分立を根拠にその責任を否定することができるのか。それとも共同体の権限事項ではない構成国の違法行為について、共同体は最終的に構成国の責任を引き受けなければならないのか。この問いに対する解答は、域内権限配分に重要な影響を及ぼす。共同体に責任があるとすれば、違法に行動した構成国に対して域内で求償する権利を付与するし、防止措置の権利も共同体に付与することになろう。つまり、構成国が自己の権限内で行為したにもかかわらず、共同体の関与を許容せざるを得なくなることもあり得よう(89)。

四 結 語

単一欧州議定書（一九八六年）とマーストリヒト条約（一九九二年）の締結後、共同体の管轄事項が拡大したことによって、混合協定は減少するのではないかと考えられた。しかし、Opinion 1/94（ＷＴＯ）における欧州裁判所の意見からも明らかのように、混合協定の分析の必要性は依然として存続する。ＷＴＯの分野では、事実上混合協定が必要とされたからである。アムステルダム条約も、共同体の排他的権限に関する限り、重大な変更を加えていない。一九九六—九七年の政府間会議は、条約一三三条の範囲拡大を試み、サービス、貿易に関連する知的財産権、投資を共通通商政策の一部としようとしたが不調に終わっている。[90] したがって、これらの事項は依然として混合協定によって処理される。[91] さらに、一九九九年、構成国は、混合協定にする法的必要性がないにもかかわらず、南アとの貿易・開発協定を共同体単独の協定にすることを拒否した。ニース条約では、一三三条の対象をサービス、知的財産権、投資の問題にまで拡大することを望まなかった。通商政策についてさえ、構成国が混合協定方式を諦めていない明確な意思表示といえる。[92]

このような状況にある混合協定の存在価値について、今日の共同体法学者は概ね肯定的である。[93] 例えば、ワイラーは、混合協定に関する議論のほとんどが混合協定を必要悪とみなして政治的現実への譲歩としてきたとしたが、実は真の連邦制へ向けて極めてユニークな貢献をしてきたと評価する。そして、「混合協定は濫用の危険性はあるものの、共同体の統合過程にとって有益であると見なされてきた。…混合協定は、純粋な統合を目指す人々に目の仇にされたが、混合協定こそ共同体と構成国とを結びつける機能を果たすのであり、構成国と共同体が国際的な強さを同時に獲得し、両者の間に密接不可分なネットワークを構築することによって、欧州統合の全体的枠組みを強固にするのに資する」と積極的に評価している。[94] さらに、コスケニエミは、より多くの政治的実体を混合協定に参加させ得るとして積極的に評価している。[95]

確かに、統合過程において、混合協定は積極的意義を有してきたかもしれない。しかし、第三者にとって統合強固云々は無関係である。むしろ権限関係が不明確である混合協定によって、第三国は、権限、責任、紛争解決に関する特別な規則や原則が、共同体と構成国に特権的地位を付与するかどうか懸念するようになるのは当然であろう。[96] そもそも、ever closer union が欧州連合の一大特徴であるが、このことは、ever changing competence も意味するのである。共同体との交流に際し、第三国に特別なリスクを負わせるべきではない。[97]

この問題に対する解決策の一つとして、クレモナは欧州裁判所の利用を唱える。[98] 混合協定のどの規定が共同体を拘束するのかを欧州裁判所に確定させるべきである、そうすることで第三国は誰が拘束されるのかを明らかにすることができるという。しかし、審理に時間がかかるのをどうするか。そもそも第三国が欧州裁判所の判断を待たねばならない義務がどうして生ずるのか。

より妥当な見解は、混合協定全体が共同体を拘束し、共同体法の一部を構成するというものである。第三国にとって、法的権限がいずれにあるのか決定するのは困難である。混合協定は、共同体のみが単独でアドホックに、域内権限を越えて協定の締結を可能とし、そして、混合協定によってもたらされる国際責任は、第三国に関係する限り、共同体の諸機関および構成国が常に共同で負担するべきであるとする。[99] 共同体が、構成国に留保された事項を対象とする協定を締結した場合でも、協定自体は国際法上有効であろう。しかし、この場合、共同体の機関は当該協定の履行に必要な措置をとることができないであろう。つまり構成国が参加しないと当該協定は第三国にとってほとんど意味がないものとなる。しかし、共同体内部の権限配分がどうなっているかは国内問題であり、第三国が関与すべき問題ではないというのであれば、第三国からすれば、共同体およびその構成国の共同負担としなければ一貫性を欠くであろう。まさしく共同体内部の権限配分は、第三国とは無関係だからである。[100] ただし、たとえ対外的な締結過程のみの権限であったとしても、それを構成国が共同体に委ねることを受諾しない場合、この提案は無意味となる。

ダッシュウッドは、混合性から生ずる問題を如何にして緩和させるかという問題について、国連海洋法条約のように、混合協定自体に手続規定をおくべしという。[101] 確かに、混合協定自体に権利義務の帰属先、責任の所在、責任追及の手続等を明示しておくことが、当分の間、第三者にとって最善の方法となろう。[102]

混合協定の問題は、締結過程のいたる段階でも見られる権限区分の曖昧さにある。繰り返しになるが、実はこの曖昧さこそが共同体の自律性を保持する上で有用だったとされる[103]。このような曖昧さが共同体と構成国のみの問題である限りにおいて、域内固有の問題として域外諸国は無関心でいられる。しかし、第三国との関係で義務の履行を回避するために利用されてはならない[104]。第三国にとっての混合協定の問題は、権限の所在が不明確であることから、履行の確保を如何に担保するかに帰着する。したがって、混合協定の締結に伴って域外締約国に対して不履行責任を通常の国家と同様に迅速に処理できる装置を工夫できるかどうかが国際法上のポイントとなる。国際法上、域外諸国が有する当然の利益に配慮しつつ、統合の目的を達成する方法を模索することが不可欠であろう[105]。

いずれにせよ、地域主義が多様な形態で展開している今日において常に留意しておくべきことは、統合を論ずるメリットは何かということであろう。一方では個々の国家の国益の伸張という要因もあろうが、他方では、多様な国際協力関係の一つのモデルとして考察する必要もある。その際、第三国との関係で如何に公正な制度を構築していくべきかという点に留意していく必要があろう。さもないと、無意味な地域間対立をもたらしかねないからである。一方で共同体を国家と擬制しつつ、不利なときは構成国の主権を主張するのでは、地域協力機関として肯定的に評価されることはあり得ないであろう。また、混合協定という従来の国際社会が経験してこなかった国家間の合意形成方式が既存の条約法に如何なる影響を及ぼし得るのかについても検討していく必要があろう。

（1）　国際法では国内法と同様の立法過程を見出すことができない。従来は、多数国間条約の締結そのものを国際立法と捉えてきたが、最近では、国際社会の「一般的」ないし「普遍的」利益の規範化をめざす「組織化された」法形成を国際立法と称している（村瀬信也『国際立法』一八七頁）。しかし、今日においても「国際立法」は現実には依然として基本的には国家の同意原則に基づいた規範作成と言わざるを得ない（小和田恒・芝原邦爾「ローマ会議を振り返って」ジュリスト一一四六号（一九九八）二〇頁）。その意味で、本稿で検討する混合協定を含めた条約締結過程を最広義の「国際立法」の問題として扱うことは必ずしも否定されないものと思われる。

（2）Allan Rosas, Mixed Union-Mixed Agreement in M. Koskenniemi (ed.), *International Legal Aspects of the European Union*（1998）, 125.

（3）Joseph H.H. Weiler, The External Legal Relations of Non-Unitary Actors: Mixity and the Federal Principle, in O'Keeffe and Schermers（eds.）, *Mixed Agreements*（1983）, 35. Rafael Leal-Arcas, "The European Community and Mixed Agreements", 6 *European Foreign Affairs Review*, 486.

（4）Allan Rosas, The European Union and Mixed Agreements in Dashwood and Hillion（eds.）, *The General Law of E.C. External Relations*（2000）, 200. 一九六〇年代と一九七〇年代の混合協定のリストは、O'Keeffe and Schermers（eds.）*supra* note 3, 207 以下、最近のものを含めたリストは、Joni Heliskoski, *Mixed Agreements as a Technique for Organizing the International Relations of the EC and its Member States*（2001）, 249 以下を参照。

（5）I. Macleod et al., *The External Relations of the European Communities*（1996）, 142.

（6）ＥＣＳＣは二〇〇二年七月二三日にその活動を終了させ、石炭および鉄鋼に関する業務は欧州共同体が引き継いでいる。

（7）C-12/86,para.8. ただし、C-181/73, C-87/75 等で欧州裁判所は既に混合協定に言及してはいる。

（8）Macleod et al., *supra* note 5, 144.

（9）混合協定をめぐる混乱は、国際社会の構成員としての共同体の性質が、法的にも政治的にも不明確であることに起因している。Philip Allot, Adherence to and withdrawal from Mixed Agreements, in O'Keeffe and Schermers（eds.）*supra* note 3, 102. なお、欧州委員会法務部で入手した統計によれば、いずれかの共同体が当事者であるか、または署名した七〇〇以上の協定のうち、混合協定の数は一三〇ほどである。増大した理由のひとつは、例えば、単一欧州議定書（ＳＥＡ、一九八六年）、および欧州連合条約（ＴＥＵ）に見られるように、共同体が、通商活動のみならず、欧州統合の社会的・環境的・文化的・政治的側面、および域外世界との処理を行わざるを得なくなったためである。

Macleod et al., *supra* note 5, 144, n. 9

（10）　A.Dashwood, Why Continue to Have Mixed Agreements At All? in Jacques H.J. Bourgeois et al eds., *La Communaute europeene et les accords mixtes*（1997）, 93, Moshe Kaniel, *The Exclusive Treaty-Making Power of the European Community up to the Period of the Single European Act*（1996）, 148, Leal-Arcas, *supra* note 3, 486.

（11）　Opinion 1/91, para.21.

（12）　C.-D. Ehlermann, Mixed agreements-A list of Problems, in O'Keeffe and Schermers *supra* note 3, 11, Macleod et al., *supra* note 5,143.

（13）　Kaniel, *supra* note 10, 150.

（14）　Dashwood, in Bourgeois *supra* note 10, 95.

（15）　Ibid.

（16）　Nanette Neuwahl, Shared powers or combined incompetence? More on Mixity, 33 *CMLRev.*（1996）660.

（17）　共同体構成国が自律的に行為する権利を喪失し、共同体諸機関の許可と監督の下でのみ権限を行使し得る性質。

（18）　Opinion 1/75.

（19）　Cases 3,4 and 6/76, paras.39-41.

（20）　Neuwahl, *supra* note 16, 670.

（21）　最近の論争はＷＴＯ協定をめぐって行われた。すなわち、サービスは今日では貿易に複雑に絡みあっていることから、通商政策はサービスを含めるほどダイナミックに解釈できるのではないかといった問題である。Christian Tomuschat, How to handle parallel treaty-making powers of the member states and their territorial subdivisions, in Bourgeois *supra* note 10, 66.

（22）　Dashwood, in Bourgeois *supra* note 10, 95.

（23）　Jacques H.J. Bourgeois, Mixed Agreements: A New Approach? , in Bourgeois *supra* note 10, 86-87.

（24）　Dashwood, in Bourgeois *supra* note 10, 94. 共同体が当事者になろうとしている国際協定が、構成国との権限の限界を明確に区分できないときは、常に混合協定が締結されなければならない。WTO協定の対象事項は共同体と構成国の権限にまたがっている。Tomuschat, in Bourgeois *supra* note 10, 67.

（25） Ruling 1/78, para. 9.

（26） Kaniel, *supra* note 10, 173.

（27） メグレ（Megret）はこうした対処方法を批判する。「混合協定の利用は政治的な理由や、決定手続が条約に明示されているのに共同体の権限の範囲について決定を妨げたいという理由で正当化してはならない」。Ibid., 149, n.22.

（28） Ibid., 149-50.

（29） Ibid., 150.

（30） Ibid., 151.

（31） 分析の当否はともかくとして、分析はもっぱら共同体と構成国の関係に終始したのであり、第三国との関係に対する考察そのものが少なかったことは事実である。Nanette Neuwahl, Joint Participation in International Treaties and Exercise of Power by the EEC and its Member States: Mixed Agreements, 28 *CMLRev.*（1991）725.

（32） Weiler in O'Keeffe and Schermers, *supra* note 3, 78-79.

（33） 欧州裁判所の姿勢は常にプラグマティックであった。混合協定に反対するでもなく、第三国との関係で共同体と構成国の権限を明確にすることが必要だと指摘したこともない。Neuwahl, *supra* note 16, 667.

（34） Weiler in O'Keeffe and Schermers, *supra* note 3, 79.

（35） Ibid.

（36） 「欧州裁判所の裁定なしには、協定のどの部分が共同体を拘束し、共同体法を構成するのか不明のままであろう」。T.C. Hartley, *The Foundations of European Community Law*, 4th ed., 180. 域外諸国に対して義務履行が担保されていない限り、このような表現は無責任としかいいようがない。ただし、五版では大幅に書き直されている。

（37） 共同体の自律性を確保するために、構成国との権限関係を曖昧にしているというのが共同体の方針であることについて、Heliskoski, *supra* note 4, 141-47.

(38)　Dominic McGoldrick, *International Relations Law of the European Union*（1997）, 80.

(39)　以下の分類方法のほか、①任意的（facultative）混合協定と義務的（obligatory）混合協定（法的に必要）に分類する方法もある。また、グランヴィックは完全混合協定と不完全混合協定も分類して検討している。前者は共同体と全構成国が条約当事者となっている混合協定で、後者は一定の構成国と共同体が当事者である混合協定のことである。Lena Granvik, Incomplete Mixed Environmental Agreements of the Community and the Principle of Bindingness, in O'Keeffe and Schermers, *supra* note 3, 255-72, Macleod et al., *supra* note 5, 142.

(40)　Kaniel, *supra* note 10, 95.

(41)　Henry Schermers, A Typology of Mixed Agreements, in O'Keeffe and Schermers *supra* note 3, 24 は、この種の国際協定は混合的性質を持つものではないとしている。

(42)　Tomuschat, *supra* note 24, 70.

(43)　Macleod et al., *supra* note 5, 63.

(44)　とりわけＷＩＰＯおよび国連が主催する会議においてこのことがいえる。ibid., 63, n. 142.

(45)　Ibid., 63.

(46)　Rosas, *supra* note 4, 204.

(47)　Neuwahl, *supra* note 16, 674.

(48)　Philip Allot, *supra* note 9, 118-19.

(49)　Opinion 1/78, paras.52-60, Macleod et al., *supra* note 5, 60, McGoldrick, *supra* note 38, 85.

(50)　Marise Cremona, The Doctrine of Exclusivity and the Position of Mixed Agreements in the External Relations of the European Union, 2 *OJLS*（1982）419.

(51)　Neuwahl, *supra* note 31, 732-33 も、「考慮されている協定の執行に内在する義務と財政的負担が直接構成国に負わされていることは大して重要ではない」と述べる。Opinion 2/91, para.34 も参照。

(52)　Rosas, *supra* note 2, 130、Macleod et al., *supra* note 5, 127.

（53） Rosas, ibid.
（54） 32 *Law of the Sea Bulletin*（1996）, 26.
（55） Rosas, *supra* note 2, 131.
（56） Rosas, *supra* note 4, 205, Rafael Leal-Arcas, *supra* note 3, 490.
（57） Léger（ed.）, *Commentaire article par article des traits UE et CE*（1999）, 1365
（58） Rosas, *supra* note 4, 205.
（59） Ibid.
（60） ILO170号協定は、共同体の域内立法権限が最低限の基準を設定する権限である事項も対象としており、構成国が国内法でより高い基準を設定できる権限を有していた（Opinion 2/91）。
（61） 「欧州裁判所は、委員会から、共同体がGATSおよびTRIPSに加入する排他的権限があると裁定するよう要請された。根拠は一一三条、ERTA理論、Opinion 1/76に従った黙示的権限理論、一〇〇a条、二三五条であった。欧州裁判所は、二つの条約が対象とする全分野について共同体に排他的権限があることについては否定した。そして、共同体と構成国がGATSとTRIPSを「共同で」締結する権限があると結論した」（Opinion 1/94）。
（62） Opinion 2/91, at 1078-80.
（63） 共同体の協定締結過程全般については、Macleod et al., *supra* note 5, 77-121.
（64） Opinion 1/94, paras.108,109.
（65） 協力義務に関して、欧州裁判所は、FAOケース（C-25/94）para.48において以下のように指摘した。「48・留意しなければならないのは、協定の対象事項の一部が共同体権限事項であり、一部が構成国権限事項であるように見える場合、当該協定の交渉および締結にあたり、並びに締結された約束の履行にあたり、構成国と共同体機関との間に密接な協力関係を確保することが重要であることである。この協力義務は、共同体の対外的代表性の統一（unity in the international representation of the Community）が必要であることに由来する（Ruling 1/78［1978］ECR 2151, para. 34 to 36, Opinion 2/91［1993］ECR I-1061, para. 36, and Opinion 1/94［1994］ECR I-5267, para. 108.）」。共同体機関と構成国は、この点について可能な限り最大限の協力を確保するようあらゆる必要な措置を講じなければならない（Opinion 2/91, para. 38）。
(66)「構成国がたすきがけ報復（cross retaliation）を行うことを正当に許可され、そしてまた、GATSまたはTRIPSの対象事項について行なわれる報復措置が実効性に欠けるであろうと考えたとしても、密接な協力がなければ、構成国は、共同体法の下で、商品分野においてたすきがけ報復を行う権限を与えられないだろう。というのは、後者は、条約一一三条（現一三三条）の下で、共同体の排他的権限事項とされているからである。逆に、共同体が商品分野で報復する権利を与えられても、密接な協力なくして、GATSまたはTRIPSの対象事項において報復することはできないであろう。後者は構成国の事項だからである」（Opinion 1/94, para.109）。
(67) Rosas, *supra* note 2, 126.
(68) Groux &Manin, *The European Communities in the International Legal Order* (1985), 50.
(69) 例えば世界貿易機関（ＷＴＯ）の設立を決めたガットによるウルグアイ・ラウンドでは、会議の冒頭にこの旨が宣言された（Heliskoski, *supra* note 4, 78-79）。
(70) Jean Groux, Mixed Negotiations, in O'Keeffe and Schermers *supra* note 3, 89.
(71) McGoldrick, *supra* note 38, 80.
(72) Macleod et al., *supra* note 5, 155, Heliskoski, *supra* note 4, 92.
(73) 従属条項（subordination clause）とは、共同体が混合協定の当事者になれる場合を、構成国の一またはそれ以上が当事者になった場合に限定する旨記す規定のことをいう。例えば、国連海洋法条約附属書Ⅸの三条。南極海洋生物資源保存条約二九条二項も、地域的な経済統合のための機関の加入条件について規定している。
(74) Rosas, *supra* note 2, 208.
(75) Heliskoski, *supra* note 4, 98-99.
(76) Macleod et al., *supra* note 5, 129-32.
(77) Leal-Arcas, *supra* note 3, 501.

(78) Albert Bleckmann, The Mixed Agreements of the EEC in Public International Law, in O'Keeffe and Schermers, *supra* note 3, 160-61.
(79) Ibid., 502.
(80) Rosas, *supra* note 2, 209.
(81) O.J.L75/32.
(82) C-327/91,para. 25.
(83) Leal-Arcas, *supra* note 3, 496.
(84) Ibid., 496. Ehlermann, *supra* note 12, 19-20.
(85) Neuwahl, *supra* note 16, 676.
(86) 国連海洋法条約附属書Ⅸ六条二項は以下の通り。"Any State Party may request an international organization or its member States which are States Parties for information as to who has responsibility in respect of any specific matter. The organization and the member States concerned shall provide this information. Failure to provide this information within a reasonable time or the provision of contradictory information shall result in joint and several liability."
(87) Kaniel, *supra* note 10, 163.
(88) Ibid., 165。
(89) Ehlermann, *supra* note 12, 20-21.
(90) Rosas, *supra* note 4, 219.
(91) ただし、アムステルダム条約で一三三条五項が追加。
(92) Leal-Arcas, *supra* note 3, 513.
(93) ただし、かつてペスカトーレは、混合協定が共同体法と相容れないと疑問視した。Cremona, *supra* note 56, 427は、混合協定の利用は、①単一の行為体としての共同体という概念を損ない、②国際人格を有する共同体の代表としての欧州委員会の役割と立場を損なう等々の批判を加えている。Leal-Arcas, *supra* note 3, 511は、欧州委員会、時として構成国および第三国も、締結過程のスピードアップおよび様々な問題が発生するのを回避する必要から共同体が単独で協定を締結することを望むことが多いとする。

(94) Weiler in O'Keeffe and Schermers, *supra* note 3, 83.

(95) Heliskoski, *supra* note 4, viii-ix.

(96) McGoldrick, *supra* note 38, 210.

(97) Christian Tomuschat, Liability for Mixed Agreements in O'Keeffe and Schermers, *supra* note 3, 130.

(98) Cremona, *supra* note 50, 427.

(99) Dashwood in Bourgeois *supra* note 10, 97, Cremona, *supra* note 56, 427, Heliskoski, *supra* note 4, 47-53.

(100) Cremona, *supra* note 50, 427.

(101) Dashwood in Bourgeois *supra* note 10, 97.

(102) Heliskoski, *supra* note 4, 141-47. ただし、前述したように、混合協定自体の規定が曖昧であれば意味がない。また、国連海洋法条約で問題となったように、共同体が海洋法条約の当事国となったが、デンマークが当事国とならない場合に次のような問題が生じ得る。共同体は漁業の保存管理について構成国から権限が移転されている。そこで海洋法条約六二条二項に基づいて、第三国に対する余剰分を決定するのは共同体の権限となり、デンマークも余剰分の割当を得られる。共同体が権限を有しない事項について、共同体としては条約の拘束を受けない。例えば海峡制度についてデンマークはこの条約を批准するまで拘束されないことになる。この前提の下では、国連海洋法条約の一部が共同体の参加を通じて全構成国に適用され、非共同体管轄事項については個別に批准した構成国のみを拘束することになる。しかし、この推論は、留保を禁止して（三〇九条）つまみ食い禁止を原則とした国連海洋法条約の基本原則に反する事態を招く。デンマークの漁師は、国連海洋法条約六二条二項の下で共同体が締結した協定によって、第三国の漁業資源を利用できることになるであろう。他方でデンマーク海峡の通航について、第三国の旗を掲げる船舶は国連海洋法条約から如何なる権利も得られなくなるであろう。結果的に留保と同じ機能を果たすことになるのである。この問題を回避する妥当な方法は、全構成国が共同体と同時に混合協定を批准することである。しかし、国連海洋法条約の経験からもこれは困難である（Heliskoski, *supra* note 4, 129-31,134）。

（103）Heliskoski, *supra* note 4, 121.

（104）Ibid., 123.

（105）アロットはいう。国際社会における共同体の特別な地位は、他の国際法主体との間で相互に利益を追及しあう過程で確立するであろう、と（Allot, *supra* note 9, 115-16）。

入江俊郎「憲法改正経過手記」について

高見勝利

一　はじめに

二〇〇三年五月三日、国立国会図書館は、総合テーマ「日本の記憶」の一環として、電子展示会「日本国憲法の誕生」をホームページ上で公開した。この展示会は、日本国憲法の制定過程に焦点をあて、当時の貴重な資料を電子化して展示し、制定過程の流れに沿って紹介するものである。筆者は、資料の展示準備に際して、調査及び立法考査局政治議会課憲法室員と政治史料課員が作成した「概説」と「資料解説」原稿について校閲する機会を得た。今回の展示物は、当館憲政資料室蔵の入江俊郎と佐藤達夫の両文書を中心としたこともあって、筆者にとって、その多くは、北大在職中から、親しく馴染んできたものであった。とくに、今回の展示目録に、入江の「憲法改正経過手記」(http://www.ndl.go.jp/constitution/library/06/144bunshoko.html) が入ったことは、筆者の秘かに歓びとするところである。というのは、一〇年ほど前、はじめて、この手記に接したときから、その内容の重要さゆえに、何としてでも、その全容を解読したうえで、世に出したいと願っていたからである。

幸いにして、二〇〇二年四月から国会図書館に勤務する機会を得て、原資料に当たり、従来、マイクロからの複写では読みとれなかった不明箇所についても、政治史料課のスタッフの助言を得て、ほぼ納得のゆく形で判読することができた。ここにその全容を掲載し、積年の夢を果たすことにする。

奇しくも、入江ときわめて縁の深い上田先生の記念論文集の寄稿に間に合い、筆者にとっては、二重の歓びである。

二　入江手記の全容

（四）の袋へ

憲法改正経過手記

昭和二十一年一月ヨリ

五月迄

入江俊郎

二〇、一一、二四　入江俊郎法制局次長

二一、三、一九　入江次長、法制局長官に任ゼ□□

昭和二十一年

一月十二日（土）　午前十時から憲法問題調査委員会

一月十三日（日）　石黒武重氏法制局長となり、内閣改造　夜十一時成立

楢橋氏は書記官長となる
一月十六日（水）　午前十時から憲法問題調査委員会
尚
一月十四日の改造後最初の閣議の際
　a　憲法改正問題　b　貴族院改革問題　c　枢密院改革問題が一応
提示せられ、松本国務相、石黒長官及余より、説明す。b、cは、
憲法改正に伴ひ当然早く手をつけるべきであらふと云う風なことで、
貴院については、勅選の銓衡方法の合理化を主とし、員数も改訂
すべきであり、枢府については、将来枢府の使命を重要視し、
真の人材を、しかも十人内外の員数として存置し、眞に諮詢の府
として恥しからぬものとすべきであると云ふ点が述べられた。
貴院については、先年の議会制度審議会の案もあり、枢府については
昨年末より清水議長及び石黒枢府翰長の手許で練った案
もあったのである。
一月二十三日　午前十時　憲法問題調査委員会
一月二十六日　仝上
一月二十九日　閣議。その際吉田外相より「日本国憲法問題は、マ司令部
と四国の共同管理委員会との

┼(極東諮問委員会)┼(後に極東委員会と対日理事会の二つに分れる)┼

(在ワシントン)　(在ワシントン)　(在東京)

共同の仕事であると云ふ旨の申入れが司令部側よりあった」との発言があり、これは大変だ、一々ワシントンと連絡してゐるのでは非常にひまがかかって容易なことではないと各閣僚は心配をした。

[欄外：この方の発言が吉田外相の発言より先であった]

又同日の閣議で、松本国務相より、日本側草案の英訳は二月十日までに出来るから、これを司令部へ提出すれば、二週間で返事が得られると思ふ、然らば、更にその上で立案審議に二週間、枢府三週間と見込み四月中旬に議会を開くなら間に合ふと思ふと説明した。併し上記の如く

[欄外：当時議会解散中で、しかもパーヂの関係あり、司令部の指示によって資格しんさの期間をみこみ、総選挙は四月頃にのばされていたのである]

吉田外相の情報開陳のため、果してマック側より二週間位で返事がもらへるかどうかにつき一同極めて心配を感じたのである。

一月三十日(水)　臨時閣議。特に憲法問題処理に関し開催。松本氏より憲法問題調査委員会の経過を述べ、立案進行の状況を報告した。

一月三十一日の后も臨時閣議

二月一日(金)　閣議では、憲法改正草案が毎日に抜かれた件につき

松本国務相から報告があった。この抜かれた案は、所謂甲、乙の案のいづれでもなく調査委員の某（宮沢俊義であったがこれは名を云はなかった）の試案であり、某の弟が同新聞記者なるため、善意か悪意か判らぬが抜かれたのであろうと説明された。

（本件は余等も非常に迷惑を感じ、法制局側より出たものでないことをよく調査の上明らかにした。）

［欄外：宮沢氏は委員として、自己独自の草案（甲案、乙案）をつくって委員会に提出した。この甲案は実は広汎な改正で乙案の方が狭少改正案であった。この甲案はいずれかといえば委員会の乙案に近い。しかし、これが政府案とまちがわれて流布し、しかもこれに対して当時いろ〳〵批判があったこともあったのである。（この批判を司令部は敏かんに感じとって、「はげしい世論の反対に鑑み」これを拒絶する方向にもっていったといっている（リオリエンテーション・国家学会〔雑誌第六五巻第一号〕37P））。］

二月二日（土）　憲法問題調査委員会

以後、暫らく憲法問題は閣議に於て論ぜられず、この間は金融応急措置問題が最大の問題として扱はれてゐたのである。松本国務相は調査委員会の甲案（松本案）につき英訳その他の司令部側との交渉の為の準備をして居た。甲案は二月の八日か九日一日頃司令部に提出したらしい。

［欄外：リオリエンテーション記事！〔総司令部への提出は二月八日〕］

二月十六日（土）　午后臨時閣議あり、その際は金融緊急措置に関する治安状況で三土内相より報告があったのみであったが、

二月十九日（火）の定例閣議には憲法問題に関し、松本国務相より驚くべき報告があった。併し松本大臣は、何とか打開の途があらうとのことで閣僚もそれを希望する旨を交々述べた。

右報告については別記資料中に記載してある。

（資料四綴中のオハリノ手記及び当時の余の

（フクロの中のではない）諸事手控ノート）

［欄外：十九日よりマ側提案を日本文に翻訳開始］

（二月二十一日マックと幣原総理大臣会見）

二月二十二日（金）の閣議に於て、憲法問題につき政府の立場を決定した。即ち幣原大臣よりマ側の要求の中で「天皇の表象」と「戦争抛棄」の二点は眼目らしく、その他は打開の途があると思ふと云ふことで、政府はその線に沿ふて努力する旨を申合せた。

幣原大臣は二十一日にマックと会見して懇談したのであった。

［欄外：此の日の閣議でいつも大体沈黙の安倍能成文相が発言した。政府がこれでゆくと云ふことは、これは非常なことである。重大な決意を天皇に対し奉り、又日本国民に対し、かためねばならぬと沈痛に云はれ、一同シンとして、身のひきしまるを覚えた。
二月二十二日午后には松本大臣は司令部にゆき吉田外相も加はり、折衝した。この会見記は資料四中に載ってゐる。］

（二月下旬より三月に入ってから法制局では松本大臣指導の下に外務省仮訳のマ側提示の案を検討し、余と佐藤達夫第一部長とでマ側の案を取捨して一案をつくった。三月二日以降三日間で漸く出来た。その案も資料四中にある。これは主として佐藤第一部長の労に負ふ所が大であった。そしてその案を三月四日に司令部側に提示した。）（非常に忙しない合い間の作業で、英訳は外務省の小畑、長谷川両翻訳官にたのみ総理官邸の放送室を仕事場として努力したのである。）
［欄外：英文はつくらなかったと思ふ］

二月二十五日　臨時閣議の際松本国務大臣より経過報告があった（三月五日の記参照）。／
二月二十六日　閣議（司令部側の案の訳文を配布した）。

三月四日午后　松本大臣は佐藤次長と共に右の案を司令部に持参した。然るに松本大臣は夕方帰ったが佐藤君はとめおかれ司令部側は徹宵してその案の検討にかゝり、夜中に至り内閣書記官の岩倉君その外も応援に出かけた。佐藤君は五日夕方迄かへらない。そして、五日の朝より、次々と司令部での共同審査の案が内閣に送られて来たのである。

三月五日　定例閣議

こゝで松本国務大臣より詳細に司令部との交渉顛末の報告があった。曰く

二月十三日に司令部側より日本の提案に対し、之をアプルーヴし得ないから、此の案につき日本側が承認するかどうか二十日迄に返事せよ、しかも、その案の fundamental principles と basic forms とはこれを変更することは認めないとの申入れと共にマ側の案の提示があった。

そこで返事を二十二日迄に延期し、その間松本大臣は幣原総理、吉田外務とも種々相談し、二十一日には特に幣原総理

はマックと長時間会見し、その結果二十二日の閣議で報告して政府の方向を一応きめたのである。

二月二十二日午后　松本国務相と吉田外相は司令部を訪問し、先方の真意を確かめた。その時ホイットニー以下は

1　fundamental principles

2　basic forms　　　　は変更出来ぬと云ふたので、これに対し松本氏は1は民主的なる点、国民の意思に基く点は日本側の提案と同様と思ふ、2はいろ〳〵問題あるべしと考へたと述べられた。

二月二十五日には八時から臨時閣議が開かれた。丁度地方長官会議の第一日で（二日間の会合であった）その時の議題は選挙期日延期の件とこれに伴ふ内閣発表であったが、その際松本大臣より憲法の経過を述べられた。主として去る二十二日会見の模様であるが、その時の報告の結論は二院制度を採用する点は日本側の主張が認められるかと思ふが、その他の点は譲歩の意思なきように思ふと云ふのであった。

而して、マ側の提案は既に十九日より日文に翻訳しかけて

ゐたが、二十五日の閣議の時、第一章及第二章（天皇と戦争抛棄）の訳文を提示説明した。又二十六日の閣議ではマ側案の日本文訳文を配布した。

更にマ側提案を基本として日本側の新提案を作成する為に助手として佐藤参事官を選び二十七日より仕事をしてもらってゐる旨の報告があった。

而して、三月十一日迄に日本側案を提示する様先方に申入れたが、先方は非常に催促するので、三月二日に脱稿後、最早や延ばしてゐられぬので、三月四日に提示すると答へ、これを提示するに至ったので、詳細につき閣議で相談の暇なきはまことに遺憾であったが御了承を乞ふ。

［欄外：本案は訳文にするいとまもなく原文を持参したのである。］

尚、日本側提示案は、いがのある案（マ側案）を一応いがの大きな所を取り去り皮をむいて、辛うじて我々の呑める案にしたつもりである。而して、これ以上に砂糖をつけたり、更に皮をむいたりすることは微力な自分ひとりでは到底出来ぬと思ふた。マ側の幕僚（ホイットニー以下を指す）は非常に強硬故あとの所は閣議でねってもらひ、閣議で大決心の下に先方に当るつもりであったが、以上の如きことで、いがをとるが早いか先方に当たることになってしまった。

註　この点は余も、石黒長官も佐藤参事官もまことに遺憾であると話し合ったのである。二月十三日に案が提示されたなら直に閣議にはかりもっとよく論じ、先方に当ることが出来たのではないか。その間にまことにむだな日をすごしたと思ふ。たとへ根本的事項については何とも出来ぬにしても、細かい規定のことになると、まことに妙な点が多く、それらは話せば判ったのではないかと残念である。

かくして三月四日　松本大臣、白洲次長、佐藤参事官等が司令部に出頭し日本側案をホイットニーに示した。そしてその際、本案は未だ閣僚に相談したものでないから明日の閣議で相談すると云ふ旨のべておいた。

処が先方は、その案を直ちに閲覧し、小畑、長谷川両翻訳官が
主として担当しケディスも参加、白洲氏も加った。
その時、先方は日本案に対し
①第一条のマ側案は人民の主権意思よりうけ他の源泉より受けず
とあるのに、それがないのは何故か
②第二条　典範が国会の制定によるものなる規定なきは何故か
③第三条　ホヒツ　consent
ホヒツト協賛トノ差異如何ヲ問ハル。伊藤本〔『憲法義解』英訳本〕は、ホヒツヲ advice トアリ
コンセントをホヒツと云ふのはどうであろうか
と質問ありし由なり。これは松本氏がまだ居たときの疑問で、
帰ったあとでまだいろ〳〵の疑問が提示されたであろうと云ふ
ことであった。
かくして夜を徹して共同作業で成果を得んことに努力し
司令部では今なほ（五日午前中）仕事をつづけてゐる。
対ソ関係もあり、一刻も速かに日本共同管理委員会へ
提出の要あるらしく感ぜられた（ソ側が天皇制なぞで
極端な事を云ひ出す前に既成の事実として成案を出して
しまひたいと云ふことの如くである）。

三月五日　右の閣議後引きつづき内閣へ送られて来る案を法制局で検討し書記官長室で石黒長官、余、その他で法文化して行った。

オールナイトコンフェランスには、佐藤参事官の他内閣の渋江〔操一〕、高橋〔道敏〕書記官も参加して夜を徹し又朝になって井手〔成三〕参事官も出向いて、佐藤参事官を補助した。結局佐藤参事官は五日夕方に辛うじて帰って来た。

書記官長室での成文化は夕方六時迄に内閣の部迄出来たが、その後の状況では昨夜来の司令部での研究が結局そのまゝ確定してしまふ外なく動かせぬものとなるようであった。マクアーサーも四日は夜おそく迄司令部にあり。五日は朝早くから又来て、研究の状況をホイットニー以下より聴取してゐたといふことで先方も非常に急いでゐたことが判ったのである。

午后の閣議には、出来るに従ひ案を説明す。それは松本大臣がこれに当り余も成文化の方と閣議との間を往来した。そして、その際、本案を如何に扱ふやが問題となった。これを日本政府案として発表せよとの先方の希望を如何に扱ふかと云ふことである。

松本国務相は、政府案なぞ一日や二日で出来る訳のものではないから、先方に勝手にまかせておくがよい。先方が発表するなら勝手に発表させておくがよいと放言した。

（註　松本氏は始めから慎重に扱うべしとの論であって且二月十三日以来もグズ〳〵してゐた点もあり、ここに来て急に仕上げることにはどうも賛成でなかったようだ）

之に対し、三土内相、岩田法相は、日本側としては知らん顔も出来ないではないかと云ひ、余、石黒長官、楢橋翰長は一刻も早くすべきであり、且これは日本としても自主的体制をとるべきであるから、これを日本側の案として、先方と同時に発表することとし、あく迄日本側の自主性を確保すべきだと主張した。

そして閣議も、余らの提案に従ふこととなり且発表の形式も要綱と云ふこととして従来よくある形にして出すがよいと余は主張し閣僚も賛成した。

更に幣原総理は、か丶る前文を附ければ、国民がきめる憲法と云ふことになるが、それは帝国憲法の上では認められぬではないか。そこをどうすると云ふことになり、それでは、この案を総理より内奏して御嘉納をたまひ、勅語を仰ぎか丶る案を案とすることについて天皇の御意思の御決定を願ふのは如何、さすれば天皇の大権によりその具体的の行使を国民に委せることになるので、前文に国民が定めるとあっても、さう云ふ憲法を天皇がおつくりになったと考へられるのではないかと余は主張し、石黒氏も又賛成した。

これに対し松本氏は、それは「三百だなあ」と云はれたが、結局「さうでもする外なからう」とて賛成された。

なほ松本国務相は、その勅語には誰か副書するのか、閣僚が名を連ねることはどうもおかしいと云はれたが、結局、勅語には副書なぞないと云ふことで解決した。

そこで午后四時頃に漸く意見がきまり、内奏と云ふことになり、一方宮中の御都合を伺ふと共に勅語案を練った。余は鉛筆で走り書をし石黒長官に示し、大体その線でゆくことになり、更にこれに芦田厚生その他閣僚の修正あり、五時半になって幣原総理、松本国務大臣は、参内した。

六時半に食事し七時から閣議再開した。

間もなく総理大臣松本国務大臣は参内から帰って来られて天皇も、こと こゝに至った際自分としては意見はない。それでよろしいと申された旨を伝へられた。「陛下は実によく事態を認識せられてゐて、御異議もない旨を仰せられました」と幣原総理は閣僚に伝へられたが、その時は一同本当にしんみりして、何とも云へぬ空気が支配した。余は自から眼頭があつくなるのをどうすることも出来なかった。なお閣議の席上吉田外相は、左の三点につきマ側に申入れて再考を乞うことと致したいと申された。

1.皇室財産（皆国有財産となってしまふと云ふ点を緩和すること）

2.外国人も政治上の権限を持ちうるが如き点（外国人も選挙権を有するかの如き規定を改めること）

3.裁判官の「七十才」停年制

[欄外：特に1の点については陛下はいろ〳〵御心配して幣原達にお話ありし由である]。

右は本日の参内で天皇の御意見もあってのことかと思ふ。

又は幣原総理としても特に心配された結果、松本大臣と相談して最小限度の主張をしようと云ふことになったからかも知れない。

註　此の申入れは六日の午后、外相より文書を以ってなした所2は改められたが、1、3は議会での審議でopen discussion にまかせようとホイトニイが答へたとのことである。

[欄外：3も結局、改正案の時改められ、1丈のこった。これから樋貝議長引責問題発生]。

その旨六日夕方外相より報告があり、幣原総理も安堵の様子であった。

閣議は九時すぎ迄つゞき要綱の形式、発表方法、文案等は法制局に委すと云ふことで散会した。

そこで石黒長官、余、佐藤、井手、宮内、岩倉等が書記官長室で徹夜して案をねった。

朝六時頃東がしらみか丶った頃漸く何とか出来た。

（あの時の書記官長室の、東天紅をそめて来た暁の色は忘れられない。）

成文を鉄筆にし、これを謄写する作業は一方内閣の事務室では徹宵つづけられたのである。

三月六日九時から夕方迄臨時閣議
要綱を逐条審査し、大体十二時半に了った。
午后は前文をかためた。又総理談話も練った。そして四時に閣議は散会。
一方白洲、奥村の両氏が司令部に発表のことを申入れ五時に新聞発表を行った。

この要綱は従来発表された如何なる案よりも進歩であり世間はあっと云ってしまったことは当時の新聞のよく伝ふる所である。

〔欄外：三月八日　憲法改正につき放送局で座談会のレコードを入れた。入江、水谷長三郎、宮本ケン治、司会は細川隆元氏であった。
三月九日　三笠宮より御召しあり、余参上して憲法改正の件につき説明した。殿下は①皇室典範は皇族も加って改めたい、②天皇の御退位のこと、③天皇は血統↓能力↓職業と考へるべきで世襲と云ふ点に疑問を持つと云はれ又天皇の大権の大幅縮減に疑問を持たれ、終戦の時の如く最後の関頭に於ける天皇の才断を必要とすと云はれた。〕

三月十一日　此の日、金森徳次郎氏が翰長楢橋を訪問、〔楢橋は、金森に対し〕憲法改正につき／協力を求め、可能なるときに国ム大臣に奏宣したい旨をつたへた。

三月十二日の閣議で、憲法改正案の議会提出につき決定した。要綱発表と共に余は、その議会提出に関し、種々の案を練った。民間では憲法審議会をつくって大いに民意をきけとの論もあり、又たとへ議会に出すとしても枢密院やら貴族院やらの旧態依然たるものの手を通じることは要綱の精神に合しないとも考へられた。

そこで余の手許で佐藤参事官と相談し甲〔今次特別議会ニ提出スル案〕乙〔憲法議会ニ提出スル案〕両案を作成して閣議に諮った。

余は乙案を可と思ひ、楢橋氏も同意見であった。

然るに閣議では、岩田法相が先づ反対し甲案を主張し他の閣僚もそれに賛成した。現内閣の手でやり上げねばならぬと云ふつよい希望の如くであった。


遂に甲案に決定し特別議会提案ときまり内閣発表を十四日にして民心を一定した。

又十二日の閣議では臨時法制調査会設置の件もきめた。

そして余は十二日午后病気欠席の松本国務相を訪問し逐一報告した。（以上に関係の資料は、資料五の巻末に載せてある。）

註　松本国務大臣の態度が終り頃非常に捨て鉢の如くになったから、余らは要綱の成文化は松本大臣では駄目だ、

誰か適当な人を起用してこれにやらせなくては、とてもいけない
と思った。又要綱が松本案から見て大飛躍の状況で
あるから、それから見ても、昨年十二月の議会でも
松本大臣が憲法改正につき答弁した所から見ても
松本氏自身が窮地に立つと思った。新聞記者たちでも
松本氏はこの要綱発表となってはゐたゝまれないと云ひ、
松本氏の挂冠説さへ流れたのである。
石黒長官、楢橋翰長も同意見で、金森徳次郎氏が
自由党の憲法研究の嘱託を受けてゐるのを目をつけ
近い機会に同氏を起用したいと話し合った。
そんなわけで、考へてゐる間に、松本氏は三月上旬に神経痛
を起し数日休まれた間に楢橋氏の談として、新憲法は憲法
議会でやるので、次の特別議会には出さないと云ふ風な新聞
記事が出た。これは余らの研究中の乙案だが、楢橋
氏もそれが名分に合ふと考へたのであらう。つい記
者会見で喋ってしまひ、その為に記事になったのである。
松本氏は自分の引こもり中かゝる重大な事柄を勝手
に閣議できめるとはけしからぬと憤ってゐたらしく、余が

十二日午后訪問の際もきつくこれを批〔非〕難された。余は、あれは決っして閣議決定ではなく、中間の研究の一案がさも内閣の決定の如くに伝ったので、此の問題は本日の閣議ではじめて論議し、しかも甲案に略きまりこれについては責任大臣たる松本氏に御相談をしに来たのであり、此の点は幣原総理よりも特に松本氏の意見をきいて来いと云ふことであったので云はゞ松本国務相の意見を停止条件として閣議決定をした次第である旨を縷々述べて了解を求めた次第であった。

松本氏はなか〳〵不愉快の感が去らぬと、例の一本気で憤慨されて居った。

○三月十三日には参事官会議をやって憲法改正要綱成立の経緯をつたへた。憲法関係には佐藤〔達夫〕君と佐藤功君と渡辺君を基本として陣容を整へることにした。

○以後、連日研究

○四月三日には特に出庁して官邸で佐藤君と渡辺君と要綱の口語化に努力。

四月五日―閣議で憲法の〔後出：四月三日の項参照。〕
此の日は松本大臣も列席せられた。
三月十五日閣議
此の日臨時法制調査会につき余より詳しく説明した。
余は先ず、一応説明せるに
○岩田、松本両大臣は、此は方針決定の委員会としたい。民法の改正は司法省で従来通りやるがよい、と述べられ、
○安倍文相は、憲法でコリたから今回は大方針を先づ内閣の責任できめ、それをもって司令部に折衝せられたい。内閣が方針も何も検討せぬうちにおしつけられるようなことは厳にいましむべきだとの発言があった。
○余は右共に御尤である。又各省関係の法律は各省で責任を以って立案すべく調査会は方針をきめることとしよう、と答へ又官制による調査会を各省でバラ〱に出すことは成るべくさけて此の調査会でまとめたいと述べ、各閣僚も了承した。
○幣原総理大臣は、
今次の研究は松本国ム相を中心にやって来たが、時勢

の進行は去月二十六日以来、皇室さへ失ふの危殆に瀕した。その為已むなく天子様をすてるかすてぬかと云ふ事態に直面して、あの司令部側の申出を承諾した訳なのだ。

決しテ司令部に引きづられたと云ふのではなく、内閣としての方針はあったのだと、安倍文相に一矢を酬いた。

○安倍文相は、これに対し、何と申しても此の問題は民意が如何にあるかと云ふことやアメリカ側の態度がどうあるかについての研究が内閣として不足であったと思ふ。あまりに松本さん一人に委せ切った点に不備がある。これは閣議でもっと早くから充分検討すべきであったと思ふと発言した。まことに尤もな言葉であった。

○松本大臣は、調査会では、幹事案をつくりこれを調査会に提出するがよい。その幹事案は内閣で充分検討した上調査会に出すこととしたいと述べられた。

○更に松本大臣は、

自分の任務は一応終ったのか、憲法改正の要綱が出来た以上自分の任務は終ったのであるか、と問はれた。これ

は最近の新聞等で松本大臣の挂冠説なぞあり、これに対し
これに対する質問であったと思ふ。
○幣原首相は、
一応終ったものと思ふ。

併し民商法については松本氏の力を借りたし。憲法改正の仕事についても松本さんに御努力を乞ひたいと述べられた。幣原さんはその前日余には、憲法改正の仕事は誰か他の適任者にまかせ松本氏は憲法関係の私法的方面の責任者としたいと云ふ風な意見であったのが、今は松本氏が自己の責任の存続如何について如上の発言があった為一寸タヂ〳〵で右の様なことを云ったように感ぜられた。
○松本氏は更に
憲法改正案が議会に提出になる迄の間の仕事は主任的の責任を負はなくてよいのか。

要綱が出来た以上その後の造作のつくりつけ、ファーニチャーのすえつけの仕事は私の責任ではないのかと問ふ。
○幣原総理は、造作のつくりつけやファーニチャーのつくり

つけは関係各省でやればよいではないかと答へ

○松本氏は更に私に云ひつけられた仕事は任務終了したのか。

造作、ファーニチャーについても自分を主任にするのかと切り込み、

○楢橋翰長発言して、そのことはまだはっきりしてゐませんと答へた。同氏はなるべく松本氏を退けたいと云ふ我々の気分を代表して云ったものと思ふ。

○岩田法相は、閣議で最初松本氏に憲法改正の主任を御願ひしたのだが、その任務はこれ迄と見るのか。

又は、憲法附属法令のことは別として、憲法の成文を議会に提出する迄の仕事、及議会における論議についての仕事もなほ松本氏を主任とするつもりかと問ひ、この点は充分考へて置く必要ありと述べた。

○楢橋氏は、岩田さんの云ふ通りであって、なほよく考へませう、松本先生を中心によく相談しませう

と答へて、此の問題は一応けりをつけた。

三月十九日　余の法制局長官発令

三月二十日　枢密院に於て幣原総理は特に憲法改正要綱発表の経緯を説明せられた。

此の日は本会議であったが、その終った後陛下御退出後に説明せられた。（此の説明は五綴中の資料六中にあり）

三月二十三日　貴族院議員に余は憲法改正要綱の経緯を説明にゆく（午前十時）、佐藤功君随行。

［欄外：三月二六日に三十団体と八十人の個人からなる口語運動連盟は、六人の代表者を送って、松本国ム大臣と入江法制局長官に建議した。総理官邸の二階広間で会った。横田喜三郎、安藤正次氏等がいた。口語化の主張である。］

四月二日（火）閣議で憲法の口語化につき決定してもらふ。

［欄外：三月中旬以来、山本有三氏等の意見もあり余も亦その決意をかため余が先づ三土氏、石黒氏を説き、楢橋

氏もとき、松本氏も説く。三土氏は割に簡単に法制局長官としてやると云ふなら大いによい、賛成しようと申された。その事前工作の上で閣議に諮り、一同皆賛成した。〕

四月三日　祭日なりしも出庁、佐藤達夫君、佐藤功君

渡辺佳英君

と憲法要綱を口語体で成文化することに努力して夜に入る。

四月五日（金）閣議で口語憲法文を配布し一応決定してサインをもらった。尤も此の謄写版の原案はその後部分的に修補した。

そして、修補の点は随時閣議へ報告した。

四月十日　総選挙

〔欄外：その結果

自由党（総才　鳩山一郎）　一四二

進歩党（代表者　斉藤隆夫）　〔九二〕

社会党（中央執行委員長　片山哲）　九二

協同党（委員長　山本実彦）	一七
共産党（徳田球一、野坂参三等）	五
無所属、中立	七九
諸派	三九」

466

而して、総選挙の結果進歩党が必ずしも有勢でないように見え、万一まけたときは内閣総辞職ともなるが、かくては幣原内閣としてまことに困ることになるので一日も速かに憲法を発表するがよいと考へ、四月十二日、十六日の閣議の都度相談して、又司令部への連絡した。

四月十六日（火）閣議　憲法発布の勅書案決定、明日発表のことも決定。

四月十七日　憲法改正案を后十二時半発表。一時に
余は記者と会見口語化その他を説明した。

これで余も一応の責任を果たしたことになり大安心をした。

此の日発表のことを奏宣せるにつき本日、それ迄に枢府に御諮詢を了するよう手配し居りしに朝宮内省木下侍従次長より会見の要求あり。余は宮内省に十時頃出向き、木下氏に会ひしに、一点丈質問あり。それは、
認証官のことであるが、宮内省については三級官位迄認証官とし陛下

の身の辺りの官吏につき特に陛下の意思の加はるよう考慮せしとのことであった。余は宮内官の特質に鑑み、その点は出来る丈考慮せん、但し三級官迄と申すようなことは果してそれでよいかどうかは研究したしと答へ、その他の点は特別のこともなく、然らば、新聞発表のこともあり即刻、枢府に御下付あらんことを切望し、且十二時半の新聞発表のことも了承を得て辞去したのである。

枢府への諮詢は四月十七日にあったのである。（朝木下氏は御諮詢案をまだ手許に持っておられた）

四月十八日　枢府の下審査（午前十時）

清水議長も列席せられた。

本日の都下新聞は一斉に憲法の条文をかゝげた。これは特に紙を特配した。

又本日の新聞は余の談話をかゝげ口語化憲法についていろ〳〵書いてある。

ひる食堂で幣原総理大臣は、現内閣はいろ〳〵評判が悪いが憲法だけはどの新聞もほめてゐますね、又今日の新聞は法制局長官でもち切ってゐますねと云はれ御機嫌であった。

又口語と云ふのはどんな文法ですかと問はれ、余が文章口語と口頭口語のことなぞを説明したりした。

四月二十二日　内閣総辞職。五月二十二日　吉田内閣成立。

註　四月十六日の閣議の際、幣原総理より政局問題につき発言があった。

即ち、選挙の結果進歩党は第二党となった。自分は居据りの意思はない。政局安定すればいつでも引きつぐつもりだ。

併し、今の状況ではその見込みがない。

一方憲法改正の問題がある。私でなくては出来ぬとも思はぬが、併し今日迄、本問題は諸君と共に深入りして来た。あとはどうならうとよいとは、上、陛下に対し、又外司令部に対しどうもその気持ちにならない。良心的には之が成立を見とどけるのが正しいことと思ふ。

目標は憲法改正案の成立する迄を念願としたい。

今日は非常の時期であり、マックアーサー自身も非常に困ってゐると思ふ。

今日の状況では超然内閣は許されぬ。選挙前ならよいが既に公正に選挙が行はれた後であってみれば、今日以後の政府は一に政党に、その基礎をおくべきだと思ふ。

政党内部でまとまることを希望するが、まだ政局安定が政党の基礎の上にまとまる見込みがない。

従って余は未だ退陣の決心がつかぬ。

憲法だけはどうしても通したいと思ふ。

私が引き受けると云ふ者がゐても、政局安定の見込がなければ委せられぬ、泥仕合の始まることは、列国の前にもみっともない。此の安定の見込みが立たぬとすれば、軽々に引退出来ぬのである。

右に対し芦田氏は曰く進歩、自由、社会の責任者を呼んでこれらと話をしてもらひたい。一人で音頭をとることは困難であり、このまゝでゆくと事態はどうなるか判らないと云ひ
安倍文相は、総理が総辞職しないでやってゆくと云ふのは

陛下に対しマックに対しての立場上自分でなくては責任を果せないと云ふ信念と思ふが、然らば、積極的にドン〳〵裸になって、その信念で事に当ってもらひたいと思ふ。さもなければ芦田君の云ふようにするがよい、それができないのならやめるがよい。形勢に引きづられて自分は好まないが内閣を担当するなどと云ふのではいけないので、神に委せるつもりで裸になって積極的にやってほしいと云はれた。この外三土、岩田、松本氏も発言したが、内閣としては結論にはゆかず、総理が所信を表明したということで終った。

かくして数日、~~その間、二十三日には午后総理、鳩山、片山の面談が官邸にあり~~、又その間、労働組合連中、共産党連中が殆んど連日内閣に押しかけて辞職をせまるなぞのこともあったが、四月二十二日総辞職となり、翌二十三日午后には総理、鳩山、片山の三頭首の会談もあった。

［欄外：その後は、なお後継内閣のきまるまで内閣をたんとうしたが］その後は、一ヶ月に近く、五月十四日には吉田が自由党総才にきまり党大会の選出を得るまで総務会長ということになった。五月十五日に幣原氏は連立をあくまで拒む社会党を除き、吉田自由党総務会長、山本（実彦）共〔協〕同党委員長と懇談したが、山本は社会党が

加わらないのでは時局の収拾はできないとして中座し遂に吉田と幣原が話合いをした。五月十六日二時半吉田氏に大命降下したが、組閣にひまどり五月二十二日丁度満一ヶ月目に吉田内閣親任式あり。余は留任と決定した。

△この間五月三日、幣原氏は参内して鳩山総才の自由党の単独内閣につき奏請した。鳩山内閣正に誕生という時になって五月四日、総司令部は鳩山追放を指令して来た。その数日前から、内閣では鳩山に関する情報に心配して吉田総理もいろ〳〵ほん走されていたが、日本側の予測をうら切って五月四日追放が指令されてしまったのである。そこで、吉田氏むりにすゝめて出馬を乞い、（閣議でも幣原氏が、しきりに吉田氏にすゝめ、吉田氏は渋っていた状形を思い出す）

三　入江手記の意義

(1)　佐藤達夫の手記「三月四・五両日司令部ニ於ケル顛末」は、研究者の間でも早くから知られ、様々な形で利用されてきたが、入江の上記手記は、その存在を知る者も稀であり、これまで殆ど言及されることもなかった。

本手記は、一九四六年一月一二日に開催された憲法問題調査委員会第一一回調査会の記述から始まって、五月二二日吉田内閣が成立したことの記述で終わっている。二百字詰めの原稿用紙に浄書して約八〇枚ほどの手記である。日々の記録の合間に、大きな節目となった閣議の模様が克明に記されており、政府部内における憲法改正をめぐる当時の動向を伝える貴重な資料である。また、後日、入江自身が何度か補筆しており、かなり充実した内容のものとなっている。

さしあたり、ここでとくに注目しておきたいのは、次の諸点である。

(2) まず、二月一日の毎日新聞スクープ記事に関する松本国務大臣の閣議報告である。入江メモは、この日、松本から、スクープされたのは「調査委員某の試案であり、某の弟が同新聞記者なるため、善意か悪意か判らぬが抜かれたのであろう」と説明のあったことが記されている。入江は、その後、何度か、この日の閣議に言及しているが、しかし、上記の松本発言には触れていない。例えば、一九五四年夏、東京大学占領体制研究会（以下「東大占体研」と略記）が作成した入江述「日本国憲法成立の経緯」のなかで、二月一日の閣議における松本の説明は、次のように紹介されているにとどまる。

この日、閣議の冒頭、松本国務大臣から、委員会の憲法草案と称するものが毎日新聞にスクープされたことについて報告がありました。ちようどこの二月一日の毎日新聞に憲法問題調査委員会の確定案のようにして、憲法改正案が発表されたのであります。そこで松本さんは「その案は憲法問題調査委員会の甲案でも乙案でもないので、ただ研究の過程においてつくつた一つの案に過ぎないものであつたので、委員会の案として決まつたものではない」と説明されました。……実は、これは宮沢委員が、調査委員会の審議の中途において、全くの宮沢試案として示された甲案（全面にわたる広範囲の改正案）、乙案（狭い範囲の改正案）のその甲案で、つまり宮沢委員の試案の一つであったのであります。……このスクープされたことについては内閣側としては何ら責任がないという説明を松本国務大臣がして、閣議の了承を求めました。(1)

なお、入江は、一九五七年一一月六日の憲法調査会第五回総会でも、「〔一九四六年二月一日の〕閣議では松本さんが早速このこと〔毎日新聞のスクープ〕に言及されまして、今日の新聞に出ておるけれども、これは全然自分の関知しないところである。また委員会の案とも違う。そして、私、当時法制局におりまして責任もありますから、詳しく調べましたけれども、少なくとも法制局とか内閣官房とか、そういうところから出たというものではありませんでした。」と語っている。(2)

もっとも、現在では、このスクープは、毎日新聞政治部の西山柳造記者によってなされたものであることが明らかにされている。(3) 一九九七年五月三日付『毎日新聞』のインタビューに応じた西山は、スクープの「内幕」を次のように語っている。

―憲法改正草案の入手先は「松本委員会の事務局」と「政治記者OB会報」に書いておられますね。

「当時、首相官邸、枢密院、宮内省と三つを担当して、とにかく松本案をスクープしようと狙っていたわけです」

……………………

―一月三一日に、事務局に見せてもらった？

「事務局に資料があったから、もらった。すぐに社に帰り、デスク以下全員で手分けして写してね。二時間くらいかかった。それで、また官邸〔内の事務局〕に返したわけ」

—松本委員会の中心だった宮沢俊義東大教授の弟が毎日の記者だったので、そのルートから漏えいしたという説もありました。

「それは違います。彼は政治部じゃなかった」

—当時の事務局員で今も健在な方はいますか。

「いや、全部亡くなった。五〇年たったからね。」

—そろそろいいだろうという判断で寄稿されたわけですね。

「いまころになりゃあ大丈夫だろうと思った。その前に書いちゃっちゃいかんからね」

—西山さんのニュースソースは？

「ああ、もうこの世の人じゃないワ」

—だれですか。

「そりゃ言えない。（遺族や関係者に）迷惑かけちゃうもの」

本手記は、宮沢ルート説が二月一日当日の松本報告のなかで表明されていたことを示している。

(3) 次いで、二月一九日の定例閣議における松本の「驚くべき報告」についてである。これは、別記資料を指示するだけで、本メモでは、一切、内容紹介はなされていない。それは、二月一三日の総司令部案の提示であるが、その詳細は、一九五四年の東大占体研での報告のなかで触れられている。(4) ここでは、そのなかから、松本の重大報告を受けたときの閣僚の驚愕した様子を伝える、次の箇所を紹介しておこう。

この報告を受けて閣僚は実に愕然としたのであります。各閣僚にとっては（尤も、総理大臣と外務大臣は松本さんから既にきいていてこの事を知っておりましたが）全く思いもかけないことを突然きいたわけなのでこれは驚くべき報告でありました。三土内相、岩田法相は、「アメリカ交付案はとうてい受諾できない」と言い、安倍文相は「日本側から提示したという松本案も、これは正式に閣議で日本側の案として決定したものではない。アメリカ案を反駁するならば、各閣僚の意見も十分聞いた上で、内閣として案をまとめたらどうか。かような重大問題に対しては、各閣僚の意見を充分発表する機会を与えてもらいたいものだ。各閣僚の意見が十分反映しないままで内閣の意見がきまつてしまうようなことになるのは遺憾である」と発言せられたが、この安倍文相の意見は、その時の多くの閣僚の心持ちであり、かかる重大な問題を、閣議の正式の決定を経ずして、いつの間にか松本案がそのまま内閣の確定した意見の如く進行してしまつているところへの不満の感情でもあつたように見受けられました。各閣僚の気持としては、一月末から二月初めに松本私案乃至甲案を一応閣議で検討したとは言え、それは内閣としての確定案をきめたわけではなく、先方よりの要求により、一応日本側の改正案を示し、更に先方の意見によつて適当に善処しようと考えていたものであり、このような驚くべき案が司令部から十三日に交付されたというなら、それこそ即刻閣僚に意見を聞き、その上で速かに司令部へ説明なり反駁をなすべきであるのに、十八日に松本国務大臣だけで追加説明を提出したことに非常に割切れないような気分があつた思います。それは、この日閣議に列席して、その場の空気に接した入江には、まざまざと感ぜられたのであります。(5)

(4)　さらに、三月五日の定例閣議における松本国務大臣による総司令部との交渉顛末の報告についてである。この日の入江メモには、同月一三日の総司令部案の提示（二月一九日の松本の閣議報告〔上述⑶参照〕）から始まって三月六日案の公表にまで至る閣内の模様が、入江自身の所感をも交えながら、克明に記されている。本手記の白眉をなす部分と言っても過言ではなかろう。

⑸　三笠宮の言葉が書きとめられた三月九日の手記は、用箋欄外に細かい字で綴られており、最後まで判読に難渋した箇所である。それは、当時、天皇退位の問題をめぐって皇族の間で様々な動きがあったことの一端を示すメモである〔なお、一九五四年の東大占体研では、「三笠宮から憲法改正につき担当官の話を聞きたいと申出があつたので、内閣側（総理、書記官長、法制局長官）の了承を得た上、入江は三笠宮の仮御所へ参上して、憲法改正要綱につき約二時間にわたつて御質問に答えました。」と語っている(6)〕。

当時の侍従長・木下道雄『側近日誌』の三月九日の項には、「三笠宮御来室。昨日の皇族〔懇談〕会に幣原首相の注意ありたる話、……御退位問題。」と記されている(7)。ここで、幣原の注意とは、二月二七日付『読売報知』が、天皇の退位について宮廷上層部の間で意見の対立があるが、天皇自身も適当な時機に退位したいと洩らされており、もし退位が実現した場合には、高松宮が摂政となろうと、AP通信東京特派員ラッセル・ブラインズ電として伝えた記事中の、次のような皇族の言動に関してである。

多くの皇族方も陛下の御退位に賛成だといふ。東久邇宮もそのひとりであるといはれる。総辞職後まもなく同殿下は陛下との御会見において皇族の御身分の放棄を申出られかつ御退位を提議されたが当時〝時機が熟してゐない〟との理由でこの両提案とも採用にならなかつたといふ(8)。

芦田均は、この記事が天皇ないし天皇制を維持しようと努力してきたマッカーサー司令部に「一大打撃たりしを推知しうべし」と、その日記に記したうえで、三月四日、幣原首相が松平宮内相から聞き出した当該記事の出所に関する情報を次のように記している。

幣原総理は昨日〔三月四日〕拝謁の際、陛下に対して読売記事に言及し、誠に困つたことを書いたものでありますと申上げたるに、あの記事の件は宮内大臣により聞けと仰せられたとて、委細の事情を談れたるが、宮相の談によれば其経緯は次の如し。

実は米国のＡＰ記者 Brines の電報の写しは我手にあり。その中に High personage of the Court とあるは東久邇宮なり。宮相は東久邇宮邸に出向したるに、殿下は顔を見るなり、宮内大臣は私を叱りに来たなと仰せられた。松平氏は殿下の御言辞が容易ならぬ影響を及ぼす旨を申上げたるに「宮相がそう言うなら、もう言はないよ」と仰せられたるにより、松平氏は重ねて、「殿下自ら御反省の上、今後慎むと申されるのならば兎に角、松平が言ふから止めると申さるゝ如きは甚だ心外であります」と言上した。

幣原総理は Brines の電報を詳細に翻訳して談りきかされた。皇族の多数が陛下の御退位に賛成であるとか、摂政は高松宮に極るであろうとか、退位反対は幣原と宮相のみだとか申されたことは MacArthur に一大打撃であると総理は繰返して言はれた。そして過日の三笠宮の御発言は如何なる御趣意であつのか、陛下にも御尋ねしたが、お上は「あれは極めて善意で悪意からではない」と仰せられたとも附言された。(9)

ここで、「過日の三笠宮の御発言」とは、二月二七日の枢密院本会議の席上、三笠宮が行った、「現在の天皇の問題について、又皇族の問題について、種々議論が行はれてゐる、今にして政府が断然たる処置を執らなければ悔ゐを残す虞ありと思ふ、旧来の考へに支配されて不徹底な措置をとる事は極めて不幸である。[10]」とする趣旨の発言であった。

木下は、この問題に関する天皇の言葉を、三月六日の日誌に書きとめている。

御退位につきては、それは退位した方が自分は楽になるであろう。今日の様な苦境を味わわぬですむであろうが、秩父宮は病気であり、高松宮は開戦論者でかつ軍の中枢部に居た関係上摂政には不向き、三笠宮は若くて経験に乏しいとの仰せ。東久邇宮の今度の軽挙を特に残念に思召さる。東久邇さんはこんな事情は少しも考えぬのであろうとの仰せ[11]。

なお、大宅壮一は、「秩父・高松・三笠宮論」〔一九三二年九月刊『仮面と素顔』〕において、三笠宮について、「近頃はよほどカドがとれてきたようだが」としたうえで、次のように論じている。

終戦直後は相当にラジカルな意見を周囲にもらしたり、公然と発表したりしたので、皇族中での最も左翼と見られた。事実かれは天皇兄弟の中で一番年が若く、感受性も鋭いばかりでなく、私有財産ももっとも少ない。すなわち皇族中での〝持たざるもの〟である。

……………………………………………………

天皇に対するかれの見解は一層大胆で、徹底している。

新憲法は新皇室典範で天皇の譲位を認めておらぬのは、人間天皇の最少の基本的人権さえ認めていないのではないか。強いて天皇の地位を去るには死ぬほかはない。

こういった立場から皇族会の席上でも、皇位継承権を一部皇族の人的プールの中に限定するのはよくないなどという意見を吐き、また皇族の婚姻を皇族会で決めるというのも、人間として遇していないからだと抗議しているという。(12)

入江が書き記した三笠宮の上記言葉は、こうした文脈のなかで、どう理解すべきか、検討を要するものと思われる。

(6)　三月一一日のメモも見落とせない。それは、これまで、松本が担当してきた憲法問題の国務大臣を金森にスイッチする動きを伝えるものだからである。この日、金森が楢橋書記官長を訪問した経緯について、入江は、東大占体研で次のように語っている。

さて事態がここまで来ると、石黒長官、入江次長、楢橋書記官長の三名は内閣の責任者としていよいよこの要綱に基いて改正案を立案しなければならない。松本国務大臣には従来の行きがかりもあり、しばしば捨鉢的言辞を弄せられるので、この点は幣原総理大臣も心配しているなぞの話合いが上記三人の間に交わされたが、楢橋書記官長は石黒長官及び入江次長に対し、いよいよ憲法改正案が議会に提出されることになるまでに、全く新しい気持で内閣の改正案立案に協力してくれる人が欲しいと思う、金森氏はどうであろうかとの話があつた。同氏は当時自由党の憲法問題調査会――多分こういう名称であつたかと思います――の委員をしておられたのであります。石黒、入江はこれに賛同、楢橋書記官長は幣原総理とも打合わせた上、三月十一日に金森氏に総理官邸へ来訪を乞い、楢橋氏から憲法改正につき内閣に協力を得たいこと、可能なる場合には国務大臣に奏宣したい旨を伝えて、同氏の承諾を得ております。（同氏は、間もなく内閣嘱託の辞令が発せられ、総理官邸に毎日こられて、入江、佐藤の相談相手となられたが、正式に国務大臣の辞令が発せられたのは六月十九日——吉田内閣——であった。）(13)

翌一二日のメモに付された「註」は、上記の事情が、簡潔ななかにも、余すところなく記述されている。また、三月一五日のメモは、松本が閣内で孤立してゆく様がビビッドに描かれており、本手記中、最も緊迫したものとなっている。

(7) なお、このほか、三月二六日から四月五日まで、口語化の動きが記されているが、これについては、「入江俊郎と憲法条文の口語化」と題した拙稿(14)において詳論したので、ここでは割愛する。また、四月十日の総選挙後の政変の内幕を伝える部分も興味深いが、すでに与えられた紙数を大幅に超えていることでもあり、立ち入る余裕はない。

四　むすびに

以上、入江手記の紹介とその記述に関する若干のコメントないし資料の補充である。従来の憲法制定経過に関する研究における——ささやかな——間隙を埋めるものとなれば幸甚である。

（1）入江俊郎『憲法成立の経緯と憲法上の諸問題』（第一法規、一九七六年）七七～七九頁。
（2）憲法調査会編『憲法調査会第五回総会議事録』（一九五七年）七～八頁。
（3）田中英夫『憲法制定過程覚え書』（有斐閣、一九七九年）四五～四六頁。なお、毎日新聞百年史刊行委員会編『毎日新聞百年史』（毎日新聞社、一九七二年）二二三頁参照〕。
（4）入江・前出注（1）一九八頁以下参照。
（5）入江・前出注（1）二〇〇～二〇一頁。
（6）入江・前出注（1）二五七頁。
（7）木下道雄『側近日誌』（文藝春秋社、一九九〇年刊）一六七頁。
（8）貴族院事務局調査部『憲法改正に関する諸論輯録』（一九四六年）二〇八頁。
（9）芦田均『芦田均日記　第一巻』（岩波書店、一九八六年）八九頁。
（10）芦田・前出注（9）八二頁。
（11）木下・前出注（7）一六五頁。
（12）大宅壮一『大宅壮一全集　第二三巻』（蒼洋社、一九八二年）三四二～三四三、二四四頁。
（13）入江・前出（1）二五七頁。
（14）中村睦男＝前田英昭編『立法過程の研究』（信山社、一九九七年）所収。

＊なお、二の本文中、〔　〕内は筆者の補足である。

Ⅱ 法の設計

議院法制局における法制度設計

笠井真一

一　近年における立法府の優位性

二　公職選挙法の改正——新連座制の導入

三　立法府における「法制度設計」ということについて

一　近年における立法府の優位性

法律をつくる、あるいは法制度を設計し構築するというのは、紛れもなく「国の唯一の立法機関」（憲法四一条）である国会の役割であり、責務である。

しかし、現実には、かなりの数の国民が、国会は、自ら法制度設計をするというよりは、ひたすら政府が作った原案（法律案）を通過させ、成立させる「儀式の場」に過ぎないと感じているのではないであろうか。国会での与野党の真剣な議論すらも、ある種のセレモニーなのではないかと。行政府に対して批判的な視点を持っている学者、評論家にしても、この種の、現実の国会の機能に対する過小評価という傾向は、相当に根強いように思われる。

無論、議院内閣制の我が国において、政府（内閣）から提出される法律案の数が多いのは当然である。ある程度細目的な事柄、技術的な事項については、国会が信任して作り上げた政府に任せるというのは、制度の本来予定するところであろう。しかし、国家の政策の大きな方向性、あるいは議会制民主政治の根幹に関わる事柄については、国民の直接代表である国会議員の集合体であり、「国権の最高機関」（憲法四一条）である国会が自ら決定すべきであり、特に近年は、実際、多くの国民が想像する以上に、こうした傾向が現実に強まっているように思われる。

その要因としては色々な事が考えられようが、ここでは、とりあえず、平成五年（一九九三）の細川政権の誕生による政権交代、いわゆる五五年体制の終焉と、もう一つ、近年における日本の政治、経済、社会における様々なシステムの行き詰まり、すなわち我が国全体が大転換をすべき時期を迎えているという現実、その二点を指摘しておきたい。

前者については、この政権交代により、共産党を除くすべての政党が政権与党を経験し、それまでは、いわば観念上の概念だった「政権担当能力」という言葉が、俄然現実味を帯びたことが大きいであろう。従前であれば、政府の提案に対する批判ないしは若干の手直しで済んだものが、今後は、自らの手で「創る」ことが求められようになったのである。

制度設計とは、単なる政策アピールや、運動論とは大きく異なるものである。一方当事者の利益だけをとにかく主張し、その実現を目指せば済むというものではない。何か一つ新しい事を始めれば、それにより利益を得る人もあれば、不利益を被る人もある。当たり前の事だが、全員が全員ハッピーになるなどということは、現実には殆どない。決してきれい事だけでは、済まされないのである。関係者の利害調整には膨大な手間暇を要し、反対の立場の者にも、最低限「わかった。自分は反対だが、それも一つの考え方だ」と納得させることが必要なのである。そこが、単なる政策アピール、運動論とは、決定的に異なる点なのである。

ある一つの構想（アイデア）を、タテ・ヨコ・ナナメに様々な角度から検討し尽くし、高邁な理念だけではなく、ドロドロとした現実の運用上の問題もすべてクリアして、初めて、「制度設計をした」と言えるのであり、その事を明確な形で国民に提示するためには、今のところ、「法律案」という形で示すのが、最も確実かつ効果的な方法なのである。

後者の点について言えば、行政府と立法府の本質的な違いが、その背景に横たわっていると考えられる。

いわゆる右肩上がりの時代、つまり黙って放っておいても社会全体のパイがどんどん拡大していくような時代においては、我が国の行政官僚機構は、結果として上手く機能していたと言えるであろう。行政の一貫性、継続性、前例踏襲主義は、人々の行動に予測可能性を与え、大多数の国民が一つの方向に向かって進むことにより、強者はもとより、弱者に対しても、それなりの「分け前」が保障された。

しかし、いつまでも無限に拡大するパイなどあるはずもなく、こうした価値一元的な社会は、一旦行き詰まりを見せると、今度は逆に、更に輪をかけて状況が悪化するという負のスパイラルを容易に引き起こす。一九九〇年代以降の我が国の状況が、まさしくそれである。成熟した多元的な社会に、従前の価値一元的なやり方は、もはや通用しなくなってしまったのである。

もっとも、行政の継続性、前例踏襲主義自体は、現在でも、必ずしも一方的に非難されるべきものではないのかも知れない。日々の行政の方針が、日替わりメニューのように次々と変わるようでは、国民は、戸惑ってしまうばかりであろう。元々、行政府というのは、内閣ないしは内閣総理大臣を頂点としたピラミッド型構造であり、一つの価値観に基づき決められた方向にまっしぐらに進むのには大変好都合であるが、刻々と変化する状況に対応するには、そもそも本質的に向いてないのである。

一方、立法府について言えば、立法府を構成するのは、国民から直接選挙された国会議員である。国会議員は、選挙民との日々の接触、また選挙という厳粛かつシビアな「洗礼」を通じて、社会の変化に機敏に即応できる本質を備えている。しかも、多様な価値観、多元的な社会の縮図が、民主的な手続（＝選挙）によって、政党間の勢力比という形で、国会に見事に反映されている。国会での議論、交渉、妥協のプロセスを経た結果は、たとえ時間はかかろうとも、多元的な社会における多種多様な利害のすり合わせの結果そのものなのである。従前のやり方に余りしがらみのない立法府は、法的にも、また現実的にも、その民主的な正統性を背景に、大胆な方針転換を行い、国政に新たな方向性を与え得る、まさにそういう存在なのである。

そのような存在である立法府が、時に、本来一体であるはずの政権与党と政府との対立を孕みながら自らの手で法制度設計を行っていることは、余り国民に知られてはいないのではないか。

近年の顕著な例で言うならば、商法改正(1)、金融再生関連法(2)が、その典型例であろう。従前であれば、政府の法制審議会において学者を交え何年にもわたり延々と議論を重ねた末に、ようやく改正案が提出される商法改正。この国家の基本法典の一つである商法典の改正を、我が国経済の変動に即応するため、与党の国会議員自ら制度設計を行い議員立法で実現していることは、もっと評価されてもいいように思う。

金融再生関連法に至っては、従前の大蔵省主導の護送船団方式による金融行政の行き詰まりが頂点に達する中、野党が提出した法律案をベースに、与野党の「政策新人類」と呼ばれた議員達が、行政府の官僚抜きで、まさに一つのテーブルを挟んで議論をし、お互い歩み寄りながら金融危機を乗り越える方策を実現したのである(3)。金融行政という裁量行政の最たる分野に、立法府が真っ正面から切り込んでいった、まさにエポックメーキングな出来事であった。

国民の意識の中に深く根付いた行政府中心の政治運営という幻影を解くのは、容易なことではない。たとえ立法府が主導的、実質的に決定した事でも、その実施は、現実には行政府の手によってなされるため、往々にして、立法府の果たしている役割はかすみがちである。やはり、そのためには、真剣に行われた議論の具体的中身、議論に費やされる時間、具体的な成果などについて、立法府自らが、国民に向けて、一つひとつ丹念に説明していくほかないであろう。

本稿では、そのささやかな一助として、筆者が実際に法制度設計を経験したものの中から、専ら立法府主導により実質的な政策決定が行われた一つの例について、触れてみることとしたい。

二　公職選挙法の改正――新連座制の導入

今から約九年ほど前の平成六年（一九九四）一一月、公職選挙法の改正(4)により、その外見的な仕組み自体はよく似ているものの、従前の連座制とは本質的に性格が大きく異なる、全く新しい連座制が導入された。この新たに導入された連座制（一般には、「新連座制」、あるいは「拡大連座制」と称されている）について、導入に至る経緯と背景、その法的性格、従前の連座制との質的な相違点を中心に、議会における法制度設計の一例として、若干の考察を試みることとしたい。

なお、同じ年の二月には、衆議院議員選挙への小選挙区比例代表並立制の導入を内容とする公職選挙法の大改正(5)が行われ、その際、従前の連座制についても比較的大きな改正がなされているので、その点に関しても、適宜、言及することとする。

1　「選挙法」という分野の法律

政治の時代、議員立法の活性化などと言われ始めてから随分久しく、昨今は、議員立法の制度設計を補佐する組織である衆議院法制局においても、恒常的に、与野党を問わず、かなりの件数の立案依頼を受けているのが現状である。(6)

中でも、「選挙法」と言われる分野は、議員の身分や、政治活動、選挙活動に直接関わる分野であるので、以前から、議員立法が中心的役割を果たしている。(7) その最も典型的な法律である公職選挙法や政治資金規正法も、元来議員立法によって制定された法律であり、加えて言えば、成立する法律だけでなく、提出段階にとどまる法律案、更には、正式の提出にまで至らない段階の案も含め、議院法制局に対する依頼件数が非常に多いというのが、特徴であると言えよう。

また、この分野の法律は、提出に至るまでの段階で紆余曲折をたどることが多く、国会に提出された後も、各党各会派、議員一人ひとりの利害と直結するだけに、議員の関心も非常に高く、熱のこもった国会審議が行われる。各党各会派の主張が正面からぶつかり合い、純粋の法律論だけではなく、政治の在り方、国家の在り方にまで議論が及ぶことも決して珍しくはない。

「選挙法」とは、当選者＝議員を選ぶための単なるルールに過ぎない、などというものでは決してなく、議会制民主政治を支える最も基礎的かつ重要な法分野である。選挙制度の在り方、仕組み如何が、国民代表の選出結果を変え、国民の政治的意思の国政への反映のされ方を大きく左右することになるのである。その意味で、最も議員立法にふさわしい法分野の一つと言えるであろう。

ところで、選挙法の分野は、ここ一〇年位の間、様々な重要な改正が行われた。しかし、本稿では、世間一般の注目を集めやすい小選挙区制の導入、選挙区割りや定数是正といったことよりも、比較的地味ながら、平成六年一一月に新たに導入された、いわゆる「新連座制」に光を当ててみたい。地味な分野ではあるが、従前の選挙運動の在り方を大きく変える契機となるものであり、制度導入後、この間、少しずつではあるが、着実に選挙浄化、腐敗防止の成果を発揮しているからである。

2　連座制の転換点——その背景

連座制という制度そのものは、約八〇年前、大正一四年（一九二五）の「衆議院議員選挙法」の全部改正の際に、既にその原型が作られている。(8)

当初の連座制は、「選挙事務長」が買収等の選挙犯罪を行った場合と、「選挙事務長及びその職務代行者」が法定額を超過して選挙運動費用を支出した場合に限って、当選人の当選を無効とするもので、その対象者は、極めて限定されていた。その後、連座制の適用対象者は、選挙運動を事実上総括主宰した者（総括主宰者）に拡大されるなど、徐々にその内容が整備されていき、現行の昭和二五年（一九五〇）に制定された公職選挙法にも、この仕組みは基本的に受け継がれている。連座制は、その後も何回か改正が行われ、いわゆる地域主宰者や、候補者の親族の選挙犯罪にまで拡大されるなど、逐次強化されてきている。

この連座制が大きな転換点を迎えたのが、平成六年（一九九四）である。この年は、衆議院議員選挙に、現在の「小選挙区比例代表並立制」が導入された年に当たるが、連座制という視点から見ると、一年のうちに、二度の大改正があった年ということもできる。

衆議院の選挙制度の改正は、平成三年八月の海部内閣時代に、第八次選挙制度審議会の答申（平成二年四月）を受けて行われた最初の小選挙区比例代表並立制の提案（政府提出）に始まり、以後、平成五年四月の宮沢内閣時代の小選挙区制（自民党提出）(9)、そして同年九月に自民党政権に代わって政権に就いた細川連立内閣の下での小選挙区比例代表並立制の提案（政府提出）というように、政府与党からの提案内容自体が、めまぐるしく変わった。そして、平成六年一月の、細川護熙内閣総理大臣と河野洋平自民党総裁による、いわゆる「総総合意」を経て、ようやく、現在の衆議院小選挙区比例代表並立制が成立したのである。

この小選挙区比例代表並立制という選挙制度のうちでも、特に「小選挙区制」の部分については、それまでの中選挙区制が、同じ政党内での候補者同士の選挙区向けサービス合戦になって、金のかかる選挙の最大の原因であると批判されたため、これを政策本位、政党本位の選挙に変えていくために出てきた制度、のはずであった。ところが、いざ小選挙区制の実現という局面になると、「本当に金のかからない選挙が実現するのか」という、今更ながらの根源的な疑問が、少なからぬ数の議員から呈されるようになり、むしろ小選挙区制は「勝つか負けるかの一騎打ち」であり、以前にも増して選挙に多くの金がかかるのではないかという見方も、急速に拡がっていくことになる。金のかからない、政策本位であるはずの選挙制度が、かえって金権選挙の温床になるかも知れないというのでは本末転倒も甚だしいのであるが、新しい選挙制度の実施を間近に控えて、そうした懸念が現実味を帯びて語られるようになってきたのである。

こうした事態に対処するための制度の一つとしては、先に述べたように、大正一四年という、かなり昔から、「連座制」という独特の制度があるのだが、後に述べるように、従来型の連座制は、連座制の適用対象者が、総括主宰者、出納責任者、地域主宰者、親族など、いわゆる選挙運動体における「大物」に限られていたため、現実にはなかなか機能せず、選挙浄化の役割を十分に果たすことができなかったのである。(10)

3　従来型連座制

ここで、平成六年に導入された新連座制について説明する前に、まず従来型連座制について記述することとしたい。

この制度は、候補者又は立候補予定者（以下「候補者等」という。）と一定の関係のある者が買収等の重い選挙犯罪を犯した場合には、候補者等本人は何も選挙犯罪は犯していなくても、候補者等本人の当選を無効にし、かつ、候補者等は、五年間、「当該選挙に係る選挙区において行われる当該公職に係る選挙」に立候補することができなくなるものである。

まず最初に、連座制の対象となる選挙の種類については、衆議院の比例代表選挙を除く、すべての国政選挙、地方選挙に適用がある。この点に関して、なぜ衆議院比例代表選挙には連座制の適用がないのかということであるが、現在の公職選挙法の仕組みでは、衆議院比例代表選挙において選挙運動の主体は候補者（名簿登載者）個人ではなく、比例名簿を届け出た政党自身ということになっており、しかも、各政党の獲得した得票数に応じて議席が配分され、名簿の登載順に当選人が決まるという仕組みになっているからである。仮に、衆議院比例代表選挙に連座制を導入するとすれば、その総括主宰者に該当するのは、例えば政党の選挙対策本部長ということになろうが、このような地位にある者が買収等の選挙犯罪を犯した場合に、いざ当選無効の効果を生じさせようとしても、その買収等の犯罪行為が、具体的に誰の当選に寄与したのかという点については、極めて不分明である。つまり、連座制を適用すべき候補者等が、具体的に特定できないのである。それならば、その政党の比例名簿登載者全員を連座の対象者、すなわち当選無効にしたらどうか、という議論もあるかも知れないが、そうすると今度は、有権者である国民が投票によって示した意思を、余りにも不当に歪めてしまう結果となってしまい、著しく妥当性を欠くことになる。したがって、衆議院比例代表選挙に連座制を導入することは、極めて難しいことであると言わざるを得ないのである。なお、この点については、後に述べる新連座制でも、事情は、全く同じである（なお、参議院の非拘束名簿式比例代表選挙においては、名簿登載者自身の選挙運動が認められており、その部分については連座制の適用はある。ただし、その場合でも、その者の当選のみが無効になるだけであって、その政党の当選人数枠全体には影響はない。基本的には、政党選挙、政党投票のシステムだからである)。

次に、候補者等と一定の関係のある者（の犯した選挙犯罪）という点であるが、具体的には、対象者は、①総括主宰者、②出納責任者、③地域主宰者、④候補者等の父母、配偶者、子又は兄弟姉妹、⑤候補者等の秘書ということである。

総括主宰者とは、ある候補者のための選挙運動の行われる全地域にわたって選挙運動の中心勢力となり、ある期間、継続して、選挙運動に関する諸般の事務を総括して指揮する者をいい、一般には、「選挙参謀」、「選挙事務長」などと称される人が、これに該当することになる。また、地域主宰者とは、いわば選対の「地域支部長」のような存在で、候補者本人か、総括主宰者から定められることが要件となっている[11]。いずれも、実体的な判断、認定に基づく概念であり、選挙管理委員会への届出などは、一切必要はない。これに対し、出納責任者は、選挙管理委員会に必ず届け出ることになっている。出納責任者は、候補者の収支を一元的に管理する者で、原則として、出納責任者だけが選挙運動に関する支出をすることができることになっている。しかし、こうした違いはあるものの、総括主宰者、地域主宰者、出納責任者は、いずれも選挙運動体の実質的な機能面に着目した概念であるといえる。

一方、候補者等の親族と秘書は、ただ単に、親族だから、秘書だから、という一点をもってしては、必ずしも選挙運動とのつながりは出てこない。候補者等の選挙と無関係に暮らしている親族もいるし、選挙期間中、地元ではなく、ひたすら東京事務所の留守を守っているだけの秘書もいるからである。では、なぜ、親族と秘書が連座制の対象者に挙げられているのかいうと、それは、これらの者が候補者等と意思を通じて選挙運動を行う場合には、候補者等本人の身代わり、名代的な役割を担うことが、経験則に照らして言えるからである。したがって、候補者等、総括主宰者、地域主宰者と「意思を通じて選挙運動をした」という要件と、「禁錮以上」という比較的重い刑に処せられた場合という要件を付加した上で、連座制の対象者に挙げているのである。

なお、秘書について付言すると、候補者等の側から、「彼は、勝手に私の秘書と名乗っているだけで、本当は私の秘書ではない」という主張がなされることが想定されるため、候補者等が「秘書」という肩書きを使用していることを承諾し又は容認している場合には秘書と推定する、という推定規定を置いて、その実効性を担保している。

以上のことを前提にして、従来型連座制の本質を述べると、以下のようなものであると考えられている。

候補者等と関係の深い一定の重要な地位にある者、例えば、総括主宰者、出納責任者のような選挙運動体の中心メンバーや、親族、秘書のような候補者等の身代わり的な存在の者が、買収等の重大な選挙犯罪を犯した場合には、その候補者等が選挙で仮に当選したとしても、その選挙というのは、いわば選挙運動全体が、真っ黒な選挙運動によって行われ、その候補者等の得票には、(買収等により)選挙人の自由意思を害した不公正な得票がかなりの数含まれていると推認できる。したがって、そのような客観的に不公正な選挙運動によって得られた不公正な結果は、一旦帳消しにして、もう一回選挙をやり直すのが、選挙の公平、公正を維持するためには必要である。簡単に言えば、これが従来型連座制の本質だと考えられている。

そして、「当選無効」という連座制の効果については、候補者等本人に対する「制裁」ではなく、選挙の公正を回復するための特別の措置であると説明される。だからこそ、候補者等としては如何ともしがたい(すなわち責任を問い得ない)、相手陣営からの「おとり」や「寝返り」により選挙犯罪が引き起こされた場合であっても、客観的に不公正な選挙運動により得られた結果には違いないという理由から、当選無効の成否には、なんらの影響を及ぼ

いう経緯がある。(12)

さないことになっている。もっとも、この「おとり」や「寝返り」の場合について、実は、かつては、当選無効の適用を除外していた時代もあったのであるが、実際には、「おとり」でも「寝返り」でもないにもかかわらず、候補者等の側が、裁判でこれを長期に争う、という事情があったので、その経験に照らし、今のような形になったという経緯がある。[12]

それはともかく、なぜ、連座制による当選無効の制度が制裁とはされていないのかというと、やはり近代法の原理においては、各人は、自己の行為にのみ責任を負い、他人の行為には責任を負わないという自己責任の原則があるからである。いくら候補者等と関係の深い者と言っても、法律上監督責任でもあれば別であるが、選挙運動というのは、基本的には、「この人を当選させたい」と思う人が自由に集まって運動体を作り、候補者等を当選に導くというのが建前であると従来は考えられており、他人の行為によって本人に責任を負わせることはやはりできない。そういう考え方が、背後にある。

ただ、何とか連座制の適用があったとしても、候補者等が連座裁判[13]を長期に争って、当選無効の判決が出たときには、既にその選挙の任期は終了してしまっているというのでは、せっかくの制度が無意味になる。そこで、そうした「逃げ道」を塞ぐため、言い換えれば、連座制の実効性を担保するために、当選無効のほかに、新たに、平成六年二月の改正で、同一選挙区からの五年間の立候補制限という効果が加えられた。既にその前々年に改正が行われた、公判期日の一括指定をその内容とする、いわゆる「百日裁判」制度の強化[14]とも相まって、連座制の実効性を確保しようとする試みが取り入れられることになったのである。

4　立候補制限の性格

この立候補制限という制度は、理論的にも興味深い制度である。よく似た制度に公民権停止というものがあるので、それとの対比で見ていくことにする。

まず、公民権停止についてであるが、これは言うまでもなく、選挙権（投票権）と被選挙権の双方を奪うものである。そして、公民権が停止されている間は、すべての選挙の、すべての選挙区で、投票することも、立候補することもできない。また、既に公選による公職に就いている場合には、直ちにその地位を失い、公民権停止期間中は、選挙運動自体も一切できなくなる。

これに対して、平成六年二月の改正で導入された立候補制限は、同じ選挙の、同一選挙区での立候補が禁止されるだけなので、例えば、衆議院議員選挙の東京都第一区で立候補制限を受けても、北海道第一区では立候補できるし、参議院議員選挙の東京都選挙区でも、東京都知事選挙にも、立候補することは可能である。

確かに、立候補制限は、見方によっては、公民権のうち、被選挙権の、それも極く一部の被選挙権の停止という見方も出来ない訳ではないが、当時の実務レベルの議論では、少なくとも、そのような説明はしていない。理由は、やはり、他人の行為により不利益な結果（公民権停止は、厳密には、刑法総則でいうところの「刑」そのものではないが、選挙権、被選挙権という、憲法の保障する国民の最も重要な基本的人権の一つを奪うものであり、没収と同様、付加刑的な性格の一種の制裁であるとされており、刑事裁判においても、例えば、公民権停止の期間の長短を、「刑の量定不当」（刑事訴訟法第三八一条）の理由として争うことができることとされている[15]）を本人に及ぼすことになるので、近代法の原則である自己責任の原則からは、説明が難しいからである。除外事由も、相手陣営と意思を通じた「おとり」、

「寝返り」だけで、完全に自己責任原則に立った制度とは言い切れないからである。

では、この制度をどう説明するかというと、連座制の最も重要な効果である当選無効、その当選無効の制度の実効性を担保するための制度であると説明することになる。つまり、連座制による当選無効の制度は、候補者等が、その選挙の任期いっぱい裁判を争えば、仮に何年か後に当選無効の裁判が確定したとしても、そのときには、既に当初の選挙の任期は終わっており、かつての候補者等は、社会的なダメージを受けることはあったとしても、法的な身分（公職の地位）には全く変動がない。しかし、この立候補制限の制度があると、いくら長期間裁判を争っても、いつの時点か判決が確定すれば、その後の選挙には、当該選挙区から五年間は立候補が出来なくなる。(16) 五年間というと、その間には、最低でも選挙が一回は入るので、そうなれば、その候補者は、政治生命を絶たれたも同然になる。そのような実際上の効果を狙って導入された制度である。なお、付言すれば、立候補制限の規定は、当選無効とは異なり、落選者にも適用がある。その意味では、効果はかなり厳しいものがある。

この制度が、当選無効の制度を補完し、その実効性確保するための制度であるとするならば、その効果の及ぶ範囲も、本来の当選無効の範囲内に収めるべきであるというのが論理的な帰結になる筈で、やはり、同じ選挙の、同一選挙区からの立候補禁止という限界は、どうしても出てこざるを得ないのである。

この点については、連座制の制度上の不備であると批判されることも多く、そうした批判の多くも、現実にその後別の選挙に立候補し、当選した者がいるという実際例を踏まえてのものであろうかと思われる。また、当選無効とは異なり、不十分とは言え一定の除外事由（おとり、寝返りの場合）が定められており、やはりそれは、制裁としての性格を拭い切れないからこそ、候補者等にとってはやむを得ない「おとり」、「寝返り」の場合を除外（免責）しているのではないかとの反論も、全く成り立ち得ない訳ではなかろう。

しかし、この制度が、沿革的に見れば、先に述べたような理論構成、すなわち当選無効の制度の実効性を担保するために生まれてきた制度であるということは、やはり重視されてよい。一定の除外事由が設けてあるのも、立候補の制限という客観的な効果（つまり、結果としての権利の制限という重大な効果）からくる一定の限界線なのであって、そのことが逆に立候補制限の制裁性を裏付けているとまで言い切るのは、言い過ぎであろうと思われる。

この種の問題を考える際に、見落とすべきではない二つの視点を挙げておきたい。

一点目は、いくら選挙運動が不公正な方法で行われたとはいえ、連座制とは、多数の有権者、つまり国民の、最も重要な権利であり、議会制民主政治の正統性の根拠でもある投票権の行使の結果を、裁判所の一片の判決でひっくり返してしまう制度であるということであり、もう一点は、候補者側に立てば、制度の仕組み方いかんによっては、結果として、選挙権、被選挙権という憲法上最も重要な権利を不当に奪いかねない制度であるということである。こうした視点を抜きにして、情緒的にのみこの問題を批判すれば、事の本質を見誤るおそれがある。このことは十分強調しておきたい。

以上のような考え方で、従来型連座制はできているのであるが、これに対して、もう一つ別の新しい類型の連座制を設けようというのが、新連座制なのである。

5　新連座制（拡大連座制）

今まで述べてきた従来型連座制は、いわば古典的な、おみこし型の選挙、すなわち、「あの人を当選させたい」という善意の人々の選挙運動を念頭に置いているということは、既に述べた。これに対し、新連座制は、選挙運動体を徹底的に組織化し、いわゆる会社ぐるみ、団体ぐるみ、地域ぐるみで行う選挙のイメージを前提に作られている。こうした運動体は、決して、「あの人を当選させてあげたい」というような素朴なものではない。候補者側が、常日頃から徹底的に組織を作り上げ、維持し、その組織が、いざ選挙となれば、まさに「集票マシーン」と化す、そういう性格のものである。良い、悪いの価値判断は別にして、現代型選挙の実態そのものである、こうした組織的な選挙運動という姿を念頭に置いて作られたのが、新連座制なのである。

もし、現実の選挙運動の実態が、このように候補者等が自ら主導して組織作りを行い、そうした社会的な機能集団の頂点に立って、選挙運動という社会的行為を組織的に行い、その結果、当選という成果を得ているとするならば、候補者等に対し、ある種の法的義務を課し、それに対する責任を問うということは、論理的には可能になると考えられる。新連座制は、基本的には、こうした考え方の上に立っている。

この、ある種の法的な義務とは何か。それは、組織を使って選挙運動をする以上は、その組織が選挙違反を行うことのないよう、候補者等の側が、徹底的にその運動体を監視する義務がある、ということである。言い換えれば、候補者等自身に、選挙浄化の責任を負わせようとするものである。運動体を監視すると言っても、何も特殊なことをする必要はなく、要は、選挙違反を行わないよう、つまり公職選挙法を遵守して選挙運動をするように十分監視をするということだけである。

ただ、候補者等の側にしてみれば、選挙に勝つだけでも大変なのに、それに加えて、自分の組織が選挙違反をしないよう常に監視していないと、せっかくの当選も無に帰することになりかねないということで、現実には、相当厳しい効果がある。今まで組織の行う選挙運動の実態に無頓着であった候補者等も、今後は、運動体の隅々まで目を光らしていないと、安心して選挙運動が行えなくなるのであり、逆に言えば、これくらいしないと腐敗選挙、選挙腐敗行為は根絶できないのだという、立法府の強い危機意識があったからこそ実現したものである。

これほどの厳しい法律改正が、目立った反対もなく、比較的スムーズに成立したことは、当時の立案担当者には正直言って驚きであった。これには、当時の複雑な政治事情が、多分に影響していると思われるので、若干横道にそれるが、それに触れておくこととする。

(1) 新連座制の導入の政治的背景

この新連座制は、現在は自由民主党に所属されている、保岡興治衆議院議員の構想に端を発するものである。

新連座制が導入された平成六年一一月がどのような時期かというと、自民党が一度野党に転じ、細川連立内閣の誕生（平成五年八月）、羽田内閣（平成六年四月）を経て、いわゆる「自社さ」による村山連立内閣が誕生し（同年六月）、自民党が再び政権与党の座に復帰した頃に当たる。

実は、保岡議員から連座制の強化について最初に衆議院法制局に相談があったのは、かつての自民党単独政権下の時代に遡る。議員は、従来型連座制では、その対象が限定され過ぎていて、小選挙区制導入に際して予想される激しい選挙戦に適切に対応できないのではないか、とのお考えから、熱心に、連座制の強化、選挙運動の浄化について、諸外国の立法例も参考にしながら研究を重ねられ、今の新連座制の原型へとたどり着かれたと伺っている。

議員は、主に、自民党内の政治改革本部や選挙制度調査会の主要なメンバーとして腐敗防止策の検討を続けられていたが、当初は、他の議員からもそれほど目立った反応はなかった。ところが、そうした状況が、宮沢内閣不信任案の可決、衆議院の解散、自民党の総選挙敗北、政権交代、自民党の政権与党復帰という劇的な経緯を経て、一変することになる。

保岡議員は、この時期、つまり村山連立内閣の誕生の時期には、永く所属していた自民党を離れ、野党の統一会派である「改革」に所属されていたのであるが、折しも、政治改革、選挙制度改革が政治の世界の最重要課題になっていたので、この連座制の強化という保岡議員の構想は、一気に、注目を集めることになったのである。そして、この新連座制の構想が、野党「改革」の重要政策に採り上げられ、平成六年九月三〇日に法律案提出、というように事態が推移していったのである。これに対し、与党である自民党も、保岡議員の構想が、元々は党の正式機関で議論されていたということもあり、野党案の提出後、間髪いれずに法律案提出（与党三党案）ということになった。野党の法律案提出からまだ一週間も経っていない、一〇月四日のことである。

つまり、与党と野党から、非常によく似た内容の二つの法律案が衆議院に提出されるという、異例の事態が生じたのである。細かいところで、数点違うところはあったが[17]、ほぼ同じ内容の法律案が出揃うことになったのである。その後両案は、与野党で調整の上、「併合修正[18]」という、これまた異例の方法で一本化され、現在の新連座制の導入を内容とする公職選挙法の一部を改正する法律が、同年一一月二一日に成立したのである。

(2)　新連座制の仕組み

ここで、新連座制の概要を簡単に説明することにする[19]。

この新連座制は、繰り返し述べているように、現在の選挙運動が、組織を動員した運動が主流であるということを踏まえ、これに効果的に対処できるような仕組みになっている。と同時に、これは、この制度の最大の眼目であるのだが、いわば、「候補者本人帰責型」とでもいうべき性格をもっており、候補者等に対して、従前にはなかった「選挙浄化に関する厳しい責任」を負わせ、候補者等自らの手で、徹底的な選挙浄化を行わせることにより、腐敗選挙の、まさに「一掃」を図ろうとするものとなっている。

新連座制の要件についてであるが、まず、①選挙運動を行う組織があること、次に、②候補者等と、その選挙運動を行う組織（具体的には、その組織の総括者）が、当該組織により選挙運動が行われることについて、意思を通じていること、が要件になる。その上で、当該選挙運動組織の中に、「組織的選挙運動管理者等」という概念を新たに作り出し、この「組織的選挙運動管理者等」の要件に該当する者が買収等の重大な選挙犯罪を犯して禁錮以上の刑に処せられた場合に、候補者等の当選を無効とするとともに、五年間の立候補制限を課そうというものである。

選挙運動組織と候補者等が「意思を通じて」いる、というのが要件になっているのは、このような場合には、候補者等は、当該組織により自分が当選するための選挙運動が行われることを了解しており、その選挙運動を自らの当選のために利用しているという関係があり、また、候補者等と選挙運動組織（具体的には、組織の総括者）が、組織で選挙運動を行っていることを相互に了解している以上、候補者等が選挙浄化を徹底させようとする場合にも、当該組織の協力を得ることが可能である、といった関係があるからである。

この「組織的選挙運動管理者等」という概念については具体的な定義があって、三種類のものが挙げられている。すなわち、候補者等と意思を通じて組織により行われる選挙運動において、①選挙運動の計画の立案若しくは調整を行う者、②選挙運動に従事する者の指揮若しくは監督を行う者、③その他選挙運動の管理を行う者の三者である。

最初の「選挙運動の計画の立案若しくは調整を行う者」とは、例えば、ビラ貼り・ポスター貼りの計画、個人演説会の計画、あるいは街頭演説の計画を立てたり、その調整をする者のことで、いわば、その選挙運動組織において、「司令塔」的役割を果たす者のことである。

二番目の「選挙運動に従事する者の指揮若しくは監督を行う者」とは、ビラ貼り、電話作戦等の選挙運動に当たる者の指揮監督を行う者で、運動の前線のリーダー的な存在とでも言うべきものである。

三番目の「その他選挙運動の管理を行う者」には、選挙運動の方法、分野を問わず、選挙運動の様々な局面で運動を仕切ったり、後方支援的な活動の管理を行う者が広く含まれている。

細かい説明をするとこのようなことになるのであるが、要は、「組織的選挙運動管理者等」という名称にも現れているとおり、これらはすべて、「選挙運動の管理を行う」という側面に着目した概念であるということが重要なポイントである。なぜかと言うと、選挙運動体においては、これらの者は、運動体の個々の構成員（運動員）の行う選挙運動の在り方を決定し、あるいは実行させる地位にあるリーダー的存在なのであるから、このような地位にある者が一旦選挙腐敗行為を行えば、当該組織の他の運動員に与える事実上の影響力は大変大きく、選挙腐敗行為が、更に広範かつ悪質に行われることになるおそれが、非常に大きいからである。逆に言えば、候補者等の側が、このような地位にある者をしっかりと監督し、押さえていれば、選挙腐敗行為を相当程度防止することができるということにもなる。

これを更に進めて、末端の選挙運動員にも対象を拡げるべきだとの議論もあろうかと思われるが、これについては、選挙人の示した投票結果を不当に覆すことにはならないかという点や、候補者等に選挙浄化責任、つまり、相当の注意義務を尽くすべきことを法が命じているので、これとの関係で、候補者等に余りに過酷な義務は課せられないのではないかということがあるので、とりあえず今のところは、このような仕組みになっている。ただし、この「組織的選挙運動管理者等」は、従来型連座制において総括主宰者、地域主宰者、秘書等に対象者が限定されているのとは異なり、組織の上層部から末端に近い責任者まで幅広くカバーしているので、実際上の適用範囲は、相当広範囲にわたるものである。

候補者等の選挙浄化責任を問う、と言う以上は、候補者等が、法律上求められている義務・責任を十分果たした上でも、なお買収等の選挙犯罪が発生した場合には、候補者等は免責されなければならないはずである。したがって、この新連座制においては、候補者等が、「組織的選挙運動管理者等」が買収等の選挙違反を犯さないよう相当の注意をもって防止措置を講じていた場合には、免責、つまり、五年間の立候補禁止だけでなく、当選無効も課されないことになっている。当選無効に例外的な免責条項を置いていない従来型の連座制とは、この点が大きく異なっている。このほか、「おとり」、「寝返り」により買収等の犯罪が行われた場合、つまり相手陣営と意を通じた自陣の運動員が、候補者等を積極的に陥れるために買収等の選挙犯罪を犯した場合も、こうした確信犯は、候補者等がいくら注意義務を尽くしても防止することはほとんど不可能であるので、同様に、当選無効、立候補禁止ともに、免責としている。

ここで再度繰り返すが、従来型連座制は、決して候補者等の責任を問うという仕組みではなく、不公正な選挙運動で得られた結果を一旦覆し、選挙の公正を回復するという点に制度の根拠があり、一方、新連座制は、まさに候補者等の選挙浄化に対する責任を問う、という理念で成り立っている。また、想定している状況も、従来型連座制は、選挙運動がどのような形態で行われようがそれとは無関係に、客観的に見て、選挙運動を総括主宰した者、地域主宰した者、あるいは出納責任者、秘書、親族という者達が買収等の選挙犯罪を行った場合に、候補者等の側の事情、つまり注意義務を尽くしたかどうかというような事情とは一切無関係に連座の効果が生ずる（反面、連座制の対象者は、運動体の中心人物に限定されている）のに対し、新連座制は、候補者等と組織が意思を通じて選挙運動を行った場合、候補者等に、その組織の末端の運動責任者までをも含む「組織的選挙運動管理者等」が選挙違反を行わないよう、相当の注意を払うよう義務付け、これに違反した場合の責任を問う（逆に言えば、注意義務を尽くせば、責任は問われない）、という構成になっているのである。両者は、連座制による当選無効及び五年間の立候補制限という法律上の効果は全く同じであるが、そのよって立つ理論構成は大きく異なっているということを、再度強調しておきたい。そうした観点から言えば、この新しい連座制を称して「拡大連座制」というのは、若干ミスリーディングな表現であると言える。

6　新連座制に対する批判

従来型連座制に対するのと同様、この新連座制に対しても、例えば、これでは、くら替え立候補を阻止できないではないか。選挙浄化を徹底するためにも、更に進んで、全ての選挙の、全ての選挙区から、立候補できないようにすべきではないか、という指摘がなされることがある。現に、知事選で新連座制の適用を受けた候補者が、その後の市長選挙で当選するという事態も生じている。

確かに、新連座制については、従来型連座制とは異なり、候補者等本人の責任を問うという構成になっているので、新連座制の効果を拡大せよという議論は、一応は、あり得るかも知れない。しかし、この問題は、単に、候補者等個人の責任を問えば済むという問題ではない。曲がりなりにも、その候補者等に投票した、何万、何十万という選挙民の意思を、裁判所の判決一つで、一気に覆してしまうという、重大な結果（効果）を伴うものである。いくら選挙浄化責任を法律で問うたのだから、その責任は負うべきだと言っても、候補者等本人が選挙違反を犯した訳ではないし、相当の注意を払わなかったからといって、直ちに、憲法上基本的な権利である選挙権、被選挙権を剥奪してしまうと言うのは、行為との均衡上、かなり問題があるのではないかと考えられる。少なくとも、もう少し今後の状況を見極めた上で判断しても、決して遅過ぎることはないのではないかと思われる。

最初の方でも述べたように、選挙法という分野の法律は、現実の政治や世論の動向と深く関わっている。この分野の法律が、純粋の法律論だけですまされないのは一面において真実なのであるが、その一方で、憲法上の重要な論点が潜んでいるのも、これまた事実である。こうした様々な点に目配りをしながら、しかも現実の政治や世論の動向から大きく外れることのない法改正、法制度設計を行うことは、実は、相当に神経を遣う作業なのである。

三　立法府における「法制度設計」ということについて

ここ一〇年位前から、公共政策、法制度設計、政策法務、立法政策学などという一連の言葉に出会う機会が多くなった。実際に、これらの言葉が一体何を意味するのか、どういう事柄を内容とするのかについて、今ここで分析的に述べるだけの用意はない。ただ、これまで、衆議院法制局における法制度設計の仕事に携わってきた者の一人として、その経験から漠然と感じていること、それを最後に記して、本稿を終えることとしたい。

私が思うところでは、要するに、最初の出発点、つまり、「現在の状況は、どこか変だ」、「こんな制度があれば……」、といった漠然とした問題意識から、いかにして最終的な到達点、着地点、出口を目指すのか。いかにして、合理的、合目的的な解決策を見つけ出すのか。その過程そのものが、言われるところの公共政策、政策法務、法制度設計というものではないだろうか。我々は、日常的に無意識のうちにこうした作業を繰り返しているが、これを一度自覚的に捉え直し、再構築してみることは、非常に意味があると思う。

議員立法の最初の出発点、議院法制局に対する最初の依頼のきっかけには、様々なパターンがある。議員の先生から電話がかかってきて、議員会館の事務所に呼ばれる。あるいは、電話一本で、ざっと要件が伝えられる。あるいはまた、何の前触れもなくファックスが送られてくるケースもある。いずれの場合であっても、その瞬間から、議員と議院法制局との共同作業、法制度設計作業が開始するのである。

ただ、議員の最初の「着想」が、全くそのままの形で法律になるということは、必ずしもない。そこから、いかにして、最初の着想を――これには色々なものが混沌として混じり合っていることも多いが、それをいかにして法律的に解きほぐし、分析していくか。雑多な、様々な問題が含まれているように見えても、実は、一番の本質的な原因はどこにあるのか。どこが本当の原因、コアの問題なのか。どこが問題のエッセンスなのか。どこを解決しさえすれば、問題はクリアされるのか。ある意味、余分な贅肉を「そぎ落とし」ていくことから、まず最初の作業が始まるのである。

こうした「そぎ落とし」の作業を行い、問題の焦点が明確になった後に、今度はその解決方法を探っていくことになるのだが、問題の解決方法にも色々ある。どれが最も合理的な解決手段か。同じ目的を達成するのに、もっと規制の緩やかな別の方法、手段はないか、などということを一つひとつ比較考量しながら、検討を加えていく。

この比較考量という作業は、簡単な作業のように見えて、結構難しい作業になる。時間をかけて慎重にやれば済む、という問題でもない。比較考量とは、それぞれの選択肢のプラスの面、マイナスの面を評価し、秤にかける作業であるが、その評価は、評価を加える者の持つ価値観と密接不可分である。いくら物事を天秤に掛けてみても、どのポイントにどれくらいの比重を与えるか、あるいは、そもそも秤がどちらに振れているかを判断するのは、結局は、それに対し評価を加える者がどういう点をどれだけより重視するかという、その者の価値観そのものに依拠しているからである。この価値観というものは、人、また分野によって様々であろうが、あえて抽象的に言うならば、究極的には、議会制民主政治の発展にとって何が望ましいか、という点が最終的な価値判断の決め手になると言えるであろう。

この「着想」→「そぎ落とし」→「比較考量」という過程を経て、初めて、具体的な、実現可能な政策の中身が固まることになる。初めて中身が固まると言っても、実は、この段階で、全体の七―八割の作業は終えたも同然である。その後は、その確定した内容を、忠実に法文に書き下ろす。ここでは、狭い意味での法制執務、いわゆる立法技術と言われる細かな約束事がいっぱいあり、これはこれで大変大事なことで、根気の要る慎重な作業を要するものであるが、そうした最終の仕上げの作業を経て、法律案の完成、法制度設計の完成ということになるのである。

一言付言すると、よく議会は、行政府に比べて情報収集能力が劣っていると言われることがある。その意味で、政府の方が実態に即した優れた判断ができるのではないか、と思われるかも知れない。確かに、行政府の方は、日々の法律の運用、執行を通じて、多くのデータを持っていることは間違いない。

しかし、果たして本当にそうなのかということを改めて考え直してみると、今やまさに世は情報化社会で、インターネットとか、文献とか、情報はあふれ返っている。かなりのデータが、実際にはアクセス可能である。しかし、情報が無限にあるというのは、実はないのと大差なく、その中から必要な情報、データ、問題点をどうやってすくい上げていくか。膨大な情報の海の中から、どういう網の目を用い、何をすくい上げていくのか。そのことこそが、実は、最も問われているのである。過去の先例とか、政策の一貫性とかのしがらみに余りに縛られていると、気が付いたら、情報をすくい上げる網目自体が、古くてもう使いものにならなくなっている、ということも多々あろう。

そういう目で改めて考え直してみると、日常的に国民と接している議員の、現実社会に生起している問題をすくい上げる鋭敏な能力、そして、国民の中に有る様々な価値観を背景に選出された議員が一同に集まる国会という価値多元的な議論の場、そのパワーには改めて畏怖の念を抱く。それは、何と言われようとも、国会という場が、憲法上、最も国民に直結した国家機関であるからである。

「法律」、「立法」というと、一般の人々は、難解な技術的な用語、とっつきにくい独特の言い回し、あるいは採決時の与野党の激突とかの表面的な現象に、とかく目が向きがちで、何か日常生活とは無縁の世界、という感覚を抱くようである。しかしながら、どんな小さなテーマであっても、ある一つの法制度が完成に至る道筋には、立法府が、様々な価値観の違い、利害関係を地道に乗り越え、克服した足跡がしっかりと刻まれているのである。

（1）ストックオプションの導入を内容とする平成九年法律第五六号による商法改正、いわゆる金庫株の解禁等に関する平成一三年法律第七九号による改正、コーポレートガバナンスに関する平成一三年法律第一四九号による改正など。

（2）第一四三回国会（平成一〇年七月～一〇月）において、民主党、平和・改革、自由党の野党三会派から提出された、金融機能の再生のための緊急措置に関する法律案（菅直人君外一二名提出）、金融再生委員会設置法案（同）、預金保険法の一部を改正する法律案（同）、金融再生委員会設置法の施行に伴う関係法律の整備に関する法律案（同）の四法案が、与野党（自由民主党、民主党、平和・改革）の共同修正を経て成立した。更に同国会では、自由民主党から提出された「金融機能の早期健全化のための緊急措置に関する法律案」（保岡興治君外三名提出）も、自由民主党、平和・改革、自由党の共同修正を経て成立した。

（3）与野党の議員が金融危機への対応について議論した経過については、池田元久「Check the 議員立法　金融再生関連法⑴」法学セミナー五二九号（日本評論社、一九九九年）一一五頁、石原伸晃「Check the 議員立法　金融再生関連法⑵」同五三〇号（同）一一七頁、津島雄二「Check the 議員立法　金融再生関連法⑶」同五三一号（同）一〇五頁。

（4）公職選挙法の一部を改正する法律（平成六年一一月二五日法律第一〇五号）による改正。

（5）公職選挙法の一部を改正する法律（平成六年二月四日法律第二号）による改正。

(6) ちなみに、第一〇一回国会（昭和五八年一二月～）から第一五五回国会（～平成一四年一二月）までの約一九年間の衆議院法制局における立案件数をみてみると、法律案は、提出八二二件、未提出九一二件、計一、七三四件で、これに修正案の提出五一九件、未提出二五一件の計七七〇件を加えると、実に、合計で、二、五〇四件となる。なお、参考までに、同時期の内閣提出の法律案は、二、一六二件である。
(7) 広い意味での選挙法の分野に属する法律としては、「公職選挙法（昭和二五年法律第一〇〇号）」、「政治資金規正法（昭和二三年法律第一九四号）」、「政党助成法（平成六年法律第五号）」、「政党交付金の交付を受ける政党等に対する法人格の付与に関する法律（平成六年法律第一〇六号）」などがある。その他に、政治倫理に関するものとして、「政治倫理の確立のための国会議員の資産等の公開等に関する法律（平成四年法律第一〇〇号）」がある。
(8) この衆議院議員選挙法の全部改正（大正一四年法律第四七号）は、男子普通選挙の実施と、中選挙区制の採用を内容とするものである。
(9) 同じ時期に、当時の社会党及び公明党からは、小選挙区比例代表併用制の法案提出（共同提出）がなされている。
(10) 昭和五〇年（一九七五）の改正による連座制強化の後、平成六年（一九九四）までの間に（従来型）連座制が適用されたのは、全体で一七件で、しかもその大半は、市町村議会の選挙に関するものであった。
(11) 法律の規定上は、「三以内に分けられた選挙区の地域のうち一又は二の地域における選挙運動を主宰すべき者として候補者又は総括主宰者から定められ、当該地域における選挙運動を主宰した者」（公職選挙法二五一条の二第一項三号）とされている。
(12) 昭和三七年に行われた公職選挙法の改正（昭和三七年法律第一一二号）による。
(13) 当選無効、立候補制限の効果は、連座制の対象者の選挙犯罪が確定しただけでは、法律上生じない。連座裁判といわれる一定の訴訟手続を経て、はじめて、候補者等の当選無効、立候補制限の効果が生ずることになる（公職選挙法二一〇条・二一一条）。
(14) 平成四年法律第九八号による改正。
(15) 最判昭二九・六・二、最判昭三六・四・四、最判昭三七・八・二三など。

（16）公民権停止とは異なり、立候補制限が確定した時点で就いている公職の地位を奪うことはできないし、また選挙運動を行うことも禁止されない。
（17）与党案（三塚博君外二九名提出）と野党案（保岡興治君外一〇名提出）の違いは、①重複立候補者に対する連座、②買収罪等の法定刑の加重、③選挙運動に関する支出制限規定の明確化、④新連座制の適用の時期の四点である。
（18）「併合修正」とは、複数の議案を併合して一案とする修正のことである（平成六年版・衆議院先例集二八〇、衆議院委員会先例集九七参照）。
（19）新連座制の詳細については、衆議院法制局内選挙法制研究会編著『選挙腐敗防止法の解説―選挙浄化の徹底のため、組織的選挙運動に全面的に導入された新連座制を中心として―』（第一法規、一九九五年）を参照されたい。

議院法制局論

——その立法過程上の法的地位と役割——

高藤　昭

一　はじめに

いままで政府・法制審議会の立法上の聖域であった固有の六法改正に踏み込んだ九七年（第一四〇国会）と〇一年（一五一国会）の商法改正や、九八年の金融国会（一四三国会）における金融関係法（金融再生委員会設置法ほか五法）が議員立法で行われたことに象徴されるように、いわゆる五五年体制崩壊＝細川内閣成立＝多党化時代の出現は、かつての「お土産立法」、「利権立法」、「筋の通らない立法」といった汚名を着せられて、少なくとも立法提案については脇役であった議員立法に大きな様変わりをもたらした。その自民党一党支配体制崩壊による連立与党時代への移行と多党化は、議員の法案提出の形の本格的な立法活動の活発化をもたらしたもので、それはわが国の国会の〃唯一の立法機関〃への本格的な脱却と衣替えを象徴するものとしてよろこばしいことである。[1]

そして、これとともに、これら議員提出法案を具体的に法文化する（以下、「立案」という。）任務を帯びている議院法制局の立案作業も連動し、立法過程での地位を高めることとなった。

しかるにその反面、あたかもこの動向に逆行するかのように、議院法制局への風当たりが強くなっている。それは一口にいえば、議院法制局の現実の職務が議員の立法権侵害あるいは越権行為とする批判である。これは後述のように、議院法制局が、立案過程で立法技術的観点ないし全法体系との整合性の観点その他合憲性も含めた法理論的観点から立法者たる議員の意図に反したり、修正を求めたり、場合によってはその提案を実質的に拒否するようなこともあることに対するものである（下記基本参考文献㈠、㈢、㈣、㈤、㈧、㈡）。[2] 多くの論者は議院法制局を「立法のための関所」と捉え（基本参考文献㈢五八頁、㈧七五頁、㈣二〇三、二一七頁）、事実、議員の怒りを買って、両者の間でフリクションが起こることもある。[3]少なくとも議員に議院法制局に対するフラストレーションが生じているようで、「ここを『通る』か否かは、実は高度に専門化した『政治』なのである。」とさえ指摘される（基本参考文献㈣一一七頁）。もっとも極端な指摘は議院法制局無用論ないし有害論ともとれる大山礼子教授のつぎのような叙述である（基本参考文献㈧、八四頁以下）。本論ではこの叙述部分を「大山説」として引用する。

「法案提出権は議員の最も基本的な権利であり、それを阻害するような法規定や慣行は改めなければならない。選挙区への露骨な利益誘導を目的とした法案が提出される可能性も皆無ではないが、成立させなければすむことであり、提出自体を禁じるのはおかしい。もし法案に欠陥があるのなら、審議過程で修正すればよい。また、法案の内容の妥当性は最終的には有権者が判断する問題で、会派や議院の機関が判断すべきことではないだろう（かりに法案の内容が憲法と矛盾しているとしても、事後的に司法の判断に委ねるのが筋道である。）」

これは議院法制局のみを対象としたものではないが、これを含めた立法制約批判で、内閣法制局にも通ずるものがある（基本参考文献㈢五八頁、㈨、㈣）。というよりは、現在は法制局批判としては、議院法制局よりも内閣法制局に対するものがより厳しい（基本参考文献㈤一五四頁以下）。内閣法制局はより明確に憲法を含めた法令解釈権をもち、集団自衛権の否認や、核兵器所持容認など、「政治力でも乗り切れない法制局の独自の論理」（基本参考文献同、一五二頁）によってきわめて重要な国民的課題を決定する少なくとも事実上の権限を行使している。これに対しては、一の行政官僚組織がはたしてこのような権限を持ってよいのかの疑問が生ずることになる。

実は、私は大学卒業後二一年間、問題の衆議院法制局に立案職員として勤務した者である。以後学界に転じ、現在は社会保障法を専攻する身であって、このような立法問題を専門とするものではない。立法に関する学問については素人であるし、その根底にある憲法についても常識以上の知識はもたない。したがって、本来、本論のようなテーマを扱うことは邪道でもあろう。しかし議員立法において議院法制局が議員（立法）にいかにかかわるか、そのスタンスのありかたいかんは、在職の最後まで私の頭を離れることなく、しかも明快な結論に達することなく放置してきた問題であった。そして、この点に関し、歴代局長をはじめ、局の幹部の感覚には温度差があったような印象である。

専門外の私ではあるが、この問題はいつかは解かなければならない宿命のようなものを感じてきた。文献の当たり方も不十分であろうが、私にはまさに問題の役所に身を置いた経験保有者としての強みがあると自負する。そこで、私の敬愛する上司であり、生涯を衆議院法制局（最終的には同局長）に捧げた上田章氏の喜寿を記念するこの機会にまとめることを決意した次第である。多分に私の体験記録的面をもち、その分、学術的価値は低下し、また現在の法制局の実態と乖離して書物自体の水準低下を招くことを恐れる。

以下、まず、議員法制局の法的根拠、地位を確認した（第二節）のち、それと対比して、現実の職務内容を紹介する（第三節）。そしてそれが現実に果たしている機能を法理論的観点から分析・検討し（第四節）、最後に議院法制局のあるべき姿（＝議員に対するスタンスと役割、第五節）を導きたい。この場合、内閣法制局との対比において論ずるのが有効であるし、また国民の批判は内閣法制局についても共通の面をもつばかりか、後述のように、議院法制局はこれと一体的関係で、その強い影響力を受けていることから、必要に応じ、これについても言及することとする。

【基本参考文献】

㈠　宮島尚史「パート労働法の立法論（構想・過程・技術）と私案について」日本労働法学会誌六三号、一九八四年、所収

(二) 中村睦男編『議員立法の研究』信山社、一九九三年
(三) 渋谷修『議会の時代』三省堂、一九九四年
(四) 五十嵐敬喜『議員立法』三省堂、一九九四年
(五) 五十嵐敬喜、小川昭雄『議会――官僚支配を超えて』岩波新書、一九九五年
(六) 鮫島眞男『立法生活三十二年』――私の立法技術案内――信山社、一九九六年
(七) 上田章、五十嵐敬喜『議会と議員立法』公人の友社、一九九七年
(八) 大山礼子『国会学入門』三省堂、一九九七年
(九) 西川伸一「内閣法制局――その制度的権力への接近」明治大学政経論叢六五巻五・六号、一九九七年
(一〇) 平岡秀夫「政府における内閣法制局の役割」（中村睦男、前田英昭編『立法過程の研究』信山社、一九九七年、二八二頁以下）
(一一) 西川伸一「議院法制局――その制度と作用に関する検討」(九)文献六六巻五・六号、一九九八年
(一二) 岩崎隆二「議院法制局五〇年・その概況と課題」議会政治研究五〇号、一九九九年
(一三) 浅野善治「議員立法と議員法制局」同右
(一四) 西川伸一『知られざる官庁内閣法制局』五月書房、二〇〇〇年

（1）　五五年体制崩壊後のこのような議員立法の活況化の背景については、参考文献(三)二二頁で分析されている。参考文献(三)七五頁以下では、最近の政策課題の変化が指摘されている。

（2）　基本参考文献(一)では、議院法制局について、概略、①法制局を経た案は「（議員の）注文あれども設計なく」（カッコ内筆者）、「職人の計画なき創作物」であること、②学界の専門家の不在、③発想は労働者の要求よりも政府与党の施策に傾斜しがちで、イ・政府情報と政府出向職員（一割）への依存度が高いこと、(2)《ママ》・思考が（政府提案）法令の範囲第一主義である、(3)《ママ》・職員気質から法文に不適当な一般条項、準用に依拠して国民主権がわきまえられていない、④議員側の委嘱した学者の腹案は同局の総力を上げて抑制されて「関所」を通さず、結局、同局案に従うこ

とになる、との批判がなされている（一四二頁以下）。

また、基本参考文献㈣では議員と法制局との関係を「先進的な政策を法案化しようとする議員とこれを阻止しようとする法制局」（一一八頁）とされ、「ゲート・キーパー」とも表現されている（一〇三頁）。

（3） 実例は参考文献㈣二一五頁以下参照。

二　議院法制局の法的根拠・地位——内閣法制局との対比において——

明治以来成立件数は少なかったものの、戦時中を除き、戦前には議員立法提案は活発であった。しかし立案補佐機関としての議院法制局はなく、両議院事務局や内閣法制局が補佐していたごとくである（基本参考文献㈢二〇頁以下、とくに注3、同㈢二八頁以下）。しかし、戦後、新憲法の施行と同時に、「議員の法制に関する立案に資するため」各議院に法制部を設ける国会法一三一条の規定が置かれた。「今後の立法は新憲法の精神にかんがみ、国会を構成する各議院の議員自身の手により行われることが多いと予測される関係上、その立案を補佐するための機構を設けて、そこに法制に関する専門職を配することが、議員の便宜に資する上に不可欠」とされたためである(1)。

この部局は、四七年五月三日、両院の事務局内に設置されたものであったが、新憲法下、国会が「国の唯一の立法機関」とされたことからさらに一層の充実した機構とする必要性が認識され、事務局から分離独立した形で、各議院の議長の下に議院法制局を設けることとされた。そして、第二国会において、国会法の右条項が改正されるとともに、議院法制局法が制定され、昭和二三年七月五日に施行された。これはその後なん度も改正を経たが、今日の議院法制局の根拠法は右の国会法一三一条とそれを受けた議院法制局設置法の二法である。

後者は、局内の職制に関する法規で、局の職務・権限についての根拠規定はつぎの国会法一三一条である。

【第一三一条】

①　議員の法制に関する立案に資するため、各議院に法制局を置く。

②　各法制局に法制局長一人、参事その他必要な職員を置く。

③　法制局長は議長が議院の承認を得てこれを任免する。但し、閉会中は、議長においてその辞任を許可することができる。

④　法制局長は、議長の監督の下に、法制局の事務を統理する。

⑤　法制局の参事その他の職員は、法制局長が議長の同意及び議院運営委員会の承認を得てこれを任免する。

⑥　法制局の参事は、法制局長の命を受け事務を掌理する。

こうして、議院法制局は事務局から独立し、職員採用もここ独自に行われているが、その職務・権限については①の「法制に関する立案に資する」というきわめて抽象的な規定しかない。「資する」という文言のニュアンスから、少なくともなんらの「権限」もないことは確かである。ここが他の一般行政機関と異なるところである。さらに職務内容となると、まったく不明確である。「資す」を広辞苑から適当な意味を探すと「たすけとする」があり、一般には、より具体的に「補佐機関」あるいは「サービス機関」といわれている。それにしてもその職務の具体的な範囲は、解釈次第で広くもなり、狭くもなる。そしてこの範囲をどのように画するかは、議院法制局の法的性格、地位にかかわる重要問題で、議論が分かれるところであり、その解明が本論の究極の目的である。ともあれ、その職務の実行は同条項によって規定された法的義務であることは明確である。

これに対して、内閣法制局―創立は明治一八年の「法制局管制」（内閣達七四号）―の現在の根拠法たる内閣法制局設置法では、まず第一条で、同局は内閣に置かれることとされたうえ、その所掌事務として、第三条でつぎのような五項目が示されている。その規定は議院法制局法に関する国会法一三一条よりは具体的、かつ明確である。

① 閣議に附される法律案、政令案及び条約案を審査し、これに意見を附し、及び所要の修正を加えて、内閣に上申すること。

② 法律案及び政令案を立案し、内閣に上申すること。

③ 法律問題に関し内閣並びに内閣総理大臣及び各省大臣に対し意見を述べること。

④ 内外及び国際法制並びにその運用に関する調査研究を行うこと。

⑤ その他法制一般に関すること。

これをみると、内閣法制局は内閣に付置された独立の行政機関で、職務の中心は、右の①および②の「審査・立案事務」と③の「意見事務」とみられるが、そのほかにも④の「調査研究事務」、最後に⑤の「その他法制一般事務」が掲げられている。⑤はきわめて包括的な規定で、要するに法律、法制に関する一般事務はすべて含まれると解される可能性がある。同局側は同局を「内閣の法律顧問」と認識している（基本参考文献(一〇)二八三頁）が、その職務は同時に権限ともなるのであって、単なる「顧問」にとどまるものではない。その権限も職務に見合ってきわめて広範囲となる。

ただ、意見事務における意見の宛先は内閣内部諸機関に限られているから、慣例となっている国会での内閣法制局長官等の法令解釈等に関する意見陳述の設置法上の根拠は見当たらない。また、提示された意見が、その宛先たる内閣諸機関を拘束するとは規定されていないから、設置法上はそれは否定的に解さざるを得ない。しかし、その意見は、事実上は内閣諸機関をもってしてもそれに反し得ない力、すなわち政治力にも優越する力をもっている。法律事項については、事実上、内閣法制局の意見がそのまま内閣の意見となるのである（基本参考文献(九)一二二五頁以下では、それが崩れた最近の例が紹介されているが）。そして、なんらの限定のない以上、法律に関する意見事務のなかには憲法解釈も含まれるから、慣行上、事実上、この法制局の憲法解釈が内閣の解釈となるという重要な事態となっている。事実、国会においても憲法解釈については、すべてこの法制局の意見がそのまま内閣の意見として通っている。例えば憲法九条の解釈としての「集団的自衛権」についての見解のごとく、内閣閣僚や与党議員の反対――これには与党内から長官罷免論が、野党（旧自由党）からは内閣法制局設置法廃止法案さえ出されていたが――を押し切る力をもっている。政府の憲法解釈権を事実上この組織が握っているのである。

他方、内閣法制局の職務・権限のなかでも中心とみられる①の審査・立案事務については、その規定の反面として各省庁はその立案した法案等を同法制局の審査を受けることが義務づけられるから、同法制局からは、その審査権限は「審査権」と捉えられる。その審査基準は法文上明記されていないが、同法制局側では、当該法律の必要性の有無、憲法上の基本的人権保障、法体系上のバランス、論理的整合性、法令の正確さ・平易さの確保などをあげている（基本参考文献㈩二八五頁以下）。これらのなかで現に実施されている重要な審査ポイントは、なんといっても憲法を頂点とする法体系上の論理的整合性確保、すなわち法案の合憲性審査である。「審査」の基準になんらの限定もない以上、その権限は設置法上、それと一体の憲法解釈権とともに黙示的に同局に付与しているものと解される。

すべての政府提出法案についてのこの同局の憲法解釈権のもとでの合憲性審査は、それが法案作成前であること、政府提出法案が法案の大部分を占めていること、そしてこの審査はかなり厳格であることから、その権限は同局設置法上は「審査」に黙示されているにすぎないにもかかわらず、法案の合憲性確保機能＝憲法の番人的機能は、憲法上その権限が付与されている最高裁判所よりもはるかに大きい。それは、わが国の（議院）法制局に当たる後述のアメリカ立法顧問局（Office of Legislative Counsel）の審査がここまでは及んでいないこと（基本参考文献㈢、一九〇頁）、またフランスが、後述のように事前的合憲性審査のための強力な独立の国家機関を設けていることと対照的である。

そしてこの強力な権限と機能をもつ内閣法制局は、現在、財務省主計局と並ぶわが国政治・行政の二局支配の一局とされている（基本参考文献㈣二七頁以下）。最高裁判所すら内閣法制局が合憲と判断した法律を違憲とすることは容易なことではない（内閣法制局長官の最高裁判事へのルートさえも存する）。いままで最高裁の内閣提出法令――それが法令の大部を占める――に対する違憲判決がきわめて少ないことはここに原因の一つがあるともみられる。

しかるに、唯一、この支配下にない場所がある。ほかならぬ議院法制局である。内閣法制局は、議院法制局に対し、事実上、法律の形式、用語、送りがななどの統一、調整のリーダーシップをとっている程度であって、憲法をはじめ法令の解釈等の法律見解は完全に各議院法制局独自の判断によっている。内閣と両議院の法制局は対等の関係にあるのである。このため、内閣法制局が没にした法案を議院法制局が立案し、またその逆も起こることになる。(2)

両局を根拠法の観点からみれば、内閣法制局の権限は、その中心である審査・立案事務については単に「審査」あるいは「立案」とのみ規定し、とくに合憲性審査権・憲法解釈権はそれに黙示されているにすぎないことは既述のとおりである。意見事務としての憲法解釈にいたっては、その宛先たる内閣内部諸機関を拘束する規定はないし、またその憲法意見が内閣外に当然に内閣を代表する意見となる法的根拠はない。事実上そうなっているにすぎない。こうして内閣法制局の憲法の番人的地位は、強固な法的根拠によるというよりは、むしろ明治以来築き上げた伝統によって事実上確保してきた観がある。

これに対し、議院法制局の職務・権限の根拠法である国会法の規定は、議員の法制に関する「立案に資する」と、さらに抽象的で、空漠としている。さきにもみたように、たかだか議員の立法の「補佐」にとどまるのである。根拠法の規定の仕方からも、伝統の乏しさからも、内閣法制局に対比して、その職務・権限は一層狭く、弱いものと解さざるをえない。議員が法制局に立案を依頼することも義務的ではない。

それにもかかわらず、右にみたように、議院法制局は憲法を含めた法律意見に関しては内閣法制局と対等で、しかも不可思議なことに、議院法制局の職務・機能は、現実には以下のように、内閣法制局とほぼ同様となっていて、内閣法制局が各省庁に対してそうであるように、議員の「立法の関所」となっているのである。

（1）　第九一回帝国議会衆議院本会議録第一二号一三六頁。この間の事情は、衆議院法制局『衆議院法制局の沿革』（一九八八年）一頁以下、上田元局長執筆分、基本参考文献㈢二九頁以下参照。

（2）　両局の意見の対立にさらに政府部内の対立が絡んで、複雑な様相を呈したケースに、八七年の「国立または公立の大学における外国人の任用等に関する特別措置法」の例がある。結局は従来の内閣法制局の解釈を破った衆議院法制局案が成立した。詳細は、基本参考文献㈡二九四頁以下、常本輝樹「外国人教員任用法の立案過程」、渡辺賢「いわゆる外国人教員任用法と『当然の法理』」同、三二二頁以下参照。

三　議院法制局の現実の職務内容と機能

以下は、私の衆議院法制局勤務（一九五四年～一九七五年）の体験にもとづき整理した実際の議院法制局の職務内容の分析である。参議院法制局のことは直接には知らないが、ほぼ同様のごとくで、議院法制局の職務分析として通用すると思われる。ただし、その職務内容やその基底にある議院法制局の立法権者たる議員に対するスタンスは、その時点の局長等の幹部によって微妙な温度差があったし、また時代とともに変化している可能性があることに留意を要する。以下に引用した具体例は、私が体験・見聞したものである。㈢、㈣は、就職前に私が予想もしなかった部分である。なお、㈡と㈢は一体として進められる作業であるが、理論的観点からの説明の便宜上分離して説明する。

㈠ 事前の立法相談・助言

発案を意図する議員がすでに準備した要綱的な文書（メモ書程度のこともある）をもって、ときには口頭で、直接立案依頼をしてくることも多いが、まず感触を得るために事前に相談に来ることが多い。その場合はこれに対して助言することは補佐機関として当然の職務である。実質上政党から提案される場合は、その政党の政策審議会等に呼ばれ、議論に参加して法制的、法理論的観点から意見を述べ、助言をすることもある。

㈡ 立　案

議員の立法構想の法文化（Draft）であって、議院法制局に独特のもっとも基礎的な職務である。ここはもっぱら立法技術の分野である。議員立法の場合、さきにもふれたように法的には議院法制局を通すことは義務的ではなく、立案に習熟した議員であれば、自力で立案して議院に提出が可能である（ただし、事務局における事務的障壁はある）。しかし法文はその適用機関である裁判所（官）、執行機関である行政庁（官）を念頭に置き、その解釈上の混乱を避ける必要から、同じ内容・事項については、前例に従い、同じ表現をとることが要請される。この点は各国によって法的慣習や伝統が異なるのであろうが、明治以来のわが国の伝統はこの法文の厳密性を貫いてきた。私の経験では「新たに」か「あらたに」かの先例を調べるのに半日を要したことがある。「。」（マル）、「、」（ポツ）や、「又は」・「若しくは」、「及び」・「並びに」の使い分け方から、法律全体のスタイルや構成にいたるまで、前例尊重の必要があるのである。これら立法技術は法律一般の知識があるからといって決して一朝一夕に習得できるものではない。それなりの訓練を経た——私の経験では五年を要する——プロフェッショナルの手を借りる必要がある。アメリカ立法顧問局もこのような背景から設立されたものであることは後述する。

また法文によってはその解釈について、少なくとも執行機関たる行政庁と打ち合わせておかなければならないことがある（この場合、提案者たる議員の了解をとる）。さらに、例えば、その法の適用対象者は法執行上明確でなければならないところ、往々にして議員の念頭にあるそれは抽象的、理念的で不明確な場合が多く、それを厳密化（限定化）する必要がある。これが議員の意図に反することになり、議員にとって最初の「関所」と感ぜしめる。この例に限らず、立法構想の立案には立法技術上の制約が加わるのである。この点については、ほとんどの議員に認識はない。

㈢　立法構想の既存法体系、法理論への整合化と新法理構築（理論づけ）

右の過程のなかで、各議員の発想による新規立法構想が既存の法秩序全体あるいは法理論体系に適合し得るものかどうかの検討を行ない、場合によってはその提案内容の変更あるいは提案自体の撤回を進言する。この法理論的検討においてもっとも重要な視点はその立法構想の合憲性の問題（合憲性審査）である。これを第一段階として、つぎにその憲法を頂点とする法体系、法理論上の整合性、法理論構成上の問題の検討がなされる。この二つは本来不可分の関係であるが、とくに前者の特殊な重要性から、分説することとする。

1　立法構想の合憲性審査

議院法制局も内閣法制局同様「憲法の番人」の意識をもっている。それは衆議院法制局の初代局長が内閣法制局第四七代長官（一九四六年三月〜四七年五月）であった入江俊郎であり、第三部長（のち、局長）には元内閣法制局

第三部長・鮫島真男、参議院法制局第一部長には元内閣法制局第一部長・今枝常男が就任して、新設の議院法制局に内閣法制局の職務意識と体質が受け継がれたことが大きく影響したと思われる。

この内閣法制局的体質は、単に法案の合憲性審査のみではなく法案審査のすべての側面に及ぶものであった。鮫島元衆議院法制局長によれば、議院法制局は補佐機関であるから議員に対する説得には限度があり、「最後に矢尽きて倒れるのは致し方ない」としつつも、「依頼議員の主張・意見に唯々諾々と従うだけでは真の補佐・真のサービスをしたことにはならない。正当な法律論を展開して正しい内容の法案の作成に努力することが真の補佐であり、真のサービスである」とし、さらに、「憲法上、法律上は国会・議員が立法者であるが、事実上は自分が立法者であるという気概をもってもらいたい」という（基本参考文献㈥一三八頁）[1]。そしてさらに議院法制局は法律論の立場から判断し、政策内容にはタッチしないが、法律論と密接不可分・不即不離の場合には内容にもかかわるべしとも説く（同）。議院法制局は、立法案件をそのまま、ただ立法技術的観点のみから法文化するのではなく、法理論的観点から、場合によっては政策的観点も加味してチェックする場所との認識で、まさに大山説の対極にある見解であり、以下、これを「鮫島説」として引用する。

この感覚からは、その立法構想の合憲性がまず問題とされるのであって、この結果、私の在職中、その立法構想が違憲であるとの判断から、議員に提案の取下げを願ったことがある。ただし、その議員に対する補佐機関であるとの意識から、職員にはなるべくその議員の立法意図を実現する法理論構成を模索しようとする潜在意識（モノにしようとする意識）、あるいは義務感がある。このことは内閣法制局の各省庁に対する感覚と若干異なると思われる。この点について私の経験した適例として「駐留軍関係離職者等臨時措置法」（昭和三三年法律一五八号、内閣委員長提出）の場合がある。

これは、わが国の岸総理大臣とアメリカ大統領アイゼンハウアーとの共同声明（一九五七年六月二一日）によるアメリカ軍の規模の縮小の結果としてのアメリカ軍基地に就労する日本人労働者の失業多発への対応立法で、特別の職業訓練、給付金の支給など、一般の失業者よりも手厚い保障をなそうとするもの（当初は社会党議員提案）であった。ここでまずチーム内で議論した事項は、この離職者のみに手厚い保障をなすことが憲法一四条（法の下の平等）に反しないかであった。新参者の私は、それは議員の判断することではないのかと大変驚いたものである。しかし、失業者としては駐留軍関係離職者も一般労働者も同じで、なぜ前者にのみ特典を及ぼすのかは重要な論点であったのである。

チーム内の意見を二分する激論の末、この場合、①アメリカ軍等の撤退という国の政策にともなって、②一時に、③多数労働者が、④特定の地域において、⑤離職を余儀なくされたこと、によって特別措置を正当化し、その旨が法一条に明記された。

一例を挙げたにすぎないが、あらゆる立法構想について、まず、このような合憲性の観点からの検討がなされる。この問題は、事業主の営業の自由侵害の可能性の強い最低賃金法、解雇制限法等の新規労働者保護法理の創出や、職業選択の自由侵害の恐れのある、いわゆる「業法」、「士《サムライ》法」を扱うことの多い議員立法の場合頻発する。そして最高裁から違憲の判決が出たこともある[2]。反対にここで合憲として定立された法理は以後の立法を導き、内閣法制局にも影響して、例えば、駐留軍離職者法はのちに、政府提案「炭鉱離職者臨時措置法」の先例となるのである[3]。ともあれ、右の法制局の職務は、機能的には法案の憲法適合性の事前審査にほかならない。

2　法的整合性、法理論的検討と新法理の構築

議員が法制局にもち込む立法構想は、漠然たるイメージ程度のものからかなり明確な骨格をなすもの（政党とし

ての提案の場合が多い）まで多様であるが、議院法制局は、もっとも素朴な立法構想の場合は、それを立法的観点から整理、把握して立法構想を明確化し、その根底にある法理の究明、法案としての体をなしうるか否か（モノになるか否か）の検討から始める。立法構想の明確化も不可能の場合は、この段階で立案不能、あるいは無意味であることを告げて撤回を進言する。可能な場合は、その立法構想の法理論づけとともに、既存の法体系や法理論に適合できるか否かの検討を行なう。重要なことは、この場合の法制局の検討は、あくまでも法理論的観点からであって、政策論的観点からではない。政策を立てるのは議員であり、その点、法制局は受け身である。一の政策の実現のためにいかなる法制が有効かを選択するのを法政策というなら、この観点は用いられるが、それはやはり法理論を基底においたものであって、経済的、社会的観点からではないのが原則である。ただ、前述の鮫島説指摘のように、その政策が法理論的観点と不可分に結び付いている場合があり、この場合は、後述のように、法理論が政策を規制する関係を生ずる。この関係は、政策と法の関係にかかわるきわめて根の深い問題であることも後述する。

さて、この検討の場合、依頼議員の要請に応えるべく、最大の努力を払う。とくに野党議院提案のときは、最低賃金法、家内労働法、港湾労働法などのように、既存の法体系や法理に合致しないことが多い、というよりも既存のそれらを破壊することを目的としていることが多い。当然に、新しい法理の構築が必要となるが、それが既存の法体系、法理とうまく整合するか否かは微妙な場合が多い。ここでもチーム内で諤々の議論が行なわれる。当然ながら高齢者ほど保守的で、若手ほど柔軟な傾向である。それはともあれ、その結果、もし構想の若干の変更ですむときはその旨を議員に告げ、どうしても無理なときは撤回を進言することは憲法に不適合の場合と同じである。

この新法理構築が可能な場合、その法理のもとで、具体的にその法制はいかなる形をとるかがつぎの問題である。古い例であるが、一つの例として、五五年一月、参議院社会党議員提出の珪肺法案にはじまる労災補償法関連法案をとり上げよう。

けい肺は、ほとんど生涯病床に伏して死を待つのみの不治の病で、粉塵の中で作業する労働者を襲う悲惨な職業病である。したがって労基法、労災保険法上の個別的使用者責任補償制度の適用を受けるが、珪肺法案はその三年の打切補償にみられる補償の限界を突破し、これを越えた「珪肺補償」——打切補償後二年間の療養、二割加算の休業補償、職場転換した場合の転換補償等——を含めた総合的なけい肺保護立法として提案されたものである。その特別の補償は労災保険法上の給付とするとともに、その経費については国が三分の一負担とした。これは、労基法とは別個の補償を設け、かつ国庫負担をつける点において従来の労災補償法制＝労基法・労災保険法における個別的使用者責任補償法理を崩すものであった。その他の補償についての労基法、労災保険法制はそのままにしたままでの新しい労災被災者の救済法理の登場である。

労災補償（保障）の立法政策としては、個別的使用者補償責任立法が主流であるが、集団的使用者責任方式のドイツ型、社会保障方式のオランダ型、イギリス型などさまざまな形態がある。わが国のこの珪肺補償法案は使用者責任と国家責任を混合するという独特の型態をとった。それは政策選択の問題としては法制局として無関係なところ、それが同時に法理論上の問題でもあるケースであった。その法理論づけには、まず、労基法の打切補償の前と後とでなぜ補償構造が変わるのか（木に竹を接いだ観）、つぎにこのような長期療養を要する難病は外傷性脊髄障害その他多々存在すること、の二点に疑問の残るところである。結局この場合は参議院法制局が、法理論的には未整理のまま、政治的圧力に押し切られた感が強い(4)。

これがのちに国庫半額負担の五五年の政府提案立法「けい肺及び外傷性脊髄障害に関する特別措置法」、さらにそれを補充する国庫負担八割、使用者負担二割の五八年の議員提案立法「けい肺及び脊髄障害の療養等に関する臨時措置法」を経由して、六〇年、六五年の政府提案による労災保険法の画期的な改正につながってゆく。六〇年改正はこの臨時措置法附則一三条の、政府に改正案の国会への提出を義務づける規定(国会の立法権放棄!)を受けたもので「労災保険の一人歩き」と呼ばれるものであった。(5) この動向を法理論的に労災保険の社会保障化とみる私見をめぐって学界の論争を呼んだが、(6) この最初の新労災補償法理出現における法的理論づけの不明解さは後々まで響き、労災補償(保障)に関し、今日でも民法上の補償(過失の場合の損害賠償)、労基法上の補償(無過失責任)、労災保険法上の保障、厚生年金等一般社会保障法の四つの法制が鼎立するという複雑な形となっている。四者は給付が調整されてはいるものの、既存法体系への整序、整合性確保の観点から、その実体上、理論上の検討が未熟である感は否めない。(7) それはこの改正の基本的方向性(=社会保障化)が見定められていないことに由来する。ともあれ、議院法制局と労働省・内閣法制局とが錯綜しての一連の法改正の例であった。

その後さらに衆議院側で、野党のこの方向での給付内容改善、通勤災害保障のとり込み等の提案(衆議院社会党議員提案の労災保険法一部改正案・四三年、同四五年)がなされることになるが、それとともに、衆議院法制局での新法理を進めた場合の給付体系、給付内容、給付形態、給付水準等、給付の在り方が模索されることになる。

こうして、既存法体系への新法理の編入とその法理論づけ(法理論的整序)が議院法制局の重要な職務、役割となっている。そして、たとい野党提出案といえども、その新法理に基づく法案が一度提案されると、それが理論的にも政治的にもプレッシャーとなり、政府(=内閣法制局)としても無視できず、その趣旨を体した法案の提出を余儀なくされる。さきに述べた最低賃金法他二法はまさにこの例である(野党議員立法誘導労働三法)。したがって、この議院法制局の働きは、新法理への政府立法誘導の機能と捉えられる。それゆえにまた、議院法制局の役割の重要性が浮き彫りとなる。そしてこのような政府案誘導的意義をもつ野党議員提出法案の立案が議院制局の業務の中心を占めるのであって、「お土産立法」立案はごく例外的な業務でしかないのである。

㈣　法案の法理論上の問題についての国会での答弁

手掛けた法案について、国会、とくにその法案が付託された委員会での審議過程で、もしその法案の法理論的側面について問題があって、提案議員からの要請があれば、その議員に代わって答弁を担当する。これは㈢に述べた法制局の当該法案についての検討、構築した法理論的側面についての責任として意味をもつ。これを意識する結果、法制局はその法理論的検討はどうしても厳格で、保守的となり、それがまた、議員にとっての不満の要因となるのである。

これが当該提出した法案についての質問に対する答弁であればともかく、法案に関係のない憲法や国会法等の解釈その他法律一般についての法制局の見解が国会委員会——とくに議員運営委員会——で求められることがある。それればかりか、議員個人の法律問題についての法律相談を持ち込まれることもしばしばで（参議院法制局ではそれは拒否しているとの局長答弁がなされているが）、衆議院法制局で〇三年五月に起きたような過剰サービス問題が惹起することもある。

（1）　最終的には衆議院法制局長となったこの著者は、議員に対する最大限の説得をする「補佐機関」と、あまり反論もしないで法案作りをする「サービス機関」に分け、議院法制局は前者であるとも説く（基本参考文献㈥一二六頁以下）。そして、議員の立案依頼に応じなかった二例を挙げている（同、一五八頁以下）。

（2）　最高裁・昭和五〇年四月三〇日判決。薬事法における薬局の配置規制（距離制限）を職業選択の自由違反で憲法違反とするものであったが、これは参議院議員提出立法、したがって参議院法制局が立案した立法である。しかし、このような配置規制は、例えば、公衆浴場法（政府提案）にもあり、これは合憲とする下級審判決（福岡地裁昭和三〇年二月二日判決、行裁例集六・二・三七九）がある。事情はどう異るのか。
（3） 昭和三四年法律一九九号。ここでは、エネルギー革命による炭鉱離職者が、「一定の地域において多数発生している」ことに合憲性の根拠を求めている。
（4） 国庫負担についての政府筋の理解では、「政策的配慮があるにしても、労働基準法上の災害補償の範囲をそのまま使用者責任の限界とみて、これをこえる補償の費用を使用者だけに負担させるわけにはいかないとの考えかた」とされている。しかしこの理論は、なにゆえの限界なのか、いやしくも労災〝補償（＝compensation）〟になぜ国庫負担かの本質的問題にまで掘下げられていない。当時の労基局長の村上氏は、産業政策的配慮からの費用の補完的負担と説明しているが、たとえ一部でも国庫負担が入れば、従来の労災補償についての使用者補償責任法理に本質的変化が生じていることは否定しがたく、これについての説明が不足である。
（5） この過程については、高藤「労災補償法制の将来展望」季刊労働法一五八号、一九九一年、三六頁以下参照
（6） この点については、高藤「労災保険の社会保障原理」（社会労働研究、法政大学社会学部学会、一七巻一・二号、一九七一年）、同「労災補償の社会保障化」（『論争労働法』、世界思想社、一九七八年所収）などで論じた。
（7） 私自身の整序は、前注論文のほか、『社会保障法制概論』龍星出版、第二版、二一六頁以下参照。

四　議院法制局の現実の職務、機能の法理論的検討

実態としての議院法制局の職務、機能は前節にみたとおりであるが、それは、㈣を除き、そのまま議員にとっての「立法の関所」となり、議員の立法権侵害とも映るわけである。そして、学説上も大山説のような極論がでることになる。そこで、以下、この実態としての議院法制局の職務、機能を第二節で確認した根拠法にてらし、その法的正統性について検討する。

前節㈠はとくに問題はない。同㈡の立法技術上の制約はやむをえないところである。このことはそこで述べたところで十分と思われる。立法技術上の要請から、議員の立法構想に若干の制約が入ることは議員としてあらかじめ認識されておかなければならないことである。ただし、議院法制局としては、そのことを十分説明し、できる限り議員の意に添うよう最大限の努力が必要であることはいうまでもない。

もっとも重要なのは㈢についてであるが、説明の便宜上、まず、㈣について述べておきたい。議員の要請による国会での法制局の答弁は、その根拠法たる国会法一三一条①の「法制に関する立案に資する」には文言上は直接該当しない。しかし、その立案の過程で法制局が文案化し、法理論構成も行った法案文の個々の文言の意味内容（解釈）や法理論的諸問題についての説明は提案議員には通常困難である以上、それはその案文の起草者としての議院法制局が答弁の責任をとるべきである。それは右条項によって義務づけられた議院法制局の職務たる「立案」と一体の、その「補佐」の一環として理解されるものである。その補佐なしには法案は国会を通過せず、議院法制局は国会での法案の成立を期した議員の補佐をしたことにはならないからである。こうして、いままでとられてきた議院法制局の法律問題についての国会答弁は同条項上の法的義務と解される。

これに対して、直接法案に関係のない、一般的な法律上の意見の具申については、その権限がないことはもとよりであるが、公的に国会諸機関から求められた場合はそれに応ずる義務があるか否かである。根拠法たる国会法一三一①の規定からは否といわざるをえない。しかし議院法制局はなんといっても議院における最高の法的プロフェッショナル集団であるから、これに答えることは原則的には差し支えない。しかし、このような場合もっとも困るのは議院法制局が政治的には中立であるべきことで、たとえば憲法九条の解釈問題など、政治的意味合いを帯びるときは拒否すべきである。

議院法制局に議員個人の法律相談に応ずる義務はないことというまでもない。応ずることがかえって有害となることもある。

さて、問題の前節㈢、とくに1の合憲性審査の問題であるが、それは当然ながら、憲法解釈と一体の関係である。また事前審査によって議員に提案の撤回を願う場合は議院法制局による議員提案の立案拒否の一形態となる。そこで、このような重要な関係をもつ議院法制局の合憲性審査が、その根拠法である国会法一三一条の「立案に資する」の範囲内か、すなわちその議院法制局の議員補佐機関としての法的地位・性格上、権限として認められるかである。合憲性審査は議員の立法権侵害の恐れをもつだけに問題は重大である。

内閣法制局の合憲性審査・憲法解釈権についての設置法上の根拠もさきに検討したとおり、しかく確固たるものではなかった。しかも、同局設置法三条①の「審査」に憲法解釈権も含めて理解した場合のその設置法自体の合憲性の問題もまったくないわけではない。合憲性審査と憲法解釈は憲法上は裁判所のみに与えられていることとの関係があるからである。

しかし、内閣法制局の場合は議員の立法権侵害の関係はない。これが議院法制局となると事情は異なる。その法的根拠はいっそう薄弱である。根拠法たる国会法一三一条①の「立案に資する」を、鮫島説のように「正当な法律論を展開して正しい内容の法案の作成に努力すること」と解し、かつ、その「正当な法律論」のなかに憲法論も読み込まない限り合憲性審査は認められないが、そう解するにはやはり無理が感ぜられる。それはなによりも議員の自由な立法権を制約することになり、またその法制局の見解に異議を申し立てる法的ルートもないのである。

現第五共和制のフランスは、憲法上、法案の合憲性の事前審査機関をもつ珍しい国である。大統領、国民議会議長、元老院議長がそれぞれ指名する三人、合計九人と、元大統領が終身委員として加わる独立の国家機関たる憲法院（Conseil Constitutionnel）（憲法五六条以下）で、組織的法律案は当然に、それ以外の法律案は、その審署（Promulgation）前に大統領、国民議会議長、元老院議長と、国民議会議員、元老院議員各六〇人の提訴によってその合憲性が審査される。その審査結果としての違憲判断の効力は絶対的で、最高行政裁判所たるコンセイユ・デタ（Conseil d'Etat）を含めた行政、司法機関にも及び、これに対する異議申し立ての道はない。そして、これにより全体が違憲とされた法律については大統領は審署も公布もできず、部分的違憲の場合は、それがその法律全体と不可分一体のときも大統領は審署できず、そうでないときは合憲部分について大統領は審署し、または議会に再審議を求めることができる。

この制度は民主主義と自由のシンボルとしての議会の意思を最大限尊重し、その議決について議会外からの介入を極力排除してきた第四共和制までのフランスの伝統を大きく転換させたものである。現在では立法権（立法の主流は政府提案であるので、実質的対象は政府）を制約して人権を保障する機能に転化しているが、当初は行政権拡大のための制度であった経緯もあり、これをただちにわが国の参考とするわけにはゆかない。しかし立法権の象徴である立法の合憲性の事前審査には議会に匹敵するレベルの高い国家機関を設けていることに注目しなければならない。（フランスのこの制度については、本論末の付属資料参照）。

およそ議会制民主主義体制下で、その議会の議決した法案、あるいは議員が発案した立法構想を制約するにはよほどレベルの高い国家機関――わが国では最高裁を頂点とする裁判所に匹敵するレベル――でなければならないはずである。このことから、右にみたような意味での鮫島説による国会法一三一条の解釈をとることはできない。いかに法律のプロ集団とはいえ、議院法制局には法案の合憲性審査権、すなわち違憲を理由とする立案拒否権まではないといわざるを得ない。この点、議員の立法権侵害と関係のない内閣法制局とは事情が異なる。

以上が議員の立法構想の議院法制局による合憲性審査の問題であったが、憲法に関係しないレベルの法理論的審査（前説㈢2）の場合どうなるか。この場合は鮫島説が妥当しそうにみえる。全法秩序・体系との整合性を保ち、法理論的に筋の通った法案を作成することこそ、まさに誠実な議院法制局の役割にみえるからである。しかし、問題はしかく簡単ではない。

まず、最小限度の議院法制局の職務と考えられる立法技術的観点からの立案過程においてさえも、前述のように立法構想に対する制約がある。とくに行政、司法への配慮からの法文や法律スタイルの統一性の要請は、前例尊重となって、形式的、画一的で無味乾燥な法案となり、議員の意図に合致しない結果をもたらすことが多い。ここで議員のナイーブな立法意欲は阻害され、議員に不満を与えることになる。ましてや、全法体系への整合化、法理論づけの観点からの立法構想の修正となると、その結果、議員の意図せざる法案となることがある。さらにその立案の拒否となっては、大山説にみられるように、議員の議院法制局への疑問、批判が噴出する。法理論的判断はきわめて微妙なのであり、その拒否された案がのちに内閣法制局を通って政府案として成立するにいたるような場合は、議員は怒り心頭に発する。当然である。議員の側からみれば、まさにその立法権の侵害である。法制局の根拠法からみれば、議院法制局のこの職務実態も「補佐機関」としての義務逸脱のおそれがある。

アメリカにおいては、二〇世紀初頭、現在の国家機関たるアメリカ立法顧問局（Office of Legislative Counsel）の前身がコロンビア大学の一教授の発案によって民間で組織されたのであるが、それまでは、法案の立案（起草）は当然に提出議員の固有の職務と理解されていて、それを民間組織に委託することは、一般に冷ややかにみられていた。アメリカでは大山説を地でゆく形をとっていたのである。議員はその立案職務も含めて選ばれたとの意識が一般的であって[(1)]、その意識のもとでは、その立案の外部委託は議員の立法権行使に関する職務が分割され、その一部が議員外の機関に移転すると理解されることになる。すなわち、議員とは別個の立案機関がその立法権上の権限・義務の一翼を担うことになるわけで、ことは重大となる。この考え方では、わが国の議院法制局の職務実態は、当然、議員の「補佐」事務の範囲の逸脱、立法権の侵害と解されることになる。鮫島説は議院法制局の存在とともに否定される。この点はアメリカ立法顧問局の場合は立法技術的観点からのみの職務のごとくで（基本参考文献㈢五七頁以下、一九〇頁）、立法構想のそれ以上の法理論的観点からの審査を行うわが国の議院法制局とは異なる。

そして、この立法技術的職務こそはプロフェッショナルの力を要する「補佐機関」にふさわしい議院法制局の最低限の職務と解され、ここにこの国家機関の最低限の存在価値が認められる。この点はすでに述べたとおりである。法律である以上、立法技術上の制約をともなうことはやむをえないことである。大山説は、欠陥は国会で修正すればよいというが、立法技術的な制約は排除できないし、またその修正にも技術を要するのである。立法のプロにしてはじめてもつ技術が加わらないとき、施行も適用も不能で動かない法律が出現してしまうのである。このゆえに、法的には強制でないにもかかわらず、議院法制局を通さない議員提案は皆無である。アメリカ立法顧問局の存在と機能が評価され、任意制であるにもかかわらず、現在では、法案のほとんどがここを通すことになっているのはこの理由からである。(2)

問題は、その立法技術の範囲をこえた議院法制局の立法構想の既存法体系への整合化その他の法理論的検討の職務についてであるが、ここでも大山説と鮫島説とが鮮明に対立する。前説によれば、これは当然議員固有の職務で、法制局の関与は不当となるが、後説では法制局の職務としてこれこそ重要である。前説は第四共和制までのフランス同様、議会制民主主義に最高の価値を置き、議会の議決、決定への第三者の介入を極力認めない立場に通ずるが、後説は議会での立法に憲法を頂点とする法体系との整合性や法理論を強く対抗せしめる。

そしてこの両説は、実は、近代民主主義国家の立法が内包する民主主義と法理論の二つの対抗する原理をそれぞれ代表するものである。すでにわが憲法八一条は裁判所に法律の合憲性の審査権を与えて、民主主義立法に大きな制約を加えている。わが憲法下、議会制民主主義下の法律も絶対ではないのである。そこには民主主義でも服すべき憲法に象徴される法理＝公正な社会秩序を維持する根源的な力たる客観的法理、の存在が暗示される。それは「法の支配」における「法」と理解されるものである。大山説ではこの近代民主国家の立法における民主主義原理と法の支配の対抗関係が無視されているが、鮫島説はこれを凝視する。そして法律のプロ集団であるばかりに、この二つの原理、すなわち民主主義原理と憲法＝法の支配＝法原理（公正な法秩序の原理）の接点で、いわば板挟みとなって苦悩しているのが議院法制局のありのままの姿である。

前述の駐留軍関係離職者臨時措置法の場合もそうであったが、議員立法の場合、その議員の出身あるいは推薦母体からの立法要求がそのままその議員からの立案依頼となることが多い。この場合、その議員あるいは要求母体は自らの利益のみを念頭に置き、法秩序ないし法体系全体とのバランス、あるいは法理論は一切考慮に入れていない。そのために、議員の立法構想のとおり立案したのでは全法体系上の混乱あるいはアンバランスが生ずる場合がある。重複立法や無用の立法の立案となることもある。法理論的に許されない立法構想の場合もある。立案省庁に対し内閣法制局ならば抑止したであろうこのような場合、議院法制局は黙過すべきなのか。これをチェックする行動をとってはならないのか。

就職してまもなくの私のかかわった法律として、「環境衛生関係営業の運営の適正化に関する法律」（環営法、現「生活衛生関係営業の運営の適正化及び振興に関する法律」）がある。これは理髪業、美容業等七つの営業について「適正化基準」と称する代金を中心とするカルテルを認める法律で、いわゆる独禁法の穴あけ立法である。その論拠とされたのが「過当競争」の論理である。業者間の過当競争によって利用料金が低下すると、その業界の衛生措置が不十分となって公衆に危害を及ぼすというものである。しかし、それは表向きの論理であって、実際はカルテルによる業界の利益と裏面での提案政党の党利（業界の組織化）確保がねらいである。これが「業法」、「士法」に多くみられる議員立法＝民主主義立法の実態である。現在は規制緩和時代で、競争こそサービス向上や営業の効率化の原動力との理解が強化されているが、当時も同様に考えていた私にとって「過当競争」はまったく耳を疑った論理であって、いまでも不可解である。しかし、結局その論理に押し切られ、その法律は現在でも生きてこのデフレ時代にその料金水準の維持に貢献している。ここでまた、アウトサイダー規制命令なる制度が付加されて、業界組織未加入の業者にも、その規制を及ぼすことができることとされている。いまだに釈然としないこの論理が、いったん法制化されると、既成法理としてまかり通り、類似の法制出現を抑止できなくなる。というより、結局すべての業界の営業の自由を奪うことになりかねない。議院法制局はこれに抵抗しなくてよいのであろうか。あるいはできないのか。

（1） M. Douglass Bellis, "Drafting in the U. S. Congress" (Statute Law Review V. 22, No. 1, pp. 38–44), アメリカ立法顧問局の発展の沿革、現在の機能については、本論のほか、国立国会図書館・調査立法考査局・政治議会調査室・課「アメリカ連邦議会の立法顧問局の概要」（二〇〇二年七月二二日）とそこに紹介された文献参照。

（2） ibid, pp. 41–43. 利点としては、ここで立案された法律は精密にできていること、重大な抜け穴が少ないこと（とくに税法関係）、政治的に中立性が保たれていること、とくにこの組織が念頭に置くのは裁判所での法文の解釈で、宣伝性を重視して不明確な表現をとる政治家と裁判所の仲介的機能を発揮すること、などが挙げられている。

五　議院法制局の在り方

しかし、答えは消極たらざるをえない。さきにも触れたが、議院法制局は内閣法制局ではパスできない、いわゆる「スジの通らない」法案造りの汚名を着せられきた。鮫島説はこれに対する抵抗でもあり、それに対する議員法制局の法体系上あるいは法理論上のチェック機能を「立案に資する」(＝補佐)で読もうとするものである。しかしこの鮫島説も結局は議院法制局の「補佐機関」の限界を認めているのである。私もやはり、合憲性審査権と同様に、議院法制局の法体系上、法理論上の立法構想の検討によって議員に譲歩、まして立法意図の放棄を求めるまでの法的根拠・権限はないと解する。「立案に資する」の根拠条文では、議員の立法権を制約することになるそれらの権限を含めて解することは困難である。

では、議院法制局の職務は立法技術的観点を除き、議員のいうままを法文化するにとどまるのか、というと、決してそうではない。職員は法律のプロフェッショナルとしての教養と見識をもち、議員の立法構想について立法技術的観点はもとより、右に述べた「法の支配」のもとでの法理論的観点からも助言することは補佐機関としての義務である。その助言は「矢尽きて倒れる」までとはいささか過剰表現であるが、できる限り懇切になされるべきである。とくにそれが憲法違反あるいはその疑いのあるときは、その旨を丁寧に説明すべきである。それを知りながらこれを議員に告げないことは補佐義務違反である。しかし法制局の職務はそこまでで、そのあとは、国会での答弁関係も含めて議員の判断と責任に委ねるべきである。憲法に関しない一般的、法理論的観点からの立法構想上の問題についても同様である。法制局の見解を強制するわけにはゆかない。といって法理論的に筋の通らないことを知りながら黙過することは、やはり、職務懈怠である。

しかし、その場合の法理論的判断は微妙で、困難であることはさきにも触れた。三法制局間でも、政府部内でさえも意見が食い違うこともありうるのである（二節・注（2）のケース参照）。そして、法制局の見解を議員に強要する法的権限はないものの、その助言は法律専門家の意見としての重みをもつことが銘記されなくてはならない。法制局見解、助言の議員におよぼす事実上の影響は大きいのであり、この観点からは議院法制局職員の責任は重い。問題となる論点については局内で十分議論を尽くさなければならない。若手の柔軟な頭脳と高くて深い見識をもつ年配の局長以下、部長・課長クラスの上層部の配慮がうまく調和された、第三者に説得力ある助言がなされなければならない。また、なにかおかしいが論破しにくいといわれている形式論理的・官僚法学的発想[1]に基づくものであってはならない。むしろそこからの脱却が求められる。参考とされる資料は判例だけでなく、民間の研究者の意見も取り入れられるべきである。行政解釈は最劣位に置かれなくてはならない。そのためには局内全員が日頃から研鑽に励まなければならない。議院法制局のプロフェッショナルには高い質が求められるのである。また、議院法制局は議員に親しまれ、信頼されるよう努めなければならない。

この点で気になるのは立案職員の定着率の低さ（在職期間の短さ）である。局独自の相当競争率の高い採用試験がなされ、毎年、優秀な職員が採用されているが、数年を経、ようやく立法技術を身につけた頃に辞めてゆく者が多い。それをカバーするためだけではないが、多くの行政庁からの出向者を迎えている。なかには法制局の職務になじみ、ここをついの棲家とする職員もいる。

この出向者のことが基本参考文献㈠や数年前に国会で問題にされたことがあるが、出向者は右に述べたような観点からの行政官としての感覚や原省庁への帰属意識からの脱却が必要である。内閣法制局も参事官は各省庁からの出向者で占められているが、出身省庁への帰属意識は完全に払拭されて、原省庁提出案に対する審査はむしろ厳しいといわれる。(2) 議院法制局の場合、行政から立法への「天上がり」の矜持をもち、とくに国権の最高機関たる国会の行政に対する優越性、独立性、さらに議院法制局の政治的中立性の感覚への切替えが出向者に求められる。

なにゆえに独自採用の職員の勤務年限が短いのか。これにはいろいろの理由があろう。まず、なかには法律作りがメシより好きという人（鮫島、上田両元衆議院法制局長）もいるが、一般に仕事があまりに地味であり、あまりの縁の下の力持ち的存在であること、さらに将来の仕事・生活の保障がないことが大きいようである。多くの新人は数年して弁護士として転向してゆく。しかし、職員はまず、自分の職業の社会的価値の高さと重要性を自覚しなければならない。前述の「野党議員立法誘導労働三法」にみられるように、新法理に則った野党提出法案は、その後の政府立法を誘導する原動力となっている。また大学卒業後、ただちに天下の法律の立案に参加できることは名誉なこと、やり甲斐のあることなのである。

また職員の将来の保障もその人が安心して職務に専念するため重要なことである。定年延長も一つの方法であるが、人事を停滞させ――これが所帯の小さい議院法制局のもっとも深刻な問題である――若手の意欲をそぐことになる危険性がある。この際、内閣法制局参事官も含め、一定年限法制局で立案事務に従事して定年を迎えた立案職員には弁護士の資格を付与することを提案する。

（1）この典型例が内閣法制局に伝統的な核兵器容認論である。憲法九条との関係で、国には自衛権があり、そのための必要最小限度の軍備保持は認められ、その限度をこえない限り、そのなかには核兵器も含まれるとする、まさに形式論理的論法である（七八年三月一一日、参議院予算委員会での真田長官発言。最近では〇二年六月六日、参議院外交防衛委員会での津野長官の発言）。非核三原則は政治的原則であるとしても、核兵器の不拡散に関する条約（核拡散防止条約）との関係で憲法九八条二項への適合性の問題があるし、なによりも大量殺戮兵器たる「核兵器」は平和の対極にあるもので、たとい防衛のためとはいえ、国際平和主義にたつ現行憲法の容認するところではないはずである。また、通常兵器を上回る威力をもつところに「核兵器」の特質があり、それが通常兵器なみの力しかないと想定すること自体が虚構である。

それに、わが国の防衛の根幹＝非核三原則にかかわる重要事項について、通常の一般公務員の組織にすぎない内閣法制局がそれに反する判断を下しうるのか。本文でも指摘したように、その法的根拠についても、さらにより一層政治的にも大きな疑問がある。裁判についてさえ論じられている統治行為論が想起される。

（2）内閣法制局・百年史編集委員会編『証言・近代法制の軌跡』（ぎょうせい、一九八五年）三六二頁以下、中村四郎氏執筆「第四部の源流のなかで」。

六　むすび

以上、まず、内閣法制局との対比において、議院法制局の職務の法的根拠、地位・性格を確かめ、つぎにそれとは別に、現在、現実に行われている実態としてのその職務、機能を整理・分析し、さらに法制局の法的地位・性格をめぐる対極にある二つの説（大山説、鮫島説）を絡ませながら、その法的根拠、地位・性格とのかかわりで議院法制局の実態としての職務の正統性を客観的、法理論的観点から検討し、最後にその役割と在り方を論じた。

議院法制局は、法的には、立法技術的観点からの議員の立法構想に対する関与は認められるが、合憲性審査権はもとより、既存法体系への整合化や法理論的観点からの審査権もない。しかし、そのことは議院法制局がその立法構想の違憲性、不整合性、法理論的観点からの問題性等を黙過すべきものでもない。その黙過も職務懈怠で、その旨を誠意をもって議員に告げることも職務のうちである。その後は議員の責任で処理されるべきものである。

今日の議院法制局の議員に対するスタンスは三〇年前の私の在職当時と若干変化し、私の指摘した方向に動いているようであるのは好ましいことである。しかし議員の反感が完全に消えてはいない。その設立当時に注入された内閣法制局的職務感覚から脱し、議員法制局独自の在り方を検討して、一面で議員の議院法制局についての理解をえることに努力を払いつつ、他面、議員にとっての「立法の関所」、うとましさ解消の方向に向かうべきである。

なお、わが国の法制秩序維持のために三法制局の連携が必要である。とくに法案合憲性の事前審査——事後審査よりも実質的には重要——については、三法制局を包含した、より高度の国家機構の設立が検討されるべきである。

〔二〇〇三年三月脱稿〕

【付　記】本論作成にあたっては、ほかならぬ上田元衆議院法制局長からの文献の紹介その他のご教示をいただいた。また、資料閲覧、収集に衆議院法制局調査課、国会図書館調査立法考査局・政治議会調査室・課の斉藤氏のご協力をいただいた。記して厚くお礼を申し上げる。なお、いうまでもなく、本論で述べた意見はまったくの私見である。

【付属資料】

フランスにおける立法成立過程と合憲性審査機関

フランスの立法過程をいう場合、法案が議会に提案される前の段階と、提案後成立から施行までの段階に分けて述べなければならない。

また、フランスでも、法案は議員提案（Propositions de loi）と政府提案（Projets de loi）に分かれ、前段階の過程は両者よって差がある。議員提案は歳入減または公的負担増となるもの（わが国でいう「予算をともなう法律」）は受理されないという大きな制約がある（憲法四〇条）。そのため現実に成立する法案は政府提案が主流を占める点もわが国と同様である。そして、提案手続きは両者で異なるので、以下、法案の提出前と後の段階にわけて説明する。

一　提案前

㈠　政府提案

各省大臣は任命されると、二〇～三〇人程度の人数の官房に所属する秘書（その大臣の交替とともに退職）をともなって入省し、その提案法案は、その秘書またはその省の常勤職員――これら職員には法律家を含んでいる――によって立案される。これが立案されると、内閣総理大臣所管の内閣官房（Secrétariat du Gouvernement）に移され、ここで審査され、修正を受ける。この部局は過半数が最高行政裁判所たるコンセイユ・デタ（Conseil d'État）からきた法律家で占められている。そしてさらに、この法案は閣議決定前に必ずコンセイユ・デタに提出が義務づけられ、その意見が付される（三九条二項）。内閣での法案決定にはこの二つの機関のチェックを受けることになる。

そのチェック・ポイントは、両機関とも法規の体系化、他の法規との整合性の観点からなされるごとくで、そこでは当然に憲法との関係（合憲性の観点）も含まれているとみられるが、その審査基準は不明である。わが国における内閣法制局に相当する職務は、フランスでは内閣官房とコンセイユ・デタに分かれることになる。もっとも政府は後者の意見に従う義務はなく、拒否することもできる。法案はこの後、議会に提出される。

㈡　議員提案

議員自身が作成するが、この場合、①その議員の協力者によって、または、②議員がその名で提出する政党によって準備される。いずれの場合も、議員または政党に所属する法律家が起草する。

以上のように、議員提出法案については提案前の審査はないが、法案の主流である政府提案は内閣官房部局とコンセイユ・デタによる二段の審査によって全法秩序的整合性が提出前に確保される仕組みとなっているとみること(1)ができる。

二　提案後

フランス立法過程においてもっとも特色的なことは、法案提出後、施行前にその合憲性の審査をなす独立の国家機関たる憲法院（Conseil Constitutionnel）が憲法上設けられていることである。法案の事前の合憲審査制である。もともとは立法権に対する行政権の拡大・強化策の一環として一九五八年の第五共和制憲法によって創設されたものである。

フランスは、一七八九年の人権宣言による〝一般意志の表現〟たる法律の絶対性――自由制約と人民代表で実行される主権の具体化の唯一の根拠――を理念とし、伝統的に、その民主主義、自由主義のシンボルとしての議会＝立法権を優越せしめて、これに対する議会外の権力による規制、干渉を極力排除してきた（ちなみに、フランス議会は直接普通選挙で選出された議員五七〇人で構成される国民議会（Assemblée nationale）と、間接普通選挙によって選出された議員三〇四人で構成される元老院（Sénat）の二院制をとっている）。

一九四六年の第四共和制憲法は憲法委員会（Comité Constitutionnel）を設けたが、その機能はきわめて限定的で、ほとんど機能しなかった。それが行政権の拡大を図るド・ゴール時代の五八年の第五共和制憲法によって廃棄され、議会の立法権限の範囲の縮小（法律事項の限定）とともに、その実効性を確保するため法律の合憲性判断権限をもった憲法院を創設したものである。(2)憲法上それに与えられた権限は、大統領等、他の国家機関からの諮問に対する意見表明権限（一六条）、国民投票、大統領選挙、議会議員選挙の管理（五八～六〇条）等の管理的権限等多岐にわたるが、本稿にとって重要なのは法律の合憲性判断権限（Attribution de Contrôle de Constitutionalité, 六一条）である。組織的法律（Lois organiques）案の場合は審署（Promulgation）前に首相によって、議院規則（règlements des assemblées parlementaires）の場合は施行前にそれぞれの議長によって、必ずその審査に付される（同条一項、一九五八年のオルドナンス一七条）。それ以外の一般法律の場合はその審署前に大統領、首相、国民議会議長、元老院議長、さらに七四年の改正後は国民議会議員・元老院議員六〇人によって提訴されることによって審査が開始される（同オルドナンス同条一、二項）。その審査結果としての違憲判断は一切の公的権力（コンセイユ・デタも含めた行政的、司法的機関）に対して絶対的効力があって、これに異議申立ての道はない（憲法六二条二項）。これにより違憲とされた法律については、大統領は審署も公布もできず（同条一項）、部分的違憲の場合、それがその法律全体と不可分一体のときは審署できず（同オルドナンス二二条）、そうでないときは、大統領はそれ以外の部分に審署し、または議会に再審議を求めることができる（同二三条一項）。

この院の構成は、任期九年の九人で、大統領、国民議会議長、元老院議長が各三人を指名する。委員は三年ごとに三人解任されるが（再任は不可）、これにさらに元大統領が終身委員として加わる。委員長は国民議会議長が任命する（憲法五六条）。

この院の当初予想された機能は、右にも述べたように、議会の権限の縮小――法律事項の限定――による行政権の拡大の確保であったが、七一年に憲法前文の人権保障にも拡大され、七四年には提訴権も野党議員に認めて換骨奪胎され、逆に政府提出法案によるその侵害を防止する機能に大きく変化している。[3] 二〇〇二年は、合憲決定二件に対し部分違憲決定は七件で、そのなかには、政府が提案した労働者の解雇制限強化条項を含んだ社会近代化法案について、その一部条項が一七九八年の人権宣言で保障する営業の自由（La liberté d'entreprendre）を侵害するとして部分的違憲決定したケースが含まれている。[4] 相当厳しい審査が行われているごとくである。

現在の問題点は、理論的には違憲立法は存しないことになるが、一般法については院独自の提訴はないため、違憲とみられても実際には無審査のままに置かれることがあること、七四年の改正は提訴権者の議会小数派へ範囲を拡大したが、個々の国民の提案権にまで及んでいないこと、審署後は提訴できないため、法律が違憲であるか否かは誰も知りえないことである。

こうして、フランスでは、議員立法案の審査は憲法院の、立法の主流たる政府提案法案は内閣官房とコンセイユ・デタ、さらに憲法院の三段階の事前審査を受けることとなっている。その合憲性は法律施行前に、最終的に、憲法院というレベルの高い独立の国家機関の監視下に置かれていることが注目される。

（1）フランスのコンセイユ・デタの役割については、山口俊夫『概説フランス法上』（東京大学出版会、一九七八年、二五〇頁以下、清水睦「立法過程における国会と政府の役割分担をめぐって――法案の発案・提出を中心として――」（中村睦男、前田英昭編『立法過程の研究――立法における政府の役割――』、信山社、一九九七年）八頁など。

（2）フランス憲法院については、Marcel Prelot, Jean Boulouis, 'institutions politiques et droit constitutionnel', 10e éd., Precis Dalloz, 1987, p. 907 et s., Jean Gicquel, 'Droit constitutionnel et institutions politiques', 18 e éd., Montchrestien, 2002, p. 715 et s., Pierre Pactet, 'Institutions politiques Droit constitutionnel' 21e éd. ARMAND COLIN, 2002, p. 513 et s など。わが国においてもっとも体系的な概説は、山口、前掲書、一九三頁以下。私としては、これら文献と次注の文献のほか、私の知人で公務関係にくわしい Jean-Claude Tourret 氏（地中海協会総支配人）の提供文献や知見に負う。

（3）わが国におけるフランス憲法院の性格、機能の変化の歴史的研究業績は多く、九二年時点の文献は、今田浩之「フランス憲法院の性格論の性格」（阪大法学四一巻四号）四二八頁以下の（注）13掲載の諸論稿、それ以後のものとして私が目にしたものは、矢島基美「フランスにおける違憲審査の状況――九〇年憲法院改正法案をめぐる議論のなかから――」（比較法学五四号、一九九二年）、矢口俊昭「フランス憲法院と組織法律」（香川法学一四巻三・四号、一九九五年）、今関源成「九〇年代のフランス憲法院」憲法理論研究会編『憲法五〇年の人権と憲法裁判』（敬文堂、一九九七年）所収、蛯原健介「憲法判例における合憲解釈と政治部門の対応——憲法院と政治部門の相互作用の観点から——（一）、（二完）」（立命館法学一九九八年三号）である。

（4）　Decision no. 2001-455 DC du 12 janvier 2002, http://www.conseil-constitutionnel.fr/decision/2002/2001455dc.htm

民事立法の現状と課題

松尾英夫

一　はじめに

筆者は、本来、民法が専攻であるが、かって法務省民事局において民事立法に関与したことがあり、また、白鷗大学法学部において民法のほか、立法学Ⅰ（立法政策論、立法過程論）および立法学Ⅱ（立法技術論）を、さらに大学院において民法研究Ⅳ（民事立法の課題）の講義を担当していたこともあり、本テーマを選択した。

最近は、社会経済の変動、企業活動の変化、ＩＴ化の政策、司法制度の改革等の動きに対応して、民事法の改変の必要を生じ、急速に民事立法の件数が増加し、種々課題も生じている。

そこで、本稿では民事立法の沿革をたどり、民事法の立法過程、最近立法された民事法、現在検討されている民事法案、民事法の企画立案、立法技術、民事法の立法過誤、さらに民事法の立法責任について考察することとする。

なお、意見にわたる部分は、私見であることをお断りしておく。

二　民事法立法の沿革

民事立法とは、一般に広く民事法の企画立案および制定をすることをいうが、実務では、狭く民事法の企画立案をすることをいう場合が多い。また、立法とは、一般に国会で法律を制定することをいうが、行政庁が政令、府令、省令、条例、規則等を制定する場合を含めて用いられることもある。

民事法とは、民法、商法等の実体法、民事訴訟法、民事執行法、民事保全法等の手続法およびそれらに関する基本的法律の全般をいう。

ところで、我が国の法制度は、明治年代の立法活動によって一応の整備が図られた。市民生活の私法関係を規律する民事法の分野で既存の法制度とまったく関わりのない新しい法律が制定されることは殆どない。民法、商法とは別に新しい単行法が制定されても、それは実質的には既存の法制度の改正ということができる。第二次世界大戦後の早い段階においては、アメリカの占領政策特に民主化政策によっていくつかの立法がされた。まず、家の制度を廃止した民法の親族編と相続編の全面改正とこれに伴う新戸籍法の制定である。新国籍法も制定された。家庭裁判所の設置に伴い家事審判法が制定され、各種の民事調停を統合する民事調停法も制定された。交互尋問制を採用する等の民事訴訟法の改正もされた。昭和二五年の会社法の大改正も、アメリカ占領軍の強い示唆の下に行われた。

昭和二七年に日米平和条約が成立し、我が国はアメリカ軍による占領状態を脱し、立法活動も独立して行うことができるようになった。そうした中で、民事法の特定分野において最も頻繁に改正が行われたのは、株式会社に関するものである。昭和三〇年、三七年、四一年、四九年、五六年、平成二年、五年、六年、九年、一一年、一二年、一三年、一四年および一五年に商法改正（商法特例法の制定、改正を含む。）が行われている。おびただしい回数の改正である。そのほか、社債発行限度暫定措置法、株券等の保管及び振替に関する法律の制定も、この分野のものである。

民法総則関係では、成年後見制度の改正（平成一一年）がある。

民法財産法関係では、根抵当立法（昭和四六年）、法人関係の改正（昭和五四年）、建物の区分所有等に関する法律の制定・改正（昭和三七年、五八年）、借地・借家法の改正・制定（昭和四一年、平成三年、一一年）、仮登記担保法の制定（昭和五三年）等が行われた。また、経済の発展に応じ、自動車抵当法等の制定（昭和二六年等）、工場抵当法の改正（昭和二四年等）等のいくつかの特殊担保法も制定、改正が行われている。

民法身分法関係では、失踪、代襲相続等の改正（昭和三七年）、婚氏等に関する改正（昭和五一年）、配偶者の相続分の増加・寄与分の新設等の改正（昭和五五年）、特別養子制度の新設その他の養子制度の改正（昭和六二年）、成年後見制度の改正（平成一一年）、公正証書遺言等の方式の改正（平成一一年）等がその主なものである。

男女平等の理念の実現のための日本国籍取得要件整備のための国籍法の改正（昭和五九年）がある。

民事手続に関する法改正は、執行・保全に関する部分をそれぞれ独立させ、現代化して単行法、すなわち民事執行法（昭和五四年）、民事保全法（平成元年）を制定した改正が主なものである。民事訴訟法自体では、手形訴訟制度の新設（昭和三九年）、送達関係の改正（昭和五七年）、抜本的改正（平成八年）がある。そのほか、司法制度に関連する執行官法（昭和四一年）、民事訴訟費用法（昭和四六年）、民事再生法（平成一一年）等の制定がある。会社更生法の制定・改正（昭和二七年、四二年）もある。また、昭和四一年の借地法改正に伴い、借地非訟事件手続が導入された。

国際私法の関係では、男女平等の理念の実現のための法例の改正（平成元年）、条約批准に伴う遺言の方式、扶養義務の各準拠法（昭和三九年、六一年）の制定がある。

三　民事法の立法過程

次に、民事立法の過程を見ることとする。(1)

(一)　民事法制の企画立案の所管

民事法のうち、民法、商法およびこれらに関連する法律の企画立案は、法務省民事局民事法制管理官（民事局参事官室）が担当し（法務省組織令第三一条）、法務大臣官房審議官（民事担当）においてこれを総括している（同令第一一条第三項）。その他の民事特別法の企画立案は、法務省民事局総務課において担当することになっている（同令第二七条）。しかし、実際には、所管事務ごとに所管課が担当している。たとえば、戸籍法、国籍法および後見登記等に関する法律の企画立案は民事第一課（同令第二八条）、不動産登記法等の企画立案は民事第二課（同令第二九条）、商業登記法、法人登記法、債権譲渡特例法および供託法等の企画立案は商事課（同令第三〇条）において担当している。

これらの所管部局では、常時、社会事象の問題点を把握している。

民事法の課題は、性格上、高度に複雑であり、技術的である民事法の政策決定を要する担当には、エキスパートのスタッフを配し、常時、立法の素材である多くの資料の収集に怠りない民事立法のソースの収集機関として、重要な地位を占め、政策決定に当たって重要な役割を果たしている。

㈡　研究会

最近では、後述の法制審議会部会の審議に入る前に、あるいは部会審議の途中において、主管部局が、または主管部局から委託された研究会を設け、任命された研究委員、幹事によって社会事象における課題について問題点と解決策を検討し、中間の検討結果を公表し、関係団体等の意見を集約し、検討の上、組み込み、最終結果をまとめ、報告書を作成し、主管部局に報告する。そして、報告書の内容が一般に公表される。主管部局が、これらを把握した段階で、立法を必要とする場合には、これに基づき主管部局から法務大臣に大臣諮問事項を上申し、法務大臣から法制審議会に民事基本法に関する事項を諮問することが多い。

法政策立案に際しては、① 一般的には、社会のニーズ、環境等から問題点を発見する。具体的には、判例、学説、研究資料、報道、マスコミ等から問題点を発見し、② 現実と理想を比較検討、分析し、解決可能な問題点を設定する。この場合には、問題の発生原因、発生結果および解決の際の障害等についても分析する。

㈢ 法制審議会

法務大臣は、民事立法に関し、法務省所管の法制審議会[2]に諮問する。法制審議会は、部会を設置し、研究会等で検討された結果等を参考として、委員、幹事によって検討、審議される。

法制審議会は、法務省組織令（平成一二年六月七日政令第二四八号）第五七条に基づき設置されているものであり、その所掌内容については、同組織令第五八条一項に規定され、「一　法務大臣の諮問に応じて、民事法、刑事法その他法務に関する基本的な事項を調査審議すること。二　電子情報処理組織による登記事務処理の円滑化のための措置等に関する法律（昭和六〇年法律第三三号）第五条第二項の規定に基づきその権限に属させられた事項を処理すること。」とされており、その範囲は、民法、商法、刑法等の実体法、民事訴訟法、民事執行法、民事保全法、刑事訴訟法等の手続法およびそれらに関する基本的法律の全般にわたる。

法制審議会の組織および議事については、法制審議会令（昭和二四年五月三一日政令第一三四号）に規定されている。すなわち、その組織は、委員二〇名以内で組織し（同令第一条）[3]、委員は学識経験者から法務大臣が任命する（同令第二条第一項）が、この学識経験者には、学者（法律以外の分野の学者を含む。）、法律実務家、公務員、各界の有識者等から選任されている[4]。

また、特別の事項を調査させる必要があるときは、審議会に臨時委員を置くことができる（同令第三条第一項）。そして、審議会に幹事を置くことができる（同令第五条第一項）。幹事は、委員および臨時委員を補佐する（同令第五条第三項）。幹事は、学識経験者から法務大臣が任命する（同令第五条第二項）が、関係の部局職員が任命されることが多い。

会長は、委員互選により法務大臣が指名する（同令第四条第二項）[5]。

審議会に部会を置くことができる（同令第六条第一項）。現在、民事法関係では、次の一八部会が設置されている。すなわち、法人制度部会、会社法部会、会社法（株券の不発行等関係）部会、会社法（現代化関係）部会、倒産法部会、生殖補助医療関係親子法制部会、担保・執行法制部会、建物区分所有法部会、民事・人事訴訟法部会、間接保有証券準拠法部会、民事訴訟・民事執行法部会、国際私法（現代化関係）部会、国際扶養条約部会、国際裁判管轄制度部会、動産・債権担保法制部会、不動産登記法部会、人名用漢字部会、保証制度部会である。

法制審議会に付議される場合、①　主管部局で準備された要綱案を提出して、それに対する意見を徴する形式（求意見形式）と②　審議の目的を提示して諮問し、それに対する要綱の答申を求める形式（諮問形式）があるが、通常、後者の諮問形式によっている。

審議の過程で、問題点や試案を公表して、学界、裁判所、弁護士会等の法曹界のみならず、広く関係団体・企業、国民の意見を聴取して公正な審議がされている。

部会においては、諮問事項について問題点を拾い上げるが、市民社会の基本を規律する民事法はその影響するところが広範囲であり、部会のみではそれを完全にフォローして作業を進めることが困難であるところから、部会での審議を踏まえて、分科会、研究会を設ける[6]ことがある。分科会においては、任命された委員、幹事によって社会事象における課題について問題点と解決策について検討し、中間の検討結果を公表し、関係団体等の意見を集約し、組み込み、最終結果をまとめ、報告書を作成し、主管部局に報告する。報告書の内容は一般に公表されることが多い。この報告書に基づき、部会は、さらに審議を重ね、その審議の結果を踏まえて、法務省民事局参事官室の名で立法検討の対象となるべき問題点を取りまとめ、これを公表するとともに、大学法学部や関係団体にこれを送付して、意見を求める。場合によっては、問題点について担当者による説明が付されることもある。この問題点は、問題提起のためのものであって、できるだけ多くの問題点やアイディアを拾い上げ、検討の俎上に上げることにより、より良い立法に貢献すると思われるからである。この問題点に対する各界意見を分析、整理し、これを参酌しつつ、立法の方向について検討し、要綱試案または要綱案がまとめられる。場合によっては、参考人の招致が行われることもある。その上で、論議が尽くされ、要綱案を取りまとめ、要綱案ごとに出席委員過半数の多数決により要綱案の可否が決定されて総会に報告される。

総会においては、部会から報告された要綱案または総会限りで決定された要綱案について、審議され、答申する要綱を決定する。そして、法務大臣に対して法律案要綱を答申する。

㈣　法務省民事局における法律案の起草

法律案要綱が法務大臣に答申されると、主務官庁では、法律案要綱を基に法律案原案の法文化の作業に入る。法律案の起草作業は、通常その立案の内容となる事務を所掌する法務省民事局参事官室または担当課によって開始される。参事官室または担当課では、法制審議会の審議に入る前に立法の動機を考慮しながら、実態の調査、内外の法制度の調査、利害関係団体への意見照会等を行う。その後、これら収集した資料を分析、検討し、立法化する上での問題点とその解決策および法律で規定する事項と行政措置等に委ねる事項の峻別等について協議を重ね、この協議結果に基づき一応の法律案の草稿を作成し、局長等幹部（事案によっては事務次官、副大臣、大臣等へも）への説明（協議）がされる。このように法律案は稟議制でなく、こうした会議（協議）等において草案の書き直しが行われ、成案ができていく。

一応の成案が出来上ると、省内における法制局的役割を担う法務省では官房秘書課による省内審査、省内調整等が行われ、省内調整等がある程度進んだ段階で次官、副大臣、大臣に説明される。

このようにして、次官、副大臣、大臣まで一応の了承が得られると内閣法制局の予備審査を受け、各省折衝を開始することとなる。

稟議制による決裁は、この予備審査および各省折衝が終わり、閣議請議をする段階になって初めて行われる。なお、与えられたテーマが複雑かつ困難な場合、各界の利害が対立して調整が容易でない場合には、審議会への諮問等を行い(7)、有識者や各界各層の意見を聞いた上で、法律案の作成にかかることが多い。

㈤　内閣法制局審査

(1)　予備審査

法律案の審査は、本来、各省庁から提出される内閣総理大臣あての閣議請議書の回付を受けてから開始されるべきものであるが、これを待って審査を始めたのでは、数多くの法律案を少数の内閣法制局参事官が短期間に、かつ集中的に処理することになるため十分な審査が行えないことや内閣法制局審査により原案に大幅な修正が行われるとその修正のための事務処理が煩雑になること等から、現在では閣議請議前に予備審査を行っている。

ところで、法律案の審査は、内閣法制局の担当部(8)参事官の審査を受ける。会議用テーブルにおいて、内閣法制局参事官と立案担当者との会議形式で行われ、審査では、まず立案担当者から立法の趣旨、経緯、背景等について説明される。その後、条文の内容・表現について質疑応答、討議が行われ、この討議によって法律案の問題点を明らかにし、討議結果に従って原案を修正していく。このような一連の手続が各条文ごとに繰り返されることによって審査が進行する。審査は、毎年改正され、かつ改正内容に問題のないものについては、一日で終了することもあるが、改正事項が多く、かつ内容に問題の多い法律案の場合には、数日ないし十数日にかけて審査が行われ、それが二回、三回と数次にわたって行われる。第一回目には、全条文の審査を行うが、この第一回目の審査を第一読会と称し、その後の審査を順次第二読会、第三読会と称している。このような読会を重ねながら憲法をはじめ、実体法全体の中で、その立案に係る法律案の条文が当該法律の他の条項や他の法令の条項と法的な調和を保ち得ているか、立案に係る内容が法的に妥当なものかという高次元のものから、その法文が正確に立案の意図を表しているか、条文の配列等は適切であるか、さらには用字・用語は法令に使用するものとして誤っていないか等の立法技術的な点まで、十分念入りに検討が行われる。

内閣法制局の担当参事官による審査が一応終わると、同参事官が内閣法制局の担当部長（法律案の内容によっては、この段階で、内閣法制次長、長官へも）に説明し、その了承が得られた時点で内閣法制局の予備審査は終了する。

⑵ 本審査

法律案の予備審査が一応終了すると、法務省内部の手続（稟議制による大臣までの決裁）を経た上で、内閣総理大臣あて閣議請議の手続を執る（国家行政組織法第一一条）こととなる。この閣議請議書は、これを受け付けた内閣官房から内閣法制局に回付される。内閣法制局では、これを予備審査を担当した参事官に配付し、同参事官は、予備審査に参加していた参事官付事務官と共に、その案について先の予備審査の結果と照らし合わせつつ、一語一語、句読点から字の配列に至るまで最終的に検討を行い、本審査を終了する。

閣議請議に係る法律案は、いわゆる予備審査において十分検討された案が浄書されたものであるから、本審査において大幅な修正が行われることはほとんどない[9]が、なお各条文間における表現の統一、用字・用語等についての修正（職権修正）[10]が行われることもある。この職権修正は、閣議請議原本の修正箇所に細長い付箋を貼り、その付箋に朱字で訂正文字を書き、付箋と原本にかけて「内閣法制局」と刻んだ豆印で契印することによって行われる。

本審査が終了すると、「別紙〇〇大臣請議〇〇法律案を審査したが、右は請議のように閣議決定の上、国会に提出されてよいと認める。」という表書き（部内決裁用のもので赤枠で印刷されたもの、いわゆる「赤紙」）を閣議請議書の上に付けて、担当参事官から当該部の部長、次長を経て、長官の決裁を受ける。

長官の決裁が済むと、参事官付事務官はこの部内決裁用の表書き（赤紙）を外し、これと同文の表書き（閣議の際に大臣が署名する欄が設けられた青枠の紙、いわゆる「青紙」）を付け、それに内閣法制局長官の印[11]を押して内閣官房に回付する。

㈥　各省協議

法律案は、関係省庁と意見調整を行いながら作成していくことが必要で、この折衝は、立案省庁における起草作業や内閣法制局における予備審査と並行して行われることが多い。

各省庁の作成する法律案の内容が他省庁の所掌事務と関係する場合、たとえば、罰則・過料の規定が置かれているときは、法務省の所掌事務と、地方自治制度に関連する事項の規定が置かれているときは、総務省の所掌事務と、予算措置が必要なものについては、財務省の所掌事務とそれぞれ関係するので、これら関係省庁とそれぞれ協議することが必要となる。

実際には、閣議等に意見の対立が持ち込まれると閣議決定を行うことができなくなるため、すべての省庁に対し法律の閣議請議案を配付し、意見調整のための協議を行っているのが実状である。

㈦　与党審査

内閣が国会に提出する法律案は、閣議決定に先立って与党の審査を受けなければならない。これは、議院内閣制を採っている国では、必然的に内閣と与党との一体性が要請され、かつ、与党議員の賛成が得られないと法律案が国会に提出されてもその成立が危ぶまれるためである。現在、自由民主党と公明党との連立与党体制となっているが、現在の自由民主党の与党審査は、民事立法の場合には、通常、政務調査会法務部会の審査（法的見地から質疑応答式による審査）、政務調査会審議会の審査（大局的な政策的見地から審査）、総務会の審査（与党審査の最終的決定）国会対策委員会の審査（与党としての国会活動の見地から法律案を理解し先議院や国会提出時期の決定）の順序で行われる。法律案の提出の可否の最終決定は総務会で行われる。衆参両議院のいずれの院を先議とするかの決定は国会対策委員会で決定される。なお、公明党との連立与党体制下においては、各党の総務会レベルの審議の後に、連立与党の政策調整会議を経ることになる。

(八)　事務次官等会議による意見調整

閣議請議がされると、当該法律案を事務次官等会議（以下「次官会議」という[12]）に付議することとなる。次官会議は、内閣官房長官、官房副長官（事務）、内閣法制次長および各省庁の事務次官をもって構成され、内閣官房長官が主宰することとなっているが、実際には、内閣官房長官は多忙のため、内閣官房副長官が会議を執り仕切っている。

次官会議においては、法律案の閣議請議を行った省庁の事務次官がその内容について説明を行った後、必要に応じ、関係省庁の事務次官等から意見を述べ、最終的に各省庁間の意見の調整を図っている。仮に、次官会議で了承されなかった場合には、原則として、そのままでは閣議に付議されず、了解に達するまで審議を重ねることとなる。

(九)　閣議請議

特定の案件を閣議に付すには、閣議請議の手続が必要であり（内閣法第四条第三項）、法律案の制定または改正を行う場合においても、立案省庁の大臣から閣議請議の手続がとられている（国家行政組織法第一一条）。閣議請議は通常単独で行われるが、複数の省庁の所掌事務について一つの法律案で規定する共管法律の場合や新たな制度の導入等に伴い、所管を異にする複数の法律を一度に改正する場合には、これら関係省庁が共同して閣議請議を求める（共同請議）こととなる。

㈠　閣議決定

閣議は、内閣総理大臣およびその他の国務大臣のほか、陪席者として内閣法制局長官および内閣官房副長官（事務）が出席し、内閣総理大臣の主宰の下に行われている（内閣法第四条第二項）。[13] 閣議は、内閣官房長官の司会によって始まり、法律案・政令案を除く一般案件等については内閣官房副長官（事務）から、法律案・政令案については内閣法制局長官から、それぞれ説明が行われ、その後、各大臣の間で協議が行われる。閣議決定は全会一致で行われ、閣議で結論が得られた案件については、閣議書（内閣法制局で各省庁の閣議請議書に付けた表書き、いわゆる「青紙」）の署名欄に各国務大陸が花押または押印をし、意見の一致したことを確認する。

閣議決定後、立案担当者が衆参両議院の法務委員会調査室に法律案について説明する慣例となっている。[14]

㈡　法律案の国会提出

閣議決定された法律案は、内閣総理大臣名で先議の院の議長（議事部議案課）に提出される（憲法第七二条、内閣法第五条）。この場合には、衆議院と参議院のいずれを先議とするかについては、国会法等に規定はなく、全く内閣の任意とされているが、予算関連法律案等については、予算は、憲法第六〇条第一項で衆議院先議とされており、予算を伴う法律案である予算関連法律案については、予算と並行して審議したほうが便利であるが、国会対策上の関係から衆議院先議が慣例となっている予算関連法律案等を除き、与党の国会対策委員の意向を踏まえていずれの院へ提出するかを決めている。

四　最近立法された民事法

ここで、最近立法された民事法の状況を見ることとする。立法された法律名、公布番号、主な制定・改正の事項を掲げることとする。

これを見ると、平成九年から八年間に民事法関係の立法件数は三九件である。年平均約五件、最近では、年七、八件の民事立法ということになっている。昭和時代には一〇年間に一、二件位であったのに比べると著しく急増している。内容的に見ると、会社・法人に関するもの、経済に関するもの、高齢社会に関するものが目立っている。特に商法関係の立法は、毎年のように行われているのが特異である。

なお、議員立法で民事法関係のものは、その立案については、ほとんど法務省民事局参事官室の協力を受けているのが実状である。

㈠　株式の消却の手続に関する商法の特例に関する法律（平成九年法律第五五号）

この法律は、議員立法であるが、その立案については、法務省民事局参事官室の協力を受けたものである。この法律の主要な内容は、公開会社の株式の消却の手続の簡素化等である。

㈡　商法の一部を改正する法律（平成九年法律第五六号）

この法律は、議員立法であるが、その立案については、法務省民事局参事官室の協力を受けたものである。

この法律の主要な内容は、自己株方式と新株引受権方式によるストック・オプション制度の導入等である。

㈢　商法等の一部を改正する法律の施行に伴う関係法律の整備に関する法律（平成九年法律第七二号）

これらの法律の主要な内容は、①　合併契約書の記載事項の追加、②　合併承認の総会前に会社に備え置く書類の充実、③　債権者保護手続の簡素合理化、④　吸収合併の場合の報告総会および新設合併の場合の創立総会の廃止、⑤　合併の登記期間の変更、⑥　合併後の開示制度の創設、⑦　簡易な合併手続の創設、⑧　関係法律の整備等である。

㈣　金融機関等が有する根抵当権により担保される債権の譲渡の円滑化のための臨時措置に関する法律の一部を改正する法律（平成一〇年法律第一二七号）

この法律は、議員立法であるが、その立案については、①　法務省民事局参事官室の協力を受けたものである。

この法律の主要な内容は、①　金融機関等融資先に対し、新規融資をしないことおよび債権を特定債権回収機関に売却すること等を通知した場合には、民法三九八条ノ二〇項第一号の元本確定事由があるものとみなすこと、②　この場合の根抵当権移転の登記申請を申請する場合の元本確定の登記は、根抵当権者単独で申請可能としたものである。

㈤　商法及び株式会社の監査等に関する商法の特例に関する法律の一部を改正する法律（平成一一年法律第一〇七号）

この法律の主要な内容は、①　株主の権利の行使に関する利益の供与罪およびその受供与罪の法定刑の引上げ等、② 会社荒し等に関する贈収賄罪の法定刑の引上げ、③ 株式会社の役職員等の不正行為に関する法定刑の引上げ、④ その他の商法上の罪の罰金刑の上限の引上げ等である。

(六) 商法等の一部を改正する法律（平成一一年法律第一二五号）

この法律の主要な内容は、① 株式交換による完全親子会社の創設、② 株式移転による完全親会社の設立、③ 子会社の業務内容等の開示の充実等、④ 資産の時価評価制度の導入等である。

(七) 民法の一部を改正する法律（平成一一年法律第一四九号）

この法律の主要な内容は、① 保護類型としての補助人制度の新設、② 配偶者法定後見人制度を改めて裁判所による適任後見人選任制度の導入、③ 複数後見人・法人後見人制度の導入、④ 後見人の本人意思尊重・身上配慮義務化、⑤ 言語・聴覚機能障害者の公正証書遺言等の作成における口授に代えて、通訳人の通訳による申述または自書の方法の導入、⑥ 公正証書遺言等の作成における読み聞かせに代えて、閲覧の方法の導入等である。

(八) 任意後見契約に関する法律（平成一一年法律第一五〇号）

この法律の主要な内容は、任意後見制度の創設である。

(九) 後見登記等に関する法律（平成一一年法律第一五二号）

この法律の主要な内容は、① 法定・任意後見登記制度の創設、② 戸籍法、家事審判法、公証人法の一部改正等である。

(一〇) 良質な賃貸住宅等の供給の促進に関する特別措置法（平成一一年法律第一五三号）

この法律は、議員立法であるが、その立案については、法務省民事局参事官室の協力を受けたものである。

この法律の主要な内容は、①　定期借家権制度の導入、②　書面契約の要式性、③　賃貸人の書面説明義務、④　賃貸人の期間満了前（一年～六月）の通知義務、⑤　賃借人による解約申入れ（二〇〇㎡未満の居住用建物で賃借人が転勤等で使用困難となった場合）等である。

㈡　民事再生法（平成一一年法律第二二五号）

この法律の主要な内容は、①　手続開始時期の早期化、②　再建計画案の作成時期を遅らせたこと、③　手続開始申立ての取下げの制限（手続開始決定前）、④　担保権実行の中止命令を可能としたこと等である。

㈢　消費者契約法（平成一二年法律第六一号）

この法律の主要な内容は、①　事業者の不適切な勧誘行為により消費者が困惑して行った消費者契約の取消しの可能化、②　事業者の損害賠償責任を免除する条項の効力の否定、③　消費者利益を一方的に害する条項の効力の否定等である。

㈢　商法等の一部を改正する法律（平成一二年第九〇号）

この法律の主要な内容は、①　新設分割制度の創設、②　吸収分割制度の創設等である。

㈣　金融機関等が有する根抵当権により担保される債権の譲渡の円滑化のための臨時措置に関する法律の一部を改正する法律（平成一三年法律第一七号）

この法律は、議員立法であるが、その立案については、法務省民事局参事官室の協力を受けたものである。

この法律の主要な内容は、期限を再度二年間延長するものである。

㈤　配偶者からの暴力の防止及び被害者の保護に関する法律（平成一三年第三一号）

この法律は、議員立法であるが、その立案については、法務省民事局参事官室の協力を受けたものである。

この法律の主要な内容は、① 国及び地方公共団体の配偶者からの暴力の防止、被害者保護の責務、② 配偶者からの暴力発見の通報制度、③ 警察官による被害の防止、④ 保護命令制度の新設、⑤ 保護命令違反者に対する刑罰等である。

(一六) 中間法人法（平成一三年法律第四九号）

この法律の主要な内容は、① 公益に関せず、利益を目的としない団体（中間法人）法制度の創設、② 社員が法人の債権者に対して責任を負わない有限責任型の中間法人、③ 社員が法人の債権者に対して責任を負う無限責任型の中間法人等である。

(一七) 短期社債等の振替に関する法律（平成一三年第七五号）

この法律の主要な内容は、① 短期社債の商法の社債規定の不適用、② 善意取得者の保護、③ 振替期間の消却義務等である。

(一八) 商法等の一部を改正する等の法律（平成一三年第七九号）

商法等の一部を改正する法律の施行に伴う関係法律の整備に関する法律（平成九年法律第八〇号）

これらの法律は、議員立法であるが、その立案については、法務省民事局参事官室の協力を受けたものである。

これらの法律の主要な内容は、① 一定の範囲内で自己株式の取得可能化（規制緩和）、② 会社は、取得した自己株式を期間、数量等の制限なく、保有可能化、③ 株式の大きさの規制の見直し等である。

(一九) 電子消費者契約及び電子承諾通知に関する民法の特例に関する法律（平成一三年第九五号）

この法律の主要な内容は、① 電子消費者契約におけるパソコンの誤クリックについて、消費者が送信時に結果のような意思がなかった場合、民法第九五条ただし書の不適用および事業者が消費者の意思の有無について確認を求める措置を講じた場合の民法第九五条ただし書の適用、② 隔地者間契約において、電子承諾通知を発する場合（瞬時到達）の民法第五二六条、第五二七条（発信主義）の不適用（到達主義）等である。

㈩ 民事訴訟法の一部を改正する法律（平成一三年第九六号）

この法律の主要な内容は、① 公文書の提出義務の一般化、② 公務秘密文書該当性の裁判所の判断権、③ 公文書についてインカメラ手続の導入等である。

㈡ 商法等の一部を改正する法律（平成一三年第一二八号）

商法等の一部を改正する法律の施行に伴う関係法律の整備に関する法律（平成一三年第一二九号）

これらの法律の主要な内容は、① 株式制度の見直し（ア 新株発行の規制の緩和、イ 種類株式制度の弾力化、ウ 新株予約権制度の創設）、② 会社関係書類の電子化等（ア 会社関係書類の電子化、イ 議決権行使の電子化、ウ 計算書類の電磁的方法による開示等）である。

㈢ 特定電気通信役務提供者法（平成一三年第一三七号）

この法律の主要な内容は、① プロバイダの民事上の責任の明確化、② 発信者情報の私人間における開示請求権の創設等である。

㈢ 商法及び株式会社の監査等に関する商法の特例に関する法律（平成一三年第一四九号）

商法及び株式会社の監査等に関する商法の特例に関する法律の施行に伴う関係法律の整備に関する法律（平成一三年第一五〇号）

これらの法律は、議員立法であるが、その立案については、法務省民事局参事官室の協力を受けたものである。

これは、いわゆるコーポレート・ガバナンス法であるが、この法律の主要な内容は、① 監査役の機能の強化（ア 監査役の任期を四年に伸長すること、イ 社外監査役の資格要件の厳格化、ウ 大会社の監査役の過半数を社外監査役とすること、エ 監査役の選任同意を必要とすること等）、② 株主代表訴訟制度の合理化（ア 提訴株主の資格要件を行為時株主とすること、イ 被告取締役に対し、会社の参加を可能とすること、ウ 定款または株主総会の決議により取締役の責任を軽減すること等）である。

㈣ 商法等の一部を改正する法律（平成一四年第四四号）

商法等の一部を改正する法律の施行に伴う関係法律の整備に関する法律（平成一四年第四五号）

これらの法律の主要な内容は、① 種類株主による取締役等の選任解任制度の創設、② 株券失効制度の創設、所在不明株主の株式売却制度の創設、③ 端株等の買増制度の創設、④ 株主総会等の特別決議の定足数の緩和、⑤ 株主総会手続の簡易化、⑥ みなし大会社制度の導入、⑦ 委員会等設置会社の制度および重要財産委員会の制度の導入等である。

㈤ 建物の区分所有等の法律及びマンションの建替えの円滑等に関する法律の一部を改正する法律（平成一四年第一四〇号）

この法律の主要な内容は、① 共用部分の変更の議決権の緩和、② 管理者等の権限の拡充、③ 規約の適正化、④ 議事録等、議決権行使のＩＴ化等である。

㈥ 会社更生法（平成一四年第一五四号）

この法律の主要な内容は、① 手続の開始要件の緩和、② 書面による更生債権等の調査・確定手続の導入、

③　担保目的財産の価額決定手続の創設、④　更生計画案提出時期の限定、⑤　更生計画案の可決要件の緩和、⑥　手続終結時期の早期化、⑦　東京地裁・大阪地裁の競合管轄の創設、⑧　更生債権者委員会等制度の創設、⑨　社債債権者の手続参加制度の創設、⑩　包括的禁止命令制度の創設、⑪　保全管理人の行為により生じた請求権の共益債権化、⑫　更生計画認可前の営業譲渡制度の創設、⑬　担保権消滅制度の創設等である。

㈦　金融機関等が有する根抵当権により担保される債権の譲渡の円滑化のための臨時措置に関する法律の一部を改正する法律（平成一五年法律第六号）

この法律は、議員立法であるが、その立案については、法務省民事局参事官室の協力を受けたものである。

この法律の主要な内容は、期限を再度二年間延長するものである。

㈧　民事訴訟法等の一部を改正する法律（平成一五年第一〇八号）

この法律の主要な内容は、①　裁判所・当事者の計画的進行の責務、②　審理計画策定の義務等、③　起訴前における照会可能化、④　起訴前における証拠収集処分の手続の明定、専門委員制度の新設、⑤　鑑定人に対する質問手続の整備、⑥　知的財産権関係訴訟の管轄の特例、⑦　簡易裁判所の機能の充実等である。

㈨　人事訴訟手続法の改正（平成一五年第一〇九号）

この法律の主要な内容は、①　人事訴訟の家庭裁判所への移管、②　密接関連する損害賠償訴訟と人事訴訟と併せて審理可能化、③　家庭裁判所調査官制度の拡充、④　参与委員制度の拡充、⑤　人事訴訟手続の見直し、⑥　現代語化等である。

㈩　性同一性障害者の性別の取扱いの特例に関する法律（平成一五年第一一一号）

この法律は、議員立法であるが、その立案については、法務省民事局参事官室の協力を受けたものである。

この法律の主要な内容は、① 性別の取扱い変更の審判の可能性、② 性別の取扱いの変更の審判を受けた者の法令上の取扱い、③ 性別の取扱いの変更の審判を受けた者の戸籍の続柄の記載の変更等である。

㈢ 商法及び株式会社の監査等に関する商法の特例に関する法律の一部を改正する法律（平成一五年第一三二号）

この法律の主要な内容は、① 一定の場合には、取締役会の決議によって、中間配当財源を限度として公開買付けの方法により自己株式を取得できる制度の創設、② 中間配当限度額の計算に当たり、最終決算期後、資本または法定準備金に相当する額は、純資産額からの控除額には含めないこととしたこと等である。

㈢ 担保物権及び民事執行制度の改善のための民法等の一部を改正する法律（平成一五年第一三四号）

この法律の主要な内容は、① 雇用関係の先取特権による保護の範囲を商法第二九五条と同一内容に拡大、② 担保不動産収益執行の創設、③ 短期賃貸借制度の廃止、④ 元本確定期日の定めがある場合を除き、根抵当権者の請求により元本が確定し、根抵当権者は単独で元本確定の登記申請可能化、⑤ 相手方不特定の保全処分の許容、⑥ 占有移転禁止の保全処分の創設、⑦ 競売不動産の内覧制度の創設、⑧ 物の引渡債務、代替的作為債務、不作為債務についても間接強制の許容、⑨ 養育費等の履行確保差押禁止の金銭の範囲を二か月間に拡大し、食料、燃料の範囲を一月間に縮小化等である。

㈢ 破産法（平成一六年第七五号）

破産法の施行に伴う関係法律の整備等に関する法律（平成一六年第七六号）

これらの法律の主要な内容は、① 手続全体の迅速化および合理化、② 個人の破産・免責手続の見直し（両手続の一体化、自由財産の範囲の拡張等）、③ 倒産実体の見直し（労働債権、租税債権等の優先順位の見直し、賃貸人が破産した場合の賃借人の保護の強化等）、④ 全面改正、⑤ 口語化、⑥ 関係法律の整備等を図ることとする改正である。

㉔　電子公告制度のための商法等の一部を改正する法律（平成一六年第八七号）

この法律の主要な内容は、インターネットによる会社の公告（電子公告）の制度の導入である。

㉕　株式等の取引に係る決済の合理化を図るための社債等の振替に関する法律等の一部を改正する法律（平成一六年法律第八八号）

この法律の主要な内容は、①　定款で、株券を発行しない旨の定めをすることができることとし、この定めをした株券廃止会社は、株主の発行請求があっても株式を発行しないこと、②　社債等振替法による振替制度の適用対象に、株券廃止会社の株式、新株引受権、新株予約権、新株予約権付社債であって、一定の要件を満たすものを追加し、これらの権利の振替の手続等である。

㉖　不動産登記法（平成一六年第一二三号）

不動産登記法の施行に伴う関係法律の整備等に関する法律（平成一六年第一二四号）

これらの法律の主要な内容は、①　不動産登記についてオンライン申請手続の導入、②　登記の真実性担保の強化、③　不動産登記法の片仮名の文語体を平仮名の口語体の表記に改めたこと、④　全面改正、⑤　口語化、⑥　関係法律の整備等である。

㉗　民法の一部を改正する法律（平成一六年法律第一四七号）

その主要な内容は、①　民法第一編から第三編までの表記を平仮名・口語体に改めたこと、②　書面による保証契約・電磁的記録による保証契約に法的拘束力の付与、③　民法第四編および第五編の表記の見直し等である。

㈷　債権譲渡の対抗要件に関する民法の特例等に関する法律の一部を改正する法律（平成一六年法律第一四八号）
その主要な内容は、①　法人による動産譲渡の登記制度の創設、②　法人による債務者不特定の将来債権譲渡の登記制度の可能化等である。

㈸　民事関係手続の改善のための民事訴訟法等の一部を改正する法律（平成一六年第一五二号）
その主要な内容は、①　民事訴訟手続等の申立て等のオンライン化、②　電磁的方法による管轄合意の許容、③　少額訴訟債権執行制度の創設、④　最低売却価額制度の見直し、⑤　養育費等の債務についての間接強制等である。

五　現在検討されている民事法案

1　平成一七年提出予定の民事法案

法務省民事局においては、多数の法律案について同時並行的に検討されているが、同局が近く国会に提出を予定している民事法関係内閣提出法律案およびその主要な内容は、以下のとおりであるとされる[15]。

㈠　民法関係

(1)　借地借家法の一部改正

これは、議員提出法案であるが、その立案については、法務省民事局参事官室の協力を受けている。
その主要な内容は、①　借家制度に関する正当事由の合理化、②　定期借家制度の合理化等である。

⑵　土地境界紛争解決制度の創設

その主要な内容は、境界に関する外部専門家と登記官が関与して、迅速かつ合理的に筆界を特定する手続の創設等である。

㈡　商法関係

⑴　会社法の制定

その主要な内容は、①　商法第二編、有限会社法等に散在する会社法制に関する規定を、平仮名・口語体に改めた上で、統合・再編成して新たな法典の創設、②　株式会社における定款自治の範囲の拡大、③　合併等の組織再編行為の規制緩和、④　株主代表訴訟の原告適格の見直し、⑤　会社参与制度の創設等である。

㈢　信託法の見直し

その主要な内容は、①　信託の公示制度の見直し、②　信託財産と受託者の固有財産が識別不能のときのみなし共有化、③　受益者集会制度の創設等である。

㈣　法例（国際私法）の現代化

その主要な内容は、契約、債権譲渡、物権、不法行為の見直し等である。

2　同時並行して立法が検討されている民事法案

法務省民事局において同時並行して立法が検討されている民事法案は、次のとおりであるとされる。(16)

㈠　公益法人制度の見直し

(二) 生殖補助医療によって出生した子の親子関係等に関する法整備
(三) 電子債権法制の整備
(四) 企業担保法制の見直し
(五) 非訟事件手続法の現代化
(六) 証券決済準拠法条約の批准の検討

なお、平成八年二月、法制審議会は、① 選択的夫婦別姓制度（夫婦は、婚姻の際、希望すれば、各自の婚姻前の氏を称することができるようにするもの）の導入、② 裁判上の離婚原因に関する規定の整備（離婚原因につき破綻主義を採ることを明定し、例示として夫婦が五年以上継続して婚姻の本旨に反する別居をしていることを追加するとともに、離婚原因があっても、離婚が配偶者もしくは子に著しい生活の困窮もしくは耐え難い苦痛をもたらすとき、または離婚の請求が信義に反すると認めるときは、裁判所は、離婚の請求を棄却することができるようにするもの）、③ 嫡出でない子の相続分の改正（嫡出である子と嫡出でない子の相続分を同等とするもの）、④ 婚姻年齢の改正（男女共に婚姻年齢を一八歳とするもの）、⑤ 女子の再婚禁止期間の短縮（女子の再婚禁止期間を一〇〇日間に短縮するもの）等を内容とする民法改正要綱を答申した。しかし、選択的夫婦別姓制度の導入等については、答申後も、各方面において賛成、反対さまざまな意見が出されるなど国民的合意を得るのが困難な状況となり、民法改正法律案の国会提出は、暫く世論の動向を見定めて行うこととされているようである。また、平成九年の第一四〇回通常国会では、選択的夫婦別姓制度の導入を含む民法改正法律案が議員提案の形で三件提出されたが、審議未了のまま廃案となっている。

六 民事法の企画立案

1 民事法の企画立案の現状

㈠ 企画立案の方法

法政策の企画立案は、⑴ 問題発見、⑵ 問題点の分析、⑶ 対処判断、⑷ 立案および⑸ 新法令の検証から成り立っていると考える。

⑴ 問題発見は、民事法制における問題を発見することである。一般的には、現実の、または予想される問題を、社会事象、判例、学術文献、新聞、雑誌、ニュース、法曹界、経済界、産業界等を通じて問題点を発見することとなる。

経済の発展、企業の活性化、構造改革、ＩＴ化の進展、高齢化社会の対策、少子化社会の対策、情報管理、行政のサービス向上、行政の効率化、基本的人権の擁護（憲法第一三条～第四〇条）等々問題点は山積している。このような多くの問題点の中から特に重要性かつ緊急性の高いものを選択する。

⑵ 問題点の分析は、問題となっている現象（結果）ごとに分析して、その発生原因（原因）を究明する。

⑶ 対処判断は、問題点の分析に基づき究明した現象対処（結果の除去等）および原因対処（原因の除去等）の解決策を考案し、立法的解決を要するものと要しないものに分類する。解決策は、現実と理想を比較して社会的に妥当するものとする。立法的解決を要しないものについては、考案した解決策を執行（実施）する。

立法的解決を要するものについては、法政策の立案に移行する。

(4) 立案は、実質的には、ア　正義性、イ　効率性を充足させる。[17] 形式的には、ア　新法令の法体系の位置付けをし、法体系の維持を図り、イ　論理的に、エ　わかりやすく、エ　正しい用字、法令用語を使用して、法文を作成する。

(5) 新法令の検証は、特定の事実を新法令に適用し、解釈してみることによって、検証する。

(二) 最近の特色

(1) 不良債権の対策

バブル経済の崩壊後、不動産担保融資を与信業務の中心としてきた我が国の金融機関は、多量の不良債権を抱えており、この不良債権の処理が我が国の金融システムの安定や経済活性化に不可欠であるとされている。不良債権の処理には、間接処理（たとえば、金融機関において会計上の引当金を積む。）と直接処理（たとえば、① 債務者企業の倒産処理、② 不良債権の売却、③ 担保権の実行による残債権の貸倒れ処理等）があるが、不良債権の直接処理を促進するため、民事法関係の立法がされている。

たとえば、債務者企業の倒産処理に関する立法としては、民事再生法、個人再生手続および国際倒産法制の整備法、会社更生法等がある。また、不良債権の売却に関する立法としては、債権譲渡円滑法等がある。さらに、担保権の実行による残債権の貸倒れ処理に関する立法としては、担保物権および民事執行制度の改善のための民法等の一部を改正する法律等がある。破産法の全面改正、民事執行法の改正等も不良債権処理に関するものが含まれている。

(2) 規制改革

平成一〇年一月に行政改革推進本部（本部長は内閣総理大臣、委員は経済界、財界、学者）の下に規制緩和委員会が設置された。同年三月に「規制緩和推進三か年計画」、平成一一年三月に「規制緩和推進三か年計画」（改定）が出された。そして、同年四月に規制緩和委員会の名称を規制改革委員会に改称された。

規制改革の概要は、規制の緩和、撤廃および事前規制型行政から事後監視型行政に転換していくことに伴う新たなルールの創設、規制緩和の推進等にあわせた競争政策の積極的な展開等である。

なお、同委員会は、一般に規制と観念されないものであっても、規制改革推進に密接に関連するものとして判断される事項がある場合には、それぞれの関係行政機関に対し、所要の問題提起等を行っていくものとされている。

平成一二年三月に「規制緩和推進三か年計画」（再改定）が出された。同年一二月に「行政改革大綱」が出され、そのうち、民事立法に関する事項は、次のとおりである。すなわち、「（キ）　民事刑事の基本法制」の項において、「社会経済構造の変革と事後監視型社会への転換に対応し、国民や企業の経済活動にかかわる民事・刑事の基本法について、抜本的に見直す。また、その用語・表記法においても、新たな時代にふさわしく、かつ国民に分かりやすいものとする。これらの法整備は平成一七年度を目途に完了させる。」としている。

平成一三年三月に「規制改革推進三か年計画」、平成一四年三月に「規制改革推進三か年計画」（改定）、平成一五年三月に「規制改革推進三か年計画」（再改定）、同年一二月に答申、平成一六年三月に計画を終了することとなっている。

(3)　司法制度改革

平成一一年六月に司法制度改革審議会法が公布された。

同年七月に「司法制度改革審議会」が、二一世紀の我が国社会において司法が果たすべき役割を明らかにし、国民がより利用しやすい司法制度の実現、国民の司法制度への関与、法曹の在り方とその機能の充実強化その他の司法制度の改革と基盤の整備に関し必要な基本的施策について調査審議するため、内閣に設置された。平成一二年一一月に中間報告がされた。

平成一三年六月に司法制度改革審議会意見書が内閣に提出された。

同年一一月に司法制度改革推進法が公布された。

同年一二月に司法制度改革推進本部が内閣に設置された。

平成一四年三月に「司法制度改革推進計画」を樹立した。この中には、「第一　民事司法制度の改革」の「1　民事裁判の充実・迅速化」の項において、「民事訴訟事件の審理期間をおおむね半減することを目標とし、(1)　いわゆる計画審理を一層推進するため、審理計画を定めるための協議をすることを義務付けることとし、所要の法案を提出する。(2)　訴えの提起前の時期を含め当事者が早期に証拠を収集するための手段を拡充することとし、所要の法案を提出する。」とし、「5　家庭裁判所・簡易裁判所の機能の充実」の項において、「(1)　人事訴訟等の家庭裁判所への一本化として、離婚など家庭関係事件（人事訴訟等）を家庭裁判所の管轄へ移管し、離婚訴訟等への参与委員制度の導入など体制を整備することとし、所要の法案を提出する。」とし、さらに、「6　民事執行制度の強化」の項において、「(1)　不動産執行妨害への対策などについて民事執行制度を改善することとし、所要の法案を提出する。(2)　家事審判・調停等により定められた少額定期給付債務の履行確保のための制度を整備することとし、所要の法案を提出する。」としている。

2　民事立法における判例の役割

民事立法に際し、リーディングケースとなった判例の趣旨を導入することはしばしばある。判決は、① 事件解決のための法的判断である。② 法規範を事件の事実に適用して産出されたものである。③ 後の事件の先例となり、規範として法源性を有する。④ 法形成性を有する。⑤ 現実性を有するといわれる。(18) また、裁判官は、「正しい」または「望ましい」政策・法制度の在り方を構想し、選択し、かつ判断する政策決定者であり、法制度の設計者であるといわれる。(19)

判例は、現実性を有するから、立法に当たって、大いに参考になる。現に、仮登記担保法や根抵当立法等においては、判例を評価し、取捨選択して立法されている。

次に、若干の例を挙げておこう。

㈠　相続人全員死亡の場合の代襲相続（民法の一部を改正する法律・昭和三七年法律第四〇号）

相続人全員が死亡した場合の相続が固有の相続か、代襲相続かについて、福岡高判昭和三二年七月一六日・高民集一〇巻五号二八五頁は、兄弟姉妹の全員が死亡した場合にも、代襲相続されるとして、甥姪のみの代襲相続を認めた（同旨東京高判昭和三五年一〇月二九日・家月一号一一七頁）。これを評価して、昭和三七年改正民法第八八九条第二項は、判例の趣旨を採用して、相続人全員が相続権を失った場合にも代襲相続を認め、また甥姪と同じく、孫にも固有の相続権を与えず、両者とも代襲のみによって相続をすることができるものと定めている。

㈡　根抵当法（民法の一部を改正する法律・昭和四六年法律第九九号）

根抵当の理論は、大判明治三四年一〇月二五日・民録九巻一三七頁によって形成された（同旨大判明治三五年一月二七日・民録一巻七二頁ほか）。ただ、判例上、基本契約のない根抵当権、いわゆる包括根抵当を認めるか否かについては、消極判例（大判昭和一〇年一二月二四日・民集一四巻二一一六頁等）、積極判例（最判昭和四三年九月二七日・民集二二巻九号二〇四〇頁等）があったが、積極説の傾向が見られた。そして、根抵当の立法を動機付けたのが、昭和三〇年六月四日民事甲第一一二七号法務省民事局長通達・先例集追Ⅰ三六三頁である。同先例は、基本契約のない根抵当権、いわゆる包括根抵当を無効とし、その登記の受理を拒否することとするものであった。そして、民法第三九八条ノ二はいわゆる限定的包括根抵当を採用している。また、極度額について、判例は、債権極度額と元本極度額を認めていた（大判昭和一二年五月二九日・民集一六巻六七二頁、大判昭和一三年一一月一日・民集一七巻二一六七頁）が、同法においては取捨選択して債権極度額を採用している。

(三) 仮登記担保法（仮登記担保契約に関する法律・昭和五三年法律第七八号）

仮登記担保の理論は、最判昭和四二年一一月一六日・民集二一巻九号二四三〇頁によって初めて形成された。判例は、仮登記担保契約について、「金銭債権を担保するため、その不履行があるときは債権者に債務者に属する不動産の所有権を移転することを目的としてされた代物弁済契約の予約、停止条件付代物弁済契約又は売買予約で、停止条件付所有権移転又は所有権移転請求権保全の仮登記がなされたものを仮登記担保契約」であるとした（その後、最判昭和四九年一〇月二三日・民集二八巻七号一四七三頁ほか）。この趣旨を同法第一条で採り入れている。また、最判昭和四七年七月六日・判時六七八号三四頁は、仮登記担保契約に基づく所有権移転の時期について、「予約完結権を行使しても清算義務を負担する限り、直ちに目的物件の所有権を確定的に債権者に帰属するものではない。」とした。この趣旨を同法第二条において採り入れている。

(四) 利息制限法の改正の検討

利息制限法は、昭和二九年に制定されたが、初期の最判昭和三七年六月一三日・民集一六巻七号一三四〇頁（元本充当否定説）の出現により法改正の声が上がったが、法務省では改正について意見が分かれて以来、改正が検討されていない。その後、最判昭和三九年一一月一八日・民集一八巻九号一八六八頁（元本充当肯定説）、最判昭和四三年一一月一三日・民集二二巻一二号二五二六頁（元本充当による完済後の支払部分の返還請求説）、最判昭和四四年一一月二五日・民集二三巻一一号二一三七頁（制限超過利息と元本の同時支払の場合における超過支払部分の返還請求説）により見解が打ち出され、ほぼ判例は確立し、その趣旨が国民の間においても定着していると思われるので、右の判例の趣旨を踏まえて、利息制限法を整序し、改正することを再検討するのが相当であろう。なお、現実には判例の趣旨により運用され、支障を生じていないであろうから、この改正の不作為により後述**九**の立法責任を問われることはないであろうが、法の整序が放置されるのは好ましいことではないと考える。

3 民事法の企画立案の課題

㈠ 立法ニーズの的確な把握

民事基本法は、社会、経済の基礎となる権利義務関係を規律するものである。我が国の社会、経済構造が大きく変動しているその基盤を支えているルール自体を見直し、合理的なニーズを的確に見極めることが必要である。

㈡ 利害関係人の調整

民事法は、私人間の法律関係を規律するものであるから、企画立案に際しては、そこに交錯する種々の利害関係を適切に調整する新たなルールの発見に努める必要がある。したがって、民事立法の基本理念は、公正かつ公平な国民生活の秩序の確立である。たとえば、担保物権の場合には、債権者、債務者、担保提供者等の利害関係が存在し、また、第三取得者、担保権実行による担保物権取得者等の間において利害関係を生ずる。借地借家法の場合には、貸主と借主の間において利害が対立する。親族法の場合には、親子間、夫婦間において相互関係が存在する。相続法の場合には、被相続人の立場、相続人相互間、相続財産関係における利害関係がある。したがって、立法にあたっては、現在の社会経済の実態に即したこれら関係者の利害関係の公正な調整を欠くことができない。もとより、実態を無視し、理論に徹し過ぎた立法は、実効性を欠くことになるであろう。

㈢ 開放的立案

各界の意見は、学識者のみでなく、もっと実務現場の声を聞く必要があろう。つまり、第一線の関係者の声も多く反映できるよう配慮していくべきであろう。参画のベースを第一線におくべきである。

㈣ 検討事項、決定事項等の情報の公開

検討事項、決定事項等の情報をホームページ等で積極的に公開していくべきであろう。

㈤ 法体系の維持と他制度との整合性の確保

民事立法においては、民事法の基本法たる性格から法体系を維持するとともに、関連する制度との間の整合性を確保する必要がある。

㈥ 法案生成の迅速、円滑化

法律案要綱案をとりまとめるためにかつては五年、一〇年以上かかる例もあった。たとえば、抵当権の見直し、強制執行の見直しにあっては、基本法であることもあって綿密、かつ慎重な検討が行われ、一〇年以上かかっても成案を得られないということもあった。しかし、これも、程度問題で、近時における社会の急速な変化に対する法整備を求める社会的要請からするとスピードアップは必至である。民事立法について見ると、一〇年前は一年に法律一件、八年前は、一年に法律一、二件、最近は一年に法律七、八件の民事法が立法されている。法務省民事局参事官室には民事法の企画立案にかかわっている職員が五十余名いるが、多忙を極めているのが現状である。最近は往時に比べて成案を得るのが早くなったが、人的にも配慮していくべきであろう。

㈦　商法の頻繁改正

商法の改正は、最近、毎年のように改正が行われている。これには、経済企業活動の激変等やむを得ない事情もあると思われるが、できれば場あたり的でなく、長期的、体系的な立法構想の下に、ある程度まとめて立法することも検討すべきであると考える。

㈧　企画立案担当者の育成

前記**四**および**五**で述べたように、最近は、民事法の改廃、制定の件数が急増している。多数の件数を短期間に立法しなければならない。現在、法務省民事局参事官室には、約五〇名の立法担当者が配置されているが、不足しているのが現状であるようである。また、裁判所等から民事局に配置換えされて、いきなり立法を担当している。担当者の育成も、徒弟式に行われているのが実状である。担当者の増員と育成方法（研修体制等）の改善が望まれる。

また、立法学の普及のためにも、立法学が多くの大学で授業科目とされることが望まれるところである。

七　民事法の立法技術

1　立法技術修得の現状

法案作成にあたっては、① 実効性ある法文の作成、② 正しい内容の法文の作成、③ 正確な法文の作成、④ 正しい用字の使用、⑤ 平易な法文の作成、⑥ 法体系の維持、⑦ 法令形式等に配慮すべきであることはいうまでもない。

ところが、前記**六**、**3**、(八)で述べたように、最近における民事法の立案件数の増大に対して、担当者が不足していると思われるほか、授業科目カリキュラムに立法学をもっている大学は、まだまだ少なく、一般に立法に関する知識が浅い上、官庁における立法技術の研修体制等も不十分であるのが実状である。

2　立法技術の課題

(一)　論理性と社会的妥当性との調和

法律は、理論的に体系化され、理路整然と行われるものであること（論理性）とともに、社会の営みに妥当すること（社会的妥当性）との調和が必要である。

立案に際しては、法の運用状況をつぶさに調査し、問題点を探求し、共通理念、価値観の多様化に伴う利害の調整の困難を克服して、立案すべきである。

(二)　法文の平易化

法文の平易化は、法文を平易なものとし、国民に理解しやすいものとすることを目的とするものである。法文の平易化は、一見、最近において生じた新たな課題のように思われないではないが、我が国の立法史を辿ってみると、実は、我が国において近代的な法制の整備が進められた明治時代の初めからすでに立法上の重要課題として認識されていた問題であることが分かる。すなわち、明治八年二月四日に発せられた太政官達第一七号によれば、「諸布達ノ儀ハ事理辨知シ易キヲ旨トシ可成丈平易ノ文字相用候様注意可致此旨相達候事」とされ、立法にあたっては、その内容を理解し易いものとし、平易な文字を使用する必要があることが太政官から各庁に通達されている。

しかし、この太政官達の内容は、現実の立法においては、必ずしも十分に実行されなかったようで、その後約五〇年を経た大正一五年六月一日に「法令形式ノ改善ニ関スル件」と題する内閣訓令が出されている。この内閣訓令は、まず、「現今ノ諸法令ハ往々ニシテ難解ノ嫌アリ　其原因ガ内容ノ複雑ナルニ存スル場合ナキニアラザレドモ、記述ノ方法ヨリ来レルモノモ亦少カラズ　自今法令ノ形式ヲ改善シテ文意ノ理解ヲ容易ナラシムルコトニ力ムルハ時勢ノ要求ニ應ズル所以ノ道ナリト信ズ　今此ノ點ニ関シテ特ニ留意スベキ事項ヲ挙タレバ左ノ如シ」として法令の平易化の必要性を説いた上、法令の平易化のための留意点として、①法令の用字、用語および文体は、なるべくこれを平易にし、一読の下に容易にその内容が了解できるようにすべきであり、難解の漢字等は、努めてこれを避けるべきこと、②従来多数の法令は、論理を尊ぶ余り、努めて文字を省略しているため、法文が簡約に失している傾向があり、そのため解釈上の疑義が生ずるという弊害が生じているので、今後の法文は、必ずしも文章の簡約を旨とせず、相当詳細に叙述して及ぶ限りその内容を明瞭にするように努めるべきこと、③ 法文の記述については、実用を主とし、懇切を旨としてその内容を整理配列すべきことの三点を掲げ、「以上掲グル所ハ現今ノ法令形式ノ改善ニ関スル大綱ナリ 要スルニ法令ハ国民ノ準行又ハ利用スル所ナルニ顧ミ、其ノ理解ヲ容易ナラシメンガ為ニ平易明瞭、懇切周到ヲ旨トシ、徒ニ形式体裁ノ美ニ流レザランコトヲ期スベシ」との結論を示している。

この内閣訓令は、法令の平易化の要請を簡潔な表現で余すところなく示しているものであり、ここに示されている法令の平易化の必要性についての一般論および平易化にあたっての具体的な留意点は、現在における法令の立案についても十分に妥当するものといえよう。ことに、最後に示されている結論部分は、法令の立案に携わる者としては、常に心しなければならない点であると思われる。

このように、法令の平易化は、法令の立案にあたっての普遍的な要請であるが、他方、法令の表現には、法規範としての厳密性や論理的な一貫性も必然的な要請である。民事基本法の平易化にあたっては、このような二つの異なる要請に留意しつつ、その適正なバランスを図って行く必要があることはいうまでもないが、そのバランスを判断する上でも、右の内閣訓令は、極めて有用な指針となり得るものと考えられる。

㈢ 古い法律の現代語化

法務省民事局では、民事基本法の内容を国民に理解しやすくするという見地から、現代語化についての基礎的な研究を行っている。

平成一六年法律第一四七号による改正前の民法は、明治時代の中期に我が国の近代国家の確立のために、主としてヨーロッパの法制度を継受する形で制定されたものであった。制定後すでに百年余を経過しているが、その骨格は、第二次大戦後全面改正された一部（民法第四編（親族編）、第五編（相続編）等）を除いて、制定当時または戦前における法令の表記の方法である文語体、片仮名表記のままとなっており、用語においても、外国の法典を継受したという事情等から現代人から見ると、かなり難解な用語が相当数用いられていた。

平成三年七月に法務省民事局は、「民法典現代語化研究会」を発足させ、検討を重ねて平成一六年法律第一四七号により全面改正によって民法の現代語化が実現した。破産法（平成一六年法律第七五号）や不動産登記法（平成一六年法律第一二三号）も、平成一六年に全面改正によって現代語化が実現した。

また、平成五年二月に「商法現代語化研究会」を発足させ、学者の参加を得て、これらの法典を現代語化する場合に生ずる種々の問題点や条文案の検討を進めている。

㈣　法令の横書き化

法律以外の法令は、横書き化が進んでいるが、法律は、依然縦書きのままとなっている。判決書も平成一一年一月一日から横書き化に移行している。外国語はもとより、日本語であっても、文章の横書き化に一定の合理性があるといわれており、文学、文芸等においてはともかく、それ以外のものは、横書き文章が世の趨勢である。法令の横書き化が望まれるところである。

㈤　法体系の維持

議員立法の増加は望ましいことであるが、反面、議員立法の場合には、法体系を乱すことがあるので、法体系の維持に配慮する必要があろう。ちなみに、最近は、議員提出法律案であっても、法務省民事局参事官に審査協力の要請をして遺憾なきを期しているようである。

㈥　議員立法の停滞

議員立法が停滞している。その原因は、① 議員の関心は、従来、唯一選挙であり、立法にはあまり関心を持たない傾向があった。② 与党議員は、議院内閣制により一般に内閣提出法律案に同調する場合が多いから、ややもすると議員提出法律案に消極的である。③ 立法資料、立法人材（議員、秘書、議院法制局等）において、内閣に比べ、弱体である。④ 政策秘書の立法能力に限界がある。⑤ 議員の議案発議権に賛成者員数に制限がある（国会法第五六条）。⑥ 党議拘束がある。⑦ 大学等において、立法学の授業が普及していないことなど種々の原因が考えられる。この問題は従来からいわれているところであるが、原点に戻って、これらの原因を究明して、抜本的な対策が必要であろう。議員立法の詳細については、本書議員立法に関する他の執筆者の論稿に譲りたい。

(七) 議員提出の民事法立案の協力

国会は国の唯一の立法機関であるから、議員立法が本来の姿であるが、現実には、前述のように内閣提出法律案の数が圧倒的に多い。そういう中で、議員立法が全体的に少しずつ増加しつつある。民事立法においても同様に、議員立法が増加している。議員立法の増加は国会議員の在り方として大変喜ばしいことである。

ただ、これも現実には、議員提出の民事法立案にあたっては、かなりの案件が法務省民事局参事官室に対し、審査協力の要請があり、同室ではこれに応じているのが実状である（もっとも、議員立法の場合には、衆議院または参議院の議院法制局において議員提出の法律案について憲法等法体系を含めて審査することになっている。）。このことは、議院法制局の機能が不十分であることを物語っているのかもしれない。仮にそうだとすると、真に議員立法を確立させるためには、議院法制局の人員的、質的にも充実を図る必要があるように思われる。

もっとも、議員提出の民事法立案についての法務省民事局参事官室の審査協力は、反面、議員提出の民事法立案を民事基本法の体系に適合したものにすることができるので、益する部分も存する。

(八)　立案担当者の育成

立法政策、立法技術の修得者が少ないのが現状である。

現在のように、立案担当者として配置されたときに、いきなり徒弟式に育成する方法では、即戦力を欠くので、立案担当者の研修制度等育成方法の改善が望まれる。

また、立案担当者の頻繁な人事異動も、組織としての立案能力を低下させる原因となるので、できる限り、短期的人事異動は避けるべきである。

(九)　立法学の普及

立法学は、民事立法に限らず、広く立法に携わる国会議員、地方議員、議員秘書、国家公務員、地方公務員はもとより、企業法務担当者においても修得しておく必要があるほか、立案担当者の底辺拡大のためにも、また、法律専門家に求められるリーガルマインドの養成にも役立つと思われるので、立法学が多くの大学で授業科目カリキュラムに採用されることが望まれる。

そしてさらに、立法学の普及のために、将来的には、「政策法務検定」（仮称）制度の創設等を検討することも考えられる。

八　民事法の立法過誤

次に、民事法の立法過誤について、考察することとする。

民事立法の事例でないが、平成一六年、年金改革関連法のうち、厚生年金保険法（昭和二九年法律第一一五号）の改正にあたって、同法の改正すべき規定の直し漏れがあり、規定どおりに解釈すると、一部の上乗せ年金支給ができなくなるという事例が生じた[20]。すなわち、厚生年金保険の改正法中、次のような規定が存することとなり、その第四四条中の「前条」および「同条」（傍点部分）の意味が不明となったのである。

「第四十三条（年金額）　老齢厚生年金の額は、被保険者であった全期間の平均標準報酬額の千分の五・四八一に相当する額に被保険者期間の月数を乗じて得た額とする。

第四十三条の二（再評価率の改定等）（略）
第四十三条の三（略）
第四十三条の四（調整期間における再評価率の改定等の特例）（略）
第四十三条の五（略）
（新たに加わった規定）

第四十四条（加給年金額）　老齢厚生年金の額は、受給権者がその権利を取得した当時その者によって生計を維持していたその者の六十五歳未満の配偶者又は子があるときは、前条の規定にかかわらず、同条に定める額に加給年金額を加算した額とする。」

これは、正しく成立した法律（改正法）が公布される段階で規定を誤って官報に掲載された事案ではないようである。これは、同法の立案、立法における過誤であるようである。そうだとすると、本来、改正後施行前に立法手段によって再改正すべき性質のものである。しかし、実際には、政府が国会の承諾を得て官報訂正する方法で処理されたようである[21]。

もっとも、過去においても、このような誤り事例が生起したことがある。

たとえば、昭和二五年一二月当時の日本国有鉄道法第二六条第二項は、「第十二条第一項第三号に該当する者は、職員であることができない。」と規定されていたが、ここで引用されている第十二条第二項の規定は、昭和二五年法律第一五九号による改正前の第十二条第二項を指しており、同規定は日本国有鉄道の役員の欠格事由であるところから、この改正の結果、改正前の第十二条第二項の規定は、同条第四項に繰り下って、改正後の第十二条第二項の規定は、第二六条とはおよそ無関係なものとなった。

本来ならば、右改正では、第二六条第二項について、『同条同項中「第十二条第二項」を「第十二条第四項」に改める。』というような文言整理をすべきであったのである。

これは、規定を変更して、本来それが意味するところよりも別の意味に解釈することであるから、法令の文理からは相当離れた解釈をすることになる。このようなことが許されるのは、立法上の誤りが明らかであるような特別の事情がある場合に限られるというべきであろう（東京高裁昭和二六年九月二七日判決）。

このような立法上の過誤は、国民に影響を与えることはもとよりのことであるが、権利侵害に及べば、後記**九**で述べる立法責任の問題に発展することも考えられるから、立案担当者および法案提出者には、十全な注意が要求される。

九　民事法の立法責任

次に、民事法の立法責任について検討することとする。

まず、立法責任に関する判例の動向を見てみることとする。取り上げる判例は、必ずしも民事法に関するものに限らないが、参考となるものである。立法責任に関する判例を政府の法律案提出の責任と国会議員の立法責任に分けて検討する。

1 判例の動向

(一) 政府の法律案提出の責任に関する判例

(1) 広島高判昭和四一年五月一一日・判時四六一号三七頁は、平和条約における連合国およびその国民に対する日本国民の請求権の放棄、国家賠償、損失補償について、日本国民の請求権の放棄は、敗戦国と戦勝国とが平等な立場に立たない平和条約の性質上やむを得ないところであり、日本全権団に故意または過失があったとすることができないとして国家賠償責任を否定し、また、損失補償義務については、平和条約は敗戦という非常事態収拾のため調印されたものであるから、憲法第二九条第三項により当然損失補償義務を負うとは解されないし、損失補償の要件、手続等を規定した特別法が制定されない限り、憲法同条項のみでは具体的な損失補償請求権は発生しないこととなるが、内閣総理大臣その他の関係閣僚が右特別法制定のための手続をとらなかったことが公権力行使上の義務に違背する不作為による国家賠償責任について、立法行為の不作為は政治上の責任にとどまり、これを国家賠償の原因とすることができない旨判示している。

(2) 最判昭和四三年一一月二七日・民集二二巻一二号二八〇八頁は、日本国との平和条約一四条に基づく連合国在留邦人の在外財産に対する請求権の放棄について、平和条約は、もとより、日本国政府の責任において締結したものではあるが、同条約中の右条項のごときは、上述の経緯に基づき不可避的に承認せざるを得なかったところであって、その結果として上告人らが被った在外財産の喪失による損害も、敗戦という事実に基づいて生じた一種の戦争損害とみるほかはないのである。これを要するに、このような戦争損害は、他の種々の戦争損害と同様、多かれ少なかれ、国民のひとしく堪え忍ばなければならないやむを得ない犠牲なのであって、その補償のごときは、憲法第二九条第三項はまったく予想しないところで、同条項の適用のない問題といわなければならない。したがって、これら在外財産の喪失による損害に対し、政策的に何らかの配慮をするかどうかは別問題として、憲法第二九条第三項を適用してその補償を求めることは前提を欠くに帰するものである旨判示している。

⑶　最判昭和五七年七月一五日・判時一〇五三号九三頁は、いわゆる郵便貯金目減りについて、政策目標を調和的に実現するために政府においてその時々における内外の情勢のもとで具体的にいかなる措置をとるべきかは、事の性質上専ら政府の裁量的な政策判断に委ねられている事柄とみるべきであって、仮に政府においてその判断を誤り、ないしはその措置に適切を欠いたため政府目標を達成することができず、またはこれに反する結果を招いたとしても、これについて政府の政治的責任が問われることがあることがあるのは格別、法律上の義務違反ないし違法行為として国家賠償法上の損害賠償責任の問題を生ずるものとすることはできない旨判示している。

⑷　最判昭和六二年六月二六日・判時一二六二号一〇〇頁は、一般民間人戦災者の擁護立法について、上告人は、法律案を国会に発案しなかった歴代内閣総理大臣および国務大臣の不作為をも違法であると主張するが、当該主張は歴代内閣の前記擁護法律案提出の違法をいう趣旨に解されるところ、立法について固有の権限を有する国会ないし国会議員の前記立法の不作為につき、国家賠償法第一条第一項に適用上違法性を肯定する

ことができないものである以上、国会に対して法律案の提出権を有するにとどまる内閣の本件法律案不提出についても、同条項の適用上違法性を観念する余地のないことは当然というべきである旨判示している。

(5) 熊本地判平成一三年五月一一日・判時一七四八号三〇頁は、ハンセン病のらい予防法の隔離規定を廃止するまで改廃しなかったことについて、遅くとも昭和三五年以降においては、すべての入所者およびハンセン病患者について隔離の必要性が失われたというべきであるから、厚生省としては、その時点において、昭和二八年新法改廃に向けた諸手続を進めることを含む隔離政策の抜本的な変換をする必要があったというべきである。また、国会における新法の廃止もなく新法に従って行政を行ったとしても、新法の廃止は、国会のみの責任でのみ行われ得るものではなく、平成八年の新法廃止の経過からみれば、厚生省の新法廃止に向けての作業が重要な役割を果たしていることは明らかである。そして、厚生省としては、少なくとも、すべての入所者に対し、自由に退所できることを明らかにする相当な措置を採るべきであったとして、厚生大臣の公権力の行使たる職務行為には違法があり、厚生大臣の過失も優に認めることができる旨判示している。国は、本件について、政治的判断により控訴せず、確定している。

(二) 国会議員の立法責任に関する判例

(1) 最判昭和六〇年一一月二一日・判時一一七七号四頁は、廃止された在宅投票制度を復活しなかったことについて、国会議員は、立法に関しては、原則として、国民全体に対する関係で政治的責任を負うにとどまり、個別の国民の権利に対応した関係での法的義務を負うものではないというべきであって、国会議員の立法行為は、立法の内容が憲法の一義的な文言に違反しているにもかかわらず、国会があえて当該立法を行うというがごとき、容易に想定し難いような例外的な場合でない限り、国家賠償法第一条第一項の規定の適用上、違法の評価を受けないものといわなければならないとした上、憲法には、在宅投票制度の設置を積極的に命ずる明文の規定が存しないばかりでなく、かえって、憲法第四七条は、「選挙区、投票の方法その他両議院の議員の選挙に関する事項は、法律でこれを定める。」と規定しているのであって、これが投票の方法その他選挙に関する事項の具体的決定を原則として立法府である国会の裁量的権限に任せる趣旨であり（最判昭和五一年四月一四日・民集三〇巻三号二二三頁参照）、在宅投票制度を廃止し、その後復活しなかった当該立法行為が前示の例外的場合にあたると解すべき余地はなく、当該立法行為は国家賠償法第一条第一項の適用上違法の評価を受けるものではない旨判示している。

⑵　最判昭和六二年六月二六日・判時一二六二号一〇〇頁は、一般民間人戦災者の擁護立法について、憲法には右立法を積極的に命ずる明文の規定が存しないばかりでなく、かえって、戦争犠牲ないし戦争損害は、国の存亡にかかわる非常事態のもとでは、国民のひとしく受忍しなければならなかったところであって、これに対する補償は憲法の全く予想しないところというべきであり、したがって、右のような戦争犠牲ないし戦争損害に対しては単に政策的見地からの配慮が考えられるにすぎないもの、すなわち、その補償のために適宜の立法措置を講ずるか否かの判断は国会の裁量的権限に委ねられるものと解すべきことは、当裁判所の判例の趣旨に徴し明らかというべきである旨判示している。

⑶　最判平成二年二月六日・訟務月報三六巻一二号二二四二頁は、生糸の一元輸入措置および生糸価格安定制度を内容とする繭糸価格安定法改正について、国会議員の立法行為は、立法の内容が憲法の一義的な文言に違反しているにもかかわらずあえて当該立法を行うというように、容易に想定し難いような例外的な場合でない限り、国家賠償法第一条第一項の適用上、違法の評価を受けるものでないことは、当裁判所の判例とす

るところであり、また、積極的な社会経済政策の実施の一手段として、個人の経済活動に対し一定の合理的規制措置を講ずることは、憲法が予定し、かつ、許容するところであるから、裁判所は、立法府が裁量権を逸脱し、当該規制措置が著しく不合理であることの明白な場合に限って、これを違憲としてその効力を否定することができるというのが、当裁判所の判例とするところである。そして、昭和五一年法律第一五号による改正後の繭糸価格安定法第一二条の一三の二および第一二条の一三の三は、原則として、当分の間、当時の日本蚕糸事業団等でなければ生糸を輸入することができないとするいわゆる生糸の一元輸入措置の実態、および所定の輸入生糸を同事業団が売り渡す際の売渡方法、売渡価格等の規制について規定しており、営業の自由に対し制限を加えるものではあるが、以上の判例の趣旨に照らしてみれば、右各法条の立法行為が国家賠償法第一条第一項の適用上例外的に違法の評価を受けるものではないとした原審の判断は正当として是認することができる旨判示している。

(4) 最判平成五年九月一〇日・税務訴訟資料一九八号八一三頁は、消費税の立法行為は、立法の内容が憲法の一義的な文言に違反しているにもかかわらず、国会があえて当該立法を行うというごとき、容易に想定しがたいような例外的にあたると解する余地はないから、国家賠償法第一条第一項の適用上、違法の評価は受けない旨判示している。

(5) 最判平成七年一二月五日・判時一五六三号八一頁は、再婚禁止期間について男女間に差異を設ける民法第七三三条が憲法第一四条第一項に規定する一義的文言に違反するか否かに関して、まず、国会議員は、立法に関しては、原則として、国民全体に対する関係で政治的責任を負うにとどまり、個別の国民の権利に対応した関係での法的義務を負うものではなく、国会ないし国会議員の立法行為（立法の不作為を含む。）は、立法の内容が憲法の一義的な文言に違反しているにもかかわらず国会があえて当該立法を行うというように、容易に想定し難いような例外的な場合でない限り、国家賠償法第一条第一項の適用上、違法の評価を受けるものでない。これを本件についてみると、合理的な根拠に基づいて各人の法的取扱いに区別を設けることは憲法第一四条第一項の規定に違反するものではなく、民法第七三三条の元来の立法趣旨が、父性の推定の重複を回避し、父子関係の紛争を未然に防ぐことにあると解される以上、国会が民法第七三三条を改廃しないことが直ちに前示の例外的な場合にあたると解する余地のないことが明らかである。したがって、同条についての国会議員の立法行為は、国家賠償法第一条第一項の適用上、違法の評価を受けるものではないというべきである旨判示している。

(6)　熊本地判平成一三年五月一一日・判時一七四八号三〇頁は、ハンセン病のらい予防法の隔離規定が廃止されるまで改廃しなかったことについて、前掲昭和六〇年一一月二一日最判、前掲昭和六二年六月二六日最判、前掲平成二年二月六日最判および前掲平成七年一二月五日最判等一連の最高裁判決が、立法行為が国家賠償法上違法と評価されるのは、容易に評価し難いような極めて特殊な例外的な場合に限られるべきである旨判示しており、その限りでは、本件にも妥当するものである。本件の新法の隔離規定は、新法制定当時から既にハンセン病予防上の必要を超えて過度の人権の制限を課すものであり、公共の福祉による合理的な制限を逸脱していたというべきであり、遅くとも昭和三五年には、その違憲性が明白になっていたことの事情等を考慮し、新法の隔離規定が存続することによる人権被害の重大性とこれに対する司法的救済の必要性にかんがみれば、他にはおよそ想定し難いような極めて特殊で例外的な場合として、遅くとも昭和四〇年以降に新法の隔離規定を改廃しなかった国会議員の立法上の不作為につき、国家賠償法上の違法性を認めるのが相当であると判示している。なお、国は本件について、政治的判断により控訴せず、裁判は第一審で確定している。

2 検討

国家賠償法第一条第一項は、「国又は公共団体の公権力の行使に当たる公務員」の賠償責任を規定しているが、立法行為を除外する旨の特別規定を有しない。したがって、同法は、国の公権力の行使から、立法行為を除外していないと解釈することができる。

ところで、法律案を作成する過程において、内閣提出法律案については内閣法制局の、衆議院議員提出法律案については衆議院法制局の、参議院議員提出法律案については参議院法制局の審査が行われる。これらの審査では、当然のことながら、提案の趣旨を尊重しつつ、現行の日本国憲法や基本法等現行の法体系との調整、法律用語としての表記方法等の審査が行われる。

また、これに先立ち、内閣提出法律案は与党審査を受け、議員提出法律案は所属政党の審査（了承）と発議に必要な構成議員の署名を必要とする。

さらに、国会における議事手続は、憲法、国会法、議院規則および議院先例によって審議される。しかも、審議は、政党中心主義で行われ、各政党の利害や各政党の議席数、各派閥の議席数、あるいは政府・国会間の抗争、かけ引き、さらには政府与党・野党間の抗争、かけ引き、深層における複雑な対決等が、各委員会理事会、議院運営委員会、国会対策委員会あるいは院外において行われ、これらが大なり小なり立法に影響を与えるのが実状である。

このように、内閣提出法律案または議員提出法律案は、一定の過程を経て、しかも修正する意見、対立する意見、多数決原理等によって立法されていくものであり、単純に内閣または議員の意思のみによって成案を得、制定されるものではないのである。かくして、法律案の成立は、極めて政治的な取引のもとで行われる。したがって、政府また国会議員の立法責任といっても、そう単純に一義的に解することはできないというべきである。

そこで、まず、政府の法律案提出の責任については、判例も、日本国との平和条約第一四条に基づく連合国在留邦人の在外財産に対する請求権の放棄について、在外財産の喪失による損害に対し、政策的に何らかの配慮をするかどうかは別問題として、憲法第二九条第三項を適用してその補償を求めることは前提を欠くに帰するものである（前掲昭和四三年最高裁判決）とし、いわゆる郵便貯金目減りについて、事の性質上専ら政府の裁量的な政策判断に委ねられている事柄とみるべきであって、法律上の義務違反ないし違法行為として国家賠償法上の損害賠償責任の問題を生ずるものとすることはできない（前掲昭和五七年最高裁判決）とし、一般民間人戦災者の擁護立法について、上告人は、立法について固有の権限を有する国会ないし国会議員の本件立法の不作為につき、国家賠償法第一条第一項に適用上違法性を肯定することができないものである以上、国会に対して法律案の提出権を有するにとどまる内閣の本件法律案不提出についても、同条項の適用上違法性を観念する余地がない（前掲昭和六二年最高裁判決）としている。しかしながら、前掲平成一三年熊本地裁判決は、ハンセン病のらい予防法の隔離規定の廃止について、遅くとも昭和三五年以降においては、相当な措置を採るべきであったとして、厚生大臣の公権力の行使たる職務行為には違法があり、厚生大臣の過失も優に認めることができるとしている。

次に、国会議員の立法責任については、国会議員も憲法第一七条の公務員に含まれ、違法な立法行為により国民に損害を与えることは同条の不法行為（国家賠償法第一条第一項の違法な公権力の行使）にあたるから、国会議員の立法行為も国家賠償法第一条第一項の適用対象となると解される。ただし、国は国会議員に対し、求償することができない（憲法第五一条）から、国会議員が最終的に責任を問われることはないと解される。そして、国会は唯一の立法機関である（憲法第四一条）から、憲法に違反しない限り、立法につき裁量権を有する。そして、この立法の裁量権は、明らかに不合理であり、裁量権の範囲を逸脱したと認められる場合、たとえば、個人の重要な基本的人権が立法の不作為または不備によって実際に侵害されていることが明らかとなった場合には、積極的違憲立法により個人の権利が侵害されている場合と変わりがないのであるから、少なくとも国家賠償請求訴訟において違憲性が争われるときは、裁判所は立法不作為について違憲審査を行うことができると解されるので、立法不作為も国家賠償法第一条第一項の対象になり得ると解される。

判例は一貫して、立法措置を講ずるか否かの判断は国会の裁量的権限に委ねられるものであり、国会議員は、立法に関しては、原則として、国民全体に対する関係で政治的責任を負うにとどまり、個別の国民の権利に対応した関係での法的義務を負うものではなく、国会ないし国会議員の立法行為（立法の不作為を含む。）は、立法の内容が憲法の一義的な文言に違反しているにもかかわらず国会があえて当該立法を行うというように、容易に想定し難いような例外的な場合でない限り、国家賠償法第一条第一項の適用上、違法の評価を受けるものでないとしている。前掲平成一三年熊本地裁判決が、ハンセン病のらい予防法の隔離規定の廃止について、右判例の一貫した原則は、本件にも妥当するものであるとしつつ、本件の新法の隔離規定は、新法制定当時から既にハンセン病予防上の必要を超えて過度の人権の制限を課すものであり、公共の福祉による合理的な制限を逸脱していたというべきであり、遅くとも昭和三五年には、その違憲性が明白になっていたことの事情等を考慮し、新法の隔離規定が存続することによる人権被害の重大性とこれに対する司法的救済の必要性にかんがみれば、他にはおよそ想定し難いような極めて特殊で例外的な場合として、遅くとも昭和四〇年以降に新法の隔離規定を改廃しなかった国会議員の立法上の不作為につき、国家賠償法上の違法性を認めている。なお、国は本件国家賠償請求事件について、政治的判断により控訴せず、裁判は第一審で確定している。

一〇　おわりに

以上、民事立法の現状と課題と題して、民事立法の沿革をたどり、民事法の立法過程、最近立法された民事法、現在検討されている民事法案、民事法の企画立案、立法技術、立法過誤、さらに立法責任について考察した。民事立法には、相当の知能とエネルギーが注がれているが、既述のようにいくつかの課題も存する。これらの課題が解決されて、民事立法が法の支配のために有効に機能することを期待するものである。また、立法学が広く一般に普及されることを望んでやまない。

追　記

最後に、上田　章先生の喜寿を心からお祝い申し上げます。先生のますますの御健勝 御活躍をお祈り申し上げます。

（1）　拙稿「法律ができるまで」民事月報二二巻一一号一五頁以下参照。

（2）　法制審議会の淵源を辿ると、明治一九年八月六日の外務省法律取調委員会、明治二〇年一〇月二一日の司法省法律取調委員会（旧民法の審議）、明治二六年二月二二日勅令第一一号の法典調査会（法例、民法、商法および付属法律の修正案の起草審議）、明治四〇年四月一九日勅令第一三三号の法律取調委員会、大正八年七月八日勅令の臨時法制審議会を経て現在の法制審議会に引き継がれた。
（3）従前は、三〇名であった。
（4）従来、主として法曹界に限られていたが、批判があり、改善された。
（5）従前は、会長は法務大臣であった。
（6）平成一二年五月三一日政令第二二九号により組織改革が行われ、法曹、部局職員の減員化、小委員会の設置を廃止して、諮問に応じて個別に専門家による分科会、研究会等を開催するよう改められた。
（7）国民に対する影響が大きく、広く意見を問く必要がある場合には、法務省民事局参事官室は、立法に関する問題点または法律改正試案を公表し、これらに対する意見を広く聞いた上で、法制審議会部会の審議を経て、法律案を作成している。
（8）内閣法制局には、第一部から第四部まであり、法務省関係は第二部に属する。
（9）施策の内容に立ち至る修正はこの段階では行わないのが通例である。
（10）これを予備審査段階における修正と区別して、「職権修正」といわれている。
（11）俗に、「太鼓判」といわれている。
（12）事務次官会議は、原則として、毎週二回、月、木曜日の正午に開催されている。
（13）閣議は、原則として、毎週二回、火、金曜日の午前一〇時に開催されているが、国会開催中は、院内閣議室で午前九時に開催される。なお、テレビで閣議前の様子がよく放映されているが、ここは閣議室の前室である。
（14）衆参両議院の法務委員会調査室の組織は、専門員である調査室長の下に調査員その他の職員が置かれている。
（15）深山卓也「民事基本法の立法動向」商事法務一六八五号三二頁以下。
（16）法務省民事局参事官室から聴取した情報による。
（17）平井宜雄「法政策学」（第二版）六九頁以下。
（18）伊藤進「判例と民事立法」法律時報五三巻一四号五八頁。
（19）前掲平井「法政策学」六頁。

(20)　平成一六年六月二三日朝日新聞。

(21)　平成一六年の厚生年金保険法の立法過誤（四十数箇所に及ぶ過誤があったといわれている。）については、立案担当者等が行政処分等を受けたといわれている。

公判前整理手続と刑事訴訟法の理念

高内寿夫

一　はじめに
二　公判前整理手続の方向性と問題点
三　公判前整理手続と予断排除
四　公判前整理手続と黙秘権
五　公判前整理手続と証拠能力
六　公判前整理手続と証拠開示
七　むすびにかえて

一　はじめに

二〇〇四年五月二一日、「裁判員の参加する刑事裁判に関する法律」および「刑事訴訟法の一部を改正する法律」が第一五九回通常国会において可決成立し、同月二八日に公布された。これら二つの法律は、司法制度改革審議会によって進められた司法制度改革の刑事司法分野における果実であり、一九四八年に制定された現行刑事訴訟法にとっては、制定以来最大の改正である。

これまでの改革の経緯を振り返ると、司法制度改革審議会が、二〇〇一年六月、「司法制度改革審議会意見書」（以下、意見書という）を内閣に提出し、(1) これを受けて、内閣に司法制度改革審議会推進本部が設置され、二〇〇二年二月から、裁判員制度・刑事検討会による審議が進められてきた。(2) その審議結果を受け、上記法案が二〇〇四年三月に国会に提出されたのである。

ところで、刑事司法の分野において、意見書が改革課題の最初に掲げたのが「刑事裁判の充実・迅速化」であり、これを実現する方策のひとつに挙げられていたのが「新たな準備手続」の創設であった。「新たな準備手続」は、「刑事訴訟法の一部を改正する法律」（以下、改正法という）において、「公判前整理手続」という名称で具体化された（改正法は、第一回公判期日後において実施される「期日間整理手続」についても規定しているが、その手続は公判前整理手続を準用しているので、ここでは公判前整理手続で代表させて述べてゆくことにする）。従来の事前準備手続は、公判審理の迅速化などを目的として、一九五〇年および一九六一年の刑事訴訟規則の改正によって導入されたものである。しかし、その運用を、主として、検察官、弁護人に委ねていたため、実効性に乏しく所期の目的を十分に果たしていないと批判されていた。司法制度改革審議会が、刑事裁判の充実・迅速化のために、事前準備の充実を掲げたのは、この意味で正しい方向性である。とくに、裁判員制度のもとにおいて、公判を連日開廷してゆくためには、第一回公判期日前における周到な準備が不可欠となろう。

しかしながら、公判前整理手続の創設は、同時に、新たな問題を生じさせることになった。従来の事前準備手続では、裁判所による積極的な関与の場面は限られていた（刑事訴訟規則一七八条の九、一八九条の一〇）。これは、裁判所が公判審理以前に事件について予断を抱く可能性を排除するためである。これに対し、裁判所が主宰する公判前整理手続の創設は、事前準備の実効性を確保するために、予断排除原則という刑事訴訟法の基本原理を犠牲にしたようにみえる。さて、裁判所の積極的関与と予断排除との関係をどのように考えてゆくべきだろうか。また、これ以外にも、裁判員制度・刑事検討会で具体的手続を議論する過程において、いくつかの刑事訴訟法の基本原理との抵触が指摘された。

そこで、本稿では、改正法によって具体化された公判前整理手続の構造を整理しながら、公判前整理手続と刑事訴訟法原理との関係が問題となる諸点について順次検討を加え、この新制度の運用にあたって留意されるべき観点について若干の指摘を行いたいと思う。

二　公判前整理手続の方向性と問題点

1　意見書における位置付け

まず、意見書における「新たな準備手続」が、意見書の構想の中でどのように位置付けられていたのかを確認しておこう。刑事裁判の充実・迅速化の基本的方向性について、意見書は次のように述べる。「その基本的な方向は、真に争いのある事件につき、当事者の十分な事前準備を前提に、集中審理（連日的開廷）により、裁判所の適切な訴訟指揮の下で、明確化された争点を中心に当事者が活発な主張立証活動を行い、効率的かつ効果的な公判審理の実現を図ることと、そのための人的体制の整備及び手続的見直しを行うことである。」

ここには、あるべき充実・迅速化された刑事裁判のポイントが示されている。すなわち、①争いのある事件と争いのない事件とを区別すること、②当事者が十分な事前準備を行うこと、③集中審理（連日開廷）を実現すること、④裁判所が適切な訴訟指揮を行うこと、⑤明確化された争点を中心に当事者が活発な主張立証活動を行うこと、⑥効率的かつ効果的な公判審理の実現を図ること、⑦人的体制の整備および手続的見直しを行うこと、である。上の七点を総体として実現することが、刑事裁判の充実・迅速化の全体イメージということになろう。とりわけ、憲法の保障する迅速な裁判とは、「被告人が必要なことを主張・立証できたが故に納得がいき、かつ、不必要な期間を費やさない裁判」であると考えるべきであり(3)、この点からはとくに、公判審理において、両当事者が明確化された争点を中心に活発な主張立証活動を行うという⑤の観点が強調されなければならないと思われる。

問題はそれを実現するための方策であるが、意見書は次の六つの観点を提示する。①新たな準備手続を創設すること、②公判の連日開廷の実効性を確保するための必要な措置を講じること、③直接主義・口頭主義の実質化を図るため、関連諸制度のあり方を検討すること、④充実・円滑な訴訟指揮のため、裁判所の訴訟指揮の実効性を担保する具体的措置を検討すること、⑤公的刑事弁護制度の整備を含め、弁護人が個々の刑事事件に専従できるような体制を確立するとともに、裁判所、検察庁の人的体制をも充実・強化すること、⑥捜査・公判手続の合理化・効率化ないし重点化のための方策を検討すること、である。

新たな準備手続は、こうした全体プランの中でその役割を発揮するものとして構想されているのであるから、その制度設計にあたっては、公判の連日開廷を可能とするものであること、裁判所の適切な訴訟指揮を可能とするものであること、明確化された争点を中心に当事者が活発な主張立証活動を行うことを可能とするものであること、などが考慮されなければならないことになる。

続いて、意見書の示す新たな準備手続のポイントを整理してみよう。

意見書ではまず、現在の事前準備について次のような現状認識が示される。「審理の充実・迅速化のためには、早期に事件の争点を明確化することが不可欠であるが、第一回公判期日前の争点整理に関する現行法令の規定は、当事者の打合せを促す程度のものにとどまり、実効性に乏しいなどから、必ずしも十分に機能していない。」「また、検察官の取調べ請求予定外の証拠の被告人・弁護人側への開示については、これまで、最高裁判決の基準に従った運用がなされてきたが、その基準の内容や開示のルールが必ずしも明確でなかったこともあって、開示の要否をめぐって紛糾することがあり、円滑な審理を阻害する要因の一つになっていた。」

こうした現状認識に基づき、意見書は、新たな準備手続の創設について、次のように述べる。「第一回公判期日の前から、十分な争点整理を行い、明確な審理の計画を立てられるよう、裁判所の主宰による新たな準備手続を創設すべきである。」「充実した争点整理が行われるには、証拠開示の拡充が必要である。そのため、証拠開示の時期・範囲等に関するルールを法令により明確化するとともに、新たな準備手続の中で、必要に応じて、裁判所が開示の要否につき裁定することが可能となるような仕組みを整備すべきである。」

すなわち、意見書の提案する新たな準備手続の特色は、①裁判所が主宰する手続であること、②公判審理における争点整理と明確な審理計画とを主要な目的とすること、③争点整理のために証拠開示に関するルールを明確化し併せて裁判所による証拠開示の裁定の仕組みを整備することである。

2　公判前整理手続の概要

次に、改正法によって具体化された公判前整理手続の概要を眺めてみよう(4)。

まず、手続の主宰者は受訴裁判所とされた。裁判所は、充実した公判の審理を継続的、計画的かつ迅速に行うため必要があると認められるときは、検察官および被告人・弁護人の意見を聴いて、第一回公判前に、決定で、事件を公判前整理手続に付することができる（刑訴法新三一六条の二）。

手続への義務的参加者は、裁判官（新三一六条の一一）、裁判所書記官（新三一六条の一二）、検察官および弁護人（新三一六条の九）である。被告人は権利として整理手続に出頭することができる（新三一六条の九）。

整理手続において実施される事項としては、①訴因・罰条を明確にすること、②訴因または罰条の追加、撤回、変更を許すこと、③公判期日の主張を明らかにさせて事件の争点を整理すること、④証拠調べの請求をさせること、

⑤証拠の立証趣旨、尋問事項を明らかにさせること、⑥証拠調べ請求に関する意見を確かめること、⑦証拠調べをする決定または請求を却下する決定をすること、⑧証拠調べの順序・方法を定めること、⑨証拠調べに関する異議の申立てに関する裁定をすること、⑩証拠開示に関する裁定をすること、⑪公判期日を定め、公判手続の進行上必要な事項を定めることである（新三一六条の五）。

手続の流れに沿ってみると、まず、検察官が、証明予定事実を記載した書面を裁判所に提出し、被告人または弁護人に送付する（新三一六条の一三）。また、検察官は、取調べを請求した証拠について速やかに、被告人または弁護人に対し開示しなければならない（新三一六条の一四）。被告人・弁護人は、検察官請求証拠について、同意するかどうかの意見を明らかにしなければならない（新三一六条の一六）。

また、検察官は、取調べ請求証拠以外の証拠であっても、被告人の供述録取書や取調べ状況を記録したものなど一定の類型に該当するものについては、被告人または弁護人から開示請求があった場合、その重要性の程度その他の被告人の防御の準備のために当該開示をすることの必要性ならびに当該開示によって生じるおそれのある弊害の内容および程度を考慮し、相当と認めるときは、速やかに開示をしなければならない（新三一六条の一五）。

さらに、検察官は、上記類型に該当しない場合であっても、被告側の証明予定事実に関連すると認められるものについては、被告人・弁護人から開示の請求があった場合、その関連性の程度その他被告人の防御の準備のために当該開示をすることの必要性の程度ならびに当該開示によって生じるおそれのある弊害の内容・程度を考慮し、相当とみとめるときは、速やかに、開示しなければならない（新三一六条の二〇）。

主張の提示と取調べ証拠の開示は、被告人・弁護人にも求められる。被告人・弁護人は、証明予定事実その他の公判期日においてすることを予定している事実上および法律上の主張があるときは、裁判所・検察官に明らかにし、同時に、証明予定事実を証明するために用いる証拠の取調べを請求しなければならない（新三一六条の一七）。また、被告人・弁護人は、速やかに、検察官に対し、証明予定事実を証明する証拠を開示しなければならない（新三一六条の一八）。検察官は、被告側の請求証拠について、同意するかどうかの意見を明らかにしなければならない（新三一六条の一九）。

裁判所は、検察官または被告人・弁護人が、開示すべき証拠を開示していないと認めるときは、相手方の請求により、決定で当該証拠の開示を命じなければならない（新三一六条の二六）。裁判所は、決定するにあたり、必要があると認めるときは、検察官、被告人・弁護人に対し、証拠の提示を命じることができる。また、裁判所は、検察官に対しては、裁判所の指定する範囲に属するものの標目を記載した一覧表の提出を命じることができる（新三一六条の二七）。

最後に、裁判所は、公判前整理手続を終了するにあたり、検察官・被告人・弁護人との間で、事件の争点、証拠の整理の結果を確認しなければならない（新三一六条の二四）。

以上をまとめると、公判前整理手続の特色として、①受訴裁判所が主宰する手続であること、②争点整理を主たる目的とし、被告側にも証明予定事実の提示を要求していること、③両当事者に対し取調べ予定証拠の提出を求め、証拠決定、証拠調べの順序・方法の決定などが整理手続の中で行なうこととされたこと、④検察官に対し、一定の類型について、検察官手持ち証拠の開示を要求していることなどを指摘することができよう。

3　公判前整理手続の問題点

ところで、公判前整理手続（新たな準備手続）の創設にあたっては、司法制度改革審議会の審議以来、二つの観点から問題点が指摘されていた。ひとつは、はたして、審理の充実・迅速化の方策として、公判前整理手続に実効性があるのかという点であり、もうひとつは、この手続が刑事訴訟法の諸原則と抵触しないかという点である。

本稿の問題関心は後者にあるので、前者の観点については、簡単にコメントしておきたい。なるほど、新たな準備手続の創設がすべての長期継続事件の解消につながるかといえば、それは疑問である。なぜなら、審理が長期化する原因は証人尋問に膨大な時間がかかっていることにあり、充実した準備手続を行うことによってこの時間を劇的に短縮することはできないと思われるし、また、複雑なケースでは訴訟が進行してゆく過程で争点が顕在化することも多く、第一回公判期日前の準備手続で、細部にわたって争点を絞り込み、綿密な審理計画を立てることが困難なケースも想定されるからである(5)。

そこで、租税関係など複雑な事案については、一定程度の長期化を前提として改善を進めることが現実的な対応であり、連日開廷の例外となるケースも検討されなければならないと思われる。しかし、それでもなお事前準備の改革は必要である。その理由は、今回の改革が刑事裁判の迅速化のみを求めているわけではなく、刑事裁判の充実をも目的としているからである。両当事者が明確化された争点を中心に活発な立証活動を行うためには、事前準備の充実は不可欠である。また、迅速化の効果が直接的には期待できないと思われる事案についても、新たな準備手続の実施が更なる審理の長期化をもたらすとは思われないし、両当事者にとって、充実した公判審理の実現に資するところは大きいと思われる。

さて、次に、本稿のテーマである刑事訴訟法の理念との抵触に関する問題点であるが、これは、先に列挙した公判前整理手続の特色にしたがって指摘することができる。

まず、公判前整理手続の第一の特色は、整理手続が受訴裁判所が主宰する手続である点にあった。この点については、先述したとおり、公判審理までは裁判官が証拠に触れないようにする予断排除の原則に反するのではないかという問題がある。

二番目に、公判前整理手続は、争点整理を主たる目的としており、そのために、被告人・弁護人にも証明予定事実の提示を要求している。しかし、被告人・弁護人がすべての争点を整理手続段階で示さなければならないとすると、公判審理における被告人の黙秘権を侵害することにならないだろうか。

三番目に、改正法は、両当事者に対し取調べ予定証拠の提出を求め、証拠決定などを整理手続の中で行なうこととしている。しかし、たとえば、整理手続段階で証拠決定がされた場合、公判審理では証拠能力の有無を争うことができないのだろうか。できないとすると、公判審理における被告人の防御権を侵害するおそれがある。

最後に、改正法は、検察官に対し、検察官手持ち証拠の開示を要求している。証拠開示が刑事訴訟法上に規定された点に関しては、積極的に評価することができるだろう。問題はそれが十分に機能しうるかどうかである。意見書では、「準備手続で充実した争点整理を行うために」証拠開示が必要であるとされていた。証拠開示を争点整理の観点からのみ認めることは、従来の証拠開示の議論と異なる観点からの捉え方の可能性がある。また、改正法は、原則的に、開示の判断を検察官に委ねており、これは被告人・弁護人の側から見て証拠開示を制限することにならないだろうか。

以上のように、公判前整理手続の創設に付随して、刑事訴訟法上の諸原則との抵触が問題となりうる点がいくつかみられる。次章以下では、これらの諸点について、順に検討してみたい。

三 公判前整理手続と予断排除

先述したように、公判前整理手続は受訴裁判所が主宰する手続であることをその特色とする。意見書では、裁判所が主宰する点のみが示されていたが、審議会の意見は公判担当裁判官が整理手続を主宰する方向でまとまり(6)、裁判員制度・刑事検討会でもその方向において議論が進められたようである。学説上もこれを支持する見解が多い。その理由としては、公判審理を円滑に進行させる責務を負っている受訴裁判所が整理手続を主宰することが、運用上、効率的であり、公判担当裁判官以外の者が準備手続を進めるのは無責任であるという点が挙げられている(7)。意見書では、刑事裁判の充実・迅速化の方策のひとつとして裁判所の訴訟指揮の実効性を確保する措置を検討すべきであるとされているが、整理手続が公判審理における訴訟指揮の観点と直接的に結び付けられているのである。

しかし、受訴裁判所が整理手続を主宰するのであれば、裁判官は証拠や争点について一定の認識をもって公判審理に臨むことになるから、まったくの白紙の状態で公判審理に臨むことができなくなり、予断排除原則に抵触する危険性が生じる。意見書においても、「予断排除の原則との関係にも配慮しつつ、当該手続における裁判所の役割・権限（証拠の採否等裁判所の判断の対象範囲や訴訟指揮の実効性担保のための措置等を含む。）や当事者の権利・義務のあり方についても検討されるべきである」と指摘されている。この点について、司法制度改革審議会の委員であった井上正仁教授は次のように反論する。予断排除の趣旨は、「当事者の一方である検察側の資料、記録を裁判所ないし裁判官が引き継いで、それだけを基に事件につき一定の心証を抱いて公判に臨む、というのは公平ではないということにあったはずなのです。ところが、いつの間にか、その原則の一般命題部分だけが一人歩きして、公判裁判所は第一回公判期日まで事件やそれに関する記録等に一切ふれてはならない、ということになってしまったのではないか。しかし、もともとの趣旨からしますと、両当事者が等しく参加する場である限り、公判裁判所ないしその構成員が、少なくとも、争点整理のために両当事者の主張を聴くということは、公判期日前に行っても何らおかしくなく、予断排除の原則に抵触しないように思われるわけです。(8)」

こうした観点から、捜査機関から裁判所に対する嫌疑の引継ぎにならないようなかたち、すなわち、両当事者が立ち会う場において、それぞれが対等な立場で、裁判所に対して自らの主張を提示するとともに、公判で取調べ請求予定の証拠の標目・立証趣旨を示すという形であれば、仮にそれが第一回公判期日前に行われたとしても、予断防止の原則に反することはないという見解が主張されるのである。(9) 最高裁の意見書でも、「裁判所が、公判手続前に争点を整理して審理計画を立てるために、両当事者が参加する手続で、その主張を聴くことや、証拠開示に関する裁定を行うことは、事件について事前に心証を形成するものではなく、予断排除の原則に触れるものではないと考えられる。」と述べられている。(10)

しかし、以上の議論は、従来の予断排除概念を変容させるものであることを強調しておきたい。元来、予断排除原則は、裁判所をして事件につきまったく白紙の状態で第一回公判審理に臨ましめようという趣旨から、公判審理がはじまるまでは証拠に触れないようにするところにその意義がある。(11) 刑訴法二五六条六項が、「起訴状には、裁判官に事件につき予断を生ぜしめるおそれのある書類その他の物を添付しまたはその内容を引用してはならない」と規定するのはこの点を明確にする趣旨である。この一般的解釈に従えば、第一回公判期日の前に、裁判所が、事件について一定の心証を与えうる資料に触れること自体、予断排除の原則に反する。現行法の事前準備に裁判所が積極的に関与していないのはこのためである。

当事者主義とは、裁判所を中にはさみ検察官と被告人が対立する三面構造をとり、検察官が審判対象の設定権をもち、証拠調べも当事者がイニシアティブをとる方式である。(12) 当事者主義は事実認定のシステムとして制度的側面から捉えられなければならない。同様に予断排除原則も、裁判所がまったく白紙の状態で公判審理に臨み、両当事者による主張・立証活動を聞きながら法廷で心証を形成するという、当事者主義における事実認定システムとして捉えられるべきである。(13) 予断排除を、「有罪の方向における予断」を排除する原則と捉えたり、裁判所が有罪の心証を持つかどうかという主観的問題として捉えるべきではない。

井上教授の主張するような解釈が生まれる背景には、現行法においても、実体裁判に関わる裁判官が証拠決定を行い、証拠開示の決定をしており、第一回公判期日の後先の違いはあるにせよ、整理手続を公判担当裁判官が担当することは現状を大幅に変えることにはならないという意識があるのではなかろうか。しかし、その現状自体が問題とされなければならない。陪審制を採用するアメリカ諸州では、訴訟指揮を行う裁判官は実体裁判には加わらない。裁判官が訴訟指揮を実効的に実施しようとすればするほど、証拠の中身に踏み込まざるをえず、証拠の中身に積極的に踏み込めば踏み込むほど、その方向で一定の心証をもつ危険性も強まる。元来、訴訟指揮権の行使と実体裁判の行使とは異なる主体によってなされるべきものである。こうした現状に問題があるにも関わらず、さらに公判担当裁判官が整理手続へも関与することになれば、職権主義的傾向はさらに顕著になり、問題はより深刻なものとなる。

これに対し、裁判長となる裁判官のみを整理手続に関与させ、裁判長には公判審理、評議を通じ交通整理の役割を与えてはどうかという考え方があった。この考え方は裁判長が評議および裁定の場に参加しない場合にのみ当てはまる。裁判長が評議に参加するのであれば、この提案は整理手続、公判審理、評議を通じた職権主義の徹底に他ならない。

また、この点は裁判員制度によって公判審理が進められる場合に一層大きな問題をもたらす。裁判員制がとられた場合、事前に公判担当裁判官が事件に関する情報を持つということは、同一の事件について、まったく白紙の状態で公判に臨む裁判員と証拠や争点について整理された情報をもつ裁判官とが共に評議に参加することを意味する。これは裁判官と裁判員との間に情報格差をもたらし、両者の上下関係を決定的なものにする。裁判官と裁判員とは対等な情報に基づいて評議、判決を行うべきである。公判担当裁判官の整理手続への参加は、裁判員制度を骨抜きにしてしまう危険性が高い(14)。

以上のように、予断排除原則の大枠を崩さずに、整理手続を実効性あるものとするためには、公判前整理手続は公判審理に関与しない整理手続専門の裁判官によって主宰されるか、または、公判担当裁判官が関与するのであれば、その裁判官は評議および判決には関与しない制度とする以外にはないであろう。受訴裁判所が主宰する公判前整理手続は、予断排除の原則を一定の範囲において犠牲にして、公判審理における訴訟指揮権の実効性の確保などを図ろうとしたものといえよう。しかし、それが予断排除原則に反するという点は十分に認識しておく必要がある。

四　公判前整理手続と黙秘権

公判前整理手続において充実した争点整理を行うためには、両当事者が争点の整理に積極的に協力することが必要である。たとえば、被告・弁護側が準備手続において争点を明示することを拒否した場合、実効的な争点整理が困難になる事態も予想される。(15) 実際のところ、争点というのは裁判の進行の中で顕在化することもあり、被告・弁護側の防御戦術として、準備手続では検察側の手持ち証拠を明らかにすることにとどめ、争点は第一回公判期日以降に明らかにするという方法がとられることも大いに考えられるところである。

そこで、改正法は、被告人・弁護人に対しても、「証明予定事実その他の公判期日においてすることを予定している事実上および法律上の主張」があるときは、裁判所・検察官に明らかにし、同時に、証明予定事実を証明するために用いる証拠の取調べを請求することを要求した（新三一六条の一七）。この点は、裁判員制度・刑事検討会において、争点明示義務の問題として審議されていた。たとえば、法務省は、法曹三者のヒヤリング（二〇〇二年九月二四日）において、次のような意見を述べた。「被告側においても最低限、検察官の主張に対し、具体的に争点を明示する義務を負うものとすべきである。……そして、準備手続における争点整理の実効性を担保するためには、当事者が正当な理由なくこれに協力しなかった場合の法的効果についても検討する必要がある。そこで、具体的には、例えば準備手続段階で明らかにしなかった主張や証拠調請求をしなかった証拠については、原則として公判段階で提出することは許されないものとすることが考えられる。(16)」

しかし、被告・弁護側に争点明示義務を課すことは被告人の黙秘権に抵触する可能性がある。なぜなら、被告人が検察官の主張のどこを認め、どこを争うかを明らかにすることが結果的に不利益な供述を行うことに該当し、それを義務付けることは供述の強要にあたる場合が考えられるからである。

ところで、上の法務省の主張には、実は、被告・弁護側の主張を明らかにすべきだといういわゆる争点明示義務と公判に提出する証拠を事前に明らかにすべきだという証拠調べ請求義務とが含まれている。私は、この両者を区別し、被告・弁護側に争点明示義務を課すべきではないが、当事者双方に証拠調べ請求義務を課すことは認められるのではないかと思う。

この問題をたとえば、被告・弁護側が、準備手続ではまったく主張していなかったアリバイの存在を公判段階で突然主張しはじめたというケースで考えてみよう。このような場合、現在の実務では、訴追側が反証を挙げるために次回公判まで一定の期間を要求することが多いであろう。ところが、とくに裁判員制度が採用されると、そのために審理を一定期間中断するというわけにはゆかない(17)。

ただし、被告・弁護側に明確なアリバイ証拠が存在するのであれば、それは捜査段階で主張され、そもそも起訴されることがないであろうから、このような事態が考えられるのは、被告・弁護側としても十分にアリバイを立証するための証拠が存在しない場合に限られると思われる。たとえ明確な証拠がなくても、被告・弁護側は検察側の立証に揺さぶりをかけ、公訴犯罪事実に合理的疑いを生ぜしめるためにこうした反論をするということはありうる。そして、若干変則的ではあるが、こうした争い方も被告人の防御権の行使として否定はされないであろう。こうした争い方を認めず、準備手続段階でアリバイの主張をしなければ公判審理で主張できないとすることは、被告・弁護側の防御権の侵害であり、結局のところそれは憲法三八条一項における「自己に不利益な供述を強要」されることにほかならないと思われる。

ところで、争点とは何であろうか。たとえば、アリバイの主張は「争点」だろうか。アリバイは犯罪事実が存在しないことを示すものである。「疑わしきは被告人の利益に」の原則からすれば、元来、被告・弁護側は公訴犯罪事実に関して合理的疑いを差し挟めばよいはずである。この意味では、すべての証拠調べにおいて、被告・弁護側は合理的疑いを差し挟むべく反対尋問を行うことが許される。それをあえて事前に争点として明確に主張しなければばならないとすると、争点整理とは、被告・弁護側が合理的疑いを差し挟むべく主張する観点を限定する役割を果たすことになるのではなかろうか。また、検察側の証明予定事実自体は争点の明示と言いうるものではないから、結局のところ争点の提示義務は一方的に被告・弁護側に課されることになる。

しかし他方、被告・弁護側がアリバイ立証のために公判に証人や書面を提出する場合は、準備手続の段階で証拠調べ請求をしなければならないと思われる。現在においても、証人等の尋問を請求するについては相手方に対してあらかじめ氏名・住所を知る機会を与え、証拠書類・証拠物の取調べを請求するについてはあらかじめ相手方に閲覧する機会を与えなければならないのであるから（刑訴法二九九条一項）、裁判員制度が採用され、連日開廷が原則となれば、整理手続段階においてそれらの証拠請求がなされなければならないであろう。

整理手続段階において証拠調べ請求義務を課すことは「自己に不利益な供述を強要」することにはならないし、また、刑訴法上の包括的黙秘権（同三一一条一項）を侵害することにもならない。また、証拠調べ請求義務は両当事者に課せられるものであり、一方的に被告・弁護側にのみ課せられるものではない。このように、両当事者に課されるべきは争点明示義務ではなく、証拠調べ請求義務であると考えるべきではなかろうか。ただし、整理手続以後に証拠が見出されることも考えられるのであるから、当然例外は認められるべきであろう（刑訴新三一六条の三二）。

次に、川出助教授が挙げている事例を考えてみたい。被告人が公判で正当防衛を主張しようとする場合、その論理的前提として、構成要件該当事実を行ったことは認めるということになる。この場合に、準備手続における争点整理の段階で正当防衛を主張しないと、後の公判ではそれを主張できないという仕組みをとると、被告人は、それを避けるために、この段階で正当防衛を主張せざるをえず、そうなると、その反射的効果として、事実上、構成要件該当事実の承認を強制されるかのような状況になる。これは黙秘権の侵害であろうか[18]。

実際の公判審理では、被告・弁護側がまず公訴犯罪事実の不存在を主張し、それが認められない場合に正当防衛などの違法性阻却事由を主張するという法廷戦術をとることは防禦の常套手段であろう。当然、裁判員制度における公判審理においてもこうした方法をとることは妨げられない。であるにもかかわらず、公判前整理手続が創設されたことにより、公訴事実不存在か、正当防衛かの二者択一を迫られるとしたら、それは不利益な供述の強要であり、黙秘権の侵害に他ならないであろう。川出助教授は、いずれその選択をしなければならないので、その選択を前倒しにしたに過ぎないから黙秘権を侵害することにはならないとするが、主張自体が二重になっている場合、一つの主張しか公判審理で行えない状況を作ることが防御権の侵害でありひいては黙秘権の侵害と考えるべきであろう。ただし、先の事例と同様に、正当防衛を主張するために証人や物証などを請求する場合については、原則的に、準備手続の段階で請求する必要があろう。

以上のように、争点明示義務を課すことは被告人の防御権を侵害するものであり、黙秘権に反すると考えられる。それゆえ、公判前整理手続において、被告人・弁護人に義務付けられるのは、証拠調べ請求義務と考えるべきである。とすると、新三一六条の一七によって明示が義務付けられている「証明予定事実その他の公判期日においてすることを予定している事実上および法律上の主張」とは、証拠の取調べを請求して行う主張であり、証拠の取調べを伴なわない主張に関しては、公判手続ではじめて行うことも妨げられないのではなかろうか[19]。また、改正法は、証拠の取調べについて、やむをえない事由によって公判前整理手続で請求することができなかった証拠については、公判手続においてはじめて提出することができると規定している（新三一六条の三二第一項）。

五　公判前整理手続と証拠能力

1　違法収集証拠

整理手続創設の理由が刑事裁判の充実・迅速化にあることからすれば、それらを妨げている要因のうち、整理手続段階で解決しうる問題についてはできるだけ整理手続に委ねるべきである。検察側が取調べ請求予定のすべての証拠の標目と立証趣旨を示し、被告側が検察側の請求予定の証拠に同意するかどうかを示し、裁判所が証拠の採否について決定するという一連の手続は、整理手続段階で行われるべきであろう。

ところで、一旦裁判所によって証拠能力が認められた証拠に関して、被告・弁護側が再度公判段階でその証拠の証拠能力を認めるべきでない旨を主張することはできるだろうか。なるほど、裁判員制度が採用される場合を考えれば、裁判員に対して、有罪・無罪の判断および量刑の判断に加えて証拠能力の判断をも委ねるのは適当ではない。日弁連の裁判員制度に関する要綱では、事実認定を行う者が証拠能力をも判断すると予断排除の原則に反する点、証拠能力の判断には過去の判例や学説等をも参照せざるを得ないが、その知識を持つ裁判官と持たない裁判員とでは評議をなしえない点、公判手続が長期化する可能性がある点などを理由として、原則として、証拠能力の有無の判断に裁判員は関与すべきではないとしている。[20] 他方、同じく日弁連要綱では、証拠能力の有無が問題とされる場合には、その判断が最終判断を左右することも多く、たとえば収集した覚せい剤が違法収集証拠であるか否かの場合などは、その採否が最終判断を左右する可能性が極めて高いと指摘している。実際上、わが国の公判審理では、公訴事実が争われる事案において、捜査段階での自白の任意性や証拠物の収集過程に違法があるといった点が争点になる場合がたいへん多い。

さて、証拠能力が問題となる主な場合としては、①被告人の自白調書、②第三者の供述調書、③違法収集証拠がある。このうち、裁判員制度が採用され、直接主義・口頭主義が徹底されれば、①、②が証拠として利用されることは相当に限定されるはずであるので、まず、違法収集証拠の場合を考えてみよう。

たとえば、覚せい剤不法所持の事案が裁判員の参加する公判審理に付され、被告・弁護側が公判で当該覚せい剤は違法な所持品検査に基づく違法収集証拠である旨を主張したとしよう。この証拠の採否について判断をするためには、証拠収集過程の事実認定、本件所持品検査の違法性、さらには証拠能力を否定する程度の違法かどうかの判断がなされなければならない。まず、捜査過程に関する事実認定は基本的に犯罪事実の認定と同じ性質を持つ。裁判員制度がとられた場合であっても、捜査段階でどのような捜査活動が行われたのかという点について判断することは公訴犯罪事実の判断と異なるところはない。それゆえ、問題となるのは違法性に関する評価である。

違法性の評価は難しい判断である。しかし、その難しさは法技術的に高度な判断であるからではなく、証拠能力が認められる程度の違法なのか、その程度を逸脱して証拠能力を否定すべき違法なのかについての明確なメルクマールが存在しない点にある。判例における違法排除の基準は、「憲法三五条の所期する令状主義の精神を没却するような重大な違法」ということであるが[21]、これは具体的事例について違法排除のメルクマールになるような具体的基準ということはできない。

私見としては、この判断にこそ「市民的感覚」が入ることが望ましいと思われる。ただし、このように主張すると、違法排除の判断について事案ごとにその採否に違いが生じる可能性があるという反論がありえよう。しかし、裁判員制度における判断はまったく市民のみによる判断ではない。評議において裁判官の説明を受けながら、また市民的感覚も盛り込みながら最終的判断をしてゆくということになる。実際上、証拠能力の判断には裁判官の影響力が大きくなることが予想されるが、それでも裁判官は一般人たる裁判員を納得させる説明を行わなければならないし、裁判員は市民としての質問・意見を述べるであろうから、違法排除の判断も一層分かりやすいものになるのではなかろうか。

また、そもそも、証拠能力問題を公判段階で主張することが否定されると、公判前整理手続は、実質上、被告・弁護側がもっとも争いたい争点を公判で争えなくする役割を果たすことになる。これは被告・弁護側の防御権を実質的に侵害する。先述したように、整理手続は、両当事者が争点を明確にして、公判審理において活発な主張立証活動を展開することを可能とする制度でなければならない。整理手続に求められているのは「争点の明確化」である。この観点から見れば、証拠能力の問題が重要な争点である場合には、整理手続はその争点を明確にするために活用されるべきであり、証拠能力に関する争点を公判審理に提出することを制限し、結局、被告・弁護側の防御権を侵害するために活用されてはならないと思われる。

ただし、前項で述べたように、裁判員制度における連日的開廷の確保の観点から、被告・弁護側は、原則的に、整理手続で取り上げられていない証拠能力の問題を、直接、公判審理で請求することは許されないと考えられる。

2　伝聞証拠

ところで、上述した証拠能力の問題のうち、①および②の観点はまずもって伝聞法則に抵触する問題である。この点に関しては意見書も「直接主義・口頭主義の実質化」として取り上げており、とくに裁判員制度の導入される手続では、伝聞法則に関する原則と例外の逆転という状況は許されないであろう。しかし、現行法を前提とする限り、たとえば、三二一条一項二号の検面調書については、「前の供述と相反するか若しくは実質的に異った供述をしたとき」には若干の要件を満たせば証拠として許容される。意見書は伝聞法則例外規定の改正については直接言及していないが、「関連諸制度の在り方」を検討する一環として刑訴法の改正を検討すべきであろう。[22]

ただし、争点の明確化という観点から見れば、逆に同意書面を活用することも考えられなければならない。なるほど、裁判員制度が採用される場合、裁判員は公判が終了した後に、長時間かけて大量の証拠書類や公判調書を読んで検討することはできないのであるから、裁判員制度のもとでは、これまでのような形での書面の利用は不可能である。他方、公判審理を効率的に進めるためには、当事者間に争いのない事実を同意書面などで簡明に立証し、証人尋問などを事件の争点に集中させることが重要となる。[23] 伝聞法則の趣旨は被告人の主体的関与にある。そうした観点と迅速な裁判の実現とを両立するため、伝聞証拠であっても当事者がその提出に同意または合意した書面(刑訴法三二六条)については(すなわち争わない事実については)、証拠として活用すべきであろう。意見書も、争いのある事件での公判の活性化を目指しているのであるから、その反面として、争わない事実については同意書面を活用した審理を行うことを否定するものではない。

さらに進んで、刑訴法三二七条に基づいて、複数の文書の内容や複数の供述内容について、これを要約して、その内容について検察側と被告・弁護側とが「合意書面」を作成することを活用すべきであるという提案がある。[24] 合意書面の作成を整理手続において実現できるならば、被告・弁護側としては、公判審理に、捜査機関が作成した証拠ではなく、被告・弁護側が主体的に関わった資料が提出されることになり、当事者主義の観点からより望ましいであろう。

3　公判前整理手続調書の証拠能力

また、証拠能力の関係では、整理手続段階の被告人の認否が証拠になりうるかという問題がある。改正法は、整理手続に裁判所書記官を立ち合わせ、公判前整理手続調書を作成しなければならないとしているので（新三一六条の一二）、そこに記載された被告人の供述は証拠として採用される可能性がある。現行法は「被告人の公判準備又は公判期日における供述を録取した書面は、その供述が任意にされたものであると認めるときに限り、これを証拠とすることができる。」と規定している（三二二条二項）。公判前整理手続がここでいうところの「公判準備」に該当することになれば、整理手続段階における被告人の供述のほとんどは証拠として認められることになろう。

しかし、整理手続段階の発言が公判審理における証拠になるとすれば、実際上、実効的な争点整理は難しくなるだろう。なぜなら、被告・弁護側にとって、整理手続で認容することが証拠となるのであれば、整理手続ではできるだけ何も語らない方が得策だと考えるだろうからである。整理手続は形式的にならざるを得ない。そこで、争点整理における供述はあくまで争点整理のためのものとし、それを公判廷における証拠とすることはできないと考えるべきである。現行法を前提とすると、裁判所の面前における供述であることから証拠能力が認められる可能性が高くなるので、証拠として許容しないための配慮が必要であろう。

六　公判前整理手続と証拠開示

1　証拠開示の範囲

先に概要を示したように、改正法では、検察官手持ち証拠の開示手続について、三つの段階に分けて規定している。まず、検察官は、一定の類型に該当する証拠について、被告人または弁護人から開示請求があった場合、証拠開示の必要性と開示することによって生じる弊害とを考慮して、相当と認めるときは、速やかに、証拠開示を行う（新三一六条の一五）。

次に、検察官は、上記の類型に該当しない場合であっても、被告側の証明予定事実に関連すると認められるものについては、被告人・弁護人から開示の請求があった場合、その関連性の程度など開示をすることの必要性の程度と開示によって生じるおそれのある弊害の内容とを考慮して、相当とみとめるときは、速やかに、開示しなければならない（新三一六条の二〇）。

そして、裁判所は、検察官または被告人・弁護人が、開示すべき証拠を開示していないと認めるときは、相手方の請求により、決定で当該証拠の開示を命じなければならない（新三一六条の二六）。裁判所は、決定するにあたり、必要があると認めるときは、検察官、被告人・弁護人に対し、証拠の提示を命じることができ、また、検察官に対して、裁判所の指定する範囲に属する証拠の標目を記載した一覧表の提出を命じることができる（新三一六条の二七第一項）。

さて、証拠開示の範囲については、学説上、個別証拠開示の立場と全面証拠開示の立場とが主張されているが、改正法は個別証拠開示の立場をとった。全面開示が否定された理由について、検討会の座長である井上教授は、「検察官による証拠開示も無条件で認められるべきものではなく、ましてや全面事前開示というのは行きすぎだという反対の意見も強く、最終的には、争点整理というものに絡んで、その準備に必要かつ相当な範囲で開示を認めよう、ということに落ち着いたわけです。」と述べている。[25]

証拠開示のルール化については、証拠の種類、類型に応じて開示のルールを定めるいわゆるアメリカ型と、証拠調べ請求予定のものは開示し、それ以外のものについてはリスト化しそのリストを見せるイギリス型とが検討されていた。[26] これらを踏まえ、酒巻教授は、証拠開示の範囲について、類型的に開示に伴う弊害のおそれが乏しいと考えられ、かつ防御準備にとって重要で、両当事者間で共有することが適切というべき情報を含む資料（参考人の警察官調書、検察官調書など）は、第一回公判期日前に、検察官から弁護人に直接、一括して開示することを原則として義務付けることを提案していた。[27] また、この際、検察官が手持ち証拠・一件記録の標目を提示し、これに基づいて被告人側が特定の資料の開示請求をするという方法も有用であるとしていた。[28] 酒巻教授は、これらの資料を開示することに伴い証人威迫や偽証教唆誘発のおそれが生じ、また、同資料に第三者の名誉・プライヴァシーや関連事件の捜査に係る秘匿を要する事項等が含まれることは否定できないから、いたずらに「事前全面開示」の標語を高唱する単線的議論には賛成しがたいとされているが、[29] この考え方は全面証拠開示論に相当に接近している。

しかし、改正法は、この点でかなり後退した。まず、検察官手持ち証拠の開示については、検察官の一括開示が原則ではなく、被告人・弁護人が、「開示の請求に係る証拠を識別するに足りる事項」および「当該開示の請求に係る証拠が当該検察官請求証拠の証明力を判断するために重要であることその他の被告人の防御の準備のために当該開示が必要である理由」を明らかにして開示を請求するものとされた（新三一六条の一五第二項、新三一六条の二〇第二項）。また、検察官手持ち証拠の一覧表については、裁判所が、証拠開示に関する裁定を行うに際し、検察官に対して、裁判所の指定する範囲に属するものの標目を記載した一覧表の提示を命じることができるとのみ規定された。手持ち証拠の一覧表を被告人・弁護人が閲覧することは許されない（新三一六条の二七第二項）。このように、改正法における証拠開示手続は、基本的に、検察官、裁判官裁量型に制度設計されたといってよいであろう。

また、類型的に開示される検察官手持ち証拠として挙げられているのは八種類であり、この中には、証拠物、検証調書、鑑定書、被告人の供述録取書、取調べ状況の記録などが含まれる（三一六条の一五第一項）。被告人以外の者の検察官面前調書については、検察官が証人として尋問を請求した者の供述録取書などに限られ（同条一項五号）、被告人以外の者の警察官面前調書などについては、「検察官が特定の検察官請求証拠により直接証明しようとする事実に関する供述を内容とするもの」に限られる（同六号）。この点でも、証拠開示の主導権は検察官にある。

さらに、検察官が手持ち証拠を開示するかどうかは、「その重要性の程度その他の被告人の防御の準備のために当該開示をすることの必要性の程度」と、「当該開示によって生じるおそれのある弊害の内容及び程度」とを比較衡量して決せられる（新三一六条の一五、三一六条の二〇第一項）。これは、裁判所が証拠開示に関する裁定を行う場合も同様である（新三一六条の二五第一項）。このメルクマールは、基本的に、昭和四四年四月二五日の最高裁決定の立場を踏襲したものである。そうすると、弊害として考慮されるのは、「罪証隠滅、証人威迫等」ということになろう。いずれにせよ、この判断は、検察官、裁判官によって行われる。

以上のように、改正法により具体化された証拠開示制度は、検察官および裁判官による個別証拠開示の立場を採用し、しかも、検察官、裁判官の裁量の幅を比較的広く認めるものである。

2　証拠開示の意義

さて、従来、証拠開示は、証拠収集能力において捜査機関と圧倒的な差がある被告・弁護側の防御権を実質的に担保するためにその必要性が主張されてきた制度である。[30] これに対し、意見書の示す証拠開示は、充実した争点整理をおこなうためのものであり、それと被告人の防御準備とは間接的に関係するに過ぎないという見解がある。[31] 実際のところ、意見書には、被告人の防御権の保障という文言は見当たらず、証拠開示は争点整理との関係においてのみ把握されている。今回の法制化が、これまでの証拠開示論の意義自体を変容する危険性がある点については注意しなければならない。

もっとも、この点は「争点整理」の捉え方の問題であるともいえよう。先述したように、意見書の全体構造の中で公判前整理手続を位置付けたとき、争点整理は、両当事者が公判審理において活発な主張立証活動を行うためになされるものである。それを被告・弁護側から見れば、公判審理において活発に主張立証を行える状態というのはまさに防御権が保障された状態であるから、結局のところ、争点整理の範囲は防御権の範囲と一致するはずである。すなわち、争点整理の意義は被告側から見た場合と裁判所側から見た場合に異なるのであって、当事者主義のもとでは、当事者の争点整理が第一義的であって、この観点から見れば、争点整理のためという理由付けは被告側にとって証拠開示の範囲を制限する理由にはならない。争点整理のための証拠開示という理由で証拠開示が制限されるとすると、それは裁判所の観点から争点整理を見ているのである。争点整理は元来、当事者が公判審理で活発な主張立証活動を行うためのものであるという点を見失ってはならない。

また、検察側の手持ち証拠についての情報を両当事者が共有することには、「検察官の手中にある証拠を洗い浚い開示させた場合、被告人が検察側の証拠の全容を把握した上、その間隙を衝き、弱点を狙って巧妙な罪証隠滅工作を行うことが容易になる」といった反論がある。[32] これはもっともな反論のようであるが、しかし、被告人が検察側の証拠の全容を把握した上、その間隙を衝き、弱点を狙って公判廷で尋問または弁論を展開することは当然のことである。それこそが当事者主義、交互尋問方式の真髄であるはずである。問題は「巧妙な罪証隠滅工作」を行う点にあるが、起訴された段階において、捜査機関による証拠収集は一応完了していなければならないのであるから、その後の罪証隠滅は元来想定されていないはずである。証人に対する罪証隠滅工作ということが念頭に置かれているのであれば、現行法においてもあらかじめ証人の氏名および住居を知る機会を与えなければならないのであるから（二九九条一項）、その危険性は現行法と変わるところがない。また、この点については、取調べ段階における参考人の供述を録音するといった方策も活用されるべきであろう。[33]

以上のように、充実した争点整理を目的とするにしても、証拠開示は被告人の防御権の保障という観点から考えるべきであって、そうであるならば、生じるおそれのある弊害として想定される「罪証隠滅、証人威迫」については、その危険性について具体的に説明できる場合などに限定して考えられるべきであろう。

3　検察官による一件記録の提出

ところで、私は全面証拠開示に賛同するものであるが、開示の方法は従来の見解とは異なるので、ここで自説を述べておきたい。私見としては、公判整理手続担当裁判官の創設を前提として、公訴提起と同時に検察官が一件記録（捜査書類および証拠物）を裁判所に提出するという方法によって全面証拠開示を実現すべきであると考える。[34]

この方法は予審の存在した旧刑事訴訟法のもとにおける方法であるが、整理手続裁判官の創設により予断排除の原則との抵触が避けられれば可能である。全面的証拠開示をいわゆる「検察官による証拠開示」ではなく、「検察官による一件記録の提出」によって実現すべきであると考える理由は次の二点である。

第一の根拠はいわゆる捜査書類の性格に基づく。捜査機関によって実施される捜査は、刑訴法一八九条以下にその手続が明示されていることから明らかなように、公訴、公判審理へと続く刑事手続の第一段階である。また、捜査機関には証拠を収集するための捜索・差押えなど一定の強制処分権限が与えられている。すなわち、捜査手続は刑事手続上の正式な手続であり、単なる一方当事者の公判準備として理解されるべきではない。そうであれば、捜査手続は後の手続段階において訴訟関係人がその実施状況について検証できるものでなければならない。捜査書類は、単なる一方当事者の証拠資料であると考えるべきではなく、「捜査活動の記録」として考えるべきである。裁判所に一件記録を提出することには、「捜査段階ではこのような活動が行われました」ということを訴訟関係人に明らかにするという意味がある。また、本来、捜査手続の確認作業は裁判所も行うべきであるが、起訴状一本主義との関係でこれまで裁判所が第一回公判期日前にそれを行う規定は置かれていなかった。しかし、整理手続担当裁判官が新設されれば、裁判所においても、捜査手続の適法性について確認することが可能となるであろう。

第二の根拠は、捜査段階で収集された証拠は両当事者共通の資料とされるべきであるという点である。国家機関たる検察側の証拠収集能力と私人たる被告・弁護側の証拠収集能力との格差は明らかであるから、この格差を埋めるに証拠開示が必要であることは上述した通りである。酒巻教授が指摘するように、証拠開示と当事者主義との関係については、「一方当事者たる検察側の収集した事件に関する証拠・資料を被告側に再配分することによって両当事者がこれを共通に利用できる場を設けたうえで、当事者相互が立証活動を展開し、それを事実認定者が公平・

中立の立場から判定するという訴訟の形態は、やはり当事者追行主義の訴訟にほかならない」のである。[35]わが国の公判審理は交互尋問方式に基く当事者主義が採用されている。公判担当裁判官は予断排除の原則からその資料を直接に検討することはできないが、両当事者は共通の資料としなければならない。証拠は基本的に訴追側が利用するものであるというのは偏見である。元来、証拠裁判主義において、証拠とは有罪を認定するための資料である。公判審理における実質的な当事者主義を実現するためには、「一方当事者たる検察側の収集した事件に関する証拠・資料を被告側に再配分することによって両当事者がこれを共通に利用できる場」が必要である。[36]この意味では、検察官が公訴提起と同時に一件記録（捜査書類と証拠物）を裁判所に提出することによって、裁判所において「両当事者が一件記録を共通に利用できる場」が設けられる。こうした方法は、わが国の刑事裁判の現状に最も適合していると思われる。

以上の方法による証拠開示は、現行刑事訴訟法上の根拠を有する。刑訴法四〇条一項は、「弁護人は、公訴の提起後は、裁判所において、訴訟に関する書類及び証拠物を閲覧し、且つ謄写することができる。」と規定している。同趣旨の規定は検察官に対してもみられる（二七〇条）。これらの規定は、元来、訴訟に関する書類および証拠物が裁判所に存在することを前提として、それらを弁護側、検察側双方が閲覧・謄写できることを明示するものと解すべきである。この規定が、証拠調べ以降の閲覧・謄写のみを問題とするならば、「公訴の提起後」という文言はいかにも奇妙である。

また、裁判所への一件記録の提出は大幅な実務の改革を必要とするように思われるかもしれないがそうではない。まず、こうした方法は現在でもすべての少年事件で実施されている。整理手続担当裁判官が創設されれば、予断排除の問題に配慮することなく、整理手続担当裁判官の管理の下で一件記録を保管することが可能となるはずである。

また、大部分の捜査は警察によって実施されているが、警察によって捜査が進められた捜査書類は検察庁においてすでに取りまとめられているから（刑訴二四六条）、これに検察段階における捜査の記録を加えればよいのである。この際、証拠調べを行う段階のような形で証拠が整理されている必要はないが、すべての証拠に関する一覧表は作成されるべきであろう（刑訴新三一六条の二七参照）。

七　むすびにかえて

これまで述べてきたように、意見書において適切な方向性が示された公判前整理手続は、具体的制度設計の段階にいたって、予断排除、黙秘権、防御権、証拠開示など刑事訴訟法の基本理念と抵触する可能性が顕在化している。いや、意見書においても、すでにその傾向は示されていたと見るべきかもしれない[37]。全体としてみれば、公判前整理手続、公判審理、評議の場を通じた裁判所の権限拡大、職権主義の強化という方向に向かっているといえるであろう[38]。

本論の中で何度も繰り返してきたが、意見書が提案する公判前整理手続の趣旨は、公判審理において両当事者が、争点を明確にして、活発な主張立証活動を展開することにある。整理手続が新設されることによって、結果的に、公判審理において、両当事者の活発な主張立証活動が妨げられることがあってはならない。刑事裁判の遅滞への一般的関心が高まる中、改革の方向性はどうしても刑事裁判の迅速化に焦点があたる傾向にあるが、公判前整理手続は、第一に、刑事裁判の充実に寄与するものでなければならない。

（1） 意見書の全文は、ジュリスト一二〇八号（二〇〇一年）一八五頁以下、法律時報増刊・シリーズ司法改革Ⅲ（二〇〇一年）二一五頁以下、月刊司法改革二二号（二〇〇一年）四四頁以下など参照。

（2） 新たな準備手続のあり方について検討している裁判員制度・刑事検討会は、井上正仁・東京大学教授を座長として、一一名の委員によって構成される。検討会は二〇〇二年二月二八日に初会合が持たれ、ほぼ月一回のペースで開催された。その審議状況および配布資料については首相官邸のホームページ（http://www.kantei.go.jp/jp/singi/sihou/kentoukai/06saibanin.html）を参照した。

（3） 荒木伸怡「迅速な裁判をどのようにして実現すべきか――学者の立場から――」刑事訴訟法の争点（旧版）（有斐閣、一九七九年）一五二頁。

（4） 刑事訴訟法の一部を改正する法律については、法律案の段階のものであるが、ジュリスト一二六八号（二〇〇四年）一三三頁以下を参照。法律案は国会において一部修正され成立したが、公判前整理手続に関する部分の修正はない。また、公判前整理手続の概要については、川出敏裕「公判前整理手続」ジュリスト一二六八号（二〇〇四年）七三頁以下参照。

（5） 井上正仁＝長沼範良＝山室恵「鼎談・意見書の論点④ 国民の司法参加・刑事司法」ジュリスト一二〇八号（二〇〇一年）一一七頁以下、指宿信「争点整理手続」法律時報増刊シリーズ・司法改革Ⅲ「最終意見と実現の課題」（二〇〇一年）一七三頁、大久保太郎「司法制度改革審議会の審議に寄せて」判例時報一六七八号（一九九九年）九一頁、同「司法制度改革審議会の審議に寄せて（続）」判例時報一七〇七号（二〇〇〇年）三五頁、同「裁判員制度案批判」判例時報一七五〇号（二〇〇一年）二六頁など参照。

（6） 井上正仁＝長沼範良＝山室恵・前掲注（5）一二一頁。

（7） 酒巻匡「刑事裁判の充実・迅速化――争点整理と証拠開示手続の構築」ジュリスト一一九八号（二〇〇一年）一四八頁、安原浩「審理の充実・迅速化のための方策について」法律時報七四巻七号（二〇〇二年）四六頁、森野俊彦『裁判員制度』の制度設計はいかになされるべきか」季刊刑事弁護三三号（二〇〇三年）一〇頁、大谷直人「刑事手続改革の課題と展望」刑法雑誌四二巻二号（二〇〇三年）四三頁参照。

(8)　井上正仁＝長沼範良＝山室恵・前掲注（5）一二〇頁。

(9)　川出敏裕「新たな準備手続の創設」現代刑事法四三号（二〇〇二年）四六頁、酒巻・前掲注（7）一四九頁、同「刑事司法制度の改革について」法律のひろば五四巻八号（二〇〇一年）三四頁、安原・前掲注（7）四六頁、大谷・前掲注（7）四四頁。

(10)　二〇〇二年九月二四日の第七回裁判員制度・刑事検討会に提出された最高裁判所事務総局「裁判員制度、刑事裁判の充実・迅速化、検察審査会制度の在り方についての意見」。

(11)　団藤重光『新刑事訴訟法綱要七訂版』（創文社、一九六七年）三七三頁、田宮裕『刑事訴訟法［新版］』（有斐閣、一九九六年）一八三頁、光藤景皎『口述刑事訴訟法上［第二版］』（成文堂、二〇〇〇年）二八四頁など参照。

(12)　田宮・前掲注（11）二三八頁。

(13)　白取祐司『刑事訴訟法［第二版］』（日本評論社、二〇〇一年）二一九頁。

(14)　淵野貴生「刑事司法制度改革の評価方法――裁判員制度を素材として」法政研究（静岡大学）六巻三・四号（二〇〇二年）三八三頁。

(15)　大久保太郎「『刑事裁判の充実・迅速化』所感――司法制度改革審議会最終意見を読む――」判例時報一七六五号（二〇〇二年）一三頁。

(16)　二〇〇二年九月二四日に実施された第七回裁判員制度・刑事検討会に提出された法務省「裁判員制度・刑事検討会における当面の論点に関する意見」。同趣旨、酒巻・前掲注（7）一五一頁、吉丸眞「裁判員制度の下における公判手続の在り方に関する若干の問題」判例時報一八〇七号（二〇〇三年）四頁、川出・前掲注（9）四八頁。

(17)　吉丸・前掲注（16）四頁以下。

(18)　川出・前掲注（9）四九頁。

(19)　折衷案として、被告・弁護側に検察官の主張に対する一定程度の応答義務を認めるが、公判における主張・立証制限は認めず、被告・弁護側が準備手続で主張していない主張を公判でした場合は、準備段階で主張していないという事実が裁判員、裁判官の心証に事実上影響を与えることがあるという程度にとどめるべきだとする見解も示されている（美奈川成章「準備手続の創設・証拠開示の拡充」季刊刑事弁護三三号［二〇〇三年］四二頁）。

(20) 日弁連司法改革実現本部「『裁判員制度』の具体的制度設計要綱」の全文は、季刊刑事弁護三三号（二〇〇三年）一七五頁以下に掲載されている。

(21) 最判昭和五三年九月七日刑集三二巻六号一六七二頁。

(22) 改革案としては、五十嵐二葉『刑事司法改革はじめの一歩』（現代人文社、二〇〇二年）一三一頁以下、日弁連要綱・前掲注（20）一九三頁、高田昭正「直接主義・口頭主義の実質化」季刊刑事弁護三三号（二〇〇三年）五三頁以下、笠松健一「裁判員のあるべき姿」法と民主主義三六七号（二〇〇二年）二五頁など参照。また、検察官に対して検面調書の提出を限定することを求める見解として、佐藤文哉「裁判員裁判にふさわしい証拠調べと合議について」判例タイムズ一一一〇号（二〇〇三年）参照。

(23) 吉丸眞「公判の活性化」松尾浩也・井上正仁編『刑事訴訟法の争点（第三版）』（二〇〇二年）一三三頁。

(24) 高田・前掲注（22）五七頁。

(25) 井上正仁＝長沼範良＝山室恵・前掲注（5）一二一頁。

(26) 井上正仁＝長沼範良＝山室恵・前掲注（5）一二二頁。

(27) 酒巻・前掲注（7）一四九、一五〇頁。また、証拠開示の時期については、準備手続に入ってから実施する考え方もあるが（川出・前掲注（9）四七頁）、それでは、被告・弁護側が証拠を検討する時間が与えられず、準備手続の争点整理が円滑に進められないので、公訴提起後できるだけ速やかに行うべきであろう（吉丸・前掲注（16）三頁、田淵浩二「証拠開示」法律時報増刊シリーズ・司法改革Ⅲ「最終意見と実現の課題」［二〇〇一年］一七五頁、日弁連要綱・前掲注（20）一八二頁）。

(28) 酒巻・前掲注（7）一五〇頁。証拠標目の開示については、森野・前掲注（7）一一頁、松代剛枝「証拠開示に関する一考察」刑法雑誌四〇巻三号三二四頁も参照。

(29) 酒巻・前掲注（7）一五〇頁。

(30) 淵野・前掲注（14）三八二頁、三井誠「証拠開示」法学教室一八〇号（一九九五年）九一頁、高田昭正「証拠開示」季刊刑事弁護二五号（二〇〇一年）八七頁。
(31) 川出・前掲注（9）四七頁。
(32) 吉丸眞「刑事訴訟における証拠開示――第一回公判期日前の証拠開示を中心に（下）」法曹時報五二巻六号（二〇〇〇年）一六頁。
(33) 吉丸・前掲注（16）四頁。
(34) 拙稿「予審的視点の再評価――公判審理から見た捜査――」刑法雑誌三五巻三号（一九九六年）三四頁。
(35) 酒巻匡『刑事証拠開示の研究』（弘文堂、一九八八年）二八七頁。
(36) 酒巻教授が紹介しているように、アメリカでは、「警察・検察が苦労して集めたものを、反対当事者が何の努力もしないで閲覧できるのは不公平だ」という意見があり（ワークプロダクトの理論）、わが国でもこの点を主張する実務家も多い。しかし、捜査記録は公判審理の基礎資料であり、その基礎資料を両当事者がおのおの分析して公判廷で弁論を展開するものと考えるべきである。ワークプロダクトの理論によっても、証拠開示制限を、検察官の法的問題に関する解釈、理論、意見、結論や事案の分析、公判戦術などの検察官の知的活動の成果に限定して考える立場がある（オピニオン・ワークプロダクトの理論、酒巻・前掲注（35）一七四頁）。また、同じ英米法系でありながら、カナダでは、裁判の公正さと真実の発見という目的を掲げ、被告人に十分な答弁と防御の機会を提供するために検察官の全面開示を要求している（指宿信「カナダ刑事手続における証拠開示」ジュリスト一〇六二号［一九九五年］九八頁）。
(37) 渕野・前掲注（14）三八三頁。
(38) 指宿・前掲注（5）一七二頁。

＊ 上田章先生の喜寿をお祝いする論集に拙稿を掲載させていただきましたことを心よりお礼申し上げます。執筆の前後に法律が成立したため、法律条文の詳しい分析を行うことはできませんでした。改正法の詳細な検討は他日改めて行いたいと思います。上田先生のご健康と益々のご活躍をお祈り申し上げます。

ある挫折の研究

——公務員制度調査会「労使関係の在り方に関する検討グループ」と「労使間コミュニケーション」——

渡辺　賢

一　はじめに：問題の所在・分析の意義

二　問題の現状

三　改革の選択肢：その内容と論拠

四　おわりに

一　はじめに：問題の所在・分析の意義

二〇〇一年一二月二五日、小泉内閣は、「公務員制度改革大綱」（以下「大綱」と略）を閣議決定した。右の大綱は、それまでの公務員制度改革案を「白紙」（二〇〇一年三月二七日「公務員制度改革の大枠」）に戻す形で示されたものである。「白紙」に戻されたものは、一九九九年三月一六日に公務員制度調査会（以下「公制調」と略）が提示した「公務員制度改革の基本方向に関する答申」（以下「答申」と略）である。大綱と答申の間には次のような差異があることが指摘されている。すなわち、公務員制度改革の方向については、大きく、現行の国家公務員法（以下「国公法」と略）の抜本的改革路線と、国公法のベースを維持しつつ運用改善を中心に行う路線とがあり得るところ、大綱が抜本的改革を目指すものであるのに対して、答申は国公法ベースの運用改善を図ろうとするものであった、というのである。(1)

公制調の「答申」等を検討する業績は既にいくつか出されている。(2)これに対して本稿は、公制調に設けられた「労使関係の在り方に関する検討グループ」(3)（以下「検討グループ」と略）で展開された議論を分析しようとするものである。公制調は、一九九七年五月一九日、当時の橋本龍太郎内閣総理大臣から「現行の国家公務員に関する制度とその運用の見直し」について諮問を受け、(4)公務員制度全般にわたる改革課題につき調査審議を進め、改革の基本的方向をとりまとめることをその役割としていた。その後、同年九月三日に、内閣機能強化及び省庁再編にかかる行政改革の基本的方向を示した行政改革会議の中間報告が公表され、その中で示された基本的課題のうち、緊急に公制調が検討するよう要請があった三課題、すなわち①中央人事行政機関の役割分担の見直し、②新たな人材の一括管理システム、③内閣官房等の人材確保システムにつき、同年一一月一一日に、「公務員制度調査会意見」（以下「意見」と略）がとりまとめられた。続いて公制調は一九九八年七月二三日に「公務員制度改革に向けての論点整理」（以下「論点整理」と略）を提示した後、「答申」を出すに至るのである。「検討グループ」は、「論点整理」が発表された日に発足し、第一回目の会議が開催され、「答申」が出されるまでの間に計四回、その後二〇〇一年六月五日に休会となるまで計二〇回の会議が開催されている。会議の開催回数から見ても、「検討グループ」の検討が本格化したのは「答申」後のことである。

「検討グループ」における審議の状況は、議事要旨のみインターネット上で公開されているにすぎないため、議論状況の全体は明らかではない。しかし、いくつかの考え方の筋道が展開されていたこと、及びそれぞれの議論において共通する認識が存在していたことは、公開されている資料からも伺われる。そこで、「検討グループ」における議論で明らかとなった、公務員の勤務関係のうちの労使関係的側面に関する見方の異同を掘り起こしてみたい。

「検討グループ」において議論の対象とされた論点には、非現業公務員の場合における労使間コミュニケーションに関する問題の他、現業公務員の勤務条件決定制度のあり方、公務員の団結権禁止制度、職員団体の登録制度、管理職員等の範囲のあり方、在籍専従制度のあり方といった団結権に関する問題、労働組合の政治活動のあり方といった組合活動に関する問題、人事院勧告制度をめぐる問題等が含まれているが、ここではもっぱら労使間のコミュニケーションに関する論点に焦点を絞る。公務員の労働基本権に関する問題を考えるときには、現行公務員法上の交渉制度の下で展開されている実際の交渉をどのように評価するか、及びその現状認識に基づき将来的にどのような制度構築を考えるかが、最も重要な論点の一つといえると思われるからである。

本稿ではこのような問題関心から、「労使間コミュニケーション」[(5)]の実態、今後のあるべき「労使間コミュニケーション」制度の選択肢、及び今後の政策選択に関わる諸要因につき、検討グループの中でどのような議論がなされていたかを整理する。制度改革過程で示された議論の整理を中心とするという点で、本稿は資料的整理という性格の強いものである。

本稿の作業が持つ意義は、公務員制度の下で想定できる「労使間コミュニケーション」制度の選択肢を探る素材を提供できる、という点にある。ただし、「労使間コミュニケーション」のあるべき姿を考えるときには、いかなる公務員制度を想定するかが不可欠な前提である。この前提条件につき公制調自体は、現行制度を漸進的に修正しようとするものであったとされている。[(6)] そのためか、「検討グループ」もまた、現行の公務員の勤務条件決定システムを前提として、「労使間コミュニケーション」のあり方・あるべき姿を議論しているようにみえる。その意味では、「検討グループ」の提示する「労使間コミュニケーション」の選択肢には限界があるということもできる。しかし、公制調後に示された「大綱」もまた、現行制度を根底から覆すほどの大改革を公務員制度に加えようとするものではないといわれている。[(7)] 従って、「検討グループ」の議論の中で示された「労使間コミュニケーション」の選択肢は、今後の検討にとってもなお有用性を失わないであろう。[(8)]

なお、「検討グループ」で展開された議論からは、非現業公務員の勤務関係をめぐる現在の「労使間コミュニケーション」の実態が示唆されており、その点でも興味深い。

二　問題の現状

国公法一〇八条の五各号の定める国公法上の交渉制度をめぐってはいくつもの法的な問題があるが、[(9)] 実態としては様々なレベルの「交渉」が行われているようである。問題の解決策を探るためには、その前提として現状の問題点をどのように把握するか、ということから出発しなくてはならない。そこでここでは、実態としてこれまで行われてきた「交渉」のパターンを概観（1）の後、「検討グループ」が共通了解としていた現状認識を明らかにする（2）とともに、「検討グループ」内で理解が分かれた現状認識・評価を明確にする（3）。

1　労使間コミュニケーションのパターン

この点については最近拙稿において検討したところ[10]を要約するに止める。

第一に勤務条件を決定している法律の制定・改廃といった、いわば制度改革過程における「交渉」については、公務員制度改革大綱の決定プロセスを例としてみておく。そこでは二〇〇〇年一二月一日の「行政改革大綱」の閣議決定以降、連合は、行革推進事務局長・石原行革担当大臣・行革推進事務局等と「交渉」を重ねている。[11]その過程で次の二点が注目される。一つは、二〇〇一年六月一二日、第八九回ＩＬＯ総会で、日本政府は、「公務員制度改革の基本設計」提示（同年六月二九日に行革推進本部で決定）後も、制度の具体的内容については職員団体等の関係者と誠実に交渉協議するとの見解を示したこと、[12]もう一つは、同年一二月二五日「公務員制度改革大綱」が閣議決定された後、今後の検討のあり方等につき、連合は、交渉・協議を強く要求し、実際に推進事務局と「交渉・協議」を行っており、これを推進事務局側も、「交渉・協議」として了承しているようであることである。[13]

第二に、人勧については、組合は、春闘の時期には人事院総裁・総務大臣と「交渉」し回答を得、人勧が出される時期には人事院勤務条件局長・人事院総裁と「交渉」し、人勧実施のための給与法改正に関しては、主要な給与

関係閣僚である官房長官・総務大臣・厚生労働大臣・財務大臣に要求書を提出しているようである。(14)

第三に、要件適合性の認定も含め、人事院が決定権限を有する事項に関しては、職員団体が人事院に対し要求を提出し、人事院と協議・交渉を行い、議事録を双方で整理・確認した後、職員団体全体に連絡・周知するというプロセスがとられるようである。

第四に、各省各庁の長等が当局として決定権限を有する事項については、職員団体と当局が、全体の基準・配分・具体的実施内容等につき交渉し、議事録整理の後、全体に連絡・周知するというプロセスのようである。

このほか、制度の運用等に対する苦情については、構成員からの要求提起に対して職員団体内部で意見集約し、各部署の長等と交渉を行った上、議事録整理の後、全体に連絡・周知するというプロセスのようである。

このように各交渉のパターンに応じて種々の交渉主体が登場しうることになると、各主体相互間の調整をいかにすべきか、という問題が発生する。(15) この点については政府側も問題意識は持っているようであり、「検討グループ」第八回議事要旨で人事院平山職員局審議官が、人事関係事項に関して給与、勤務時間、不服審査等は人事院、宿舎等の福利厚生については(旧)大蔵省、退職手当や共通的な人事管理に関する事項については(旧)総務庁と複数の省庁にまたがっており、相互の調整の問題については従来から認識している、と発言している。その他、平山審議官は、職員団体との間の交渉の実態に言及し、人事院と職員団体との意見交換において、近年は主要な制度改正について人事院が提案した案に必要な修正を行うこともあり、実質的意味のあるやりとりがなされている、との認識を示し、さらに、行政措置要求がされた場合に人事院があっせんを行っているケースがあり、実際、両当事者が受け入れられるかどうか打診をしたり、折り合いがつけられるような案を提示しているケースもあることを紹介している。

2　共通の現状認識

公務員の労使関係について、「検討グループ」内では共通の現状認識が得られた部分もあったようである。「検討グループ」第九回議事要旨によると、グループ内における共通認識として菅野座長は次のようにまとめている。第一に、戦後の公務員の労使関係については対立的関係から安定的関係へという変化があったこと、第二に、過去の労使関係については労使の一方のみに責任を負わせる観点での議論は建設的ではなく、未来志向で、今後の公務員労使関係をどうするのかという観点から議論をすべきであること、第三に、公務員については公共性や地位の特殊性といった問題があり、そういう状況の中で、労使の意思疎通をどうやって深めていくかということが重要な課題となっていること、第四に、今後の労使関係を考えていく上では国民に対する責任が重要となってきていることである。もっとも第四の点は、各回の議事要旨だけを見ても、各委員の間での共通認識となっているといえるような議論があったのか明確ではない。

全体的にみると、例えば職員団体が人事院及び各省庁等の各レベルにおいて相当の頻度で意思疎通を行っているとの指摘がされるなど[16]、実質的な関係という観点からすると労使の意志疎通システムは相当進展をみているとの認識を共有していたようである[17]。現状の交渉制度の中で発生する一つの大きな問題は、交渉主体の問題であり、政府側の交渉主体に関しては、公務部門では、処遇の問題もあり、使用者側の職員団体担当者を固定することが難しいとの意見が出されている[18]。他方職員団体側については、下部組織から十分に議論を尽くして要求をまとめ、職員団体全体としての合意を形成しており、中央での交渉にも十分対応できる体制になっているとの説明がなされている[19]。また交渉事項については、準交渉や労使協議で事前に議題を窓口で整理しており、実施権限がないこと（要するに管理運営事項であろう）について回答することはないとされており、[20]交渉を進めつつ交渉対象を限定するよりもむしろ予め窓口交渉で交渉事項が絞られる実態、換言すれば実務における窓口交渉の重要性が伺われる。

理論的には、職員団体の勤務条件決定過程への参加の制度化にあたっては、勤務条件法定主義との関係が大きな問題となる考えている点も、「検討グループ」で共通の認識であったように思われる。[21]

3 見解の対立

現状認識との関係でグループ内の見解が分かれたのは、第一に、現在の労使交渉が十分かといういわば交渉量、第二に、現在の労使交渉の性格、第三に労使関係が安定化した要因の認識である。

第一の点については、既述の如く全体としては労使関係が進展しているとの共通理解があるように思われるものの、現在の公務員労使関係においては、使用者側からの問題提起が少なく、組合側が使用者側の動きを察知して要請することから始まっており、そういう意味においては関係性が非常に弱いという見方が提示されている。[22]また、各省庁ごとに組合の実態も労務管理の状況もまちまちで、労使の話し合いをやっているところとそうでないところがあり、労使間の意思疎通が必ずしも十分ではないとの評価も示されている。[23]

第二は、労使関係の質である。すなわち、現行制度下でも実態として意志疎通はかなり行われてきており、[24]会見・交渉という柔らかな括りでのフリーな話し合いはかなり行っていることを肯定的に評価する見解と、[25]現行の交渉制度は勤務条件の多くを人勧による決定に委ねているため、単なる意思疎通にすぎないシステムになっていると[26]して否定的に評価する見解が対立している。このうち否定的な見解が問題視しているのは、一つは交渉主体である。

すなわち、当局側に当事者能力がないため、各省単位でみれば意思疎通さえも不十分な状況となるとか[27]、公務部門では、使用者側の職員団体担当者が民間と比べ短期で異動になるため、労使の信頼関係が築きにくい[28]、あるいは、実際上、交渉をする際に権限がない者が出てくることもあって、説明、要請の域を出ないものとなっているといった発言がある[29]。もう一つは交渉のあり方であり、使用者側から一方的に問題を提起し、それに対して組合側が意見を言う、要求を対峙させるという交渉のあり方が問題視されている[30]。

第三の、労使関係安定化の要因という点については、これまでの労使双方の大変な努力により安定してきているといえるとの指摘[31]と並んで、昭和四八年の最高裁判決により公務員の労働三権についての論争が決着したことが、その後の労使関係の安定に寄与したのではないかとの意見[32]が出されている。

なお、交渉の結果である議事録確認については、労使で一致したものも、一致していないものも含めて確認するもので、それなりに重みがあり、また、確認した事項からはずれて行動することはトラブルを生じさせるので、お互いが確認事項を尊重することになるのではないか[33]とこれを高く評価する見解が出されている。もっとも、新しい法律や事業ができると、組織や定員、ひいては職員の労働条件にも大きな影響を与えるが、これらの事項を中央において労使で話し合っても、地方の管理職が説明責任を果たさないために、末端まで伝わらない場合もあるとの不満も示されている[34]。

三　改革の選択肢：その内容と論拠

「検討グループ」は、右のように共通の現状認識と共に異なる現状認識をメンバー間で持ちつつも、共通の議論枠組みを模索した上で（以下1で概観する）、改革の選択肢を三つの方向性に分けて提示している。「検討グループ」がこのうちいずれを採用するかにつき結論を出す前に、政治状況の中で公制調はその役割を終えることとなった。しかし、議論の中で示された選択肢とそれに対する反論（以下2で提示する）、また、「検討グループ」の議論から判明する、労使間コミュニケーションの制度化に関わる諸要因（以下3で検討する）は、今後の労使間コミュニケーションの制度化を検討する際に参照されるべきものを含んでいる。

1　共通の議論枠組み

いうまでもなく、これまで公務員組合が行ってきた権利闘争の中心の一つは争議権の「回復」であった。しかし「検討グループ」における議論では争議権の問題は、直接的にはほとんど全く触れられていない。「検討グループ」における議論は、専ら、労使間のコミュニケーションをどう形成していくかということにあった[35]。また、「管理運営事項について共同決定を伴わないフリーな話し合いをしていくべきということについては、委員の間で共通の認識となっているのではないか」という見方が示されていること[36]からすると、労使コミュニケーションの対象を幅広く認めようとする点には共通の理解があったことが窺える。

公務員の労使関係においてコミュニケーション・ルールを考える際には、公共部門のプリンシプルをどう考えるべきか[37]が基本的な問題となるわけであるが、菅野座長は、この点につき次の三点は「検討グループ」内における共通認識となっているのではないかとまとめられる。すなわち、第一に、公務員は全体の奉仕者であるとともに勤労者であるが、問題はそのどちらを強調するのかということ、第二に、公務員の労働条件決定システムにおいても労使関係は必要であり、その際には地位の特殊性といったことからくる制約をどう評価するのかが問題であること、第三に、労使関係について考える上では国民の理解を得ることが必要であり、そのため国民生活への貢献とか公務の効率化という点を考えることが必要であるということ、である。(38)

2　三つの方向性

では、「検討グループ」内ではいかなる労使間コミュニケーションのあり方が今後の選択肢として提示されたのであろうか。ある委員は、第一八回の審議において、「検討グループ」で出された、勤務条件決定制度・労使間コミュニケーションに対する考え方を次の三つに分けている。すなわち、第一に、現行の交渉制度を維持した上で、これとは別に管理運営事項も対象とする労使間コミュニケーションを考えるというもの、第二に、現行の交渉制度を決定制度として強化し、これを補うものとして管理運営事項や人事制度の変更・運用について話合いを推進するために「労使協議制度」を考えるというもの、第三に、交渉と「労使協議」とを「労使協議」に一本化して考えるというもの、というのである。(39)

これら三つの選択肢のうち、第一のものは基本的には現行制度を維持しつつ、これを運用により改善し労使間コミュニケーションを図ろうとするものといえよう。第一の立場そのものを提示する意見は、議事要旨にまとめられた限りでは見あたらないのであるが、例えば、「公務においても会見・交渉という柔らかな括りでのフリーな話し合いはかなり行っていると」いうことができ、「労使が良識と信頼をもって話し合うことが大切」(40)であるとか、「協約を締結するのでない限り運用として現行の国公法一〇八条の五による交渉の円滑化を図っていけば解決できる」(41)

といった意見と、「「労使協議」の意義は、管理運営事項そのものについて話し合いをするということにあり、そのためのコミュニケーションルールを作っていけばよい」という意見[42]とを結びつけると、これに類似した発想となる。この第一の立場の主たる論拠はおそらく次の二点にあろう。すなわち、現行制度下で労使間の意思がよく疎通しているという現状認識、及び勤務条件法定主義の下では使用者側に最終的な決定権限が留保されているとの理論的前提[43]である。このうち前者の現状認識に対しては、「現在の公務員労使関係においては、使用者側からの問題提起は少なく、組合側が使用者側の動きを察知して要請することから始まっており、そういう意味においては関係性が非常に弱い[44]」との反論があり、後者の理論的前提に対しては、現行のように詳細に法定することまでは必要ではなく大綱的な規定さえ法定されれば十分ではないか[45]等々の異論があり得るところである。

第二の立場は、主に第一五回の審議の中で「決定制度としての団体交渉」というアイデアとして登場している。そのポイントは、①議論の前提として勤務条件法定主義を「基準法定主義」と考えること、②「基準法定主義」の下で、労使間合意を書面による協約とした上で、その尊重規定をおき、労使が紳士的に遵守すべきものとすること、従って労組法上の協約締結権まで保障するものではないが、書面協定を締結できるとする地公法上の交渉よりは進んだものをイメージしていること、③労使で合意しても、予算措置や法改正を必要とするものについては、国会の承認がない限り、協約の効力は発生しないとすること、④交渉事項の範囲については、現行の勧告事項のうち、勤務条件の基準については、引き続き勧告事項として国会において決定し、勤務条件に関する各省庁共通の事項については、職員団体と人事院との間で交渉をして人事院規則を定め、その他の運用に係る事項については、交渉事項として任命権者たる各省庁と職員団体で決定する制度にとすること、⑤勧告事項から交渉事項に移行すべき事項としては、例えば諸手当等については、その仕組みについては法定とするが、人事院規則で定める基準については人事院と職員団体との交渉の上で決定し、その他の運用については定められた基準の枠内で、労使の交渉により決定するものとすること、[46]⑥決定制度になじまない事務事業の変更、組織の統廃合、人事行政のあり方に関する基本方針や人事評価制度の設計といった管理運営事項については労使協議制を確立して労使間で意志疎通を図ることである。[47]このようなアイデアが提起された背景には、今後、人事評価など新しい人事管理システムが入ってくると、これは中央レベルだけでなく、各職場レベルの決定が重要になり、そのレベルでの協議や交渉というものが非常に重要になるという問題意識[48]があるように思われる。

このアイデアは、交渉事項・交渉対象を区分しながら、勤務条件法定主義の要請と交渉制度との調整を図ろうとするものであり、注目できるものを含んでいる。しかし、一方では勤務条件法定主義を詳細法定主義とする立場から、[49]他方では協約締結権を含めなければ団交権保障といえず、一般的には「協議」制度にとどまるものとの立場から、[50]批判を受けることとなる。

交渉と「労使協議」を一本化して「労使協議制」として制度化しようとする第三の立場もまた、第一の立場と同じく、特定委員の意見として議事要旨の中に明確に登場するわけではない。ただ、おそらくその根拠は、現行制度下で行われている交渉は、協約締結権が認められていないことから、「労使協議」と区別できないのではないかという点、[51]及び民間企業では人事制度・労務管理について労使協議制度を活用しながら今日の体制を形成してきたのであって、公務においてもそれを参考にすることが重要である、[52]という点にあるのではないかと推測される。この推測が正しいとすると、前者の根拠に対しては、それでは現在行われている「会見」と変わらず、[53]改善にならない、という批判が出されることとなろうし、後者の論拠には、「民間の労使協議制を直ちにそのまま公務に取り入れるのは妥当ではない」という主張[54]が対峙することとなろう。

3　選択肢決定に関わる諸要因

「検討グループ」の中のある委員の要約するところによると以上三つの選択肢が提示されたことになる。それぞれの選択肢に対する批判は、前記以外にも審議の中で多々主張されている。それら批判を含め提示された論点は、「労使間コミュニケーション」のための制度設計全体に関わるものが大半である。それらを整理することは、「労使間コミュニケーション」を今後制度化しようとする際に検討すべき事項を整理することでもある。

(1)　勤務条件法定主義との関係

勤務条件法定主義と労使間コミュニケーションとの関係をいかに理解するかという議論は、公務員の勤務条件決定システムにおいて労使間交渉を認めることと勤務条件法定主義とは矛盾しないか、という視点からのものと、交渉結果に一定の法的効力を認めることが勤務条件法定主義に反しないかという視点からのものに分けることができる。

①　勤務条件法定主義と労使間交渉

ここでは、公務員の勤務関係の「基準はもちろん詳細についても法定する制度をとらなければ、公務員の国民全体の奉仕者性の下での法制度として整合性がとれなくなる」という勤務条件詳細法定主義の立場(55)と、公務員の勤務条件に対する民主的統制は必要ではあるが、現行のように詳細に規定することまで必要はなく、大綱的なものがあれば十分であり、勤務条件法定主義と団交は矛盾せずに両立するものであって、法案作成段階において職員団体と協議・交渉するということは可能であるし、その上で議会の否認や修正は当然あり得ることとする基準法定主義の立場[56]とが対峙している。この二つの立場は従来も判例理論に対する学説からの批判という形で繰り返し現れてきたものであるが[57]、公務員の勤務条件について、現在のように法律や規則ですべて定めるという「勤務条件詳細法定主義」は、今後、独立行政法人の職員、任期付任用の職員といった多様な公務員が現れ、また、新たな人事評価システムなどが導入されていく時代にあっては、透明性や職員の納得が得られないとする基準法定主義の立場からの批判[58]には説得力があるように思われる。

ただ、いずれの立場に依拠するかは別として、この両者を併存させる形で制度を設定することは困難ではないか、との指摘には留意すべきである。すなわち、公務員の勤務条件の決定の仕方には、統一的、科学的な公務員制度を作るために、基本を法律、細部を人規で定めるという法定主義と、現業のように基本を団交、協約で決めていくという団交主義のどちらをとるのかということが重要であり、両方を併存させて、例えば給与の原資を法律で定めて、配分や給与表は団交で決めるということは、諸外国でもそういう手法はとっていないように、原理的に難しいのではないか、との指摘[59]がなされているのである。

② 協定と勤務条件法定主義

総じて交渉との関係では、勤務条件法定主義が交渉プロセスを大きく制約するとの理解は強くなかったのであるが、交渉結果と勤務条件法定主義との関係になると、勤務条件法定主義の立場から、交渉結果に法的な効力を認めることに否定的な考え方が多く出されるようになる[60]。勤務条件法定主義の下では勤務条件は使用者側に決定権限があり[61]、これを労使で共同決定することは立法機関を制約することとなり妥当ではない[62]というのがその根拠であろう。

これに対して基準法定主義の論者は、規則や通達などで定められる詳細な勤務条件については交渉事項にして、交渉により結論が出たものについては書面協定によって整理することにすべきであり[63]、労使が交渉して合意したものについて、労使協定を結んで誠実に履行するという形が、責任ある労使関係、成熟した労使関係といえる、と主張し(64)、自らの立場を一貫させようとしている。問題は、この立場のいう労使協定が、労組法上の協約と同じ効力を有するもの（特に規範的効力）を想定しているのか、ということである。この点は改めて協定の効力に関する議論として整理するが、基準法定主義論者も、労使間合意に対して議会の否認や修正は当然あり得ると考えているようである(65)。

なお中間的な立場として、法定主義の下では、法定事項については書面協定を認めるべきではないが、法定事項以外の事項（福利厚生面など）について交渉し、書面協定を結ぶことは考えられるとの案が提示されている(66)。

(2) 「交渉」か「協議」か

そもそも、国家公務員の勤務条件決定プロセスにおける「労使間コミュニケーション」を「交渉」と構成すべきか「協議」と構成すべきか、ということがある。これは「交渉」と「協議」をどのように定義するか、また現行制度をどのように理解するべきかという論点も含む、極めて厄介な問題である。「検討グループ」における議論の中心はここにあるので、やや詳しく取り上げる。

① 「交渉」と「協議」

労使間コミュニケーションを公務員の勤務関係においても推進するという方向性については「検討グループ」内で一定の合意があったことは既にみた。しかしこれを具体化する方向として、「交渉」を重視するか、「協議」を重視するかという点については見解が分かれていたこともまた既述のとおりである。その際一個の問題となるのは、公務員の勤務条件の決定システムにおいて「交渉」と「協議」をどのように区別できるか、ということがある。そもそも私企業においても「労使協議」制に交渉代替的機能があることなどから、両者の実質的差異が問題となるところである。[67] 公務員の場合、少なくとも現行法を前提とすると、協約締結権が法認されておらず、さらに協約締結権を認めることには勤務条件法定主義からする制約も存するため、この両者の関係は一層問題となる。[68]

「労使協議」に置き換えられることのない、交渉の独自の意義を強調し、「労使関係を安定、成熟させていくために、労使が当事者責任をもって交渉を行っていくことが必要であり、職員団体の目的を達成するための手段として交渉は非常に重要なもの」との見解[69]が公務員の勤務関係において成立するためには、「交渉」と「協議」をどう理解するかが重要なのであるが、この点は必ずしも議論の中で明確にされているとはいえない。「交渉では賃金・労働条件のような対立的事項について、「労使協議」においては労使で相互理解によって解決すべき問題について話し合うものと整理できるのではないか[70]」との見解や、「「労使協議」は一般的には交渉事項に限らずに幅広い事項について労使間で意思疎通を行うものであるから、「労使協議」は国公法上の交渉と区別することができるのではないか[71]」との見解が出されているものの、「検討グループ」内で広い支持を得られた様子はないのである。[72]

結局この問題は「検討グループ」内でも未解決のままであったように思われるが、この問題をクリアーできないと、制度改正に当たって交渉と「労使協議」という区別できないものを法律で規定すると混乱を招くだけであるとの問題[73]もまた残ることとなる。

② 現状への評価

既に簡単に述べたところであるが、現状の労使間コミュニケーションに対しても、肯定的な評価と否定的な評価に分かれている。

肯定的な見解からは、「公務においても会見・交渉という柔らかな括りでのフリーな話し合いはかなり行って」

おり[74]、「実際上も人勧の決定過程や人勧を受けての給与法の改正案の作成過程において労使で話し合いを持」ち[75]、また第三者機関である人事院の職員団体からの意見聴取も実際上すでに十分に行われており、事前協議の制度化は必要ないのではないか[76]と、制度改正に消極的な提案がされる。これに対して否定的な見解は、「人事院や（旧）総務庁との事前協議は確かに行っているが、これは非公式の会見、単なる意見交換で、最終的な決定権は人事院、（旧）総務庁にあり、十分なものとはいえない[77]」と認識しているのである。後者の見解によると、「今までも勤務条件の決定に参加はしてきたが、これは「会見」であって、意見をいうにとどまるものであり、最終的な決定権は政府や人事院にあった」のであり、「それでいい部分と、労使の交渉に移していくべき部分がある[78]」ということになろう。

③ 労使協議制導入の意義と範囲

「交渉」との違いはさておき、「検討グループ」全体の論調としてみたとき、労使協議制の導入には積極的であったように思われる。これは、おそらくは組合側委員が提示し少なくとも議事要旨上は明確な反対がみられない今後の労使関係像、すなわち、勤務条件決定過程に組合側が参加し、これに対して使用者側が十分な説明をする労使関係像[79]がある程度共有されていたからではないかと推測される。

労使協議制を勤務条件決定システムに導入する意義としては、労使間の意志疎通を図り職員の主体性を高める（要するに職場の活力や職員の士気を高める[80]）という意味と、職員の納得性を高めるという意味とを区別すべきという指摘が注目される[81]。今後、行政改革や公務員制度改革を通して、能力主義・実績主義の導入が図られた場合、職員の納得性を高めるという要請が重要になると思われるからである[82]。

問題は、労使協議制をどの範囲で導入するかである。「管理運営事項について共同決定を伴わないフリーな話合いをしていくべきということについては、委員の間で共通の認識となっているのではないか」とのまとめが議事要旨上みえるが[83]、この点については、「本省レベル、各局レベル、出先機関レベルとあらゆる段階で労使協議を行えるようにすることが、成熟した労使関係のために必要[84]」とか、「事務事業の変更、組織の統廃合、人事行政の在り方に関する基本方針や人事評価制度の設計といった管理運営事項については」労使協議制を導入すべき（ただしこの論者は「決定制度としての交渉制度」を主張するもののようである[85]）といった主張が散見される程度である。この問題は管理運営事項をいかに扱うか、また交渉主体をどうするかという問題と密接に関連するものである[86]。

(3)　協定の効力

労使間で合意がなされた場合、その効力をいかに扱うべきかも大きな問題である。公務員の労使間合意にも、労組法上の労働協約と同じ効力を認めるべきとの考え方も理論的にはあり得るが、少なくとも議事要旨をみる限りは、「検討グループ」ではそのような主張はなされなかったようである。議事要旨に登場する一つの考え方は、「労使が交渉して合意したものについて、労使協定を結んで誠実に履行するという形が、責任ある労使関係」といえるというものであるが[87]、これが誠実履行義務を課そうとするものか、あるいは、「労使の信頼関係上、誠実な履行というのは当然のことであり」法律的に強制すべきものではないと考えるものか[88]、定かではない。既に紹介した、「決定制度としての団体交渉」制度を提唱する論者も、労使間合意を「協約」といいつつもこれが労組法上の協約まで意味するものではないと明言した上で、いうところの「協約」の扱いとしては、その尊重規定をおき、労使が紳士的に遵守すべきものとし、また予算措置や法改正を必要とするものについては、国会の承認がない限り、「協約」の効力は発生しないとしている[89]。他方予算の範囲内・法律の枠内で結ばれた書面協定については、使用者の責任で直ちに実行すべきもの[90]ということになるのであろう。しかし労組法上の協約まで意味するのでなければ、名前だけ

「協約」といっても実質的には「協議」ではないかと批判されることとなる[91]。

協定の効力を規定すると考えられる要因は概ね次の四つである。第一に、当然のことながら、勤務条件法定主義を含めた国会の権限との関係である。「検討グループ」の議論では、協約締結権を承認すると、「勤務条件法定主義の下では、仮に細かな事項であっても労使の合意に法的拘束力を認めることは法制度的に整合性がとれない」との疑念が示されている[92]。また、労使間合意が国会で取り消される場合もあり得るとの考え方に対しては、そのような事態になると「労使の不信、ひいては国民の不信を招き、使用者側については国会で取り消された場合についての責任を問われるということになり、労使関係にとって好ましくない」と懸念する声がある[93]。第二は現行の実態への評価である。現在行われている議事録確認という方法については、「労使で一致したものも、一致していないものも含めて確認するもので、それなりに重みがあり、また、確認した事項からはずれて行動することはトラブルを生じさせるので、お互いが確認事項を尊重することになる[94]」といった、一定の肯定的評価があると、書面協定方式より議事録確認の方が望ましい[95]ということになろう。第三は、協定の締結権を有する主体の問題である。「非現業における労使コミュニケーションには書面による確認がないために、現業のような蓄積がな」く「大臣が変わる度に再度確認をして最初から積み上げなければならないことに問題がある[96]」との指摘はこれに関連するが、この点は交渉の使用者側の体制に関する問題として後に改めて整理する。

第四は、勤務条件の均一性の問題である。「勤務条件決定に関して、団交を取り入れると、各省間で格差が生じることになるが、問題はないのか[97]」という意見はこの点に関連する。この問題は、「検討グループ」における議論ではほとんど注目されることはなかったが、公務員の職務の公共性や公務員組合の職場代表性の問題にも関わり、非常に重要な論点であるように思われる。

(4)　交渉対象事項

すでに概観したとおり、勤務条件決定過程の中で、様々な事項につき、労使間コミュニケーションが存在しているのが現実である。それら事項との関係で労使間コミュニケーションを今後いかに構築し直すかが一つの課題である。議論の初期の段階では、「職員団体が、あらゆる領域・レベルの決定過程に参加するシステムを構築すべき[98]」もあったが、現行法上交渉事項の対象外とされている管理運営事項の扱いは、労使協議制の対象事項とするか否かという文脈で議論されることとなった。この点は既述のとおりであるのでここでは再論しない。

交渉事項の全体像をどう構築し直すのかのアイデアは「決定制度としての団体交渉」制度論の中で提示されているが、これに対する批判も含めてすでにみたところである。

これらを除くと、交渉事項として大きな問題となりうるのは人事院勧告の扱い方である。この点、「人勧についての人事院と組合との労使協議をシステム化する」べきであるとか[99]、「人勧の実施に関して、国民に対する責任を果たすと同時に使用者としての責任を果たすために、政府はその取扱いについて職員団体と協議することが労使関係の安定、相互理解のためにも必要[100]」といった意見がある（ここで労使協議と交渉との区別が不明確であるという問題は捨象する）ものの、これに対しては、「組合が人勧が低いから交渉したいというのと同様に、政府が人勧が高いから交渉をして切り下げるという交渉もできなければおかしい[101]」、「現行制度は非常にうまく機能しており、実際に人勧を作る過程においても、また人勧を受けて法案を作成する過程においても、政府・人事院は職員団体の意見を聞きながら決めており、法定主義、人勧制度といっても、政府・人事院が一方的に決めているということはない[102]」等の批判が浴びせられている。人事院を交渉当事者と位置づけることへの批判は、改めて次に、交渉当事者の問題の一環として言及する。

(5) 交渉当事者の問題

これまで政府側の交渉体制、特に政府側当事者が未整備であったことは夙に指摘されてきたところである。[103] 形式論としては、「交渉の当事者としての当局は、交渉事項について決定等のできる当局とすると法制度上決まっており、その運用は、それぞれの省庁等で決めればよい[104]」といえなくもないが、実態としては「交渉をする際に権限がない者が出てくることもあって、説明、要請の域を出ないものとなっている」との問題があることも指摘されており[105]、「現行制度では労使の当事者が明確に政省令で規定されていない省庁もあり、整備する必要がある[106]」等、「交渉制度の整備のためには、当局側の交渉体制を明確に」して「中央、各省庁、各省庁出先機関のそれぞれのレベルにおいて、当事者能力を持った当局側の交渉主体は誰かを」明確化するように「政府全体と各省庁のレベルについては、明確に設置法等で定めるべき[107]」との提言がなされている。さらに、このような中央レベルだけでなく、「今後、人事評価など新しい人事管理システムが入ってくると」「各職場レベルの決定が重要になり、そのレベルでの協議や交渉というものが非常に重要になる[108]」と、職場全体の交渉体制を充実させる必要性も指摘されている。

このような見解に対しては、「交渉の場合は総理大臣、(旧)総務庁長官、(旧)大蔵大臣、(旧)労働大臣、各省の大臣という様々な可能性があるが、いずれにしても、公務員法を大改正しないと実現できなものであり、難しい[109]」と、問題解決の困難性を指摘する声も上がっている。

政府側交渉主体のうち、内閣総理大臣に関しては、労働側委員である丸山・竹林委員から、「内閣総理大臣との話合いのルール化」の提案がなされたのに対して、「内閣総理大臣との話し合いのルール化」というのは労使間コミュニケーションの枠を超えた問題ではないかとの意見があった。しかし提案者側は、総理大臣は中央人事行政機関ではあるが、実際は(旧)総務庁長官が対応しているものの、(旧)総務庁長官の使用者代表としての責任が明確になっていないので、その責任の明確化が必要と考えていると応酬している[110]。

交渉当事者をめぐる一個の論点は、人事院をどう位置づけるかである。「検討グループ」における議論でも、人勧制度を前提としつつ、人事院を団交の相手方とすることは、「人事院を労使の当事者として位置づけるということであって、国公法上の第三者機関という位置づけと矛盾を生じさせる」[111]という、従来からみられた意見[112]が登場し、人勧につき人事院との交渉・協議を認めるべきとの意見と対立している。

(6) 労使間コミュニケーションのルール化・法制化と自主性

労使間コミュニケーションをルールとして制度化することが適切かという点でも「検討グループ」内で見解は分かれている。否定的な意見の論拠は、「労使が良識と信頼をもって話し合うことが大切なのであり、固い制度を作るとかえって動きがとりにくくなる」[113]、「管理運営事項を含め、どういう事項についてどういう態様でコミュニケーションを行うかを詳細に決めてしまうと、かえって窓口において問題が起きるなど、労使関係がギクシャクしてしまう」[114]、「「労使協議」には様々な態様があり、一律に公務におけるモデルとかひな形を示すことは困難であるため、法律によって一律に規定すべき性格のものではな」く「「労使協議」はあくまでも労使間で自主的に話し合って決めていく問題なのであり、奨励することまでしかできない」[115]、「「労使協議」を実施するかどうかについては労使が自主的に決めるものであって、法制化する必要はない」[116]というところにある。これに対して制度化を推進する意見は、「公務においては市場性が働かないので、「労使協議」を取り入れるにしても制度化しなければ各省庁でやるところとやらないところが出」[117]る、「労使関係を発展、成熟化させるためにも、「労使協議」を制度化すべきであり、制度を認知させるためにも、法律で規定するべきである。ただし、具体的にどのように発展させていくかについては労使で自主的に話し合っていく問題[118]」、「各省庁における組合の歴史経緯や現状の力量がまちまちであり、「労使協議」を全体に広めていくためにも法制化が必要[119]」、「「労使協議制」を置くに当たっては、いたずらに紛争を起こさないためにもルール化しておくことが必要[120]」と主張している。

(7) 交渉不調の場合の処理

交渉制度を充実させても、交渉不調の場合の処理制度を準備していなければ、実効的な交渉を実現することが困難となる可能性がある。現実に「交渉不調の状態でも、政府も人事院も時間切れとして一方的に決定するということは常におこり得ているもので、組合側から一方的に要求するという状態にある[121]」ようである。交渉不調の場合の処理については、「現行の行政措置要求の制度を使えばいいのではないか。この制度が使いにくいというのであれば、どういう点を改善すればいいのかということを議論すればいい[122]」という方法とともに、「人事院と交渉・協議をして、不調であった場合に、人事院当局とは別の第三者的な機関が異なる視点から審査するという仕組み[123]」も提言されているが、議論が十分なされた形跡は、少なくとも議事要旨からは、伺えない。

4 「検討グループ」の志向する選択肢とその意義

「検討グループ」内での議論は、論点のほとんどについて、収斂の方向性も示されることのないまま、終了している。ただし、労使協議制の導入については、全体的に積極的な態度がみられるように思われる。もっとも、労使協議制の対象事項と団交事項とをどのように区分するか、あるいはしないのかを含め、団交と労使協議制との役割分担をいかに構築するかについては明確な共通項は提示されていない。しかし、管理運営事項に関する「フリーな話し合い」の促進については一定の合意があるようにみえる。要するに、現行法を、労使関係により親和的な方向で改革しようという方向性を、「検討グループ」は有していたということができる。

「検討グループ」のこの方向性は、公制調の志向するところとも合致するものであった。公制調が公表した見解は、一九九七年一一月一日の「意見」、一九九八年七月二三日の「論点整理」、一九九九年三月一六日に当時の小渕内閣総理大臣に提出した「答申」である。これらのうち「意見」では、級別定数の設定・管理につき、これを引き続き人事院が所管することが必要とする見解と、級別定数は組織管理と密接に関連した人事管理に関する事項であるから、内閣総理大臣が所管すべきとする見解とが両論併記されている（「意見」Ⅰ中央人事行政機関の機能分担の見直しについて3具体的方策2）級別定数の設定、管理）。両論のうち、級別定数管理を内閣総理大臣が所管すべきとする後者の見解は、その所管に当たり職員団体の要望を十分に聞くことが重要であるとしている。これは、級別定数を人事院が管理していることは、公務員の労働基本権制約を人事院が代償する機能の一つと密接に結びつくものであり[124]、これを人事院の権限からはずすとなると職員団体の関与が必要となるという認識に基づくものと思われ、この認識はいずれの見解も共有していると推測できる。このように、「意見」の中に、現行法改正のベクトルとして、公務員制度における労使関係的側面への配慮（端的に言えば、職員団体の関与の必要性）が現れていたといえよう。

次に「論点整理」で公制調は、任命権者の人事権限をより機動的・弾力的に発揮できるものとしようとする方向性を打ち出した（「論点整理」Ⅰ総論3公務員制度改革の視点（3）行政の簡素・効率化と機動性の確保）が、同時に「人事行政の公正の確保及び職員の権利の確保に配慮することが必要」との視点も明確に示している（「論点整理」

同右）。ここにいう「職員の権利の確保」が労働基本権を含むものであるかは定かではないが、少なくともこれを排除することも明言していない。労使間コミュニケーションに対する「論点整理」の態度として決定的なのは、その最後（「論点整理」Ⅱ各論11その他）で、「労使関係の論点に関しては、専門的な調査審議が必要であり、別途、検討グループを設置」するとしたことである。公務員法においても労使関係的側面があることを正面から認め、制度改正の一つの柱としようとしたものだからである。

「論点整理」が労使間コミュニケーションのあり方につき「検討グループ」を設置するとしたことから、「答申」は労使間コミュニケーションのあり方に触れていないが、以上みてきたところからすると、公制調自体も公務員の勤務条件決定システムにおいて労使間コミュニケーションが持つ意義を積極的に評価していたように思われる。この点で、労使間コミュニケーションの問題に言及するところのない「大綱」の態度[125]とは大きな違いがあるといわなくてはならない。

四　おわりに

公務員の労働基本権をめぐる問題は、最高裁判例理論の存在や労働組合運動の低迷等により、「憲法理論のうえでは、未解決の要素を残したままの、歯切れの悪い幕引き」を迎えつつあるといわれている。[126]「未解決の要素」のうち、公務員の勤務条件決定システムにおける団体交渉権保障の意義等については、菅野教授による一連の業績を除いては[127]、学説が相当蓄積している争議権をめぐる問題に比較して、あまり議論がなされてこなかったように思われる。

公務員に団体交渉権の保障が及ぶかにつき、名古屋中郵事件最大判昭和五二・五・四刑集三一巻三号一八二頁は「公務員（中略）は、財政民主主義に表れている議会制民主主義の原則により、その勤務条件の決定に関し国会又は地方議会の直接、間接の判断を待たざるを得ない特殊な地位におかれて（おり）、（中略）そのため、これらの者は、労使による勤務条件の共同決定を内容とするような団体交渉権ひいては争議権を憲法上当然には主張することのできない立場にある」とし、「労使による勤務条件の共同決定を内容とする」団体交渉権とその一環としての争議権の行使は財政民主主義・勤務条件法定主義との二律背反をきたすものとして許されないとしている。[128]しかし、「検討グループ」のある論者が指摘するように、「最高裁判決の議論においては立法論的な議論と憲法上の議論を整理すべきであ」り「最高裁判決は現行制度は違憲ではないといっているだけで、立法論として労使関係はこうあるべきということをいっているわけではない」のである。[129]

憲法二八条の下で公務員の勤務条件決定システムにおける「労使間コミュニケーション」のあり方を考える素材を、[130]「検討グループ」における議論は提供しており、本稿では、いずれの議論が説得力を持つと筆者自身が考えるかを提示することは避けてきた。本稿では、「検討グループ」の議論で示されたところを内在的に理解・整理することを試みたのであるが、本稿における検討を通して、公務員の勤務条件決定システムの下で展開されうる団体交渉には三つのパターンがあり得ることを抽出できるように思われる。第一は、これまでの会見型交渉にみられるような、公務員組合側の意見表明を中心としたパターンである。第二は、勤務条件決定プロセスに公務員組合側が参加するというものである。これが会見型交渉と異なるのは、公務員組合側に意見の表明の機会を与えるだけでなく、政府側当局が説明責任を負うことを不可欠の内容とするという点である。説明責任型交渉とでもいうべきものといえよう。従って、このパターンの交渉においては、説明責任を負う主体を明確にしなくてはならない（使用者としての政府の交渉体制の整備をしなくてはならない）こととなる。第三は私企業的な、共同決定を内容とする交渉である。「検討グループ」における議論を通覧しても、第三の共同決定型交渉を公務員の勤務条件決定システム全般につき採用すべきとの意見はみられない。公務員の団交権を最も強く主張する見解であっても、第二の説明責任型交渉と、第三の共同決定型交渉の部分的導入という組み合わせを主張するものであった。議論の全体的トーンはどちらかといえば第二の説明責任型交渉に収斂する方向性を示していたというのが筆者の評価であり、労使協議制の導入もまた、純粋に「フリーな話し合い」としてのものというよりは、当局に一定の説明責任が発生するものと捉えられていたのではなかろうか。

もっとも右に述べたことは推測に過ぎない。「検討グループ」が明確な態度決定をする前に、公務員制度改革をめぐる政治状況の変化により、公制調自体がその使命を終えることとなったからである。しかし「検討グループ」で行われた議論が無駄であったということは到底できない。「労使間コミュニケーション」のあり方を今後いかに構築するかという問題は依然残されたままだからである。

（1）稲葉馨・高橋滋・西尾隆「〔鼎談〕公務員制度改革大綱をめぐる論点」『ジュリスト』一二二六号（二〇〇二年）八〜九頁（稲葉発言）参照。

（2）例えば『ジュリスト』一一五八号（一九九九年）一〇頁以下に「【特集①】公務員制度改革――公務員制度調査会答申をめぐって」とのテーマの下、五つの論考が掲載されているほか、高橋滋「公務員制度」『ジュリスト』一一六一号（一九九九年）一三六頁以下も「答申」を中心に分析している。

（3）菅野和夫教授を座長、山口浩一郎教授を座長代理とし、秋山昭八弁護士、池ノ内祐治㈶地方公務員等ライフプラン協会理事長、岡部晃三中央金庫理事長、毛塚勝利教授、竹林清全逓信労働組合副委員長、萩尾七夫全日本自治団体労働組合本部特別執行委員、松野春樹㈱日本電信電話代表取締役副社長、丸山健蔵公務員労働組合連絡会代表委員を構成員としている。

（4）　古橋源六郎「公務員制度調査会答申の経緯とその基本的考え方」『ジュリスト』一一五八号（一九九九年）一〇頁。

（5）　用語として「検討グループ」でこれを用いているので、これを用いる。筆者自身、どのような用語で整理することが適切かにつき、未だ定見を持っていない。拙稿「行政機関の多様性と労働条件決定システム――独立行政法人を素材として」『日本労働法学会誌』一〇一号（二〇〇三年）一二一頁、及び同号八一～八三頁における議論参照。

（6）　この点につき高橋・前掲注（2）一四二頁はこの公制調の態度に対して「やや積極的な評価」を与えている。

（7）　例えば前掲注（1）一三～一四頁の稲葉発言は、能力等級制度を基礎とする新人事制度が「大綱」の大きな柱になっているが、それほど抜本的改革になるのかという疑問を提示している。

（8）　本来的には、憲法の予定する財政民主主義・勤務条件法定主義の枠が確定し、その下で憲法二八条を具体化するものとしていかなる選択肢があり得るか、という視点から検討がなされるべきであろうが、その前半部分の具体的内容が一義的に明確ではなく（塩野宏「全農林警職法反対闘争事件大法廷判決に関する若干の問題点」『判例時報』六九九号九頁参照）、せいぜいその規定要因が「議会制民主主義に基づく要請」であるとしかいえない（名古屋中郵事件最大判昭和五二・五・四刑集三一巻三号一八二頁及び香城敏麿「判解」『法曹時報』三二巻六号一二六頁）以上、さしあたりは現行制度として具体化されあるいは将来的な制度として具体的に想定されているものを前提とすることが、現状では議論を構築する一方策といえよう。

（9）　拙稿「適正手続保障としての労働基本権（二・完）」『帝塚山法学』六号（二〇〇二年）六七～七一頁参照。

（10）　拙稿・前掲注（5）一二一～一二四頁参照。

（11）　この間の一連の交渉経緯を組合側からまとめたものとして連合官公部門連絡会労働基本権確立・公務員制度改革対策本部『討議資料No.5「公務員制度改革大綱」とその問題点』（二〇〇二年）九五～一〇六頁参照。

（12）　連合官公部門連絡会労働基本権確立・公務員制度改革対策本部『討議資料No.3「公務員制度改革の基本設計」と

その問題点』(二〇〇一年)五七頁に、このときの日本政府の見解が掲載されている。
(13) 連合官公部門連絡会労働基本権確立・公務員制度改革対策本部『討議資料№6「行政職に関する新人事制度第2次原案」とその問題点』(二〇〇二年)三頁参照。
(14) 日本公務員労働組合共闘会議『二〇〇一年人事院勧告・報告の解説《その内容と問題点》』(二〇〇一年)五三〜七九頁参照。
(15) この点についてはさらに神代和欣・森田朗・山口浩一郎「[鼎談]公務員制度改革の今後の課題」『ジュリスト』一二二六号(二〇〇二年)三七頁(山口発言)等参照。
(16) 「検討グループ」第五回議事要旨。
(17) 「検討グループ」第九回議事要旨。
(18) 「検討グループ」第二回議事要旨。
(19) 「検討グループ」第一六回議事要旨。これは組合の公正代表義務に関係する論点を含むものである。
(20) 「検討グループ」第一九回議事要旨。
(21) 例えば「検討グループ」第五回議事要旨。
(22) 「検討グループ」第一〇回議事要旨。
(23) 「検討グループ」第一七回議事要旨。
(24) 「検討グループ」第一七回議事要旨。
(25) 「検討グループ」第一〇回議事要旨。
(26) 「検討グループ」第一五回議事要旨。
(27) 「検討グループ」第一五回議事要旨。
(28) 「検討グループ」第二回議事要旨。
(29) 「検討グループ」第一八回議事要旨。
(30) 「検討グループ」第九回議事要旨。

(31)「検討グループ」第五回議事要旨。
(32)「検討グループ」第五回議事要旨。
(33)「検討グループ」第一五回議事要旨。
(34)「検討グループ」第一七回議事要旨。
(35)例えば「検討グループ」第二回議事要旨参照。
(36)「検討グループ」第一八回議事要旨。
(37)「検討グループ」第一〇回議事要旨。
(38)「検討グループ」第一一回議事要旨。
(39)「検討グループ」第一八回議事要旨。
(40)「検討グループ」第一〇回議事要旨。
(41)「検討グループ」第一八回議事要旨。
(42)「検討グループ」第一八回議事要旨。
(43)例えば「検討グループ」第九回議事要旨参照。
(44)「検討グループ」第一〇回議事要旨。
(45)「検討グループ」第一二回議事要旨。
(46)以上は「検討グループ」第一五回議事要旨参照。
(47)この第六点は「検討グループ」第一八回議事要旨参照。
(48)「検討グループ」第一五回議事要旨。
(49)「検討グループ」第一五回議事要旨の中では、「現行の憲法、国公法の下では、非現業国家公務員の勤務条件について、基準はもちろん詳細についても法定する制度を採らなければ、公務員の国民全体の奉仕者性の下での法制度として整合性がとれなくなる」との発言がみられる。
(50)「検討グループ」第一五回議事要旨の中では、「労組法上の協約のような効力はなく、争議権もないということであれば、それは一般には「労使協議」や「協議」というものではないか」との発言がみられる。
(51) 「検討グループ」第一七回議事要旨。
(52) 「検討グループ」第一八回議事要旨。
(53) 「検討グループ」第一八回議事要旨。
(54) 「検討グループ」第一七回議事要旨。
(55) 「検討グループ」第一五回議事要旨。
(56) 「検討グループ」第一二回議事要旨、第一四回議事要旨、第一八回議事要旨等参照。
(57) 拙稿・前掲注(9)一一八頁等参照。
(58) 「検討グループ」第一四回議事要旨。
(59) 「検討グループ」第一四回議事要旨。
(60) 例えば「検討グループ」第九回議事要旨、第一二回議事要旨、第一九回議事要旨等参照。
(61) 「検討グループ」第九回議事要旨。
(62) 「検討グループ」第一二回議事要旨。
(63) 「検討グループ」第一八回議事要旨。
(64) 「検討グループ」第一二回議事要旨。
(65) 「検討グループ」第一四回議事要旨の他、第一五回議事要旨、第一八回議事要旨等参照。
(66) 「検討グループ」第一五回議事要旨。
(67) この点については例えば道幸哲也「団体交渉権の法的構造」日本労働法学会編『講座21世紀の労働法第8巻(有斐閣、二〇〇〇年)七九～八一頁参照。「検討グループ」第一〇回議事要旨においても、「民間企業においても、経営的事項に関する意思疎通は柔らかな形が多く、また、労使協議と団交において扱う内容はフレキシブルで、どちらも合意に達するよう努力するということであるから、労使協議と団交とに大きな違いはないという印象である」との意見が出されているところである。

(68)「現行の交渉は協約締結権が認められておらず、交渉と「労使協議」は区別できないのではないか」という「検討グループ」第一七回議事要旨参照。
(69)「検討グループ」第一八回議事要旨。
(70)「検討グループ」第一七回議事要旨。
(71)「検討グループ」第一八回議事要旨。
(72) 例えば後者の見解は、「「労使協議」について、共同決定ではなく幅広い事項について労使が話し合うものとすると、現在行われている会見と変わらないのではないか」と批判されている。
(73)「検討グループ」第一七回議事要旨。
(74)「検討グループ」第一〇回議事要旨。
(75)「検討グループ」第一九回議事要旨。
(76)「検討グループ」第一四回議事要旨。
(77)「検討グループ」第一二回議事要旨。
(78)「検討グループ」第一五回議事要旨。
(79)「職員団体があらゆる領域・レベルの決定過程に参加するシステムを構築すべきではないか」(「検討グループ」第五回議事要旨)、「給与水準は比較的民間と同程度となっているが、給与決定システムに職員団体が合意と納得をもって参加したかというその過程が問題ではないか」(「検討グループ」第六回議事要旨)、「使用者側から一方的に問題を提起し、それに対して組合側は意見を言う、要求を対峙させるという関係であったことが、労使関係を対立的にしていたのであり、これは十分な説明と、双方が合意に至るための努力が足りなかったためと思っている。この点をどう改善させていくかが重要だ」(「検討グループ」第九回議事要旨)、「戦後、労働側にも反対、抵抗闘争があったが、この姿勢は今日でも変わらないわけではなく、現在は労働界全体が要求型から参加型へ、そして現在のような改革期にあっては、改革・提言型へと移ってきており、特に構造調整が進む民間では進んでいる。公務においても参加型への移行のための条件を整備していく努力が必要ではないか」(「検討グループ」第九回議事要旨)等の意見が出されている。

(80) 「検討グループ」第一七回議事要旨等参照。

(81) 「検討グループ」第一八回議事要旨参照。

(82) 「検討グループ」第一七回議事要旨では、「公務においても、今後、行政改革、公務員制度改革、能力・実績主義の導入を円滑に行っていくためには、「労使協議」を行う意味は大きいのではないか」との意見が登場している。

(83) 「検討グループ」第一八回議事要旨。

(84) 「検討グループ」第一七回議事要旨。

(85) 「検討グループ」第一八回議事要旨。

(86) なお労使協議の場について、「労使協議」は、その対象事項に大きな政策や全体の組織が含まれると考えられるので、中央人事行政機関で行うのが適当ではないかという意見が出されている。「検討グループ」第一八回議事要旨

(87) 「検討グループ」第一二回議事要旨。

(88) 「検討グループ」第一二回議事要旨。

(89) 「検討グループ」第一五回議事要旨。

(90) 「検討グループ」第一八回議事要旨。

(91) 「検討グループ」第一五回議事要旨。

(92) 「検討グループ」第一六回議事要旨。

(93) 「検討グループ」第一六回議事要旨。

(94) 「検討グループ」第一五回議事要旨。

(95) 「検討グループ」第一七回議事要旨。

(96) 「検討グループ」第一九回議事要旨。

(97) 「検討グループ」第一四回議事要旨。

(98) 「検討グループ」第五回議事要旨。

(99)　「検討グループ」第一四回議事要旨。
(100)　「検討グループ」第一六回議事要旨。
(101)　「検討グループ」第一二回議事要旨。
(102)　「検討グループ」第一五回議事要旨。
(103)　例えば神代他・前掲注（15）三六頁の神代発言及び三七頁の山口発言等参照。
(104)　「検討グループ」第一五回議事要旨。
(105)　「検討グループ」第一八回議事要旨。
(106)　「検討グループ」第一四回議事要旨。
(107)　「検討グループ」第一五回議事要旨。
(108)　「検討グループ」第一五回議事要旨。類似の意見が第一六回議事要旨にもある。これは組合側からすると公正代表義務の問題に関連する問題でもある。
(109)　「検討グループ」第一四回議事要旨。
(110)　「検討グループ」第一六回議事要旨。
(111)　「検討グループ」第一四回議事要旨。
(112)　拙稿・前掲注（9）八四頁注（74）参照。
(113)　「検討グループ」第一〇回議事要旨。
(114)　「検討グループ」第一七回議事要旨。
(115)　「検討グループ」第一七回議事要旨。
(116)　「検討グループ」第一八回議事要旨。
(117)　「検討グループ」第一七回議事要旨。
(118)　「検討グループ」第一七回議事要旨。
(119)　「検討グループ」第一八回議事要旨。

(120) 「検討グループ」第一八回議事要旨。
(121) 「検討グループ」第一四回議事要旨。
(122) 「検討グループ」第一四回議事要旨。
(123) 「検討グループ」第一四回議事要旨。
(124) 川村祐三『ものがたり公務員法』(日本評論社、一九九七年)一四四頁参照。
(125) 「大綱」下における労使間コミュニケーションの問題については神代他・前掲鼎談三六〜三七頁参照。
(126) 奥平康弘『憲法Ⅲ』(有斐閣、一九九三年)二八九頁。
(127) 菅野和夫「公共部門労働法(三・完)」『法曹時報』三五巻一二号(一九八三年)一頁以下、同「国家公務員の団体協約締結権否定の合憲性問題」下井隆史・浜田冨士郎編『労働組合法の理論課題(久保敬治教授還暦記念)』(世界思想社、一九八〇年)一三〇頁、同「「財政民主主義と団体交渉権」覚書」法学協会編『法協百周年記念論文集第二巻』(有斐閣、一九八三年)三〇九頁以下、同「公務員の労働基本権」雄川一郎・塩野宏・園部逸夫編『現代行政法大系9』(有斐閣、一九八四年)一五六頁以下。
(128) 香城・前掲注(8)一二六頁。
(129) 「検討グループ」第一二回議事要旨。
(130) 菅野和夫『労働法(第五版補正二版)』(弘文堂、二〇〇一年)五一五頁は、労使協議制・苦情処理手続は団体交渉を補完する労使間の自主的手続であって、憲法二八条はこれらの手続をも含めた意味で「労使自治」の発展に必要な基本的ルールを設定しているとする。

介護保険条例の構想

——東京都六二区市町村の条例から——

堀越栄子

一　はじめに
二　「介護保険制度に関する条例」をみる視点
　　――「○○市総合介護条例案」の構想から――
三　東京都六二区市町村の条例から見える介護保険の構想
四　サービス保障は地域社会の連帯からという課題
五　おわりに

一　はじめに

介護保険法は一九九七年一二月に制定され、二〇〇〇年四月に施行された。二〇〇六年度（一部は二〇〇五年度）から実施される法改正に向けて、現在、大きな見直し作業が進んでいる。

法律の門外漢である私が上田章先生にお会いしたのは、一九九九年の春、介護保険のスタートにむけた準備で全国の自治体が騒然としている時期であった。衆議院法制局という国レベルの立法の現場が仕事場であった上田先生や橘幸信さん（当時は千葉大学）が、分権の動向を視野に入れ、地方自治を重視し、市民自治の構築における立法のプロの役割に確信を持ち、そして暮らしの実感あふれる対話の場に飛び込んでいらしたときに、「介護保険条例ワークショップ」の呼びかけ人としての出会いが生まれた。

私は、生活研究をテーマとする家政学部の教員であるが、市民生活に必要な社会的生活基盤を市民参加・職員参加でつくりあげる仕組みや制度・運動のありようを追究する一方、地元の埼玉県大宮市（現さいたま市）では、市民団体である「生活介護ネットワーク」の世話人として痴呆のお年寄りのデイサービスやグループホームの運営に参加しており、市民本位・利用者本位の条例をつくることができればと考えていた。

「生活介護ネットワーク」は、「このままいくときっと困ったことになる。自分たちのまちのなかで、自分たちの問題を出し合い、話し合い、歳をとっても介護で困っても安心して自分らしく暮らせるように、自分たちが積極的にまちづくりに関わりたい」と、市民を中心とする勉強会を母体として一九九二年に発会した。よく学び・よく交流する運動の一環として一九九四年にスウェーデンのバルブローさんを招いて行った講演会「ぼけても普通に生きられる――スウェーデンのグループホーム」、埼玉県内を歩いての「痴呆老人の介護状況調査」、それにもとづく県への要望書提出等がその後の活動に大きな影響を与えた。「痴呆の問題は高齢社会の大問題になる」、「目の前の困っている人をなんとかしたい」、「まず、自分たちでやるしかない」、「使っていない資産をいかしたい」など、さまざまな思いがこのネットワークの中で出合い、試行錯誤を経て、現在は特定非営利活動法人の介護保険事業者となり、デイサービスとグループホームを二つ運営し、利用者、家族、スタッフ、会員三五〇名が協力して質のよい介護と地域に根ざした暮らしを創りたいと考えて活動している。私は、目の前のお年寄りや家族、スタッフの状況が改善されるような介護保険の運営を考えたかった。条例づくりは一つのチャンスであった（特定非営利活動法人生活介護ネットワーク編『老いをつつむ心の縁側――生活介護ネットワーク一〇年の歩みとこれから』二〇〇二年六月）。

「介護保険条例ワークショップ」は、「法律施行のためだけの介護保険条例ではなく、ほんとうに安心できる高齢社会のための総合介護条例（仮称）をつくろう」という呼びかけで始まった。五〇名の募集に一二〇名の応募があり、五回の熱心なワークショップをへて、成果は橋幸信・堀越栄子・市民法制局準備会編著『総合介護条例のつくり方』（ぎょうせい、一九九九年九月）として刊行された。参加者は、市民、市民活動団体、自治体職員、議員が主であり、ワークショップの成果をそれぞれの活動の場に持ち帰った。

介護保険実施には、自治体はこれまでの所得保障中心のシステムに加えて、本格的な「わがまち」の現物保障システム（「介護」という生活自立支援のためのサービス保障システム）を構築しなければならず、しかも措置制度（これまで行政から提供されていた「介護」も現物保障ではあるのだが、所得保障システムと同様に、「行政処分」として運営されていた）から契約制度への切り替えが重なっていた。こうしたさまざまな切り替えは、介護保険法があるにせよ、いわば思想としても、さらには具体的な施策としても、自治体が「わがまち」の介護を準備しなければならない状況をうんでいた。法律施行のためには各自治体に介護保険条例が必要であったが、単に法律施行のための条例づくりではサービス保障システムの構築につながらないのではないかという危機感がわたしたちにはあった。

加えて、介護保険法には少なくとも五つの問題があった。第一に、制度の対象者が一部で、しかもサービス内容も限られており、介護を必要とする人の生活にみあう総合性がない。第二に、誰もが使えるようになっておらず、とくに「低所得者」がサービスを利用できない場合が想定されるが対応は各自治体にまかされそうであり、また、家族介護が前提とされている給付である。第三に、「利用者本位」を担保する施策が不十分である。第四に、充実すべき介護基盤が明らかでないうえに、整備を早める施策が見あたらない。第五に、サービス従事者の条件改善の施策が提起されておらず、介護関係の仕事が職業として成りたたない現状が認識されていないことである。

「介護保険条例ワークショップ」では、これまでの福祉の改革と、すでに見えている介護保険法の問題解決の双方がテーマとなった。

介護保険の実施に際しては、保険者である各自治体の構えが重要であり、その構えは、介護保険条例および介護保険事業計画のつくりかたおよび内容にあらわれる。そして、後者の介護保険事業計画がとても重要であることはいうまでもないが、条例は、法的に保障する自治体のルールであり、「介護」に関する宣言でもあるので大事にしたかった。分権自治の時代の幕開けに市民と立法のプロのコラボレーションによる条例づくりは、その方法としても意義あるものであったと思う。

以下、本稿では、「介護保険制度に関する条例」への視点を提示し、東京都六二区市町村の介護保険条例を事例にその構想を明らかにするとともに、介護保険事業計画との関連をみることで、条例の有効性を検証してみたい。

二　「介護保険制度に関する条例」をみる視点
――「○○市総合介護条例案」の構想から――

ここでは、東京都六二区市町村の介護保険条例をみるひとつの視点として、「介護保険条例ワークショップ」でまとめられた「○○市総合介護条例案」（以下では「総合介護条例案」という。論文末資料I参照）の内容について述べたい。

1　「○○市総合介護条例案」づくりの視点

法律や条例をつくるに際しては、どのような視点で取り組むかが重要である。ただし、つくることだけが目的ではないのも事実である。その目的や基本理念が具体的な制度や人の行為を媒介とし、実効性をもたなければ意味がない。しかも、法律や条例は、制定される時代や場所に規定されるとともに、利害関係者の妥協の産物であるから、実効性を検証し、事態の改善に結びつく仕組みを内蔵していることが不可欠である。

「総合介護条例案」では、はじめに「サービス提供者ありき」や「行政ありき」、「制度ありき」ではなく、「まず人がいて暮らしがある」という観点から、介護や生活支援のあり方を地域で自主的に構想するという立場に立った。

ここでいう「人の暮らし」には、二つのイメージを重ねている。

一つは、介護を必要とする状態にある人々である。二つは、市民生活を送る人々である。「介護を必要とする」状態が当事者の暮らしに大きな影響を与えることは間違いないものの、市民生活を送っていることに変わりはないから、この両者はもちろん一人の人間のなかで統合されるものである。ここからは、病気や障害があっても、社会を構成する一人の人間として独立した責任と権利を持ち、自分らしい能動的な社会生活をおくるには、どのような社会のルール、仕組み、連帯が必要かという視点が導かれることとなる。

さらに、介護保険法は、介護のシステムを、自立支援を基本としつつ、共同連帯の理念のもとに「家族介護から社会的介護」へ、また、利用者のサービス選択の自由を保障するため「措置制度から契約方式」への転換をはかった。それを実効あるものとするには、介護サービス利用者の「権利」・「選択」と、制度設計・運用などへの市民参画を法的に保障すべきである。これが、総合介護条例案ワークショップのスタンスとなり（「総合介護条例案」第一条（目的））、これらのことを実現するために、三つの総合性から「介護」を考えることになった（「総合介護条例案」第二条（定義））。

三つの総合性とは、①「介護の領域に関する総合性」、②「介護の内容に関する総合性」、③「利用者本位のしくみに関する総合性」である。

①「介護の領域に関する総合性」は、高齢者介護と障害者（児）介護の両方を含んでいるということである。このことは、当時はあまりはっきりと意識されていなかった感があるが、介護を必要とする高齢者は高齢障害者であり、障害者の生活自立支援の蓄積が高齢者介護に生かされる必要が明らかになっている。

②「介護の内容に関する総合性」は、人の生活行為（生理的行為、家事労働や収入労働からなる労働行為、社会的・文化的行為、緊急対応行為）を広くとらえていることと、サービス利用者の意思と選択にもとづいた生活行為を支援するには、サービス提供者と利用者の対等な関係が重要であるということである。

③「利用者本位のしくみに関する総合性」は、介護に関する施策全体を「利用者本位のしくみ」という観点から有機的に結びつけることによる総合性を意味しており、その場面はサービスの利用、サービスの提供、制度の運営

などに及んでいる。

「総合介護条例案」作成の直接のきっかけは、一九九七年一二月の介護保険法制定、二〇〇〇年四月の施行である。したがって、「総合介護条例案」は、法に準拠した部分と分権自治、サービス保障、市民本位・利用者本位という原則が融合して成り立っている。

2　「〇〇市総合介護条例案」の構成

「総合介護条例案」は、「第一章　総則」、「第二章　介護に関する総合的施策」、「第三章　総合介護計画」、「第四章　総合介護市民協議会」、「第五章　罰則」の五章と附則により構成されている。

「第一章　総則」は、「目的」、「定義」、「基本理念」、「市の責務」、「介護サービス事業者の責務」、「市民の責務」からなっており、すでに「視点」で述べた内容が盛り込まれている。条例制定の動機は介護保険法の制定・施行にあるが、その趣旨を「より一層拡充」する姿勢に立っていることや、「市民の意見の反映」と「施策の総合性」を重点課題にして、条例の内容を「基本理念・責務」、「総合的施策・総合介護計画」、「市民協議会」としたことが明記されている。

「第二章　介護に関する総合的施策」は、「介護事業」、「介護サービスの事業基盤の整備に関する措置」、「介護サービス利用者の支援に関する措置」、「相談及び苦情の解決のための体制整備に関する措置」、「情報提供その他の広報活動」からなっている。介護保険による介護施策に限定せず、介護を必要とする市民が地域で実施されている施策をわかりやすく把握できるよう、自治体が行う介護に対する施策の全体像を掲げている。

そこで、「介護事業」では、自治体の実施する介護事業を一覧できるようにしてある。介護保険から給付される事業の種類は「介護給付」、「予防給付」、「市町村特別給付」、「保健福祉事業」であるが、それは介護サービス利用者の生活全体を支えるという点からみると一部である。自治体が実施しているサービス（たとえば食事サービスや送迎サービスなど）を一般的福祉施策として含めて一覧できるようにすることで、自治体が行う介護施策の全体像がみえることになる。

次の四つの内容は、介護保険の運営にあたり生じうる混乱を予防し、さらに円滑に運営ができるように設けたものである。

「介護サービスの事業基盤の整備に関する措置」では、介護保険による給付のためのサービス基盤整備は当然のこととし、さらに総合的介護に必要なコーディネート体制として在宅介護支援センターの再構築や施設整備、介護サービス事業者の連絡協議会の設置、ＮＰＯなどへの助成、介護従事者の養成・処遇改善を掲げた。

在宅生活を支援するには、最終的には安心して暮らせる地域社会を構築することが大事である。地域という面レベルでの介護基盤整備にとって在宅介護支援センターの役割を考え直す必要があった。また、介護サービス事業者は事業者自身の利益を考えないわけにはいかないであろうが、個々の事業者の活動を自治体全体の介護サービスの質の向上につなげるために、事業者連絡協議会や介護指向性の高いＮＰＯの活躍できる条件整備を考えた。「介護従事者の養成・処遇改善」については、介護保険法の議論の中でもっとも弱い部分であり、その責任は各事業者にあるとされていたが、介護従事者の質は介護サービスの質と直結するものであるので、保険者の取り組みの必要性について定めている。

介護保険法は精神として「利用者本位」を掲げているものの、それが実効性を持つための措置が示されていない。「介護サービス利用者の支援に関する措置」では、「措置から契約へ」という理念を実効あるものとするために、自治体と介護サービス利用者、介護サービス事業者と介護サービス利用者の「対等性の確保」のためのポイントと、福祉権利擁護制度の必要性を示した。自治体と介護サービス利用者、介護サービス事業者と介護サービス利用者の実際上の力関係がアンバランスであることは容易に想像できるので、「対等性の確保」はこの条例案の最大の特徴ともいえる。

「相談及び苦情の解決のための体制整備に関する措置」では、気軽に相談できることと苦情への対応の必要性の両者に配慮し、また、「迅速」な「解決」が求められることから、専任の相談員の設置も盛り込んだ。

「情報提供その他の広報活動」では、介護サービス利用者が正確かつ十分な情報を持ってサービスを選択することができるよう、さらに、制度は申請して初めて利用できるので、保険者によるわかりやすい広報が必要であることなどを明示した。

「第三章　総合介護計画」は、以上第一章、第二章に規定されていることを効果的に行うための規定である。

「第四章　総合介護市民協議会」は、「総合介護条例案」の重要な点の一つでもあった。「総合介護市民協議会」は、総合介護計画の策定・変更、相談・苦情の解決、行政評価などを行う市民参加の仕組みとして構想されたものである。せっかく第二章・第三章で規定を設けても、それを具体的に誰が決め、誰が運営するかという点が大きな問題として残る訳で、その点を市民参加という形で構想したもので、表2に示されているように多くの自治体の条例で採用されてもいる。

第五章は、「罰則」であり、「附則」は、経過的自立支援サービスを規定した。要介護認定により、「自立」と認定されて、これまで利用していたサービスが利用できなくなったり、あるいは「要支援・要介護」と認定されても、利用できるサービスが減少したりする場合の対応や経過的なことがらについて定めている。

なお、厚生省（現、厚生労働省）の示した「介護保険条例準則（案）」をモデルにすると、条例で決める事項は、介護認定審査会の設置と委員の定数、保険給付、市町村特別給付、保険料、保険料の減免、罰則など、介護保険法を実施する手続きのために必要な最低限の項目である（論文末資料Ⅱ参照。なお、表1の対照表も参照のこと）。

三　東京都六二区市町村の条例から見える介護保険の構想

ここでは、六二区市町村の介護保険条例を総合介護条例案の視点から見るとともに、介護保険条例と介護保険事業計画の関連について検証する。

1　自治体の独自性はどこまで発揮されているか

表2は、各自治体の介護保険条例の内容を一覧表にしたものである。

まず、「総合介護条例案」の項目を並べ、次に厚生省（現、厚生労働省）の「介護保険条例準則（案）」の項目を置き、自治体の介護保険条例の内容をそれに当てはめている。なお、ほとんどの自治体が自治体名に介護保険条例とつけた条例名であるが、品川区は「介護保険制度に関する条例」、小金井市は「介護福祉条例」としている。そこには自治体の介護保険に対する位置づけの仕方が現れている。一言で言えば、介護保険を地域社会を支えるものとして総合的に運営しようという姿勢である。さらに、趣旨は盛り込んであるものの項目としては「総合介護条例案」には設定していない「個人情報の保護」、「市民参画」、「オンブズマン（名称も内容も、「オンブズパーソン条例」、「保健福祉オンブズマン条例」、「保健福祉サービス苦情調整委員会」などさまざまである。介護保険条例とは別の条例、規則、要綱をわかる範囲で調べて付け加えた）」と、「介護保険運営基金」を項目に加えた。

表1　介護保険条例案対照表

総合介護条例案（市民法制局準備会）

第一章　総則
　第一条（目的）
　第二条（定義）
　第三条（基本理念）
　第四条（基本理念）
　第五条（市の責務）
　第六条（介護サービス事業者の責務）
　第七条（市民の責務）
第二章　介護に関する総合的施策
　第一節（介護事業）
　　第一款（介護事業）
　　第二款（一般的施策に係る介護事業の実施に関する事項）
　　第三款（介護保険に係る介護事業の実施に関する事項）
　　　第一目　市町村特別給付及び保健福祉事業
　　　第二目　保険給付に係る支給限度基準額
　　　第三目　保険料
　　　第四目　介護認定審査会
　第二節（介護サービスの事業基盤の整備に関する措置）
　第三節（介護サービス利用者の支援に関する措置）
　第四節（相談及び苦情の解決のための体制整備に関する措置）
　第五節　情報提供その他の広報活動
第三章　総合介護計画
第四章　総合介護市民協議会
第五章　罰則
附則

介護保険条例案（市民法制局準備会）

第一章　総則
　第一条（目的）
　第二条（基本理念）
　第三条（基本理念）
　第四条（市の責務）
　第五条（介護サービス事業者の責務）
　第六条（市民の責務）
第二章　介護保険の実施に関する施策
　第一節（介護保険）
　　第一款（介護認定審査会）
　　第二款（保険給付に係る支給限度基準額）
　　第三款（市町村特別給付及び保健福祉事業）
　　第四款（保険料）
　第二節（その他の介護保険の実施に関する施策）
第三章　介護保険運営協議会
第四章　罰則
附則

＊　この条例案は上段の「総合介護条例案」を特にコンパクトにした場合でも対処すべきことを中心にまとめたものである。

厚生省の「介護保険条例準則（案）」

第一章　この市（区、町、村）が行う介護保険（第一条）
第二章　介護認定審査会（第二条—第三条）
第三章　保険給付（第四条—第十二条）
第四章　保健福祉事業（第十三条—第十四条）
第五章　保険料（第十五条—第二十五条）
第六章　罰則（第二十六条—第三十条）
附則

＊　この厚生省の準則と上段の総合介護条例案は論文末に参考資料として掲げてある。

なお、介護保険条例とは別に関連の条例等をもって運営している自治体もあると思われるが、ここでは介護保険条例からわかるものに限っている（例外は「オンブズマン」関連の条例など）。

ここから明らかになったことは次の七点である。

① 厚生省（現、厚生労働省）の「介護保険条例準則（案）」どおりの条例を作成した自治体は一三自治体である（最少は、三項目で準則案どおりとなる）。

② 「介護保険条例準則（案）」に、「介護保険運営協議会」（自治体により名称はさまざまである。表2の欄外注4参照）の設置を加えた自治体が五自治体ある。

③ ②以外で、項目の少ない自治体は「介護保険条例準則（案）」に、「オンブズマン」、「介護保険事業計画」など重点課題をプラスしている自治体である。八項目以上の自治体は、総則にかかわる項目を加えている自治体が多い。

④ 「介護保険条例準則（案）」に五項目以上加えた一八自治体を多い順に並べると、小金井市、立川市、三鷹市、品川区、稲城市、国分寺市、日野市、大島町、狛江市、渋谷区、昭島市、千代田区、文京区、中野区、調布市、東久留米市、多摩市、西東京市となっている。

⑤ 「介護保険条例準則（案）」に新たに項目を加えた自治体がかなりみられたが、その項目を多い順にみると、「市の責務」三二自治体、「介護保険運営協議会」二九自治体、「介護サービス事業者の責務」二八自治体、「市民の責務」二六自治体、「目的」二五自治体、「基本理念」二〇自治体、「相談及び苦情の解決のための体制整備に関する措置」二一自治体、「市町村特別給付及び保健福祉事業」一五自治体、「オンブズマン」一四自治体、「情報提供その他の広報活動」一〇自治体である。

⑥ 「総合介護条例案」に自治体独自の項目を加えた介護保険条例は、自治体ごとに独自性があると同時に、自

険条例」の構成（2003年８月現在）

中央区	港区	新宿区	文京区	台東区	墨田区	江東区	品川区	目黒区
—	○	○	○	—	—	—	○	○
—	—	—	○	—	—	—	—	—
○	○	○	○	—	—	—	○	—
—	—	○	—	—	—	—	—	—
○	○	○	○	—	—	○	○	○
○	—	—	—	—	—	—	—	—
○	○	○	○	—	—	—	○	—
■	○	○	○	—	—	—	■	—
—	—	—	—	—	—	—	—	—
—	—	—	—	—	—	—	○	—
—	—	—	—	○	—	—	○	—
—	—	—	—	—	—	—	○	—
○	○	○	○	○	○	○	○	○
○	○	○	○	○	○	○	○	○
—	—	—	—	—	—	—	—	—
—	—	—	—	—	—	—	●	—
—	—	—	—	—	—	—	—	—
—	—	—	—	—	—	—	—	○ 勧告、公表
—	—	—	—	—	—	—	—	—
—	—	—	—	—	—	—	—	—
—	—	—	—	—	—	—	—	—
—	—	—	—	—	—	—	○	—
—	—	—	○	—	—	—	○	—
—	—	—	—	—	—	—	○	○
—	—	—	—	—	—	—	—	—
—	—	—	—	—	—	—	●	○
○	○	○	○	○	○	○	○	○
—	—	—	—	—	—	—	—	—
—	—	—	—	—	—	—	—	—
—	—	—	○ 計画	—	—	—	—	—
—	—	—	—	—	—	—	—	○
8	8	9	11	4	3	4	16	9

表2　東京都62区市町村「介護保

			総合介護条例案（市民法制局準備会）	介護保険条例準則（案）（厚生省）	千代田区
総　　則					
目　　的			○	—	○
定　　義			○	—	—
基本理念（尊厳。介護サービスを自ら選択、決定する権利。あらゆる分野の活動に参加する機会の保障）			○	—	○
基本理念（市民が施策の策定、実施及び評価の全般に関して参画し、及び意見を述べる機会を保障）			○	—	—
市（区・町村）の責務、または市長の責務			○	—	○
・介護の総合性、施策との整合性			○	—	—
介護サービス事業者の責務、役割、義務			○	—	○
市民の責務、役割、努力。権利			○	—	○
介護に関する総合的施策					
介護事業	介護事業一覧		○	—	—
介護事業	一般的施策に係る介護事業の実施に関する事項		○	—	—
介護事業	介護保険に係る介護事業の実施に関する事項	市町村特別給付及び保健福祉事業	○	○	○
介護事業	介護保険に係る介護事業の実施に関する事項	保険給付に係る支給限度基準額	○	○	—
介護事業	介護保険に係る介護事業の実施に関する事項	保　険　料	○	○	○
介護事業	介護保険に係る介護事業の実施に関する事項	介護認定審査会	○	○	○
介護事業サービスの事業基盤の整備に関する措置			○	—	—
・在・支など、サービスの確保・質の向上			○	—	—
・関連団体との連携、ＮＰＯ			○	—	—
・事業者への助言・指導			○	—	—
・介護サービス従事者の養成・処遇改善			○	—	—
介護サービス利用者の支援に関する措置			○	—	—
・対等性確保、事業者の情報開示			○	—	—
・権利擁護			○	—	—
相談及び苦情の解決のための体制整備に関する措置			○	—	—
情報提供その他の広報活動			○	—	—
総合介護計画*			○	—	—
総合介護市民協議会**			○	—	○
罰　　則			○	○	○
個人情報の保護			—	—	—
介護保険運営基金			—	—	○
区民（市民）参画			（○）再掲	—	—
オンブズマン			（○）再掲	—	—
計			27	5	11

豊島区	北区	荒川区	板橋区	練馬区	足立区	葛飾区	江戸川区	八王子市

—	—	○	—	○	○	—	—	—
○	—	—	—	—	—	—	—	—
—	—	○	—	—	—	—	—	—
—	—	—	—	—	—	—	—	—
○	—	○	○	○	—	—	—	—
—	—	—	—	—	—	—	—	—
○	—	○	—	○	—	—	—	—
○	—	■	—	—	—	—	—	—

—	—	—	—	—	—	—	—	—
—	—	—	—	—	—	—	—	—
—	—	—	—	—	—	—	—	—
—	—	—	—	—	—	—	—	—
○	○	○	○	○	○	○	○	○
○	○	○	○	○	○	○	○	○
—	—	—	—	—	○	—	—	—
—	—	—	—	—	—	—	—	—
○	—	—	—	—	—	—	—	—
—	—	—	—	—	—	—	—	—
—	—	—	—	—	—	—	—	—
—	—	—	—	—	—	—	—	—
—	—	—	—	—	—	—	—	—
—	—	—	—	—	—	—	—	—
○	—	—	—	—	—	—	—	○ 要望
○	—	—	—	—	—	—	—	—
—	—	—	—	—	○	—	—	—
—	○	—	—	○	○	●	—	●
○	○	○	○	○	○	○	○	○
—	—	—	—	—	—	—	—	—
—	—	—	—	—	—	—	—	—
—	—	—	—	—	—	—	—	—
—	—	—	○	○	—	○	—	○
10	4	8	5	8	7	5	3	6

			大田区	世田谷区	渋谷区	中野区	杉並区
総　則							
目　　的			—	○	○	—	—
定　　義			—	—	—	—	—
基本理念（尊厳。介護サービスを自ら選択、決定する権利。あらゆる分野の活動に参加する機会の保障）			—	—	○	○	○
基本理念（市民が施策の策定、実施及び評価の全般に関して参画し、及び意見を述べる機会を保障）			—	—	—	—	—
市（区・町村）の責務、または市長の責務			—	○	○	○	○
・介護の総合性、施策との整合性			—	—	—	—	—
介護サービス事業者の責務、役割、義務			—	—	○	○	○
市民の責務、役割、努力。権利			—	—	○	○	■
介護に関する総合的施策							
介護事業	介護事業一覧		—	—	—	—	—
	一般的施策に係る介護事業の実施に関する事項		—	—	—	—	—
	介護保険に係る介護事業の実施に関する事項	市町村特別給付及び保健福祉事業	—	—	—	○	—
		保険給付に係る支給限度基準額	—	—	—	—	—
		保 険 料	○	○	○	○	○
		介護認定審査会	○	○	○	○	○
介護事業サービスの事業基盤の整備に関する措置			—	—	—	—	—
・在、支など、サービスの確保・質の向上			—	—	—	—	—
・関連団体との連携、ＮＰＯ			—	—	—	—	—
・事業者への助言・指導			—	—	—	—	—
・介護サービス従事者の養成・処遇改善			—	—	—	—	—
介護サービス利用者の支援に関する措置			—	—	○	—	—
・対等性確保、事業者の情報開示			—	—	—	—	—
・権利擁護			—	—	○	—	—
相談及び苦情の解決のための体制整備に関する措置			—	○	○	—	—
情報提供その他の広報活動			—	—	—	—	—
総合介護計画*			—	—	—	—	—
総合介護市民協議会**			—	○	●	○	●
罰　　則			○	○	○	○	○
個人情報の保護			—	—	—	—	—
介護保険運営基金			—	—	—	○	—
区民（市民）参画			—	—	○	—	—
オンブズマン			—	—	—	○	—
計			3	7	13	11	8

昭島市	調布市	町田市	小金井市	小平市	日野市	東村山市	国分寺市	国立市
○	—	○	○	—	○	—	○	○
—	—	—	—	—	—	—	○	—
○	—	—	○	—	○	—	○	○
—	—	—	—	—	—	—	○	—
○	○	○ 市長	○	—	○	○	○ 市長	○
○	○	—	—	—	—	—	—	—
○	○	○	○	—	○	○	○	○
○	○	○ 被保険者	○	—	○	○	○	—
—	—	—	—	—	—	—	—	—
—	—	—	○	—	—	○	○	—
○	○	—	○	—	—	○	○	—
—	—	—	—	—	—	—	—	○
○	○	○	○	○	○	○	○	○
○	○	○	○	○	○	○	○	○
—	—	—	—	—	—	—	—	—
—	—	—	○	—	○	—	—	—
—	—	—	○	—	—	○	—	—
—	○	—	—	—	—	—	—	—
—	—	—	—	—	—	—	—	—
—	—	—	○	—	○	—	—	—
—	—	—	○	—	—	—	—	—
—	—	—	—	—	○	—	—	—
—	—	○	○	—	○	—	—	—
○	—	—	○	—	○	—	—	—
—	—	○	—	—	○	—	—	—
○	—	—	○	—	—	○	●	○
○	○	○	○	○	○	○	○	○
—	○	—	○	—	—	—	—	—
—	—	—	—	—	—	—	○	—
○	—	—	—	—	—	—	—	—
—	○	—	○	—	○	—	○	—
13	11	9	19	3	15	10	15	9

介護保険条例の構想

	立川市	武蔵野市	三鷹市	青梅市	府中市
総　則					
目　的	○	—	○	—	—
定　義	—	—	○	—	—
基本理念(尊厳。介護サービスを自ら選択、決定する権利。あらゆる分野の活動に参加する機会の保障)	○	—	○	—	—
基本理念(市民が施策の策定、実施及び評価の全般に関して参画し、及び意見を述べる機会を保障)	—	—	—	—	—
市(区・町村)の責務、または市長の責務	○	—	○	—	—
・介護の総合性、施策との整合性	○	—	—	—	—
介護サービス事業者の責務、役割、義務	○	—	○	—	—
市民の責務、役割、努力。権利	○	—	■	—	—
介護に関する総合的施策					
介護事業　介護事業一覧	○	—	—	—	—
介護事業　一般的施策に係る介護事業の実施に関する事項	○	—	○	—	—
介護事業　介護保険に係る介護事業の実施に関する事項　市町村特別給付及び保健福祉事業	—	○	—	—	○
介護事業　介護保険に係る介護事業の実施に関する事項　保険給付に係る支給限度基準額	—	—	—	—	—
介護事業　介護保険に係る介護事業の実施に関する事項　保険料	○	○	○	○	○
介護事業　介護保険に係る介護事業の実施に関する事項　介護認定審査会	○	—	○	○	○
介護事業サービスの事業基盤の整備に関する措置	—	—	—	—	—
・在・支など、サービスの確保・質の向上	—	—	○	—	—
・関連団体との連携、ＮＰＯ	—	—	○	—	—
・事業者への助言・指導	—	—	—	—	—
・介護サービス従事者の養成・処遇改善	—	—	—	—	—
介護サービス利用者の支援に関する措置	○	—	—	—	—
・対等性確保、事業者の情報開示	—	—	—	—	—
・権利擁護	○	—	—	—	—
相談及び苦情の解決のための体制整備に関する措置	○	—	○	—	—
情報提供その他の広報活動	○	—	○	—	—
総合介護計画*	○	—	—	—	—
総合介護市民協議会**	○	—	○	—	—
罰　則	○	○	○	○	○
個人情報の保護	—	—	—	—	—
介護保険運営基金	—	—	—	—	—
区民(市民)参画	—	—	○ 計画	—	—
オンブズマン	—	—	○	—	○
計	17	3	17	3	5

武蔵村山市	多摩市	稲城市	羽村市	あきる野市	日の出市	西東京市	瑞穂町	檜原村
—	○	○	—	—	—	○	—	—
—	—	—	—	—	—	—	—	—
—	—	—	—	—	—	—	—	—
—	○	—	—	—	—	—	—	—
—	○	○	—	—	—	○	—	—
—	○	—	—	—	—	○	—	—
—	○	○	—	—	—	○	—	—
—	○	○	—	—	—	○	—	—
—	—	—	—	—	—	—	—	—
—	—	—	—	—	—	—	—	—
—	—	○	—	—	—	—	—	—
—	—	—	—	—	—	—	—	—
○	○	○	○	○	○	○	○	○
○	○	○	○	○	○	○	○	○
—	—	—	—	—	—	—	—	—
—	—	○	—	—	—	—	—	—
—	—	—	—	—	—	—	—	—
—	—	—	—	—	—	—	—	—
—	—	—	—	—	—	—	—	—
—	—	○	—	—	—	—	—	—
—	—	○	—	—	—	—	—	—
—	—	○	—	—	—	—	—	—
—	—	○	—	—	—	○	—	—
—	—	○	—	—	—	○	—	—
—	—	○	—	—	—	—	—	—
○	●	○	—	—	—	●	—	—
○	○	○	○	○	○	○	○	○
—	—	—	—	—	—	—	—	—
—	—	—	—	—	—	—	—	—
—	—	—	—	—	—	—	—	—
—	○	—	—	—	—	—	—	—
4	11	16	3	3	3	11	3	3

			福生市	狛江市	東大和市	清瀬市	東久留米市
総　則							
目　　的			—	○	—	—	○
定　　義			—	—	—	—	—
基本理念(尊厳。介護サービスを自ら選択、決定する権利。あらゆる分野の活動に参加する機会の保障)			—	○	—	—	○
基本理念(市民が施策の策定、実施及び評価の全般に関して参画し、及び意見を述べる機会を保障)			—	○	—	—	—
市（区・町村）の責務、または市長の責務			—	○	—	—	○
・介護の総合性、施策との整合性			—	—	—	—	○
介護サービス事業者の責務、役割、義務			—	○	—	—	○
市民の責務、役割、努力。権利			—	○	—	—	○
介護に関する総合的施策							
介護事業	介護事業一覧		—	—	—	—	—
	一般的施策に係る介護事業の実施に関する事項		—	—	—	—	○
	介護保険に係る介護事業の実施に関する事項	市町村特別給付及び保健福祉事業	—	○	—	—	—
		保険給付に係る支給限度基準額	—	—	—	—	—
		保 険 料	○	○	○	○	○
		介護認定審査会	○	○	○	○	○
介護事業サービスの事業基盤の整備に関する措置			—	—	—	—	—
・在・支など、サービスの確保・質の向上			—	—	—	—	—
・関連団体との連携、ＮＰＯ			—	—	—	—	—
・事業者への助言・指導			—	—	—	—	—
・介護サービス従事者の養成・処遇改善			—	—	—	—	—
介護サービス利用者の支援に関する措置			—	—	—	—	—
・対等性確保、事業者の情報開示			—	—	—	—	—
・権利擁護			—	—	—	—	—
相談及び苦情の解決のための体制整備に関する措置			—	○	—	—	—
情報提供その他の広報活動			—	—	—	—	—
総合介護計画*			—	—	—	—	—
総合介護市民協議会**			—	●	—	—	○
罰　　則			○	○	○	○	○
個人情報の保護			—	○	—	—	—
介護保険運営基金			—	—	—	—	—
区民（市民）参画			—	—	—	—	—
オンブズマン			—	○	—	—	—
計			3	14	3	3	11

利島村	新島村	神津島村	三宅村	御蔵島	八丈町	青ヶ島村	小笠原村	計
—	—	—	—	—	—	—	—	25
—	—	—	—	—	—	—	—	4
—	—	—	—	—	—	—	—	20
—	—	—	—	—	—	—	—	4
—	—	—	—	—	—	—	—	32
—	—	—	—	—	—	—	—	7
—	—	—	—	—	—	—	—	28
—	—	—	—	—	—	—	—	26
—	—	—	—	—	—	—	—	1
—	—	—	—	—	—	—	—	7
—	—	—	○	—	—	—	—	15
—	—	—	—	—	—	—	—	2
○	○	○	○	○	○	○	○	62
○	○	○	○	○	○	○	○	61
—	—	—	—	—	—	—	—	1
—	—	—	—	—	—	—	—	6
—	—	—	—	—	—	—	—	4
—	—	—	—	—	—	—	—	2
—	—	—	—	—	—	—	—	0
—	—	—	—	—	—	—	—	6
—	—	—	—	—	—	—	—	2
—	—	—	—	—	—	—	—	6
—	—	—	—	—	—	—	—	15
—	—	—	—	—	—	—	—	10
—	—	—	—	—	—	—	—	5
○	—	—	—	○	○	—	—	29
○	○	○	○	○	○	○	○	62
—	—	—	—	—	—	—	—	4
—	—	—	—	—	—	—	—	3
—	—	—	—	—	—	—	—	4
—	—	—	—	—	—	—	—	14
4	3	3	4	4	4	3	3	

市民協議会　●は建議の文言あり。　注３：＊総合介護計画は、総合介護条例案を除いて、「介護保険事業
なる。以下以外はすべて「介護保険運営協議会」。目黒区「地域福祉審議会」、豊島区「介護保険事業推進会
会」、三鷹市「健康福祉審議会」、昭島市「介護保険推進協議会」、町田市「介護保険事業計画審議会」、狛江
るサービスの評価（第三者評価）の項目あり。

治体間で文言その他、相似しているものもみられた。

⑦「総合介護条例案」にはない項目（「介護保険運営基金」）を盛り込んでいる自治体もあった。

このように東京都の半数以上の自治体が介護保険の運営を見通して厚生省の「介護保険条例準則（案）」の内容を超えた介護保険条例をつくっていることがわかった（条例、条文に「総合介護条例案」が活用されていることがみてとれたことはうれしい発見である）。しかしながら、地方分権の推進に伴って二〇〇〇年四月から機関委任事務が廃

			奥多摩町	大島町
総則				
目的			—	○
定義			—	—
基本理念（尊厳。介護サービスを自ら選択、決定する権利。あらゆる分野の活動に参加する機会の保障）			—	○
基本理念（市民が施策の策定、実施及び評価の全般に関して参画し、及び意見を述べる機会を保障）			—	—
市（区・町村）の責務、または市長の責務			—	○
・介護の総合性、施策との整合性			—	—
介護サービス事業者の責務、役割、義務			—	○
市民の責務、役割、努力。権利			—	○
介護に関する総合的施策				
介護事業	介護事業一覧		—	—
	一般的施策に係る介護事業の実施に関する事項		—	—
	介護保険に係る介護事業の実施に関する事項	市町村特別給付及び保健福祉事業	—	○
		保険給付に係る支給限度基準額	—	—
		保険料	○	○
		介護認定審査会	○	○
介護事業サービスの事業基盤の整備に関する措置			—	—
・在・支など、サービスの確保・質の向上			—	○
・関連団体との連携、ＮＰＯ			—	—
・事業者への助言・指導			—	—
・介護サービス従事者の養成・処遇改善			—	—
介護サービス利用者の支援に関する措置			—	○
・対等性確保、事業者の情報開示			—	—
・権利擁護			—	○
相談及び苦情の解決のための体制整備に関する措置			—	○
情報提供その他の広報活動			—	—
総合介護計画*			—	—
総合介護市民協議会**			—	○
罰則			○	○
個人情報の保護			—	○
介護保険運営基金			—	—
区民（市民）参画			—	—
オンブズマン			—	—
計			3	15

注１：市民の責務　■は地域社会形成の文言あり。　注２：総合介護計画」。　注４：＊＊総合介護市民協議会は区市町村により名称が異議」、足立区「地域保健福祉推進協議会」、葛飾区「介護保険事業審議市「介護保険推進市民協議会」。　注５：千代田区は、介護保険に係

止され、自治体の仕事が自治体本来の仕事である自治事務と、国や県の仕事を行う法定受託事務に編成されるにともない、自治体の条例制定権は大幅に拡大したものの、東京都の三分の一強の自治体は「介護保険条例準則（案）」のままである。筆者も体験したことだが、介護保険課の担当者が「介護保険条例準則（案）」を超えて条例をつくろうとしたところ、条例担当の部署からは「条例とはそのようにつくるものではない」と反対されることがあるという。介護保険条例のみが自治体の方向性と離れてあるものではなく、条例制定の手法や内容は各自治体の「集権から分権自治へ」、「市民の参加」、「行政の透明性」などの進展と密接に関連していることがわかる。自治体自身が、時代の変化を踏え、どのような自治体でありたいかというビジョンをもつことが重要である。

2　名（条例）は、体（介護保険事業計画）をあらわすか

では、自治体による独自の介護保険条例づくりはその自治体の介護保険事業計画にいかされているのだろうか。また、介護保険条例準則案どおり、あるいはそれに近い介護保険条例をつくった自治体の介護保険事業計画はどのようなものなのだろうか（盛りこむべき項目については表3を参照）。

「介護保険事業計画」については、五六区市町村の「計画」に目を通した（ただし、うち概要版が五区一市。また二〇〇三年度から二〇〇七年度を計画期間とした第二期介護保険事業計画であるので、第一期計画にくらべて内容は改善されている可能性が高い。一区一市四村については入手できず）。

紙幅の関係で具体的な内容の紹介はできないが、その結果は次の通りである。

①　介護保険条例に書き込まれている項目は、介護保険事業計画に盛り込まれている。

表3　国の基本方針と市町村・都道府県の計画

（2000年4月施行時）

基本方針（国）	市町村介護保険事業計画	都道府県介護保険事業支援計画
①介護給付等対象サービスを提供する体制の確保に関する基本的事項 在宅重視等の体制／各要介護者等の個別介護需要の把握／都道府県が定める区域（地域）設定の考え方／サービス提供体制・人材確保の考え方等	①各年度の介護給付等対象サービスの種類ごとの量の見込み	①都道府県が定める区域（地域）ごとの、各年度の介護保険施設の種類ごとの必要入所定員総数等、介護給付等対象サービスの量の見込み
②市町村介護保険事業計画で対象サービスの種類ごとの量の見込みを定めるに当たり参考にするべき標準等の、市町村・都道府県の計画作成に関する事項 現状・目標年度の要介護者等の把握／介護需要の把握等	②上記①の見込み量の確保のための方策 具体的な整備計画／サービス事業者の誘致等／サービス事業者の確保方策等	②介護保険施設等の、介護給付等対象サービスを提供するための施設の整備に関する事項
③その他の保険給付の円滑な実施を確保するために必要な事項 事業費の見込み方／被保険者の意見を反映させるために必要な措置等	③指定居宅サービス事業者・指定居宅介護支援事業者間の連携確保に関する事業等の、サービスの円滑な提供を図るための事業に関する事項	③介護支援専門員等の、介護サービス従事者の確保と質の向上に資する事業に関する事項
	④その他の保険給付の円滑な実施を確保するために市町村が必要と認める事項 介護需要掘り起こしや介護サービス利用に結びつけるための方策／事業費の見込み／都道府県単独事業等	④介護保険施設相互間の連携の確保に関する事業等の、介護給付等対象サービスの円滑な提供を図るための事業に関する事項
		⑤その他の保険給付の円滑な実施を支援するために都道府県が必要と認める事項

＊「介護保険事業計画」は、5年を1期として、3年ごとに見直されることになっている。計画の策定のときと同じように、見直しの際にも市民参加が大切と考えられる。

②　介護保険条例に書き込まれている項目は、介護保険事業計画に盛り込まれているが、その内容については、項目が掲載されその説明がなされているだけのものから、項目を実施するための施策が具体的に書かれているものまでばらつきがある。

③　「介護保険条例準則（案）」どおり、あるいはそれに近い介護保険条例をつくった自治体の介護保険事業計画にもみるべき内容が盛り込まれているものがある。ただしそれには、「介護保険事業計画」が単独で策定されている場合と、「高齢者保健福祉計画」や「障害者計画」と連動して策定されている場合がある。

④　介護保険事業計画をみると、自治体や介護サービス提供事業者、市民が相互に対話をしているか、また彼らが介護サービスを必要としている市民の顔を見ているかどう

か、声を聴いているかどうかがわかる。地域の行政、サービス提供事業者、関係機関、医療機関、市民団体など関係者同士が連携しているかどうかも見えてくる。市民の生活自立支援に熱心な自治体は、介護保険条例の内容に関わりなく、「計画」が充実している自治体もある。つまり、介護保険が始まってから介護サービスに熱心になったのではなく、それ以前から地域ケアに力をいれて取り組んでいる自治体が多い。

以上のことから、介護保険条例に目的や基本理念、制度運営の原則、担い手の責務、権利擁護やサービスの質の向上、サービス評価、責任ある開かれた推進体制など制度の実効性ある運営のための項目を盛り込んだ自治体の介護保険事業計画は、介護サービスのよりよい実施を目指すものになっている傾向は強いといってよい。

四　サービス保障は地域社会の連帯からという課題

介護保険制度の設計・運営について、行政のあり方に関心を持つ人々は「地方分権の試金石」であるという側面に注目した。一方、福祉分野の人々は「家族介護から社会的介護」へ、「措置制度から契約方式」へという側面に着目した。総合介護条例案づくりはその両者を併せて、なおかつ、地域生活を支える介護施策全体について検討しようというものであった。

自治体の条例づくりに間にあわせようと急いだこともあり、「総合介護条例案」では全体像の提起はできたと思うが、個々の内容については十分な検討ができなかった。また、所得保障中心の社会保障のあり様から現物保障（サービス保障）、ひいては制度もつつみこんだ地域社会の連帯に移行する課題とステップが十分に議論できなかったことが残念である。どのような大転換が求められているのかを行政、介護サービス事業者、関連機関、市民が共有していない

表4　サービス保障の枠組みと移行の課題（例示）

	所得保障	サービス保障	移行の課題
目　的	保護・防貧	生活自立支援	社会の変化に敏感
対象領域	経済生活	生活の質	自己決定・当事者エンパワメント・パートナーシップ・まちづくりの視点
装　置	国中心	自治体中心	分権自治の仕組みと職員の質向上
判断基準	生活費	身体・精神・社会生活力の状況	専門家の確保と質の向上・職業としての確立
仕　事	所得・資産・労働能力の把握	人権・尊厳の確保、ニーズ把握、支援の質の向上、サービス基盤整備、評価の実施	企画・コーディネート能力など
仕事の単位	個　人	チーム	コミュニケーション・マネジメント能力
担い手	公務員	公務員、事業者、市民団体、市民	ビジョンの共創、共有
政策決定・運営・評価	国・自治体	関係者・団体・自治体	場づくり・「場」の運営・市民参画の条件整備

ことが、今日なお、介護保険の見直し議論が財政問題から発想される原因にもなっているし、自立支援の議論と実践が深まらない問題につながっていると思われるからである。

その点について、ここで改めて考えてみたい。表4は、現行の介護保険を中心に介護サービス保障の枠組みを考える際に検討すべき事項と、移行に必要とされる課題を示している（例示）。移行の課題は本来は、当事者、介護者、事業者、関連機関、行政、市民にとっての共通課題とそれぞれの課題にわけて考える必要がある。

ところで、なぜ自治体は厚生省の準則通りの条例を作成し、自分たちのまちの介護の現場を見ながら発想するようにならないのであろうか。自治体では長い間、所得保障中心の考え方により仕事が進められてきたが、所得保障では所有、「お金を持つ」ことが焦点となるが、その保障によって、どのような暮らしの質が確保出来るかということが最重点課題ではなかったのではないだろうか。現物保障は、もちろん老人福祉法のもとでも実施されていた。しかしながら、それは行政処分・措置であり、制度の始まりは低所得者対策であり、制度の仕組みとしてはサービスの量や種類を一方的に行政が決めるということであった。まだそのころの仕事の仕方と頭が切り替わっていないのではないか、という疑問すらもたざるをえない。介護の質、働いている人のさまざまな条件、サービス利用者のニーズの把握等が不可欠であることを考えないと、保険者の仕事としては不十分であるということに思いを至す必要がある。

「所得保障の時代」の自治体と「サービス保障の時代」の自治体の仕事の最大の違いは、仕事の内容が、所得や所有の水準を問題にしていたことから、人間の意欲や生活思想、人間関係、ライフスタイルを取り扱わなくてはならなくなったことである。そのためには、自治体には地方分権自治への対応（政策形成や企画、マネジメント、評価能力の獲得、情報公開、市民参画への上達）、専門家とのネットワーク、市民活動団体・ＮＰＯなど地域資源との協議やネットワークなどについての開発とそれらの継続的な改革が求められる。また、市民には、地域社会の構成メンバーとしての行動が期待されていることはいうまでもない。

五　おわりに

「介護保険条例ワークショップ」は、介護保険法にもとづく条例づくりの経験であった。その意味からいうと、現在実践されているような自治基本条例やまちづくり条例づくり、市民活動支援条例づくりのように、一から市民がつくりあげる条例を作る試みではない。ただし、自治体が介護保険の保険者になることは初めてであり、モデルのないものであると同時に、気づけば気づくだけ、自由裁量の余地がある条例づくりでもあった。また、介護保険をよいものにしたいというメンバーが取り組んだものであり、通常、立法過程で生じるような激しい利害や立場の対立を調整する必要はなかった。ただし、一〇〇名も人が集まれば当然のことながら、意見や立場の相違はあり、その内容と一致点への着地の模様は、『総合介護条例のつくり方』（前出）に詳しい。誠心誠意議論をして妥協するプロセスの大切さがよくわかるワークショップであった。

ワークショップやその後の介護保険の運営を通して、よく思い出す書物がある。スウェーデンの中学教科書『あなた自身の社会』（アーネ・リンドクウィスト、ヤン・ウェステル、川上邦夫訳、新評論、一九九七年）である。この教科書の特徴の一つは、「社会は自分たちの手で変革できることを教えている」ことだという。「社会を動かしているあらゆる制度や規則は、異なった見解を持つ人々の妥協の結果として存在している。もし、より多くの支持者を獲得できるなら、それを変えることが可能になる。この可能性を強調することを通じて、子どもたちに、社会は自らがつくり変えていくものであるとのメッセージを伝えて」おり、「学校の任務は『生徒に、将来を築くという困難な事業への楽観的な展望をあたえること』」であるとされているという（訳者まえがき）。

法律や条例づくりにかかわることはこのようなプロセスを経験することである。社会に必要なルールを考えることとは自分の暮らしや生きている社会に関心をもつことである。市民参画型の法律・条例づくりの意味や意義が法律家の間でもっと認識され、生活場面の課題解決に向けて立法の専門家と市民がドッキングすることを期待したい。またそのためには、立法の専門家とともに、問題を発見し課題を見つけ、解決に向けた提言と運動に結びつける市民のチームが立法の専門家と出会う場が必要である。立法化の活動プロセスを経たときには、その理念と目的と方法を手の内に入れ、実効性に結びつける人々が存在するという法律や条例のつくりかたが今後もますます必要であろう。

＊　共にワークショップを担って下さった皆様と、本稿を草するにあたって資料収集のお手伝いをして下さった小竹雅子さん、井上双葉さんにお礼申し上げます。

資料Ⅰ　○○市総合介護条例案　（＊この条例は、△△県○○市の条例という設定で立案されている）

目次

第一章　総則

（目的）

第一条　この条例は、介護が、市民の共同連帯の理念に基づき社会全体で担われるべきものであり、介護を必要とする者の選択によってその利用する介護サービスの内容が決定されるものとする介護保険法（平成九年法律第百二十三号）等による新たな制度的仕組みに対応するとともに、介護を取り巻く諸状況を踏まえつつこの新たな制度的仕組みをより一層拡充していくことが基礎的な地方公共団体である○○市にとっての緊要の課題であることにかんがみ、介護に関する基本理念を定め、市等の責務を明らかにするとともに、市の行う介護に関する総合的施策及び総合介護計画に関する基本的事項並びに総合介護市民協議会に関し必要な事項を定めること等により、市民の意見を適切に反映しながら介護に関する施策を総合的かつ計画的に推進し、もって○○市民の福祉の増進及び市民生活の安定向上を図ることを目的とする。

（定　義）

第二条　この条例において「介護」とは、身体上若しくは精神上の障害又は加齢に伴って生ずる心身の変化に起因する疾病等による日常生活上の困難に対して、その能力に応じ自立した日常生活を営むことができるようにするために行われるあらゆる支援をいう。

（基本理念）

第三条　すべて市民は、個人としての尊厳が重んじられ、その家族の有無、介護を必要とする状態の程度その他の社会的、経済的、身体的又は精神的状態にかかわらず、その尊厳にふさわしい自立した日常生活を営むことができるよう、介護に関する役務の提供その他のサービス（以下「介護サービス」という。）を利用する権利を有するものとする。

2　すべて市民は、介護サービスを利用するに当たっては、その内容等について十分な説明を受けた上で、その利用しようとする介護サービスを自ら選択し、決定する権利を有するものとする。

3　すべて市民は、社会を構成する一員として、介護を要する状態の程度その他の社会的、経済的、身体的又は精神的状態にかかわらず、社会、経済、文化その他あらゆる分野の活動に参加する機会が保障されるものとする。

第四条　すべて市民は、住民自治の本旨に基づき、市の介護に関する施策の策定、実施及び評価の全般に関して参画し、及び意見を述べる機会が保障されるものとする。

（市の責務）

第五条　市は、前二条の基本理念（以下「基本理念」という。）にのっとり、介護に関する施策を総合的に策定し、及びこれを実施する責務を有する。

2　市は、介護に関する施策を策定し、及び実施するに当たっては、特に次に掲げる事項に配慮しなければならない。

一　この条例に定める施策は市民が希望と安心に満ちた生活を営むことができるための基礎的なものであることを十分に認識し、その不断の努力及び創意工夫によって、これをより一層拡充していくこと。

二　介護サービスに関する事業を行う者（以下「介護サービス事業者」という。）の創意工夫を尊重するとともに、その営利主義等による弊害に対しては、この条例に定めるところにより、適切な指導等を行うこと。

三　この条例に基づく介護に関する施策とまちづくりその他の市の施策全般との整合性に留意しながら、それらの施策相互間において有機的な連携のとれた総合的かつ計画的な施策とすること。

四　この条例に定める市民参画に関する規定を十分に活用するとともに、その趣旨について職員その他の関係者に周知徹底させること。

3　市は、前二項の責務を果たすために講じようとする介護に関する施策が国又は県の処理すべき事務に関連するものであり、その相互の連携が必要であると認めるときは、当該施策に関する事務を担任する各大臣又は△△県知事に対して、積極的に意見を申し出、又は意見書を提出するものとする。

（介護サービス事業者の責務）

第六条　介護サービス事業者は、基本理念にのっとり、その事業を行うに当たっては、市の実施する介護に関する施策に積極的に協力しなければならない。

2　介護サービス事業者は、その事業を行うに当たっては、特に次に掲げる事項を遵守しなければならない。
一　介護サービスを利用する者（以下「介護サービス利用者」という。）に対して、その提供しようとする介護サービスの内容等について十分な説明をした上で、明確な同意を得ること。
二　介護サービスの提供に当たっては、介護サービス利用者及びその家族等のプライバシーに配慮するとともに、介護サービスの提供の過程その他その業務遂行上知り得たこれらの者の秘密を厳格に保持すること。
三　介護サービスの提供に際して生じた事故及び介護サービス利用者等からの苦情に対しては、これに誠実に対応し、解決すること。

（市民の責務）
第七条　市民は、基本理念を尊重するよう努めなければならない。

第二章　介護に関する総合的施策

第一節　介護事業

第一款　介護事業の種類

第八条　市は、法令及びこの条例に定めるところにより、介護に関する事業（介護を要する状態にある者に対する支援事業のほか、介護を要する状態にない高齢者等の社会参加のための事業等の予防的な事業を広く含むものとする。以下「介護事業」という。）として、次に掲げる事業を行う。
一　一般的施策に係る介護事業（次号から第四号に定める介護事業以外の介護事業をいう。次条において同じ。）
イ　……（略）……
ロ　……（略）……
二　法定給付
イ　介護保険法第十八条第一号に規定する介護給付
①　居宅介護サービス費の支給
②　特例居宅介護サービス費の支給
③　居宅介護福祉用具購入費の支給
④　居宅介護住宅改修費の支給
⑤　居宅介護サービス計画費の支給
⑥　特例居宅介護サービス計画費の支給
⑦　施設介護サービス費の支給
⑧　特例施設介護サービス費の支給
⑨　高額介護サービス費の支給
ロ　介護保険法第十八条第二号に規定する予防給付
①　居宅支援サービス費の支給
②　特例居宅支援サービス費の支給
③　居宅支援福祉用具購入費の支給
④　居宅支援住宅改修費の支給
⑤　居宅支援サービス計画費の支給
⑥　特例居宅支援サービス計画費の支給
⑦　高額居宅支援サービス費の支給
三　介護保険法第十八条第三号に規定する市町村特別給付
イ　……（略）……
ロ　……（略）……
四　介護保険法第百七十五条に規定する保健福祉事業
イ　介護者等（介護保険法第百七十五条に規定する介護者等をいう。以下同じ。）に対する介護方法の指導その他の介護者等の支援のための事業（第十二条において「介護者等支援事業」という。）
①……（略）……
②……（略）……
ロ　介護保険の被保険者が要介護状態（介護保険法第七条第一項に規定する要介護状態をいう。）となることを予防するための事業（第十二条において「要介護状態予防事業」という。）
①……（略）……
②……（略）……
ハ　指定居宅サービス（介護保険法第四十一条第一項に規定する指定居宅サービスをいう。）及び指定居宅介護支援（同法第四十六条第一項に規定する指定居宅介護支援をいう。）の事業並びに介護保険施設（同法第七条第十九項に規定する介護保険施設をいう。）の運営その他の同法による保険給付のために必要な事業（第十二条において「介護保険施設運営事業」という。）
①……（略）……
②……（略）……
ニ　市は、介護保険の被保険者が利用する介護給付等対象サービス（介護保険法第二十四条第二項に規定する介護給付等対象サービスをいう。）等のための費用に係る資金の貸付けその他の必要な事業（第十二条において「資金貸付けその他の事業」という。）
①……（略）……
②……（略）……

第二款　一般的施策に係る介護事業の実施に関する事項

（一般的施策の内容）

第九条　前条第一号に掲げる一般的施策に係る介護事業の実施は、次に掲げるところによる。
一　……（略）……
二　……（略）……

（規則への委任）

第十条　前条に定めるもののほか、一般的施策に係る介護事業の実施に関し必要な事項は、規則で定める。

第三款　介護保険に係る介護事業の実施に関する事項

第一目　市町村特別給付及び保健福祉事業

（市町村特別給付）

第十一条　第八条第三号に掲げる市町村特別給付の支給は、次に掲げるところによる。
一　……（略）……
二　……（略）……

（保健福祉事業）

第十二条　第八条第四号に掲げる保健福祉事業の実施は、次に掲げるところによる。
一　介護者等支援事業
イ　……（略）……
ロ　……（略）……
二　要介護状態予防事業

イ　……（略）……

ロ　……（略）……

三　介護保険施設運営事業

イ　……（略）……

ロ　……（略）……

四　資金貸付けその他の事業

イ　……（略）……

ロ　……（略）……

（規則への委任）

第十三条　前二条に定めるもののほか、市町村特別給付及び保健福祉事業の実施に関し必要な事項は、規則で定める。

第二目　保険給付に係る支給限度基準額

（居宅介護サービス費区分支給限度基準額）

第十四条　次の表の上欄に掲げる居宅サービス区分に係る介護保険法（以下この款において「法」という。）第四十三条第三項の居宅介護サービス費区分支給限度基準額は、同条第二項の規定により厚生大臣が定める同条第一項の居宅介護サービス費区分支給限度基準額に代えて、同表の中欄に掲げる要介護状態区分ごとに、同表の下欄に掲げる額とする。

居宅サービス区分	要介護状態区分	額
訪問通所サービス区分	要介護一	〇〇、〇〇〇円
	要介護二	〇〇、〇〇〇円
	要介護三	〇〇、〇〇〇円
	要介護四	〇〇、〇〇〇円
	要介護五	〇〇、〇〇〇円
短期入所サービス区分	要介護一	〇〇、〇〇〇円
	要介護二	〇〇、〇〇〇円
	要介護三	〇〇、〇〇〇円
	要介護四	〇〇、〇〇〇円
	要介護五	〇〇、〇〇〇円

2　短期入所サービス区分に係る法第四十三条第一項に規定する厚生省令で定める期間が六月以外の月数であるときは、前項の規定にかかわらず、短期入所サービス区分に係る同項の表の下欄に掲げる額を六で除して得た額に当該月数を乗じて得た額（当該額に〇円未満の端数が生じたときは、当該端数を〇円に切り上げるものとする。）をもって、法第四十三条第三項の居宅介護サービス費区分支給限度基準額とする。

（居宅介護サービス費種類支給限度基準額）

第十五条　次の表の上欄に掲げる居宅サービスの種類に係る法第四十三条第四項の居宅介護サービス費種類支給限度基準額は、同表の中欄に掲げる要介護状態区分ごとに、同表の下欄に掲げる額とする。

居宅サービスの種類	要介護状態区分	額
〇〇〇〇	要介護一	〇〇、〇〇〇円
	要介護二	〇〇、〇〇〇円
	要介護三	〇〇、〇〇〇円
	要介護四	〇〇、〇〇〇円
	要介護五	〇〇、〇〇〇円
〇〇〇〇	要介護一	〇〇、〇〇〇円

要介護二	○○、○○○円
要介護三	○○、○○○円
要介護四	○○、○○○円
要介護五	○○、○○○円

（居宅介護福祉用具購入費支給限度基準額）

第十六条　法第四十四条第六項の居宅介護福祉用具購入費支給限度基準額は、同条第五項の規定により厚生大臣が定める同条第四項の居宅介護福祉用具購入費支給限度基準額に代えて、○、○○○円とする。

（居宅介護住宅改修費支給限度基準額）

第十七条　法第四十五条第六項の居宅介護住宅改修費支給限度基準額は、同条第五項の規定により厚生大臣が定める同項第四項の居宅介護住宅改修費支給限度基準額に代えて、○、○○○円とする。

（居宅介護サービス費等の額の特例）

第十八条　法第五十条の規定により読み替えられた同条各号に定める規定に規定する市町村が定める割合は、百分の○○とする。

（居宅支援サービス費区分支給限度基準額）

第十九条　次の表の上欄に掲げる居宅サービス区分に係る法第五十五条第三項の居宅支援サービス費区分支給限度基準額は、同条第二項の規定により厚生大臣が定める同条第一項の居宅支援サービス費区分支給限度基準額に代えて、同表の下欄に掲げる額とする。

居宅サービス区分	額
訪問通所サービス区分	○○、○○○円
短期入所サービス区分	○○、○○○円

2　第十四条第二項の規定は、前項の短期入所サービス区分に係る居宅支援サービス費支給限度基準額について準用する。

（居宅支援サービス費種類支給限度基準額）

第二十条　次の表の上欄に掲げる居宅サービスの種類に係る法第五十五条第四項の居宅支援サービス費種類支給限度基準額は、同表の下欄に掲げる額とする。

居宅サービスの種類	額
○○○○	○○、○○○円
○○○○	○○、○○○円

（居宅支援福祉用具購入費支給限度基準額）

第二十一条　法第五十六条第六項の居宅支援福祉用具購入費支給限度基準額は、同条第五項の規定により厚生大臣が定める同項第四項の居宅支援福祉用具購入費支給限度基準額に代えて、○、○○○円とする。

（居宅支援住宅改修費支給限度基準額）

第二十二条　法第五十七条第六項の居宅支援住宅改修費支給限度基準額は、同条第五項の規定により厚生大臣が定める同項第四項の居宅支援住宅改修費支給限度基準額に代えて、○、○○○円とする。

（居宅支援サービス費等の額の特例）

第二十三条　法第六十条の規定により読み替えられた同条各号に定める規定に規定する市町村が定める割合は、百分の〇〇とする。

第三目　保険料

（保険料率）

第二十四条　平成〇年度から平成〇年度までの各年度における保険料率は、次の各号に掲げる第一号被保険者（法第九条第一号に規定する第一号被保険者をいう。以下同じ。）の区分に応じ、それぞれ当該各号に定める額とする。

一　介護保険法施行令（平成十年政令第四百十二号。以下この目において「令」という。）第三十八条第一項第一号に掲げる者　〇、〇〇〇円

二　令第三十八条第一項第二号に掲げる者　〇、〇〇〇円

三　令第三十八条第一項第三号に掲げる者　〇、〇〇〇円

四　令第三十八条第一項第四号に掲げる者　〇、〇〇〇円

五　令第三十八条第一項第五号に掲げる者　〇、〇〇〇円

2　平成〇年度から平成〇年度までの令第三十八条第一項第四号の基準所得金額は、同条第六項ただし書の規定により、〇万円とする。

（普通徴収に係る納期等）

第二十五条　普通徴収（法第百三十一条に規定する普通徴収をいう。以下同じ。）の方法によって徴収する保険料の納期（以下「納期」という。）は、法第百三十三条の規定により、次のとおりとする。

第一期	四月一日から同月三十日まで
第二期	七月一日から同月三十一日まで
第三期	十月一日から同月三十一日まで
第四期	一月一日から同月三十一日まで

2　市長は、前項に規定する納期によることが困難であると認める第一号被保険者については、同項の規定にかかわらず、その納期を別に定めることができる。この場合において、市長は、当該第一号被保険者及びその連帯納付義務者に対して、その別に定めた納期を通知しなければならない。

3　市長は、次条の規定により保険料の額の算定を行ったときは、前二項の規定にかかわらず、別に納期を定め、これを当該算定に係る第一号被保険者及びその連帯納付義務者に対して、通知しなければならない。

4　前三項の規定により定められた納期ごとの分割金額に百円未満の端数があるとき又はその分割金額が百円未満であるときは、その端数金額又はその全額は、最初の納期に係る分割金額に合算するものとする。

（賦課期日後に第一号被保険者の資格の取得又は喪失等があった場合の取扱い）

第二十六条　保険料の賦課期日（法第百三十条に規定する保険料の賦課期日をいう。以下同じ。）後に第一号被保険者の資格を取得した場合における当該第一号被保険者に係る保険料の額の算定は、当該被保険者資格を取得した日の属する月から月割をもって行う。

2　保険料の賦課期日後に第一号被保険者の資格を喪失した場合における当該被保険者に係る保険料の額の算定は、第一号被保険者の資格を喪失した日の属する月の前月まで月割をもって行う。

3　保険料の賦課期日後に令第三十八条第一項第一号イ（同号イに規定する老齢福祉年金の受給権を有するに至った者及び同号イ　に規定する者を除く。）、同号ロ若しくはハ、第二号ロ、第三号ロ又は第四号ロに該当するに至った第一号被保険者（第一項に規定する者を除く。）に係る保険料の額は、当該該当するに至った日の属する月の前月まで月割により算定した当該第一号被保険者に係る保険料の額と当該該当するに至った日の属する月から同項第一号、第二号、第三号又は第四号に規定する者として月割により算定した保険料の額との合算額とする。

4　前三項の規定により算定された当該年度における保険料の額に〇円未満の端数が生ずる場合は、これを切り捨てるものとする。

（保険料の額の通知）

第二十七条　市長は、保険料の額を定めたときは、これを、速やかに、第一号被保険者及びその連帯納付義務者に通知しなければならない。その額に変更があったときも、同様とする。

（保険料の督促手数料）

第二十八条　保険料の督促手数料は、督促状一通につき〇円とする。

（延滞金）

第二十九条　保険料の納付義務者は、納期限（納期の末日をいう。以下同じ。）後にその保険料を納付する場合においては、その納付する保険料の額に、その納期限の翌日から納付の日までの期間に応じて当該保険料の額に年〇パーセントの割合を乗じて得た金額に相当する延滞金の額を加えた金額を納付しなければならない。ただし、延滞金の額が十円未満である場合においては、この限りでない。

2　前項の規定により延滞金の額を算定する場合においては、その乗ずる割合は、閏年の日を含む期間についても、納期限の翌日から納付の日までの期間の三百六十五日に対する割合をもって計算するものとする。

（保険料の徴収猶予）

第三十条　市長は、保険料の納付義務者が次の各号のいずれかに該当することによりその納付すべき保険料の全部又は一部を一時に納付することができないと認める場合においては、当該保険料の納付義務者の申請により、その納付することができないと認められる金額を限度として、〇月以内の期間を限って、その保険料の徴収を猶予することができる。

一　第一号被保険者又はその属する世帯の生計を主として維持する者が、震災、風水害、火災その他これらに類する災害により、住宅、家財又はその他の財産について著しい損害を受けたこと。

二　第一号被保険者の属する世帯の生計を主として維持する者が死亡したこと又はその者が心身に重大な障害を受け、若しくは長期間入院したことにより、その者の収入が著しく減少したこと。

三　第一号被保険者の属する世帯の生計を主として維持する者の収入が、事業又は業務の休廃止、事業における著しい損失、失業等により著しく減少したこと。

四　第一号被保険者の属する世帯の生計を主として維持する者の収入が、干ばつ、冷害、凍霜害等による農作物の不作、不漁その他これらに類する理由により著しく減少したこと。

2　前項の規定により保険料の徴収猶予を受けようとする者は、納期限前〇日までに、次に掲げる事項を記載した申請書に徴収猶予を必要とする理由を証明する書類を添付して、これを市長に提出しなければならない。
一　被保険者及び主たる生計維持者の氏名及び住所
二　納期限及び保険料の額
三　徴収猶予を必要とする理由

（保険料の減免）

第三十一条　市長は、保険料の納付義務者が前条第一項各号のいずれかに該当する場合であって、その程度が甚大であり、かつ、その者から保険料を徴収することが適当でないと認められるときは、当該保険料の納付義務者の申請により、その保険料を減免することができる。

2　前項の規定により保険料の減免を受けようとする者は、納期限前七日までに、次に掲げる事項を記載した申請書に減免を受けようとする理由を証明する書類を添付して、これを市長に提出しなければならない。
一　被保険者及び主たる生計維持者の氏名及び住所
二　納期限及び保険料
三　減免を受けようとする理由

3　第一項の規定により保険料の減免を受けた者は、当該保険料の減免の事由となった前条第一項各号の事由がすべて消滅したときは、直ちに、その旨を市長に申告しなければならない。

第三十二条　市長は、前条第一項に規定する場合のほか、保険料の納付義務者が次の各号に該当するときは、当該保険料の納付義務者の申請により、その保険料を減免することができる。
一　……（略）……（※ここに、減免の対象となる「低所得者」の要件を規定することになる。）
二　……（略）……

2　前項の規定による保険料の減免の申請手続その他必要な事項は、規則で定める。

（保険料に関する申告）

第三十三条　第一号被保険者は、毎年度○月○日まで（保険料の賦課期日後に第一号被保険者の資格を取得した者にあっては、当該資格を取得した日から○日以内）に、規則で定めるところにより、その所得状況並びに当該第一号被保険者の属する世帯の世帯主及び世帯員のうち当該年度分の市民税を課税された者の有無及びその数その他規則で定める事項を記載した申告書を、市長に提出しなければならない。

第四目　介護認定審査会

（委員の定数）

第三十四条　法第十四条の規定により市に設置される介護認定審査会（以下「認定審査会」という。）に係る法第十五条第一項に規定する委員の定数は、○○人とする。

（議事要録の作成等及び資料の整理保存）

第三十五条　認定審査会は、規則で定めるところにより、その審査判定業務（法第三十八条第二項に規定する審査判定業務をいう。次項において同じ。）に係る議事の内容を記載した議事要録を作成しなければならない。

2　認定審査会は、規則で定めるところにより、前項の規定により作成した議事要録及びその行った審査判定業務に関する資料（以下「認定資料」という。）を整理し、保管しておかなければならない。

（自己情報の開示請求）
第三十六条 何人も、認定審査会に対し、その保管する自己に係る認定資料の開示の請求（以下「開示請求」という。）をすることができる。
2 本人の家族その他の規則で定める者は、本人に代わって、開示請求をすることができる。
3 認定審査会は、開示請求があったときは、次条第一項に掲げる場合を除き、開示請求をした者に対し、当該開示請求に係る認定資料について開示をしなければならない。

（認定資料の不開示）
第三十七条 認定審査会は、開示請求に係る認定資料が次のいずれかに該当すると認めるときは、当該認定資料の全部又は一部について開示をしないことができる。
一 法令及び条例で定めるところにより、開示をすることができないと認められる情報が含まれているとき。
二 第三者に関する情報が含まれている場合であって、開示をすることにより、当該第三者の正当な権利利益を害するおそれがあるとき。
三 その他開示をすることにより、著しく公益を害することとなるとき。
2 認定審査会は、前項の規定により認定資料の全部又は一部について開示をしない旨の決定をしたときは、その旨及び理由を記載した書面を開示請求をした者に交付しなければならない。

（規則への委任）
第三十八条 この目に定めるもののほか、認定審査会の組織及び運営並びに認定資料の開示に関し必要な事項は、規則で定める。

第二節 介護サービスの事業基盤の整備に関する措置

第三十九条 市は、介護を要する状態にある者に対してその必要とする介護サービスが円滑かつ効率的に提供されるよう、次に掲げる措置その他の介護サービスの事業基盤の整備を推進するために必要な措置を講ずるよう努めなければならない。
一 在宅介護支援センターの再構築による活用その他介護サービスに関する施設の整備に関する措置
二 介護サービス事業者の連絡協議会の設置その他介護サービス事業者に対する助言及び指導等に関する措置（特に、介護サービスを提供する非営利団体に対しては、その活動に係る情報の提供、活動の拠点となる共同オフィスの提供、地方税の均等割の減免、補助金の交付その他の財政的支援の措置を含むものとすること。）
三 介護支援専門員その他の介護サービスに従事する者の養成、処遇の改善、資質の向上、就業の促進等に関する措置
2 市は、前項の措置を講ずるに当たっては、県及び隣接する市町村との連携を密にするとともに、相互の意見及び情報の交換を通じて、その助言及び適切な援助を得るようにするものとする。

第三節 介護サービス利用者の支援に関する措置

（対等性の確保のための措置）
第四十条 市は、介護サービス利用者と市及び介護サービス事業者との間の対等な関係を確保するため、次に掲げる措置その他

必要な措置を講ずるものとする。
一　要介護認定（介護保険法第十九条第一項に規定する要介護認定をいう。）及び要支援認定（同条第二項に規定する要支援認定をいう。）に係る調査を行う職員（同法第二十七条第二項の規定により当該調査の委託を受けた指定居宅介護支援事業者等を含む。）の調査業務の遂行に際して従うべき事務処理要領を作成し、これに従った調査業務を遂行させること。
二　介護サービス利用者と介護サービス事業者との間で締結される介護サービスの提供に係る契約に関して、その規準となるべき標準約款を作成し、これを介護サービス事業者に提示する等適切な指導等を行うこと。
三　前号に定めるもののほか、介護サービス事業者の情報開示に関する標準指針を作成し、これを介護サービス事業者に提示する等適切な指導等を行うこと。

2　前項第一号の事務処理要領には、少なくとも、調査に当たって介護サービス利用者に対して説明しなければならない調査の趣旨及び内容等に関する事項、介護サービス利用者に交付する書類に関する事項、介護サービス利用者の同意に関する手順等に関する事項に関する記載がなければならないものとする。
3　第一項第二号の標準約款は、……（略）……
4　第一項第三号の標準指針は、……（略）……

（福祉権利擁護制度）
第四十一条　市は、介護サービス利用者と市及び介護サービス事業者との間の対等な関係を確保するため、前条に掲げる措置のほか、規則で定めるところにより、次項各号に掲げる事項を内容とする制度（以下この条において「福祉権利擁護制度」という。）を設けるものとする。
2　前項の規則には、次に掲げる事項を盛り込むものとする。
一　その対象者については、少なくとも、痴呆性高齢者、知的障害者、精神障害者その他の者で、自己決定能力が低下していることにより自己の能力のみでは種々の介護サービスを適切に利用することが困難であると認められるものを含むものとすること。
二　その支援の内容については、介護サービスの利用等に関する援助（介護サービスに関する情報の提供及び助言、介護サービスの利用の申込み及びその利用料の支払等の代行及び同行、介護サービスに関する苦情等についての援助等をいう。）及びその援助に関する自立支援プログラムの策定に関する事項その他必要な事項を含むものとすること。
三　前号の支援業務を職務とする専任の職員を置くものとすること。
四　第一号に定める対象者に係る介護サービスに関する契約の締結の適正さを確認するとともに、福祉権利擁護制度の適正な運営を確保するための機関を設置するものとすること。

（準　用）
第四十二条　前二条の措置を講ずるに当たっては、第三十九条第二項の規定を準用する。

第四節　相談及び苦情の解決のための体制整備に関する措置

（相談窓口）
第四十三条　市は、介護サービスに関して、介護サービス利用者又はその家族、介護サービス事業者その他の者からの相談又は苦情に対応し、これを解決するための機関（以下「相談窓口」という。）を設置しなければならない。

2　相談窓口は、これを利用する者の利便、市の地理的条件その他の事情を勘案し、規則で定める区域ごとに設置するものとする。

（相談員）

第四十四条　前条の相談窓口には、専任の相談員を置くものとする。

2　相談員は、相談又は苦情を受けた場合には、その内容を記載した書面及び面接による聞取り調査等に基づき、国民健康保険団体連合会及び県の担当部局並びに消費者問題に関する機関等と連携をとりながら、その相談又は苦情の迅速な解決に当たるものとする。

3　相談員は、その取り扱った相談及び苦情について、その内容を整理した上で、随時、総合介護市民協議会に報告しなければならない。

第五節　情報提供その他の広報活動

（情報提供のための措置）

第四十五条　市は、介護サービス利用者が正確かつ十分な情報を得た上で介護サービスを選択することができるよう、その保有する介護サービス事業者に関する情報について、積極的に市民に提供するために必要な措置を講じなければならない。

（その他の広報活動）

第四十六条　市は、その発行する広報誌への掲載、研修会及び講習会の開催その他の広報活動を通じて、基本理念について市民及び介護サービス事業者等の関心と理解を深めるとともに、市の実施する介護に関する施策に対して市民及び介護サービス事業者等の協力が得られるよう努めなければならない。

第三章　総合介護計画

（策　定）

第四十七条　市は、地方自治法（昭和二十二年法律第六十七号）第二条第四項に定める基本構想に即して、前章に規定する介護に関する総合的施策を計画的かつ体系的に実施するための計画（以下「総合介護計画」という。）を定めるものとする。

2　総合介護計画は、老人福祉法（昭和三十八年法律第百三十三号）第二十条の八に規定する市町村老人福祉計画、老人保健法（昭和五十七年法律第八十号）第四十六条の十八に規定する市町村老人保健計画及び介護保険法第百十七条に規定する市町村介護保険事業計画と一体のものとして作成しなければならない。

3　総合介護計画においては、次に掲げる事項を定めるものとする。

一　介護に関する施策の基本方針及び基本目標

二　前号の基本目標を達成するための具体的方策及び年度ごとの目標値

三　障害者の介護に関して講じようとする施策に関する事項

四　前項に規定する市町村老人福祉計画及び市町村老人保健計画に定めるものとされている事項（同項に規定する市町村介護保険事業計画に定めるものとされている事項を含む。）

五　前各号に掲げるもののほか、介護に関する施策及びこれに関連する地域福祉に関する施策に関し重要な事項

4　前項第二号の具体的方策及び年度ごとの目標値を定めるに当たっては、実施しようとする個別の事務事業及びその施策全体の達成度を客観的に評価できるようにするため、あらかじめ、具体的な指標による目標値を設定するようにしなければならな

い。

（総合介護市民協議会への諮問等）

第四十八条　市は、総合介護計画を策定し、又はこれを変更しようとするときは、あらかじめ、総合介護市民協議会に諮問して、その意見を聴かなければならない。

２　市は、前項に定める手続のほか、総合介護計画の策定及び変更に当たっては、市民会議の開催その他市民の多様な意見を反映させるための措置を講じなければならない。

（公　表）

第四十九条　市は、総合介護計画を策定し、又はこれを変更したときは、遅滞なく、その要旨を公表しなければならない。

（規則への委任）

第五十条　この章に定めるもののほか、総合介護計画の策定及び変更に関し必要な事項は、規則で定める。

第四章　総合介護市民協議会

第一節　目的及び設置

第五十一条　介護に関する施策の企画立案、実施及び評価が、基本理念にのっとり、市民の意見を十分に反映しながら円滑かつ適切に行われることに資するため、地方自治法（昭和二十二年法律第六十七号）第百三十八条の四第三項に規定する市長の附属機関として、総合介護市民協議会（以下「協議会」という。）を置く。

第二節　所掌事務及び権限

（所掌事務）

第五十二条　協議会は、次に掲げる事項について調査審議する。

一　第四十八条第一項の規定に基づき市長より諮問を受けた総合介護計画の策定又は変更に関する事項

二　介護サービスに関する相談及び苦情の解決に関する事項

三　介護に関する施策に関する事務事業の評価及び当該施策に係る政策評価（以下「総合的行政評価」という。）に関する事項

四　前三号に掲げるもののほか、市の介護に関する施策の実施状況の監視その他介護に関する施策に関する重要事項

（相談及び苦情の解決）

第五十三条　協議会は、第四十四条第三項の規定により相談員から報告を受けたときは、当該報告に係る相談及び苦情への対応及びその解決の方法、内容等について、速やかに、調査審議をするものとする。

２　前項の規定による調査審議の結果必要があると認めるときは、協議会は、相談員の対応及びその解決の方法、内容等について市長に意見を述べることができるとともに、国民健康保険団体連合会及び都道府県の担当部局と連携をとりながら、その相談又は苦情に係る介護サービスの提供をした介護サービス事業者に対して是正の措置その他必要な措置を講ずるよう勧告することができる。

３　協議会は、前項の規定により勧告をした場合において、当該勧告を受けた介護サービス事業者がこれに従わなかったときは、その旨を市長に対して通知するものとする。

4　市長は、前項の通知を受けたときは、当該通知に係る者の氏名又は名称及びその者が勧告に従わなかった旨を公表することができる。

（総合的行政評価）

第五十四条　第五十二条第三号の規定により協議会が行う総合的行政評価を実効性のあるものとするため、市長は、あらかじめ、協議会に対して、第四十七条第四項の規定を踏まえつつできる限り具体的な指標による評価の基準を示すよう努めなければならない。

2　前項の規定に基づいて示された評価の基準に対して、協議会は、市長に対して改善その他の意見を述べることができる。

3　協議会は、第一項の評価の基準に基づいて、少なくとも、毎年一回、市の介護に関する施策について総合的行政評価を行い、市長に対し、その結果を報告するとともに、改善すべき事項について勧告をするものとする。

4　市長は、前項の規定による報告及び勧告を受けたときは、遅滞なく、その要旨を公表しなければならない。

（調査権）

第五十五条　協議会は、その所掌事務を遂行するため必要があると認めるときは、市長及び介護サービス事業者その他の関係者に対して、資料の提出、意見の開陳、説明その他の必要な協力を求めることができる。

2　協議会は、その所掌事務を遂行するため特に必要があると認めるときは、市の介護に関する施策の運営状況に関し、市長及びその補助機関たる職員を調査し、又は委員にこれを調査させることができる。

（意見の具申）

第五十六条　協議会は、第五十二条の規定により調査審議した結果必要があると認めるときは、同条各号に掲げる事項に関して、市長に意見を述べることができる。

（勧告及びその尊重義務等）

第五十七条　協議会は、第五十四条第三項の規定による場合のほか、第五十二条の規定により調査審議した結果必要があると認めるときは、同条各号に掲げる事項に関して、市長に対して勧告をすることができる。

2　市長は、前項又は第五十四条第三項の規定による勧告を受けたときは、これを尊重しなければならない。

3　市長は、第一項又は第五十四条第三項の規定による勧告を受けたときは、規則で定めるところにより、毎年一回、当該勧告に基づいて講じた措置について、協議会に報告しなければならない。

第三節　組織及び運営

（組　織）

第五十八条　協議会は、委員○人以内をもって組織する。

2　委員は、次の各号に掲げる者のうちから、それぞれ当該各号に定める数の範囲内において、市長が任命する。

一　市民　○人

二　介護に関し学識又は経験を有する者　○人

三　介護サービスに関する事業に従事する者　○人

3　委員の任期は○年とする。ただし、補欠の委員の任期は、前任者の残任期間とする。

4　委員は、再任されることができる。ただし、第二項第一号の委員については、連続して二期を超えてはならない。
5　市長は、第二項第一号の委員を任命するに当たっては、できるだけ市民各層の幅広い意見が反映されるよう、公募制その他の適切な方法によって選任されるようにしなければならない。

（会長及び副会長）
第五十九条　協議会に、会長一人及び副会長○人を置き、委員の互選によって選任する。
2　会長は、会務を総理し、協議会を代表する。
3　副会長は、会長の定めるところにより、会長を補佐し、会長に事故があるときは、あらかじめ会長が定める職務の範囲及び職務代行の順序に従ってその職務を代行する。

（専門委員）
第六十条　協議会に、専門の事項を調査させるため、専門委員を置くことができる。
2　専門委員は、介護に関して学識又は経験を有する者のうちから、協議会の推薦に基づいて、市長が任命する。
3　専門委員は、当該専門の事項に関する調査が終了したときは、解任されるものとする。

（部　会）
第六十一条　協議会は、協議会規則で定めるところにより、第五十二条第一号から第三号までに掲げる事務に関して、次に掲げる部会を設けることができる。
一　総合介護計画部会
二　総合行政評価部会
三　相談苦情解決部会
2　部会に所属する委員及び専門委員は、協議会規則で定めるところにより、会長が指名する。
3　前項の委員の指名に当たっては、会長を除く委員は少なくとも一つの部会に所属するものとし、かつ、第五十八条第二項各号に掲げる者ごとの各部会に所属する委員の比率ができるだけ均衡のとれたものとなるように配慮しなければならない。
4　第一項の規定により部会を設けた場合においては、この条例に定める協議会の権限は、協議会規則で定めるところにより、部会に委任することができる。

（会　議）
第六十二条　協議会は、会長が招集する。
2　協議会は、会長及び過半数の委員の出席がなければ、これを開き、議決をすることができない。
3　協議会の議事は、出席した委員の過半数を持って決し、可否同数のときは、会長の決するところによる。

（守秘義務）
第六十三条　協議会の委員及び専門委員は、職務上知り得た秘密を漏らしてはならない。その職を退いた後も、同様とする。

（審議公開の原則）
第六十四条　協議会（部会が設置された場合には、部会を含む。以下同じ。）の審議は、公開するものとする。
2　個人のプライバシーに対する配慮その他公開しないことにつき合理的理由があるものとして協議会規則に定める事由に該当するとき又は協議会において特に公開しない旨の議決をしたときは、前項の規定にかかわらず、その審議を公開しないことができる。

(市民の意見の反映)

第六十五条　協議会は、調査審議をするに当たっては、公聴会を開く等できるだけ市民その他の者の幅広い多様な意見を聴くよう努めなければならない。

第四節　雑　則

(協議会規則への委任)

第六十六条　この章に定めるもののほか、協議会の組織及び運営に関し必要な事項は、協議会規則で定める。

第五章　罰　則

第六十七条　正当な理由がなくて、第六十三条の規定に違反して秘密を漏らした者は、一年以下の懲役又は三万円以下の罰金に処する。

第六十八条　次の各号の一に該当する者は、十万円以下の過料に処する。

一　介護保険法（以下次条までにおいて「法」という。）第十二条第一項本文の規定による届出をせず（同条第二項の規定によりその第一号被保険者の属する世帯の世帯主から届出がなされた場合を除く。）、又は虚偽の届出をした者

二　法第三十条第一項後段、第三十一条第一項後段、第三十四条第一項後段、第三十五条第六項後段、第六十六条第一項若しくは第二項又は第六十八条第一項の規定により被保険者証の提出を求められてこれに応じない者

三　正当な理由がなくて、法第二百二条第一項の規定により文書その他の物件の提出若しくは提示を命ぜられてこれに従わず、又は同項の規定による当該職員の質問に対して答弁せず、若しくは虚偽の答弁をした者

第六十九条　偽りその他不正の行為により保険料その他法の規定による徴収金（納付金及び法第百五十七条第一項に規定する延滞金を除く。）の徴収を免れた者は、その徴収を免れた金額の五倍に相当する金額以下の過料に処する。

第七十条　次の各号の一に該当する者は、五万円以下の過料に処する。

一　第三十三条の規定による申告書を提出せず、又は虚偽の申告書を提出した者

二　第五十五条第二項の規定による協議会（第六十一条第四項の規定により、その権限の委任を受けた部会を含む。）又はその委員の調査を拒み、妨げ、又は忌避した者

附　則

(施行期日)

1　この条例は、平成十二年四月一日から施行する。ただし、次の各号に掲げる規定は、それぞれ当該各号に掲げる日から施行する。

一　第一章及び第二章第五節の規定　公布の日

二　第二章第二節から第四節までの規定並びに附則第三項及び第四項の規定　平成十二年四月一日までの範囲内において規則で定める日

(〇〇市介護認定審査会の委員の定数等を定める条例等の廃止)

2　次に掲げる条例は、廃止する。

一　○○市介護認定審査会の委員の定数等を定める条例（平成十一年条例第○○○号）

二　……（略）……

（相談員による協議会への報告に関する経過措置）

3　附則第一項ただし書第二号に掲げる規定の施行の日からこの条例の施行の日までの間に相談員が取り扱った相談及び苦情についての第四十四条第三項の規定の適用については、同項中「随時」とあるのは、「この条例の施行後遅滞なく」とする。

（市民の意見の反映に関する経過措置）

4　附則第一項ただし書第二号に掲げる規定の施行の日からこの条例の施行の日までの間に、同号に掲げる規定に基づく施策を策定し、又は実施するに当たっては、市は、市民会議の開催その他市民の多様な意見を反映させるための措置を講ずるものとする。

（経過的自立支援サービス）

5　この条例施行の際現に介護保険法施行法（平成九年法律第百二十四号）第二十条の規定による改正前の老人福祉法第十条の四の規定による居宅における介護等の措置又は同法第十一条第一項第二号の規定による特別養護老人ホームへの入所の措置その他規則で定める措置（以下次項までにおいて「従前の措置」という。）の対象となっている者で、次の各号に掲げるものに対しては、当分の間、経過的自立支援サービスを給付する。

一　この条例及び介護保険法の施行によって、第八条各号に規定する介護事業として市の行う介護サービス（以下次項までにおいて「新サービス」という。）のうち従前の措置に相当するサービスの対象とされなくなる者

二　この条例及び介護保険法の施行後も、引き続き、新サービスのうち従前の措置に相当するサービスの対象とされる者であって、新サービスとして提供される役務その他のサービスの内容が従前の措置として提供されていた役務その他のサービスの内容と比べて劣ることとなるもの

6　前項の経過的自立支援サービスの給付内容は、次に掲げるとおりとする。

一　前項第一号に掲げる者に対して給付する経過的自立支援サービスは、従前の措置に相当する新サービスを一定の期間引き続いて利用すること（介護保険法施行法第十三条の規定による経過措置の対象となる者にあっては、当該経過措置に係る部分を除く。）ができるようにするとともに、当該期間経過後に退所等をするに当たって、その住居、衣食、生活支援サービスその他の日常生活の需要を満たすために必要なものを準備すること等を支援すること。

二　前項第二号に掲げる者に対して給付する経過的自立支援サービスは、従前の措置と同程度のサービスを一定の期間引き続いて利用することができるようにするとともに、当該期間経過後においてそのサービスの内容が変化することにより被る日常生活上の支障を取り除くこと等を支援すること。

7　前二項に掲げるもののほか、経過的自立支援サービスの給付要件、給付の金額その他のサービスの内容その他必要な事項は、規則で定める。

資料Ⅱ　厚生省の「介護保険条例準則（案）」　＊原文は横書き

目次

第一章　この市（区、町、村）が行う介護保険

（この市（区、町、村）が行う介護保険）

第一条　この市（区、町、村）が行う介護保険については、法令に定めがあるもののほか、この条例の定めるところによる。

第二章　介護認定審査会

（介護認定審査会の委員の定数）

第二条　何市（区、町、村）が介護認定審査会（以下「認定審査会」という。）の委員の定数は、何人とする。

（規則への委任）

第三条　法令及びこの条例に定めるもののほか、認定審査会に関し必要な事項は、規則で定める。

第三章　保険給付

（居宅介護サービス費等に係る区分支給限度基準額）

＊第四条　介護保険法（平成九年法律第百二十三号。以下「法」という。）第四十三条第二項の規定により厚生大臣が定める額にかかわらず、次の表の上欄に掲げる居宅サービス区分に係る居宅介護サービス費区分支給限度基準額は、同表の中欄に掲げる要介護状態区分ごとに、同表の下欄に掲げる額とする。※１

居宅サービス区分	要介護状態区分	額
訪問通所サービス区分	要介護一	何円
	要介護二	何円
	要介護三	何円
	要介護四	何円
	要介護五	何円
短期入所サービス区分	要介護一	何円
	要介護二	何円
	要介護三	何円
	要介護四	何円
	要介護五	何円

２　短期入所サービス区分に係る前項の表の下欄に掲げる額は、短期入所サービス区分に係る法第四十三条第一項に規定する厚

生省令で定める期間が六月間である場合の額とし、当該期間がそれ以外の月数間である場合は、当該額を六で除して得た額を当該月数で乗じて得た額（何円未満の端数が生じた場合は当該端数を切り上げるものとする。）を居宅介護サービス費区分支給限度基準額とする。

（居宅介護サービス費等に係る種類支給限度基準額）

＊第五条　次の表の上欄に掲げる居宅サービスの種類に係る居宅介護サービス費種類支給限度基準額は、同表の中欄に掲げる要介護状態区分ごとに、同表の下欄に掲げる額とする。

居宅サービスの種類	要介護状態区分	額
何々	要介護一	何円
	要介護二	何円
	要介護三	何円
	要介護四	何円
	要介護五	何円

（居宅介護福祉用具購入費に係る支給限度基準額）

＊第六条　居宅介護福祉用具購入費支給限度基準額は、法第四十四条第五項の規定により厚生大臣が定める額にかかわらず、何円とする。

（居宅介護住宅改修費に係る支給限度基準額）

＊第七条　居宅介護住宅改修費支給限度基準額は、法第四十五条第五項の規定により厚生大臣が定める額にかかわらず、何円とする。

（居宅支援サービス費等に係る区分支給限度基準額）

＊第八条　法第五十五条第二項の規定により厚生大臣が定める額にかかわらず、次の表の上欄に掲げる居宅サービス区分に係る居宅支援サービス費区分支給限度基準額は、同表の下欄に掲げる額とする。

居宅サービス区分	額
訪問通所サービス区分	何円
短期入所サービス区分	何円

2　第四条第二項の規定は、前項に規定する短期入所サービス区分に係る居宅支援サービス費支給限度基準額について準用する。

（居宅支援サービス費等に係る種類支給限度基準額）

＊第九条　次の表の上欄に掲げる居宅サービスの種類に係る居宅支援サービス費種類支給限度基準額は、同表の下欄に掲げる額とする。

居宅サービスの種類	額
何々	何円

（居宅支援福祉用具購入費に係る支給限度基準額）

＊第十条　居宅支援福祉用具購入費支給限度基準額は、法第五十六条第五項の規定により厚生大臣が定める額にかかわらず、何円とする。

（居宅支援住宅改修費に係る支給限度基準額）

＊第十一条　居宅支援住宅改修費支給限度基準額は、法第五十七条第五項の規定により厚生大臣が定める額にかかわらず、何円とする。

（市町村特別給付）
＊第十二条　この市（区、町、村）は、次の各号に掲げる種類の市町村特別給付を行う。
一　何々費の支給
（二）
2　前項各号に規定する市町村特別給付費の支給は、次に掲げるところによるものとする。
一　何々費の支給については、何々とする。
（二）

第四章　保健福祉事業

（保健福祉事業）※2
＊第十三条　この市（区、町、村）は、介護者等に対する介護方法の指導その他の介護者等の支援のために次に掲げる事業を行う。
一　何々
（二）
2　この市（区、町、村）は、被保険者が要介護状態となることを予防するために次に掲げる事業を行う。
一　何々
（二）
3　この市（区、町、村）は、指定居宅サービス及び指定居宅介護支援の事業並びに介護保険施設の運営その他の保険給付のために次に掲げる事業を行う。※3
一　何々
（二）
4　この市（区、町、村）は、被保険者が利用する介護給付等対象サービス等のための費用に係る資金の貸付けその他の次に掲げる事業を行う。
一　何々
（二）
＊第十四条　前条に定めるもののほか、保健福祉事業に関して必要な事項は、別にこれを定める。

第五章　保険料

（保険料率）
第十五条　平成何年度から平成何年度までの各年度における保険料率は、次の各号に掲げる第一号被保険者の区分に応じそれぞれ当該各号に定める額とする。※4
一　介護保険法施行令（平成十年政令第四百十二号。以下「令」という。）第三十八条第一項第一号に掲げる者　何円
二　令第三十八条第一項第二号に掲げる者　何円
三　令第三十八条第一項第三号に掲げる者　何円
四　令第三十八条第一項第四号に掲げる者　何円
五　令第三十八条第一項第五号に掲げる者　何円※5
＊2　平成何年度から平成何年度までの令第三十八条第一項第四号の基準所得金額は、令第三十八条第六項の規定に基づく介護保険法施行規則（平成十一年厚生省令第三十六号。以下「規則」という。）第百四十三条の規定にかかわらず、何万円とする。
※6
一　令第三十九条第一項第一号に掲げる者　何円
二　令第三十九条第一項第二号に掲げる者　何円
三　令第三十九条第一項第三号に掲げる者　何円
四　令第三十九条第一項第四号に掲げる者　何円

五　令第三十九条第一項第五号に掲げる者　何円
六　令第三十九条第一項第六号に掲げる者　何円
2　平成何年度から平成何年度までの令第三十九条第一項第四号イの市町村の定める額は、何万円とする。
3　平成何年度から平成何年度までの令第三十九条第一項第五号イの市町村の定める額は、何万円とする。

（普通徴収に係る納期）
第十六条　普通徴収に係る保険料の納期（以下「納期」という。）は、次のとおりとする。
第一期　四月一日から同月三十日まで
第二期　七月一日から同月三十一日まで
第三期　十月一日から同月三十一日まで
第四期　一月一日から同月三十一日まで
（第　条　保険料は、毎月末日までに納付しなければならない。）※7
2　前項に規定する納期によりがたい第一号被保険者に係る納期は、市（区、町、村）長が別に定めることができる。この場合において、市（区、町、村）長は、当該第一号被保険者（及び連帯納付義務者）※8に対しその納期を通知しなければならない。
3　次条の規定により保険料の額の算定を行ったときは、納期を定め、これを通知しなければならない。
4　納期ごとの分割金額に百円未満の端数があるとき、又はその分割金額が百円未満であるときは、その端数金額又はその全額は、すべて最初の納期に係る分割金額に合算するものとする。

（賦課期日後において第一号被保険者の資格取得、喪失等があった場合）
第十七条　保険料の賦課期日後に第一号被保険者の資格を取得した場合における当該第一号被保険者に係る保険料の額の算定は、当該被保険者資格を取得した日の属する月から月割りをもって行う。
2　保険料の賦課期日後に第一号被保険者の資格を喪失した場合における当該被保険者に係る保険料の額の算定は、第一号被保険者の資格を喪失した日の属する月の前月まで月割りをもって行う。
3　保険料の賦課期日後に令第三十八条第一項第一号イ（同号に規定する老齢福祉年金の受給権を有するに至った者及びに係る者を除く。）、ロ及びハ、第二号ロ、第三号ロ又は第四号ロに該当するに至った第一号被保険者（第一項に規定する者を除く。）に係る保険料の額は、当該該当するに至った日の属する月の前月まで月割りにより算定した当該被保険者に係る保険料の額と当該該当するに至った日の属する月から令第三十八条第一項第一号、第二号、第三号又は第四号に規定する者として月割りにより算定した保険料の額の合算額とする。※9
※10
3　保険料の賦課期日後に令第三十九条第一項第一号イ（同号に規定する老齢福祉年金の受給権を有するに至った者及びに係る者を除く。）ロ及びハ、第二号ロ、第三号ロ、第四号ロ並びに第五号ロに該当するに至った第一号被保険者（第一項に規定する者を除く。）に係る保険料の額は、当該該当するに至った日の属する月の前月まで月割りにより算定した当該被保険者に係る保険料の額と当該該当するに至った日の属する月から令第三十九条第一項第一号、第二号、第三号、第四号又は第五号に規定する者として月割りにより算定した保険料の額の合算額とする。
4　前三項の規定により算定された当該年度における保険料の額

に何円※11未満の端数が生じる場合は、これを切り捨てるものとする。

（普通徴収の特例）

＊**第十八条**　※12　保険料の算定の基礎に用いる市（区、町、村）民税の課税非課税の別又は地方税法（昭和二十五年法律第二百二十六号）第二百九十二条第一項第十三号に規定する合計所得金額が確定しないため当該年度分の保険料を確定することができない場合においては、その確定する日までの間に限り、当該第一号被保険者について、その者の前年度の保険料を当該年度の納期の数で除して得た額（市（区、町、村）長が必要と認める場合においては、当該額の範囲内において市（区、町、村）長が定める額とする。）を、それぞれの納期に係る保険料として普通徴収する。

2　前項の規定によって保険料を賦課した場合において、当該保険料額が当該年度分の保険料額に満たないこととなるときは、当該年度分の保険料が確定した日以後においてその不足額を徴収し、すでに徴収した保険料が当該年度分の保険料額をこえることとなるときは、その過納額を還付し、又は当該被保険者の未納に係る徴収金に充当する。

（普通徴収の特例に係る保険料額の修正の申出等）

＊**第十九条**　前条第一項の規定によって保険料を賦課した場合において、当該年度分の保険料が前年度の保険料額の二分の一に相当する額に満たないこととなると認められるときは、同項の規定によって保険料を普通徴収されることとなる者は、同項の規定により算定された保険料額について、地方自治法第二百三十一条の規定による納入の通知の交付を受けた日から三十日以内に市（区、町、村）長に同項の規定によって徴収される保険料額の修正を申し出ることができる。

2　前項の規定による修正の申出があった場合において、当該申出について相当の理由があると認められるときは、市（区、町、村）長は、当該年度分の保険料額の見積額を基礎として、前条第一項の規定によって徴収する保険料額を修正しなければならない。

（保険料の額の通知）

第二十条　保険料の額が定まったときは、市（区、町、村）長は、すみやかに、これを第一号被保険者（及び連帯納付義務者）に通知しなければならない。その額に変更があったときも、同様とする。

（保険料の督促手数料）

第二十一条　保険料の督促手数料は、督促状一通につき何円とする。

（延滞金）

第二十二条　保険料の納付義務者は、納期限後にその保険料を納付する場合においては、当該納付金額に、その納期限の翌日から納付の日までの期間に応じ、当該金額につき年何パーセントの割合をもって計算した金額に相当する延滞金額を加算して納付しなければならない。ただし、延滞金額が十円未満である場合においては、この限りでない。

2　前項に規定する年当たりの割合は、閏年の日を含む期間についても、三百六十五日当たりの割合とする。

（保険料の徴収猶予）

第二十三条　市（区、町、村）長は、次の各号のいずれかに該当することによりその納付すべき保険料の全部又は一部を一時に納付することができないと認める場合においては、納付義務者の申請によって、その納付することができないと認められる金額を限度として、六カ月（何カ月）以内の期間を限って徴収猶予することができる。

一　第一号被保険者又はその属する世帯の生計を主として維持する者が、震災、風水害、火災その他これらに類する災害により、住宅、家財又はその他の財産について著しい損害を受けたこと。

二　第一号被保険者の属する世帯の生計を主として維持する者が死亡したこと、又はその者が心身に重大な障害を受け、若しくは長期間入院したことにより、その者の収入が著しく減少したこと。

三　第一号被保険者の属する世帯の生計を主として維持する者の収入が、事業又は業務の休廃止、事業における著しい損失、失業等により著しく減少したこと。

四　第一号被保険者の属する世帯の生計を主として維持する者の収入が、干ばつ、冷害、凍霜害等による農作物の不作、不漁その他これに類する理由により著しく減少したこと。

2　前項の申請をする者は、次に掲げる事項を記載した申請書に徴収猶予を必要とする理由を証明すべき書類を添付して、市（区、町、村）長に提出しなければならない。

一　被保険者及び主たる生計維持者の氏名及び住所

二　納期限及び保険料の額

三　徴収猶予を必要とする理由

（保険料の減免）

第二十四条　市（区、町、村）長は、次の各号のいずれかに該当する者このうち必要があると認められるものに対し、保険料を減免する。

一　第一号被保険者又はその属する世帯の生計を主として維持する者が、震災、風水害、火災その他これらに類する災害により、住宅、家財又はその他の財産について著しい損害を受けたこと。

二　第一号被保険者の属する世帯の生計を主として維持する者が死亡したこと、又はその者が心身に重大な障害を受け、若しくは長期間入院したことにより、その者の収入が著しく減少したこと。

三　第一号被保険者の属する世帯の生計を主として維持する者の収入が、事業又は業務の休廃止、事業における著しい損失、失業等により著しく減少したこと。

四　第一号被保険者の属する世帯の生計を主として維持する者の収入が、干ばつ、冷害、凍霜害等による農作物の不作、不漁その他これに類する理由により著しく減少したこと。

2　前項の規定によって保険料の減免を受けようとする者は、納期限前七日までに次に掲げる事項を記載した申請書に減免を受けようとする理由を証明する書類を添付して、市（区、町、村）長に提出しなければならない。

一　被保険者及び主たる生計維持者の氏名及び住所

二　納期限及び保険料

三　減免を受けようとする理由

3　第一項の規定によって保険料の減免を受けた者は、その理由が消滅した場合においては、ただちにその旨を市（区、町、村）長に申告しなければならない。

（保険料に関する申告）

第二十五条　第一号被保険者は、毎年度何月何日まで（保険料の賦課期日後に第一号被保険者の資格を取得した者は、当該資格を取得した日から何日以内）に、第一号被保険者本人の所得状況並びに当該者の属する世帯の世帯主及び世帯員の市町村民税の課税者の有無その他市（区、町、村）長が必要と認める事項を記載した申告書を市（区、町、村）長に提出しなければならない。

別案（同意書方式をとる場合）

（保険料に関する申告等）

第二十五条　第一号被保険者は、毎年度何月何日まで（保険料の賦課期日後に第一号被保険者の資格を取得した者は、当該資格を取得した日から何日以内）に、第一号被保険者本人の所得状況並びに当該者の属する世帯の世帯主及び世帯員の市町村民税の課税者の有無その他市（区、町、村）長が必要と認める事項を記載した申告書を市（区、町、村）長に提出しなければならない。

2　第一号被保険者は、前項の規定により提出する申告書に、当該者の属する世帯の世帯員からの市町村民税の課税の別に関して税務部局に報告を求めることについての同意書又は世帯員に係る課税証明書を添付しなければならない。

3　前項に規定する書類の提出のない第一号被保険者の属する世帯の世帯員については、市町村民税が課税されているものとみなして第十五条（保険料率）の規定を適用する。

第六章　罰　則

第二十六条　この市（区、町、村）は、第一号被保険者が法第十二条第一項本文の規定による届出をしないとき（同条第二項の規定により当該第一号抜保険者の属する世帯の世帯主から届出がなされたときを除く。）又は虚偽の届出をしたときは、その者に対し、十万円以下の過料を科する。

第二十七条　この市（区、町、村）は、法第三十条第一項後段、法第三十一条第一項後段、法第三十四条第一項後段、法第三十五条第六項後段、法第六十六条第一項若しくは第二項又は法第六十八条第一項の規定により被保険者証の提出を求められてこれに応じない者に対し十万円以下の過料を科する。

第二十八条　この市（区、町、村）は、被保険者、第一号被保険者の配偶者若しくは第一号被保険者の属する世帯の世帯主又はこれらであった者が正当な理由なしに、法第二百二条第一項の規定により文書その他の物件の提出若しくは提示を命ぜられてこれに従わず、又は同項の規定による当該職員の質問に対して答弁せず、若しくは虚偽の答弁をしたときは、十万円以下の過料を科する。

第二十九条　この市（区、町、村）は、偽りその他不正の行為により保険料その他この法律の規定による徴収金（法第百五十条第一項に規定する納付金及び法第百五十七条第一項に規定する延滞金を除く。）の徴収を免れた者に対し、その徴収を免れた金額の五倍に相当する金額以下の過料を科する。

第三十条　前四条の過料の額は、情状により、市（区、町、村）長が定める。

2　前四条の過料を徴収する場合において発する納額告知者に指定すべき納期限は、その発布の日から起算して十日以上を経過した日とする。

附　則

（施行期日）

第一条　この条例は、平成十二年四月一日から施行する。ただし、次条の規定は、公布日から施行する。

（平成十二年度における特別徴収の仮徴収の額）

＊**第二条**　この市の行う介護保険に係る介護保険法施行法第十六条第三項に規定する平成十二年度における介護保険料の特別徴収の仮徴収の額は、介護保険法施行規則第　　　条の規定にかかわらず、何円とする。

（平成十二年度における普通徴収の特例）

＊**第三条**　平成十二年度の保険料の普通徴収について第十八条の規定を適用する場合においては、同条中「その者の前年度の保険料を当該年度の納期の数で除して得た額」とあるのは「何円」とする。

（関係条例の廃止）

第四条　何市（区、町、村）介護認定審査会の委員の定数等を定める条例（平成十一年何市（区、町、村）条例第　　　号）は、廃止する。

＊2　何市（区、町、村）の平成十二年度における介護保険料の特別徴収の仮徴収の額に係る条例（平成十一年何市（区、町、村）条例第　　　号）は、廃止する。

＊注釈

※1　第四条、第六条、第七条、第八条、第十条、第十一条の規定は、法第四十三条第三項等の規定により、いわゆる「上乗せ条例」を定める市町村及び介護保険法施行法第一条の規定により経過的居宅給付支給限度基準額を定める特定市町村について規定する必要がある。なお、経過的居宅給付支給限度基準額を法定居宅給付支給限度基準額に対する割合によって定める場合には以下のように規定することが想定される。

〈規定例〉

第四条　法第四十三条第二項の規定により厚生大臣が定める額にかかわらず、次の表の上欄に掲げる居宅サービス区分に係る居宅介護サービス費区分支給限度基準額は同表の下欄に掲げる割合を法第四十三条第二項の規定により厚生大臣が定める額に乗じて得た額（何円未満の端数が生じた場合は当該端数を切り上げるものとする。）とする。

居宅サービス区分	割合
訪問通所サービス区分	何々
短期入所サービス区分	何々

＊他の条も同様

※2　保健福祉事業については、実施の義務があるものではなく、介護給付及び予防給付の見込みを踏まえて保険料を試算し、なおかつ、当該事業を上乗せしても保険料の水準が妥当かどうか十分検討したうえで規定すること。

※3　市町村が直営でサービスを実施している場合にすべてこの規定が必要なわけではなく、保健福祉事業として実施する場合に限り設ける必要がある。具体的には、第一号被保険者の保険料を当該サービスの運営の費用に充てる場合等が考えられる。なお、この場合の地方公営企業法との関係等の会計上の取扱い等については、今後検討し、お示しする予定としている。

※4　「平成何年度から平成何年度まで」とは、中期財政運営を

念頭に置いているものであり、具体的には「平成12年度から平成14年度まで」ということとなる（以下も同様である）。

※5　保険料率の算定に当たって端数が出た場合は、国保料と同様、一円未満の端数を切り上げる取扱いとすることと考えている。

※6　括弧書き内の規定は、令第三十九条の規定により六段階の所得段階により保険料を設定する市町村の場合

※7　納期の具体例は国民健康保険料の条例準則に準じているが、実際の納期の設定の考え方等については、平成十一年一月全国介護保険担当課長会言義資料二〇三頁を参照されたい。

※8　連帯納付義務者の規定が必要なのは、連帯納付義務者に対して納入通知書により納付を求める場合であり、また、世帯主に係る連帯納付義務のみを運用する場合は、「連帯納付義務者」にかわり「第一号被保険者の属する世帯の世帯主」と規定することも考えられる。（以下も同様）

※9　生活保護の被保護者又は境界層に該当となった場合に年度途中（賦課期日又は資格取得日以降）において所得段階の変更を行う。

　なお、境界層に係る具体的な運用等については、現在検討中であるが、境界措置の有効期間の設定によっては、年度途中で境界層でなくなる場合が想定され、その場合、月割により保険料を算定することも想定される。

※10　括弧書き内の規定は、令第三十九条の規定により六段階の所得段階により保険料を設定する市町村の場合

※11　各市町村における現行の国保料（税）の取扱いと揃えることが望ましいものと考える。

※12　第十八条及び第十九条は、いわゆる暫定賦課を行う市町村について設ける規定。

ドイツの立法過程

山口和人

一　はじめに
二　連邦の立法の基本的枠組
三　立法過程の概要
四　おわりに

一　はじめに

ドイツは連邦国家であり、立法権限は連邦と州が分け持っている。連邦と州との立法権限の配分は基本法（七〇条～七五条、九一a条その他多数の条項）が規定している。州は、基本法が連邦に立法の権限を付与していない限度において、立法権を有する（基本法七〇条一項）。外交、防衛、旅券制度、貨幣制度等の事項については、連邦のみが立法権限を有する（同七三条。連邦の専属的立法）。民法、刑法、戸籍制度等、基本法七四条及び七四a条所定の事項については、連邦と州が競合的に立法権限を有する。この領域において、州が立法権限を有するのは、連邦が法律によってその立法権限を行使していない間、及びその限度においてである（同七二条一項）。連邦はまた、競合的立法権を行使する場合の条件（同七二条）の下に、七五条所定の事項について州の立法のための大綱的規定を発布する権限を有する（同七五条）。連邦法は州法に優先する（同三一条）。

近年は、連邦が競合的立法・大綱的立法の領域において積極的にその立法権限を行使してきたため、連邦の立法の比重の増大が著しく、州が中心となって立法権限を行使しているのは、教育、文化、警察、地方自治などわずかな領域である。そして、州の立法機関である州議会においては、その活動の重点は立法以外の分野に移行している。(1) その一方で、連邦の立法においては、州政府の代表から構成される連邦参議院の立法過程への関与の増大が顕著である。(2) これは、特に連邦参議院の同意を要する法律の比率の増大（連邦議会の第一被選期間一九四九～五三年の四一・八％から第一二被選期間一九九〇～九四年の五六・六％へ）(3) に表れているが、このような、州の立法領域への連邦の介入の増大と、逆に連邦の立法への連邦参議院の介入の増大は、連邦参議院の政党色の増大と相まって、国の意思決定の効率性と責任の明確性を阻害する要因として、最近批判の対象となっている（後述、「おわりに」参照）。

一方、法律の執行権限は、原則として州に委ねられている。州は、その固有の事務として、連邦法律を執行する（基本法八三条）。このように連邦法律の制定者と執行者が分離していることから、連邦の立法過程には次のような傾向がみられることが指摘されている。(4)

●法律の執行権限が州に委ねられていることにより、法律の結果評価は、州（の行政機関）からの報告に依存せざるを得ない。そして州政府（及び諸団体）の意向は、立法過程の最初の段階においても尊重される。

●連邦政府は、その意図が法律の執行段階においても実現するよう、連邦法律を詳細に規定する傾向がある。

本稿では、以上の点を前提として、ドイツの立法の中心を占める連邦の立法に焦点をあてて、手続と実態の両面にわたってその特色を明らかにしていきたい。

二　連邦の立法の基本的枠組

1　立法に関与する機関

連邦法律は、連邦議会によって議決される（基本法七七条一項）。このことから、基本法によって連邦議会が連邦の立法機関として位置付けられていることは明白である。しかし同時に、各州は、連邦参議院を通じて連邦の立法に協力する（同五〇条）。そして、連邦の立法過程は、連邦議会、連邦政府及び連邦参議院の三者の関わりの中で進行する。

基本法は立法に関与するこれらの憲法機関の任務、権限及び相互関係を規定するのみで（七六〜七八条、八二条）これら三機関の内部における立法手続は、連邦議会、連邦参議院についてはそれぞれの議事規則が、連邦政府については、連邦省共通事務規則（Gemeinsame Geschäftsordnung der Bundesministerien 以下ＧＧＯと略）が規定している。[5]さらに、連邦議会内部の手続において決定的な役割を果たす会派の活動については、各会派の運営規則が規定している。しかし実際の運用はこれらの規定によってすべてカヴァーされているわけではなく、それから逸脱している場合も少なくない。このため、立法手続について的確な認識を得ようとすれば、これらの諸規定のほか、公開されないインフォーマルな事象も考慮に入れる必要があると指摘される。[6]

2　提出者による法案の類型

法案提出権を有するのは、連邦政府、連邦議会議員、及び連邦参議院である（基本法七六条一項）。

(1)　連邦政府提出法案

ドイツ連邦議会には、一九四九年から二〇〇二年までの一四の被選期間（議会の任期）において、全部で九、二七三件の法案が提出され、六、〇二一件の法律が可決された。これは、年間一七五件の法案が審議され、一一四件の法律が可決された計算になる（別表参照）。このうち最も多くの法案が、官僚機構を支配下に置く連邦政府によって提出されているが、その比率は、七〇年代には全法案の三分の二であったのが、八〇年代以降は五〇％台に低下している。これは、従来の野党に加え、八三年以降連邦議会に進出した緑の党も多数の法案を提出したことが

別表・ドイツの立法統計（1949－2002）

	第1被選期間 1949-53	第2被選期間 1953-57	第3被選期間 1957-61	第4被選期間 1961-65	第5被選期間 1965-69	第6被選期間 1969-72	第7被選期間 1972-76
法案提出件数	805	877	613	635	665	577	670
連邦政府提出	472(58.6%)	446(50.9%)	401(65.4%)	378(59.5%)	417(62.7%)	362(62.8%)	461(68.8%)
連邦議会議員提出	301(37.4%)	414(47.2%)	207(33.8%)	245(38.6%)	227(34.1%)	171(29.6%)	136(20.3%)
連邦参議院提出	32(4.0%)	17(1.9%)	5(0.8%)	12(1.9%)	21(3.2%)	44(7.6%)	73(10.9%)
法案可決件数	545	507	424	427	453	335	516
連邦政府	392(71.9%)	368(72.6%)	348(82.1%)	329(77.0%)	368(81.2%)	259(77.3%)	427(82.8%)
連邦議会議員	141(25.9%)	132(26.0%)	74(17.4%)	96(22.0%)	76(16.8%)	58(17.3%)	62(12.0%)
連邦参議院	12(2.2%)	7(1.4%)	2(0.5%)	2(0.5%)	9(2.0%)	13(3.9%)	17(3.3%)
共同提出	-	-	-	-	-	5(1.5%)	10(1.9%)

	第8被選期間 1976-80	第9被選期間 1980-83	第10被選期間 1983-87	第11被選期間 1987-90	第12被選期間 1990-94	第13被選期間 1994-98	第14被選期間 1998-2002	合計 1949-2002
法案提出件数	485	242	522	595	800	923	864	9,273
連邦政府提出	322(66.4%)	146(60.3%)	280(53.6%)	321(53.9%)	407(50.9%)	443(48.0%)	443(51.3%)	5,299(57.1%)
連邦議会議員提出	111(22.9%)	58(24.0%)	183(35.1%)	227(38.2%)	297(37.1%)	329(35.6%)	328(38.0%)	3,234(34.9%)
連邦参議院提出	52(10.7%)	38(15.7%)	59(11.3%)	47(7.9%)	96(12.0%)	151(16.4%)	93(10.7%)	740(8.0%)
法案可決件数	354	139	320	369	507	566	559	6,021
連邦政府	288(81.4%)	104(74.8%)	237(74.1%)	267(72.4%)	346(68.2%)	403(71.2%)	394(70.5%)	4,530(75.2%)
連邦議会議員	39(11.4%)	16(11.5%)	42(13.1%)	68(18.4%)	92(18.1%)	102(18.0%)	108(19.3%)	1,106(18.4%)
連邦参議院	15(4.2%)	8(5.8%)	32(10.0%)	15(4.1%)	28(5.5%)	36(6.4%)	22(3.9%)	218(3.6%)
共同提出	12(3.4%)	11(7.9%)	9(2.8%)	19(5.1%)	41(8.1%)	25(4.4%)	35(6.3%)	167(2.8%)

（注1）法案提出件数は、連邦議会に提出された法案の件数、法案可決件数は、連邦議会で可決された法案の件数である。

（注2）共同提出法案は、議会審議の過程で、提出者が連邦政府・連邦議会議員、連邦政府・連邦参議院、連邦議会議員・連邦政府のいずれかの組み合わせに変更されたものである。

出 典：Peter Schindler u. a., Datenhandbuch zur Geschichte des Deutschen Bundestages 1949 bis 1999, 1999, S. 2388f.

Stand der Gesetzgebung des Bundes, 14. Wahlperiode, http://dip.bundestag.de/gesta/GESTA.online.14.pdf.

Statistisches Bundesamt, Statistisches Jahrbuch 2003, für die Bundesrepublik Deutschland, 4.10 Tätigkeit des Deutschen Bundestages und des Bundesrates.

原因である。(7) しかし、成立法案全体に占める連邦政府法案の比率は、ほぼ常に七〇%を超えており、これを見れば、立法過程における政府及びこれを支える与党会派の優位は明らかである。

歴代の連邦政府は、常に複数の政党によって支えられる連立政権である。連邦政府の政策は、まず選挙公約として有権者に提示され、政府の形成に先立って連立与党間で取り決められる連立協定に明記され、被選期間の冒頭に政府の所信表明において告知される。また、政府、与党会派及び与党の最高指導者が出席し、定期的に行われる連立協議会で行われる決定も連邦政府の政策を決定するものであり、これらの決定が連邦政府の法案の重要な基礎となる。さらに与党会派の作業部会、会派内部において特定の利益を代表するグループなどからも連邦政府の法案提出に向けた動因が与えられる。(8)

(2) 連邦議会議員提出法案

連邦議会議員による法案は、会派又は議員の五%以上による署名を要する（連邦議会議事規則〔以下ＢＴＧＯという〕七六条一項）。このように米英仏などと異なり、個々の議員は単独で法案を提出できない。他方、英仏と異なり、連邦議会議員提出法案が議会手続の中で政府法案に劣後した取扱いを受けることはない。むしろ政府法案とこれに対する対案として提出された野党会派提出法案が連邦議会において同時に審議されることが多い。

① 与党会派提出法案

連邦議会の与党会派によって提出される法案は、第一一〜一三の三被選期間には全法案の一二〜一四%を占めている。その成立法案に占める比率もかなり高い。(9)

しかし、このことは、与党会派が政府に対して独立性を有することを示す根拠としてはほとんど役に立たない。

なぜなら、後述するとおり、連邦議会議員提出法案（会派提出法案）は、連邦政府提出法案と異なって、連邦議会提出前に連邦参議院に法案を送付して同院の意見表明を経ることを要しないことから、連邦政府が時間的理由から、連邦参議院における第一回審議を回避するために、法案を与党会派に提出させることが行われているためである。さらに、前の被選期間において可決されなかった政府法案が、次の被選期間において、時間節約の理由から、形式的に与党会派によって立法過程に乗せられる場合や、連立内部での長期間の対立の後に、作成された妥協案を、連邦参議院の第一回審議を回避してすみやかに成立させるため、与党会派が提出者となる場合もある。[10]

与党会派の法案も、例外なく、省庁の事務当局によって作成されるか、少なくとも所管の課の助力の下に作成されたものである。[11]

ヘッセ及びエルヴァインによれば、いかなる時に与党会派と政府のいずれが法案を発議するのかについての統一的な取扱いはいまだなされていない。一般的にいうと、政治的に特に争いのある法案は、余り大規模なものでない場合、会派によって提出される。それ以外の場合、法案の作成は、常に政府に委ねられる。総じて、三種類の法律を区別することができる。すなわち、現行の法秩序を根本的に補充し、広範な行政規定を含み、個々の施策に役立つか又は法治国に必要不可欠な適用のみをもたらすもの、個々の団体の利益を満足させるもの、そして最後に、いかなる理由からにせよ何らかの仕方で政治的に争われるものである。この場合第一のグループの法律は、常に政府によって提出され、第二のグループの大部分、そして第三のグループについては、それが国際条約の承認法のように政府の政治的指導の要請が法案に表現されるような場合を除き、むしろ議会（会派）主導で提出されるという。[12]

② 野党会派提出法案

連邦議会の野党会派提出法案の成立率はきわめて低い。一九八三年から九八年までの四つの被選期間において全部で六〇五件の法案が野党会派によって連邦議会に提出されたが、成立したのはわずか五件であった[13]。にもかかわらず、野党は、法案の作成に多くのエネルギーを注いでいる。その理由として、野党会派が、政府の政策に対する批判だけでなく、対案を作成することをも自己の任務として認識していること、また、法案の提出を通じて、自分たちが「反対だけを唱える人たち」(Neinsager) ではなく、現政府に対して、生産的で、実務的に仕事をし、かつ理念的に考える選択肢として公衆に自らを提示するという意思を表明していること、が挙げられている[14]。

③ 連邦参議院提出法案

連邦参議院提出法案は、連邦参議院に代表を送っている州政府によって作成され、連邦参議院において採択されるが、注目すべきは、多くの政策領域において、連邦議会の野党会派と、これと政権政党を同じくする州の省との間で法案をめぐって密接な協力が行われており、ある法案を、連邦議会会派から提出するか、連邦参議院から提出するか(あるいはその両方から提出するか)が協議されるという点である[15]。このことは、連邦議会の野党会派に代表される政党が、州の政権を通じて連邦参議院の多数を占めている場合特に重要性を有する。連邦参議院から提出される法案の割合は、連邦議会の多数派と連邦参議院の多数派が一致している場合には少なく、そうでない場合には増大する傾向が見られる[16]。

3 連邦議会及び連邦参議院の立法活動の期間

連邦議会は四年の期間について選挙される(基本法三九条一項一文)。この期間は被選期間 (Wahlperiode) とよばれるが、同時に立法期 (Legislaturperiode) ともよばれる。これは、被選期間の下に、かつては存在した会期の区分がなく、議案は被選期間中継続し、この期間が同時に連邦議会の立法活動の単位となっているためである。（被選期間が終了すれば、審議未了の議案は原則として廃案となる・ＢＴＧＯ一二五条）。政治体制の安定を指向し、連邦議会が被選期間満了前に解散される場合を厳しく制限した基本法の規定（解散が行われるのは、連邦議会における連邦首相選挙で過半数を得た者がいなかった場合又は連邦首相の信任動議が連邦議会によって否決された場合に限られる。基本法六三条四項及び六八条一項）と相まって、連邦議会は、被選期間の四年間を自己の立法活動の期間として期待することができる。このため連邦議会での法案審議期間は比較的長期にわたる。成立した法案の、連邦議会提出から公布までに要した期間は、第一〇被選期間から第一二被選期間（一九八三年から九四年）の平均で二二七日であった。[17]もっとも、連邦議会が実質的に立法活動に専念できるのは、被選期間の二、三年目に限られているとの指摘がある。[18]

これに対して連邦参議院は、その構成及び活動の周期において恒久的機関である。その構成は、州政府の構成の変化（各州において行われる州議会選挙の結果生ずる州の政権交代や、閣僚の交代）によって変化するが、連邦議会のように、議員が選挙によって入れ替わることはない。

連邦参議院には「職務期」（Amtszeit）とよばれる期間がある。職務期は毎年一一月一日に開始し、翌年一〇月三一日に終了する（連邦参議院議事規則〔以下ＢＲＧＯという〕三条）が、この期間は、議長、副議長、委員長等の任期（いずれも一年）について意味をもつのみで、審議の遂行、議案の処理には影響しない。

4　立法の動機

前述のとおり、連邦政府提出法案及び与党会派提出法案については、政府及び与党の政策実現のための法案の提出が、野党会派提出法案（及び、野党系の州が多数を占める場合の連邦参議院提出法案）については、政府の政策に対する野党の対案の提示としての法案提出が重要な意味をもつが、立法の動機となるものはこれにとどまらず、行政内部からの要求、裁判所の判決、労働組合や経済団体などの利益団体の要求、地方自治体団体の要求、マスメディアによる問題提起などさまざまなものがある。

ペーター・シンドラーは立法の動機を次の三三項目に分類している。(19)

一、基本法の立法の委任（期限の定めのあるもの）、二、基本法の立法の委任（期限の定めのないもの）、三、基本法の法律の留保、四、国際条約に対する承認法（批准法）、五、国際的な協議に基づく決定、六、法規命令の制定のための法的基礎の構築、七、連邦憲法裁判所によって無効又は基本法に適合しないと判断された法律の補充、八、裁判所の裁判に基づく法律の留保、九、連邦憲法裁判所の規制の委任、一〇、裁判所の裁判（連邦憲法裁判所又は他の裁判所）に基づく法律の欠缺の充填、一一、判例法からの反作用、一二、ドイツ連邦共和国のEU所属に基づく立法の義務、一三、国際会議の提案、一四、EU構成国の法の調和の要請、一五、連邦国家における統一的な法律による規律の必要、一六、既存の法律における立法の委任…適合法及び詳細を規定する法律、一七、特定のプログラム及び計画法に関する追加法律及び適合法律、一八、既存の法律における法律の予告…事前予告法、一九、法律廃止の目的、二〇、法律の効力発生取消の目的、二一、特定の法領域の適合化、統一化及び鳥瞰可能性の努力（「導入法」「法典」）、二二、ドイツ統一の結果、必要な措置、二三、工業国家的発展の結果必要な措置、二四、景気の発展及び社会政策的発展の結果必要な措置、二五、時事的事件の結果必要な措置、二六、政党の大会決議並びに選挙綱領における公約及び要求、二七、政府所信表明における公約、二八、連邦議会の連邦政府に対する法案提出の要求、二九、議会内部の調査委員会、予備調査会及び同様の会議体による勧告、三〇、議会外の委員会、専門家の審議会等による勧告、三一、学界の要求及び勧告、三二、利益団体、労働組合、市民運動等の要望及び要求、三三、請願の形式による要望及び要求。

これらすべてのグループについて、例を挙げることができるとされるが、ヘッセ及びエルヴァインによれば、総じてそれらは、立法者が極めて多くの場合において、立法計画の埒外にある「外からの圧力」に対して反応するということを明らかにするものである。[20] 前述のとおり、連邦政府の政策は、まず選挙公約で明らかにされ、連立協定に明記され、被選期間の冒頭に政府の所信表明において告知されるが、このような立法計画から生まれる法案は、全体のごく一部である。そして、三つの「主な法律のグループ」、すなわち、立法者が他の機関によって又は自らの義務づけによってそれを強いられることにより制定される法律、政治的綱領の実施のため又は既存秩序の変更ないし補充のための法律、そして最後に、通常は法体系上の理由から必要とされる改正法及び適合法を区別する必要があり、この区別は、何ゆえ連邦議会において、全会一致で可決される法律が大きな部分を占めているのか、そして立法が極めて広範なものになるのかを明らかにすると主張される。[21]

三　立法過程の概要

1　立法過程の諸段階

連邦政府の法案の立法過程は、次の諸段階を経る。省における担当課案、省の他の課及び部局への報告、連邦首相府、場合によっては他の省への報告、関係団体との連絡、閣議提出、閣議決定、連邦参議院への提出、連邦参議院の第一回審議、連邦参議院の意見表明、連邦参議院の意見に対する連邦政府応答意見の作成、連邦議会提出、会派での検討、第一読会、所管の委員会への付託、委員会審査、委員会審査に関する報告、本会議の第二読会、場合によっては再度の委員会審査、本会議の第三読会、連邦議会の議決、連邦参議院の第二回審議、連邦参議院の同意又は異議、異議の場合の合同協議会への付託、連邦議会及び連邦参議院による、合同協議会の提案の承認、連邦首相及び担当大臣による法律への署名、連邦大統領による認証及び公布。連邦議会議員提出法案は、右の諸段階のうち、連邦議会への提出より前の部分を含まない。すなわち、連邦議会議員提出法案は、閣議決定のための手続及び連邦参議院の第一回審議を要しないため、連邦政府提出法案に比較して短時間で立法過程を終えることができる。このため、実質的な政府法案が、連邦議会与党会派によって提出されることがしばしばある（前述）。また、連邦参議院提出法案は、まず連邦政府に送られてその意見の提示を受けてから連邦議会に送付される。それ以後の手続は三者共通である。

2　法案作成過程

まず、連邦政府法案について、その作成過程を概観する。

連邦政府法案作成の内部手続については、前述のとおり連邦省共通事務規則（ＧＧＯ）が規定している。連邦政府の法案はまず、所管省の担当課で作成される（担当課案 Referatsentwurf）。連邦政府の各省は、職務分掌に従って、原則として局（Abteilung）及び課（Referat）に区分される（ＧＧＯ七～九条）。そして、政府法案作成の基本的単位となるのが課であり、課長と課員（一名ないし四名の上級官僚と数名の職員）から構成される。法案を作成すべきことを決定するのは省の首脳部であるが、担当課が首脳部の直接の指示を受けて準備を開始するのは、政治的に争われ、世論への影響が大きい重要法案などに限られ、多くは担当課自身のイニシアティヴで検討が開始される(23)。初期の検討段階から、法案提出のチャンスを確実なものとするため、あるいは決定にとって必要な情報を得ることを目的として、必要に応じて自省又は他省の担当者又は局長等との非公式の協議が行われる。また、この段階ですでに、特に法律執行上の経験や法律の影響に関する情報を得ることや、執行する側の期待や準備の状況を知るため、州の行政当局との情報のやりとりが行われる。さらに、関係する利益団体との情報のやりとりも行われるが、法案作成に早期に影響を及ぼしたい利益団体との接触は、しばしば情報交換の域を越えて「交渉」の性格を帯びる。法案の準備段階における学者からの情報収集も行われ、重要性を増している(23)。

ＧＧＯによれば、法案を作成すべき場合には、連邦首相府に通知しなければならず、連邦首相府は、作成の状態及び立法手続に関する予定日程について常に報告を受けなければならない（ＧＧＯ四〇条）。州又は地方自治体の利害に関係する法案の準備に際しては、法案の起草に先立って州及び地方自治体の連邦レベルに置かれる中央組織の見解を求めるものとされている（同四一条）。

法案は、法文案、提案理由、及び表紙から構成されるものとされ（ＧＧＯ四二条一項）、提案理由には、法案及びその個別規定の目標設定及び必要性、法案を基礎づける事実関係及びそれに関する認識根拠、他の解決方法の有無及び私人による課題の処理の可能性の有無、立法の効果、競合的立法領域又は大綱的立法領域における法案については、連邦法による規律を必要とする理由、等を記載することを要する（同四三条一項二項）。

主務連邦省は、連邦政府提出法案の草案が閣議決定のために提出されるに先立って、準備作業及び作成の早期から法案に関係する連邦省に関与を求めなければならない。草案の基本法との適合性に関する法規範の精査のため、また基本法の適用にあたって疑義が生ずるその他のすべての場合について、連邦内務省及び連邦法務省は関与しなければならない（同四五条一項）。連邦政府の法案は、決定のために提出される前に、法体系上及び法形式上の審査（法律審査）のため、連邦法務省に送付されなければならない（同四六条一項）。法案の草案は、州及び地方自治体の利害に関する場合には、州、地方自治体の中央組織及び州の連邦における代表部に可及的すみやかに送付しなければならない（同四七条一項一文）。連邦のレベルに置かれる中央・連合組織及び専門家集団に対しても、同様の要件の下に草案の送付が義務づけられている（同三項一文）。すなわち、州政府や利益団体等は、一定の場合には、法案の議会提出前にその内容を知ることになる。そこで、これらの機関に法案が送付される場合には、連邦議会会派の事務局、連邦参議院、ならびに請求のある場合には連邦議会及び連邦参議院の議員にも当該法案を通知しなければならない（同四八条二項）。

(2) 連邦議会議員提出法案（野党会派提出法案）

与党会派提出法案と連邦政府提出法案との密接な関係については前述した。与党会派提出法案の作成は、ほぼ例外なく所管の連邦省の事務当局に委ねられるため、以下の手続はもっぱら野党会派提出法案についてあてはまる。

（野党）会派の法案は、各会派に専門分野別に設置されている所管の作業部会（Arbeitsgruppe 又は Arbeitskreis）によって作成される。立法過程の複雑性、専門性に対応するため、特に社会民主党（ＳＰＤ）及びキリスト教民主・社会同盟（ＣＤＵ／ＣＳＵ）の二大会派は、作業部会の中で高度に専門化された報告者（Berichterstatter）の仕組みを発達させており、ここでは数人の議員が特定の問題領域について比較的長期にわたって取り組み、法案作成においても、また後述する委員会審査においても、重要な役割を果たす。法案作成を担当する報告者と主管となる作業部会又は他の作業部会の幹部や部会長との事前の協議及び合意を経て、作業部会が法案の作成を決定する。(24)

政策領域によって異なるが、野党会派の法案作成にとっては、同じ党が政権を担当する州の官僚による法案作成の補助が重要である。これら州の官僚は、資料の収集や法技術的な補助を行う。このような助力を通じて、野党もまた法律の影響や法律執行の実際についての情報を得られることが特に重要であると指摘されている[25]。

連邦議会会派及び議員のための立法補佐機関としては、このほかに会派スタッフ、連邦議会調査局、議員秘書がある。

会派スタッフは、国庫から各会派に支給される会派補助で雇用され、その総数は約八〇〇名を超えている。会派スタッフは主として会派指導部や会派の作業部会長らのために活動している。連邦議会調査局には約一〇〇名の調査員がおり、議員に対する情報サービスを提供している。しかし、会派スタッフ、連邦議会調査局のいずれについても、立法作業における依存度はそれほど高くないとの指摘がある[26]。

議員秘書は国庫から各議員に支給される秘書雇用手当で雇用される。その数は一議員当たり六人強に達するが、その約三分の二はパートタイムである[27]。

日本や米国のような、議員立法の起草を任務とする議院法制局は存在しない。

また、長期間政権政党であった野党は、特に政権交代の後の数年間は、連邦省の担当者との間に、立法作業にも利用できる良好な関係を保つことができるが、政治的に争いのある領域に入るにつれ、連邦省から提供される情報は、より簡単かつ用心深いものとなる[28]。

主管の作業部会が法案を承認した場合、法案は会派の執行理事会、次いで会派理事会で検討され、最終的に会派総会で提出が決定される[29]。

個々の議員は、自分の属する作業部会でその提案が容れられない場合には、他の作業部会か、会派内の議員グループの中で支持を受けない限り、会派の法案として承認されるチャンスをほとんど持たない[30]。

3　法案の提出及び審議過程

(1)　連邦議会提出までの手続

① 連邦政府法案・連邦参議院による第一回審議

連邦政府の法案は、まず連邦参議院に送付される（基本法七六条二項一文）。連邦参議院は、六週間以内に、これに対する意見を表明することができる。連邦参議院が重大な理由により、とりわけ法案の範囲を考慮して、期限の延長を要求するときは、その期限は九週間となる。連邦政府が法案の送付に際して特に急を要する旨を表示したときは、連邦政府は、連邦参議院の意見表明が連邦政府に未到達でも、三週間後（連邦参議院が意見表明の期限延長を要求していたときは六週間後）に法案を連邦議会に送付することができる。基本法改正法案、基本法二三条及び二四条により主権を委譲するための法案については、意見表明の期間は九週間となるが、急を要することを理由とする法案の期限前の連邦議会送付は認められない（同二文～五文）。

後述するとおり、連邦参議院は、連邦議会が可決した法案の成否について強力な権限を有するため、その意向を事前に知って、これを法案審議に反映させる必要があるためである[31]。また、前述のとおり法律の執行は州の任務であることから、法律の影響及び法律執行上の問題点に関わる州の経験が連邦参議院の意見表明を通じて立法過程に公式に取り入れられることは、連邦議会のみならず連邦政府や一般国民にとっても有益なことであるとの指摘がある[32]。また連邦議会の委員会は、このような形で、政府法案の理由書からは得られない諸問題や代替策についての詳細な知識を得ることができるといわれる[33]（なお、前述のとおり、政府法案作成の過程においても、州の意見及び経験を取り入れることが考慮されている）。

もっとも、多くの場合、連邦参議院の活動の重点は、連邦議会での法案可決後の第二回審議に置かれている(34)。連邦参議院が法案に全く異議を唱えなかったり、逆に完全にこれを拒絶することはまれであるが、連邦議会における野党が連邦参議院で多数を占めている場合には、法案の否決と同視できるような大幅な修正提案が行われる場合がしばしば起こる(35)。

連邦参議院では、法案はまず委員会に付託され、次いで本会議で審議されるが、委員会においては、委員である州政府閣僚は政治的に重要な法案を除き、ほとんどの場合、州の官僚を代理出席させる（ＢＲＧＯ一一条二項）ため、主管連邦省庁の官僚と、州政府官僚が対峙する事態が生じる(36)。

連邦政府は、連邦参議院の意見表明に対して、必要な場合「応答意見」（Gegenäußerung）を作成する（ＧＧＯ五三条）。

連邦政府は、連邦参議院の意見表明を受けて法案を修正することはできないが、法案の連邦議会提出を遅らせたり、法案の提出をやめることはできる(37)。連邦政府が連邦参議院の意見を受け入れたため必要となる法案の修正は、連邦議会提出後の審議過程において行われる。

こうして、連邦議会には、理由書を付した連邦政府の法案、これに対する連邦参議院の意見、及び連邦参議院の意見に対する連邦政府の「応答意見」が提出される。

② 連邦議会議員提出法案

連邦議会議員提出法案は、会派又は連邦議会議員の五％以上の署名により、簡潔な理由を付して提出することを要する（ＢＴＧＯ七六条一項）。

③ 連邦参議院提出法案

連邦参議院の法案は、連邦参議院の過半数の議決により、連邦議会への提出が決定される（基本法五二条三項一文、BRGO三〇条一項）。

連邦参議院の法案は、まず連邦政府に送付され、連邦政府の見解を付して六週間以内に連邦議会に送付される（基本法七六条三項一文、二文）。

とりわけ法案の範囲を考慮して、期限の延長を要求するときは、その期限は九週間となる。連邦参議院が、法案が例外的に特に急を要する旨を表示したときは、その期間は三週間となり、又は連邦政府が前記の理由により意見表明の期限延長を要求していたときは六週間となる。基本法改正法案、基本法二三条及び二四条により主権を委譲するための法案については、意見表明の期間は九週間となるが、急を要することを理由とする意見表明の期限短縮は認められない（同三文～五文）。

連邦参議院提出法案について、連邦議会は、適当な期間内に審議して議決しなければならない（同六文）。

(2) 連邦議会での法案審議

連邦議会に送付又は提出された法案は、印刷され、連邦議会及び連邦参議院の議員、並びに連邦各省に配布される（BTGO七七条一項）。その後法案は、各会派で検討されるが、その検討は、それぞれの専門分野ごとに会派内に設置された作業部会を中心に行われる。連邦政府と同様、会派においてもまた専門化、分業化が進んでおり、特定分野の法案についての所管の作業部会幹部の発言権はきわめて大きい。

各会派での意思決定の後、連邦議会の運営機関である長老評議会で法案の審議日程が取り決められる。長老評議会は、議長、副議長、各会派からその勢力に応じて指名された代表者から構成され、連邦議会の内部事項のほか議事日程等の活動計画を取り決めるが、後者の場合には議決機関ではないと定められている（ＢＴＧＯ六条一項）。このため、ある会派が、特定の法案について態度を決定できない場合、第一読会の日程に同意しないため、その開催が遅れるという事態も生じる。第一読会では法案の基本原則が議論されるため、各会派にとっては法案への態度をめぐって内部で分裂しているという印象を与えることを避けるため、第一読会前に意思統一を行うことが必要であるためである。[(38)]

連邦議会議員提出法案は、印刷物の配布から三週間経過後は、請求により、これを次の本会議の議事日程に記載し、審議しなければならない（ＢＴＧＯ二〇条四項）。少数派（野党）の提出した議案を多数派の意思に反しても本会議で審議することを認めるもので、野党の権利を強化する規定である。

ドイツ連邦議会の法案審議は、米英議会と同じく三読会制をとる（条約は二読会制、その他の議案は一読会制で審議される・ＢＴＧＯ七八条一項）。ただし、議事規則においては、読会（Lesung）ではなく、審議（Beratung）の語が用いられている。

①　第一読会

第一読会においては、長老評議会の勧告のある場合、会派若しくは五％以上の出席議員の要求のある場合、又はＢＴＧＯ八〇条四項による議決（他の議案と一括して審議される簡略手続による法案について討論を行う旨の議決）が行われた場合に限り、一般討論が行われる。討論においては、法案の基本原則のみが対象となる。法案の内容に関する動議をここで提出することはできない（ＢＴＧＯ七九条）。

第一読会で一般討論が行われる法案の比率は、第一三被選期間（一九九四〜九八年）に四八％であった。[(39)]

特に政治的に重要な法案のほとんどについて第一読会の討論が行われる。前述のとおり、討論が行われる場合、各会派は、この時点までに法案に対する見解と基本的態度を決定することを迫られる。

第一読会の最後に、法案の委員会付託が議決される（次項参照）。

② 委員会審査

連邦議会議事規則において、委員会は「連邦議会の予備的議決機関」と規定され、連邦議会から付託された議案に関して一定の議決を連邦議会に勧告することをその重要な任務としている（BTGO六二条一項）。法案の審査は、通常、省庁にほぼ対応して設置されている常任委員会が行う。委員及び委員長の各会派への配分は、各会派の勢力に比例して行われる（同一二条）。

議事規則によれば、第一読会の最後に、法案は、委員会審査を省略して直ちに第二読会を行う旨の議決がなされない限り、一つの委員会に付託される。ただし、法案が複数の領域にまたがる等特別な場合に限り、複数の委員会に付託される。その場合には、付託を受けた委員会のいずれかが主務委員会に決定される（同八〇条一項）。実際には、複数の委員会に付託されるのが常態となっている。主務委員会は、法案の取り扱いに責任をもち、議院に対して、法案の可決、修正、否決のいずれかの議決勧告を行う（同六二条一項）。他の委員会は、主務委員会と協議し、特定の問題について意見を述べるのみである。委員会付託の議決は、長老評議会の勧告又は会派間の取り決めに従うが、ある会派が異議を唱えた場合には、正式な表決が行われる。法案についての議決勧告は主務委員会のみが行うので、いずれの委員会が主務委員会となるかは単なる形式の問題ではない(40)。一九八三年以降、付託に関する表決が行われる場合が増加している(41)。

委員会に付託されたすべての法案について、委員の中から一人又は複数の報告者（Berichterstatter）が選任される（同六五条）。通常その人選は、会派の提案による。報告者は、委員長とともに、法案審査の遂行と審査結果のとりまとめに責任を負う。報告者は、法案の内容及びその政治的争点をよく理解し、法案についての諸見解や専門的文献、関係団体の要求やマスコミの論調なども把握する必要がある。また、委員会の審査と、これと並行して行われる各会派での検討を媒介するのも報告者である。報告者は、自らの属する会派では、委員会審査の状況を報告し、委員会では、会派の立場を代弁する(42)。

委員長と報告者が法案の内容を理解し、会派の作業部会で検討が開始されると、委員長は、各会派の理事と協議して、法案を委員会の議事日程にのせる。最初の会議では、法案の本質的内容を報告者又は政府の代表が説明する。委員会のすべての会議に、連邦政府の構成員（連邦の大臣）及び連邦参議院議員のみでなく、その委託を受けた者（連邦及び州の官僚）も出席し、発言することができる（基本法四三条）。議員の質問に直ちに答えうるように専門家が出席する必要があるという理由による(43)。さらに、これらの官僚は、委員会や会派の求めにより、修正案を法文の形にするという援助も行う。この起草補助（Formulierungshilfe）は、野党会派や野党委員に対しても提供されるが、この種の協力は技術的な性格のものであり、委員会においては政府の見解のみを代表すべきであるという官僚の義務とは矛盾しないと考えられている(44)。この活動において当該官僚は、大臣の指示に拘束されないが、連邦政府の決定と内容上異なり、又はその範囲を超える起草補助については、可能な限り委員会への送付前に関係連邦省及び連邦首相府に遅滞なく報告しなければならないとされている(45)（ＧＧＯ五二条二項）。このような官僚の補助は、野党にとっても利益をもたらすが、専門知識においてまさる官僚の委員会出席は、何よりも政府与党を議論において支援することに役立つものである(46)。

一方、八九年の議事規則改正で、各会派のスタッフも、自会派の委員を補佐するため、委員会に出席することが認められるようになった（ＢＴＧＯ五七条四項）。

委員会審査の最初の段階では、法案の基本問題やこれに対する立場を明らかにするための一般討論が行われることもある。その後、委員会は、法案の逐条審査に移り、個々の条文が検討される。委員長が各章、各条の審査に入ることを告げると、報告者、委員、政府又は連邦参議院の代表が発言し、その際、修正案も提出することができる。修正案の表決は、各章の審査終了時に行われる(47)。

委員会の議事は原則として非公開である（同六九条一項）。その理由は、非公開とすることによって、冷静かつ問題に即した審議が期待でき、率直な意見交換ができるという点に求められている(48)。

委員会での法案の修正は頻繁に行われ、成立する法案の約三分の二が委員会での修正を被る(49)が、このことは、一方で政治的観点がどれほど考慮されているか、他方で、ものごとが行政の外側ではどれほど違って見られ判断されているかを示していると指摘される(50)。委員会での修正は、正式の修正案の提出によるばかりでなく、議論と交渉の結果としても行われる。委員会においては、大きな演説は行われず、委員は、個々の問題点を論じ、相互に議論し、試案を提出したり撤回したりする。委員会においては、より合理的かつ実行可能な規定を目標とする専門的議論が行われているとされ(51)、会派の境界を超えた議論の過程で「最良の解決に向けた努力」が行われると言われる(52)。もっともこのような観念は、委員会における法案審査の実際にはほとんどあてはまらないとの指摘もある。各会派の立場は、委員会審査に先立って、連立協議や会派内の審議の段階でほぼ決まっており、委員会の中で行われる委員同士の議論において、相手の立場への理解と、自会派の立場への批判的な態度が、本会議の場合よりも顕著に見られるとしても、このことは、与党会派の議員の表決行動を変えるものではないといわれる(53)。

また、委員会において行われる修正も法案の政治的目的を疑わしくするようなものは稀であり、多くは周辺的なものである。修正のかなりの部分が、連邦参議院の提案に基づいて行われる。それらは、政府が連邦参議院の意見表明に対する応答意見において同意したり、その後の審議過程において検討を約束したりしたものである。このような修正を通じて連邦法の執行にも関わっている州の行政機関の経験が連邦の立法に反映される[54]。

前述の通り委員会の議事は原則として非公開であるが、例外的に公開となる場合がある。委員会が公開を決定した場合、公聴会が開かれる場合、及び一九九五年に導入された「拡大公開委員会」がこれにあたる。

公聴会は、専門的に難しい問題を含む法案や、争いのある法案について、専門家や利害関係者の意見を聴取するため開かれる。委員の四分の一で公聴会の開催を請求できる（BTGO七〇条一項）。公聴会の役割は、委員会が審査の対象について情報を獲得し、学術上の認識を法案審査に導入するとともに、公衆に情報を提供し、その関心を法案審査に引きつけ、さらに利益団体にその意見を公に述べる機会を与えるという点にある。各会派は、自己の見解を支持し、相手の立場に疑問を呈する公述人を推薦するが、公述人の全部又は大多数が法案を不適当又は有害と主張したため法案が撤回された例もある[55]。

公聴会はしばしばテレビ中継され、多数の人々が傍聴できるように、大きな会議場が使われる。ちなみに、非公開会議においても専門家の招致は可能である（同七〇条七項）。

拡大公開委員会（同六九a条）は、九五年九月に議会改革の一環として導入されたものであり、法案についての委員会の最終段階の討論（委員会が本会議への議決勧告を決定するにあたっての討論）を公開し、この討論には、主務委員会の委員のほか、共同審査を行っている委員会の委員及び関心を有するその他の議員も参加することができる（ただし動議提出権及び表決権は主務委員会の委員のみが有する。同条三、四項）。この討論に際しては、公聴会と同じく大きな会議場が使われ、新聞、テレビ、ラジオ等の報道関係者のほか、一般国民も傍聴することができる。これにともなって、低調ぶりが指摘されていた本会議の第二、第三読会の討論は、省略することとなった。もっとも、主務委員会の委員の四分の一以上の要求がある場合には、この討論に代えて本会議での討論が行われる（同条五項）[56]。

委員長は、会議の招集、議事日程の決定、議事進行及び秩序維持等の権限を有するが、実際には各会派（特に理事）と協議して任務を遂行することを要し、自己の主張を押し通すことはできない。それゆえ、委員長は議事運営においては控えめな立場をとり、議事を客観的かつ中立的な立場で進め、意見の対立を調停することに努める。この役割は、委員長が各会派の信頼を得ているときに最もよく果たすことができる[57]。

各委員会の勢力分野は、連邦議会の勢力分野に対応しているため、野党優位の委員会は存在しない。その一方で、委員長ポストは各会派に比例配分されるため、野党出身の委員長は、自己の政治的見解に反しても、委員会多数派の意思を反映した決定を下す結果となる議事運営をしなければならない立場に立たされることになる[58]。

委員会が法案審査を完了し、議決を行った後、報告者は、本会議への報告書に、主務委員会及び審査に加わった委員会の審査経過を記載し、特に委員会が政府法案と異なる結論に至った場合にその理由を説明する。委員会での少数意見についても報告書に記載しなければならない。委員会の報告書には、法案を委員会の下した結論に従って議決すべしとする委員会の議決勧告が付され、連邦議会印刷物として印刷され、すべての議員に配布される[59]。

③　第二、第三読会及び最終表決

委員会の議決勧告及び報告書の配布後二日目から第二読会を行うことができる（ＢＴＧＯ八一条一項）。この期間は、しばしば会派間の合意によってさらに短縮される。第二読会の日程は、長老評議会で取り決められ、議事日程に載せられる。議長はまず、報告者に対して、報告書を補足する機会を与え、その後一般討論、逐条審議が行われる。逐条審議ではすべての規定が読み上げられ、表決に付される。ここで修正案の提出が受け付けられるが、会派だけでなく、個々の議員も修正案を提出することができる。いかなる修正案も提出されない場合、法案全体を一括して表決に付することができる(60)。

また、時間の節約及び、争点を形成するという理由から、可能な限りテーマの類似した法案、政府報告、動議、大質問をひとつながりの討論に付することが行われている。それによって、各法案を「選択肢」として議論し、より大きな政治的関連の中に位置づけ、むしろその「コンセプト」を論議することが容易になると指摘される(61)。

法案が第二読会で修正されずに可決された場合、直ちに第三読会を行うことができる（ＢＴＧＯ八四条一文）。第三読会では、第二読会で一般討論が行われなかった場合で、長老評議会の勧告又は会派若しくは五％以上の出席議員の要求がある場合に限り、一般討論が行われる（同八四条二文）。また、修正案の提出も、個々の議員によるものはもはや提出できず、会派又は五％以上の議員によるものに限られる（同八五条一項）。

なお前述のとおり、九五年の議事手続改革の結果、委員会審査の最終段階で公開の討論が行われた場合には、第二、第三読会の討論は原則として省略することとされた（同六九ａ条五項）。

議事規則においては分けて規定されているが、第三読会と最終表決は実際には一体として取り扱われている。大部分の場合、第二読会の表決手続の後、直ちに第三読会と最終表決が行われる(62)。

(3)　連邦参議院による（第二回）審議

連邦議会で採択された法律は、連邦議会議長を通じて、遅滞なく、連邦参議院に送付される（基本法七七条一項二文）。すなわち、連邦参議院は、その同意を要する法律であるか否かにかかわりなく、連邦議会の議決したすべての法律について審議する。連邦政府提出法案については、連邦参議院による二回目の審議である。

法律が連邦参議院の同意を必要とする場合（これを同意法律という）、連邦参議院が同意の議決を拒絶した場合、その拒否権は絶対的であり、連邦議会は全会一致の議決をもってしてもこれを乗り越えることはできず、法律は不成立となる。

連邦参議院だけでなく、連邦議会と連邦政府も合同協議会（後述(4)）の招集を要求することができるが、連邦参議院が合同協議会の手続の中で再び同意を拒絶した場合、法律は最終的に不成立となる（同条二項、七八条）。

法律が連邦参議院の同意を必要としない場合（これを単純法律又は異議法律という）、連邦参議院は、法律に対する異議を申し入れることができるが、連邦参議院が異議を申し入れる場合には、あらかじめ合同協議会を招集しなければならない。合同協議会の手続が終了しているときは、連邦議会の議決した法律に対して、二週間以内に異議を申し入れることができる（同条三項一文）。異議が連邦参議院の表決の過半数をもって議決されたときは、その異議は、連邦議会議員の過半数の決議によって、これを却下することができる。連邦参議院がその異議を少なくとも表決の三分の二の多数をもって議決したときは、連邦議会によってこれを却下するには、投票の三分の二の多数、少なくとも連邦議会議員の定数の過半数を必要とする（同条四項）。

ある法律が同意法律であるか、異議法律であるかは基本法の規定によって定まる。しかし、基本法の規定から一義的に明らかにならない場合も少なくなく、特に、右のとおり、ある法律が同意法律であるか否かが立法手続の中での法案の運命に大きな差異をもたらすため、しばしばこの点をめぐって連邦参議院と、連邦政府ないし連邦議会との間に紛争を生じ、その解決が連邦憲法裁判所にゆだねられることもある(63)。

前述のとおり、同意法律の比率は増大する傾向にあり、現在すべての法律の六〇％以上に達し、特に重要法律の多くが同意法律である。同意法律の約三分の二について、その同意の必要性が、基本法八四条一項の規定「州がその固有の事務として連邦法律を執行する場合には、州は、連邦法律が連邦参議院の同意を得て別段の定めをしていない限度において、官庁の組織及び行政手続について規律する。」から生じているといわれる(64)。連邦参議院は、ある連邦法律の一部がたとえば州の官庁組織に関するものであるときには、その法律は全体として連邦参議院の同意を必要とするとの立場を主張し、その立場を貫徹してきた。これに対しては、一つの法案を、連邦参議院の同意を要する部分とそうでない部分に分割して提出する試みが行われている(65)。

(4)　合同協議手続

連邦参議院は、法律の議決を受け取ったときから三週間以内に、法律案を合同で審議するために連邦議会と連邦参議院の構成員から組織される委員会（合同協議会）が招集されるべきことを要求することができる（基本法七七条二項一文）。法律が連邦参議院の同意を必要とするときは、連邦議会及び連邦政府もこの委員会の招集を要求することができる（同項四文）。

合同協議会は、連邦議会、連邦参議院各々から一六名ずつ派遣された委員から構成される（合同協議会規則一条）。連邦議会側の委員は各会派の勢力に比例し、連邦参議院側の委員は、各州一名ずつである。合同協議会に派遣される連邦参議院側の委員は、その州政府の指示に拘束されない。議長は、三ヶ月ごとに連邦議会側と連邦参議院側の委員が交代で務める。合同協議会の会議は非公開であり、その会議録は、次の次の被選期間において初めて閲覧可能となる。会議を非公開とするのは、委員を所属会派や州政府の圧力から解放し、連邦議会、連邦参議院双方の受け入れ可能な妥協案を作成することを可能にするためであると説明されている(66)。合同協議会が招集される頻度は、当然のことながら、双方の多数派が異なる勢力に占められている場合に多くなる。

合同協議会が法律の議決の修正を提案したときは、連邦議会は改めて議決を行わなければならない（基本法七七条）。

連邦政府の構成員は、合同協議会の会議に出席する権利を有し、また、合同協議会が出席要求の議決をした場合には、出席する義務を負う（合同協議会規則五条）。

(5) 法律の成立

連邦議会によって議決された法律は、連邦参議院が同意したとき、基本法七七条二項による申立て（合同協議会招集の申立て）をしなかったとき、（単純法律について）七七条三項の期間内に異議を申し入れず、若しくはこれを撤回したとき、又はその異議が連邦議会によって否決されたとき成立する（基本法七八条）。

3 認証及び公布

成立した法律は、担当の連邦大臣及び連邦首相による副署の後、連邦大統領によって認証され、連邦官報に公布される（基本法八二条一項）。連邦大統領は、政治的理由からは認証を拒否することはできないが、法律が基本法に定める手続に従って制定されなかった、あるいはその内容が明らかに基本法に適合しないと判断する場合には、認証を拒否することができるとおおむね解されている。(67)

一九四九年から九七年八月末までに連邦大統領が認証せず、公布されなかった場合は六例ある。(68) また、第一二被選期間において、政党法第六次改正法その他の法律に関し、ヴァイツゼッカー大統領（当時）は、認証を六週間以上にわたって行わず、結局九四年一月二八日、政党助成法の審査にあたり、「憲法上著しく疑義のある境界問題に直面」したとの意見を付して認証を行った[69]。

四　おわりに

ドイツの政治制度の特色は、連邦政府の政策に対する州や連邦憲法裁判所の権限による制約にみられるような著しい分権的傾向にあるといわれるが[70]、以上見たように、連邦の立法過程においてもその傾向は如実にあらわれているといえる。特に連邦法の制定者（＝連邦）と執行者（＝州）との分離は、連邦の立法過程にも大きな影響を及ぼしているが、法執行上の経験に基づく州の意見が立法過程のさまざまな局面で取り入れられていることに見られるように、立法過程における連邦と州とのかかわりは、制度の運用上、生産的な成果を生み出しているといえる。

このように政治制度の分権的特色に基づくドイツの立法過程を制度と実態の両面にわたって概観したが、連邦制をとらない日本の立法過程の改革を考えるにあたっても、そこから学びうるものは少なくないと考えられる。

他方、現在ドイツにおいて、現行連邦制下での立法過程の問題点が議論され、制度改正の動きがある点が注目される。すなわち、連邦と州の間の立法権限の配分、連邦の立法に対する州の権限及び関与権、並びに連邦と州との間の財政関係の改革の検討を任務として、「連邦制秩序の現代化に関する調査会」が、ドイツ連邦議会と連邦参議院によって共同で設置され、二〇〇三年一一月七日に活動を開始した。調査会は、ドイツの連邦制秩序の現代化のための諸提案を二〇〇四年中に作成し、これを連邦の立法機関に提出することとされている。調査会が設置された背景には、現行連邦制の下で連邦と州の権限が複雑にからみあい、特に立法と財政の領域において、意思決定の効率性や責任の明確性が阻害されているとの認識が広まるに至っている状況がある。特に連邦参議院の同意を要する法律の増大の下で、連邦参議院が州の利害の代表者としての立場を超えて連邦の野党の代弁者となり、連邦の自立性を阻害していると指摘される点、一方、連邦は、州が立法を行うべき事項についても大綱的規定を制定できる権限を積極的に行使して州議会からその立法権限の多くを取り去り、現在では州の行政庁の組織や手続まで連邦法で規定されるに至っている点が批判の対象とされている。

　この調査会の改革提案は、連邦制下の現行立法過程に大きな制度的変化をもたらす可能性があるため、その帰趨が注目される(71)。

（1） Joachim Jens Hesse und Thomas Ellwein, Das Regierungssystem der Bundesrepublik Deutschland, 9. vollständig neubearbeitete und erweiterte Auflage, 2004, Bd.1, S.227.

（2） Wolfgang Ismayr, 50 Jahre Parlamentarismus in der Bundesrepublik Deutschland, Aus Politik und Zeitgeschichte, B20/99, S.15f.

（3） Peter Schindler u.a., Datenhandbuch zur Geschichte des Deutschen Bundestages 1949 bis 1999, 1999, S.2430f.

（4） Thomas Saalfeld, The German Bundestag: Influence and Accountability in a Complex Environment, in: Parliaments and Governments in Western Europe, edited by Philip Norton, 1998, p.48.
　Wolfgang Ismayr, Der Deutsche Bundestag im politischen System der Bundesrepublik Deutschland, 2000, S.215.（以下、Ismayr, Der Deutsche Bundestag として引用）

（5） 連邦省共通事務規則は、かつて連邦省共通事務規則通則（ＧＧＯⅠ）と同各則（ＧＧＯⅡ）に分かれ、連邦政府提出法案の立法手続はＧＧＯⅡで規定されていた。しかし、二〇〇〇年に全面改定が施され、両者が統合されるとともに規定が大幅に簡素化された。この改定の経緯及び現行ＧＧＯの邦語訳について、古賀豪「ドイツ連邦政府の事務手続―連邦省共通事務規則―」『外国の立法』二一四号（二〇〇二年一一月）参照。

(6) Ismayr, Der Deutsche Bundestag, S.239.
(7) Schindler, a.a.O., S.2392f.
Ismayr, Ebd., S.240.
(8) Ismayr, Ebd., S.242ff.
(9) Ebd., S.240.
(10) Ebd.
(11) Ebd.
(12) Hesse u. Ellwein, a.a.O., S.230f.
(13) Ismayr, Der Deutsche Bundestag, S.246.
(14) Ebd., S.247.
(15) Ebd., S.249.
(16) Ebd., S.250.
(17) Schindler, a.a.O., S.2415.
(18) Hesse u. Ellwein, a.a.O., S.234f.
(19) Schindler, a.a.O., S.2374-2383.
(20) Hesse u. Ellwein, a.a.O., S.228.
(21) Ebd., S.228f.
(22) Ismayr, Der Deutsche Bundestag, S.253.
(23) Ebd., S.254-6.
(24) Ebd., S.101, 269.
(25) Ebd., S.271.
(26) Ebd., S.82, 270.

(27) Ebd., S.82.
(28) Ebd., S.270.
(29) Ebd., S.272.
(30) Ebd.
(31) Rupert Schick und Wolfgang Zeh, So Arbeitet der Bundestag, 13. Auflage, 1999, S.86f.
(32) Ismayr, Der Deutsche Bundestag, S.266.
(33) Ebd., S.266.
(34) Hesse u. Ellwein, a.a.O., S.231.
(35) Ismayr, Der Deutsche Bundestag, S.265.
(36) Ebd.
(37) Ebd., S.269.
(38) Ebd., S.273.
(39) Ebd.
(40) Ebd., S.274.
(41) Ebd.
(42) Schick u. Zeh, a.a.O., S.95.
(43) Ebd.
(44) Ekkehard Handschuh, Gesetzgebung-Programm und Verfahren, 1991, S.73.
(45) Ismayr, Der Deutsche Bundestag, S.190.
(46) Ismayr, Der Deutsche Bundestag, S.281.
(47) Schick u. Zeh, a.a.O., S.96f.

（48）Handschuh, a.a.O., S.70f.
（49）Ismayr, Der Deutsche Bundestag, S.276.
（50）Hesse u. Ellwein, a.a.O., S.233.
（51）Schick u. Zeh, a.a.O., S.97.
（52）Handschuh, a.a.O., S.70.
（53）Ismayr, Der Deutsche Bundestag, S.281.
（54）Ebd., S.276.
（55）Schick u. Zeh, a.a.O., S.97f.
（56）九五年の議事手続改革の概要については、服部高宏「ドイツ連邦議会改革とその課題」『議会政治研究』四〇号、一九九六年一二月及び拙稿「ドイツの議会改革」『レファレンス』五九一号、二〇〇〇年四月、六一頁以下を参照。
（57）Schick u. Zeh, a.a.O., S.98f.
（58）Ebd., S.99.
（59）Ebd., S.100f.
（60）Ebd., S.112, 123.
（61）Ismayr, Der Deutsche Bundestag, S.286.
（62）Ebd., S.287.
（63）Schick u. Zeh, a.a.O., S.125.
（64）Hesse u. Ellwein, a.a.O., S.318.
（65）Ebd.
（66）Schick u. Zeh, a.a.O., S.127.
（67）Maunz-Dürig, Grundgesetz Kommentar, Art. 82. Bonner Kommentar, Grundgesetz, Art 82, V. Prüfungskompetenz des Bundespräsidenten.

（68） Schindler, a.a.O., S.2453-5.
（69） Ebd., S.2455.
（70） Saalfeld, ibid., p.45.
（71） 拙稿「海外法律情報ドイツ・連邦制改革のための合同調査会設置」『ジュリスト』一二六四号及び引用の諸文献参照。

［主な邦語文献］
比較立法過程研究会編『議会における立法過程の比較法的研究』一九八〇年第三章「西ドイツ」阿部照哉執筆
齋藤純子「ドイツの立法過程と政府の役割」『議会政治研究』一七号
服部高宏「ドイツの立法過程にみる政党と官僚」『議会政治研究』三四号

イギリスの政治資金規制改革の構図と論点

大曲　薫

一　はじめに

二　政治資金規制改革の背景

三　「二〇〇〇年の政党、選挙及びレファレンダムに関する法律」の構造

四　政治資金規制改革とその問題点

五　おわりに

一　はじめに

一九九七年五月のイギリス総選挙は、一八年ぶりに労働党が政権を奪取するという点で画期的なものであった。この一八年ぶりの政権交代は、イギリス型の議会制民主主義、つまり組織された二大政党が相互に政権を担当するというシステムの健全な機能を立証したという見方もできる。イギリス型議会制民主主義の政治機構としての特徴は、組織化された二大政党が政策を策定して選挙を戦い、そこでの勝者が議会の多数派を構成するとともに、議会を媒介に政治権力の頂点である政府を組織していくという仕組みにある。一方、野党は政府の政策に議会で論戦を挑み、有権者に国政上の論点を提示するとともに、政権政党の政権担当能力の問題点を浮き彫りにすることで、次の総選挙での政権奪取を目指すのである。

政治学者のレイプハルトは、この多数派民主主義を特徴とするイギリス型議会制民主主義をウェストミンスターモデルと規定し、そのメルクマールとして①一つの政党のみで内閣を組織すること、②内閣が議会を支配すること、③二大政党制の存在、④選挙制度では小選挙区制あるいは比例制が低い制度を採用していること、⑤利益集団の多元的存在、⑥単一の中央集権的政府の存在、⑦立法権の一院への集中、⑧軟性憲法の存在、⑨違憲立法審査制の不在、⑩政府による中央銀行のコントロールという十点を提示している。(1)

このレイプハルトのモデル化に際してもその中心的役割を果たしているのは、政治機構における政党の機能、特に二大政党制の存在であると言うことができる。イギリス型議会制民主主義の場合、選挙政治、議会政治そして内閣政治という全ての政治的領域で二大政党がその中心に位置しており、この二大政党は有権者と議会、議会と政府とを連結させていく最も重要な政治組織として、強力な政治権力を保持してきたのである。

しかし、イギリスの政党は、強力な政治権力を保有する一方で二〇世紀後半になっても法的地位を有するわけではなく、任意団体として存在してきたに過ぎない。イギリスの政党は、これまでその規約や綱領を公的組織に提出したり、財政の構造を市民に公開する必要もなく、自律的にその活動を行ってきたのである。その背景には、イギリスの政治機構は政党の政治的機能を不可欠、というよりも最も重要な構成要素としており、政党は市民社会と政治社会を媒介する公的組織であるが、それはあくまでも「社会的存在」であり、政治権力による「規制」の圏外に所属すべきであるという思想がある。また、ドイツをはじめとして欧州大陸諸国の多くの民主主義国家のように、政党の組織、財政に国家が介入する規制制度を導入することで、安定的な政党システムを構築するという必要性があまりなく、ある意味で政治社会の変容に政党システムが柔軟に適応することで発展、機能してきたことが、こうした規制制度を不要としてきたと言うこともできる。

こうした伝統を有するイギリスを除くと、二〇世紀後半は政党及び政治資金規制制度の制度化の時代でもあった。一九六七年のドイツの政党法、イタリアの一九七四年の政党資金に対する国庫補助法、アメリカの一九七一年の連邦選挙運動法、そして一九八八年のフランスの政治資金浄化法の制定など、各国とも政治資金の改革と制度化に乗り出していったのである。

イギリスでも一九七〇年代そして一九九〇年代に政治資金規制改革の議論が政治課題として浮上したが、その改革が実現するまでにはいたらなかった。政治資金規制改革の必要性は充分認識されていたのであるが、その道のりは果てしなく遠かったと言うこともできる。そして、その三〇年間の議論に終止符を打ち、政治資金規制改革を実現したのが、一九九七年五月の総選挙に勝利して、政権の座についた労働党のトニー・ブレアである。第一次ブレア政権の下で成立した「二〇〇〇年の選挙、政党及びレファレンダムに関する法律」は、政党及び政治資金規制の不在というイギリス型議会制民主主義の伝統と離別するという意味で、イギリス政党政治の歴史に画期的意義を有する法律であると評価することができる。

二　政治資金規制改革の背景

1　イギリスの政治資金規制制度

世界の政治資金規制の発達史を概観すると、政治資金規制制度は選挙運動費用の規制として始まったと言うことができる。その嚆矢となったのが、一八八三年のイギリスの腐敗及び違法行為防止法であり、この法律は、選挙腐敗を防止するために、買収、供応の規制とともに、選挙運動費用の上限の設定、選挙資金の支出の方法の規制も含むものであった。この政治資金規制は、政治資金の範囲を選挙運動費用に限定していること、規制の対象を候補者個人の選挙運動に限定していること、選挙運動費用の支出について候補者の選挙運動を管理する管理者の厳格な規律のもとに行う仕組みを採用していること、そして厳格な支出限度額を設定し、それに違反した場合には、迅速な選挙裁判の制度を整備したことが特徴である。これによって、候補者が対等の政治資金を用いて公正に選挙運動を実施する枠組みを作りあげたのである。

この選挙運動費用の規制は、イギリスでは絶大な効果を発揮することになる。選挙運動費用規制の導入によって、選挙腐敗は姿を消すことになり、選挙運動費用は、極めて低い金額に抑制されることになった。そして、このイギリス方式は、有力な政治資金規制の方法として、日本の公職選挙法あるいはフランス、カナダの選挙法など多くの国で採用されることになったのである。

しかし、このイギリスの選挙運動費用の規制は、候補者個人を対象とし、しかも支出の規制を中心としたものであり、政党組織が候補者を側面から支援する活動を規制することはできないという重大な欠点を有していた。選挙運動が、候補者の選挙区での選挙運動を中心として行われていた時代には、こうした規制も有効であったが、選挙運動と政党組織による一般の政治活動との境界が曖昧なものとなり、政党の全国組織が選挙運動の中心の一つを担うようになると、こうした候補者個人の選挙運動費用の規制では、充分なものとは言えなくなる。

イギリスの選挙運動は、一九世紀までは選挙区の政党支部が中心的役割を担う候補者主体の選挙運動であったが、二〇世紀になって保守・労働党の二大政党制が確立すると、次第に選挙運動は全国化し、政党本部が選挙運動の主体として登場してくるようになる。こうした政党本部の選挙運動活性化の分岐点となったのが一九五二年の判決［R v. Tronoh Mines Ltd［1952］1 All ER 697］である。この判決は、総選挙の際であっても選挙区における候補者以外の第三者による一般的政治活動は許容されると判示したために、これまで全国レベルでの選挙運動を自粛してきた二大政党、とりわけ保守党は、個別の候補者に言及しない一般的政治活動は総選挙の際でも行ってよいという立場をとるようになり、これによって政党本部の選挙運動への介入は、次第に加速していったのである。この判決と、その判決に対応する政党の活動によって、一八八三年の候補者を主体とし、対象を選挙区に限定している政治資金規制制度は、その限界を露呈することになってしまった。二〇世紀後半になると、一九世紀型の選挙運動費用規制制度と選挙運動の実態とが、ますます乖離するようになってしまい、そのために、政党の政治資金をどのようにして規制するのかという問題が生じることになったのである。

2　ホートン委員会の勧告及びハンサード協会の改革案

こうした政党の政治活動と現実の政治資金規制の枠組みの乖離は、一九七〇年代に政治資金規制改革の動きとして顕在化する。選挙運動における政党本部の比重の上昇は、当然、政治資金の量的拡大を必要としたからである。イギリスの政党の政治資金の歴史は、三つの段階に区分することができる。(2)第一段階は、一九世紀中頃までの貴族などが政治家に政治資金を提供していた貴族制的時代、第二段階は、一九世紀後半から二〇世紀始めまでの爵位を授与してもらう見返りとして実業家などが政治資金を提供していた金権主義的時代、そして第三段階は、二〇世紀前半以降の産業社会の確立とともにはじまる産業界と労働界という二大制度的部門による政治資金の提供の時代（現代的時代）である。第三段階になると、労働組合の経常費から政治活動に関する支出をすることは許容できないとする一九〇九年のオズボーン判決を受けて、一九一三年の労働組合法により労働組合が政治献金する場合には、組合員の投票により政治基金を設置し、そこに組合員の同意により資金を集め、その基金を通じてのみ政治献金を行わなければならないという規制措置が導入されることになり、また、企業の政治献金も、一九六七年の会社法により、五〇ポンド超の政治献金を行った会社は株主総会に提出する貸借対照表に献金額と献金先を掲載するという規制が導入されるなど（その後一九八〇年に二〇〇ポンドに引き上げられている）、制度的部門の政治献金について部分的規制措置が採用されることになる。イギリスの政治資金の第三段階は、保守党及び労働党各々の政治資金の供給主体として産業界と労働界が中心的地位を確立し、こうした制度的部門の政治資金供給を規制するために部分的な政治資金規制が導入されることになったというのが特徴である。

しかし、一九七〇年代になるとこうした第三段階の政治資金の供給構造には、一つの転換点が訪れることになる。

その背景には、二大政党の支配してきた政治社会の基底的構造に変化が生じ、こうした構造変化に対応して、政治資金の供給の枠組みも変動を余儀なくされていったという二大政党制のゆらぎが存在していた。

一九七〇年代の政治社会の基底的構造の変化とは、一つには、二大政党制が選挙政治レベルでは崩壊していったということである。一九七〇年代の選挙を通じて保守・労働党の得票率は次第に低下していき、第三政党以下の得票率が増加していくことになる。イギリスの二大政党制は、産業社会の成熟に伴う階級社会の存在を前提としたものであったが、一九七〇年代にはその階級社会が流動化してしまい、保守党及び労働党に対する政党帰属意識の低下とともに、いわゆる「階級投票」も減少していくことになってしまったのである。階級投票の減少とは、一方では無党派層の増大と「争点投票」の増大を意味しており、こうした無党派層の支持を獲得するために、各政党は、選挙戦における政治的対立の争点が自党に有利に展開することを目指して、高度な政治戦略を採用していくことになる。高度な政治戦略とは、政党本部の選挙戦略対策本部を中心に独自の世論調査を実施・分析し、有権者の政治的動向を正確に把握した上で政権公約（マニフェスト）を作成するとともに、そのマニフェストを有権者に浸透させるような宣伝活動を展開するということである。総選挙の勝敗が、こうした高度な政治戦略の展開力に依存するようになったために、各政党ともに、多額の政治資金が必要になっていったのである。しかも、選挙区政党支部など選挙区レベルでの政党の組織力は急激に低下してきており、それを補うためにも政治資金が必要になっていった。しかし、企業献金、労働組合の政治献金のレベルは限界にまで達しており、一方で党員数も急速に低下するという状況であったために、党費・個人献金の伸びを期待できるという政治環境ではなかった。こうして、保守・労働党の二大政党は、一九七〇年代になると恒常的な政治資金の不足に悩まされるようになったのである。

この政治資金の恒常的赤字という状況を打開するための政策を提案するという役割を担ったのが、一九七六年の政党への財政援助に関する委員会、通称ホートン委員会の勧告である。ホートン委員会は、現在の政党が直面している政治資金の不足という問題は、党費、企業等団体など民間部門の政治資金の供給源に依存する仕組みでは解決できないとし、政府による政治資金の提供という枠組みを設けるべきだという結論に達する。つまり、政党の一般的活動に対する国庫補助制度を設けるということである。

ホートン委員会は、政党への国庫補助と候補者への選挙運動費用償還という二種類の国庫補助を提案した。第一の政党への国庫補助は、直近の総選挙の有効投票一票当たり五ペンスを総額とし、その総額を毎年、当該総選挙で五％以上の得票を獲得し、①少なくとも六つの選挙区で当該政党の候補者が供託金の没収を免れた政党、②少なくとも二名が下院議員に当選した政党、③少なくとも一名が下院議員に当選し、かつ少なくとも総計一五万票の得票があった政党、という要件のいずれかを満たした政党に分配するというものである。第二の候補者への選挙運動費用償還は、国政選挙及び地方選挙を含めて、各選挙区で少なくとも投票総数の八分の一の得票のあった候補者について、法定選挙運動費用限度額の半分を限度に、その選挙運動費用を償還するというものである。

しかし、この提案も、全員一致ではなく、一二名の委員の中で四名が国庫補助の方針自体に反対、しかも他の一名は国庫補助の方式に反対という状況で採択されたものであり、当時の政権党である労働党は国庫補助を支持したが、野党の保守党は厳しく拒否することになった。労働党は一九七七年の党大会で国庫補助の導入を図ることで一致したが、結局、一九七九年の総選挙前までに、労働党政府が政党国庫補助の制度を提案するということはなかった。そして、一九七九年総選挙で保守党が勝利するとともに、政党国庫補助の議論も自然消滅していくことになる。

ホートン委員会の勧告以降、イギリスでは、民間の議会政治研究団体であるハンサード協会など、民間レベルで政治資金規制の改革案が提案されている。ハンサード協会は、一九八一年「政治のコスト」（Paying for Politics）という政党の政治資金調達に関するハンサード委員会の報告を発表、アメリカの大統領予備選挙候補者への国庫補助制度が採用しているマッチング・ファンド方式（政党に対する二ポンドの寄附に二ポンドを国庫から支給するというもの）を提案し、合わせて選挙運動費用の限度額の設定、一定額以上の寄附の公開、政党の収支報告の公開を提案した。続いて一九八五年になるとハンサード協会は、憲法改革センターとともに、各企業は政治献金を行うに当たって、少なくとも（最長五年の）議会期に一度は株主総会の承認を必要とするものとし、しかも特定の政治献金を行うに当たっては、当該献金について事前に株主の承認が必要であるという企業献金規制の提案［政党への会社の献金（Company Donations to Political Parties : A Suggested Code of Practice）］を行うことになる。そして、一九九二年にもハンサード協会は「改革の論点」（Agenda for Change）を発表、少額の献金を促進するために、納税者がその所得税の一部を特定の政党の政治資金に振り向けるよう指定できるというタックス・チェック・オフの制度を提案している。しかし、こうした提案も、保守党政権の下では本格的な政治資金規制改革論議へと発展していくことはなかった。ただし、サッチャー保守党政権は、一九八四年に労働組合法を改正し、労働組合が政治資金を集める政治基金を設置している場合には一〇年ごとに組合員の設置継続に係る承認を必要とし、しかも政治目的の定義を拡大するという労働組合に対する政治資金規制の強化を実施している。しかし、この改革は、包括的な政治資金規制改革の一部として行われたのではなく、労働組合の政治活動の抑制を目的として行われた特殊な改革であり、しかもその効果は皆無に等しかったと評価されている。

3　一九九〇年代の改革論議とブレア政権の登場

一九七〇年代及び一九八〇年代の政治資金規制改革の挫折は、一九九〇年代に政党の政治資金、特に改革反対の急先鋒であった保守党の政治資金の構造に重くのしかかることになる。一九九〇年代は政治資金の高騰という時代であり、これまで主要な民主主義諸国の中で比較的低額の政治資金しか要しないと言われてきたイギリスでも、多額の政治資金を用いた政治活動の時代になっていったのである。その要因は、一つには政党による全国的な選挙運動の展開が活発化したことである。一九五二年の判決によって可能となった政党の全国的選挙運動は一九九〇年代に急激に拡大していき、これまでの候補者を主体とし、選挙区レベルに限定した選挙運動の規制という一九世紀的方法では、政治資金の急騰を抑制できないレベルにまで達してしまうことになった。「選挙運動のアメリカ化」と言われるように欧州諸国でも政治活動あるいは選挙運動のハイテク化が進行し、政治的マーケティングを活用した全国レベルの選挙戦略とその戦略を具体化する政策が必要になっていったのである。しかも、総選挙だけでなく、地方選挙も国政レベルの選挙と同じように全国政党が戦略本部となるようになり、これに欧州議会選挙も加わるようになっていった。こうして一九九〇年代は、政治資金の需要が急騰するという時代になっていったのである。(3)

こうした一九九〇年代における政治資金の構造変化については、イギリスの政治資金の仕組みは、「現代的時代」が終焉し、「ポスト現代の時代」に移行することになったという指摘もある。(4)「ポスト現代の時代」の最大の特徴は、企業献金の金額を凌駕するような多額の個人献金に依存するという傾向が見られるようになり、企業を含め制度的部門の政治資金の供給が急速に低下していくということにある。その背景としては、第一に企業統治に対する考え方が厳しくなるとともに、企業の政治的独立性が高まることになり、企業は政治献金の合理性と経済的有用性を疑問視するようになっていったことを指摘することができる。第二には、下院に省庁別特別委員会が設置になるなど政治過程における議会と議員の自律性が高まることになり、企業は政党に政治献金という形態で影響力を確保するよりも、個々の議員に資金や人材を提供して政治的影響力を強化しようという傾向がでてきたことである。第三には、保守党の経済政策に対する産業界の失望感が、企業献金の衰退に強く作用することになったことを挙げることができる。

こうした制度的部門の政治資金供給力の衰退に対応して、一九九〇年代になると保守党は、外国からの大口の個人献金に依存するようになる。この政治資金の窮乏と外国の大口個人献金への依存が、献金者の依頼を受けての政府要人による口利き疑惑や爵位授与など数々の政治資金スキャンダルを生じさせることになってしまったのである。また、一部では独立行政法人、審議会等の人事にも政治献金が影響しているという噂もでるようになってしまった。

こうした事態に対応して一九九二年一一月下院内務特別委員会は政党の政治資金の調査実施を決定することになる。同特別委員会は、特定のスキャンダルを調査するのではなく、①政党への国庫補助の導入、②政党の資金調達の方法、③収入・支出規制の妥当性について検討することになった。同委員会は一九九四年三月一六日に報告書を提出したが[(5)]、最終的に政党国庫補助等を巡って委員の見解は一致を見ることはできず、委員長決裁で消極派の報告書が採用されることになった。結局、政党国庫補助の導入、政治資金規制の導入、寄附の制限など、具体的な政治資金規制改革が、この報告書に盛り込まれることはなかったのである。

一九九〇年代は、こうした政党の政治資金だけではなく、下院議員が資金等を受領し、その資金の提供者のために下院で質問を行うというスキャンダルも相次いだ。この問題は一九八〇年代以降の企業などによる議会に対するロビー活動の強化という政治過程の変容の延長に生じた「事件」であり、政党の政治資金とともにマスコミの注目を集めることになる。メイジャー政権は、この質問の見返りに資金等の提供を受けるという問題に関しては、一九九四年一〇月に「公職者の行為規範に関する委員会（通称ノーラン委員会）」を設置し、その勧告を受けて一九九五年に議会コミッショナーの設置、金銭を受領しての質問等は禁止するといった画期的改革を実現した。メイジャー政権は、個々の議員と企業等の結びつきの規制強化、一般に政治倫理規制という面での規制強化では成果を挙げることができたが、そこから一歩踏み込み、政党の政治資金の規制にまで取り組むことには躊躇したのである。しかし、こうしたメイジャーの政治資金規制に対する消極的姿勢は、市民の政治に対する不信感を高めることになる。

メイジャー政権の政治資金規制に対する消極的姿勢とは対照的に、労働党は、自主的に一九九五年から五、〇〇〇ポンド以上の政治献金者のリストを公開するなど、積極的に政治資金規制改革に取り組む姿勢をアピールするという政策を採用する。一九九四年に労働党の党首となったブレアは、一九九七年の総選挙の公約に「我々は、一定額以上の全ての寄附者を政党が公開するよう義務づける。労働党は自主的に政治資金を公開してきたが、すべての政党が同じように規制し、公開すべきである。外国からの寄附は禁止する。我々はノーラン委員会に政党の政治資金調達をどのように規制し、改革すべきかについて検討するよう諮問する」として政党の政治資金の改革を掲げた。そして、一九九七年五月に政権を獲得すると、五月一四日の施政方針演説において、市民の政治システムへの信頼を回復するためには政党の政治資金の規制と改革が必要であることを宣言し、その公約の実現を約束することになる。しかも、一九九七年一一月、労働党が一九九七年五月の総選挙のためにF1レース開催にあたって煙草広告を例外扱いとする見返りに一〇〇万ポンドの政治献金を受領したという疑惑が浮上することになり、この「疑惑」を払拭するためにも、ブレア政権にとって政治資金規制改革は至上命題となっていったのである。そして、ブレア首相はメイジャー政権が設置した「公職者の行為規範に関する委員会」委員長にニールを指名して、一九九七年一一月一二日、この通称ニール委員会に政党の政治資金の改善のための勧告を行うよう指示したのである。ブレアは、政治資金規制改革の検討開始を指示するにあたって、寄附の範囲と公開基準、個人の寄附の量的制限の妥当性、政党国庫補助、政党の支出の制限が中心的な論点になるだろうと発言している。

ニール委員会は一九九七年一二月一七日に「争点と論点」を公表し、一九九八年五月二一日までに四〇〇を超える政治資金規制改革に関する関係者の意見を受け付けることになる。その間、一九九八年二月には、外国の政治資金規制の実態を調査するための現地調査を実施した。現地調査の対象となったのは、ドイツ、スウェーデン、カナダ、アメリカ、アイルランド共和国である。ドイツ及びスウェーデンは政党国庫補助の先進国であり、そこでは、政党国庫補助が政党の政治活動にどのような影響を与えることになるのか、特に政党の活動を抑制する結果となるのではないかという点について調査を行った。委員会のそこでの印象は、政党国庫補助が政党の活動を抑制しているという証拠はないが、政党の官僚制化が進行しており、政治家は選挙区の代表としてよりも政府機構の一部として機能するようになっているというものであった。カナダは、今回のイギリスの政治資金規制改革のモデルの一つであり、特に現地調査では、少額の個人献金を促進するための税額控除制度、広範な権限を有する政治的に独立した選挙管理委員長の存在を重点的に調査した模様である。アメリカの現地調査は、先進的な政治資金規制の枠組みの構築について研究することを目的としたが、そこでの教訓は反面教師的なもので、支出制限が存在しない場合に政治資金は際限なく高騰していくというおそるべき実態、そして連邦選挙委員会の委員の構成が共和党系・民主党系同数となっているために実効的な規制を行うことができないという制度的欠陥であった。

外国での現地調査終了後、一九九八年四月から六月にかけてイギリス各地で公聴会を実施し、一二〇名が証言を行った（その中で七五名は組織の代表として証言）。こうした精力的な活動の後に、ニール委員会は一九九八年一〇月に一〇〇項目に及ぶ勧告を提示することになる。(6) このニール委員会の勧告は、公職者の活動に係る七つの原理の中でも、独立性（Integrity）、説明責任（Accountability）、公開性（Openness）に重点を置いたものであり、今回の政治資金規制改革案は、①不正行為の防止（Misconduct Question）：大臣あるいは野党のリーダーといった公職者の行動が特定の政治資金の提供によって左右されてはならないという論点、②公正の原則（Fairness Question）：特定の政党が、その他の政党よりも政治資金の面で優位にあり、そのために選挙戦が有利になるという状況が、不公正というレベルにまで達するものであってはならないという論点、③過大な支出（Over-Spending）：政治資金の過大な支出は、有権者に政治一般への不満と離反を生じさせるだけでなく、「金がものを言う」（money talks）という風潮は有権者の政治不信を生じさせてしまうという論点、④市民の政治参加の促進（Civic Engagement）：健全かつ強力な政党が機能することによって初めて、市民はその政党を媒介として政治に有効に参加することができるという論点、⑤政党の実効的な機能（Party Effectiveness）：政権党の反対党である政党が、政府の活動をチェックし、対案を提示するという機能を有効に果たすべきであるという論点、⑥自由の規制（Question of Freedom）：国家は、どの程度まで政治資金を規制するために、政党の政治活動の自由と献金者のプライバシーに関する権利について規制を行うことができるのかという論点、この六つの論点を慎重に検討した上で、導出されたものであると委員会は言う。

下院は、この報告書について一九九八年一一月九日に討議を行い、ブレア政権もニール委員会の勧告について基本的に同意し、一部例外を除いて、勧告全体を受け入れることになる。政府は、一九九九年七月に政府原案を含めたホワイトペーパーを公表し、一九九九年一二月二〇日、下院に法案を提出することになった。そして、約一年に及ぶ議会での審議を経てニール委員会の勧告の提示から約二年後の二〇〇〇年一一月三〇日に「二〇〇〇年の政党、選挙及びレファレンダムに関する法律」が議会を通過することになったのである。

この法律には賛否両論があり、特に上院は異例の抵抗を見せたのであるが、一九七〇年代から長い年月をかけて議論を続けてきた政党の政治資金の改革に一応の決着をつけたというだけではなく、これまで主要国で唯一政党の政治資金の規制制度が存在しなかったイギリスが、ようやくその他の主要国レベルの政治資金規制に一歩を踏み出したという点でも画期的な法律である。

三　「二〇〇〇年の政党、選挙及びレファレンダムに関する法律」の構造

法律の全体は、第一章：選挙委員会、第二章：政党の登録、第三章：登録政党の会計上の義務、第四章：登録政党及びその構成員等に対する寄附の規正、第五章：選挙運動費用の規正、第六章：第三者の全国選挙運動に関する規正、第七章：レファレンダム、第八章：選挙運動及びその手続、第九章：会社による政治的寄附及び支出、第一〇章：雑則及び補則、という構成になっている(7)。法律の施行は数段階に分かれており、第一章の選挙委員会の設立に係る部分は二〇〇〇年一一月三〇日、第三章の登録政党の会計上の義務は二〇〇二年一月一日の施行などとなっているが、主要な部分は二〇〇一年二月一六日に施行となった。

1　支出限度額の設定

この膨大な法律の中で、今回の政治資金規制改革の中心的な地位を占めているのが、政党の選挙運動に関する支出に限度額を設けた第五章である。現在の政治資金をめぐる最大の問題は、政治資金の総額が高騰しているという

点にあり、この高騰を抑制する手段として政党の選挙に関する支出に限度額を設定することが必要であるというのが、ニール委員会の政治資金規制改革に関する基本的姿勢であった。政治資金の支出に限度額が存在しないために、政治資金に関する需要が創出されることになり、その需要に対応して政党は新たな政治資金の供給源を見つけ出すように努力する。そして、その結果政党は、少数の大口の政治資金の提供者に依存するようになってしまった、というのが現在のイギリスの政治資金規制の問題点の核心であるとニール委員会は想定したのである。

こうした政治資金の高騰は、政党が特定の政治資金の供給源に依存することによって、政治的意思決定過程を歪める可能性があるというだけでなく、そうした政治資金の供給源に依存することができる政党とそうではない政党との間に、政治資金力の大きな格差を生じさせてしまうことにもなるのである。こうした意味で、今回の政党の支出制限制度の導入は、単に政党の支出を抑制するということを目的としたのではなく、政治資金の需要を抑制し、政党が特定の政治資金の供給源に依存する必要性がないようにするということも含めた立法的措置であったという点に留意することが重要である。

支出制限の具体的方法については、いくつかの選択肢が存在したが、結局、これまでの選挙区での候補者に対する選挙運動費用限度額に追加する形態で、政党の選挙に関する政治資金の支出に限度額を設定するという二段階方式が採用されることになった。

支出限度額は、総選挙、欧州議会選挙、スコットランド・ウェールズ・北アイルランド議会選挙、それぞれについて設定されているが、総選挙の場合の各政党の支出限度額は、三〇、〇〇〇ポンドに候補者を擁立した選挙区数を乗じた金額という設定になっている。二大政党は、原則としてほぼ全ての選挙区に候補者を擁立するので約二、〇〇〇万ポンドが支出限度額ということになる（表1参照）。この支出限度額は、一九九七年の二大政党の総選挙

表1 総選挙における政党の法定選挙運動費用限度額

地域名	議席数	支出限度額（千ポンド）
イングランド	529	15,870
スコットランド	72	2,160
ウェールズ	40	1,200
小計	641	19,230
北アイルランド	18	540
総計	659	19,770

費用、保守党二、八〇〇万ポンド、労働党二、六〇〇万ポンドよりも、非常に低い金額であるが、この支出限度額の対象となる選挙費用は、「選挙目的」の支出であって、かつ①政党の政治放送費用、②宣伝費用、③有権者へのビラ配布費用、④政権公約及びその他の文書作成、⑤世論調査費用、⑥記者会見等メディア対策費用、⑦交通費、⑧集会及び催物費用という八項目のいずれかに分類されるものとなっており、政党の常勤スタッフの費用など人件費は除外されている。そのために、この約二、〇〇〇万ポンドという支出限度額は、二大政党のこれまでの実績に充分配慮した数字であると言ってよいだろう。総選挙に関する支出制限は投票日前一年間（総選挙以外は選挙前四ヶ月）という長期にわたり適用となるが、二〇〇一年六月の総選挙での支出限度額は、法律の当該部分の施行が二〇〇一年二月一六日であるために、二四、〇〇〇ポンドに候補者を擁立した選挙区数を乗じた金額、つまり六五九という全選挙区に候補者を擁立した政党の支出限度額は、一、五八二万ポンドに設定されることになった。

しかし、このように政党の支出に限度額を設定しても、特定の政党と関係のある個人や組織が「第三者」(third parties) として、多額の政治活動に関する支出を行うとなると、支出限度額自体が無意味なものとなる。こうした支出の制限は、アメリカあるいはカナダでも大きな問題となっており、一般に「独立支出」の規制の問題として、その規制の方法が議論されてきた論点である。

今回の政治資金規制改革を促進した要因の一つは、一九八三年の国民代表法が選挙区レベルにおける候補者以外の「第三者」の支出限度額を五ポンドまでに設定していることは、欧州人権規約第一〇条の保障する表現の自由の不当な制約であるという一九九八年二月一九日の欧州人権裁判所の判決［Bowman v. United Kingdom（1998）26 E. H. R. R. 1］であった。この欧州人権裁判所の判決をクリアするような「第三者」による政治資金の支出の規制の枠組みを作る必要があったのである。ニール委員会は、この欧州人権裁判所の判決は、政治資金の支出＝表現の自由とするアメリカのバックリー判決とは異なり、支出制限一般を禁止する趣旨ではないとして、選挙区レベルでの「第三者」の支出を五〇〇ポンドまでに引き上げることを勧告した。このニール委員会の提案は、奇妙なことに政府提出法案にはなく、下院を通過してしまったのであるが、上院での政府修正で追加となり、結局ニール委員会の勧告どおりの改正が行われることになった。

この選挙区レベルでの「第三者」の支出の規制と同じく、全国レベルでの「第三者」による政治目的の支出の規制も行われることになり、特定の政党あるいは一群の候補者のためにイングランドで一〇、〇〇〇ポンド、スコットランド・ウェールズ・北アイルランド各々で五、〇〇〇ポンド超の支出を行うことを予定する組織または個人は選挙委員会に登録するよう規定されることになった。「第三者」の支出限度額は、全ての選挙区で候補者を擁立した登録政党の支出限度額の五％までに制限されることになり、支出限度額の規制とともに他の登録政党と同様に寄附の公開、収支報告義務といった規制も受けることになった。

2　政党の登録制度と収支報告義務

政党の政治資金規制制度を導入するに当たり、その前提条件として、政党の登録制度が整備されることになった。

イギリスでは、一九九八年の「政党の登録に関する法律」によって政党の登録制度が導入されることになったが、この法律による政党の登録は任意的なものであり、登録の届出先も便宜的に会社法上の登録担当官となっていた。今回の改正では、総選挙等で候補者を擁立しようとする政党は、その政党名等を新設の選挙委員会に登録することが必要であり、登録することによって収支報告の義務等が生じることになるという点で、この登録制度は政党法的性格を有している。

登録の際の届出項目は、①政党の登録上の名称、②本部の所在地、③登録上の党首、候補者指名責任者、会計責任者の氏名、④会計上独立の政党支部（accounting unit）の所在地と名称、⑤政党の登録紋章（the registered emblems of the party）、⑥一二名以内の会計代理人の氏名と事務所の所在地、⑦その他選挙委員会が要請するもの、となっている。そして、登録政党は、当該政党の政治資金の管理の仕組みを文書にして作成し、選挙委員会による承認を受けなければならない。特に当該政党が、単一の組織であるのか、あるいは中央本部と一以上の会計上独立の支部から構成されているのかどうかを明確にすることが求められている。ここで言う会計上独立の支部とは、選挙区支部あるいは関係組織の中で、財政上、中央本部からは独立して活動する支部のことを言う。この会計上独立の支部を有する政党の場合には、当該政党の規約を引用して中央本部と支部との関係そして各本部と支部の名称を明示し、各支部の会計責任者を届け出ることが必要である。イギリスの政党は、伝統的に国家による政党の内部事項に対する干渉を警戒してきたが、政治資金の規制の枠組みを作り上げるためには、こうした必要最小限の規制は必要不可欠な要素であったと言えるだろう。この他に、政党は、特に選挙及びレファレンダムにおける支出の責任者として選挙担当責任者を指名しておくこともできる。

登録政党はその名称・登録紋章の保護を受け、候補者指名責任者は当該政党の立候補者に公認証書を交付し、この交付を受けた候補者のみが、当該政党の候補者として投票用紙に政党名及び紋章の記載を受けることができる。そして、会計責任者は政党の政治資金の収支に責任を有することになり、特に選挙に関する政党の支出は会計責任者、会計代理人または両者により文書で支出の許可を受けている者だけが、支出できるという厳格な支出方法の規制制度が採用されることになった。こうした支出方法の規制は、これまでも選挙区での候補者の支出に関して適用されてきたものと同一の枠組みであり、その政治資金規制に関する効果は実証済である。しかし、一方で今回は選挙区単位ではなく、全国単位の仕組みで、しかも政党の候補者指名と一体化したものであり、これまで以上に政党本部の権限が強化されることになった。

登録政党は、年一回、当該政党の収支報告書を作成し、選挙委員会に提出する義務がある。登録政党の会計責任者は、収支報告の基になる正確な会計帳簿を維持し、収支と資産、借入金について記載する。収支報告書は、会計年終了から三ヶ月以内に選挙委員会に提出するというのが原則であるが、年間の支出が二五万ポンド超となる登録政党は、提出前に公認会計士の監査を受けることが必要であり、その提出期限は会計年終了から六ヶ月以内となっている。

登録政党には、こうした年間の収支報告提出義務の他にも、選挙に際しては、選挙支出報告書を提出する義務があり、政治活動に関する寄附には、通常、四半期毎の報告義務が存在している。

3　寄附者及び寄附金額の公開

今回の政治資金規制改革の中核の一つは、政治資金の透明性の拡大であり、そのために政治資金の寄附者の氏名、寄附の金額の公開制度が導入されることになった。寄附者等の公開は、アメリカやカナダなどの北米では、積極的に行われてきたが、一般に欧州諸国は、寄附者のプライバシーに配慮するという理由で、公開水準の引き下げには慎重な姿勢であるということができる。今回の寄附者の公開水準の決定に当たっては、一〇〇カナダドル（約四〇ポンド）超の寄附者を公開しているカナダの例（現在は二〇〇カナダドル）も検討の対象とはなったが、各政党の立場は自由民主党一、〇〇〇ポンド超、労働党五、〇〇〇ポンド以上、保守党五、〇〇〇ポンド超というものであり、結局、ドイツの二〇、〇〇〇マルク（約七、〇〇〇ポンド）という水準を参考にして、政党本部は五、〇〇〇ポンド超の寄附者の氏名、寄附金額の公開が義務づけられることになったのである。これに対して政党の支部に対する寄附の場合は一、〇〇〇ポンド超の寄附者の氏名、寄附金額の公開を義務づけることになった。候補者が選挙区で支出する選挙運動費用は約八、〇〇〇ポンドであり、選挙区レベルでは一、〇〇〇ポンドの寄附でも相当に政治的影響力があり、また、選挙区レベルでの選挙運動の主体である政党支部には、地方自治体の公共事業契約、許認可に関して強い影響力が存在すると言われており、そのために、政党本部への寄附の五分の一という寄附者の公開基準が採用されることになったのである。この寄附者の報告は、四半期毎に選挙委員会に報告する義務があり、更に総選挙期間（解散の告示の日から投票日まで）には一週間毎に報告する義務がある。

寄附者等の報告義務は登録政党だけではなく、下院議員、欧州議会議員、スコットランド・ウェールズ・北アイルランド議会の議員など公職にある者、政党の構成員（以上一、〇〇〇ポンド超）、政党構成員のグループ（五、〇〇〇ポンド超）等にもその寄附者等の公開を義務づけている。下院議員等に寄附者等の報告を義務づけたのは、イギリスでも党内での公認候補者選定に際して政治資金の提供が行われたり、党内主要ポストに就任するために政治資金が提供されたりする傾向がでてきているためである。利害関係登録制度でも、議員活動への支援として一、〇〇〇ポンド超の資金を受領すると議会コミッショナーへの届出の義務が生じるが、この場合には政治資金と二重の報告義務が存在することになる。

以上は政党等への政治活動に関する寄附の報告義務であるが、今回、候補者の選挙運動費用収支報告でも五〇ポンド超の寄附を受領した場合には、寄附者と寄附金額の報告が義務づけられることになった。選挙運動費用の規制は、これまで選挙に関する支出の規制であったが、今回の改正で選挙に関する寄附も規制の対象となり、これによってイギリスの政治資金のフローは、選挙資金から一般の政治活動の資金を含めて広範囲に把握されるようになることが期待できる。

4　寄附の質的制限及び企業献金規制の強化

特定の者について、政治活動に関して寄附をすることができないという規則を設定するというのが、政治資金の質的規制である。これまでイギリスでは、労働組合、業界団体を除くと政治資金の質的規制は存在しなかった。そのために、外国人、企業等が、政党あるいは政治家に自由に寄附を行うことが可能であり、特にイギリスと歴史的に強い繋がりが存在する英連邦諸国の富豪などから多額の政治資金が保守党に提供されることになり、それが一九九〇年代の政治資金スキャンダルの温床となってきたのである。

今回、寄附の質的規制の導入に当たっては、匿名の寄附の受領を禁止するとともに「政治活動に関して寄附を行うことができる者」という概念が設定されることになり、個人の場合は、有権者登録をした者のみが政治献金を行うことができるという列挙主義の規制が採用されることになった。政治活動に関する寄附は、二〇〇ポンド超という定義になっているため、外国人等は二〇〇ポンド以下の政治献金を行うことはできるが、それ以上の寄附はこの質的規制によって禁止となる。また、個人の場合と同じく、法人等団体の場合も、イギリス国内で登録等を行い、実際に活動している者以外は政治献金を行うことはできないということになっている。企業の場合は、一九八五年の会社法上で登録している企業、労働組合の場合は一九九二年の労働組合及び労働関係法の下で列挙されている労働組合のみが政治献金を行うことができる。また、その他の団体の場合も当該団体を規制する法律で、登録等を行ったもののみが政治献金できることになる。一般に政治献金を行う権利は選挙権よりも緩く規定するのが、日本を除く主要国の例である。イギリスでもスコットランド国民党など中小の民族政党は、外国に移住した同一民族の成功者から多額の政治資金の提供を受けているという特殊な事情が存在し、今回の規制に関しては消極的な意見も存在した。しかし、イギリスの場合は、一九九〇年代の政治資金を巡る疑惑の多くが、外国人の政治献金であったために、こうした諸外国に比べても幾分厳しい規制になったと思われる。

企業献金についても、これまでと比較して大幅な規制強化を図ることになった。これまでは、企業が二〇〇ポンド超の政治献金をした場合には、株主総会に提出する貸借対照表に添付する取締役報告に、献金額、献金先などの記載が義務づけられているのみであった。今回の改正は、会社法上の規制を強化し、取締役の株主に対する政治献金に関しての説明責任を明確にするという目的で導入されたものである。ある企業が年間五、〇〇〇ポンドを超える政治献金あるいは政治目的の支出を行おうとする場合には、事前に株主総会にはかることが必要であり、具体的には今後四年以内において実施する政治献金及び政治目的の支出の総額について事前に株主総会で議決し、その承認を得なければならないということになる。この承認なしに取締役が政治献金あるいは政治目的の支出を行った場合には、その献金等の総額を（利子分も含めて）会社に全額返還するだけでなく、当該行為によって会社に与えることになった信用失墜などの損害についても賠償することを義務づけている。また、ここでいう政治献金等は、イギリス国内の政党等に対するものだけではなく、EU諸国の政治組織に対するものも含むものであり、企業等によるEUレベルでの政治活動の強化という状況の変化を考慮し、その規制の範囲を極めて広くしているのも特徴である。労働組合が政治献金あるいは政治目的の支出を行う場合は、組合の経常費とは別に特に政治基金を設置し、その基金の設置の可否について一〇年ごとに組合員の了承を必要とするという規制が存在しているが、その一方で企業の側にはこうした規制が存在していないというのでは、制度部門の献金規制という点では公正さを欠いているという議論が労働党や労働組合には根強く存在した。今回の改正は、企業統治という側面での厳しい規制の導入という点、及び政治資金規制の中で企業と労働組合を同列に位置づけるという点において、これまでの企業による政治活動の方向性を大きく変容させていく可能性のある重要な制度改正だと言えるだろう。

5　選挙委員会の設置

こうした支出制限、収支報告の提出義務、寄附の質的制限など政治資金規制の監督、そして政党の登録受付・管理などを行うための組織として、議会に対して一定の中立性を有する選挙委員会が設立されることになった。選挙委員会は、政党の登録受付や収支の公開だけではなく、収支報告書に問題がある場合には一定の調査権限もあり、その機能は比較的強力なものとなっている。選挙委員会は、委員長の他に当面五名の委員により構成されることになっているが、選挙区画委員会の機能を引き継ぐ段階では委員は九名にまで増員される予定である。委員は公募方式で採用となるが、その採用に当たっては、選考委員会を組織するとともに、各政党の党首と協議し、下院議長の同意のもとに女王が任命することになっている。ただし、選挙委員会委員は、政党政治と無関係な者でなければならないという原則をとり、過去一〇年間において議員など公職にあった者、政党の職員であった者あるいは政治献金を行った者などは委員となることはできないと規定している。その上で、選挙委員会の監督機関として、下院議長、下院内務特別委員長、地方自治担当大臣その他五名の下院議員で構成する議長委員会を設置し、選挙委員会に今後五年間の活動計画案の提出と一年に一回の報告義務を課している。

選挙委員会の任務は、①政党、「第三者」、レファレンダム参加組織の登録、②政治献金、選挙及びレファレンダムの支出の規制、③政党の年間収支報告の公開、④全国及び地域レベルのレファレンダムの実施、⑤選挙及びレファレンダムについての報告、⑥選挙関係法の施行に責任を有するとともにその不十分な点の見直し義務、⑦選挙及び民主主義的制度の普及責任、⑧政党への政策立案補助の交付、⑨政党のテレビ放送枠使用に関する助言、⑩下院及び地方政府の選挙区画委員会の機能（将来一定の時点）、⑪関係規則の制定と広範に及ぶものであり、委員会は、イギリスの民主主義のセンターとしての役割を期待されているといっても過言ではないだろう。

特に、選挙委員会は、政治資金の収支報告に問題があるという場合には、登録政党等に関係書類の提出を求める権限があり、更に委員会から権限の委任を受けた者は、政治資金関係の書類を調査するために当該登録政党等の建物内に立ち入ることもできる。こうした調査を行うに当たり、特に何らかの違反が存在するという証拠は必要ではなく、しかも調査の通知や調査令状も必要ではない。また、会計責任者が一定の期間内に収支報告書や寄附報告書を提出しない等の違反行為があった場合、選挙委員会は、収支報告等の遅滞に合わせて五〇〇ポンドから五、〇〇〇ポンドまでの過料を課すことができる。ただし、今回の法律で新たに設けられた七〇を超える刑事罰に係る訴追等は、選挙委員会の権限外である。

バトラー教授は、政党の支出に制限を設けるとなると政党に法的枠組みを与え、その収支を監督する独立の組織がどうしても必要であるし、今回の選挙委員会の設立は、ブレア政権の憲法改革の中で最も成功した例であると最大限の評価をしている。(8) 独立した選挙委員会の設立は、アメリカの連邦選挙委員会、フランスの選挙運動費用収支報告及び政治資金全国委員会、そしてカナダ、オーストラリア、ニュージーランドの選挙委員会と多くの前例があり、世界的にも政治資金規制改革の最も重要な論点の一つとなってきている。イギリスの場合も、一九九〇年代に数多くの選挙委員会設立の提案があり、外国の例も参考にして、今回の設立にこぎつけたと言えるだろう。イギリスの選挙委員会の特徴は、アメリカの連邦選挙委員会などが議会外の中立組織という位置づけであるのに対して、議会の監督下に中立的組織として選挙委員会を設置したこと、そしてアメリカの連邦選挙委員会を反面教師として政党政治と関係のある委員を全面的に排除して、法執行に実効性を持たせようとしている点である。

この他にも重要な改革として、レファレンダム制度の整備を挙げることができる。この改革は、①レファレンダムに向けて一〇、〇〇〇ポンド超の支出を予定して政治活動を行う組織は、選挙委員会にその旨を登録する、②選挙委員会は、賛成派及び反対派各一組織を頂上組織として選定し、当該組織に最高六〇万ポンドの国庫補助を行う、③頂上組織及び前回の総選挙で三〇％以上の得票を挙げている登録政党の支出限度額は五〇〇万ポンド、その他の政党の場合は前回総選挙の得票率により段階的に減額する、④レファレンダムに参加した組織には収支報告等の義務を課す、⑤政府等公的組織は、レファレンダムについて中立的な立場でなければならず、投票四週間前からは資料等の頒布を禁止する、⑥選挙委員会はレファレンダムの問いの文言が明確かつ公正であるかどうか考察する、という内容のものである。ブレア政権は、議会制民主主義を補完する仕組みとしてレファレンダムを多用する傾向にあると一般に指摘されている。しかし、重要な国政上の論点に関してレファレンダムを用いるという傾向は、必ずしもイギリスだけの現象ではなく、主要先進国共通の現象でもある。レファレンダムの公正な実施のためにどのような制度化を図っていくかという重要な論点に関して、今回のイギリスの政治資金面でのレファレンダムの制度化は、有益な先進的事例を提供するものであろう。

四　政治資金規制改革とその問題点

今回のブレアの政治資金規制改革は、一九九七年総選挙での公約を実現するとともに、その内容のレベルの高さを評価する声が多い。しかし、政治資金規制の完成度という点では、若干の問題点も指摘されている(9)。ここでは、支出制限、寄附の量的制限、国庫補助という三点に焦点を当てて、今回のイギリスの政治資金規制改革の問題点を分析することにする。

1　支出制限を巡る論点

二〇〇一年六月の総選挙は、今回の政治資金規制制度が初めて適用となる「画期的」選挙となった。総選挙はブレア労働党の圧勝に終ったが、今回の総選挙は、新しい政治資金の制度的枠組み、特に支出制限がどの程度有効に機能するのか、という点も一つの争点でもあったと言えるだろう。

選挙委員会は、二〇〇二年一一月に各政党の選挙支出を分析した報告書（The Electoral Commission, *Election 2001 Campaign Spending*, 2002. 11）を発表している。この報告書によると、候補者を擁立した八〇の登録政党の中で、

表２　北アイルランドを除くイギリス全土での各政党の支出額

政　党　名	候補者数	獲得議席数	支出額(£)	選挙区平均(£)
労働党	640	412	10,945,119	17,102
保守党	640	166	12,751,813	19,925
自由民主党	639	52	1,361,377	2,130
スコットランド国民党	72	5	226,203	3,142
ウェールズ国民党（プライド・カムリ）	40	4	87,121	2,178

選挙に関して支出を行ったのは三六の登録政党であり、その総額は二、六六九万ポンドとなっている。この支出総額の八八・八％に当たる二、三七〇万ポンドを労働党と保守党の二大政党が占めており、その政治資金量は圧倒的である。北アイルランドを除くイギリス全土で候補者を擁立した政党の今回の総選挙における支出限度額は、一、五三八万ポンドであったが、労働党、保守党が支出した金額は、それぞれ一、〇九五万ポンド、一、二七五万ポンドであった（表2参照）。

労働党と保守党の支出総額を比較すると保守党の支出が労働党を約二〇〇万ポンド上回っているが、これは支援者からヘリコプターの提供を受けた経費が大きく影響しており、二大政党の政治資金の支出は、対等のレベルであったと言うことができる。これに対して自由民主党の支出総額は一三六万ポンドで、保守党の約一割強であり、候補者は保守・労働党とほぼ同数擁立したために選挙区レベルで見ても二大政党の約一割強の支出しかできないという状況にある。

次に表3の主要三政党の選挙運動費用の項目を比較すると、二大政党の労働党と保守党は、宣伝費用の比重が高く、全国レベルでの新聞広告等を用いた選挙運動を展開したことがわかる。それに対して、自由民主党は、交通費とメディア対策費用の比重が高く、このことは同党が伝統的なバスツアーとロンドンでの記者会見を主力とする選挙戦を展開したことを立証している。

一方、選挙区レベルでの各候補者の支出総額は一、一八九万ポンドであり、各

表3　2001年総選挙における主要3政党の選挙運動費用支出の内訳

単位：ポンド

支出の項目	労働党	保守党	自由民主党
政党の政治放送費用	272,849 (2.49%)	567,286 (4.45%)	55,353 (4.07%)
宣伝費用	5,024,258 (45.90%)	4,409,569 (34.58%)	196,595 (14,45%)
有権者へのビラ配布費用	1,451,777 (13.26%)	1,216,770 (9.53%)	54,287 (3.99%)
選挙綱領・政策資料作成費用	517,965 (4.73%)	1,025,205 (8.04%)	91,004 (6.69%)
世論調査費用	869,338 (7.94%)	1,717,093 (13.47%)	66,016 (4.85%)
メディア対策費用	750,396 (6.88%)	356,639 (2.80%)	230,787 (16.95%)
交通費	774,815 (7.07%)	1,486,887 (11.66%)	593,418 (43.58%)
集会・催し物費用	1,283,720 (11.73%)	1,972,362 (15.47%)	73,917 (5.42%)
総　　計	10,945,119 (100.00%)	12,751,813 (100.00%)	1,361,377 (100.00%)

政党別の候補者の支出総額を見ると、労働党三七五万ポンド、保守党四一五万ポンド、自由民主党一九四万ポンドとなっている。保守党の場合、全候補者の三七%、労働党の場合、全候補者の二三%が、支出限度額の九〇%以上を支出しており、自由民主党の場合は九%に過ぎないという格差は存在しているが、選挙区レベルでの候補者の支出の比較では二大政党と自由民主党との政治資金の格差は、接近していることがわかる。

こうした数字が意味しているのは、労働党及び保守党の二大政党は、下院での多数派獲得のために全国レベルでのメディア戦略を中核とする選挙戦を展開したが、自由民主党は、六三九もの選挙区に候補者を擁立したものの、資金的余裕がないために、その選挙戦略は、選挙区での集会や戸別訪問といった伝統的なイギリス的選挙運動を展開することで精一杯であったという現実である。

支出限度額の設定は、労働党及び保守党の二大政党の支出総額の高騰に一定の歯止めをかけることに成功したと言うことはできるだろう。しかし、一方で二大政党に迫る有権者の支持を獲得しつつある自由民主党と二大政党との政治資金の面での格差を是正するという効果は皆無であった。イギリスの政党システムは、一九七〇年代以降、選挙政治レベルでは二大政党制が崩壊しつつある。しかし、今回導入となった支出制限の制度は、二大政党の政治資金競争の抑制だけを念頭においたものであり、二大政党と第三政党以下との政治資金の面での格差を是正するという考慮は欠落してしまっている。政党間競争の機会均等という点において、支出制限だけの規制では、充分な立法上の措置だということはできないであろう。

2　寄附の量的制限を巡る論点

今回の政治資金規制改革は、政党の支出に限度額を設定し、それによって特定の政治資金の供給主体が多額の政治献金を行う必要性を抑制するという考え方を採用した。しかも、一定金額以上の寄附は公開するという仕組みが、大口の寄附を抑制する方向に機能するはずであるから、寄附の量的制限を設ける必要性はないということになったのである。しかし、選挙委員会のＷｅｂサイトで公開されている二〇〇一年、二〇〇二年の寄附者の報告を分析すると、保守党は、二〇〇一年総選挙前後に二四五万ポンド、五〇〇万ポンドという多額の個人献金を受領しており、労働党も二〇〇二年一月に二〇〇万ポンドという個人献金を受領している。一〇万ポンド以上の企業等団体献金を調査してみると、保守党は、二〇〇一年に三件総額一二五万ポンド、二〇〇二年に三件八九万ポンドの企業による政治献金を受領しており、一方で労働党は、二〇〇一年に二五件七二一万ポンド、二〇〇二年二三件四六七万ポンドという労働組合による政治献金を受領している。企業献金の最高額は、二〇〇一年四月二日にノールブルック社が保守党に対して行った一〇〇万ポンドの献金であるが、労働組合による労働党への政治献金は、二〇〇一年には四つの労働組合が総計一〇〇万ポンド以上［GMB（都市一般労組）一九〇万ポンド、UNISON（公共部門労組）一五八万ポンド、AEEU（合同電気機械工労組）一四八万ポンド、CWU（通信労組）一二〇万ポンド］、二つの労働組合が八〇万ポンド以上［USDAW（小売店・流通関連労組）八六万ポンド、TGWU（運輸一般労組）八六万ポンド］の政治献金を行っている。

個人献金、企業等団体献金の全体的状況を見てみると、①個人の一〇〇万ポンドを超える大口献金が存在している、②企業献金は件数、金額的にも抑制的になってきている、③労働組合による労働党への多額の政治献金は継続している、という特徴があると言えるだろう。

こうした二〇〇一年及び二〇〇二年の実績を考慮すると、支出限度額の設定あるいは寄附者の公開という方法だけで、大口の政治献金を抑制するという政策には限界があると言うべきである。ドイツの政党法には政治献金の量的制限はないが、日本、アメリカ、フランスには量的制限が存在しており、イギリスでも量的制限の設定に向けての議論が浮上することは回避できないように思われる。

3　政党国庫補助の導入を巡る論点

今回の政治資金規制改革における最大の論点は、イギリスの政治資金の全体的枠組みの中で政党への国庫補助をどのように位置づけるかということにあったと言ってもよい。ニール委員会は、政党への直接的国庫補助に関しては消極的であったが、一方で会派補助の大幅な引き上げ、政党への政策立案補助の支給を勧告するとともに、政治献金に関する税制上の優遇措置の導入を勧告した。

下院の会派補助の増額は、一九九九年に実現し、二〇〇一―二年、二〇〇二―三年にはこれまでの二・七倍の金額約五〇〇万ポンドの会派補助が支給されるようになっている。一九九六年からは上院でも会派補助が支給されるようになり、二〇〇二―三年には六二万ポンドが支給されている。政策立案補助の支給も今回の改革で実現することになった。しかし、政治献金に関する税制上の優遇措置の導入は、ニール委員会の勧告の中で、政府が採用を拒否した数少ない項目の一つであり、ニール委員会は、政府の姿勢に対して強い調子の反対文書を公開した。政治献金に関する税制上の優遇措置の導入は、ニール委員会の政治資金規制改革案の骨格の一つを構成するものであり、大口の政治献金を抑制し、小口の個人献金を促進するための重要な政策だと位置づけられていたからである。しかし、政府は、税制上の優遇措置を導入して税収となるべき一部の国庫資金（四〇〇―五〇〇万ポンド）を政党に間接的に補助するよりも、他に税金を必要とする施策が目白押しであり、税徴収の実務上でも費用がかかり過ぎるといった理由でこれを拒否した。政府の拒否の理由は、財政上の問題となっているが、五〇〇ポンドまでの政治献金を所得控除の対象とするという今回のニール委員会の提案は、高額所得者の支持者を有する政党、つまり野党である保守党と自由民主党に有利であるため、労働党政府は拒否したというのが妥当なところである。しかし、日本、ドイツ、フランスにも政治献金に対する税制上の優遇措置が存在しており、税制上の優遇措置を活用して市民の政治参加を促進しようというのが世界的な潮流の一つであることを考えると、労働党は委員会の勧告を拒否して、党利党略に走ったと批判されても致し方ない側面がある。

イギリスの政治資金の構造的問題点は、かつてのように総選挙の際に一時的に多額の政治資金が必要であるという時代ではなくなり、欧州議会選挙、スコットランド、ウェールズ議会選挙等の地方議会選挙など多数の選挙を戦い、しかも高度な政治戦略を策定するという時代に移行していったために、各政党は総選挙の年だけではなく、恒常的に多額の政治資金を必要とするようになっているということにある。こうした政治資金のニーズに大きな変動が生じている一方で、政治資金の増減のサイクルは、政治資金の提供者が、毎年、各政党の経済政策の有効性等を評価して、その評価に基づいて提供先を決定するというような政党の業績評価による決定というものではなく、総選挙の有無に最も強い相関関係がある。そのために、総選挙の無い年には、各政党は政治活動のための十分な政治資金を調達することができないという状況になっており、政党の活動の継続性に問題が生じているのである。(10)

ニール委員会は、政党への国庫補助は時期尚早であるとしたが、その代わりに間接的国庫補助である税制上の優遇措置を提案することで、多少ともこのイギリスの政党財政の構造的問題を解決しようとしたのである。各政党に対する政策立案補助は、二名以上の国会議員を有する各政党に総額二〇〇万ポンドを分配するというものであるが、(11)この程度の国庫補助では、イギリスの各政党の抱える財政問題の解決とはならないであろう。ニール委員会が提案した税制上の優遇措置を政府が拒否したために、この政党への国庫補助という論点は、全体の仕組みをどのように構築するのかという地点から、再度検討されていくことになる可能性が高い。

五　おわりに

イギリスの政治資金規制改革が実現した二〇〇〇年は、イギリス政治の歴史的転換点であるだけでなく、イギリス政治研究の歴史的転換点としても記憶されることになるであろう。イギリスの政治資金の世界は、個々の研究者の労苦の多いデータ収集と政党関係者などインサイダーからのインタビュー等で細々と研究されてきたというのが実情である。政治資金研究の先進国であるアメリカでも、一九七〇年代に政治資金の公開が大幅に進展すると同時に、多数の高度な政治資金に関する研究が行われるようになっていった。

イギリスでも、今回の改革によって政党の総選挙支出、寄附者と寄附額の公開が行われるようになり、二〇〇三年には各政党の収支報告も初めて公式資料として公開されることになった。イギリスの政治資金の歴史では、画期的なことである。今後は、こうしたデータを基にして、今回の政治資金規制改革の有効性と限界が分析されていくであろうし、制度改革の論議が活性化していくことになるであろう。

その際、政治資金規制制度の最大の論点となるのは、やはり、政党への国庫補助の問題であるように思う。ブレア政権は、二〇〇二年四月一六日に国庫補助の導入に関する国民的議論を喚起し、国民が導入ということで合意することを期待していると政府の立場を表明し、イギリス下院では、二〇〇二年五月二二日にジョン・メイプルが議員立法として政党国庫補助法案を提出している。政党、選挙及びレファレンダム法の施行とその問題点を分析している選挙委員会は、政党の会計制度等実務上の問題点についての見直しとは別途、二〇〇三年春からは政党の政治資金全般の見直しの検討を開始し、五月二八日には政党の資金調達について関係者から意見を求めるとする文書を公表した。(12) 関係者による意見提出の締切りは二〇〇三年九月一二日となっており、選挙委員会は、二〇〇四年三月から四月にかけて各地で公聴会等を開催、二〇〇四年夏までには政党国庫補助の導入、寄附の量的制限の設定の是非、支出限度額の妥当な水準といった基本的論点について委員会として報告書をまとめることを予定している。しかし、政党への国庫補助という問題は、政治システム自体の機能に影響を及ぼす重要な論点であるために、容易に結論は出ないだろうし、安直に結論を出してよいというものでもない。ドイツの代表的な政治資金の研究者であるナスマッハーは、政党国庫補助は、既存政党に有利に機能し、政党システムの固定化に結びつくという近年「カルテル政党論」などで主張されている理論に反対するが[13]、制度設計に失敗すると、こうした懸念が現実化することは、イタリア等の例を見ても明らかである。

　市民の政治参加を活性化し、それと同時に市民社会と政治社会を媒介する政党の機能を強化する、という問題を検討するに当たって、現実的には政党国庫補助という問題を回避することは不可能である。企業等団体献金を抑制し、党費と個人献金だけで政治資金を供給していくということは、イギリスでも現実的ではないというべきであろう。自由・民主主義的政治体制の民主主義的側面の強化のためには、これまで以上に広範な国家による民主主義の条件整備が必要であり、政党国庫補助は、その条件整備の一つとして機能しうる制度である。しかし、その制度設計は、市民と諸政党間での機会均等の保障、そして市民社会と政党との連結関係の強化という政策上の理念を基盤として構築されていくべきである。

（1）　Arend Lijphart, ***Patterns of Democracy: Government Forms and Performance in Thirty-Six Countries***（New Haven and London: Yale University Press 1999）p. 10-21.

（2）　Michael Pinto-Duschinsky, ***British Political Finance 1830-1980***（Washington and London: American Enterprise Institute for Public Policy Research 1981）p. 15.

（3）　Paul Webb, ***The Modern British Party System***,（London: SAGE 2000）p. 231-236.

（4）　Justin Fisher, "Finance and Corruption: Britain", in Robert Williams ed, ***Party Finance and Political Corruption***（London: Macmillan Press 2000）p. 15.

（5）　Home Affairs Committee Second Report, ***Funding of Political Parties***, 1994. 3. 16, HC301. 1993-1994.

（6） Committee on Standards in Public Life, ***Fifth Report of the Committee on Standards in Public Life: The Funding of Political Parties in the United Kingdom***, 1998. 10, Com 4057-I. また、イギリスの政治資金規正改革論議における「平等」概念の役割を分析し、「政党間の資金の平等」、「市民間の影響力の平等」、「政策情報の自由市場へのアクセスの平等」という三つの類型を導出した論文として、Lori A. Ringhand, "Concepts of Equalty in British Election Financing Reform Proposals", *Oxford Journal of Legal Studies*, Vol. 22, No. 2, 2002, p. 253-273, がある。

（7） この法律を条項ごとに解説した資料として、Explanatory Notes to Political Parties, Elections and Referendums Act 2000: 2000 Chapter 41（http://hmso.gov.uk/acts/en/2000en41.htm）が参考になる。また、この法律の構成全体について分析した資料として、K. D. Ewing, "Transparency, Accountability and Equality: The Political Parties, Elections and Referendums Act 2000", ***Public Law***, 2001, Autumn がある。法律提案までの経過等については Oonagh Gay, ***The Political Parties, Elections and Referendums Bill -Electoral aspects***,（House of Commons Research Paper 00/1 2000. 1), Aileen Walker, ***The Political Parties, Elections and Referendums Bill-Donations***,（House of Commons Research Paper 00/2 2000. 1）が詳しい。

（8） David Butler, "Two years and running", in Electoral Commission, ***The Register***, 2003. 3, Issue 1. 選挙委員会設立初年度の経緯と活動の報告として、The Electoral Commission, ***Annual Report and Accounts 2000-01***, 2002. 1, が参考になる。

（9） 今回の政治資金規制改革を論評したものとして、以下の論文がある。Justin Fisher, "The Political Parties, Elections and Referendums Act 2000', *Representaion*, Vol. 31, No1, 2001, p. 11-19., Justin Fisher, "Campaign Finance: Elections Under New Rules", ***Parliamentary Affairs***, Vol. 54, 2001, p. 689-700, Justin Fisher, 'Next Step: State Funding for the Parties?", *The Political Quarterly*, 2002, p. 392-399, Paul Webb, "Parties and Party Systems: Modernisation, Regulation and Diversity", ***Parliamentary Affairs***, Vol. 54, 2001, 308-321.

（10） Justin Fisher, "Economic performance or electoral necessity?: Evaluating the system of voluntary income to political parties", ***British Journal of Politics and International Relations***, Vol. 2, No2, June 2000, p179-204.

（11） この政策立案補助は、The Elections（Policy Development Grants Scheme）Order 2002（SI 2002/224）によって二

〇〇二年から支給されている。

（12）　The Electoral Commission, *Issues paper: The funding of political parties*, May 03, また、これまでの政党の政治資金を巡る議論を要約した背景資料も同時に公表されている。The Electoral Commission, *The funding of political parties: Background paper*, May 2003.

（13）　ナスマッハーは、国庫補助と個人献金等との混合システムに政治資金の将来はあるとする立場であり、国際的にも多くの研究者が彼の影響を受けている。二〇〇一年には、政治資金と民主主義の構造を比較政治学的に分析した重要な編著を公刊している。Karl-Heinz Nassmacher（ed）, ***Foundations for Democracy: Approaches to Comparative Political Finance***（Baden-Baden: Nomos Verlagsgesellschaft 2001）. また、世界各国の政治資金規制の状況を網羅的に分析したReginald Austin, Maja Tjernspröm（ed）, *Funding of Political Parties and Election Campaigns*（Stockholm : International Institute for Democracy and Electoral Assistance 2003）でもナスマッハーは、中心的執筆者となっている。

【追　記】

本稿執筆後、印刷原稿校正の最終段階で桐原康栄「欧米主要国の政治資金制度」『調査と情報』第四五四号　二〇〇四年八月四日、及び間柴泰治「「二〇〇〇年政党、選挙及び国民投票法」の制定とイギリスにおける政党助成制度（資料）」『レファレンス』第六四三号　二〇〇四年八月が刊行となり、本稿の校正にあたって参考にすることができた。前者は、イギリスの政治資金規制改革だけでなく、アメリカとドイツの最近の制度改革を含む数少ない論文であり、特に近年世界的に注目が集まってきているカナダの政治資金制度の概要を知ることができるという点で重要な論文である。後者は、イギリスの政治資金規制改革の中で、特に政党助成制度の位置づけと政策立案補助の実際について焦点を当てて分析した数少ない論文である。

この二つの論文は、国立国会図書館ホームページにある日本の議会・世界の議会（http://www.ndl.go.jp/jp/data/diet.html）で閲覧することができる。

Ⅲ　議院の動態

国会運営の移り変りと諸問題

谷　福丸

一　はじめに

上田章先生の記念論文集に執筆の栄に浴したが、衆議院事務局に奉職して四十年、日々の仕事に追われた経験があるのみ、お許しをいただいて、体験を通して常日頃感じている幾つかの問題を思いつくまゝ記してみたい。もとより、政治の世界は万華鏡を覗くように、人それぞれに異った模様が映し出される。私の目に映った万華鏡の模様を描いたもの、と読み流していただきたい。

我が国に議会が開設（明治二十三年）されて今年で百十四年になる。国会（昭和二十二年）になってからも五十七年になる。

現在の議会制度は、明治憲法下の議院内閣制議会の伝統の上を、新憲法の下に三権分立の屋根で覆う複雑な構造になっている。そして、いわゆる五十五年体制という二大政党らしき政治が、細川内閣誕生までの約三十八年間政権交代を経験しないまゝ続き、その後政党の離合集散を経て今日に至っている。つまり国民の選択の結果として今日の姿に育ってきたのである。

私は、議会制度そのものはよく整っており、議会政治も時局時局に曲折はあったけれども、全体を通じてうまく機能してきたと肯定的に考えている。今日の経済の拡大と国民生活の向上をみれば、政治の働きが悪かったとはいえまい。

しかし、三権分立の原理の下での議院内閣制議会、政権交代の経験の乏しい議会の育ち、この二つが我が国国会を難しくしている。これが私の国会に対する基本認識である。

現状の国会に対してはどうか。

昨今、国会改革論議が盛んである。その際に、政治の活性化、審議の活性化等、活性化という用語が改革の枕詞のように使われている。他方、無党派層などの言葉に表される政治に対する無関心の広がり、度重なる不祥事からくる政治不信、恰も働きの悪い者に〝役立たず〟と貶しめる類の批判や、無関心の者に無理も無いと同情を示すものが多々ある。これらは多くが、議会政治、政党政治が弱体化していることを意識しているのを示しているであろう。

私も総じて言えば、国会も、国会に期待を寄せる側もエネルギーを喪失している状況にあると思っている。何故そうなったのか。国会運営の移り変りを柱に、私なりの解釈をしてみたい。

二　議会運営の移り変り

その時々の議会運営上の問題を解決する場として、議長の諮問機関「議会制度協議会」が発足するのは昭和四十一年三月である。

協議会誕生の背景には、前年の秋第五十回国会、日韓条約審議をめぐって議事が混乱し、本会議の開会・採決の責任をとって船田議長が辞任する事態があった。

後継の山口議長は、「従来の国会運営を反省し……国会正常化問題、国会運営の改善等について自由に討議する必要性がある」旨の構想を明らかにし、それを受けて各党協議により議長の私的諮問機関（法規上の位置付けのない）として発足するに至った。

以来、第百五十六回国会（平成十五年二月現在）まで通算一一二五回（小委員会、懇談会等は除く）に亘って時局折々の問題に対処してきた。

協議事項にその時々の政治の状況を重ね合せると、私は運営の移り変りを大雑把に三つに区分できると思う。年代で明確に区切ることはできないが、先ず運営の正常化が意識された時期、ロッキード事件後の政治倫理の確立が焦眉の急であった時、そして政治の活性化、審議の活性化が叫ばれる今日、議会運営は大まかにこの三つを軸に移り変ったと思う。

三　運営の正常化

昭和三十年、保守合同によっていわゆる五十五年体制が始まった。後に、五十五年体制といえば、与野党馴れ合い政治の代名詞のように使われるようになったが、いまから振り返れば、当初は二大政党政治実現の夢があった時代ではなかったか。産業面においても福祉面においても、社会の基本の枠組みが構築されるなか、三池炭鉱争議の労使の対立に見るように社会にも、それを反映する議会にも対立の激しさがあった。言葉を換えれば、活気に満ちていたともいえる。

審議中断、強行採決など混乱の事態が繰り返される粗野な活気ではあったが、委員会開会の回数にしても審議の時間にしても昨今のそれを上回っていた。

委員会にはそれぞれの分野に、例えば社労の某さん、農林の何某と与党から一目置かれる野党委員の論客がいたし、朝から晩まで風呂敷包を抱えて委員会を巡って質疑をして回る、熱心な委員を見かけたりした。

国会の外では与野党それぞれの応援団がハッキリしていた。デモも頻繁に大勢で国会に押し寄せた。それだけ国民の国会に寄せる期待がまだ高かったということである。

審議が混乱すると、事態収拾に至る経緯は様々である。対立が深刻な場合は議長による調停・あっ旋によって解決したこともあるが、稀には議長の進退によって収拾したこともある。

混乱の例を一つ挙げる。

「昭和六十二年度総予算」(第百八回国会)は、売上げ税問題で紛糾し、四月十五日にやっと予算委員会において混乱のうちに採決された。野党は採決無効と委員会への差し戻しを議長に要請する。議長は各党間で解決に向けて話し合うよう求めた。国会対策委員長間、幹事長・書記長間等で会談が行われたが協議整わず、議長副議長によるあっ旋も不調に終り、二十一日本会議が開かれた。野党は先議案件である予算委員長解任決議案、大蔵大臣不信任案を提出し、採決には牛歩戦術をとって抵抗した。二十三日、議長副議長は再度あっ旋に乗り出し、予算通過後に税制問題に関する協議会を設置するあっ旋案を、各党(共産党を除く)が受諾して総予算は可決された。

牛歩戦術について言えば、牛歩は正常化に向けた解決の一手段といえなくもない。体力の続く限り徹底して抵抗する類のものではない。本会議の議事日程は議院運営委員会理事会で協議されるが、与野党交渉の糸口が断絶し、理事会が機能しなくなる時がある。そうした状況の下、与党が本会議開会を強行すると、野党は先議案件である委員長解任決議案や大臣不信任決議案を次々に提出し、法案の成立を阻止する。私達は、俗に、戦時国際法下の議事と呼んでいる。

典型的な議事の流れは、先ず発言時間制限の動議に始まり、決議案の趣旨弁明、質疑、質疑終局の動議、討論、討論終局の動議、決議案採決の順に進行し、四回記名投票による採決が行われる。その都度牛歩するのである。

予め議事の協議は行われていないので、議場内の交渉によって進行するが、一件を処理するのに早くても四時間位は要する。

建前上正規の協議は決裂したことになっているが、通常与野党間で水は通じている。野党の方は、何件の決議案を処理すれば法律案の採決は止むを得ない、与党もそれを受忍する〝阿吽の呼吸〟がある。

平成四年第百二十三回国会のいわゆるPKO法案の際、牛歩戦術は十一回国会振りのことだったので、隊長経験者が少なかった所為か、戦時下でも国際法のルールがあることを忘れているような状況が見られた。

昭和五十年代まで、重要施策をめぐって議事が混乱するのはむしろ日常的なことであった。審議の空白が続くと国会正常化が問題となり円満なる運営に向けて様々な努力がなされた。

私は、今日当然の事のように取り扱われている慣行は、その結晶だと思っている。

一つは、議長の権威向上の努力である。議長の権威を高めるといえば、通常議事主宰の権限強化を意味するであろうが、衆議院議長に期待されたのは調停者、いわば時の氏神としての役割である。その為には議長の権威が傷ついてはならないのである。本来の職分である議事主宰の権限の方は、むしろ直接議長に責任を負わせないよう、予め議院運営委員会或いは理事会において詳細にわたって協議が整えられ、突然の事は議場内交渉係の協議に従って議事を進行することが慣行になってきた。また同時に議長職の中立公正がより強く求められ、議長副議長の党籍離脱が確立した。離脱の例は、帝国議会でも国会になってからも幾度かあるが、保利議長、三宅副議長が第八十一回国会（昭和五十二年）に党籍を離れて以来、例外なく続いている。ただし、こうした改善の流れは、結果として議事の闊達さを無くしていくことにもつながった。

いま一つ、与野党で国会運営の責任を分ち合う趣旨から、副議長、常任・特別委員長を野党にも配分することが定着してきた。常任委員長は選挙によって選出されるのが法規の定めであるが、与野党の話し合いによって議長が指名するのが例となっている。しかし、過半数を大幅に超える議席を獲得したときは、与党で独占すべしとの声が上ることがある。

私の記憶では、大平内閣当時は保革伯仲で、半数以上の常任委員会がいわゆる逆転の状況にあったが、大平首相逝去後の第三十六回総選挙で、自由民主党が二八七議席を占めたときにそうした強い主張があったと思う。結果として、副議長ポストと特別委員長の幾つかを野党に譲った。

以後は副議長ポストは野党に、また常任・特別委員長共に（場合によっては特別委員長のみ）野党に配分することについて、大した議論もなく自然なことのように実行されている。

更に、努力の結晶といえるかどうかは別にして、円満なる話し合いによる運営を協議する場として、国会対策委員長会談が力をもってきたことである。混乱に議長が調停に立ち働くとき、「各党間でよく話し合い解決に努力せよ」と先ず発する。国対が各党間の協議の中心的役割を果すことによって、次第に各委員会をはじめ運営の司令塔となるに連れ、全般の管理的傾向を助長していくことになった。また同時に「裏」の働きが肥大化してきて、後に国対政治と批判されるようにもなった。

しかし、議会政治に政党間協議を抜きにすることはできないのであるから、国会対策委員長会談を否定的に捉えるのは如何なものかと思うが、活力喪失の観点に立てば、運営全般をコントロールする傾向が強まったことは、活力を削ぐのに一役買ったのといえるであろう。

四　政治倫理

国会対策委員会の運営に占める比重が増す傾向を一段と強めたのは、ロッキード事件後ではないか。ロッキード問題が国会審議の大きな部分を占めるようになるのは、第七十七回国会昭和五十一年度予算審議あたりからである。真相究明のため特別委員会が設置され、昭和五十四年第八十七回国会（航空機輸入特委は第九十一回国会）まで続いた。乱暴な言い方をすれば、運営はこの問題を軸に回っていたといえよう。野党は国政批判の焦点をこの一点に絞る、与党は委員会をできるだけ開会しない方針で臨む、与野党相互の運営に対する硬直した姿勢の中から国会対策委員会が運営の全般を仕切る、いわば管理的傾向に拍車をかけたと思う。同時に地道な政策論議よりも、国民の興味を引く不祥事等の追求に重点を置く傾向が以前に増して強まったといえよう。

ロッキード問題については、昭和五十八年、田中元首相に対する有罪判決を機に自浄努力の機運が高まった。議院運営委員会に政治倫理協議会が設置され、昭和六十年に政治倫理綱領、政治倫理審査会、行為規範が制定された。これによって一応落着した。

私は、この間約十年、運営の面から見れば議会活動が矮少化していく流れだったと思う。

更に残念なことに、その後リクルート事件が起った。この事件を契機に「政治改革」が政治を動かす中心のテーマとなり政治改革関連法案が成立するに至った。また国会議員の資産公開法の制定などの自浄努力も重ねられた。しかしながら、その後も秘書の雇用をめぐる不祥事等政治倫理に係わる問題は議会運営に大きな影響を及ぼし続けている。

五　活性化と改革の取り組み

活性化という言葉が、国会改革論議に使われ始めたのはいつ頃からだろうか。「政治とカネ」をめぐる国民の批判に政治改革が政治上の大きな争点となり、政権交代のドラマを生んで細川内閣の下で政治改革関連法案が成立した。腐敗行為防止、政党政策本位の選挙、政党の健全な育成を目的とするものであった。広い意味での政治の活性化に連なる画期的な改革の実現であったと思う。

しかしながら、「活性化」の用語が頻繁に用いられるようになったのは、むしろ政治改革の後である。政治改革が描いた目論みと異なる政治状況に、多くが沈滞とダイナミックさの欠如の感を共有している表れだろう。

その原因を探求するには多方面から検証しなければならないが、それは専門家に恃むとして、運営に係る一つの表れが委員会の開会数・審議時間の減少である。たとえば、昭和四十二年第五十五回国会（常会、会期一五七日）では、三十回以上開会した委員会は七つ、予算と懲罰を除いて他の委員会は二十回以上、昭和四十五年第六十五回国会（常会、会期一五〇日）では、三十回以上の委員会が四つ、二十回以上が六つ、これに対し平成七年第百三十二回国会（常会、会期一五〇日）では、予算の三十三回、外務の二十回を除けば十台か一桁台で、平成十三年第百五十一回国会（常会、会期一五〇日）では、二十回以上開会した委員会が六つ、あとはそれ以下である（議運、特別委員会は除く）(1)。

審議時間も、実質審議の具合は別にして大幅に減少している(2)。

こうした内外の意識の広がりに対し、衆議院においても以下の改革改善を始め様々な努力を重ねてきた。

1 審議のテレビ中継

施政方針演説等の重要議事は、NHK等を介して従来より実況中継されてきたが、平成元年になって米国議会のC－SPANに倣い、国会審議中継の放送局設置構想が自民党から提起され、平成二年には議院運営委員会に「国会審議テレビ中継に関する小委員会」を設置し、中継実施に向けての検討が始まった。

当初、国会の事業として放映を行う機構を創れないかとの検討から始まったが、国の機関が直接放送事業を行うことは適当でないとの結論に達した。小委員会はC－SPANと同様フリー・アクセスの基本に立ち、BS・CS放送のチャンネルを確保して事業者に映像を提供する構想や、また民間側からも株式会社を設立して同様なことを行う構想が示されたが、いずれにしても国の財政支援を前提にしたものでなかなか進展しなかった。

他方、施設整備の方は着々と進み、平成六年には実験的に官庁に映像を送り、十年には各放送局等外部に映像提供する体制が整い、十一年には各政党にも送信するようになった。十三年には全委員室にカメラの設置を完了した。

広く国民に審議を中継する件は、様々に曲折しているうちに、パソコンの普及もあり、インターネットに審議実況を流すことによって大方目的を達することになった。実況或いは録画で、インターネットを通して国会中継を見た件数は、平成十四年を通じて約二百万件である。

アメリカのようにCATV事業が行き渡っていないこともあって、C－SPAN構想は成功したとはいえないが、通信手段の進歩の早さは驚くばかり、将来の展開は予測もつかない。

現在、国会の情報はインターネットを介してであるが、審議の中継や立法過程等は提供されているし、少し手間をかければ会議録その他の公式文書は領布されているし、過去の会議録も国会図書館を中心に整理され広く検索できるようになっている。

「開かれた国会」に向けてまだまだ工夫の余地はあるが、足を運ぶのを厭わなければ本会議も委員会審議も目の当りにすることができる。

当今、情報は与えられるものと当然視するあまり、情報を得る当り前の努力をする気風が失われつつあるのではないか。

2　決算行政監視委員会への取組

本会議の場合も委員会の場合も、議事の日程協議は何を議題として討議するかもさることながら、そもそも会議を開く、開かせないということが政治の駆け引きの対象になり、労力の多くをそこに費やしている。

私は、かねてから毎日定例的に行われる議事、或いは日常的に活動する審議の場があれば活性化に役立つのではないかと考えていた。

たとえば、英国議会にはクエスチョン・タイムといわれる議事がある。月曜日から木曜日まで、午後二時三十分から一時間、ローテイションに従って各大臣が予め提出された質問に答弁し、答弁に対し若干の（補足）質問がやりとりされる。大臣にとっても議員にとっても、当意即妙の対応が試されるので盛況な議事である。ちなみに、総理に対する質問日は木曜日である。

その他にも、毎日の会議の散会の際、延会動議が提出され、これによって三十分間議員に発言の機会を与えたり、同動議を使って緊急問題を討議したりする。総理や大臣が重要施政について声明を発する場もある。年二十九回の歳出討議日があって、野党が討議する問題を選択する。他にもユニークな議事がいろいろあるが、議事の形と流れは大方慣行として定まっている。

決算は議案ではなく、両院関係も無く、会期不継続の原則の範疇外なので、審議の形は自由に工夫できる。たとえば、各省決算を月別に割り振って精査することも可能であるから、日常的活動の場に馴染やすいと思っていた。決算審議の促進等そのあり方の改革は以前から提唱されてきた。特に参議院においては、参議院改革協議会を中心に決算審議の充実が検討され、決算重視の対応として、平成十五年度予算審議中に参議院本会議で決算報告がなされた。

衆議院における改革の契機となったのは、平成九年に民主党が行政監視機能の強化を提唱したことである。簡略にいえば、米国の会計検査院制度がもつ行政評価権限を国会に導入し、行政監視院という国会の付属機関を創設すること、国政調査権の行使要件（たとえば議員二十名から要求があれば発効できる）を緩和する等の提案である。

これに対し与党三党（自民、社民、新党さきがけ）もプロジェクトチームを作って「国会の行政監視機能の強化に関する政策要綱」を取りまとめた。二つを基に議会制度協議会で検討を重ね、決算委員会を決算行政監視委員会に改めた。更に、国政調査権行使を拡大する「予備的調査制度」を新設した。委員会はその審査又は調査のため、調査局、法制局に「予備的調査」を命ずることができ、また議員四十人以上から委員会に「予備的調査」の命令を発する要請ができることとした。

決算行政監視委員会は、発足に際して次のような運営に関する申合せを行った。

(1)　本委員会は、国民の期待とその果たす役割の重要性に鑑み、積極的に活動し、決算行政監視に関して本委員会が中核となって国会の権威をさらに高めるように努める。

⑵　本委員会は、本院における行政監視機能の充実及び強化という設置の趣旨に鑑み、国会情勢に関わりなく活動する慣行を確立するよう努める。

⑶　本委員会は、真に国民に開かれた国会を実現するためにも、各界各層の多様なニーズを的確に把握し、これに対応するよう努める。

残念ながら、この申合せの趣旨が十分に生されているとはいえない。決算報告の取り扱いは従来と変らず、日常的に活動することも達成できているとはいえないが、予備的調査はそれなりに活用されている。(3)

私は、地道に決算を精査すれば、予算が適正に施行されたかどうかが自から明らかになり、行政に対する監督も評価も実が上がると信じている。一層の活動の充実が望まれる。

3　政府委員制度の廃止、国家基本政策委員会の創設

時を同じくして、各党からも活性化のための改革が議会制度協議会等に提案された。たとえば、議員立法の提出要件の緩和、議員同士の討議による審議の活性化、政治主導による政策決定等、議員活動の活性化などである。

問題は二つに集約された。

⑴　委員会における委員同士の活発な論議を促進するため、政府委員制度を廃止する。

⑵　政治主導の政策決定システム確立のため、所管大臣の政策・企画の職務を補佐し委員会出席要請に広く応えるため、副大臣制度を創設する。

平成十一年に、「政府委員制度廃止、副大臣設置等に関する勉強会」が発足し、同年第百四十五回国会に於て

「国会審議の活性化及び政治主導決定システムの確立に関する法律」が成立した。政府委員は、委員会の決定によって招致される参考人の一環として、政府参考人に位置付けられた。

勉強会には、イギリス下院の討議が念頭にあったと承知している。実際にイギリスに勉強に出掛けた。その見聞からヒントを得て創設されたのが、党首討論の場として誕生した国家基本政策委員会である。

国家基本政策委員会は、衆参合同委員会審議の形式をとり、かつ時間も限られているので批判もあるが、手直しをしながら大いに活用を図っていくべきだと思う。

国会の活動は委員会を中心に行われているから、これら一連の制度改革は、議員自らが活力の衰退を認識し、与野党が方向を同じくし努力を重ねて実現させたものである。

会議が形式的であるとは外国の議会関係者等からよく指摘されるところである。特に本会議の形式化は著しい。我が国議会の討論《ディベイト》は、専ら質疑応答の形で行われるので、形にはめ易い面がある。加えて、国対の比重が増すに連れ「表」の協議の場である議院運営委員会理事会の運営全般に占める役割も大きくなってきて、特に本会議の議事については、予め入念な協議が行われるようになった。式典のように〝滞りなく〟議事が終了するのを良しとする雰囲気が醸し出されている。

また、機器の発達により、演説原稿のコピーが広く行き渡るようになった。その所為か答弁漏れなどの指摘が多くなる、質問も党を代表して行うので、内容も多岐網羅的になる。

かつては原稿なしで演説する議員もいたし、福田・大平総理あたりまでは大掴みの答弁で済んでいたように思う。致し方ないことであるが、機器の発達は審議の実態をご丁寧にしていくが、反面、闊達さを削いでいく。

私は、会議の有り様は会議場の形に大きく作用されると思っている。

国会議事堂は、コンペティション（一九一八年）によって原型が決定された。プロイセンのウィルヘルム一世を皇帝にドイツ帝国が成立した折、同様にコンペによって議事堂が構想され、一八九四年に竣工した。日本のコンペに提出された案には、ドイツのそれを彷彿させるものがあるという。議事堂や官庁街整備のため、ドイツ人技師を招聘し、技師をドイツに派遣したという(4)。

私も旧東ベルリンの旧議事堂の本会議場のパンフレットを見て、日本の議場とそっくりなのに驚いた記憶がある。現議場で、議員同士が即時即応して意見を交わすのは無理である。議場の形だけが原因ではあるまいが、形式的議事にならざるを得なかった大きな要因といえよう。かつて自由討議制度を設けたが続かなかったのは、議場の形に一因があったのではないか。では改造すればよいではないかとなるが、演壇の下は頑丈に構築されていて簡単に壊せない。

英国下院議場が第二次大戦中にドイツ空軍の爆撃で爆破されたとき、その再建にあたって、チャーチルは次のように旧議場の復原を強く主張したという(5)。

「若しハウスが全議員が着席できるほど大きければ、議事の九割は半分空席か殆んど空席の中で行われることになろう。下院において上手に発言するには、会話調で、発言に対しては素早く応酬できることが必要である。会話調で行うには議場は小さい方がよく、また議場が小規模であれば重要討議の際には盛況観と緊迫感がある云々……」

ちなみに下院議場の規模は縦約二十メートル、横十三メートルである。衆議院で予算審議の行われる第一委員室は、縦約二十二メートル、横約十二メートルであるから同規模である。

審議の活性化を場所の観点から考えるならば、第一委員室をもっと有効に活用する議事、たとえば各省大臣が、自省庁の施策を説明したり質問を受けたりする日常定例的な議事を工夫すれば、国会はもっと国民に近しいものになるのではないか。

六　国会をとりまく諸問題

以上、運営の移り変りを私なりに三つに分けて思いつくまゝ記した。

それぞれに国会は改革に取り組んできた。しかし、なお、国民の多くは国会に関心を寄せるどころか、低投票率が示すように、離れたまゝである。国会の信頼回復は審議活性化等、議会内の改革だけでは片付かない。多方面からの変革を要する長期かつ困難な課題である。

以下、我が国国会内外で私なりに問題意識をもつ幾つかについて触れたい。

私は我が国の議会政治、特に運営面の批判の多くは二つの点に起因していると思う。

一つは、議院内閣制と三権分立、恰も英国議会と米国議会を二枚合せにしたような構造になっていることにある。議院内閣制では多数党が内閣を構成するのであるから、立法府と行政府は政権政党にとれば混然一体となるのが当然で、三権分立の下でのように截然とした区別はない。

私は、現行制度は制度としては上手くできていると思う。胡乱な話であるが、英国議会が一九七九年に、国政調査を専ら行う省庁別に対応する特別委員会制度を設けるに当って、日本の制度を参考にしたと承知している。

大使館に出向していた折、英国の学者グループが、読会制の下では本会議が法案審議で輻湊し調査機能が十分果せないことから、米国の常任委員会制度の導入を提言する動きがあり、或る学者から二つの型を折衷した日本の制度が参考になる、と幾度か説明を求められたことがある。どの程度反映されたのか判らないが、結果として近い制度になったのではないか。

委員会を中心に、行政監督と法案審議を併せて活動できる我が国の制度はよくできているといってよい。

問題は、事によって議院内閣制の視点に立って、或る場合は三権分立の原則に則って理屈付けが行われ、歴史も思考も異なる制度を併せもつが故に、議会の筋立てが定まらないことである。

与党野党の対立は議院内閣制の基本的な構図であるが、時として立法府と行政府の対峙の意識の方が大きくなることがある。たとえば、総理総裁分離論、内閣は行政府、党は立法府と区分けする考え方はその意識の表れではないか。また、ひと頃の官僚バッシングのように行政イコール官僚支配と見立て、党派を超えて立法府の立場にまとまるのも同様であろう。

とりわけ、若い人々は極く自然に三権分立の原理で考え、与野党対立より、対行政府の意識の方が勝っているのではないか。制度改革を論ずる場合にも、先ず米国議会を参考にする発想が出てくる。

問題なのは、都合に合せてその度に視点を変えれば、制度や先例が便宜に流されて行く恐れがあることである。

いま一つは、議院内閣制議会の望ましい姿からみれば偏った育ち方をしている。つまり、二大政党による政権交代の経験が乏しいので、政治の有り様や議会の運営に習熟していないところがあるのは否めない。

私は議会制度は育つものであると思っている。

そもそも議院内閣制議会は英国の歴史の過程から育ってきたものである。特に近代的二大政党政治は、十九世紀中葉、保守党ディズレイリ、自由党グラッドストン、二人の傑出した政治家が約二十年に亘って交互に政権を担った中から確立したものである。

とりわけ、ディズレイリが、党中央本部と地方の選挙区政党の集合体である全国統一組織を創設したことによって、政党中心政策中心の選挙体制が育った。それが保守党が今日まで命脈を保つ基となっている。

チャーチルは次のように著している(6)。

「ディズレイリは保守党を民主政治の大きな力にした。〝振子の振動《スイング》〟に従う二大政党体制は彼と共に始まった。トーリー民主主義——何十万もの労働者が保守党に投票した——が優勢となった。これまで脅えていた選挙権拡大は自信を以って進められた。ウィッグが消滅する一方で、保守党は、実現には時間を要したが、新しい状況の中に浸透し将来の展望を開いた。これはディズレイリの為した仕事である。彼の名はこの点で評価されて然るべきである。」

英国の場合、偶々国論を二分する二人の指導者に恵まれたことによって近代議会政治が育った。

翻って、我が国の場合、特に国会になってから政権交代が稀にしかなかったために、五十五年体制を二大政党政治に擬すことができるとしても、議会運営に共通の理解が広がらなかった。五十五年体制の始まる昭和三十年から細川内閣誕生まで三十八年間、与党と野党の枠組に基本的な変化がなかったので、運営に係る戦術が偏ったものになりマンネリ化していった。

私は、立場が入れ替われば容認できないような戦術をとらない、そうした節度が共有されるならば、審議の形骸化、運営の硬直等の批判の多くは解決すると思う。政権交代が習熟すれば自ずと共通の理解が広がるのに、不幸なことにその機会に恵まれないまま、運営の先例や慣行が確立して、議会政治そのものも歪に育った。

三権分立の原理のしみ通った議院内閣制＝憲法、与野党による政権交代の乏しい経験＝国民選択の結果、この二つはいずれも所与の世界として素直に受け取るしかないが、その世界の中に議会制度の土台を揺らすのではないかと危惧する幾つかの問題がある。

(1)　平成四年第百二十三回国会、いわゆるＰＫＯ法案は、野党の四昼夜にわたる〝牛歩〟のすえ本会議において採決されたが、その際、社会党は、議員一四一名から集団で辞職願を提出した。社会党は「安保国会」でも「黒い霧国会」でも集団による議員辞職の動きを見せたが、実際に提出したのは初めてである。提出を抑制してきたのは、議会制民主主義の基本に背く意識もさることながら、まだ政権獲得の夢があったのではないか。

〝牛歩戦術〟は記名投票を要求していながら投票を遅らせる矛盾した行為であるが、議事引き延ばしの方法として認知されてきた。甚だしい場合は、昭和四十四年第六十一回国会の健保特例法改正案の採決のように、演壇を占拠して投票を妨害した。この時は議長が起立採決に切り換えた。議長は〝五分の一の少数者の実力行使によって、大多数の意見が阻まれる結果になるのは多数決原理を否認するもの云々〟の声明を出した。結果として正副議長の辞任によって正常化する異常な事態となった。とはいえ、牛歩であれ、強行であれ、採決の混乱は審議の場の中での戦術によるものである。

しかし、集団で議員を辞職するのは、目的が何であれ、国民から負託された職責を自ら放棄するものである。そして議会の外に出ることを望む以上、議会主義を否定するものと言われても仕方のない行為である。

残念なことに政治改革関連法の成立の後にも、住専問題で予算委員室を占拠し、委員室への入室そのものを阻止する行為や、議事堂の外で会議を開会する動きがあった。

会議を封鎖したり、別の会議を催す戦術は、私には政権獲得の夢を捨てた自暴自棄の行動に思える。

言わずもがなのことであるが、議会は会議を通して多数意思を形成するものである以上、少数意見は次の選挙に向けて飽くまで審議の場の中で捲土重来を期すしかないのである。

(2) ひと頃、政治に対する批判に、折々政党の枠にとらわれるのは時代遅れとする風な、或いは、既成政党の有り様を批判する余り、政党の存在を否定する風な論調がみられた。

議院内閣制の基盤である政党の紀律についても、所属意識よりも立法府の一員である意識の方が強まった感があった。

多党化や政党の離合という背景もあったであろうが、党議拘束緩和が問題となったのもその表れであろう。議員個々の生命倫理観に係るとの理由付けで、党議拘束を外した臓器移植法案の採決の例を除けば、殆どのケースは意見の集約が難しい党内事情によるのか、理由付けが曖昧のまゝ外している。党議拘束は原則としてかけるべきではないとする意見もあった。世間一般にもこれを良しとする見方もある。

党議は一から十まで拘束すべきと頑に考えることはないと思うが、政党の自治に属することとはいえ、町内会のように町内に住んでいればいいというものでもなかろう。団結を保つ最後の砦がなくてはならない。

英国議会では、政党が所属議員に毎週配付する〝ウィップ〟と呼ばれる翌週の議事予定表がある。採決予定の法案名の下に線が引かれている。一本線は単に〝出席を要請する〟、二本線は重要表決であるので〝出席を特に要請する〟、三本線は最重要表決であるので〝出席は必須である〟と党議拘束の度合が示されている。三本線はスリーライン・ウィップといわれるもので、理由なく欠席すれば党規違反に問われる。確心をもって反党行為をすればウィップが配られなくなり事実上除名となる。英国では地方支部が候補者選定権をもっているから、他の政党に受け入れられなければ政治生命を失うことになる。逆に内閣が採決に命運をかけることを予め鮮明にして、党内引き締めを図ることもある。

現行議会制度の骨格は議院内閣制に組立てられ、それは政党を基盤に置くものであるから、確たる基準もなく時局に委ねて緩和の傾向が進行すれば、やがて政党の主張が聴き取りづらくなる。政党が柔になれば議会政治は衰退に向うのではないか。

以下の二つの点は、今日の党議拘束緩和の傾向を助長することになったのではないかと思っている。

(イ)　かつて、昭和五十四年第八十九回国会（特別会）に、第一党である自由民主党が二人の総理候補大平・福田両氏を立て内閣総理大臣指名の会議に臨んだ。いわゆる四十日抗争である。

議事規則は議員個々を前提に大概定めているので、この場合も法規上問題があるわけではないが、政党政治の観点から正に〝憲政の常道〟に反することである。

更に、第九十一回国会会期末には、社会党提出の大平内閣不信任決議案の採決に、自由民主党の一部議員が欠席し可決される事態が起った。その後の総選挙では大平総理が逝去されたこともあってか、自由民主党は議席を大幅に伸ばし、その所為か党が分裂して然るべき事態は一夜の嵐のように治まった。

私は、議院内閣制の琴線とも言うべき首班指名と内閣不信任決議案の議事に党内抗争を持ち込む事態に対して、党自身も世の識者も反省と検証を怠ったことが後々政党政治の有り様に悪い影響を及ぼしたと思う。

(ロ)　選挙に際して、政治に無関心で投票しない人を含めて、無党派層が常套語のように用いられるようになった。無所属で立候補する事も正当に位置付けされてきている。

このことは、我が国の議会制民主主義の土質が如何に軟弱であるか示すものではないか。特に地方の首長・議会の選挙に所属政党を忌避する傾向が強まっている現状は、土台が弛んでいる証しである。

政党政治の点から言えば、議会制度成長の養分となる地域社会の組織の涵養が十分ではないことである。地方の政党組織が確立しなければ、国政における政党政治は強固にならないであろう。

この意味で、私は、政党助成は土壌を柔かくすることになって、議会政治の将来にプラスに働かないのではと疑問に思っている。

「政治とカネ」をめぐる国民の根強い批判と既成政治に対する危機感から、政党本位の政治を目指す改革の一環として、政党に国庫から助成を行うことに、当時、国民一般もマスコミも、献金が政治を悪くしていると賛成であった。

確か財界さえも自民党に対する寄付を控えることにしたのではないか。

政治資金、選挙費用の問題には改善すべきことが多々あり、透明性を高める必要があることは論をまたないが、さりとて、考えや利害を同じくする者同志が費用を負担して代表を議会に送る素朴な原点を置き去って、国費で政党を賄い選挙するのを大方が当り前と思うのは健全といえるであろうか。

私は、議会制度そのものにはもっと費用をかけるべきだと思う。衆議院平成十五年度予算額は約六八〇億円である。歳費、活動費、建物の維持管理一切合切含めてである。制度を維持する以上、もっと理解があってよいと思う。しかし、私的自治団体（そうあるべきだと考える）である政党の助成とは一線を画すべきと思う。

一九七六年、英国で労働党内閣の下、一定の要件を充す政党に補助を行う等を内容とする報告書が議会に提出された。前年に野党に対する国庫補助が既に実施されていた(7)。

同報告書の主な勧告理由は、政党の政策は十分かつ適切な調査に基づいて立案されなければならない、財政逼迫の現状では誤った立案がなされる恐れがある。また地方支部には専従職員を置いていないところが数多くある。

政党が十分に民意を汲み上げることができず、政策決定に反映できなければ民主的な手続が限られた一部の手に落ちる危険がある、そんな趣旨であった。

当時、大使館に在勤していた私は、野党であった保守党の本部に党の態度を聞きに行った。その時応対してくれた部長が、政党は任意の活動、これが確立された憲政の伝統である、従って保守党は反対である、保守党が反対である限り実現することはない。そう決然と語ったのが強く印象に残っている。

(3)　私は国会に対する批判に、時として感ずることがある。国民の殆どは戦後の目覚しい経済発展の内で生きてきたので、あらゆる事象を、知らず知らず経済界で広く支持されている考え方で測る癖が身についているのではないか。効率、効果、合理性といった言葉で表される目線で、議会の機能や政治の動きを見ていると思う時がある。無駄を省き効率を高めることを追求すれば万事よしとする風潮、世間もそれに拍手し、議会側も世論が許さないと気にする。

たとえば、前に、幾つかの新聞が国会改革を論評していた。〝衆・参二重のムダ〟に言及していたものがあった。改革のテーマとして話題になった施政方針演説の一本化に敷衍して、事務局の統合等の改革に、国会が旧態依然のまゝ背を向けていると論じていた。

私は施政方針演説のみならず、衆参両院で同じ議事を繰り返し行っている現状には大いに改善の余地があると思う。

しかしながら、議院内閣制議会においては、国会開会冒頭、総理が当年の施政の方針を示し活動を開始するのは議会の型である。外国の例を引くまでもなく、帝国議会以来の確立された先例である。議決の対象にはしていないが、本旨は施政の承認を求めるものであろうから、憲法第六十九条の内閣信任・不信任に該当する議事は施政方針から始まると考えるべきで、従って衆議院で行うのは理の当然である。儀式に位置付け、どちらかで行えばよい類のものではない。まして無駄を省く観点から、事務局の経費節減と同列に論ずるものではあるまい。

英国議会は形の上では似たところがあるが、長い歴史の事跡の上に成り立っている。

女王は貴族院で行われる開会式に臨み、内閣の施政について演説する。下院議員は首相以下貴族院議場の入口で拝聴する。その後、下院では女王に感謝の意を表する決議案を議題にする形で、政府の基本政策を通例五日間討議する。女王が下院議場に入ることは下院の特権を侵すことになる。また、下院議員は貴族院で発言しないし、その逆も同様である。従って両院それぞれを担当する大臣がいる。

新聞の論調を読んでいささか脱線した所感になったが、同趣旨の批判は随所に見かける。

そこに私は二つの危うさを感ずる。

その一つは、多数意思の形成に効率重視の考え方を持ち込む危うさである。言わずもがなのことであるが、議会は状況に即応できず、後追いがちな対応しかできない。国民各界各層の多様な意見を反映する議会の宿命である。できる限り多くの国民の意見を集め、会議を通じて国の意思形成を図るのが議会制度である以上、時間もかかるし経費もかかるのは覚悟しなければならない。

この意味で、経費節減の立場から定数削減を主張する向きもあるが、我が国の議員定数は人口比でみれば多過ぎることはない(8)。

確かに働きが悪いとの批判はあろう。だからといって〝安上りの議会〟を旨として軽々に定数削減を論ずることは、議会主義にそぐわないのではないか。ポンペイウス、クラッスス、カエサルでよろしいのか。

いま一つは、〝安上りの議会〟を経費の面からだけでなく、意思決定のプロセスにも求める風潮である。

議会制度は絶対権力との闘の中から生長してきた。その根底には〝権力の抑制〟がある。三権分立は言うまでもないが、〝男を女にする以外何事も為しうる〟強大な権限を獲得した英国議会も、ディズレイリとグラッドストン両首相の下で、交互に政権を担う近代的二大政党政治が確立することによって権力の均衡の道を拓いた。

世界がグローバル化し社会や経済の変動が著しい今日、迅速な対応や強力な指導力が求められるのは当然であるが、そのことを議会政治に強く期待することは、実質的な意思形成が少数に委ねられることになりかねない。

昨今の国会に対する論評には、議会制度に内在する〝権力の抑制〟をとう晦させて、権力に対する警戒心を薄めさせていると思うときがある。

(4)　議会政治にとってメディアは国民との意思疎通においても、国民の知る権利を代行する役割においても益々重要になるであろう。特に報道とどのような関係が構築されるかによって、議会制度は先行き明るくもなるし、暗くもなる。昨今のメディアの伝達手段の発達の度合を考えれば、将来、議会政治をよりよい方向に育てていくのか、或いは自からがより民意を代表する存在になるのか。

日頃の報道振りに、私なりに感ずる幾つかの懸念を挙げたい。

先の通常選挙では、投票率低下に警鐘を鳴らす論評がみられたが、一時期の総選挙では低いのが定着したのか、投票しない者を叱責する報道は先ず見当らなかった。

むしろ、政治の体たらくに投票場に足を運ばないのも無理はないと政治に関心がないのを擁護する風な、恰も、無党派や無党派層と呼ばれる人達を議会政治の真っ当な存在に位置付けしているように思うのは、私の僻みだろうか。

参政の権利の行使を怠る、代議制議会の基本を放棄することに甘いのではないか、声なき声など議会制民主主義にとって一利もなかろう。

政治にしても議員の行動にしても、総てジェントルマンリーに行われることが期待されている。議事手続等、法規もそれを前提に定められている。

確かに、現実の政治、議員の行為には議会政治の良識を逸脱したものがある。しかし、選んだ者については、国民という言葉にひとくくりにして善意無欠のように仮託する、選挙に参加しない者を〝無理もない〟と慰める、こうした風潮が蔓延しているように思う。

更に、その風潮は、一方では議会・議員に過大なものを期待し、他方では議会を無用のように貶める、平衡を欠いた見方を生み出している。

〝永田町〟を特別視する心情はその例である。不祥事でも起ると、政治は最高の道徳である、と議員を恰も聖人君子の徳を備えていなければならない風に非難する。その一方で、所詮〝永田町〟のこと、と品性も思考も異なる異邦人《エイリアン》か堅気ではない衆の集落のように見下げる。

更に、議員に向って、メディアの方がより民意を承知していると言わんばかりに、たとえば、〝国民はそう思っていないでしょう〟と問い詰める諸子を時折テレビで見かける、これも議会制度を考えれば奇異な光景である。

言わずもがなであるが、議会制民主主義社会はひとりひとりが自由に意見を表明でき、それが保障されている。しかし、社会は労使関係や地域の仕来たりやら複雑な人間関係で構成されているので、実際に自由に意見を表明するには勇気のいることもある。

しかし、名乗って自分の意見を堂々と述べる、その気風を失っては明朗な健全な社会は期待できないのではないか。

近頃、情報公開の気運と情報伝達手段の発達に連れてか、内部告発や匿名による情報の提供が正当な行為として認知され、マスコミもそれを歓迎しているように見受ける。

確かに、個々人による正義の発露の場合もあるであろう。しかしながら、記名の無い意見は、言葉は悪いが所詮密告の類であると思う。古いと言われるかも知れないが、かつては、ますらおの気風を尊んだものである。

同様な思いは世論調査についてもある。

新聞等に報道される世論調査は大概五、六千人を対象に電話による聞き取り調査で、回答は千台のときもある。調査の正確さには根拠があるのであろうが、世論の動向を声高に唱えるには随分と安直な調査に思う。

私は東京に住んで四十年近くになるが、家族共々一度も調査対象になった経験がない。クジ運が悪いといえばそれまでだが、何か対象にする友の会でもあるのかと疑いたくなる。更に言えば、第三者による調査に基づかないで〝弊社の調査による〟世論調査報道にも眉に唾をつけたくなる。

以上、報道について感じていることを記したが、要は正直言って少し驕りを感ずるのである。

メディアをジェットエンジンにたとえれば、議会は蒸気機関のようなものである。しかも、メディアは将来更に巨大な出力を得ていくであろうが、議会は将来も蒸気機関の効率のまゝしか望めない。

メディアの機器の急速な発達は予測もつかない。将来、選挙に依らなくても民意を集約する技術は益々簡便になっていくであろう。その結果、議会制度の存在意義が廃れていくのではと恐れるのである。

七 終りに

前に述べたが、私は議会は育つ、そして育てられるものだと思っている。久しく政党の離合と多党化の傾向が続いたがやっと議院内閣制の望ましい姿である二大政党政治が仄かに見えるようになってきた。既成の諸々が変革の転機を迎えているところをみると、国会も既成の枠組みが一旦壊れて新しく芽吹く過程にあるのかと思う。

明るい展望もある。若い議員が増えている。とりわけ、地盤も看板もなく、徒手空拳で政治に志し議席を得た議員が数々いる。国会は確実に若くなっている。

委員会における論議が活発なことは勿論であるが、特に目につくのは、自らの主張を立法府の原点である法案や対案の提出に結びつける姿勢である。

かつては往々にして議員立法が活性化しないのは提出要件の数（賛成者二十人、予算を伴うものは五十人）が多いからだと、法規の所為にする主張があったものであるが、若い議員達は苦もなく乗り越えている。

残念なことは、地道な委員会における活動が十分国民に伝わらないことである。国会審議は中継されているが、国会と国民をつなぐ新聞等報道の役割の重要さは変わらない。政党内や政局の動きが報道の大きなウエイトを占め、代表質問等を除けば会議における議員の活動が伝えられることは少ない。タイムズ等にはイエスタデイ・パーラメントと一ページに亘る政治欄があり、会議での議員の活動振りも報道されている。

そうした地道な活動が報道されるようになれば、議会活性化の大きな力になると思う。

そうすれば、議員提出法律案の増加も更に進むであろう。議院内閣制である限り、議員提出法案の成立は多くは望めないが、今後立法府としてその取り扱いを工夫していかなければならないであろう。たとえば、趣旨だけでも発表できる場を設ける、そしてそれが報道されることによって、一段と活気が出てくるであろう。

私は、英国議会が他から模範とされている所以は、二つの点を保持してきたからだと思う。

一つは議長の権威、特に議事主宰における議長の権威が確立されていることである。議長がオーダーと声を発すればその発言を静聴しなければならない、これが守られていることにある。

二つは、政府の重要施策や緊急の事態は先ず議場で報告する、これが確立された先例として遵守されていることにある。「〝議会〟は国の情報センターの役割をもっている。内閣が新しい政策、重要なニュースを最初に発表する場所は議会である。……如何なる不都合があろうとも、先ず議会に提議するこの伝統は確固として確立している。」(9)

その一つの典型がバゼット・スピーチ（大蔵大臣の財政演説）である。我が国の予算と異なってその年の課税方針を主な内容とするものであるが、議会で演説するまで秘密が厳守されていて、当日は誰もが演説に耳を傾ける。

このように、議会に耳目が集まるように内からも外からもその叡智を守っている。

翻って、我が国の場合、総理といわず大臣といわず、先ず記者発表が行われ、マスコミも競って報道するから情報は事前によく周知されている。

政治は、国民に向けてのメッセージである以上、観客に向けて演技する要素が伴う。国会がいつも二番煎じの舞台では国民の耳目が集まる筈がない。よってたかって舞台を台無しにしている観がある。

あれこれ書いたことを総じて言えば、議会を、長い歴史の経験を積んでやっと辿りついたこの制度を、もっと大事に考えようではないかということに尽きる。

政治を批判するのは容易い。勿論、国会は国民の厳しい目を糧に自らを育てていかなければならないが、批判する側も、育てる意識、少なくともここを大事にしなければ制度の根幹が揺らぐとの理解が広がって欲しいのである。

特に、国民はメディアを通して国会に関する情報の大部分を得ているのであるから、メディアの姿勢は議会政治の将来を左右すると言っても過言ではないと思う。

現状の報道振りに尾崎行雄の演説に真似ていえば〝報道の自由を玉座にして胸壁となし、世論を弾丸に代えて議会を撃つ〟そんな雰囲気を感ずることがある。

やがて自らが育てたポピュリズムが制御不能となって、議会政治は喰べられてしまうのではないかと不安を覚えるのである。杞憂であろうか。

（1）○衆議院本会議及び各委員会の開会回数調

国会回次		第四八回	第五五回（特別）	第六五回	第一二九回	第一三二回	第一五一回
会期（日数）		昭三九・一二・二一～四〇・六・一（一六三）	昭四二・二・一五～四二・七・二一（一五七）	昭四五・一二・二六～四六・五・二四（一五〇）	平六・一・三一～六・六・二九（一五〇）	平七・一・二〇～七・六・一八（一五〇）	平一三・一・三一～一三・六・二九（一五〇）
本会議		五三	三九	三六	三二	三七	四四
常任委員会	議院運営	四七	三九	三二	三二	三七	四四
	内閣	四七	三三	三一	五	一一	一八
	地方行政	四一	三八	三一	八	一七	（総務）二五
	法務	三二	三六	二二	七	九	二二
	外務	二三	二〇	二〇	七	二〇	一八
	大蔵	四二	三六	三六	八	一八	（財務金融）一九
	文教	二二	二四	一九	四	八	（文部科学）二三
	厚生	（社労）三七	（社労）三〇	（社労）二七	一三	一六	（厚生労働）二六

常任委員会	農水	四二	三八	三〇	一一	一四	二五
	商工	三九	三五	二三	一〇	一二	（経済産業）一六
	運輸	三三	一八	二二	八	八	（国土交通）二五
	通信	一九	二四	二〇	七	一三	｜
	労働	｜	｜	｜	六	一五	｜
	建設	二〇	二五	一七	九	一三	｜
	安保	｜	｜	｜	三	五	九
	科学	｜	｜	｜	三	九	｜
	環境	｜	｜	｜	六	一〇	一七
	国家基本	｜	｜	｜	｜	｜	二
	予算	二一	一七	一九	二二	三三	一九
	決算	二九	二五	一五	五	四	七
	懲罰	一	一	〇	一	〇	一
特別委員会	災害対策	一〇	一〇	七	四	一三	九
	公選法	八	一一	八	七	四	（倫理選挙）四
	石炭対策	二五	二九	七	四	五	四
	消費者	｜	｜	｜	五	一〇	｜
	交通安全	｜	一六	一〇	四	七	｜
	沖縄北方	｜	一九	一四	三	八	七
	国会移転	｜	｜	｜	五	五	三
	地方分権	｜	｜	｜	三	一〇	｜
	規制緩和	｜	｜	｜	五	一一	｜
	科学技術	二一	二五	二二	｜	｜	｜
	産業公害	一一	一六	一八	｜	｜	｜
	体育振興	一五	｜	｜	｜	｜	｜

国際労働条約八七	四	―	―	―	―	―
物価問題	―	一六	一三	―	―	―

※ 表中の常任委員会の種類は、昭和五五年、平成三年及び一一年の法改正による変遷あり

（2） ○衆議院年代別本会議及び委員会開会状況調

年代	会期日数年平均	本会議 開会回数年平均	本会議 審議時間年平均	委員会 開会回数年平均	委員会 審議時間年平均
昭和二二〜二九	二〇八日	七九回	一三四時間	一一一八回	二〇二九時間
昭和三〇〜三九	二〇八	五七	七六	八三三	一九五七
昭和四〇〜四九	二一五	五三	八一	七六三	二二七五
昭和五〇〜五九	二三九	四六	五五	五九九	一九七〇
昭和六〇〜平成六	二四九	五〇	六〇	四七五	一三〇九
全体平均	二二四	五七	八一	七五八	一九〇八

（注）1 昭和二二年〜昭和五九年は「政党政治研究会調べ」による。
2 昭和六〇年〜平成六年の委員会欄の回数及び審議時間には閉会中審査を含む。

（3） ○予備的調査

○委員会の議決に基づく予備的調査

	件名	委員会	議決日
1	事務・事業の評価・監視システム導入に関する予備的調査	決算行政監視	平一〇・六・一七
2	国会等の移転の規模及び形態等の見直しに関する予備的調査	国会等移転特	平一四・七・三〇

○四〇人以上の議員からの要請に基づく予備的調査

	件名	要請者	提出日
1	後天性免疫不全症候群の予防に関する法律案策定過程に関する予備的調査	山本孝史君外六二名	平一〇・三・二四

2	国鉄長期債務関連法案に関する予備的調査	佐藤敬夫君外五四名	平一〇・四・一三
3	中華人民共和国ベチューン医科大学病院に対する政府開発援助に関する予備的調査	中村鋭一君外三九名	平一〇・六・一八
4	公益法人の運営実態に関する予備的調査	仙谷由人君外四〇名	平一一・五・二〇
5	特定公益増進法人の認定及び寄付の実態に関する予備的調査	山本孝史君外四一名	平一一・八・一一
6	公共事業の個別事業内容・実施状況等に関する予備的調査	前原誠司君外四〇名	平一一・一二・九
7	銀行、生保など金融機関の行き過ぎた営業活動による個人債務者、契約者の被害に関する予備的調査	小沢辰男君外四三名	平一一・一二・一三
8	神奈川県警の警察官不祥事発生の対応に関する予備的調査	坂上富男君外四九名	平一一・一二・一四
9	医原性クロイツフェルト・ヤコブ病に関する予備的調査	中川智子君外五三名	平一二・二・二八
10	医原性クロイツフェルト・ヤコブ病に関する予備的調査	中川智子君外六五名	平一二・八・一
11	新潟県刈羽村生涯学習施設等建設における電源立地促進対策交付金の使途に関する予備的調査	佐藤謙一郎君外五二名	平一二・一一・二九
12	原子力発電所の発電単価の計算根拠に関する予備的調査	鮫島宗明君外四二名	平一四・二・一三
13	独立行政法人の組織等に関する予備的調査	野田佳彦君外四五名	平一四・六・一三
14	東海地震の強震動予測に基づく主要施設の対震安全性に関する予備的調査	細野豪志君外四四名	平一四・七・二二

（4）『国会議事堂』（共同通信社、一九九〇年）一四三頁。

（5）Robert Rhodes James『An Introduction to the House of Commons』(COLLINS ST JAMES'S PLASE, LONDON 一九六一）三四頁。

（6）Churchill『A History of the English―Speaking Peoples』（4巻 the great Democracies）（Cassell London 一九七四）一三四頁。

（7）『Financial aid to Political Parties』（通称ハウトン・レポート）。

＊一九七六年議会に提出、委員長 Lord Houghton of Sowerby

（8）○主要国の国会議員一人当り有権者数

国名	議員一人当たり有権者数（一、〇〇〇人）		
		下院	上院
日本	一四〇	二一二	四一二
アメリカ	二九二	三六〇	一、五六四
イギリス	三三	六七	六五
フランス	四六	七一	一二八
ドイツ	九一	一〇二	八九〇

（注）1 各国の有権者数については、日本は「平成一四年九月二日現在における選挙人名簿登録者数の概要（総務省資料）」、アメリカは「連邦選挙委員会（Voter Registration and Turnout 2000）」ホームページ（二〇〇〇年時）、イギリスは「election guide」ホームページ（二〇〇一年六月下院選挙時）、ドイツは「連邦選挙長」ホームページ（二〇〇二年九月下院選挙時）、フランスは「ＩＰＵ」ホームページ（二〇〇二年六月下院選挙時）による。

2 議員一人当たり有権者数は四捨五入によっている。

3 ドイツの下院は定数五九八議席だが、超過議席が五議席生じているため、議員数は六〇三で算出している。

（9）Kenneth Bradshaw and David Pring『Parliament & Congress』（CONSTABLE LONDON 一九七二）三六一・三六二頁。

衆議院議長の諮問機関

鬼塚　誠

一　はじめに
二　「衆議院改革に関する調査会」の答申
三　おわりに

一　はじめに

平成一三年一一月一九日、綿貫民輔衆議院議長の私的諮問機関「衆議院改革に関する調査会」は、議長に答申を行った。綿貫議長は、就任以来、国会のあるべき姿を求めて、広く識者の意見を聴取し、衆議院改革の礎としたいとの意向を表明していたが、同年四月二日にNTT相談役瀬島龍三氏を会長とする同調査会が発足した。調査会は瀬島会長の外に、元内閣官房副長官石原信雄氏、稲盛財団理事長稲盛和夫氏、日本民間放送連盟会長氏家斉一郎氏、千葉商科大学学長加藤寛氏、慶応義塾大学教授木村慶子氏、元大蔵事務次官長岡實氏、フジサンケイグループ代表羽佐間重彰氏、太平洋セメント相談役諸井虔氏、政治評論家屋山太郎氏、日本労働組合総連合会会長鷲尾悦也氏及び元衆議院法制局長上田章氏という錚々たるメンバーで構成された。「衆議院改革に関する調査会」は、衆議院議長の私的諮問機関であるが、同種の諮問機関として近いところでは、福田一議長の下に昭和五六年一一月一六日に設置され、翌五七年七月二一日に答申を行った「議員関係経費等に関する調査会」と桜内義雄議長の下に平成三年五月一四日設置され、同年一〇月一一日に答申を行った「国会議員の秘書に関する調査会」があるが、前者は、一、議員歳費、文書通信交通費、応召・帰郷旅費等の性格とあり方、二、立法事務費の性格とあり方、三、議員互助年金の性格とあり方、四、国政調査機能の強化について、調査を行うために設置されたものであり、後者は、一、国会議員の秘書制度の問題点と今後の改善策について、二、第三秘書新設問題及び「国会議員の秘書の採用及び服務に関する件」の実行措置、の調査を行うために設置されたもので、何れの調査会も、調査事項と調査目的が特定されている。また、国会改革を目指して議会の在り方全般について研究を重ね、提言を行ったものとして、平成五年八月二四日に設置され、六年六月三日に「国会改革への一つの提言」、八年六月一四日に「議員立法の活性化について」の提言を行った「国会改革に関する私的研究会」があるが、この研究会は、土井たか子衆議院議長及び鯨岡兵輔同副議長がメンバーとして参加したものであり、衆議院議長の私的諮問機関ではない。因みに、上田章先生は、「国会議員の秘書に関する調査会」には委員として、「国会改革に関する私的研究会」にはアドバイザーとして、参加されている。

「衆議院改革に関する調査会」は、衆議院又は国会の在り方についての検討を有識者に委ねた衆議院に設置された最初の諮問機関ということになる。同調査会は、調査事項を、一、政治倫理に関する事項、二、国政審議の在り方に関する事項、三、議員の諸経費に関する事項、に大別し、部会形式によって討議を重ねた。すなわち、第一部会は、加藤寛氏を部会長に、稲盛和夫氏、氏家斎一郎氏、鷲尾悦也氏を加えて、政治倫理に関する事項について調査討議し、第二部会は、羽佐間重彰氏を部会長に、石原信雄氏、上田章氏、長岡實氏を加えて、国政審議の在り方に関する事項について調査討議し、第三部会は、諸井虔氏を部会長に、木村慶子氏、屋山太郎氏を加えて、議員の諸経費に関する事項について調査討議した。なお、部会形式による討議は能率的ではあるが、調査会全体としてまとまりを欠くことになりかねないため、月例の総会を開催し、討議項目の調整とメンバー全員の認識の共通化を図ることとした。また、最終段階の答申案作成は、瀬島会長及び三部会長から成る起草委員会で行ったが、同委員会への他のメンバーの参加は認めることとした。斯くして、総会六回、部会三二回、起草委員会二回の調査討議を重ね、答申に至った。

「衆議院の改革に関する調査会」は、一般的には衆議院事務局、衆議院法制局及び国立国会図書館からの説明を聴取することから調査を開始したが、必要に応じ、前田和敬社会経済生産性本部政治改革推進室課長、佐々木毅東

京大学総長、成田憲彦駿河台大学教授、水野清元衆議院議員（行政改革会議担当）、谷垣禎一衆議院議員、達増拓也衆議院議員、枝野佐智子・枝野幸男衆議院議員秘書、並木利夫・三ツ林隆志衆議院議員秘書、佐竹茂・岡田克也衆議院議員秘書、坂本洋子・中川智子衆議院議員秘書、中田恵子・嘉数知賢衆議院議員秘書の出席説明を求めた。

二 「衆議院改革に関する調査会」の答申

同調査会の答申は、箇条的には、一、政治倫理基本法の制定、二、「党首討論」はシャドウキャビネットも視野に入れる、三、予算委員会の議論は予算に即したものとする、四、国会運営は議院の公式機関が行う、五、党議拘束を緩和する、六、請願を積極的に活用する、七、本会議趣旨説明は制度本来の姿に戻す、八、国会会期を長期化する、九、議員の歳費に日割り支給を導入する、一〇、永年在職議員の特典を廃止する、一一、立法事務費及び文書通信交通滞在費の使途を明らかにする、一二、新議員会館及び議員宿舎を建設する、一三、会派割り当て自動車を民間借り上げとする、一四、議員秘書の氏名、経験年数を公表する、一五、衆・参事務局組織の統合を推進する、一六、国会情報を高度情報化時代に即応した方法で発信する、の一六項目である。答申に至った経緯等について若干の説明を加えておく。

1 政治倫理基本法の制定

日本国憲法第五八条により、両議院は、その自律権として、院内の秩序をみだした議員を懲罰することができる。

反面、議員の院外における犯罪行為又は信用失墜行為に対して懲罰に付することは出来ない。昭和五一年のロッキード事件を契機として、有罪判決を受けた議員の辞職を求めて議員辞職勧告決議案が回を重ねて提出されたが、この議員辞職勧告決議案は、議員の院外における犯罪行為又は信用失墜行為を理由として議院からの放逐を求めて野党側が編み出した方策である。議員辞職勧告決議案は、「一、議員の身分は、憲法上の保障があり、実質的に除名と同等の効果を有するおそれがあり、法律上明文の根拠を必要とする。二、議員の除名が出席議員の三分の二以上の賛成を必要とするのに対して過半数の賛成で成立するものであり、不当である。」等の理由から、長らく採決されない扱いとなっていた。因みに、参議院では、平成九年四月三日「議員友部達夫君の議員辞職勧告に関する決議案」が可決され、衆議院でも、平成一四年六月二一日「議員鈴木宗男君の議員辞職勧告に関する決議案」が可決されるに至った。然し、当時は政治倫理の確立と議員辞職勧告決議案の本会議上程を求める野党側と政府与党側との意見不一致は続き、国会は混乱した。事態収拾のため、福田一衆議院議長及び木村睦男参議院議長から示された「議員辞職勧告決議案の本会議上程にかわるべき措置として、両議院に政治倫理確立のための具体策を講ずる機関を設けるべき」との見解を受けて両議院に設置されたのが「政治倫理に関する協議会」である。衆議院の「政治倫理に関する協議会」は、昭和五九年二月六日に設置されて以来一年半に亘る協議を重ねた結果、両議院に政治倫理審査会を設置する国会法改正案、政治倫理綱領案、行為規範案及び衆議院政治倫理審査会規程案をまとめ、各案は昭和六〇年六月二四日及び二五日に成立した。但し、政治倫理の確立のため、議員が行為規範その他の政治倫理の確立に資するものとして議長が定める法令の規定に著しく違反し、政治的道義的に責任があると認められるかどうかについて、審査するために設けられた衆議院の「政治倫理審査会」ではあるが、実際に審査を行ったのは、平成四年一二月一日、政治倫理に関し不当な疑惑を受けたとして議員から申し出があった時の審査開始を定めた政治倫理審査会規程の改正後である。議長が定める法令とは、具体的には、「行為規範」、「政治倫理の確立のための国会議員の資産等の公開等に関する法律」及び「政治資金規正法」である。政治倫理に関するその他の法律として「政治倫理の確立のための仮名による株取引等の禁止に関する法律」及び「公職にある者等のあっせん行為による利得等の処罰に関する法律」があるが、両法律とも国会議員の違法行為又は疑惑を契機として制定されたものである。「衆議院改革に関する調査会」は、政治倫理に関する法整備が事件又は不祥事の後始末として行われていることを不当とし、「政治倫理が議会制民主主義に必要不可欠なものである」という基本思想の下に、「時代に適合し、整合性をもった『政治倫理基本法』を制定すべし」という提言を行った。更に、「『政治倫理基本法』には、少なくとも、議員辞職勧告決議案が議院で可決された場合の議員身分の剥奪、議員の資産公開における資産の増減が明確になる制度、議員の資産報告書等の内容をチェックするための第三者機関の設置を織り込む」よう求めている。

2　「党首討論」はシャドウキャビネットも視野に入れる

英国に於ける、首相に対するクエッションタイム制度を導入することが、我国国会の審議活性化に資するものとする考え方から、「国会審議の活性化及び政治主導の政策決定システムの確立に関する法律」により、平成一二年一月二〇日、第一四七回国会召集の日から制度化されたものであるが、その実施に当たっては、一、内閣総理大臣と衆参いずれかの院において所属議員一〇名以上を有する野党会派党首の直接対面討論を毎週一回四〇分間、水曜日午後三時より行う、二、委員の構成は、衆議院三〇名、参議院二〇名とし、計五〇名による合同審査会とする、三、基本政策委員会は、衆参両院の委員長が交互に会長となり、初回の会長は衆議院の委員長とする、四、両院合同幹事会は、衆参両院の委員長のほか、両院併せて一一名の幹事によって構成する、理事を出していない会派はオブザーバー幹事とする、五、野党党首は委員として発言する、六、四〇分間の各党の持ち時間については、野党間で調整する、七、国会閉会中は、基本政策委員会は開催しない、等の衆参与野党国会対策委員長間の申合せを遵守することとなった。問題点は二点に集約出来る。第一点は、小選挙区制の下二大政党制に収斂される英国と異なり、小選挙区比例代表並立制の下多党化傾向のある我国では、四〇分の討論時間を複数の野党で分け合うこととなり、少数党から討論時間の拡大を求められることとなる点である。第二点は、上記申合せに、各院の本会議、予算委員会及び重要広範議案（後述の議案の本会議趣旨説明に際して内閣総理大臣が答弁に立つべき議案のこと）の委員会に総理が出席する週には、基本政策委員会は開催しないことを明記している点である。この結果、英国と異なり、党首討論が毎週開催されないこととなる。「衆議院改革に関する調査会」は、「現行の討論時間四〇分についてはそのまとし、その代わり、原則として毎週開催するようにすべきものとし、将来的には、野党が協力していわゆるシャドウキャビネットの制度化を図り、それに対する財政的支援を行う中で解決すべきもの」と答申した。

3　予算委員会の議論は予算に即したものとする

衆議院の常任委員会は、平成一三年一月三一日から、中央省庁再編に伴い内閣委員会、総務委員会、法務委員会、外務委員会、財務金融委員会、文部科学委員会、厚生労働委員会、農林水産委員会、経済産業委員会、国土交通委員会、環境委員会、安全保障委員会、国家基本政策委員会、予算委員会、決算行政監視委員会、議院運営委員会及び懲罰委員会の一七委員会である。参議院も一七委員会であるが、衆議院の外務委員会と安全保障委員会を合併した外交防衛委員会と衆議院の決算行政監視委員会を分割した決算委員会及び行政監視委員会の形となっている。因みに両議院の常任委員会は昭和五五年に国会法が改正されるまでは共通であったが、その後別々の形となっている。それはともかく、昭和五五年七月一七日に衆議院にのみ科学技術委員会及び環境委員会を増設した際に、それ以前の一六常任委員会制に加えるのであるから、一七番目及び一八番目に位置付けて然るべきところを、一三番目及び一四番目に位置付けた。一五番目から一八番目には、予算委員会、決算委員会、議院運営委員会及び懲罰委員会が繰り下げられている。平成一二年一月二〇日国家基本政策委員会が新設された時は、予算委員会の前に位置付けられている。つまり、常任委員会に二種のものがあるということである。現行の衆議院の常任委員会で言えば、内閣委員会から安全保障委員会までの一二委員会は国政全般を一二に分け各々を分任する委員会であり、国家基本政策委員会から懲罰委員会までの五委員会は特別の目的で設置された委員会である。戦前の帝国議会時代には、三読会制という本会議中心の審議を行っていたが、そこにも若干の常任委員会はあり、予算委員会、決算委員会、請願委員会、懲罰委員会及び建議委員会が設置されていた。国政全般を分任する委員会は、新国会下の委員会中心主義を具体化すべく設置されたもので、参議院では「第一種委員会」と呼んでいる。特別の目的で設置された委員会は、参議院では「第二種委員会」とよんでいるが、これは必ずしも常任委員会として設置しないことも可能であるといえる。予算委員会は、予算案の審査と予算の執行状況の国政調査とを行う委員会で、「第一種委員会」と同様に国政の政策作りを担当するが、予算の観点から分任的ではなく総括的であることが異なる。予算委員会は、予算に関係あるとして時の政策課題を議論するのであるが、ややもすると政府与党の失政や国会議員の不祥事等の事件を議論することとなる。「衆議院改革に関する調査会」は、国家基本政策委員会や政治倫理審査会等との任務分担を正確に理解し、予算委員会は、できるだけ予算に即した審査を求めたものである。

4　国会運営は議院の公式機関が行う

議院運営委員会は、「第二種委員会」であるが、帝国議会に常任委員会として公設された機関ではなく、戦後の国会で新設された常任委員会である。但し、議事及び発言の順序、儀礼に関する事項等諸般の事項に亘り、議長が必要と認めた際に各派の代表者の参集を求め、打ち合わせ又は協議を行っていた。明治三七年より設けられたこの組織を「各派協議会」と呼んでいたが、昭和一四年一月三一日に新たに「各派交渉会規程」を制定し議院の運営をしてきた。国会法により議院運営委員会が公設されても、第一回国会では、議院運営委員会は基本的なこと、根本的なことだけを取り上げ、各派交渉会は日々の議事運営、換言すると政治的な話し合いをするという区別があることを理由として、平行して開かれていた。議院運営委員会は常任委員会であり当然公開であるが、各派交渉会は議長の諮問機関として非公開であった。議事運営という重大なことが非公開である各派交渉会で行われることに対するGHQの批判に応えたのが、第二回国会の国会法改正で、先例で行ってきた各派交渉会に代えて、今後議長は、議院運営委員会が選任する小委員と、議事の順序その他必要と認める事項について協議することが出来ることとした。この小委員協議会は、概ね議院運営委員会の理事が当たっており、解決し得ない部分が残ると国会対策委員長会談や幹事長・書記長会談が開かれ、それでも解決出来ない場合には議長が裁定する動きとなった。第二八回国会には、この小委員協議会の運営の実状に鑑み、その能率化を図るため、この制度を改め、新たに議事協議会を設けることとし、今日に至っている。小委員協議会は、その後も議院運営委員会理事会として機能を引き継いでいるが、新設された議事協議会は全く機能していない。議事協議会に期待しているのは、議長と各党の幹事長・国会対策委員長クラスとの協議であるが、これを議事協議会という形式で行うことが必ずしも求められない実情の中で、未だ開催されたことがない。「衆議院改革に関する調査会」の答申は、時期を同じくして平成一三年一一月八日に出された「新しい日本をつくる国民会議（二一世紀臨調）」の「首相主導を支える政治構造改革に関する提言」と歩調を同じくするものであるが、「各党の一機関に過ぎない国会対策委員会間の協議で国民の目に見えない形で国会運営が決まっていくことが、国民の政治不信を助長」する、従って国会運営を「議院運営委員会をはじめ各委員会に取り戻」すべきだ、と提言した。

5 党議拘束を緩和する

この答申も「新しい日本をつくる国民会議」の「首相主導を支える政治構造改革に関する提言」と歩調を同じくするものである。但し、「新しい日本をつくる国民会議」の提言は、政府・与党二元体制を廃し首相を中心とする内閣一元体制で国政を進めることを在るべき姿とし、その障害となる与党の事前審査の廃止を求めるが、「衆議院改革に関する調査会」は、議案が国会で審議されて決まるという過程が国民の目から見て明らかとなるよう、与党の事前審査は政府原案が決まった後に行うように求めたもので、視点が異なる。調査会は、更に、「事前審査は政府提出議案の国会提出の是非と時期の判断に留め、後は国会での議論を通じて、最終的な政党としての判断ないし党議拘束を行うように改めるべき」ことを求めている。因みに、第一五四回国会において「日本郵政公社法案」や「民間事業者による信書の送達に関する法律案」といった郵政公社関連法案及び衆議院小選挙区を五増五減する「公職選挙法の一部を改正する法律案」について、与党側が「法案の内容は了承しないが内閣の法案提出は認める」

こととする事例が生まれた。

6　請願を積極的に活用する

請願の取扱いについては、土井たか子衆議院議長の「国会改革に関する私的研究会」の「国会改革への一つの提言」でも、「一、委員会は、請願について、会期中に、その内容に応じて随時、審査するようにすること。そのため、各委員会において、「請願審査小委員会」を設置すること。二、請願の審査結果について、請願者に報告する方途を講ずること。三、採択された請願については、委員会において法制化の可否についての検討を早急に行う等、その内容の実現を図るための措置をより積極的に講ずること。」との提言が行われている。問題の焦点は、国会期末に一括して審査している現状を改め、時宜に応じた審査をするか否かである。昭和四四年七月三日の衆議院議院運営委員会理事会でも、「請願については、現在会期末に一括して審査しているようであるが、会期が長期にわたる場合には、各委員会における実情に応じ、会期半ばの適当な時期にもその審査を行い、また、請願小委員会を設置する等の方法を考慮し、請願審査の慎重を期する必要があるものと認める。」との勧告を行っている。請願審査の適正化が実現しないのは、近年の請願は議案がらみのものが多くなり、議案の内容として実現されればそれでよし、また、議案の内容として実現されるか否かは先ず議案の審査を行った上でのことである、との考え方が根底にあるからである。

「衆議院改革に関する調査会」が請願の積極的な活用を求めたのは、平成一三年五月一一日のハンセン病国家賠償請求事件についての熊本地方裁判所の判決で国会の立法不作為の違憲性が指摘されたことに関連して、「人権を不当に侵しているらい予防法を速やかに改正すべき」との請願を採択した衆・参両議院は問題の所在を十分認識しており、立法不作為となったことの責任はより重いとする考え方からである。調査会は、「請願の内容をどのように処理するかについて、一義的には送付を受けた行政府の判断を待つとしても、国会自ら、請願を立法措置を講ずるための重要な判断材料として積極的に活用すべきである。」と指摘している。

7　本会議趣旨説明は制度本来の姿に戻す

帝国議会における法律案の審議は、第一読会、第二読会及び第三読会の三読会方式で本会議中心に行われていた。読会という表現は議案を朗読することから審議が始まったことに由来する。但し、明治二七年からは議案の朗読は省略することとなった。法律案は各議員に配布後第一読会を開くまでの期間及び読会と読会の間に少なくとも四八時間を置き、審議の抜打ちを避けるよう求めていた。但し、第二読会及び第三読会は院議によりこの期間を短縮し第一読会に引き続き直ちに開く例となった。なお、法律案提出と同時又は会議に付せられる前に政府から要求があった場合及び議院自らが必要と認めた場合には、出席議員の三分の二以上の多数で三読会の順序を省略することが出来た。第一読会は委員に付託するまでの会議と委員会の審査終了後に開かれる第一読会の続会とから成る。委員に付託されるまでの会議は、一、法律案の趣旨弁明、二、質疑、三、委員付託の順に進むが、ここで委員に付託すべからずと決定すれば法律案は廃案となる。第一読会の続会は、一、委員長報告、二、質疑、三、討論（大体論）、四、表決の順に進むが、この表決は第二読会を開くか否かについて行われ、第二読会を開かないと決すれば法律案は廃案となる。第二読会は、逐条審議をするのが原則であるが、明治四三年以来法律案は全条を一括して議題とすることとした。第二読会は、一、修正案趣旨弁明、二、質疑、三、討論、四、表決の順に進むが、この表決は、委員会報告が可決のときは全条を一括採決し、委員会報告が修正のとき又は修正案が提出されたときは、修正部分とこれを除いた部分とを分割して又は便宜一括して採決した。第二読会における修正議決の条項及び字句整理のため法律案を委員に付託することは可能であった。第二読会の表決は議案の可否を決定するのであり、第三読会省略の動議が可決された時は第二読会の議決が確定議となる。第三読会は、一、討論（全体論）、二、表決の順に進み、表決は第二読会議決の可否について賛否を決する。

戦後の国会は、委員会中心主義を徹底し、国会法第五六条で「議案が発議又は提出されたときは、議長は、これを適当の委員会に付託し、その審査を経て会議に付する。」ことを大原則としている。但し、読会制度が廃止されて議院の会議で議案の趣旨弁明が行われなくなり、議案の内容について全議員が周知する機会が失われたので、第一回国会においては、院議によりその趣旨の説明を聴取したこともあったが、第二回国会の国会法改正で第五六条の二を新設した。即ち、「各議院に発議又は提出された議案につき、議院運営委員会が特にその必要を認めた場合は、その議案の趣旨の説明を聴取することができる。」こととした。この規定の趣旨は、一、議院運営委員会が特にその必要を認めた限られた議案についてである、二、趣旨の説明は、全議員の議案の本会議審議に資するために行うのであり、必ずしも委員会付託の前に行う必要はない、ということである。但し、第二回国会当時は、帝国議会時代の審議方式への思いが色濃く残り、趣旨説明は委員会付託前に行う傾向が強くなり、実際上委員会付託を遅らせるための趣旨説明要求となっている。ここで忘れてならないのは、帝国議会において法律案提出から第一読会まで四八時間という時間を保証しつつも早急な趣旨弁明を定めていたことである。「衆議院改革に関する調査会」は、「議院運営委員会としては、本会議で趣旨を聴取し全議員に周知徹底させるべき法律案を厳選し、その他の法律案は直ちに各委員会に付託し、各委員会の判断で審査を行わせるよう改めるべきである。」としている。

8　国会会期を長期化する

日本国憲法は、第五二条で「国会の常会は、毎年一回これを召集する。」、第五三条で「内閣は、国会の臨時会の召集を決定することができる。いづれかの議院の総議員の四分の一以上の要求があれば、内閣は、その召集を決定しなければならない。」及び第五四条で「衆議院が解散されたときは、解散の日から四〇日以内に衆議院議員の総選挙を行い、その選挙の日から三〇日以内に、国会を召集しなければならない。」と規定し、国会に三様のものがあることを示している。国会法第二条の三は「衆議院議員の任期満了による総選挙が行われたときは、その任期が始まる日から三〇日以内に臨時会を召集しなければならない。（中略）参議院議員の通常選挙が行われたときは、その任期が始まる日から三〇日以内に臨時会を召集しなければならない。」と規定していることから理解できるように、第五四条に規定する国会を召集が義務づけられた臨時会と称呼することも可能だと考えるが、国会法第一条は、帝国議会下の区分けを踏襲し、日本国憲法第五四条により召集された国会を特別会というと立法的に定めた。常会を待てない事態に対処するのが臨時会だから常会と臨時会が重なることはありえないし、特別会は実質臨時会であるから特別会と臨時会が重なることも、国会法第二条の三に定める参議院議員通常選挙後の（義務的）臨時会の場合を除けばありえないが、特別会の召集時期が常会の召集時期と重なることはありうる。国会法第二条の二は「特別会は、常会と併せてこれを召集することができる。」と定め立法的に解決したが、国会法第一二条第二項が「会期の延長は、常会にあっては一回、特別会及び臨時会にあっては二回を超えてはならない。」と定め、常会と特別会との間に会期延長回数に差があることをめぐって問題となったことがある。昭和四七年一二月二二日召集の第七一回国会は常会召集時期（当時）に召集され、当初会期一五〇日に加え六五日づつ二回の会期延長で計二八〇日の長期国会となった。「この国会は実質常会であり従って当初会期も一五〇日とした、それを二回も会期を大幅延長することは不当である」との反対論が出されたが、結局この国会は常会と併せ召集したのではなく特別会として召集されたのだから妥当であるとして押し切った。国会法第二条の二の特別会と常会の併せ召集の規定が働きにくいことを証明する結果となった。何れにしても会期延長は国会が混乱する大きな理由の一つであった。

国会には第一五四回国会というように常会、臨時会及び特別会を通じた回次が付されているが、各々の国会は独立し国会法第六八条が「会期中に議決に至らなかった案件は、後会に継続しない。但し、第四七条第二項の規定により閉会中審査した議案及び懲罰事犯の件は、後会に継続する。」と定める取扱いになっている。因みに、継続するのは議案等であり議案審査のためなされた意思決定は後会に継続しない。これを会期不継続の原則と呼んでいる。帝国議会において旧議院法が第二五条で「各議院ハ政府ノ要求ニ依リ又ハ其ノ同意ヲ経テ議会閉会ノ間委員ヲシテ議案ノ審査ヲ継続セシムルコトヲ得」と定めていたにも拘わらず政府の同意を得られず閉会中審査を行えなかったことからすれば、国会法第四七条第二項で「常任委員会及び特別委員会は、各議院の議決で特に付託された案件（中略）については、閉会中もなお、これを審査することができる。」こととなったことは大きな前進ではある。しかしながら一国会内で両議院の議決が一致しないと議案は成立しない。

常会の会期は帝国議会では三ヶ月（九〇日）であった（大日本帝国憲法第四二条）ところを国会では審議を充実させるべく一五〇日（国会法第一〇条）とした。また、国会法第二条は当初「常会は、毎年一二月上旬にこれを召集する。但し、その会期中に議員の任期が満限に達しないようにこれを召集しなければならない。」と定めていたが、

第一四回国会を八月に繰り上げて召集しなければならなかったことの反省から昭和三〇年の改正で「常会は、毎年一二月中に召集するのを常例とする。」と改めたが、常会の主目的である予算案の提出は例年一月下旬であり、会期は実質一二〇日強であることに変わりはなかった。折りに触れ通年国会が主張された所以の一つである。

「衆議院改革に関する調査会」は、「国民生活に関わる重要案件について、時間を充分にかけて論議し、国会としての意思決定を行えるというメリットが生まれる」よう、「常会の会期は、より長期なものとすること」を求めている。但し、これは通年国会の主張ではない。憲法で臨時会延いては会期制を規定していることを是認する立場からは、最長でも三〇〇日程度で止めなければならない。なお、平成三年の国会法改正で第二条が改められ「常会は、毎年一月中に召集するのを常例とする。」と名実とも一五〇日の会期を活用出来ることとなり、会期延長をめぐる論争が沈静化したことは事実である。

国会には、議院審議の能率化と議決の安定性及び信頼性を確保すべく、一事不再議の原則が確立している。一旦議院の議決があった案件を同一会期中再度審議の対象としないという大方針であるが、会期が長期化した場合にも維持出来るのかという問題がある。激動する現代において会期当初の議決と相反する意思決定を会期末に行う必要なしとしない。勿論、一事不再議の原則の厳格な適用を排し現実的妥当性を求め、事情が変わったとする事情変更の原則も存在するが、あくまでも例外的扱いである。国会の会期を長期化すれば一事不再議の原則をどの程度適用するのか再検討を求められることとなる。

調査会は、更に、「会期の長期化に伴う行政への影響を少なくするために、会期中重要な国際会議等に大臣が出席する必要がある場合、本会議・委員会での答弁を副大臣・政務官が行うことを幅広く認めることにする等、積極的に活用するルールを確立す」ることを求めている。

9　議員の歳費に日割り支給を導入する

議員の歳費については、日本国憲法第四九条に「両議院の議員は、法律の定めるところにより、国庫から相当額の歳費を受ける。」と規定し、大日本帝国憲法に歳費に関する規定がなかったことと比較すると一段と権利性を強めたものといえる。更に国会法第三五条で相当額の歳費とは一般職の国家公務員の最高の給料額より少なくない歳費であることとしている。国会議員の歳費、旅費及び手当等に関する法律は、議員はこの歳費を歳費月額の形で議員の任期の開始する月（再選挙又は補欠選挙により議員となった者は、その選挙の行われた月、更正決定又は繰上補充により当選人と定められた議員は、その当選の確定した月）から任期満限、辞職、退職、除名、死亡又は衆議院が解散された月迄の間受ける。帝国議会下では、例えば議長七五〇〇円、副議長四五〇〇円、議員三〇〇〇円の如く、毎年七月から翌年六月までの一年間の文字通り歳費として明記していた。但し原則として通常会開会後三〇日以内と通常会閉会後七日以内の二回に分けて半額ずつ支給することとした（帝国議会議長副議長議員歳費及旅費支給規則第一条及び第二条）ことから歳費月額の観念が生まれた。国会となって議員は毎月一〇日に歳費月額を受けるが、歳費を一二回に分けて受けるという基本的思考に変わりはない。議員を名誉職的な名望家とみていた帝国議会下で旧議院法は「議員ハ歳費ヲ辞スルコトヲ得」（第一九条）としていたが、議員の歳費に対する権利性を強めた国会下にこの規定は存しない。同じ理由から「召集ニ応セサル者ハ歳費ヲ受クルコトヲ得ス」（同第一九条）の規定も存しない。こうした流れの中で思考の大変革となるが、「衆議院改革に関する調査会」は国民感情から理解されない「任期開始時及び終了時に一ヶ月のうち数日しか在職していないにも拘わらずその月分全額支給される」ことや

「収監中又は登院停止の議員に歳費を支給する」ことの改善を求めている。

10　永年在職議員の特典を廃止する

永年在職議員表彰制度は、第六七回帝国議会昭和一〇年三月一四日の各派交渉会において、三〇年以上在職した議員に対して院議により表彰することを決定したことに始まる。その際、議員一同から一〇円ずつ拠出して被表彰議員の肖像画二面を作成し、内一面は院内に掲揚して記念することを、併せ決定した。永年在職は、第七六回帝国議会昭和一六年二月二七日の議院協議会において、二五年以上とすることとした。その後、国会となって第七回国会に初表彰するに際し、帝国議会当時の議員の在職年数を通算することを、第七二回国会から、在職年数に参議院議員としての在職年数を含めることを、追加決定しつつ運用されてきた。また、被表彰議員の肖像画作製費用は、第二六回国会昭和三二年五月一五日の議院運営委員会庶務小委員会において、今後国会の予算から支出することとした。なお、永年在職表彰議員には国会議員の歳費、旅費及び手当等に関する法律第一〇条により永年在職表彰議員特別交通費が支給されてきた。

第一三回国会昭和二七年二月一六日の議院運営委員会において、五〇年以上在職した議員に対して、重ねて院議をもって特別の表彰決議を行うことを決定した。五〇年以上在職して特別の表彰決議を受けた議員に対しては、公費をもって衆議院正玄関広間に胸像を設置するとともに、昭和二九年六月一一日成立した憲政功労年金法により、終身、功労年金が支給されてきた。

「衆議院改革に関する調査会」は、「永年在職表彰議員特別交通費及び肖像画並びに憲政功労年金については、永く議員を勤めたこと、それ自体は名誉なことであるが、特典をもって報いることが必ずしも適当であるとは考えられないので、これを廃止すべきである。」と提言した。

永年在職議員の特典廃止については、国会内でも改革すべしとの意見が強く、永年在職表彰議員特別交通費は平成一四年三月三一日をもって、また憲政功労年金は平成一四年一二月三一日をもって廃止することとなった。更に被表彰議員の肖像画の公費作製も行わないこととなった。

調査会は、更に議員死亡に際し遺族に歳費月額一六月分に相当する金額を支給する弔慰金の廃止と、国会議員の退職により受ける国会議員互助年金について年金給付額の引き下げや納付金の引き上げなど収支の均衡が取れる方策を求めているが、実現には至っていない。

11　立法事務費及び文書通信交通滞在費の使途を明らかにする

立法事務費は、国会が国の唯一の立法機関たる性質にかんがみ、国会議員の立法に関する調査研究の推進に資するための経費の一部として、「国会における各会派に対する立法事務費の交付に関する法律」により各議員ではなく各議院における会派（政治資金規正法第六条第一項の規定による届出のあった政治団体で議院におけるその所属議員が一人の場合も含まれる）に対し交付される。昭和二八年七月から実施されている。文書通信交通滞在費は、国会法第三八条に定める「公の書類を発送し及び公の性質を有する通信をなす等のため、別に定めるところにより」議員が受ける手当てである。別段の定めは、「国会議員の歳費、旅費及び手当等に関する法律」第九条である。昭和二二年の制度発足は、議員に無料郵便制度を認めよとの強い議論もあった中で、通信費の形式で行われた。その後昭和三八年一〇月から通信交通費となり、昭和四一年四月から「国政に関する調査研究活動をなすため」受けることとなった調査研究費を昭和四九年四月から統合して文書通信交通費となり、更に平成五年四月から現行の文書通信交通滞在費となった。因みに調査研究費は、昭和四〇年九月二一日船田中議長の下に設置され、同議長と交替した山口喜久一郎議長の下でも存置された「議員歳費等に関する調査会」の答申を受け、従前会期中支給された滞在雑費と閉会中審査のため支給された審査雑費を統合したものであり、また、文書通信交通滞在費として拡張された滞在費部分は、東京滞在に係る経費、議員活動事務所の経費、国会活動報告等の経費の一部を実費弁償するために措置されたものである。「衆議院改革に関する調査会」は、「国会議員が五人以上所属している政治団体」、または、「国会議員を有し、かつ、最近の国政選挙のいずれかにおける当該政治団体の得票総数が当該選挙における有効投票の総数の二パーセント以上であるもの」に対して平成六年から政党助成法により政党交付金が交付されている現在、立法事務費を会派支給から議員支給に改め、議員の立法活動に資するものとすべきである、と提議している。更に、「立法事務費及び文書通信交通滞在費は実費弁償的なものであり議員活動に必要不可欠なもの」としつつ、領収書等を付した使途の報告書の提出を義務付け、報告書を閲覧に供すべきことを求めている。

12　新議員会館及び議員宿舎を建設する

衆議院の議員会館は、昭和三八年一〇月三一日に竣工した第一議員会館と昭和四〇年九月二一日に竣工した第二議員会館の両棟からなる。各議員の事務室は約四〇㎡で、経年に伴う老朽化、狭隘性、高度情報化社会への対応の不備等により議員活動に支障を来している。議員宿舎は、昭和三八年から順次竣工し最終的に昭和四六年二月二七日に竣工した一号館、二号館及び三号館よりなる赤坂議員宿舎、最終的に昭和五〇年三月二九日に竣工した本館及び別館よりなる九段議員宿舎、最終的に昭和三七年三月二六日に竣工した二号館及び三号館よりなる青山議員宿舎並びに最終的に昭和五七年六月二〇日竣工した高輪議員宿舎の四宿舎である。四宿舎で四二九室の議員室が使用されているが、青山議員宿舎を筆頭として各宿舎とも経年に伴う老朽化が著しい。議員会館及び議員宿舎の老朽化は従前から問題視されていたが、その障害となっているのが国会等の移転に関する動きである。平成二年一一月七日衆参両院本会議において、我国の人口過密、地価の異常な高騰、災害時における都市機能の麻痺等を解消すべく、国会及び政府機能の移転を求める決議がなされた。平成三年八月五日には衆参両院に「国会等の移転に関する特別委員会」が設置され、他方平成四年一二月一四日公布された「国会等の移転に関する法律」により政府に設置された「国会等移転調査会」が移転の意義・効果及び移転先の選定基準等をとりまとめた。移転先の選定作業をなすべく平成八年一二月に政府内に設置された「国会等移転審議会」は、平成一一年一二月二一日移転先候補地として「栃木・福島地域」「岐阜・愛知地域」及び「三重・畿央地域」を複数答申した。これを受け国会等の移転に関する特別委員会は、国会として三地域が移転先候補地であることを確認しつつ、平成一二年五月一八日「国会等の移転に関する決議」を行い、今後二年を目途に結論を得るべく早急に検討を進めることを確認した。しかしながら未だ結論が得られていない。こうした中で「衆議院改革に関する調査会」は、「仮に移転候補先が決まったにしても、物理的に移転作業を進めるまでにはかなりの期間を要し、それまで現議員会館（及び現議員宿舎）を使い続けるのでは、議員活動に著しい支障を来すことになるので、早急に新議員会館（及び新議員宿舎）を建設すべきである。」と答申した。なお新議員会館及び新議員宿舎については、「民間資金等の活用による公共施設等の整備等の促進に関する法律」（所謂ＰＦＩ方式）に基づく立替え案が実施に移されている。

13　会派割り当て自動車を民間借り上げとする

衆議院の役員（国会法第一六条に規定する議長、副議長、仮議長、常任委員長及び事務総長のこと）、特別委員長、裁判官訴追委員長（国会の機関たる裁判官訴追委員会の委員長であるが便宜衆議院が予算管理する。同様に国会の機関たる裁判官弾劾裁判所は便宜参議院が予算管理する。）、議院運営委員会理事並びに衆議院議長又は衆議院副議長の職に在った議員には、専用公用車を便宜供与する（国会議員の歳費、旅費及び手当等支給規程第一一条の四参照）。なお、従前専用公用車を配属していた永年在職表彰議員については、昭和五〇年四月永年在職表彰議員特別交通費の支給開始に伴い専用公用車の提供を廃止した。これらの専用車の他に、議員活動の便宜に供する為各会派にその所属議員数の比率により（概ね五議員に一台）公用車を配属する。また、議員会館と議員宿舎間には議員専用バスが運行されている。「衆議院改革に関する調査会」は、「会派割り当て自動車については、都内を移動する場合等議員の交通手段として必要であるので存続させることに異論はないが、民間借り上げ方式にする等効率化を図るべき」ことを提議している。

14　議員秘書の氏名、経験年数を公表する

制定国会法は、第一三二条で「議員の職務遂行の便に供するため、（中略）各議員に一人の事務補助員を付する。」と規定し、帝国議会下にはなかった公設秘書制度を発足させた。昭和二三年の改正で「事務補助員」の名称

を「秘書」と改めた後、昭和三八年の改正で二人の秘書に増員し、平成三年を迎えた。議員側から「第三秘書新設」要望が出された中で、先述した如く桜内義雄衆議院議長は衛藤瀋吉亜細亜大学学長を座長とする「国会議員の秘書に関する調査会」に諮問した。同調査会は「第三秘書の新設については、現在の厳しい財政状況と政党に対する公的助成の今後の動向を考慮すると、にわかに是認することはできない」としつつ、「議員の政策立案・立法調査機能を高めるため、議員の政策活動を直接補佐する秘書を設けることとし、これにより秘書体制の質的向上と議員の政策活動の充実、強化を図」るべく「政策秘書」の創設を提言した。勿論政策秘書には「議員の政策活動を十分に補佐し得る能力と適性」を求めている。調査会答申を受け平成五年五月の国会法改正で「主として議員の政策立案及び立法活動を補佐する秘書」一人が増員された。国会議員の秘書は国家公務員法第二条に定める特別職の国家公務員であるが、国からは給与等を受けているにすぎず、その採用、人事管理は個々の議員に委ねられている。他方議員の下には、その職務遂行を補佐するために議員が私的な契約により雇用する所謂私設秘書と称される多くの秘書が存在しているが、私設秘書は実質的には公設秘書と何ら変わるところがなく、相互の身分の転換も自由である。こうした現状の中で、「秘書制度を、雇用人数、給与等の決定で、もっと弾力的な運用が図れる総額一括方式のようなシステムに」変えようとする動きもある。「衆議院改革に関する調査会」は、「現行の秘書制度は、明確な勤務時間等の基準のない弱い立場にある秘書の身分の安定を図ってきた面があり、制度を変えることは秘書に重労働と低給料をもたらしかねず、結果的に秘書の質が低下しかねないとの懸念」から当面現行制度を維持する中で、「秘書の採用等をめぐる不祥事の再発防止を図るため秘書の氏名及び秘書経験年数」の公開を求めている。併せて「政策秘書活用の観点から、政策担当秘書を政党に適宜派遣し、専門集団として政策立案に積極的に関与」させることを提言している。

15 衆・参事務局組織の統合を推進する

帝国議会下にも貴族院及び衆議院の事務を所掌する両院事務局は存在し、昭和一七年時点では衆議院事務局は秘書課、議事課、委員課、速記課、庶務課、警務課及び調査課の七課体制であり、貴族院事務局は議事課、委員課、速記課、庶務課、警務課、調査部（第一課、第二課、第三課）の五課一部体制であった。両院事務局は書記官長以下の職員から構成されていたが、職員は職務上は議長に従属していたがその任免は政府によって行われ、従って身分上は行政府に属する官吏であった。国権の最高機関であり国の唯一の立法機関である国会となった戦後には、衆参両院事務局は名実共に立法府の事務局となり事務総長以下の職員から構成される。現在の衆議院事務局は、秘書課、議事部、委員部、記録部、警務部、庶務部、管理部、国際部、憲政記念館及び調査局で構成され、調査局には常任・特別両委員会の各調査室が所属している。参議院事務局には憲政記念館及び調査局が存在しないが委員会調査室は独立して設置されている。衆・参両院に置かれている議院法制局は、「今後の立法は新憲法の精神にかんがみ、国会を構成する各議院の議員自身の手により行われることが多いと予測される関係上、その立案を補佐するための機構を設けて、そこに法制に関する専門職を配することが、議員の便宜に資する上に必要不可欠」との考えから両院事務局内の一部局たる法制部として設置されたものを昭和二三年に両院事務局から独立させ拡充強化を図ったものである。衆議院法制局は法制企画調査部及び第一部乃至第五部の六部体制であり、参議院法制局は第一部乃至第五部の五部体制となっている。国立国会図書館は、帝国議会下貴族院、衆議院の各々に置かれた図書館を拡大改組して帝国議会図書館にしようとする運動が戦後に漸く実現する形で昭和二三年に設立された。国立国会図書館は平成一四年関西館を設置し国の中央図書館としての充実強化を図っているが、その設立経緯から理解出来る如く国会の図書館という別の重要な機能を果たしている。総務部、収集部、図書部、逐次刊行物部、専門資料部及び図書館協力部の外に調査及び立法考査局があり、同局は両議院、委員会及び議員に役立つべく、委員会に懸案中の議案等の分析評価、立法資料等の蒐集分析や議案起草の奉仕を行っている。この他裁判官の弾劾のため国会に置かれた裁判官弾劾裁判所及び裁判官訴追委員会にも各々事務局がある。「衆議院改革に関する調査会」は「憲法が二院制をとっているからといって、衆参両院の事務局組織がすべて独立している必然性はない」とする基本的立場から「両院の審議の独立性を阻害しない範囲で、すなわち、審議の機関に当然付置しなければならない部門は別にして、ことに国会全体の機能を一層充実強化させるために必要な部門、たとえば衆議院、参議院、国立国会図書館にある調査部門及び立法補佐部門についてスケールメリットの観点から両院の協力において、何らかの統合をすべき」ことを提言している。併せて「衆・参両院における速記方法の統一等、事務の効率化」の推進を求めている。

16　国会情報を高度情報化時代に即応した方法で発信する

衆議院は平成九年一〇月から衆議院立法情報ネットワークシステムの運用を開始し、議員の立法活動、国政調査活動等に必要な各種情報の照会、検索が可能となっている。また、インターネット上に衆議院ホームページを開設し本会議会議録、議案の審議経過等の議員活動に係る情報を国民各層に提供している。本会議及び委員会の審議は衆議院院内テレビで中継しているが原則国会施設内に限定されている。国営放送局方式は望ましくないとする考え方から中継録画データの民間無料開放はしているものの事業として採算がとれるか不明で放送受任者が少なくお茶の間に直結した国会審議という観点からは不十分であると言わざるを得ない。参議院も同様のサービスを行っている。「衆議院改革に関する調査会」は国会の広報活動強化のため「国会情報センター」を設置し、同センターでのインターネットやテレビチャンネルを活用した国民との双方向での情報受発信や外国に対する情報提供の一層の充実を求めている。

三　おわりに

「衆議院改革に関する調査会」の答申を受けた綿貫民輔衆議院議長は、平成一三年一一月二二日「議会制度に関する協議会」に答申案の検討を諮問した。次いで平成一四年五月一六日には答申案中「政治倫理基本法の制定」及び「政治倫理審査会のあり方の見直し」について、同年六月五日には「秘書制度の問題」について他の答申部分に優先して検討することを求めた。

議会制度に関する協議会は昭和四〇年一一月の「日本国と大韓民国との間の基本関係に関する条約等の締結について承認を求めるの件」等の採決をめぐる混乱に対する反省から山口喜久一郎衆議院議長が発表した「従来の国会運営を反省し、時には、議運理事と党派の立場を離れて国会正常化問題、国会法の改正、国会運営の改善等全般の問題について自由に討議することが必要で、そのための機関を議運理事会に相談して設けたい。」との構想を受け、昭和四一年三月一〇日の議院運営委員会で設置を決定したものである。以後今日まで多くの問題を協議してきた同協議会は、山口議長提言から分かるように衆議院議長、同副議長と議院運営委員会理事会構成員との協議の場であるが、実質的に衆議院議長の諮問機関である。また議院運営委員会自体が衆議院規則第九二条の定める如く「議長の諮問に関する事項」を所管事項の一部としており、衆議院議長の諮問機関の側面を持っている。議院運営委員会への「議長の諮問に関する事項」として、会期及び会期延長の件、開会式に関する件、院内の秩序に関する件、本院の予算の件、議案、回付案、請願、陳情書、動議等の取扱いに関する件、懲罰動議の取扱いの件、国会法第一二〇条による処分要求に関する件、常任委員会の間の所管争いに関する件、案件の付託委員会の件、国家公務員等の任命について同意又は事後承認を求めるの件、委員派遣承認申請の件、公聴会開会承認要求の件等が取り扱われているが何れも緊急に処理すべき案件であり、議院運営委員会への諮問は短期的な問題について行われ、他方議会制度に関する協議会への諮問は中・長期的な問題について行われている。この他先述した第一〇〇回国会の「議員田中角栄君の議員辞職勧告に関する決議案」の取扱いをめぐり国会審議が紛糾した事態の収拾のため昭和五九年に設置された「政治倫理に関する協議会」や「国会議員の秘書に関する調査会」の答申を受けて平成三年に設置された「衆議院秘書問題協議会」等が衆議院議長の諮問機関として機能して来た。これらの諮問機関も国会議員によって構成されている。先述したように「衆議院改革に関する調査会」は、衆議院又は国会の在り方についての検討を有識者に委ねた最初の諮問機関である。衆議院又は国会の在り方についての検討を行う諮問機関として「議会制度に関する協議会」が存在している。当然のことながら「衆議院改革に関する調査会」設置に際しては、「屋上屋を架するものである」とか「調査会の答申を議員に押し付けることはおかしい」とかの異論が出されたが、「衆議院改革や国会改革を方向付け、決定するのは衆議院であり衆議院議員であるが、国民の視点からの改革意見を率直に提示してもらうことは国会改革に資することとなる」との熱意によって設置された経緯があった。

施政方針演説の一本化に関する議論について

正木寛也

一　はじめに
二　二院制を採用している諸外国の議会における政府演説
三　我が国における施政方針演説
四　施政方針演説の一本化の論点
五　結　語

一　はじめに

内閣総理大臣が毎国会、衆参各議院において行っている施政方針演説（又は所信表明演説）について、その回数を一回にできないか、という議論がある。演説は衆議院において先に行う先例となっている(1)ことから、「二番煎じ」となる参議院においては、平成八年に村上正邦自民党参議院幹事長（役職名は当時）が「あるべき参議院を目指して―実績と改革―」という提言の中で、「私は二番せんじの最たる現行の施政方針演説等は、参議院本会議場においては、これを行わないことを提言している。毎年一月に召集される通常国会の冒頭には、総理、外務、大蔵、および経済企画の四大臣より施政方針演説および外交、財政、経済の各演説が、臨時国会では総理の所信表明演説が行われているが、参議院側では、既に衆議院において全国放送や国会テレビを通じて放映されているほか、夕刊にも内容が全面掲載されているだけに、遅れて一字一句同じ内容のものを行うことは、演説を行う方も気迫が薄れ、聞く方もつづり方を聞いているようで形式以外の何ものでもないと思う。天皇陛下をお迎えしての国会の開会式は参議院本会議場で行われているが、私はこうした今の施政演説等のあり方を改め、衆議院本会議場において両院合同で行うべきであり、これが不可能とすれば参議院本会議場においては、これを行わず、代わって総理及び閣僚の演説原稿を印刷物として各議員に配布し、演説に代えてはどうかと思う。現に英国・カナダ・米国・ドイツおよびフランス等の主要国議会において施政演説等が上院または下院で合同で行われているだけに、わが国においても前向きな検討を求めたい。」と提言している。また、平成一一年には小渕首相が民主党の鳩山由紀夫代表との会談において「衆院でやって参院もそれを見ているのに、また参院で同じ話をすることに『なぜだ』という声がある。一

回で衆参両院議員が聞けるようにすればいいという提案も受けている」旨発言している(2)

ここで、新聞による報道に沿う形で、議論の経緯を確認することとする。今回の問題は、第一五五回国会（臨時会）会期中の平成一四年一一月一三日、小泉首相が与党三党の衆参国対幹部との会談において「開会式は一回なのに、首相演説は何で衆参別々にやるの」と疑問をはさみ(3)、同月一五日に記者団に対し「所信表明とか施政方針演説とか同じ演説を衆院、参院でやるが、一緒にできないのか。開会式は一緒だ。国会の対応が一番遅れているんじゃないか。立法府の改革は聖域じゃない。」と発言したこと(4)に端を発し、小泉内閣の「聖域なき構造改革」のスローガンの下での国会改革のテーマとして取り上げられることとなった。

同月二二日、衆議院議長の私的諮問機関である衆議院議会制度協議会において、綿貫衆議院議長より、①秘書給与の見直し、②政治倫理基本法の制定と政治倫理審査会の活用、③党首討論の見直し、④比例当選議員の小選挙区へのくら替え出馬等についての検討が諮問された後、大野功統座長（衆議院議院運営委員長）より、衆参両院での首相演説の一本化の問題を議会制度協議会の検討項目に加える意向が示され(5)、同協議会において検討されることとなった。しかし、同協議会においては、野党より「二院制を定めた憲法に違反する疑いがある」とする反対論が相次ぎ(6)、同国会の会期中には結論を得るに至らなかった。

同国会の閉会後、首相は、改めて山崎拓自民党幹事長らに検討を催促し(7)、翌平成一五年の常会から一本化を実施したい旨を記者団に対し発言している(8)。また、与党側も、同月二四日には与野党国対委員長会談において正式に野党側に提案した(9)。この間の議論においては、野党側が首相演説を「議事」として捉え、衆参合同で行うことは憲法五六条に抵触する旨を主張したのに対し、与党側は棟居快行成城大教授の「内閣が国民に向けたメッセージだと考えれば一回行えば十分」という意見などを元に、「議事として扱わないことも可能だ」と主張したとされる(10)。しかし、翌平成一五年一月七日には与党三党は常会からの一本化の実現を断念し、これに関連して青木幹雄自民党参議院幹事長は、記者会見で「衆院で話がついておらず、参院でも具体的な話はしていない。時間的に今国会に間に合わせるのは大変だ」[11]、あるいは「(一本化になった場合)衆参の本会議場は全員が入れる器でない。」[12]と述べている。翌八日には与野党国対委員長会談が開かれ、同月二〇日召集の常会(第一五六回国会)での実施を見送ることで合意がされたが、今後も国会改革の一環として協議は続けることとされている[13]。

この問題は、今もなお議論の対象となっているとともに、我が国の二院制の在り方とも深く関わるものであり、軽々に論ずることはできないが、主要な論点は、この間の経緯における各関係者の発言に集約されているということはできよう。以下では、上記のような経緯を踏まえ、二院制を採用している諸外国における「議会における政府による演説」の概要を把握し、彼我における制度の異同を認識するとともに、わが国における施政方針演説をその歴史的経緯から再確認することにする。それを通じ、検討すべき論点に対する視点を多少なりとも明らかにしたい。

二　二院制を採用している諸外国の議会における政府演説

1　英　国

(1)　二院の構成

英国の議会は、国王、庶民院(House of Commons)及び貴族院(House of Lords)の二院で構成されている。庶民院議員が小選挙区による直接選挙によって選ばれているのに対し、貴族院議員は世襲貴族、一代貴族、法曹貴族及び聖職貴族によって構成されており、選挙による民主的基盤を有しない[14]。立法過程においては、歳入や歳出に関するいわゆる金銭法案について庶民院先議とし、貴族院による修正を認めない等、一定の場合の庶民院の優越が認められている。

(2)　**統治体制**

英国は国王（女王）を元首とする立憲君主制の国家であり、英国の政府は、「国王陛下の政府」（Her or His Majesty's Government）と呼ばれる。首相は国王によって任命されるが、確立した憲法慣習として、国王は選挙によって多数を獲得した党の党首を首相に任命しなければならないこととなっている。議会と政府の関係については、政府の成立及び存続には庶民院の信任のみが必要な議院内閣制となっている。政府に対する不信任案等、庶民院において政府が信任を失った場合には、憲法慣習として内閣は総辞職するか、庶民院の解散を国王に助言するかを選択することとなる（国王は内閣の助言に従うものとされている[15]）。

(3)　**女王演説**（The Queen's speech）

英国議会の会期は、通常、毎年一一月に始まる。女王演説は、この毎会期の冒頭に貴族院本会議場における開会式（The State Opening of Parliament）において行われる。女王の貴族院到着後、黒杖官（Black Rod）が庶民院に赴き、女王からの呼び出し（summon）を告げる。伝統的に黒杖官が庶民院に到着した際に本会議場の扉は閉められ、黒杖官はドアを三回ノックすることとなっている（この慣習は一七世紀から続くもので、庶民院の王権からの自律の象徴とされる。）。庶民院議員はしかる後に貴族院本会議場に赴き、本会議場の柵（bar）の外側で演説を聴く（柵の内側にはその院の議員しか入れないため)[16]。演説は内閣において用意され、演説原稿は直ちに印刷されて、議員に供されることとなっている。

演説後、各院において演説に対する討論が庶民院においては五日間、貴族院においては四日間にわたって行われ、女王演説に対する奉答文(The Loyal Address)の採決が行われる。この際、貴族院においては大法官によって演説が再び朗読されるが、庶民院において討論を始めるに当たり、女王演説は再読されていない[17]。しかし、古い文献においては、庶民院においても再読されていたという記述が散見される[18]。

2　カナダ[19]

(1)　二院の構成

カナダの連邦議会は国王、上院(Senate)及び下院(House of Commons)により構成される。国王は英国女王が兼ね、その代理人として総督が置かれている。下院議員は直接選挙によって選出されるが、上院議員は首相の助言により総督が国王の名において任命することとなっている。

(2)　統治体制

カナダは英国の植民地であったという歴史的経緯から、政治制度も英国の制度を倣ったものとなっており、英国国王を元首とする立憲君主制の国家であるとともに連邦制を採用している。また、議院内閣制を採っており、首相には下院の第一党の党首が任命される等、議会と政府の関係についても英国に似た制度となっている。

(3)　総督の玉座演説（Speech from the Throne）

カナダでは、英国の伝統に倣った形で毎会期の冒頭に総督（英国国王の滞在中は国王）による玉座演説が行われている。

3　オーストラリア連邦(20)

(1)　二院の構成

オーストラリア連邦の議会は英国国王、上院（Senate）と下院（House of Representatives）から構成される（オーストラリア連邦憲法（以下「濠憲法」という。）一条）。両院議員とも国民による直接選挙で選出されることとなっており、下院議員は小選挙区制により選挙されるが、上院議員は連邦内の各州がその大きさに関係なく同数の議員を選出することとなっている（濠憲法七条、二四条）。立法過程においては、歳入・歳出法案について上院による修正が認められていない等、一定の場合に下院の優越が認められている（濠憲法五三条）。

(2)　統治体制

オーストラリアは英国国王を元首とする立憲君主制の国家であるとともに連邦制を採用しており、連邦政府並びに六つの州政府及び大幅な自治を認められた二つの特別地域がある。連邦の執行権は国王に属し、国王の代表者としての総督が選ばれた政府に代わり伝統的に行使するとされている。オーストラリア連邦の行政、立法、司法は主として英国の制度に倣っているが、上院の制度についてはアメリカをモデルにしている。また、上院及び下院が同時に解散されることがある（両院解散（Double Dissolutions））。

(3) 総督の開会演説（The Opening Speech）

オーストラリア連邦においては、一議会期が下院総選挙後最初の集会から下院議員の任期満了又は解散までとされている。一議会期はさらに会期（session）に分けられるが、その議会期中は会期をまたいでも議案の継続審議の手続は不要とされている。そのため、同じように英国に倣った制度を採用しているカナダと異なり、総督（英国王の滞在中は国王）の開会演説は、各議会期の最初の会期の初日における開会式（opening ceremony）においてのみ行われることとなっている。

4 アメリカ合衆国

(1) 二院の構成

アメリカの連邦議会は、上院（Senate）と下院（House of Representatives）から構成されている。両院議員とも国民の直接選挙によって選挙されるが、下院議員は各州に人口に比例して配分されるのに対し、上院議員は州の人口にかかわらず各州から二名ずつ選出される（アメリカ合衆国憲法（以下「米憲法」という。）第一条第二節、第三節）。立法過程においては、両院はほぼ対等であるが、歳入法案については下院で先議しなければならないこととされている。

(2) 統治体制

アメリカ合衆国は大統領制を採用しており、厳格な三権分立を図っている。大統領は、国民による間接選挙により選出される。連邦議会と政府との関係については、大統領が罷免されるのは上院における弾劾裁判によってであり（米憲法第二条第四節）、逆に、大統領は連邦議会を解散し得ず、議案の提出権もない（両院で可決された法律案に対する拒否権は認められている（米憲法第一条第七節））。

(3) 大統領の一般教書演説（The State of the Union Address）[21]

大統領の一般教書演説は毎年一月、下院本会議場において両院合同会議（joint session）の形式で行われる。同演説は、「大統領は、随時、連邦議会に連邦の状況に関する情報を与え、必要かつ適切と考える方策を審議するよう勧告するものとする。」という米憲法第二条第三節の規定に基づく。議会において演説に対する質疑や討論がされることはないが、近年は野党がテレビを通して反論することが慣例として定着しているとのことである。

5　フランス共和国

(1) 二院の構成

フランスの議会は、元老院（Sénat）と国民議会（Assemblée Nationale）の二院で構成される。国民議会議員は直接選挙（小選挙区制）により選出される（フランス共和国憲法（以下「仏憲法」という。）二四条二項）のに対し、元老院議員は国民議会議員や地方議会議員を選挙人とする間接選挙によって選出される（仏憲法二四条三項。元老院には、海外領土等から選出される議員もいる。）。立法過程においては、原則として、同一法文の採択を目的として両議院において相次いで審理されることとなっている（仏憲法四五条一項。政府の要求により、両院の合同委員会を設置し、最終的に国民議会の議決のみによることもある（同条二項から四項））。

(2) 統治体制

第五共和制は大統領の権限を強めた行政権優位の体制を採用し、国民による直接普通選挙によって選出される大統領（任期五年）は議会の同意なく首相を任命し、首相の提案に基づき他の閣僚を任免する権限を有している（仏憲法八条）。しかし、議会と政府の関係については、政府は国民議会の信任を必要としており、政府不信任の議決は国民議会のみに与えられた権能である（仏憲法四九条）。

(3) 首相の一般政策の表明（Déclaration de politique générale du Gouvernement）

首相の一般政策の表明は、通常、政府の成立後に首相が国民議会において行う。この場合、元老院においては他の国務大臣が代読するのが通例となっている。第五共和制下の一九五八年から二〇〇〇年六月までの間において、議会に提出された一般政策の表明は二三三回であるが、下院において政府の責任がかけられたのは二八回である。[22]

元老院との関係においては、首相は元老院に対し一般政策の表明の承認を求めることができるとされており（仏憲法四九条四項）、上述の期間内に承認が求められたのは一二回で、その全てにおいて上院で承認されている。この一二回においては、一回を除き、関係する国民議会での一般政策の表明を元老院において他の国務大臣が代読していても、改めて元老院において首相が演説を行っている。ただし、演説内容は当初の一般政策の表明とは異なる文となっている。[23]

6　ドイツ連邦共和国[24]

(1)　二院の構成

ドイツ連邦の議会は、連邦参議院（Bundesrat）と連邦議会（Bundestag）の二院によって構成される。連邦議会議員は、普通、直接、自由、平等、秘密の選挙により選出される（ドイツ連邦共和国基本法（以下「独基本法」という。）三八条一項）のに対し、連邦参議院議員はラント政府が任免するラント政府の構成員によって組織される（独基本法五一条一項）。立法過程においては、法律は連邦議会の議決を必要とし、議決された法律案は連邦参議院に送付される。これに対し連邦参議院は両院協議会の招集を要求でき、又は異議を提出することができるとされている（独基本法七七条二項、三項）。

(2)　統治体制

連邦大統領は連邦議会議員及びラント議会より選挙された議員により構成される連邦議会により選出される（任期は五年。独基本法五四条）。連邦首相は連邦大統領により推薦され、連邦議会において選挙される。議会と政府の関係については、連邦議会は、後任の連邦首相を選挙し、連邦首相の罷免を連邦大統領に要請することによって不信任を表明することができるとされる（建設的不信任決議。独基本法六七条）。

(3) 連邦首相の施政説明（Regierungserklärung des Bundeskanzlers）

連邦首相の施政説明は、通例総選挙後に連邦議会においてのみ行うこととなっているが、連邦参議院の議員は連邦議会の会議に出席し、発言することが認められており（独基本法四三条二項）、連邦参議院の議員も演説に対する討論に参加する。連邦首相の施政説明に対して改めての信任評決は行われない。

7 イタリア共和国(25)

(1) 二院の構成

イタリアの議会は、上院（Senato della Repubblica）と下院（Camera dei deputati）の二院で構成されている（イタリア憲法（以下「伊憲法」という。）五五条）。上院に大統領の任命による終身議員が若干名いる（伊憲法五九条）ことを除き、両院議員とも、直接・普通選挙により選出されており、ほぼ同質の構成となっている（伊憲法五六条、五七条）。また、立法過程においては、両院の権限は対等であり、法案の成立には両院の議決が必要とされる。

(2) 統治体制

国家元首たる大統領は、上下両院の議員と各州の代表三名ずつで構成される会議によって選出される。首相は大統領によって任命され、大臣は首相の提案に基づき、大統領によって任命される。議会と政府の関係については、政府は上院及び下院の両院の信任を得ている必要があり、成立後一〇日以内に両院に対して信任を求めなければならないこととなっている（伊憲法九四条）。

(3)　**首相のプログラム表明**（Dichiarazioni programmatiche del Governo）

政府は、前述のとおりその成立後一〇日以内に両院に対し信任を求めなければならないこととなっているが、首相は一院においてプログラム表明の演説を行い、他院に対しては演説を文書にして提出することで演説に代えている。当該他院においても首相自ら出席し演説を文書で提出した旨報告している。各院においては、演説後数日の討論を行い、政府の信任表決を行うこととなっている。なお、演説を行う院は、内閣が替わるたびに交互とする慣例がある。

三　我が国における施政方針演説

1　歴史的な経緯

(1)　**大日本帝国憲法制定以前**

わが国において首相が「施政の方針」を述べる、という意味における演説は、大日本帝国憲法制定以前に遡ることができる。すなわち、明治二〇年九月二八日、伊藤博文首相は在京の地方長官を召集した際に、憲法発布前後の治安維持や行政の方向性、条約改正の三点につき、「各員の為に施政の進路を指示せんとす」として訓令をしている[26]。これが最初のものかは確認できていないが、帝国議会開設前、地方長官を集めての首相の訓示（訓令）は数回確認でき、続く黒田清隆首相は憲法発布翌日の明治二二年二月一二日にいわゆる超然主義を唱えた「大政の方針」を訓示しているほか、(27)山縣有朋首相も組閣翌日の同年一二月二五日に「卿か施治の務を示す」として施政方針について訓示をしている。(28)なお、この訓示は大日本帝国憲法下においても内閣の成立直後に行われている例があり、次に述べる帝国議会における施政方針演説との関係は定かではない。ただ、必ずしも内閣の成立時期が議会の会期と関係ないものであったこともあり、中央集権体制を図っていた当時の我が国においては、この内閣による施政方針の訓示は、政府の方針を地方にまで周知徹底させる機能を果たしていたのではないかと思われる。

(2) 大日本帝国憲法下における取扱い

旧帝国憲法下における施政方針演説その他の国務大臣の演説については、「内閣総理大臣、外務大臣、大蔵大臣ハ毎会期ノ始ニ於テ施政ノ方針、外交ノ経過、財政計画ニ関スル演説ヲ為スヲ例トス」(29)とされていた。第一回帝国議会においては、明治二三年一二月五日の衆議院本会議で議長から「明六日午後一時内閣総理大臣、大蔵大臣ガ当院ニ出席サレテ演説ガアルト云フコト、是ハ只御注意迄ニ諸君ニ御報道申シマス」(30)との発言があり、翌六日の会議冒頭の「議員諸君ニ申シマス、本日ハ議事ニ掛ル前ニ、昨日御報道申シタ通リデ、国務大臣ノ演説申込ガアリマスカラ、此ノ段ヲ御報道致シマス、御静聴アランコトヲ」という議長の発言に続いて、山縣首相と松方大蔵大臣の演説が行われた。(31)初期の帝国議会においては、大臣の発言に対し議員から発言の許可を求め、議長においてこれを許可していたが、必ずしも大臣は議員からなされた質疑に応答していなかったようである。

第二〇回帝国議会以降、衆議院、貴族院の両院で国務大臣の演説が行われるようになったが（それ以前に貴族院で国務大臣の演説がされたのは、第一回、第七回、第九回及び第一五回の四回）、演説が同日に行われる場合は貴族院において先に演説が行われることが通例であったようである（例外は、第七八回、第八〇回、第八二回、第八三回及び第八五回帝国議会）。この点については、本会議を開会することとされていた時刻が、衆議院においては一三時であった（旧衆議院規則七五条）のに対し、貴族院においては一〇時であった（旧貴族院規則五七条）という事情もあるが、衆議院において先に行ったこともあり、また、同日のほぼ同時刻に衆議院本会議も開会していたが、貴族院での演説終了後に衆議院において演説を聴取した例（第三三回及び第三五回帝国議会）もあり、これだけではそのルールについては必ずしも定かでない[32]。

この演説の法的根拠については、大日本帝国憲法五四条において「国務大臣及政府委員ハ何時タリトモ各議院ニ出席シ及発言スルコトヲ得」と規定されていたことが指摘できる。

(3)　開院式勅語に対する奉答

また、帝国議会時代には、開院式に当たり天皇陛下より勅語を賜り、これに対し各院がそれぞれ勅語に対する奉答文を議決するのが例とされていた[33]。奉答について、第一回帝国議会の衆議院においては、文書による奉答の要否から議論されたが[34]、起立多数により奉答することとされた。奉答文については、初期の帝国議会においては各院とも、議長から奉答案が示され議決していたが、衆議院においては第二〇回帝国議会（日露戦争開戦直後の議会）において開院式勅語奉答文案審査委員会を設け[35]（第二一回帝国議会以降は開院式勅語奉答文案起草委員会）、それ以降は、委員指名後本会議を休憩し、同日中の本会議再開後に委員会の報告を受けて奉答文を議決している（貴族院においては委員会は設置されなかったようである）。

開院式勅語の内容は、その都度社会情勢等に応じて異なるものとなったこともあり、また、第一回帝国議会の山縣首相の施政方針演説の中で、「既ニ政府ノ執ル所ノ政策ニ於キマシテハ、先日開院ノ勅語ニ於キマシテ、其ノ大体ヲ明示致サレマシタ以上ニ、今更ニ本官ガ事々シク辯明致シマスル必要ヲ見マセヌデ御座リマス」と述べられていること等からすれば、表面的には、この開院式勅語とそれに対する奉答は、英国における女王演説とそれに対する奉答に対応するものであったと思われる。

(4) 「議事日程」との関係

帝国議会においては、「各議院ノ議長ハ議事日程ヲ定メテ之ヲ議院ニ報告ス」（旧議院法二六条）とされ、「議事日程掲載ノ順序ハ議長之ヲ定ム」[36]こととされていた。当初の帝国議会においては国務大臣の演説及びこれに対する質疑は議事日程に記載されず一日で完了していたが、第三五回帝国議会の大正三年一二月九日において、「一　国務大臣ノ演説ニ対スル質疑（前会ノ続）」として国務大臣の演説が最初に議事日程に記載された。これは、前日の八日の会議において多数の質疑通告があり容易に終了に至らず、動議により九日の議事日程の首位に記載されたものである。以後、この例により質疑が議事日程に記載されることがあったが、演説そのものとして議事日程に記載されたのは、帝国議会においては七例であり、第八八回帝国議会以降は現行と同じ「一　国務大臣ノ演説」として記載されていた（第八八回、第九〇回、第九一回及び第九二回帝国議会）[37]。

2　現行日本国憲法下での取扱い

(1)　現行の施政方針演説[38]

日本国憲法下における施政方針演説その他の国務大臣の演説については、「会期の始めに内閣総理大臣が施政方針に関して、外務大臣が外交に関して、財務大臣が財政に関して、経済財政政策担当大臣が経済に関して演説する。[39]」のが例とされている。このうち、内閣総理大臣の演説には、施政方針に関する演説と所信に関する演説があるが、常会においては施政方針に関して、特別会においては施政方針又は所信に関して、臨時会においては所信に関して演説するのが例である。[40]内閣総理大臣その他の国務大臣の演説は、前述のとおり、衆議院で先に行うのが例とされ、各議院において演説に続き質疑が行われることとなっている。

日本国憲法六三条は、「内閣総理大臣その他の国務大臣は、両議院の一に議席を有すると有しないとにかかはらず、何時でも議案について発言するため議院に出席することができる。又、答弁又は説明のため出席を求められたときは、出席しなければならない。」と規定する。同条における「議案」に国務大臣の演説は含まれていないが、先例として認められているとされる。この点については、「議案」の意義を「議院の会議におけるすべての議題」と解した上で、[41]「議題」に国務大臣の演説も含まれるとして、国務大臣の演説を憲法上の要請により行われているものである、と解する説もある。

また、国務大臣の演説に対する質疑の範囲は国務の全般にわたることができ、必ずしも演説をした国務大臣のみに限らず、他の国務大臣に対しても行うことができることとされている。[42]

なお、第一回国会においては、昭和二二年六月二八日に桜内義雄議員、中曽根康弘議員らから「内閣の施政発表方式に関する質問主意書」（第一回国会質問一号）が提出されている。同主意書は、国会の休会中に政府が経済緊急対策や新日本建設国民運動の要領等を発表し、財界や労組等の各界に協力を要請する等の措置を講じていることを受け、これを「率直に申して国会の立場を軽視するものではないか」とし、「国会開会当初における内閣総理大臣の施政方針演説は、従来の慣行であるが、今後はこのような形式を打破して刻々の施政方針をできるだけ多くの機会に、書面により又は、会合を利用して、国会全般に明瞭にされることを要望すると同時に、これについて内閣の所見を伺いたい。」というものであった。これに対し、同年七月四日に内閣より送付された答弁書においては、政府の措置について「休会中全国会議員の参集を得ることは困難であつたので、緊急止むを得」ないものであったとするとともに、「尚質問の趣旨には、政府も賛成であるので、今後とも政策の発表に当つては出き得る限りこの趣旨に副つて行く所存である」としている。

(2) 「議事日程」との関係

現行の国会においては、「各議院の議長は、議事日程を定め、予めこれを議院に報告する。」（国会法五五条一項）とされ、「議事日程記載の順序は、議長がこれを定める。」こととされている。記載順序については、「一　議院の構成に関するもの、二　内閣総理大臣の指名その他、三　国務大臣の演説及びこれに対する質疑、議案の趣旨の説明及びこれに対する質疑、四　議案、五　請願」の順とされている(43)。国務大臣の演説については、第一回国会の昭和二二年七月一日の片山首相の施政方針演説の際、議事日程として第九二回帝国議会の例を踏襲し「一　国務大臣の演説」と記載され、以降その例に従っている。なお、議事日程の記載に際しては、帝国議会以来の例により、案件自体が選挙関係及び議決対象となるものについては「第一」「第二」と番号を付すのに対し、議決対象とならないものについては「一」「二」と漢数字のみを付すこととなっており、国務大臣の演説や法律案の趣旨説明については、漢数字のみが付されている。

四　施政方針演説の一本化の論点

1　施政方針演説の取扱い

(1)　諸外国との比較からのアプローチ

施政方針演説の一本化の議論においては、二院制を採る諸外国において演説が一回であることが一本化を容認する立場からその根拠として主張されてきた。たしかに諸外国における議会に対する政府の演説において、二院制であっても演説が一回である国が多いのは事実であるが、なぜそうなっているのか、ということについては各国の政治機構やその歴史的経緯を抜きに考えることはできない。英国においても開会式における儀式は長年（パンフレットによれば五〇〇年以上）の伝統によるものであるし、英国の伝統に則っているカナダはもちろん、オーストラリアにおいては上院制度においてアメリカの制度を倣いつつも、総督の開会演説については英国の女王演説の伝統に則っている。

大統領制を採り、大統領が議会において発言することが基本的にない制度となっているアメリカについてはそもそも権力分立のシステムから異なり、一般教書演説についても、「一般教書演説の法的性質うんぬんよりも、一七八九年にワシントン大統領が最初の年頭教書演説を行って以来、ジェファーソン大統領以降の演説の中断を経てのウィルソン大統領による演説の復活、そして、テレビ中継により、一般教書演説が米国民ひいては全世界に向けたメッセージとなるに至った歴史的経緯こそが現在の一般教書演説の在り方を形作っていると言えるのではないだろうか。」とされ、「このような歴史的経緯を無視して、単に手続きの省略・簡素化のために「米国でもやっているから我が国でもできるのでは」という短絡的な議論は説得力を持たないのではないだろうか。」との指摘もされている。(44) この指摘は、アメリカとの比較のみにとどまらず、およそ諸外国の制度との比較について言えることと思われる。

そもそも、我が国同様に議院内閣制を採用しつつ、上下両院ともに国民から直接選挙され、ほぼ同質な組織となっている国自体が、世界的に見ればむしろ珍しいものと言える。この点では、イタリアが我が国と比較的似た制度を採用しており、参考とできる点があろう。ただし、イタリアにおいては、内閣の議会における信任についての憲法上の要請が我が国とは異なるし、近時、内閣に対する議会の信任投票を両院合同会議で行うようにする、という案が示されたことはあるが、この案が対等な二院制そのものに対する見直しの動きの中で憲法改正案という形で示されたものであることに注意が必要である。(45)

(2) 我が国における歴史的経緯からのアプローチ

帝国憲法下においては、制度として内閣は議会の信任を必要としておらず、施政方針演説も当時地方長官に対してなされていた訓示同様に、少なくともその初期においては政府の方針を公に表明するためのものと位置づけられていた、と解することが可能であろう。そうであるからこそ、初期の帝国議会において議員からなされた質疑内容に大臣が回答せず、あるいは説明のための出席要求を大臣が拒否するようなケースも存在しえたのであろう（帝国憲法下において政党内閣が実現していた時期においては、施政方針演説の位置づけもそれなりに違ってはいたであろうが、それがどの程度積極的に認識されていたかは定かではない。)。

その上で、現行日本国憲法下においての取扱いの変化の有無について言えば、議事日程としての取扱いにおいて帝国憲法時代の取扱いがそのまま継承されており、また、前述の第一回国会における「内閣の施政発表方式に関する質問主意書」においても、施政方針演説を「従来の慣行」としている。同質問主意書において指摘されている、政府が国会の休会中に施政の方針を発表し、財界や労組等の各界に協力を要請する等の措置からも、政府の施政方針の表明に対する当時の認識を推察することができるのではないかと思われる。

さらには、帝国憲法下の内閣は各国務大臣による単独輔弼制であり、首相も「同輩中の首席」にすぎなかったことから、行政の各分野についてそれぞれ担当する各国務大臣が議会において演説することにも意味があったと思われるが、現憲法においては首相に内閣の「首長」としての地位を認め、国務大臣の任免権を認めるとともに、「内閣を代表して議案を国会に提出し、一般国務及び外交関係について国会に報告し、並びに行政各部を指揮監督する」(日本国憲法七二条)権限が与えられている。そうであるならば、各行政分野について各国務大臣がそれぞれ演説する必要が現在の日本国憲法下においてどれほどあるのであろうか。前述のとおり、先例として演説をしていない国務大臣に対しても質疑ができるという取扱いがされている点からすれば、なおさらである。

以上の点からすると、我が国における現在の施政方針演説の取扱いは、第一回帝国議会から戦前戦後を通じて「先例」として受け継がれてきているものである、ということが指摘できるのではないか。

2　議事との関係

(1)「議事」の意義と現在の取扱い

二院制を採用する諸外国において政府演説が一回であるということのみをもって我が国における施政方針演説を一本化する理由とすることは説得力を欠く。同時に、歴史的に施政方針演説が「先例」として受け継がれてきたものであるとしても、帝国憲法下における施政方針演説そのままに現在の施政方針演説を位置づけることも適当ではなかろう。結局、議院内閣制の現行日本国憲法の下において施政方針演説の位置づけをどのようなものと考えるか、すなわち、議事として取り扱うべきものであるのか否か、ということを改めて考察する必要がある。日本国憲法五六条一項は、「両議院は、各々その総議員の三分の一以上の出席がなければ、議事を開き議決することができない。」と規定している。「議事」の意義については、議院における合意形成のためのプロセス全体を指すものと解されるが、本会議としての議事を両院合同で行うことは日本国憲法上認められていない。そして、従前の我が国の実務上の取扱いとして、施政方針演説及びこれに連続する質疑を一体として各院において議事と取り扱ってきたことは言うまでもないことであり、従前の議事としての取扱いを変更しない限り、施政方針演説を正式の議事として両院合同本会議の形式で行うことにはやはり憲法上疑義があるといわざるを得ない。

(2)　演説の取扱いの変更の可否

次に、施政方針演説を議事としては取り扱わない、とする取扱いの変更が可能か、ということが問題となる。施政方針演説について、これを内閣の行政運営あるいはその国会において政府が提出しようとする法律案や予算等の様々な施策の基本方針を国会に対し明らかにするものであって、議院内閣制の下で国会の信任により成り立っている内閣が議院に対して自らの施策を説明し、協力を求めるべく真摯に説得することは首相の権限であると同時に責務でもある、と位置づけるならば、当該演説及びこれに続く質疑を議事ではないものとし、何らの法的効果ももたない儀式とすることは困難、ということになろう。また、現実に施政方針演説の内容によって国会が混乱し、内閣不信任決議案が提出される可能性があることも、議事として取り扱うべきだ、という論拠として指摘できよう。(46)

一方、我が国の施政方針演説は、それ自体が信任評決の対象となるような性格のものとはされていない。したがって、憲法上各院が独立して行わなければならない「議事」の意義を狭く、院の意思決定に直結するような議決を要する案件に限るものであると考えるのであれば、施政方針演説はそのような意味における「議事」ではない、とすることも可能であろう。その上で、議会の果たすべき機能について、そのアリーナ的側面を強調し、施政方針演説を前述の棟居快行教授のように「国民に向けたメッセージ」として捉えるのであれば、議院にとっては「儀式」として行うことも可能、という結論も導きうることとなるのではないか。しかし、演説を単なる儀式として捉えるならば、もはや議事ではない以上、従来これと一体として行われてきた質疑の対象をどうするのか、という問題は生じる。

なお、今日、我が国においては、「国家の基本政策」について党首討論が行われている。これは衆参両院の国家基本政策委員会の合同審査会形式で行われているものであるが、モデルとした英国においては、党首討論（PMQ）は庶民院本会議において行われている。ここでは紙幅の関係もあるので触れられないが、国家の基本政策に関する首相と野党党首との間の質疑は、まさに議院の意思形成のプロセスの一環と位置づけることも可能であろう。(47)それを我が国においては委員会、しかもそれ自体は意思決定のできない合同審査会という形式で行っている。施政方針演説の位置づけに関する検討は、この点についても関連すると思われる。

(3) 議事の対象

議会は「言論の府」であり、議場における議論を通じて国家意思の形成を図るものである。そして、そのための議論は口頭によるものとされ、議院の会議においては書面の朗読さえ禁止されている（衆議院規則一三三条、参議院規則一〇三条）。したがって、施政方針演説について、単なる文書の配布をもって足りるとすることは、「言論の府としての国会の自殺行為[48]」とも評価されよう。そして、英国において、かつては両院で女王演説が改めて再読されていた、ということも、議会制においてこのような文脈で捉えることができる（であれば、庶民院において再読が止められた理由等についてはなお調査する必要があろう。）。なお、現在でも英国庶民院の議事録（Hansard）においては、議長からの女王演説についての報告の発言後、"*The Gracious Speech was as follows:*"として、女王演説の全文が記載されている。また、イタリアにおいては、演説を文書にして提出している議院においても首相自ら出席し、文書で提出した旨を報告している。イタリアについては、内閣の成立に当たって両院の信任が要求されている、ということもあるが、いずれの国においても、「単なる文書の提出」で終わらせているわけではない、ということになろうか。

振り返って、我が国に当てはめて考えるならば、諸外国において政府演説が少なくともその存立に信任を要する議院において行われている例が多い（ドイツ、フランス、イタリア等）ことからすれば、少なくとも衆議院においては行う必要がある、ということができよう。ただし、この点も日本国憲法上、内閣総理大臣の指名は、国会の、すなわち両院における一致した議決が原則（日本国憲法六七条一項）であること、日本国憲法六六条三項が「内閣は、行政権の行使について、国会に対し連帯して責任を負う。」と規定し、「衆議院に対し」という文言になっていないことを強調すれば、なお議論の余地があろう。

さらには、文書の提出のみでは議事の対象になりえないとしても、従前より重要事件や特に重要な年次報告等について、国務大臣が演説することで議事にしている例があることが指摘できる。(49) 当然、当該報告等の趣旨について演説されているのであるが、報告全体につき網羅的に発言しているわけではない。しかし、演説に続く質疑では報告されている事項全体について質疑されるのであり、また、前述のとおり国務大臣の演説に対する質疑も、演説自体にかかわらず国務の全般にわたることができ、必ずしも演説をした国務大臣のみに限らず、他の国務大臣に対しても行うことができるとされている。それが可能であるならば、施政方針演説について、儀式として両院合同で（あるいは議事として一院のみで）施政方針演説を行うとともに、「○○内閣の施政方針について」なる文書（演説原稿）が国会に提出され、首相が各議院（あるいは演説を行わなかった議院）の本会議においてその趣旨ないし概要について発言（又はイタリアのように、文書を提出した旨を報告）し、議題とすることは本当に不可能なのであろうか。この点については容易には結論が出せないようにも思われるが、二院制を採る我が国の議院内閣制の下において政府が議会に対し施政方針を表明することの意義等についてなお慎重な検討が必要であろう。

五　結　語

この問題に関する論点は多岐にわたるものである。特に、議会制民主主義の変質と今日的な議会の意義を絡めて考えたとき、伝統的な議論では整理しきれない問題を生起させる可能性がある。国会においても未だ結論は出ておらず、今後の議論の中でさらなる検討がされるものと思われる。なお、本文中意見にわたる部分は全て筆者の個人的見解であることを念のため申し添える。

（1）衆議院先例集（平成一五年版。以下同じ。）四八六号。
（2）平成一一年九月二八日　朝日新聞（朝刊）。
（3）平成一四年一二月一九日　毎日新聞（朝刊）。
（4）平成一四年一一月一六日　産経新聞（朝刊）。
（5）平成一四年一一月二三日　日本経済新聞（朝刊）。
（6）平成一四年一一月二九日　日本経済新聞（朝刊）。
（7）前掲（3）。
（8）平成一五年一二月一九日　日本経済新聞（朝刊）。
（9）平成一四年一二月二五日　朝日新聞（朝刊）。
（10）前掲（3）。
（11）平成一五年一月八日　日本経済新聞（朝刊）。
（12）平成一五年一月八日　毎日新聞（朝刊）。
（13）平成一五年一月九日　産経新聞（朝刊）。
（14）現在英国では貴族院改革が進行中であり、一九九九年貴族院法（House of Lords Act 1999）により、世襲貴族の貴族院議員としての資格を剥奪する（過渡的措置として、九二名については貴族院に残ることとされている。）等の措置が講ぜられている（水谷一博「英国における上院改革―現状と展望(1)〜(3)」『議会政治研究』五四号〜五六号（平成一二年）参照）。また、貴族院改革に関する両院合同委員会（Joint Committee on House of Lords Reform. http://www.parliament.uk/parliamentary_committees/joint_committee_on_house_of_lords_reform.cfm）においては選挙による貴族院議員の選出も検討されている。

(15)　斎藤憲司「英国」国立国会図書館調査及び立法調査局『調査資料』(平成一三年)三一頁以下、阿部照哉編『比較憲法入門』(有斐閣、平成六年)六三頁以下。
(16)　STATE OPENING　The Start of the Parliamentary Year, House of Lords, 2002.
(17)　HANDBOOK OF HOUSE of COMMONS PROCEDURE (THIRD EDITION) 2002, p. 42.
(18)　「勅諭(女王(国王)演説の意。引用者注)ノ式終レハ……各院ニ於テ其ノ議長再ビ勅諭ヲ朗読シ終リテ奉答ノ事ヲ議ス」(合川正道編『各国議院典例要略附録　英國ノ部』(明治二〇年)一六頁)や、「元首の演説に対しては沈黙していて、一切賛否の表現をしない習慣である。しかし、院に帰って二度目に議長が拝読する時は、政府党は賛成の意を表わし、反対党は攻撃の声をあげるのが例である。」(木下広居『イギリスの議会』(読売新聞社、昭和二九年)六三頁)、「下院では国王(女王)の演説と同一内容のものを下院議長が朗読することになつている……」(『衆議院各国議会制度調査視察派遣議員団報告書』(昭和三四年)一〇七頁)等の記述がある。
(19)　斎藤憲司「カナダ」前掲『調査資料』一三九頁以下。
(20)　オーストラリア大使館広報部『オーストラリアの選挙制度』(平成一三年)(http://www.australia.or.jp/seifu/-news/japanese_resources/pdf/election2001.pdf)、久保信保＝宮崎正壽『オーストラリアの政治と行政』(ぎょうせい、平成二年)一六頁以下。
(21)　大統領の一般教書演説については、大西健介「米国議会の大統領演説及び上下両院合同会議」『議会政治研究』第六五号(平成一五年)六頁以下。
(22)　LE SENAT ET LE CONTROLE DU GOUVERNEMENT (http://www.senat.fr/presentation/livre4/livre4.html).
(23)　国立国会図書館調査及び立法考査局調べ。
(24)　柏崎敏義「ドイツ」前掲『調査資料』五五頁以下。
(25)　山岡規雄「イタリア」前掲『調査資料』一一一頁以下。
(26)　明治二〇年一〇月六日　東京日日新聞。日本国政事典刊行会『日本国政事典1』(聯合出版社、昭和二八年)五一頁。

(27) 工藤武重『帝国議会史綱　明治篇』（有斐閣、明治四一年）二七頁。
(28) 前掲『日本国政事典1』四五一頁。
(29) 衆議院先例彙纂（昭和一七年版。以下同じ。）上巻　五九二号。
(30) 第一回帝国議会衆議院議事速記録（明治二三年一二月五日）二七頁。
(31) 第一回帝国議会衆議院議事速記録（明治二三年一二月六日）四一頁以下。
(32) 衆議院事務局議事部調べ。
(33) 衆議院先例彙纂下巻　一頁以下。
(34) 第一回帝国議会衆議院議事速記録（明治二三年一一月二九日）一頁以下。
(35) 第二〇回帝国議会衆議院議事速記録（明治三七年三月二〇日）一頁。
(36) 衆議院先例彙纂上巻　二〇四号。
(37) 衆議院事務局議事部調べ。
(38) 国会法規研究会「国会の活動の開始（一二）」『時の法令』一五三五号（平成八年）七五頁以下参照。
(39) 衆議院先例集　四八四号。参議院先例集（平成一〇年版）三五〇号参照。
(40) 衆議院先例集　四八四号。
(41) 宮澤俊義・芦部信喜補訂『全訂日本国憲法』（日本評論社、昭和五三年）四八四頁。
(42) 衆議院先例集　二五五号。
(43) 衆議院先例集　一九九号。
(44) 前掲（21）一二頁。
(45) 前掲（25）一三一頁。
(46) 島原勉「「衆参両院本会議」における総理演説は可能か」『議会政治研究』六五号（平成一五年）五頁。
(47) 大山礼子『比較議会政治論』（岩波書店、平成一五年）二五二頁においては、国会改革の提言として、「形骸化が進んでいる本会議の審議を再興し、委員会審査との役割分担を徹底すべきである。党首討論をはじめ、現在委員会で実施されている政府対野党の論戦は、本会議で行うのが常道である。」との提案もされている。

(48)　前掲(46)。

(49)　衆議院先例集　四八七号、四八八号。

国会審議の活性化と議員立法

行平克也

一　はじめに
二　議員立法のおかれている現状について
三　各党の議案提出の周辺
四　本会議趣旨説明要求と議案付託の変遷
五　国会審議活性化について
六　委員会審査とその活性化
七　おわりに

一　はじめに

上田先生の貴重な喜寿記念の論文集に寄稿する機会を与えていただき、この場を通じて喜寿のお祝いを申し上げるとともに、お礼を申しあげます。

私は、衆議院事務局において、委員会運営に携わるものの一人として、国会審議の活性化について各方面から提言もある中、議員立法のおかれている現状について、先例や過去の経緯も踏まえ検討し、今後の委員会審議の活性化について少し私見を述べさせていただきます（なお、事例等は平成一六年八月末時点のものです。）。

二　議員立法のおかれている現状について

議員立法は、国会の立法機能において、内閣提出法律案（以下「閣法」という。）とともに大変重要な役割を果たしてきております。その中にあって、議員立法をめぐる一番大きな転換点は、議員の議案提出権に一定の制約を加えたことであったと思われます。また、政権交代による細川連立内閣成立以降の与党案や野党案に見られる特徴・役割など議員立法のおかれているさまざまな現状について触れてみます。

1　提出の賛成者要件の導入

(1)　賛成者要件

昭和二二年の国会法制定後の議員立法をめぐる一番大きな転換点は、昭和三〇年の国会法第五六条改正により議員の議案提出権に賛成者要件を導入し、制限を加えたことでした。いわゆる「お土産法案」の制限です。鈴木隆夫衆議院事務次長（当時）は、この背景について「議員立法に関する自粛の面からの改正である。従来は、議員は、自分一人だけで賛成者がなくともいかなる議案でも発議できた。これが立法機関の構成員としては望ましいことである。しかし、余りに手続が簡易であると特殊のことのために利用または乱用されるおそれなしとしない。フィルバスター（議事妨害）に利用されることもあろうし、選挙区目当てのお土産議案とならないとも限らないというので自粛の一助として、議案を発議するには衆議院では議員二〇人以上、参議院では議員一〇人以上の賛成者を要することにした。なお、予算を伴う法律案を発議するには、衆議院では議員五〇人以上、参議院では議員二〇人以上の賛成者を要することに新たに規制された。これは、国の財政処理については、国会が最高議決権を持つとしても、第一次的には予算編成権を持つ内閣の国家財政の処理、調整に任すべきことは、議院内閣制を採る建前からいっても当然であり、また、政党の組織が発達した今日では、かような制限を付しても議員の発議権を侵したものとはいいがたく、むしろ、議事の能率の増進を図る上からも望ましいとされるに至ったものである。[1]」と指摘されている。一方この改正については「政府提出の法案を迅速に処理する必要が高まるにつれ、個々の議員の自由な立法活動は円滑な統治にとっての障害となった。更に、議員立法を用いて予算の増額修正を行い、利益誘導を行う悪弊が顕著になったこともこれに拍車をかけた。そこで、議員個人の自由な立法活動を抑止し、会派あるいは政党中心の議会運営へとルールが変化したのである。」とする指摘もあります[2]。

そして、この国会法改正の半年後の昭和三〇年秋には、左右社会党の合同による日本社会党の結成、保守合同による自由民主党の結成により、いわゆる「五五年体制」が生まれ、二大政党中心の議会運営となりました。このため、賛成者要件の導入の後も提出件数においては大幅な減少は見られず、議員個人の立法というより、政党が掲げる政策実現の手段として議員立法が用いられるようになりました。

(2) 予算を伴う法律案

この第五次国会法改正による発議権の制約に関する第五六条の「予算を伴う」法律案の立法趣旨は、政府の予算編成権を立法によって拘束することとならないよう、立法権と予算編成権との調整を図るとともに、お土産立法による財政の膨張を防ぐことにありました。この趣旨から「予算を伴う」法律案の場合は、内閣に対し意見を述べる機会を与えることとしました（国会法第五七条の三）。しかし、「予算を伴う」の解釈は、明確な規定がなかったことから、どのような法律案が「予算を伴う」ものかは事例の積み重ねを必要としました（衆議院委員会先例集平成一五年版（以下「委先例」という。）一〇五参照[3]）。

「予算を伴うもの」として取り扱われてきているものは、国の予算の歳出増・歳入減となるもので、主に次のようなものです。
●国の補助金支出の新設　●現行補助の範囲の拡大、補助率の引上げ、期間の延長　●予算補助を法律補助にする　●省庁等の新設　●予算措置のある時限立法の延長。
一方、「予算を伴わないもの」とされているのは、歳出減・歳入増となるものの他に次のようなものが「伴わないもの」として取り扱われてきています。
●当該年度予算に計上済のもの　●既定経費で賄えるもの　●施策目標、努力目標のもの　●国の直接的財政負担とならないもの。

(3)　小政党の提出権

衆議院で二〇人以上・参議院で一〇人以上の賛成者要件の導入は、小政党にとっては議案の提出権という政党としての政策実現の一つの手段がないこととなり、国会活動において非常に不利なものとなっています。更に、「予算を伴う」場合には、衆議院で五〇人以上・参議院で二〇人以上の賛成者が必要なことから、提出しようとしている議案が「予算を伴う」ものか否かも所属議員数が要件に足りない政党にとっては重要な問題となってきます。

例えば、最近の平成一二年六月の衆議院総選挙により、日本共産党は二〇名、社会民主党は一九名となり、党単独での議案提出権は得られませんでした。なおその時点で日本共産党は、参議院では「予算を伴う」ものを含め議案提出権がありましたから、これらは参議院で提出していましたが、一三年七月の参議院通常選挙で二〇名となり、「予算を伴う」法律案に関しては参議院でも提出権がなくなりました。また、社会民主党は、同参議院選挙で八名となり衆・参ともに党単独では、議案提出権がない状態となっています（要件緩和の提言五2表参照）。

なお、第二次橋本内閣発足の平成八年一〇月三一日の三党（自民・社民・さきがけ）政策合意事項の中に法律案について「議員提案の要件緩和等の検討を進める」ことが盛り込まれていましたが、具体的には進みませんでした。

2　与党提出案の特徴

次に、議員立法には、閣法にはない特徴が見受けられます。議員立法の分類について、国会が立法機関として果たしている役割りを六つに整理する考え方がありますが(4)、ここでは、与党案・野党案の観点から特徴を考えてみます。

与党は、そもそも議院内閣制の下で閣法として提出できる方途があることから、提出件数はあまり多くありません。

(平成六年の村山内閣以降一〇年間で衆議院議員提出法律案(以下「衆法」という。)の提出件数に占める与党案の比率は、二〇%にすぎませんが、成立した衆法の比率では、九二%とほぼ全てを占めています。なお、野党案の成立は後述3(2)参照)

与党提出案の特徴は、機動性、迅速性が必要な場合に多く用いられていることです。各省庁が法律案を提出する際には審議会に諮問し、その答申を得て提出する必要がある場合、通常半年から一年を要しています。議員立法の場合これを経ないで(答申抜きに)提出できることで、機動的に対応できることです。特に最近の経済の変化が激しさを増していることから経済界からの迅速な立法化を望まれるケースで、与党による議員立法が多くみられます。

例えば基本法の一つである商法は、必ず法制審議会の議論を経るのですが、この「商法改正」をめぐる立法化の例について見てみます。第一四〇回国会の「商法一部改正案」及び「株式の消却の手続に関する商法の特例に関する法律案」この二案は、自民・社会・さきがけの与党三党を中心に取りまとめられ、野党の一部も加わって平成九年四月三〇日に衆法として共同提出されたものです。主な内容は、ストック・オプション制度の整備、自己株式の消却手続の緩和を図ることでした。実はこの国会には閣法で「商法一部改正案」が同年三月七日に提出されていましたが、その内容は、会社の合併制度の整備を図ることでした（ストック・オプション制度の在り方等は、今年度に検討を行い来年度中の導入を目指すこととされていました）。しかし、バブル経済崩壊後の証券市場の活性化策・金融ビッグバンを控え経済界からは早期の導入が望まれていたものであったことから、議員立法で商法の改正とその特例法の制定が行われました。

更に、一年後の第一四二回国会に「株式消却手続に関する商法特例法改正案」が、自民党を中心に取りまとめられ、野党の一部も加わって平成一〇年三月九日に提出され、成立しました。主な内容は、公開会社について資本準備金をもって自己株式を取得し消却できるようにすることなどです（二年の時限立法）。更に、二年後の第一四七回国会に二年の時限立法を更に二年延長する法案が、自民党を中心に取りまとめられ、野党の一部も加わって平成一二年三月二一日に提出され、成立しました。

このように、与党による議員立法には、経済社会情勢の変化に時宜を得て対応することが求められる際に対応できる特徴があります。

また、ある地域に限定的なもの（離島振興法案、半島振興法案など）、複数の省庁にまたがる総合調整型の法案などがみられます。

3　野党提出案の特徴

野党提出案の主な特徴としては、次の点が上げられます。

(1) 政策を国民にアピールする手段

まず、野党には、与党と違い閣法という法案提出の方途がないことから、党の政策を国民に具体的にアピールする重要な手段となっています。

（平成六年の村山内閣以降一〇年間の野党の衆法提出件数は、三九四件、提出件数に占める比率は八〇％になりますが、成立したのは与党と共同修正したわずか四件です。）

この提出件数や比率が示すように議員立法に占める野党案の役割は大変に大きなものとなっています。しかし前述のように小政党には賛成者要件により議案提出の機会が与えられず、国会全体の果たすべき役割からは改善の必要があると思われます。

なお、委員会における野党提出案の取扱いは、与党が閣法の審査を優先することもあり、閣法に対する対案の場合を除き、提案理由の説明聴取に止まることが多く、実質の審査入りはあまり行われていません。仮に法案提出会派の野党委員から「野党案を議題とすべしとの動議」が提出されたとしても、出席委員の過半数の賛成が得られなければ、結局議題とはならず、審査には入れません。事実上、野党案の審査入りには多数を占める与党の合意が求められるのです。

(2) 閣法に対する対案

次に、閣法に対する対案として提出することにより与党との政策の違いを明らかにし、対決姿勢を鮮明にできることです。この場合の委員会審議では、質疑者（主に野党）は、閣法に対し所管大臣に、衆法に対し提出者に質疑することとなり、与党との政策の違いをより明らかにできることから、当然に審議は活発なものとなります。（なお、野党案が委員会で採決されたのは第四七回国会昭和三九年を最後に、第一一八回国会平成二年に至るまで二六年間ありませんでした。その後は、政権交代等もあり、第一六〇回国会平成一六年八月までの一四年間に六五件の野党案が採決されていますが、いずれも否決されています。）

なお、野党案が修正の上成立したきわめて珍しい例があります。第一四三回国会平成一〇年の金融安定化特別委員会においては、金融安定化に関する閣法とそれに関連した与党案が提出されていました。これに対して野党から閣法の対案として新たな金融安定化の枠組み法案が四件提出されました。銀行の破綻という金融不安もあり、法案の成立が急がれていたことから結局、閣法は審査未了扱いとし、閣法の対案関係にあった野党案四件が与党と野党の共同で修正議決され、成立しました。

(3)　閣法に対する修正案

閣法に対する対案として法律案を提出する方法ではなく、閣法の一部分の修正を求め「修正案」として提出する方法があります。特に野党にとっては、閣法に対して党としての政策を明確にする場合に有効な手段となっています。また、議案提出権を持たない小政党にとっては対案提出に代わる手段ともなり、とりわけ有効な手段となっています（なお後述二5参照）。

4 委員会提出法律案

議員立法という場合、議員発議の法律案の他に委員会が法律案を提出する方法があります。「委員会は、その所管に属する事項に関し、法律案を提出することができる」（国会法第五〇条の二）。委員会提出法律案は、賛成者要件はなく、委員会へ付託されることもなく、委員会において起草案の提出者から趣旨の説明を聴取し、通例は直ちに採決が行われます（委先例二一九）。「予算を伴う」場合は、内閣の意見を聴取しています（規則第四八条の二、委先例一〇三）。なお、衆議院提出の場合、参議院においては、委員会に付託され審査されますが、質疑が行われることはあまりなく、比較的早期に成立しています。これは、委員会提出法律案が、各党が事前に理事会等で十分に協議し、その一致をみたときに多く用いられていることによります。

また、立法府として迅速な対応を求められる場合にも委員会提出法律案は、有効な手段となっています。例えば、国会の立法不作為が問われたハンセン病判決に関連して、第一五一回国会平成一三年六月、本会議における「ハンセン病問題に関する決議」を受ける形で、患者救済策の「ハンセン病療養所入所者等に対する補償金の支給等に関する法律案（厚生労働委員長提出）」が提出されました。

（平成六年の村山内閣以降一〇年間の衆議院における委員会提出法律案の件数は、一三一件で、議員立法全体（衆法と委員会提出法律案）の提出件数に占める比率は二一%です。しかし、その成立件数に占める比率は七一%にも上ります。）議員立法で成立したものの約七割が委員会提出法律案ということになります。

5　委員会における修正案

広く議員立法を捉えるとき、法律案として提出されるものの他に法律案に対する「修正案」があります。修正案の提出は、賛成者要件の規定はなく（規則第四七条）、当該委員会の委員が修正の動議により提出します（なお、動議については「本来案を具えることを必要としないのが動議であるが、特に、修正の動議についてのみ案を具えることを要するものとしているのである……(5)」）。

修正の範囲については、特に規定はありませんが、先例では「議案修正の範囲は広範であって、字句を修正し、又は議案の内容を変更するのはもとより、議案を併合し又は題名を変更するのは全て修正の範囲内である」（委先例九八）としています。

●複数の議案を併合する修正

第一三二回国会の「自民・社会・さきがけ」共同提出の公職選挙法改正案（選挙の連座制強化）と「改革」提出の公職選挙法改正案（ほぼ同一内容）の併合修正

●題名の修正

第一三二回国会の沖縄北方特別委員会で衆法（新規立法）に対して原案の題名を修正する内容を含む修正案

●原案に対する全部修正

第一一三回国会の内閣委員会で閣法に対して野党から原案とは別の法案とする内容の全部修正案

修正案の提出時期は、規則に「議案を修正しようとする委員は、予め修正案を委員長に提出しなければならない」（規則第四七条第一項）と規定され、先例では「修正の動議は、討論に入るまでに提出する」（委先例九六）とされています。通例は質疑終局後に提出されますが、質疑中に提出され、原案とともに質疑されることもあります。なお、修正案が「予算を伴う」場合は、内閣の意見を聴取します（国会法第五七条の三、委先例一〇六）。委員会における修正案は、閣法、衆法などの議案に対し、野党から・与党から・与野党共同など様々なケースで提出されています。

与党にとっては、閣法に対し、閣法提出後の事情変更による与党の意向を反映させる場合、また、野党の意向を取り入れる場合の手段として用いられています。

（平成六年の村山内閣以降一〇年間において衆議院で、与党（野党との共同を含む）から閣法に対し修正案が提出され、閣法一〇九件が修正議決されています。修正率にして約八％と僅かなものに止まっています。）

一方、野党にとっては、閣法に対して党としての政策を明確にする場合に有効な手段となっています。

（平成六年の村山内閣以降一〇年間において衆議院で、野党から閣法一一八件に対し修正案が提出されています。しかし修正案提出率にして約九％とあまり多くはありません。）

三　各党の議案提出の周辺

国会審議活性化という観点からは、いくつかの制度的な問題が各方面から指摘されています。議案提出をめぐる主なものは、与党の事前審査、政党の機関承認、政党の党議拘束です。

1　与党の事前審査

(1)　与党の事前審査について

政権与党（自民党）の閣法に関するいわゆる「事前審査」は、党内の政務調査会の各関係部会・政務調査会審議会、党の意思決定機関である総務会において党議決定され、閣法の国会提出に党として了承を与えるものです。内閣は、それを受けて閣議決定し、国会に提出します。つまり、内閣は、与党の了承が得られなければ議案の提出ができない慣例になっています。

（自民党の事前審査は、昭和三七年二月、当時の赤城宗徳自民党総務会長が大平正芳内閣官房長官に法案提出の際は事前に党側に連絡するよう求め、その後慣例化したものです。）（平成一四、四、二四日本経済新聞）

(2)　自民党の国家戦略本部国家ビジョン策定委員会の小泉総理への報告

自民党の中において小泉総裁の意向もあり、新しい内閣と党の在り方など政治システム全体を見直す中で「事前審査」を変えていこうという提案もあります。

平成一四年三月一三日自民党小泉総裁直属機関の国家戦略本部国家ビジョン策定委員会は、「首相中心の内閣主導体制の構築」、「官僚主導の排除」、「族議員政治との決別」を主な内容とし、政策決定を内閣に一元化し、党側の事前審査の慣例を廃止することで立案過程の不透明性をなくすことをねらいとする提案をまとめ、総裁に提出しています。この中で、議案に関連した注目すべき次の提案があります。

●内閣は、国会に案件を提出する際、党の事前承認を条件としない。党は、国会提出案件につき事前に審議し、国民の身近にいる立場からその幅広いニーズを内閣に伝える。
●党は、その存立にかかる案件や、選挙で公約した範囲で、内閣提出案件につき党議拘束をかける。但し、総務会において特に必要を認めた案件については例外とする。
●首相は、(新設する) 政策調整大臣を任命し、同大臣は党の政務調査会長を兼任する。また、副大臣・政務官が党の部会・政務調査会の役職を兼任する。

更に、提案の中には、「通常国会の会期を延長し、実質的な通年国会を実現するとともに、会期不継続の原則を廃止する」とし、閣法について政権与党の事前審査がないことを前提にした場合、国会での長い審議時間の確保が必要となることも想定しています。しかし、「国家ビジョン策定委員会の提案」は、自民党の正式な決定とはなっていません。

(3) 国会審議における影響

与党は、閣法については、党内における事前審査において十分に検討していることから委員会での質疑を遠慮する傾向にあり、与党の質疑時間は自ずと少ないものとなり、法案全体での総質疑時間はその分短いものとなります。これは、国会全体から見れば、通過機関化し、審議の形骸化との批判にも繋がってしまいます。仮に、与党の事前審査がなくなれば、国会での与党による質疑は、自ずと活発なものとなり、与党による議案の修正が増えることは十分予想されます。

(4)　郵政関連法案

与党による事前審査の了承がないまま閣法として「日本郵政公社法案」、「民間事業者による信書の送達法案」が提出されたのは、小泉総理の強い意向によるものでした。第一五四回国会平成一四年四月二六日、自民党政務調査会の総務部会は、本案の内容（国が独占している郵便事業に民間参入を認める等）を了承せず、引き続き党内論議を続けることを条件に小泉内閣がこの法律案を「提出」することは了承しました。その後の総務会でも前例としないことを申し合わせ「提出」を了承しました。

国会審議では、本会議において、総務大臣の趣旨説明が行われ、これに対して与党を含め全党の質疑の後、総務委員会に付託になりました。総務委員会においては、結局、内閣と政権与党とがお互いに妥協した形となり「日本郵政公社法案」は、与党三党から修正案（主な内容は、①郵便局網の現状維持を明記、②公社が子会社への出資を可能とする、③公社の国庫納付金の軽減の三項目）が提出され、修正議決されました。「民間事業者による信書の送達法案」は、「信書」の定義について総務大臣が答弁の中で自民党の考え方に添って明確にすることで原案のまま可決されました。

これらの背景には、閣法提出後も自民党内において引き続き検討が行われ、修正事項及び「信書」の定義について総務会において了承され、最終的には、委員会における閣法の採決前に、内容的にも形式的にも党として機関決定されました。

「与党の事前審査」の結論を得る前に「事前の党議拘束の決定なく」して提出された初めてのケースでしたが、委員会審査を進める中で並行して与党内の「審査」が行われたため、委員会における与党の質疑時間は、他の閣法質疑より多くなり審議は活発なものとなりました。

なお、「与党の事前審査なし」により立案過程の透明性が図られたかというと、修正内容の立案過程が委員会における質疑の中ではなく、多くが与党内での党内論議となっていたことから、透明性はあまり図られたとは言えないものでした。

2　政党の機関承認

政党の機関承認については、国会法には特に規定はありません。しかし、各政党は、議案に対し提出の段階で各政党の執行部による機関承認を義務づけているのがほとんどです。従って、数人の議員で「議案」を立案し、必要な賛成者を確保できても直ちに議長に対し提出することはできないことになっています。これは、議案の内容と党の政策との整合性・調整を図るものからと思われます。この取扱いにはそれぞれの党内事情がありますが、ほぼ各党に共通しています。

すでに、第六六回国会昭和四六年七月二四日の議院運営委員会において「日中国交正常化に関する決議案」の提出をめぐり、自民党は、党内コンセンサスが得られなかったとして本会議上程を見送った経緯があり、議案提出における政党の機関承認は、「確立された慣例」との認識を示しています。(6)

また、第一五三回国会平成一三年一二月に民主党の一部の議員から「機関承認なしに議案を提出できる旨を国会法第五六条に明記した『国会法改正案』が提出されようとしました」(平成一三年一二月四日朝日新聞)。しかし、党内事情(機関承認が得られない)があり、結局正式提出にはなりませんでした。

仮に、政党が各議員に機関承認なしで議案の提出を認めるならば、個々の議員の立案への動きは活性化し、現在より提出件数は増えると思われます。しかし、一つの政党から異なった考えの複数の議案が提出されることも予想されます。また、政党と所属議員の政策の違いをどこの範囲まで認めるかという問題も生じます。特に議院内閣制の下での政権与党にとっては、政策に矛盾を含むものとなってしまいます。

このように議案提出に関する政党の機関承認は、党議拘束とも関連しますが政党政治の在り方の見直しに繋がる難しい問題です（なお五2表　土井議長研究会提言参照）。

3　政党の党議拘束

党議拘束とは、議案について、各政党が、党内において賛否の態度を機関決定すると、全員に同じ態度表明を求めるものです。議案に対する表決権は議員個々人に認められているものですが、議院内閣制の下では、与党は政権維持の観点から閣法に対して一致して、党議拘束をかけて行動をとる必要があります。一方野党においても政権与党に対抗する観点からは、党内の一致が必要であり党議拘束をかけることが有効となります。

議員が、表決権の行使において、党議拘束に反した態度表明は、俗に「造反」とも言われますが、特に、内閣不信任決議案における与党の造反の場合には、衆議院の解散にもつながる重要な態度表明となります。昭和三〇年以降で、内閣不信任決議案が可決されたのは、二回あり、いずれも与党の大量欠席など党議拘束に反するものでした。第九一回国会昭和五五年五月一六日に大平内閣不信任決議案が可決された際には、一九日に解散となり、また、第一二六回国会平成五年六月一八日に宮澤内閣不信任決議案が可決された際には、同日解散となりました。

なお、議員立法において、しかも議員個人の良心、信条や倫理観に関わる政策に限定したものの場合、各党が党議拘束を外したことがあります。

その例として上げられるのは、まず、第一四〇回国会における「臓器移植法案」です。共産党を除く全ての会派が党議拘束を外すこととしたことから、予備審査機関である委員会での採決は行わないこととなり、平成九年四月二二日の本会議で厚生委員長の「中間報告」（国会法第五六の三、委先例二六七、二七〇）を求め、更に二四日の本会議で「委員会から本会議に移し議題とし審議を進める」動議により、金田誠一君外五名提出の「臓器移植法案」と、中山太郎君外一三名提出の「臓器移植法案」を議題とし採決しました。記名採決の結果「金田案」は否決、「中山案」は可決されました。

また、第一四二回国会平成一〇年の「サッカーくじ関連三法案」（議員立法）は、自民党・自由党・共産党は党議拘束があり、他の野党は党議拘束を外しましたが、五月八日文教委員会において採決（可決）されました。一二日の本会議においては記名採決で可決されました（なお五2表参照）。

四　本会議趣旨説明要求と議案付託の変遷

議員立法や閣法など議案審査の重要な部分となっている本会議趣旨説明要求制度について、国会審議活性化とも深く関わることからその趣旨説明要求と議案付託の経緯について触れてみます。

昭和二二年の新国会では、委員会中心主義となり帝国議会の読会制度が廃止され、本会議における議案の趣旨弁明がなくなりました。

第一回国会では、重要な議案について、動議により又は自由討議でその趣旨説明聴取が行われました。

第二回国会の会期終了日（昭和二三年七月五日）に国会法改正案が成立し、第五六条の二が追加され現行の趣旨説明の規定「各議院に発議又は提出された議案につき、議院運営委員会が特にその必要を認めた場合は、議院の会議において、その議案の趣旨の説明を聴取することができる。」が設けられました。

第三回国会では、「国家公務員法改正案」が、提出と同時に委員会に付託され、その翌日に趣旨説明が行われました。

第五回（特別）国会では、労働組合法案、労働関係調整法改正案が提出されるに先立ち、昭和二四年四月二六日の議院運営委員会で社会党から「労働関係法規の改正と定員法は、いきなり委員会にもってゆかないで、本会議で一応質疑をしてから付託するようにせられたい。」旨の要望がありました。翌二七日の議院運営委員会でも社会党から「重要なものは本会議で趣旨説明をして、各党が質疑をしてから委員会に付託をするのが、国民に対して親切な国会のやり方である。」旨の意見があり、民主自由党からは「旧憲法下の読会制度と異なり、常任委員会中心に審議をしてゆく形に改められている、議会運営の方式が根本的に変わってきておる」等の発言があり、協議の結果、労働組合法案が提出されたら直ちに本会議で趣旨説明を聴くことに決定しました(7)。

（法案は、翌四月二八日に提出され、二日後の四月三〇日本会議で趣旨説明・質疑があり委員会に付託されました。）

第一三回国会から第一六回国会では、いずれも議案が委員会に付託された後、本会議で趣旨説明を聴いていました。

第一九回国会、昭和二九年二月一〇日の議院運営委員会で改進党、社会党（右）から「最近の国会対策委員長会談・幹事長会談等で、重要法案については、なるべく本会議で趣旨説明をし、一応の質疑をした後委員会に付託するとの申合せがなされている。どれを本会議にかけたいか各党から出し合って国対委員長会談でまとめてもらえば、各党との連絡もいいし、手続上も齟齬なく行く」等の発言があり、菅家委員長は「既に委員会に付託しているものを更に本会議でやることはどうか。内閣から提出された件名調べを各党持帰り、これが重要だから本会議にかけたいという希望のあるものを出して国対委員長会談にかけ、それがまとまれば、議運委員会にかけることになる」旨を発言しています。(8) この国会では、いずれも本会議において趣旨説明を聴いた後に委員会に付託されました。

(昭和三〇年一〇月一四日「日本社会党」結成、翌月一一月一五日「自由民主党」結成)

第二四回国会、昭和三一年一月三一日の議院運営委員会で社会党から「わが党の方では、前国会以来、重要法案に関しましては全議員にその法案の趣旨を十分理解さして、それぞれこれに対する態度を決定する上からも、ぜひ一つこれを本会議において所管大臣から提案理由の説明を願う」旨の要望に対し、自民党から「重要法案は、まず本会議で説明してから委員会に回すことは特に重要なものは過去においてもあり、今国会においても特に重要なものは賛成だ。ただ、どれが重要であるかは、両党でよく話合いの上……」旨の発言がありました。(9)

第三〇回国会、昭和三三年一〇月八日「警察官職務執行法一部改正案(閣法)」が提出され、自民党は「本会議で趣旨説明を聴いた後に付託するが社会党が審議を拒否するなら、直ちに付託すべきである」としました。社会党は「同案の提出手続きに重大な疑義があるとして撤回」を主張し話合いがつかず、星島二郎議長は一〇月一一日地方行政委員会に付託しました。その後、地方行政委員会は開会をめぐり混乱し、一〇月一五日の議長あっせんにより議長は付託を取戻し、一七日の本会議で社会党提出の撤回要求決議案を否決した後、趣旨説明・質疑を行い、委員会に付託しました。

第五八回国会、昭和四三年三月二七日、自民党の各委員長一七名が連名で石井光次郎議長に対し、法律案の委員会への速やかな付託を申入れました。また、四月一八日の議院運営委員会で「内閣提出の重要法案が趣旨説明要求が付された場合、提出後一ヶ月以上たっても付託されないこと等について議論されています。この中で自民党は「国民生活に多くの影響を与える法案が内閣から提出されているにもかかわらず、宙ぶらりんになって、委員会の審議が行われていないということは、国会として、衆議院として国民に対してその責任を果たしていないことになると思うが」と、議案の付託に対する議長の考えを聞いています。石井議長は「発議又は提出されました議案は、速やかに付託して一日も早く委員会の審議が進められることが、国会法のたてまえからいっても、望ましいことであることはもちろんである。……会期半ばまでも多くの法案が付託されないというようなことになっておることは非常に問題ではないかと心配している。……いろいろ時間の関係の制約等もありましょうから重要法案中の重要法案に趣旨説明をしぼって、一応委員会に回すというようなことにお話合いをしていただきたい。」旨を示されています。また、自民党は「特に政府が提出し、あるいは議員立法で提出した法案がそのまま、議論されずに、議運の段階においてあたためられておるということは、与野党意見が分かれておるということでありましても、非常に残念に思う。徹底的に委員会において議論してもらいたいということが強い要望である。」旨述べています。(10)

第一二六回国会、平成五年六月一五日の議院運営委員会で、議案の趣旨説明と付託の問題について、趣旨説明のあり方、趣旨説明のルール化等について各党から発言があった後、次の「趣旨説明に関する申合せ」が行われました。

「委員会中心主義の下では、提出された議案は、直ちに委員会に付託されるのが原則である。趣旨説明は、重要な議案について議院運営委員会が特に必要と認めた場合、本会議においてその趣旨の説明を行い、当該委員以外に対しても、その趣旨及び内容を明らかにする制度である。

国会改革の一環として、議院運営委員会がこの制度を運用するに当たっては、審議の充実を図るという認識に立ち、その本旨に則った円滑な運営を目指すこととする。[11]」

しかし、第一二六回国会はその三日後に解散され、総選挙後の細川内閣時代に野党は、全ての閣法に趣旨説明要求を付しました。その後政権交代がありましたが、その後の野党はこれに倣い、全ての閣法に要求を付すこととなり法案の重要性というよりは、法案の付託を止める手段としてもっぱらこの趣旨説明要求制度が使われるようになりました。

このように、長い間の経緯があり本会議趣旨説明要求が付された場合、議院運営委員会において、その取扱いの結論が出るまでは委員会に付託されない、委員会は審議に入れないとの扱いが慣例化となりました（なお、「重要広範議案」について**五1**⑤参照）。

閣法・衆法を問わず法律案が提出されてから委員会に付託になるまで、かなりの日数を要しているのが現状です。会期制度との関連もあり委員会における十分な審議時間の確保・審議の活性化という点からは、大変重要な問題となっています。こうしたことから、後述するように各種の国会活性化の提言などの中で、趣旨説明要求制度の運用の在り方に関し問題提起がなされています（**五2**表参照）。

なお、昭和二二年六月二八日議決制定の衆議院規則第三一条には「議案が発議又は提出されたときは、議長は、その配付とともにこれを適当の常任委員会に付託する」とあり、第二回国会の国会法改正時においてもこの規則は改正がなかったこと、委員会付託後に趣旨説明を聴取していることからも、委員会付託の要件は、議案の配付のみであり、趣旨説明が付託の要件でないことは明らかです。

五　国会審議活性化について

1　国会審議活性化法案

政治改革に関連して国会改革の点から、第一四五回国会平成一一年七月一三日の議院運営委員会において「国会審議の活性化及び政治主導の政策決定システムの確立に関する法律案」（以下「活性化法」という。）が委員会提出法律案として提出され、成立しました。

この法案の趣旨は「国会における審議を活性化するとともに、国の行政機関における政治主導の政策決定システムを確立するため」というもので、主な内容は、副大臣・大臣政務官制度の導入、政府委員制度の廃止、政府参考人制度の導入、党首討論の導入など次のようなものでした[12]。

(1)　政務次官制度を廃止し、副大臣・大臣政務官制度の導入

●行政においては、廃止された政務次官が「大臣を助け、政策及び企画に参画し、」（国家行政組織法第一七条）とスタッフであったのに対し、新たな副大臣は「大臣の命を受け、政策及び企画をつかさどり、」（活性化法第八条）とラインとしての職務を遂行するもの[13]に変わり、行政機関における副大臣の権限は大きなものとなりました。なお、大臣政務官は、従来の政務次官の位置づけとなりました。また、その就任する人数も副大臣・大臣政務官を合わせて、従来の政務次官の約五割増の四八人としました。行政に関する政治主導がねらいでしたから、副大

臣・大臣政務官には全て国会議員が就任しています。

●国会においては、廃止された政務次官は政府委員として任命され「大臣を補佐する」立場でしたが、新たな副大臣・大臣政務官も「大臣を補佐する」（国会法六九条）ことから形式的には変わりませんでした。なお、副大臣に関しては、行政機関での権限強化により、実質的には「発言」が重いものとなりました。

(2) 政府委員制度の廃止

廃止された政府委員制度は、改正前の国会法第六九条に「内閣は、国会において国務大臣を補佐するため、両議院の議長の承認を得て政府委員を任命することができる。」と規定され、毎会期の始めに各省庁の政務次官と局長クラスが二百名から三百名ほど任命されていました。政府委員である官僚の答弁が「大臣を補佐する」ものであったにもかかわらず、「大臣に代わって」答弁するような場合がしばしば見受けられ、野党からも大臣の答弁を求める場合が多くありました。

この政府委員制度を廃止し、新たに副大臣・大臣政務官が国務大臣を補佐する制度が導入されました（国会法第六九条）。今回の改正の趣旨は、国会における議論を官僚主導による答弁を排除し、政治家同士が行うことにありました。特に、新たに規則第四五条の二に「委員会が審査又は調査を行うときは、政府に対する委員の質疑は、国務大臣……又は副大臣……若しくは大臣政務官に対して行う」と規定され、委員会における委員の「質疑」の在り方が特に設けられました。

なお、従来、政府委員に任命されていた人事院総裁・内閣法制局長官・公正取引委員会委員長・公害等調整委員会委員長の四人は「政府特別補佐人」（国会法第六九条）として両院議長の承認を得て、「大臣を補佐する」ため引き続き国会へ出席することができることとされました。

(3)　政府参考人制度の導入

政府委員制度が廃止されたことに伴い、規則第四五条の三に「委員会は、……行政に関する細目的又は技術的事項について審査又は調査を行う場合において、必要があると認めるときは、政府参考人の出頭を求め、その説明を聴く。」と規定され、各省庁の局長クラスの政府職員が国会において発言する制度として「政府参考人」制度が導入されました。

従来、政府職員は、政府委員に任命され「大臣を補佐する」立場から出席権及び義務（改正前の国会法第七〇条、第七一条）を有していましたが、新たな「政府参考人」は、質疑者の要求があり、委員会から説明を求められた時のみの出席義務となりました。また、発言の範囲についても規則第四五条の三に「行政に関する細目的又は技術的事項について……その説明を聴く」と規定され、一定の制約が設けられました。

(4)　党首討論の導入

総理対野党党首の討論は、衆参両院の常任委員会に国家基本政策委員会を設け、衆参両院国家基本政策委員会合同審査会の場で「内閣総理大臣と野党の代表が国家の基本的な政策について一対一で議論を行う場を、ディベートする場を設け……」（前掲、注（13））行うというものでした。また、その運用については、平成一二年一月一九日衆・参の与野党国対委員長会談による申合せ[14]が行われました。それによると、党首討論は、「毎週一回四〇分間、水曜午後三時より行う」とされました。しかし、他の項目で「各院の本会議、予算委員会及び重要広範議案の委員会に総理が出席する週には、国家基本政策委員会は開催しない」とされたことから、この党首討論の開会は、通常国会においても数回と僅かなものとなってしまっています。なお、このため野党は、この運用の見直しを求めていましたが、第一五六回国会の平成一五年一月二三日の国家基本政策委員会両院合同幹事会において、討論時間について五分長くして「四五分間」とするなどの一部見直しが行われました。

(5) 重要広範議案

議案の本会議趣旨説明・質疑の際の総理の出席答弁について、従来は、全ての議案の趣旨説明に総理が答弁者として出席していましたが、第一四六回国会から党首討論の制度導入に伴い、議院運営委員会が決定した「重要広範議案」についてのみ、総理が出席答弁することとなりました[15]。なおこの場合は、議案が付託された委員会においても、総理が出席答弁する機会が持たれることとなっています。

2 各種活性化策の提言の比較

国会における審議活性化の観点から、各方面からなされている各種「提言」の中で特に議案の取扱い及び委員会審査の在り方に関係する項目について比較しながら問題の所在を考えてみます。

(1) 土井たか子議長・鯨岡兵輔副議長の研究会提言

正副議長の私的研究会から国会審議活性化策が二回にわたり提言されています。最初の提言は、平成六年六月三

◎国会審議活性化に関する各種提言比較

項目＼提言	土井・鯨岡　正副議長 （国会改革への一つの提言）（議員立法の活性化の提言）	綿貫議長 （衆議院改革調査会答申）	二十一世紀臨調
国会運営	・常任委員長会議（正副議長・常任委員長で構成）を活用し、機動的かつ円滑な国会運営に資する協議を定期的に行う	・国会の運営は議院の公式機関が行う。国対を排除し、議運等での議論の過程を明らかにする	
委員会運営	・委員会定例日の見直し ・議員立法について、起草小委員会の活用、自由討議時間の確保等、委員会運営の在り方の見直し ・予算委員会等委員会審議で、適切な質疑時間の確保等、審査の実質化、計画化、能率化を図る ・議員立法について、特定曜日審議の慣例確立 ・議員立法・閣法とも議員同士の自由な討議の段階を設ける	・予算委員会の議論は、予算に即したものとする ・予算に関係ないスキャンダル等は、別途質疑の機会と場所を設けるべき	・逐条審議を導入し、審議拒否より議論参加が野党最大の抵抗手段となりうる新しい審議の在り方を確立する
本会議趣旨説明制度	・議案の委員会への早期付託 ・議員提出法案の趣旨を早期に全議員に周知するため「要旨」の配布	・制度本来の姿に戻す ・各党からの要求を厳正化すべき ・議運委員会での取扱いを厳正化すべき	
法律案の提出要件	・国会法第五六条を改正し、賛成者要件の緩和（例えば一〇人、予算を伴うもの二〇人）		
与党の事前審査		・閣法の与党の事前審査を政府原案決定後に行う	・閣法の与党の事前審査・承認慣行を廃止する
各党の機関承認 各党の党議拘束	・議員立法の提出手続のこれまでの慣行及び取扱いの簡素化 ・党の機関決定を議員立法提出必要条件としない ・党議拘束の緩和を各党において見直す	・各党の党議拘束を緩和する	・法案提出前の「事前」の党議拘束を自粛し、表決時の態度を統一するためのものとする
会期関係		・会期を長期化する	・事実上の通年国会化 ・会期不継続の原則を廃止

日「国会改革への一つの提言」です[16]。二回目の提言は、平成八年六月一四日「議員立法の活性化に関する一つの提言」です[17]。

(2) 綿貫民輔議長――「衆議院改革に関する調査会」の答申

綿貫議長の私的諮問機関「衆議院改革に関する調査会」(瀬島龍三会長) から平成一三年一一月一九日「衆議院改革に関する調査会答申」が出されています[18]。

(3) 二十一世紀臨調の提言

経済界、労働界、学識経験者、ジャーナリストなど各界の有識者で構成する「新しい日本をつくる国民会議」から平成一三年一一月八日「首相主導を支える政治構造改革に関する提言～与党審査の見直しと内閣、政党、国会の再構築～」が出されています。

これらの提言の中から議案の取扱いに関連して指摘されている事項を比較すると前掲の「国会審議活性化に関する各種提言比較」表のようになり、改めるべきとされている事項は、国会運営・委員会運営・本会議趣旨説明制度・法律案の提出要件・与党の事前審査・各党の機関承認及び党議拘束などかなりの部分で重複しており、問題の所在は明らかになりつつあります。

六　委員会審査とその活性化

委員会審査の活性化については、国会改革の観点から取組まれてきております。これら各種の提言などを踏まえ、法律案の審査段階ごとに活性化について私見を少しまとめてみます。

1　法律案の提出に至るまで

⑴　賛成者要件の緩和について

手続…国会法の改正が必要。

利点…少人数政党の議案提出権が確保でき、議員立法の提出件数の増加に繋がる。

難点…「お土産法案」の復活に繋がらないか。

⑵　政党の機関承認の廃止について

手続…各政党の党内手続の見直しで実現可能。

利点…議員個々人の立案機会が増え、議員立法の提出件数の増加に繋がる。

超党派による議案提出の機会が増える。

また、閣法に対する与党の事前審査の廃止（採決時の党議決定）という観点からは、立案過程の透明性の確保が高まる。

難点…与党・野党とも政党の主体性確保が難しくなる。

2 提出後から委員会付託まで

本会議趣旨説明要求制度の見直しについてです。

提出された議案に本会議趣旨説明要求が付された場合、議案が委員会に付託されないという扱いの慣例は、四で述べたように長い経緯があり、その変更は難しいものがあると思われます。しかし、綿貫議長の研究会報告[19]にもあるように「各党が真に趣旨説明を聴取したいものに限り、その要求をするように改めるべきである」ことになれば、多くの議案が提出後直ちに委員会に付託されるようになることから、委員会は、早い段階から主体的に議案審査に取組むことができるようになります。充実した議案審査という観点からは、かなりの改善が見込まれます（それには、議案をめぐる行政府による十分な事前の情報開示が前提となります。）。

3 委員会審査の段階

(1) 議員同士の議論について

議案審査の段階において、最も中心をなす質疑は「議題についてその疑義を質すものであるから、議題となっている議案の提出者に対してなされる[20]」ものです。委員は、議題について、自由に質疑し及び意見を述べることができる（規則第四五条第一項）。ただし、議題外にわたることはできない（委先例六二）ことになっています。

委員会では、閣法の審査が中心となっていますが、政府委員制度が廃止され、議員が行う質疑に対する答弁が議員である大臣・副大臣・大臣政務官が行うこととなったことにより議員同士の議論となりつつあります。しかし、政府参考人制度の運用によっては、元の政府委員制度と変わらない恐れもあります。

一方、議員立法における各種の制約が緩和・撤廃されることになれば、提出件数が増え議員同士の議論の機会が増えることになります。

⑵　議員立法審査日の定例化について

委員会審査では、野党案は「提出」までにとどまり、実質的な審査入りがほとんどなされていない点をどのように考えるかにあります。議員立法審査日の定例化は、閣法審査日の削減に繋がることから、与党としての対応によることになります。

4　採決の段階

党議拘束の緩和についてです。

各政党が議案の提出時ではなく委員会審査を通じた結果として議案の採決にあたり「党議拘束」を付すことになれば委員会審査の段階では、より委員の質疑の自由度が増し、充実したものとなると思われます。

七　おわりに

国会は、本会議も委員会も国会法・規則により運営されるのが原則です。一方、この他に「先例」、「慣例」、「各政党間の申合せ」など長い間に様々な取扱いの「きまり」ができ、その中で与野党の協議により運営されてきました。

しかし、これらの「きまり」は、主に「五五年体制」のときに出来上がったものであったため、政権交代による細川連立内閣の成立以降、このような国会を取巻く政治情勢の大きな変化もあり、かなりの見直しが必要となりました。そこで、様々な方面から国会改革・審議の活性化策など、議員立法を含め多数の各種提言がなされてきました。

立法府の果たすべき役割は益々重要になってきております。活性化策は出そろっており、与野党による協議により、いかにして充実した委員会審議を実現するかが求められています。

(1) 衆議院事務次長鈴木隆夫「時の法令」第一六二号一三頁。
(2) 山口二郎「議会改革の基本的視点」中村睦男編『議員立法の研究』(信山社、平成五年)四八頁。
(3) 衆議院委員会先例集平成一五年版一〇五「議員の発議にかかる予算を伴う法律案について、内閣の意見を聞く」掲載の事例。
(4) 加藤幸嗣「立法機関としての国会の役割と議員立法の将来」中村睦男編『議員立法の研究』(信山社、平成五年)五四二頁以下。
(5) 鈴木隆夫著『国会運営の理論』(聯合出版社、昭和二八年)二〇七頁。
(6) 第六六回議院運営委員会議録第四号三頁以下。
(7) 第五回国会議院運営委員会議録第二五号、二六号。
(8) 第一九回国会議院運営委員会議録第一一号。
(9) 第二四回国会議院運営委員会議録第七号。
(10) 第五八回国会議院運営委員会議録第二一号。
(11) 第一二六回国会議院運営委員会議録第三四号。
(12) 第一四五回国会、議院運営委員会国会法改正小委員会議録第三号七頁以下、同第四号四頁以下、同第五号、同第六号、同議院運営委員会議録第四五号。
(13) 同小委員会議録第三号七頁。

(14) 平成一二年一月一九日衆・参の与野党国対委員長会談「国家基本政策委員会等の運用等、国会審議のあり方に関する申合せ」。
(15) 平成一一年九月一七日、衆・参の与野党国対委員長会談「政府委員制度の廃止及び副大臣等の設置に伴う国会審議の在り方に関する申合せ」。
(16) 「衆議院の動き」衆議院事務局第三号四〇八頁収載。
(17) 「衆議院の動き」衆議院事務局第四号三四八頁収載。
(18) 「衆議院の動き」衆議院事務局第九号四六五頁収載。
(19) 前掲、「衆議院の動き」第九号四七三頁。
(20) 前掲、鈴木『国会運営の理論』一八九頁。

紛糾案件審議の本会議

駒崎　義弘

一　与野党対決議案の審議

1　多数決の原理

民主主義は、多数決の原理と少数意見の尊重で成り立つ。日本国憲法は第五六条で「両議院の議事は、この憲法に特別の定のある場合を除いては、出席議員の過半数でこれを決し、可否同数のときは、議長の決するところによる。」と規定して、過半数又は特別多数による多数決の原理を明らかにしている。第一回国会昭和二二年六月二八日の本会議における衆議院規則案の委員長報告の中で浅沼稲次郎議院運営委員長は「一方には、多数者の意見を議会に正しく反映せしむるとともに、他方において、少数者の発言の擁護に欠くところなきを期した」と衆議院規則制定の趣旨を述べている。

2　議院内閣制

議会の最も重要な役割は立法にあるが、それ以外にもさまざまな役割がある。各国の議会が行政府の長を選出し、行政府を監督する権能をもつかはその国の議会の性格を知る上で重要な点である。各国の議会は、政治的、歴史的な背景の下で、独自の発展を辿ってきている。

アメリカの政治学者ネルソン・ポルスビーは議会の類型を transformative legislature（変換型議会）と legislative arena（アリーナ型議会）に分類している（Polsby, N. W., “Legislatures”, in Governmental Institutions and Processes, (Addison-Wesley, 1975.)、大山礼子『国会学入門』（三省堂、一九九七年）二〇～二三頁）。変換型議会の代表は大統領制をとる米国連邦議会で、社会のさまざまな要求を議会内で独自に取捨選択し、立法に変換していく。これに対してアリーナ型議会の代表は、議院内閣制をとる英国議会で、議会をアリーナとして政府の政策に対して質問をし、討論を闘わして論争し、主に内閣で立案された法律案を審議する。わが国の国会についてポルスビーは一九七三年にある研究会が「政策形成に影響力を行使するには力不足であると広く認識されているが、十九世紀型の理想的な立法府とはいえないとしても、他の先進諸国の立法府と構造的及び機能的にも同等である」と結論付けていることを紹介している（Polsby, op.cit., p.310）。わが国の国会は、変換型議会とアリーナ型議会の両方の性格を併せもつが、議院内閣制を採用していることを考慮するとアリーナ型議会に近い。わが国でもしばしば議員立法の重要性が主張され、米国連邦議会の立法過程に近づけようとする議論がある。実際に最近ではかなり重要な政策についても議員立法が活用されるようになってきた。しかしわが国は厳格な意味での三権分立ではなく、国会での審議の中心は内閣提出議案であり、歴史的にも、国政を左右するような重要政策は内閣が提出する予算、条約、法律案の審議を通じて行われてきた。国会における多数意思で内閣総理大臣を指名し、立法の端緒が行政府から出てくることも多い。国会は内閣提出議案の審議を通じて国民の前に争点を明示し、各会派の主張を明確にし、その上で多数決により議決して、国家の意思決定に正統性を付与している。内閣が提出するほとんどの議案は、当初から可決されることを見込まれている。

わが国の国会では、内閣提出議案の審議について、議案の内容及び問題点を明確にした上で最終的には多数決により議決するという本来の経過だけではなく、往々にして国会の審議を通じて、野党がその議案の成立を阻止するという対抗手段が取られてきた。少数意見の尊重が重視されて、多数決の原理の適用まで至らず、会期不継続の原則と相俟って、内閣提出議案を廃案にしたり、撤回させてきたのである。選挙を通じて政権交替が行われるようになれば、この状況は変わるかもしれない。野党にいるときには多数決で敗れても、与党になれば自らの政策を実現できるからである。議会内において野党は与党になったとき実行する政策を提示し、与野党で政策を競い合い、最後は多数決によって結論を導けば、選挙によって国民が下した判断に合致した政策が行われ、議院内閣制の本旨にも沿うと言える。ときの世論と議会内における攻防によって多数決の原理が必ずしも貫徹して来なかったことが、わが国の国会運営の歴史として残されている。

3　内閣提出議案に対する野党の対応

わが国では、各会派とも国会で採決される議案について、例外的な場合を除いては党議拘束をかける。内閣を構成する与党が内閣提出議案に党議拘束をかけて賛成するのは当然であり、また野党にとっても党内で事前に賛否について議論した上で、党としてまとまって意思を明確に示すためにも党議拘束をかけた方が有利となる。各国会ごとに審議される議案は与野党の賛否の態度によって概ね、全会派一致して賛成のもの、野党の一部会派が反対のもの、野党の大部分の会派が反対のもの、野党の全会派が反対のものに分けられる。野党の大部分の会派が反対のものと野党の全会派が反対のものについては、さらに、反対ではあるが自らの主張を展開した上で多数決による成立を容認するものと絶対に成立を阻止するものに分類される。成立を容認するものについては多数決の原理が適用されることに抵抗はない。問題は絶対に成立を阻止するものと分類した議案の審議である。野党各会派はそれぞれの議案をどの類型に属させるかを慎重に判断する。

4　与野党対決議案の審議

野党が絶対に成立を阻止する議案としたものの審議は与野党が激しく対立することになる。議案が国会に提出された段階から、国会運営上の手段が駆使される。内閣提出議案として国会に提出されると、委員会中心主義をとっている現行の国会法の下では、「議長は、これを適当の委員会に付託」（国会五六条）することになっている。しかし国会法第五六条の二に、「各議院に発議又は提出された議案につき、議院運営委員会が特にその必要を認めた場合は、議院の会議において、その議案の趣旨の説明を聴取することができる。」と規定されており、野党は本会議での趣旨説明を要求し、趣旨説明を聴取するまで委員会への付託を遅らせる。いつの本会議で趣旨説明を聴取するかは議院運営委員会理事会で協議される。趣旨説明聴取の要求が付されても国会法第五六条により議長は議案を委員会に付託することはできるのであるが、昭和二九年二月頃より、各党国会対策委員長会談と議院運営委員会（第一九回国会昭和二九年二月一〇日）での議論を下に、議長は趣旨説明聴取要求のある議案については議院運営委員会の協議を見守ることとして、委員会への付託を保留する取扱いをしてきている。したがって委員会への付託は本会議で趣旨説明を聴取した後になる。野党は会期不継続の原則により、会期中の採決を阻止して、廃案に持ち込もうとするので、容易に本会議で趣旨説明を聴取する日程協議が整わない。議院運営委員会理事会でかなり協議しても話し合いがつかない場合には、与党は議院運営委員会で趣旨説明聴取の動議を提出し、野党の反対を押し切って動議を可決して、本会議での趣旨説明聴取の日程を決めることもある。本会議で趣旨説明を聴取した後は委員会に付託されて、委員会審査に移る。野党は質疑を通じて議案の問題点を指摘したり、閣僚の答弁の不一致を取り上げたり、過去の答弁との整合性を問題にしたり、メディアや世論を巻き込んで、活発な論争が展開される。参考人質疑、公聴会、地方公聴会が開かれることもある。野党から対案が提出されることもあり、この段階で政府与党が内閣提出議案の原案での成立を断念して、問題点を修正したり、撤回して再提出する場合もある。次国会に議案を継続して再出発することもあり、あるいはその国会で廃案になることもある。しかし政府与党が成立を目指すときには委員会審査のしかるべき段階で採決に踏み切る。通常は与党側から質疑終局の動議を提出し、その動議を可決して質疑を終局し、引き続いて議案の採決に入り、賛成多数で可決する。この際には委員会が混乱することが多い。

こうして委員会で議決された議案は、議長が議事日程に記載して、本会議に上程されることになる。その間にも与野党の折衝は続けられる。あるときは議長の裁定又はあっせんが行われて、与野党がそれを受け入れて、妥協が成立する場合がある。議案の内容に関する妥協が行われる場合と審議方法についての妥協が行われる場合がある。多くの場合は委員会で補充質疑、討論のための発言、採決の確認などを行った後で本会議に上程される。議長の職責は重いので、その権威を各党も尊重する。この場合には本会議には済々と上程されて、通例の本会議の運営と同じように議了される。昭和五六年三月の「昭和五六年度総予算」、平成六年一一月の「所得税法及び消費税法一部改正案」、平成一一年一一月の「国民年金法一部改正案」などは議長裁定又はあっせんが行われて収拾された。またあるときは各党間の協議により決着する場合がある。昭和四六年一一月の「沖縄返還協定」、平成三年一一月の「ＰＫＯ法案」などは幹事長・書記長会談などで決着した。それでも合意が得られず、与野党が妥協のないまま、本会議に入る場合がある。野党は本会議に出席して、議事手続上で認められている手段を駆使する。本稿で取り上げる紛糾案件審議の本会議とはこのような場合を指している。新しいところでは、昭和四〇年一一月の「日韓基本条約」、昭和四二年八月の「健保法特例法案」、昭和四四年七月の「健保特例法改正案」、昭和四四年七月の「大学運営臨時措置法案」、昭和六二年四月の「売上税国会」、平成四年六月の「ＰＫＯ法案」などがある。このうち「売上税国会」は紛糾案件審議の本会議に入った後で、途中で議長あっせんが行われて合意がなされ、収拾された。

5　紛糾案件審議の本会議

ここで紛糾案件審議の本会議とは、委員会における採決が混乱したとき、その議案を上程する本会議において、与野党が激しく対立し、国会法と衆議院規則で許されている議事運営の手段を駆使して開会される本会議を指す。記名投票の際に野党が投票行為に時間をかける牛歩戦術を用いて、徹夜国会となることも多い。その際、一般に国会はノンルールに突入したと言われる。しかしながら、実際には、国会法と衆議院規則で許された議事手続に則った運営が展開されることになる。本会議の運営を協議する議院運営委員会理事会は、通例は、他の委員会の理事会と同様に、概ね全会派一致の運営がなされている。その際には必ずしも国会法、衆議院規則の条文を文理的に厳格に遵守した運営が行われているわけではない。一例としてあげれば、本会議において発言しようとする者は、予め発言通告をすることになっており（衆規一二五条）、通告しない議員も議場内で起立して発言を求めることができ、起立した順に議長の許可を得て発言することになっているが（衆規一二六条〜一二八条）、通例の運営では、議院運営委員会において、各会派の所属議員数の比率により、発言者の数及び順位を定めて、その順序によって各会派から発言者の通告を行うことになっている（衆先（平成十五年版、以下同じ）三一八頁）。また発言時間についても、議院運営委員会において申合せを行っており（衆先三一九〜三二一頁）、通例の本会議においては、議長が発言時間を制限したり、院議によって発言時間を制限する（国会六一条）ことはない。これに対して紛糾案件審議の本会議においては、議院運営委員会理事会の協議で各会派間の合意を形成することが困難になっているので、本会議場での議場内交渉を通じて、議事手続き上で認められている手段を活用して、国会法と衆議院規則に則った攻防が展開される。本稿では、具体的事例に即してその経過を追い、実際の運営を明らかにしたい。直近の事例として、平成四年六月の「ＰＫＯ法案」があるが、これは前年一二月に一度衆議院を通例どおりに通過した上で、次国会に参議院から送付されたときの事例であるので、ここではその一つ前の昭和六二年度総予算審議の売上税国会を取り上げて、検討したい。

二　売上税国会の本会議の経過

1　売上税の導入

昭和六一年一二月二三日に政府税制調査会と自民党税制調査会は売上税の導入とマル優の原則的廃止等を内容とする税制の抜本的改革案を答申した。二六日に当時の中曽根首相と土井社会、矢野公明、塚本民社、不破共産の四党首との個別会談が開かれ、野党各党の党首は売上税導入等に反対を表明した。一二月二九日に第一〇八回国会（常会）が召集され、昭和六二年一月二六日、売上税を含む昭和六二年度総予算が国会に提出され、政府四演説が行われた。翌二七日、社会、公明、民社、社民連の四野党国会対策委員長会談で、中曽根首相の施政方針演説は売上税に言及していないとして補充演説を要求することで合意した。二月二日の本会議において、中曽根首相は施政方針演説で述べた間接税制度の改正は売上税の創設を含むと補足発言をして、代表質問に入り、四日までに参議院での代表質問も終了した。三日に社会、公明、民社の三野党国会対策委員長会談が開かれ、税制改革関連七法案及び政省令がすべて提出されるまで予算委員会の審議を拒否することで合意した。二月四日に売上税法案と所得税法一部改正案が提出されて、予算委員会で昭和六二年度総予算の提案理由説明が行われたが、社会、公明、民社、共産の野党四党は欠席した。その後審議の空転は二週間に及んだ。その間、一二日になって税制改革関連七法案がすべて提出された。一九日に予算委員会で、砂田委員長は二月四日の委員会運営について遺憾の意を表明し、提案理由説明を再聴取した。その後も野党側は売上税法案に関連する政省令の提示を質疑に入る条件としたため、協議が難航し、空転が続いた。三月三日になって、大蔵省が売上税法案関連の政省令等の骨子を提出して予算委員会の審議は再開され、与党の総括質疑に入った。翌四日は野党の総括質疑に入ったが、予算案の撤回を要求し、また公聴会の開会期日をめぐる紛糾もあり、審議は中断した。一三日になって公聴会の期日を一九日と二〇日に延期して、審議を再開したが、答弁内容、資料不足をめぐり、再び中断した。一九日と二〇日の公聴会は開かれたが、その後は二四日と二五日に日切れ法案を処理し、三月三〇日には、期間を四月一日から五月二〇日までの五〇日間とする暫定予算を処理した。自民党は、統一地方選挙を経て、暫定予算の期限内での総予算の成立を目指して、四月一四日になって総括質疑を再開した。四月一五日に予算委員会は、自民党の賛成多数で質疑終局の動議を可決した後、昭和六二年度総予算三案を混乱のうちに原案のとおり可決した（衆議院・参議院『議会制度百年史　国会史　下巻』（大蔵省印刷局、一九九〇年）七六四～七六九頁、衆議院・参議院『議会制度百年史　資料編』（大蔵省印刷局、一九九〇年）九七五～九七九頁）。

2　予算委員会における採決から本会議の開会に至る経緯

四月一五日（水）の予算委員会は午後二時一分に開会され、午後二時四分に散会した。会議録によれば、次のような状況であった。

午後二時一分開議

○砂田委員長　これより会議を開きます。（「委員長、委員長」と呼び、離席する者、発言する者多く、聴取不能）

……賛成の諸君の起立を求めます。（拍手、発言する者あり）起立多数。よって、可決すべきものと決しました。

（拍手、発言する者多く、聴取不能）

これにて散会いたします。

午後二時四分散会

委員会で案件の審査が終了したときは委員長から委員会報告書を議長に提出する（衆規八六条）。この委員会報告書に基づいて議長は、委員会審査終了議案を次回の本会議の議事日程に記載する（衆先二三一頁）。しかし委員会の採決が混乱したときには、委員長が自ら議長に口頭でその議決の有効性を説明することがある。このときも採決直後の午後二時六分から、予算委員長と自民党の予算委員会理事が、議長室に議長を訪ね、採決結果の報告をしている。また、その直後には社会、公明、民社の国会対策委員長と議院運営委員会理事が議長室に赴き、議案を予算委員会に差し戻すよう主張した。共産党も同趣旨の申し入れをした。議長は、この議案の取扱いについて議院運営委員会で協議するように指示したので、午後三時五四分から議院運営委員会理事会が開かれた。この理事会での論点は、採決が有効に行われたかどうかであった。委員会議録は速記者が聴いたことを忠実に再現したものであるので、速記が完全に整っていなければ採決が有効でないということにはならない。議決の有効無効の認定は第一次的には当該委員長が行う。討論が終局したときは、委員長は問題を宣告して表決に付し（衆規五〇条）、起立者の多少を認定して、可否の結果を宣告する（衆委先（平成十五年版、以下同じ）一二四頁）。委員長が可決したと認定すればその採決は有効になされたとされる。委員会において議決した議案を議長が無効として差し戻した例は過去に一度だけある。第四三回国会昭和三八年六月二〇日の内閣委員会において混乱のうちに議決した祝日法改正案、農林省設置法改正案、防衛二法改正案を、六月二五日に議長は、委員会に差し戻すと裁定した。これについては後述する（三1末尾参照）。

その後、議長は与野党に「互譲の精神をもって精力的に話し合いを行い事態の収拾に万全を期されることを強く要望する」旨を伝えた。

翌一六日（木）は議院運営委員会理事会で、一七日（金）に本会議をセットして総予算を議事日程に記載すべきだとする自民党とそれに反対する野党の意見が対立したが、議院運営委員長の判断で、一七日は本会議をセットしないことになった。次回の本会議のセットは議長が議事日程を定めて行うことになっている（衆規一〇八条）が、議院運営委員会理事会の協議が行われているので、議長は、その答申を尊重する。議院運営委員会理事会は午後四時一〇分に休憩になり、その後再開されることなく、休憩のまま散会したが、午後四時四八分になって社会、公明、民社の三党は予算委員長解任決議案と大蔵大臣不信任決議案を提出した。

四月一七日（金）は議院運営委員会理事会を再度開いて、次回の本会議について協議したが、議院運営委員長の判断で二〇日（月）に改めて議院運営委員会理事会を開くことにして、本会議のセットは見送ることになった。このときは本会議の開会について野党の反対は強いものがあり、二〇日の開会を見送ることについては、与党としてもやむを得ないものとして委員長の判断に従った。その間にも自民、社会、公明、民社の国会対策委員長会談が開かれたが、打開の糸口は見出せなかった。

四月二〇日（月）は自民、社会、公明、民社の国会対策委員長会談が断続的に開かれて、総予算と売上税関連法案の取り扱いについて協議された。午後七時過ぎには議院運営委員会理事会も開かれたが、各党間の話し合いを見守るために休憩となり、自民、社会、公明、民社の国会対策委員長会談と、その後で自民、社会、公明、民社の幹事長・書記長会談が開かれたが、売上税関連法案の「廃案」はできないという自民党に野党が反発して、物別れに終わった。議院運営委員会理事会は午後一〇時過ぎに再開し、自民党は二一日（火）の本会議のセットを要求し、野党は話し合いをすべきだとして反対したが、議院運営委員長の判断で、本会議を午後一時にセットした。議院運営委員会理事会での協議がまとまらないときには、議院運営委員会を開いて採決をして多数決で議長への答申を決定することもあるが、理事会において議院運営委員長が職権で決定することもある。すでに予算委員会での採決から六日経っていることと、本会議の定例日であることから、この段階で本会議をセットすることは議院運営委員長の責任として、野党側の反対はあるもののやむを得ないと判断した。その後、議長は議事日程を定めるとともに、自民党に対し、野党と話し合いをし、円満な解決を図るように要請した。

議長が定めた四月二一日の議事日程は次のとおりである。提出されている二決議案を最初に記載し、予算委員会で議了された総予算三案が次に記載された。なお常任委員長解任決議案は、国務大臣不信任決議案よりも先に記載される（衆先二三〇頁）。

議事日程第十二号

昭和六十二年四月二十一日（火曜日）

午後一時開議

第一　予算委員長砂田重民君解任決議案（大出俊君外四名提出）

（委員会審査省略要求案件）

第二　大蔵大臣宮澤喜一君不信任決議案（大出俊君外四名提出）

（委員会審査省略要求案件）

第三　昭和六十二年度一般会計予算

第四　昭和六十二年度特別会計予算

第五　昭和六十二年度政府関係機関予算

四月二一日（火）は議院運営委員会理事会を休憩して、議長、副議長、議院運営委員長が中心になって、各党間で調整が続けられたが、話合いはまとまらなかった。午後八時過ぎからの議院運営委員会理事会でも話し合いがつかなかったので、議院運営委員長は、議院運営委員会理事会での協議を打ち切り、午後八時四〇分から議院運営委員会を開いて本会議の開会について協議することを宣言した。

午後八時四〇分に議院運営委員会が開かれ、まず委員長が本日の本会議について協議する旨を宣告し、野党各党は、話し合いがまだついてない段階では、一五日の予算委員会の採決は有効に成立していないので、予算委員会に差し戻すべきであり、本日の本会議は開会せず、事態打開の努力をすべきであると主張した。野党四党の発言がひととおり終わった後、自民党委員から「発言の終局を求めるの動議」が提出され、混乱のうちに動議を可決し、その後自民党委員から「本日の本会議は、午後九時四〇分より開会することを求めるの動議」が提出され、混乱のうちに動議を可決した。議院運営委員会では、本会議を開会することについてのみ決定したので、議事の順序や発言時間については議場内交渉で協議されることになった。こうして本会議は開会され、昭和六二年度総予算三案をめぐる攻防が展開された。野党各党は牛歩戦術を採って与党に対抗した。牛歩戦術は一八年ぶり、徹夜国会は一〇年ぶりとなった。

3　本会議の開会

二一日午後九時三〇分に予鈴、午後九時四〇分に本鈴が鳴り、議長は午後九時四四分に会議を開くことを宣告した（衆規一〇四条）。本会議の本鈴が鳴った直後の午後九時四二分には自民党議員五八人から議場内交渉係を通じて、「本日の議事における発言時間は、趣旨弁明については十五分、質疑、答弁、討論その他については十分とするの動議」が文書で参事に提出された。その直後の午後九時四五分には野党議員一七三人から議場内交渉係を通じて、「本動議の表決は衆議院規則百五十二条により記名投票を要求する。」との要求が出された。議場内交渉係は、議場内で交渉の任に当たる者で、このときには、自民三人、社会二人、公明、民社、共産各一人で、議院運営委員会理事又は委員のうちから選ばれていた（衆先三九六～三九八頁）。

日程第一の予算委員長砂田重民君解任決議案については、趣旨弁明が社会党議員から、質疑の通告が公明、民社、共産、公明の四議員から、討論については自民党議員から反対、社会、民社、社会、共産、社会の五議員から賛成の通告が出された。

(1)　発言時間制限の動議の記名投票による採決

本会議が開会されて、まず発言時間制限の動議の採決に入った。参事が議員の氏名を議席番号順に点呼する。議席を七区画に分け、議席番号は議長席から見て左端の前列から始まるので、はじめに野党が呼ばれる（衆先二二一～二二四頁）。野党は投票を行わず、自民党議員が点呼に応じて次第に投票を始めた。氏名点呼の開始が午後九時四五分、自民党議員の投票開始が午後九時五一分、氏名点呼が終了したのが、午後九時五七分、自民党議員の投票終了が午後一〇時であった。通常の記名投票であれば二〇分ほどで終了するが、野党側は牛歩戦術を採って、すぐには投票を始めなかった。議長は再三に渡り、「速やかに投票してください。」、「投票をお急ぎ願います。」等と投票を促した上で、午後一〇時二分に「ただいまから十分以内に投票されるように望みます。その時間内に投票されない方は、棄権とみなします。」と投票時間を制限した（衆規一五五条の二）。その直後に野党側の最初の議員が投票に向かった。制限時間の一〇分が過ぎてもまだ野党側は一人も投票を済ませていない状況だったので、議長は午後一〇時一二分になって、「投票の制限時間を五分間延長いたします。速やかに投票を進めてください。」として、投票制限時間を五分間延長した。その直後に野党側の初めての議員が投票した。その後、後続の議員がゆっくりと間隔を空けて投票したが、午後一〇時二三分になって、議長は「制限の時間が参りましたので、投票箱の閉鎖を命じます。（発言する者あり）投票漏れはありませんか。―投票漏れなしと認めます。投票箱閉鎖。開票。―議場開鎖。投票を計算させます。」と宣告した。野党側は、いっせいに演壇上や速記者席周辺に殺到して、未だ投票を終わっていないと抗議して、議場は騒然となった。議長席にある号鈴を鳴らした議員もいた。この議員に対しては自民党から後日に懲罰動議が提出された。議長は午後一一時一九分になって、「この状況でこれ以上議事を進めることは甚だ困難であります。よって、本日はこの程度にとどめ、明二十二日午前一時から本会議を開くこととし、本日は、これにて延会いたします。」と宣告した。

延会された翌四月二二日の議事日程は、前日に議了に至らなかった五件の案件がそのまま記載された。まだ日程第一の議事に入っていなかったので、議案の後に（前会の続）という表示もなく、二二日の議事日程の号数と日時が更新されただけだった。

(2) 記名投票における投票時間の制限

本会議が延会になった後で、議院運営委員会理事会が開かれて、議長の投票時間の制限が早すぎたのではないかとの主張が野党からあった。衆議院規則第一五五条の二には「記名投票を行う場合、議長において時間を制限したときは、議長は、その時間内に投票しない者を棄権したものとみなすことができる。」と規定している。記名投票による表決の結果の宣告に対しては異議を申し立てることはできない（衆先三七五頁）ので、記名投票は最終的な議院の意思を決定する方法である。議長が適切に議事整理することによって、いかなる場合にも議院の意思決定をなし得るようにしている。議長の投票時間の制限の処理が適切かどうかは、政治的に議論されることはあっても、議長の議事整理権の範囲内でかなりの部分は裁量に任されていると言える。

4　四月二二日の本会議

(1) 記名投票における議場閉鎖

翌四月二二日の本会議は前日の議長の宣告どおりに午前一時二分に開会された。午前一時一分に再度発言時間制限の動議が提出され、その直後に記名投票の要求が提出され、この動議は記名投票に付された。午前一時三分に氏名点呼を開始したが、野党は投票をせず、自民党議員の投票は午前一時一八分に終了し、その後から野党側の投票が始まった。今回も牛歩戦術を採ったため、野党側の初めての議員が投票を終わったのは午前一時三八分だった。次の議員もゆっくりと間隔を空けて投票した。このときの議長席は社会党出身の副議長が着いていたが、「速やかに投票してください。」、「投票をお急ぎ願います。」等と再三にわたり投票を促していた。午前二時六分に至り、副議長は、「投票開始から既に一時間以上経過しておりますので、ただいまから十分以内に投票されるよう望みます。」と宣告した。その後も「時間もあとわずかでありますから、速やかに投票願います。」と再三にわたり、投票を促した。午前二時三二分に至り、副議長は、「制限の時間が参りましたので、投票箱閉鎖を命じます。開票。——議場開鎖。投票を計算させます。」と宣告した。参事が投票の計算を始めたところ、野党議員は演壇上や速記者席周辺に殺到して、未だ投票を終わっていないと抗議し、議場は騒然とした状態が続いた。議場内交渉の協議により、午前二時四三分に至り、副議長は、「投票箱閉鎖の発言を取り消し、投票の続行を命じます。——議場閉鎖。」と発言して、投票を継続した。その際、議場閉鎖の宣告が二分ほど遅れたことが、自民党から手続に瑕疵があるとの意見が出るきっかけになった。その後、午前三時三分に至り、副議長は、「投票箱閉鎖。開票。——議場開鎖。投票を計算させます。」と宣告したが、議場開鎖のまま投票したのはおかしい等の抗議があり、この投票に疑義を唱える野次が与党側から次第に大きくなっていたため、計算の結果を見ずに、午前三時五分に休憩を宣告した。本会議休憩後、午前三時一四分に議院運営委員会理事会が開会され、そこでの協議で、この投票の混乱は議場内交渉の話し合いで決めたことなので、各党の責任であることで一致し、採決をやり直すことになった。議論の中で、衆議院規則第一五四条の「記名投票を行うときは、議場の入口を閉鎖する。」という条文に触れたということが言われた。この問題については後述する（三5参照）。

午前三時四二分に本会議は再開され、議長が議長席に着き、「先刻の投票に疑義があるとのことでありますので、改めて本動議につき記名投票をもって採決することといたします。」と発言して発言時間制限の動議を採決した。この採決は牛歩もなく一九分で終わり、午前四時二分に可決された。

(2) 日程第一予算委員長解任決議案の議事

午前四時三分から、議長は日程第一の予算委員長解任決議案について委員会の審査省略を異議の有無を諮って決定し、決議案を議題とした。提出者の趣旨弁明に入り、一五分が過ぎたところで、議長は、「時間ですから、結論を急いでください。」と注意をし、一七分ほどで趣旨弁明が終わった。このあと質疑が一一分、答弁が六分、次の質疑が一二分、答弁が四分で終わった。二人目の質疑者に入ったときに、自民党から質疑終局の動議が参事に提出され、それに対して野党から記名投票の要求が提出された。衆議院規則第一四〇条は「質疑が続出して、容易に終局しないときは、議員二十人以上から質疑終局の動議を提出することができる。」と規定している。このときの提出者は自民党議員五八人であった。また「質疑が続出して、容易に終局しないとき」とは少なくとも二人が質疑を終わってさらに質疑者が続くときとされている（衆先三六九頁）。そこで二人目の質疑に対する答弁が終了したときに、質疑終局の動議を記名投票に付した。午前四時五四分に記名投票が始まり、再三投票を促しつつ、午後五時五七分に議長は、「投票を開始以来既に一時間余を経過いたしております。あと三十分以内に投票されるように望みます。」として、投票時間を三〇分以内に制限した。それからも、「あと二十分であります。」、「ただいまから十分以内に投票されるように望みます。その時間内に投票されない方は、棄権とみなします。」等と、再三投票を促しつつ、結局、午前七時五五分までかかって動議を可決して質疑を終局し、午後一時まで休憩した。

午後零時四三分から議院運営委員会理事会が開かれ、その席で、自民党から、再開後の本会議では、本会議の所要時間の短縮のために討論終局の動議は出さずに、討論をすべて聴いた上で終局させたいと考えているとの提案があった。

午後一時三分に副議長が議長席に着いて、本会議を再開し、日程第一の討論に入った。討論はまず自民党議員の反対討論から入り（衆規一三七条）、九分ほどで終わって、次に社会党議員の賛成討論に入った。一〇分を過ぎたところで、副議長は「時間ですから、結論を急いでください。」と再三注意した。それでも発言を止めないので、「制限の時間が過ぎましたから、発言を終わってください。」と三回に渡って注意をした後、発言が始まってから一七分後に副議長は、「発言の中止を命じます。」として発言の中止を命じた（国会一一六条、衆先三三〇頁）。それからもこの社会党議員の発言は六分間も続き、二三分かかった。その間に副議長は六回も発言中止を命じた。発言中止を命じた後の議員の発言の内容は会議録に掲載されない。正規の発言と認められないからである。この議員に対しては後日に自民党から懲罰動議が提出された。副議長は、「ただいまの時間超過は遺憾であります。今後注意されたいと存じます。」と発言してから、次の賛成討論者を指名した。議場騒然のため発言を中断することも再三あり、副議長が、「発言を続けてください。」と注意する場面もあった。この発言は二一分で終わった。自民党は、賛成討論が二人終わっても討論終局の動議を提出しなかった。質疑終局の動議の記名投票に三時間一分かかっているので、このまま討論を続けた方が得策と判断した。これに対抗して野党側は、討論中に新たに二名の討論通告を追加した。そのあとの賛成討論は社会党議員が一四分、共産党議員が一〇分間発言し、次の社会党議員が一七分発言したので、副議長が発言中止を命じたが、この社会党議員はさらに一分間ほど発言を継続した。その後は公明党議員が一四分、民社党議員が二一分発言した。この民社党議員に対して、副議長に代わって議長席に着いていた議長は、発言が始まってから一四分後に、「発言の中止を命じます。降壇を命じます。」と、発言の中止と降壇を命令した。議場が騒然となって、発言を一時中断する場面もあったが、衛視が降壇命令を執行する直前に発言を終わった。この民社党議員に対しても自民党は後日に懲罰動議を提出した。午後三時一九分になって討論は終局した。その後、決議案の記名採決に入った。投票開始から二時間が過ぎた午後五時二〇分になって、議長は、投票時間を三〇分以内に制限した。午後六時一三分に決議案を否決して、午後八時まで休憩する旨を宣告した。

(3) 日程第二大蔵大臣不信任決議案の議事

午後八時二分に副議長が議長席に着いて、本会議を再開した。日程第二について委員会審査省略を決定して、議題とし、提出者の趣旨弁明を公明党議員が行った。趣旨弁明は制限時間内の一一分で終わった。その間の午後八時五分には野党議員から記名投票の要求が出された。午後八時一四分には社会、公明、民社から新たに大蔵委員長解任決議案が提出された。その後、質疑に入った。質疑が二人終わっても、自民党は質疑終局の動議を提出しなかった。質疑は四人で、答弁を含めて五四分で終局した。その間、副議長は「時間ですから、結論を急いでください。」、「制限の時間が過ぎましたから、発言を終わってください。」等と注意した。この質疑中に、社会党から野党六人目の討論通告を取り下げるとの申し出があり、撤回された。討論には、午後九時九分から入り、自民党の反対討論が一人、野党の賛成討論が五人で、発言時間超過の注意をする場面もあったが、五三分で終局した。午後一〇時二分になっていたので、副議長は、「本日は時間の関係上この程度にとどめ、明二十三日午前十時三十分から本会議を開き、本日の議事を継続することといたします。本日は、これにて延会いたします。」と宣告した。

5　四月二三日の本会議

(1)　日程第一大蔵大臣不信任決議案（前会の続）の議事

翌四月二三日午前一〇時三分から議院運営委員会理事会が開かれたが、自民党は大蔵委員長解任決議案について、大蔵委員長は関係ないので提案の理由がわからないと述べた。

本会議は午前一〇時三二分に開会された。前日に討論終局まで行っていたので、この日は本決議案の採決に入った。議長は「速やかに投票願います。」、「投票開始より既に一時間が経過いたしました。急ぎ投票願います。」、「投票開始より既に二時間が経過いたしております。この際、急ぎ御投票願います。」、「投票開始より既に二時間半が経過いたしました。この際、急ぎ投票願います。あと三十分以内に投票を完了願いたいと存じます。」、「投票権はあくまで尊重いたしたく存じますので、投票の意思のある方は、急ぎ投票を願います。」等と再三にわたり、投票を促した。午後二時五七分に投票を終了し、決議案を否決し、暫時休憩を宣告した。この休憩中の午後四時一〇分には社会、公明、民社から新たに自治大臣不信任決議案が提出された。

(2)　議長あっせん

本会議が休憩になって議長あっせんの動きが、再度、本格化した。与野党の内諾を得た上で、午後九時二〇分に議長あっせん案が各党の幹事長・書記長に示され、共産党を除く各党が受け入れた。その内容の主な点は、「売上税関連法案の取扱いについては現在の段階で各党の意見が一致していないので議長がこれを預かる。」とするものであった。

(3) 昭和六二年度総予算三案の審議

議長あっせんでまとまったことを受けて、午後九時五〇分に大蔵委員長解任決議案と自治大臣不信任決議案はそれぞれ提出者から撤回された（衆規三六条）。午後一〇時三分から再開された議院運営委員会理事会では、総予算審議の本会議の運営が合意された。予算委員長の報告のあと、各党の討論は各々一〇分以内とし、その後記名採決されることになり、本会議の所要時間は全体で一時間二〇分程度となった。議院運営委員会理事会は午後一〇時八分に散会になり、午後一〇時一二分に議院運営委員会が衆議院規則第六七条の二により緊急開会され、本会議の議事を決めて、二分間で終わり、本会議は午後一〇時四四分から再開された。委員長報告が五分、その後、討論は社会党議員が反対、自民党議員が賛成、公明党、民社党、共産党の各議員がそれぞれ反対の討論をして午後一一時三二分に討論を終局、直ちに記名投票を行い、午後一一時五〇分に総予算三案を可決して、散会した。

三　紛糾案件審議の本会議の議事

紛糾案件審議の本会議の議事に関連する若干の問題を取り上げて、検討したい。

1　委員会において議決した議案の差し戻し

委員会において開会、議決が有効に行われたかの認定は、第一次的には委員長が行う。この委員長の認定について争いがあるときには、議長が裁定することがあるが、この種の議長の裁定は、過去に遡っても明らかに法規先例に反する極めてまれな事例しか残っていない。その事例としては、委員会の開会又は再開を違法とし、その議事又は議決を無効であると議長が裁定したことがある。野党側委員が協議の上、理事を委員長代理に推挙して、委員長不信任の決議を行う委員会を開会したり（昭和二二年一一月二一日の鉱工業委員会）、委員長から委員長代理に指名されない理事が委員会を再開したり（昭和二九年九月一七日の外務委員会）、定足数を欠いて再開した委員会（昭和三二年五月一五日の決算委員会）についてはいずれも違法であり、その議事又は議決は無効であると裁定されている（衆先一六一、一六二頁、衆委先四九～五一頁）。前の二つの事例は、委員長の委員長代理指定権（衆委先三二頁）と委員会開会日時指定権（衆規六七条）に違反し、後の事例は委員会の定足数（国会四九条）に違反している。これらは明らかに法規先例に違反する運営が行われた例である。

委員会において議決した議案を議長が無効として差し戻した例が一度だけある。第四三回国会昭和三八年六月二〇日の内閣委員会において混乱のうちに祝日法改正案、旧金鵄勲章年金受給者特別措置法案、建設省設置法改正案、農林省設置法改正案、防衛二法改正案を議決した。六月二五日に議長は、内閣委員会で採決の五法律案のうち質疑が行われていない祝日法改正案、農林省設置法改正案、防衛二法改正案を委員会に差し戻すと裁定した。この三法律案については、委員会において趣旨説明を聴取しただけで、委員の発言の機会が一切与えられなかったため、議長としても委員会に差し戻して審議を尽くさせることにしたものである。

2　議事日程の記載

議事日程には通例、既に提出されている不信任決議案及び解任決議案を記載する。次いで委員会において混乱の中で採決された議案を記載するが、記載しない場合もある。議長が状況を総合的に判断して決定する。延会された案件は、次会の議事日程の首位に記載する（衆先二三二頁）。本会議が延会した後、次回の本会議の議事日程は、延会前の残余の議事日程をそのままの順序で首位に記載する。他に決議案が提出されても残余の議事日程の前に記載されることはない。先議案件として上程するときは、議事日程に追加して議題とする。議案の審議中に延会したときは、その議案名の後に（前会の続）と記載する。休憩のまま散会した場合又は散会した場合には、延会の場合とは異なって、提出された決議案を残余の議事日程の前に記載することもある。

3 延　会

議事日程に記載した案件の議事が終わって会議を閉じるときは散会であるが、議事が終わらない場合に会議を閉じるときは延会である（衆規一〇五条）。通例の本会議では、議事日程に記載した議事が残っている場合に、残余の議事日程を延期して散会することが多い。次回の本会議の開会時刻については、通常であれば議長が議事日程を定めて、衆議院公報に記載し、各議員に配付して通知するので（衆規一一〇条）、衆議院公報の配付の時間を考慮すると、本会議の開会は概ね午前一〇時以降になる（衆先二五八、二五九頁）。それ以前に本会議を開会するときは、議長が前日の議事の最後に翌日の本会議の開会時刻を宣告して議員に周知するとともに、議事日程を衆議院公報とは別に印刷して、本会議の開会までに文書函又は議場で配付し、併せて衆議院公報にも記載している。この方法によって衆議院公報の配付前にも本会議を開いている（衆先二三九頁）。

4　発言時間の制限

紛糾案件審議の本会議では、議院運営委員会で発言時間の申合せを行うことができないので、発言時間制限の動議を院議で可決することにより、発言時間を制限する。通例の本会議の動議の提出は、議院運営委員会での協議に基づき、与党の議院運営委員の中から定めた議事進行係（衆先三九九頁）が口頭で提出して、全会一致で可決するが、発言時間制限の動議などは、特定の会派から文書で提出されて採決される。

発言時間制限の動議は、最近では、「本日の議事における発言時間は、趣旨弁明については十五分、質疑、答弁、討論その他については十分とするの動議」となっている。この時間に一定したのは、昭和四四年以降のことである。それまでは趣旨弁明を三〇分、質疑討論その他の発言を一五分としたこともあり、趣旨弁明を一五分、質疑答弁討論その他の発言を五分としたこともある。議院運営委員会で発言時間を申し合わせているときは、質疑と討論についてだが、院議で発言時間を制限するときには、趣旨弁明と答弁も含めている。紛糾案件審議の本会議では、本動議は、当日の議事において最初の発言者を許可するまでに、議場において与党側から提出される例である。この動議が可決された場合には、その当日中の発言はその時間以内に制限される。

国会法第六一条の規定により、議長が発言の時間を制限したこともあるが、同条第二項により、「議長の定めた時間制限に対して、出席議員の五分の一以上から異議を申し立てたときは、議長は、討論を用いないで、議院に諮らなければならない。」と規定されているので、昭和三六年までは、異議の申し立てを記名投票をもって採決して、議長の定めた時間のとおり制限するに決したこともあるが、それ以降は議員の動議を採決して、院議で発言時間を制限している。

国会法第一一六条は「会議中議員がこの法律又は議事規則に違いその他議場の秩序をみだし又は議院の品位を傷けるときは、議長は、これを警戒し、又は制止し、又は発言を取り消させる。命に従わないときは、議長は、当日の会議を終るまで、又は議事が翌日に継続した場合はその議事を終るまで、発言を禁止し、又は議場の外に退去させることができる。」と規定して、議長の会議中の議事整理権及び秩序保持権を定めている。院議で定めた発言時間の制限を超過して発言する議員があるときは、議長はまず「制限の時間になりましたから、結論を急いでください。」と注意をし、次に「制限の時間が過ぎましたから、発言を終わってください。」と注意をし、さらに超過したときに、「制限の時間が参りましたから、発言の中止を命じます。」と発言中止を命じ、それでも発言を中止しないときには、「発言の中止を命じます。降壇を命じます。」と降壇を命じ、その後しばらく経過して、「執行を命じます。」と執行を命じ、衛視が執行している（平成四年六月一三日の本会議など）。

5　記名投票

記名投票の要求も通例の本会議であれば、成規に文書で要求書が提出されることはなく、議院運営委員会理事会において採決方法について協議する際に、記名投票を要求する会派の所属議員数の合計が現在議員数の五分の一以上あるときには、議長が必要と認めて、記名投票で採決をしている（衆規一五二条）。

記名投票の際の木札は、各議席に白票と青票それぞれ六枚ずつ用意されている。記名投票が何回も続くときは、通常は、記名投票を五回行い、一枚は残っているところで、木札を補充し、改めて六枚として、次の議事に入る。その間は、一時間ほど休憩する。

記名投票において、一旦投票を終了した後に、さらに投票を再開して継続することはできない。このことは記名投票がある一定の時点、すなわち議場閉鎖をした時点での出席議員の投票を認めるのであって、議場閉鎖をしたときに、改めて議場閉鎖をして、その時点を更新することはできないからである。過去にも記名投票中に休憩したことがあるが、一旦議場閉鎖を解いてしまっているのであるから、改めて記名投票を行っているのは当然である（昭和三八年六月二二日、昭和三八年六月二八日、昭和三八年六月二九日（二回）、昭和四〇年一一月九日、昭和四〇年一一月一一日（二回）、昭和四二年八月四日（二回）、昭和四四年七月二九日）。これに対して選挙の際は議場を閉鎖しないことになっているが（衆先四七頁）、これは選挙は一定の時点ではなく、相当の期間内に投票することになっているからである。したがって、選挙の投票中に休憩となった場合は、記名投票の場合とは異なり、理論的には休憩前に行った投票は当然には無効とはならない。しかしながら昭和三五年一月三〇日に選挙の投票中に休憩したことがあるが、このときは休憩前の投票を無効とし、改めて投票を行った。

なお昭和四四年七月一四日の健保特例法改正案の採決の際に、記名投票をもって表決することを不可能と認め、起立採決に切り替えたことがある。

6　議長又は副議長の不信任決議案、常任委員長解任決議案及び国務大臣不信任決議案

議長又は副議長の不信任決議案、常任委員長解任決議案及び国務大臣不信任決議案を提出する際は、本会議開会前に一決議案が提出され、本会議開会後、その決議案の趣旨弁明に入ってから、次の決議案が議場内で提出されることが多い。なお決議案が提出される際には、その決議案の委員会審査省略要求書及び趣旨弁明の発言通告が同時

に提出される。決議案の議事の順序は、まず発議者がその趣旨弁明を一五分以内で行う。次に質疑が行われる。通常は野党側のみが行い、与党側が質疑することはない。質疑に対して、発議者から答弁があり、次の質疑者の質疑と答弁が終わったところで質疑終局の動議の記名採決に入る。質疑二人とその答弁で、四〇分、記名採決に少なくとも二〇分かかる。次に与党側の反対討論者一人、野党側の賛成討論者二人がそれぞれ討論を行う。討論は三人で三〇分である。それが終わったところで討論終局の動議の記名採決に入る。この記名採決に二〇分かかる。次いで決議案の採決に移る。決議案も記名採決となり、二〇分かかる。以上が議事の流れで、一決議案について順調に行えば二時間三〇分ほどで議了される。なお、議長不信任決議案の議事については副議長が議長の職務を行うのが例であり（衆先七四頁）、議長は本会議に出席しない。副議長不信任決議案の記名投票の際は、副議長は出席しても投票をしない例である。常任委員長解任決議案の記名投票の際の当該常任委員長、国務大臣不信任決議案の際の当該国務大臣については、投票する場合もあり、投票しない場合もある。

趣旨弁明、質疑、討論は、発言通告を提出して行われる。発言通告は各会派の事務局から事前に議事課に提出されるが、本会議開会中には議場内で議場内交渉係から参事に提出される。野党の質疑通告と討論通告はまず三人以上で提出される。質疑終局の動議及び討論終局の動議は、野党側の発言が二人以上終わった後で採決されるので、少なくても三人の発言通告を提出している。決議案の発議者又は賛成者は質疑をしない例である。賛成者は、発議者に代わって趣旨弁明をすることができることになっており、質疑に対して答弁する立場にあるからである（衆先三〇〇頁）。発議者は趣旨弁明のみを行い、討論は行わない例である。賛成者は討論を行うことがある。議長が発言を許可しても、発言者が登壇又は発言しないときには、議長は発言を促した上で、発言を放棄したものと認めている（衆先三一六、三一七頁）。

7　先議案件

不信任決議案又は常任委員長解任決議案が提出されているときには、それらの決議案は当然に先議案件となるのか、あるいは委員会審査を終了した当該議案を先んじて上程できるのかという問題がある。衆議院規則第一一二条には、「議長が必要と認めたとき又は議員の動議があったときは、議長は、討論を用いないで議院に諮り、議事日程の順序を変更し、又は他の案件を議事日程に追加することができる。」と規定されている。売上税国会の例では、委員会審査を終了した総予算三案に対して、予算委員長解任決議案、大蔵大臣不信任決議案、大蔵委員長解任決議案、自治大臣不信任決議案が提出された。そのうち予算委員長解任決議案をまず処理し、次に大蔵大臣不信任決議案を処理し、休憩になった。大蔵委員長解任決議案と自治大臣不信任決議案は、総予算よりも先議する案件であるかが問題となった。最近の事例を見ると、昭和五〇年一〇月二四日と二五日の本会議では、逓信委員会で議了された郵便法改正案と大蔵委員会で議了された酒税法改正案及び製造たばこ定価法案について、議院運営委員長解任決議案、逓信委員長解任決議案、大蔵委員長解任決議案、郵政大臣不信任決議案、大蔵大臣不信任決議案が提出され、いずれも先議された。昭和五二年五月一〇日と一一日の本会議では、内閣委員会で議了された沖縄軍用地特別措置法案について、内閣委員長解任決議案と防衛庁長官不信任決議案、総理府総務長官・沖縄開発庁長官不信任決議案が提出され、いずれも先議されている。平成四年六月一二日、一三日、一四日の本会議では、国際平和協力等特別委員会で議了された国際連合平和維持活動等協力法案及び国際緊急援助隊派遣法改正案について、議院運営委員長解任決議案、予算委員長解任決議案、衆議院議長不信任決議案、内閣官房長官不信任決議案、内閣信任決議案及び内閣不信任決議案が提出され、まず議院運営委員長解任決議案を否決し、次に衆議院議長不信任決議案を否決し、次いで内閣信任決議案を可決し、当該法律案を可決した。特別委員長の選任は委員会における互選であるので（国会四五条三項）、特別委員長については、当該特別委員会での不信任決議案として処理し、本会議においては、特別委員長に対する解任決議案又は不信任決議案は審議しない。また予算委員長解任決議案については先議案件として先議していない。内閣信任決議案又は内閣不信任決議案が提出されたときには、国務大臣不信任決議案が提出されていてもそのうちに包含されるものであるから（衆先二〇〇頁）、内閣信任決議案又は内閣不信任決議案が先議され、その結果、個々の国務大臣不信任決議案は審議不要となる。内閣信任決議案又は内閣不信任決議案は、日本国憲法第六九条に規定するところであり、国会は速やかに意思を明確にする責任がある（宮澤俊義『全訂日本国憲法』（日本評論社、一九七八年）五三五頁）。なお内閣信任決議案と内閣不信任決議案の両方が提出されたときは、内閣信任決議案を先議するのが先例である（衆先三六八、三六九頁）。またかつては昭和四〇年一一月九日、一〇日、一一日、一二日の本会議において、日韓条約特別委員会で議了された「日本国と大韓民国との間の基本関係に関する条約等の締結について承認を求めるの件」、「日本国と大韓民国との間の漁業に関する協定の実施に伴う同協定第一条１の漁業に関する水域の設定に関する法律案（内閣提出）」、「財産及び請求権に関する問題の解決並びに経済協力に関する日本国と大韓民国との間の協定第二条の実施に伴う大韓民国等の財産権に対する措置に関する法律案（内閣提出）」、「日本国に居住する大韓民国国民の法的地位及び待遇に関する日本国と大韓民国との間の協定の実施に伴う出入国管理特別法案（内閣提出）」について、外務大臣不信任決議案、農林大臣不信任決議案、大蔵大臣不信任決議案、通商産業大臣不信任決議案、法務大臣不信任決議案、自治大臣国家公安委員長不信任決議案、防衛庁長官不信任決議案が提出され、外務大臣不信任決議案、農林大臣不信任決議案、大蔵大臣不信任決議案、通商産業大臣不信任決議案は先議されたが、法務大臣不信任決議案の審議中に、議長発議で議事日程を変更して、議院に諮って委員長の報告を省略するに決した後、日韓条約と日韓条約関係三法律案を議了したことがある。これらの事例を勘案すると、先議案件となるものとしては、本会議開会を決定して議長に答申した議院運営委員会の運営の責任を問う議院運営委員長解任決議案、本会議を開会した責任を問う衆議院議長不信任決議案、当該議案を審査した委員会が常任委員会の場合には、混乱のうちに委員会で採決した責任を問う当該常任委員長解任決議案、それに内閣提出の議案であれば、それらの所管国務大臣不信任決議案及び内閣信任決議案又は内閣不信任決議案などがあげられる。当該常任委員会以外の常任委員長解任決議案及び所管国務大臣以外の国務大臣不信任決議案は提出されても必ずしも先議されていない。しかしながら、先議後議の問題には絶対的な基準といえるものはなく、第一次的には議長の議事整理権の問題であり、最終的には議院が判断することになる（衆規一一二条）。具体的状況に応じて、各会派間の協議や、議長の総合的な判断がなされることになる。

8　委員会審査終了議案の議事

議長又は副議長の不信任決議案、常任委員長解任決議案又は国務大臣不信任決議案等の議事が終わったときは、委員会審査終了議案の議事に入る。この議事についても委員長報告の後、質疑、質疑終局の動議、討論、討論終局の動議、採決の順に行われるが、討論終局の動議を提出しないで、各党の討論を認めることもある。

9　先決問題

　動議は、議員の提議にかかり、通常案を具えることを必要としないもので、議題として会議の議決の対象となるものであると言われている（鈴木隆夫『国会運営の理論』（連合出版社、一九五三年）一九三頁）。このうち案を具えることを要するものは、修正の動議だけであり（衆規一四三条）、複数の提出者を必要とするものは質疑終局の動議と討論終局の動議であり（衆規一四〇条、一四一条）、賛成者を必要とする動議は修正の動議と懲罰に付すべきとの動議である（国会五七条、一二一条三項、一二一条の二、一二一条の三）。他の動議は一人でも提出できる。衆議院先例集では、「会議事項に先立って表決の必要のある動議を先決問題とする。先決問題は、議事日程の変更を要せず、直ちに議題とする。」（衆先三五六頁）とある。議院運営委員会での協議に基づき、議事進行係が提出する動議とは別に、これまでに特定の会派から提出された動議のうち、発言時間制限の動議、質疑終局の動議、討論終局の動議、懲罰委員会に付するの動議及び中間報告を求めるの動議については数多く提出されている。それらを除いて昭和三七年四月以降に本会議に提出された動議には次のものがある。「日本国に対する戦後の経済援助の処理に関する日本国とアメリカ合衆国との間の協定の締結について承認を求めるの件を撤回し再交渉を求めるの動議」（昭和三七年四月五日民社提出、同日趣旨弁明、討論の後、起立少数で否決）、「深夜国会をこれ以上続けることは議員及び国会職員の健康上に害を及ぼすのでこの際睡眠その他生理的必要を満たすため暫時休憩せられたいとの動議」（昭和三八年六月二一日、同日記名投票で否決）、「残余の日程は延期し本日はこれにて散会すべしとの動議」（昭和三八年六月二二日、同日記名投票で否決）、「日程第四乃至第八の五案に対する質疑及び討論は五案を一括して行うべしとの動議」（昭和三八年六月二八日、同日記名投票で可決）、「本日はこれにて散会すべしとの動議」（昭和三八年六月二八日、同日記名投票中休憩、再開後議長が延会を宣告)、「この際暫時休憩すべしの動議」(昭和四〇年一一月一〇日、同日決議案記名投票後、各党間の話し合いにより、議長が休憩を宣告)、「この際昼食のため暫時休憩されたいとの動議」(昭和四〇年一二月三日、議長が暫時休憩を宣告)、「国務大臣の演説に対する質疑は延期し明三十日午前零時十分より本会議を開きこれを行なうこととし本日はこれにて延会せられたいとの動議」(昭和四四年一月二九日、同日記名投票で可決)、「この際暫時休憩を求めるの動議」(昭和四四年七月一二日、同日記名投票で否決)、「この際昼食のため一時間休憩を求めるの動議」(昭和四四年七月一二日、同日記名投票で否決)、「大学の運営に関する臨時措置法案を文教委員会に再付託すべしとの動議」(昭和四四年七月二九日、同日記名投票で否決)である。

先決問題として表決に付されたものを整理して見ると、まず、国会法、衆議院規則に規定のある又はそれに準じる動議である。これに属するものは、議事日程の順序変更又は追加の動議(衆規一一二条)、修正の動議(衆規一四三~一四七条)、再付託の動議(衆規一一九条)、質疑終局の動議(衆規一四〇条、一四二条)、討論終局の動議(衆規一四一条、一四二条)、発言時間制限の動議(国会六一条)等がある。これらは先決問題として会議事項に先立って表決に付されている。次に、先例上で認められたものがある。この範疇としては、休憩の動議、散会の動議などがある。これらは概ね先決問題として表決に付されるが、一度議決された動議と同種の動議が再び提出されても先決問題とならないことがある。

先決動議が競合したときにいずれを先にするかについては、かつて田口弼一『委員会制度の研究』(岩波書店、一九三九年)三五八頁は、次の二大原則の適用を提唱した。

① 会議の順序は、議院法、衆議院規則に定められた成規の手続を踏むことを原則とし、略式の手続は正式の手続を踏まぬことが明瞭となった後でなければこれを行わないこと。

② 二つの動議が同時に提出されたときにおいて、甲の動議を採決すれば乙の動議は最早まったく採決される機会を失うも、乙の動議を先に採決すれば甲の動議は後になお採決される機会を失わないときは、二つの動議のうち、乙の動議をまず採決すべきこと。

この原則によれば、直ちに採決をすべしとの動議と議事延期の動議が競合した場合は、議事延期の動議を先に採決し、討論終局の動議と議事延期の動議が競合した場合は、議事延期の動議を先に採決し、質疑終局の動議と質疑延期の動議が競合した場合は、質疑延期の動議を先に採決しなければならないことになる。先決問題となるかどうか及び先決問題が競合したときの採決の順序は、議長が、各動議の性格を考慮し、その時々の状況に応じて、裁量により定めると言える。

四　言論の府

国会は国の唯一の立法機関として、国政のあらゆる問題について結論を出すことが求められている。意見が激しく対立したときに、お互いの譲り合いによって妥協が成立することもあるし、あるいは議長のあっせんが行われることもある。しかし紛糾案件審議の本会議も問題解決の方法の一つであることは間違いない。その際に大切なことは、先の浅沼稲次郎議院運営委員長の委員会報告書の中にもあったように、「多数者の正しい勢力の反映と、少数者の意見の擁護」という相矛盾するかに見える要請をできる限り満たすことである。委員会の審査においてももちろんであるが、本会議の段階に至っても、このことは尊重されなければならない。その観点から考えると、質疑終局の動議及び討論終局の動議の牛歩による採決よりも、全国民を代表する議員による言論を大切にして、最終的には多数決で決着を付けるにしても、会議録にお互いの主張を残すことによって、現在の国民の判断に供し、将来の歴史の審判を仰ぐ素材を正確に提供することが求められている。

国家基本政策委員会創設の経緯とその将来像

向大野新治

一　はじめに
二　これまでの官僚主導システムの崩壊
三　国家基本政策委員会が創設された経緯
四　イギリスのクウェスチョンタイム
五　クウェスチョンタイムの意義
六　討論技術鍛錬の場としてのクウェスチョンタイム
七　国家基本政策委員会の性格
八　国家基本政策委員会の現状
九　今後の党首討論のあり方

一　はじめに

国家基本政策委員会ほど明確なる意図をもって設置された委員会はないと言ってよい。この委員会は、第一四五回国会において成立した「国会審議の活性化及び政治主導の政策決定システムの確立に関する法律」（以下「国会審議活性化法」と略す）に基いて設置されたもので、首相と野党党首とが、何の議事的制約もなく、国政全般にわたって討議することを唯一の目的とするものである。こうした特殊な任務を帯びた委員会の設置はこれまで世界にも例がなく、画期的なものであると言ってよい。

この委員会の設置とともに、国会審議活性化法は、政府委員制度の廃止とこれに伴う副大臣等の設置等をも規定したが、その目的は、同法第一条に定めるように、「国会における審議を活性化するとともに、国の行政機関における政治主導の政策決定システムを確立するため」であった。

本稿では、政府委員の廃止等の経緯も織り交ぜながらも、特に国家基本政策委員会の設置をメインテーマとして、そこにいたるまでの政治の動きを検証するとともに、同委員会が今後どのようにしたらより発展していくのか、その条件等を検討してみたい。

ところで、先に述べた国会審議活性化法の目的である「国会審議の活性化」と「国の行政機関における政治主導の政策決定システムの確立」であるが、これは、具体的には、これまで過度に官僚に依存してきた政治スタイルを破棄し、国民の代表たる議員をより多く政府に取り込み、実質的に政策プロセスを主導させ、その責任において政策決定を行わしめるとともに、国会において説明責任を果たさせようというものである。

言うまでもないことだが、我が国国会では、大臣や政務次官のみならず政府の職員が、政府の押し進める政策を説明したり、議員からの質疑に答弁することが、帝国議会から引き継がれた制度として当然のごとく存続してきた。しかし、政治的な責任を負う立場にない官僚が、国会という国の基本方針を決定する場において、政策の根幹を説明したり、議員からの質疑に答えるという制度については、長年、国民の中から、特に言論界や学会等から強い批判が出されてきた。しかも、質疑者に言質をとられないよう、時にどう解釈してよいのか明確ではない曖昧な答弁がなされることも少なくなく、政治の無責任性や国会の不活性化を助長してきたという面もあわせて批判されてきた。

この原因としては、大臣が専門性よりは当選回数を重視した輪番制で選ばれてきたという点が指摘されている。つまり、専門性を有さないがゆえに、国会での論戦をもっぱら政府委員等の官僚に任せてきたというものである。その典型例として、かつて久保田円次防衛庁長官が、「これは重大な問題でございまするので、……防衛局長から答弁をさせます」(1)と答弁したことがしばしば挙げられることは読者も既にご承知のことであろう。

その一方で、政治主導の政策決定が充分行われなかったこと等とは本来関係ないはずなのに、あたかもそうした職務や義務をないがしろにしてきたことが、与党議員の利権行為を増長させ、汚職事件等を引き起こす一因となったかのような批判もなされてきた。昭和六三年から平成元年にかけて政界を揺るがしたリクルート事件、平成四年から五年にかけて起きた共和リゾート事件や東京佐川急便事件等の発覚は、国民の政治不信を高めるとともに、政治家のあるべき姿をもう一度見直そうという気運を盛り上げた。結局は、我が国に二大政党制が育っておらず、与党が政権獲得競争に晒されていないがために、個々の議員の専門性を高める努力が軽視され、結果として国会の不活性化のみならず、こうした不祥事を頻発させたとして、議員の資質の向上と政党中心の政策提言や選挙態勢を確立させることを目的とした選挙制度改革中心の政治改革論議が高まっていった。

平成五年、それまで約四〇年近く続いてきた自民党政権が倒れ、細川護熙氏を首相とする非自民連立政権が誕生した。同内閣は、選挙制度改革を支持する国民世論を追い風に、その改革にありったけのエネルギーを注ぎ込み、衆議院の選挙制度を小選挙区と比例代表制を併用するシステムへと作り替えた。ただ、内閣自体は短命に終わり、まもなく非自民連立政権の崩壊を迎え、村山富市社会党委員長を首相とする自民・社民・さきがけ連立政権が誕生するなど、政治そのものはめまぐるしく動いていった。政治改革はこうした動きに翻弄され、一休止となった。

二　これまでの官僚主導システムの崩壊

ところで、これまでいわゆる五五年体制の下で盤石の強さを誇ってきた官僚制にも大きな危機が訪れる。特に、平成六年から七年にかけて、東京協和・安全信用の二信組事件にからんで、多くの中央官庁の幹部、とりわけ大蔵省の幹部やエリート職員が高橋治則同組理事長に癒着していたことが暴露され、また、平成八年には、エイズ薬害事件に関して厚生省が関係資料を隠蔽していたことや、岡光事務次官等の汚職が摘発されるなど、一挙に官僚にも猛烈な逆風が吹き寄せた。これまで中立公正ということで国民から一定の信頼感を得てきただけに、官僚の受けた打撃は大きいものがあった。

しかし、実は、こうした不祥事とは関わりなく、官僚が大きな権限を発揮できたこれまでの政治風土そのものが揺らいでいたのも事実である。

五五年体制の下では、政治の対立軸は資本対労働であって、もっぱら資本主義と社会主義との対立を基調にした安全保障政策が政治上の最大のテーマであった。しかし、実体とすれば、アメリカの核の庇護の下での議論の枠を超えることはなく、実際上の政治は非常に実利的に行われ、議員と生産者（資本家から労働者、農林漁業者等を含む）を主要な政治上のプレーヤーとして、もっぱら右肩上がりの経済から生み出される利益を、国の隅々、そして生産者のほとんどにいかに行き渡らせるか、そしてその結果として国民全体を大なり小なり潤わせるかということを最大の目的として遂行されてきたと言っても過言ではない。具体的に言うと、公共事業を起こし、補助金をつけ、特例措置や規制を設ける等が政治の手法であり、こうした手法には、その技術に長けた官僚が活躍する余地が大きかった。

ところが、一九九〇年前後、ベルリンの壁の崩壊とそれに続くソビエト連邦の解体、一方で中国では鄧小平の下、改革開放政策が推進され、事実上、共産主義体制が崩壊し、これまでの政治を規定していた冷戦構造が崩れ去った。そして、それとともに、世界的な市場経済化、経済のグローバル化が一挙に進み始めた。これに歩調を合わせるかのように、我が国の経済も大きく拡大し、自由化、規制の緩和が進み、市場が成熟していくとともに、経済のボーダーレス化が始まった。政治の新たなプレーヤーとして消費者が登場し始めたのもこの時期であり、政治の視点が変わり始めたことを意味する。

その後、バブル経済が崩壊し、長く苦しい経済低迷の時期を迎える。財政危機と相俟って、もはやこれまでの官僚的手法では解決しない時代に入ってきたのである。つまり、不祥事の有無とは関係なく、これまでの官僚主導で済ませられた政治は限界ぎりぎりまで来ていたと言ってよい。これからは、一部の国民に負担なり犠牲を強いなければならなくなることはまちがいない。その時は、当然のことながら、国民の信託を受けた議員が、自らの見識と責任において国民に訴えなければならないのである。冒頭で述べた政府委員の廃止や国家基本政策委員会の設置が実現したのは、実は、「政治主導の政策決定システム」を受容するような社会の大きな変化があったからである。

三　国家基本政策委員会が創設された経緯

ところで、細川内閣での選挙改革が一段落した後は、しばらくは政権の枠組みをめぐって政治が揺れ動いていたが、しだいに落ち着くにつれ、先に述べた官僚の不祥事とも相俟って、次の政治改革は、政府委員の廃止とこれに伴って国会で答弁等を担当する副大臣の設置という国会改革へと移っていく。

ところで、これまでの国会における議案審議の主要なプロセスは「質疑」であった。そして、政府提出議案に対して質疑が行われる場合、その相手方はもっぱら、その議案を起草した法律や実務に長けている政府委員であった。無論、こうした従来型の立法プロセスにおいても、議員同士による討議、意見交換の試みが細々と行われてきたことは事実である。その一例がいわゆる「自由討議」である。規則や先例等にがんじがらめにされた上で、政府対野党議員という図式の下での質疑だけでは、必ずしも実りある議論は生まれないとして、こうした試みが始まったとされている。

自由討議の源を質せば、実は、国会法の制定当初まで遡る。連合国軍司令部の示唆によるもので、同法第七八条一項にも、「各議院は、国政に関し議員に自由討議の機会を与えるため、少なくとも二週間に一回その会議を開くことを要する」と定めていた。ただ、これまで経験したことのないことを急にやれと言ってもやれるはずもなく、新奇な試みに理解を示す向きはほとんどなかった。結局、意図どおりに活用されることなく廃止された。

だが、その後も種火は残り、自由討議の試みは、ステージを委員会に移して細々と行われることになった。最初は、特定の案件について知識や情報を有する委員に対して行う質疑を指したようだが、しだいに発言順位等を定めることなく行う委員間の質疑をいうようになり、さらに委員間に限らず質疑順位や持ち時間を予め定めることなく行う質疑、そして委員間の自由な発言をも意味するようになった。(2) 平成二年の衆議院議会制度協議会で提示された各政党の提言は、異口同音に議員同士の討論を国会審議の中心に据えるべきだとしており、この頃までには、自由討議というスタイルはほぼ認知されたものと考えてよいだろう。

平成九年頃からの国会改革では、こうしたコンセプトを具体的に法案化する動きが野党の中で始まった。第一四一回国会において、「国会における審議の活性化を図るための国会法及び国家行政組織法等の一部を改正する法律案」が、新進党、民主党、太陽党の三党共同で提出されたが、その内容は、政府委員制度の廃止と副大臣の設置をめざすものであった。ただ、同法案は、所管委員会に付託されることもなく、審議未了・廃案となった。その後も、ほぼ同内容の法案が民主党から単独で提出されたりしたが、特に審査されることもなく継続審議という形になった。

平成一〇年、自民党と自由党の間で連立政権協議が始まり、小渕恵三首相と小沢一郎自由党党首との間で「いま直ちに実行する政策」が合意されたが、その中に、政府委員制度を廃止し、国会審議を議員同士の討議形式に改める、与党議員が副大臣や政務補佐官として政府に入るといった項目が入れられた。これを受けて設けられた自民党・自由党のプロジェクト・チームで詳細を詰める協議がなされ、さらに、民主党、公明・改革、共産党、社民党の国対委員長を含めて新たな実務者協議が始まった。

実務者によるイギリス議会の視察も行われたが、そこでのプライムミニスタ－・クウェスチョンタイム（以下PQと略す）が彼らに大きな影響を与え、国家基本政策委員会といったものを設け、党首による討論をこの議員同士の討議の中心に据えようという動きが新たに出てきた。

実は、議員同士で議論するというアイデアは、もともと亀井正夫氏を会長とする政治改革推進協議会（いわゆる民間政治臨調）が提唱していたもので、平成四年に出された「国会改革に関する緊急提言」にも、イギリスのクウェスチョンタイムを念頭に置いた議員間討論なるものが含まれていた。同協議会は、平成五年六月、「民間政治改革大綱」を発表したが、その中でも、衆議院の基本的任務として、「……与野党間の政策の差異をめぐって議論が行われる中心の場でもある。したがって、……一．与野党間のディベェート（国政の基本問題、時事問題をめぐるものを含む）……を、主たる基本任務とする」としていたのである。そして、それを実現するために、「国政課題を自由論議する「国家基本問題委員会（仮称）の設置」」を提言していた(3)。この委員会の職責としては、まだ党首討論といった限定的なものが想定されていたわけではなかったが、いずれにしても、こうした提案が特に民主党系議員に影響を与え、イギリス議会視察後に「国家基本政策委員会」構想が急浮上してきたのも、これらの提言に関与した民主党系議員がかなり熱心に推進したためである。

民主党は、重要な国政課題について恒常的な首相と野党党首間の討論の場を確保することを合意の条件として、これらの改革に同意する一方、与党側も、そうした場を設けた場合には、首相の負担を軽減するため、本会議や他の委員会への出席を制限することを条件として、民主党の提案を受け入れることになった。

その後、平成一一年には、自民党、自由党、民主党、公明・改革の四会派で、国家基本政策委員会を設置すること等も新たに国会改革に含めることで合意を見、四会派の国対委員長が、議院運営委員長に法案の起草を要請した。第一四五回国会終盤の七月一三日、議院運営委員長から国会審議活性化法案が提出され、同日衆議院を通過、七月三〇日に成立した。この間の事情については、この法案の策定に携わった伊藤和子衆議院法制局参事の「国会審議活性化法制定とその内容」に詳しいので、そちらを参考にしてほしい(4)。

なお、この法案に対しては、社民党、共産党は反対であった。国家基本政策委員会の設置そのものに反対したわけではないが、この委員会の設置に伴い、首相の本会議・委員会への出席が減ることについて、憲法第六三条の定める大臣への出席要求権に抵触するというのが反対の理由であった。

ところで、この法律の施行は、次の常会（結果的に第一四七回国会）からということになっており、その前に開かれた臨時会（第一四六回国会）で、予算委員会において試行された。

もともと我が国の国会は、大陸系議会の伝統を引いていることもあって、イギリス式の討議になじむ構造をしておらず、いかに席を配置するかが大きな問題であった。発言席、委員長席、委員席、陪席大臣席、事務局席等をどうするかで、何度も与野党議員、事務局職員をまじえた検討がなされたが、特に、この委員会の設置に熱心であった自由党の小沢一郎党首が何度か第一委員室を訪れ、自ら机を動かしていたことが思い出される。

四　イギリスのクウェスチョンタイム

ところで、そもそも党首討論のモデルとも言うべきイギリスのクウェスチョンタイムとは、どういうものなのだろうか。記録に残っている最古のクウェスチョンは、一七二一年二月九日、上院において、南海会社（「South Sea Company」）の経理総責任者であったロバート・ナイトが、南海バブル事件(5)に関する秘密調査委員会での調査の途中で国外に逃亡し、ブラッセルで逮捕されたという風聞について、コウパー伯爵が時の「内閣総理大臣」とも言うべきサンダーランド伯爵に質問したことが最初のものとされる。

下院については、その起源ははっきりしないが、一七八三年には、時のコーンウォール議長が、それまで討論の例外としてしか扱われなかった大臣へのクウェスチョンを議員の権利として認めた事実がある。一八三三年には、クウェスチョンに対する事前通告制度が始まり、その後、議事日程等にも記載されるようになった。同六九年には、議事日程表にクウェスチョンが独立して掲載されるようになり、事実上のクウェスチョンタイムが始まったと言ってよい。

クウェスチョンは法案審議と並ぶ議会の大きな職務として認知されるようになったが、一九世紀末には、アイルランドのナショナリスト議員たちが、クウェスチョンを、政府の追及のみならず議事妨害の手段としても使い始めた。

一九〇〇年くらいまでには一会期中に五千件を超えるクウェスチョンが出され、午後六時頃までクウェスチョンタイムが続くこともあり、他の議事が遅れることもしばしばであった。このため、一九〇一年には、バルフォア内閣の下、クウェスチョンの時間を制限することが決まり、翌年から、午後二時一五分から二時五五分までの四〇分とされた。それと同時に、書面でもクウェスチョンが可能となった。

同九年には、口頭によるクウェスチョンは、一議員一日最大八回までとさらに制限が加えられた。現在では、一〇議会日（sitting day）につき最大八問、一日につき最大二問までとされている。なお、四〇年代からは、省庁別にクウェスチョンタイムが設けられ、たとえば、何曜日には外務省関係、別のある曜日には国防省関係というようになった。

ところで、我が国の党首討論がモデルとするＰＱであるが、この制度が確立したのは、実は予想に反して大変新しく、同六一年のことである。無論、それ以前にも首相に対するクウェスチョンは行われていたが、それはあくまでも他の大臣と同列の扱いでのことにすぎなかった。いや、逆に、首相に過度に負担を負わせないために、なるべくクウェスチョンが回ってこないよう配慮されていたと言ってもよい。例えば、一九世紀の終わり頃には、高齢のグラッドストーン首相が遅く登院してもよいように、クウェスチョンの順番は議事日程表の五一番（一九〇四年まで）、それ以降は四五番とされていた（一九六〇年まで）。

ＰＱが制度化されたことで、議会の論戦により活気がもたらされたと言ってよいだろう。当初、火曜日及び木曜日の午後三時一五分から一五分間ということでセッティングされたが（と言うのも、五〇年代くらいから、首相は、月曜日及び水曜日には議会に出席せず、行政の長としての執務を優先する傾向が強まっていったからである）、ブレア内閣の下、九七年からは、水曜日の午後三時からの三〇分間に集約された。

ところで、ＰＱは、非常に特徴のある進行方法をとる。まず最初に、首相の当日の日程やあるいは国内外への出張の予定、質問者の選挙区への視察・出張の予定等を聞くことが慣例となっている。こうした手法がとられているのは、第一に、クウェスチョンには補充質問が認められていることもあり、肝心の質問の内容を予め知られないようにすること、つまり手の内を明かさないことがある。事前に通告しなければならないことはごく問題のない点に抑えておきたいというものである。

第二は、他の所管大臣に答弁の席を譲らせないためである。首相の日程等は完全に首相の専管事項であると言ってよい。

第三は、まず最初に首相の日程を確認することで、次の補充質問の範囲がほぼ無制限になることがある。たとえば、首相の本日の日程に外国要人の表敬があれば、それを梃子に外交問題を質すことができるし、質問者本人の選挙区を訪問する予定があるかないかを尋ねるだけで、その選挙区の失業者問題、教育問題、民族問題あるいは住宅問題などを質せるのである。(6)あるいは、首相の日程が立込んでいることを理由に、これこれの資料を読む時間があるかということで、その資料に関わる国政問題を言及することも可能であろう(7)。

無論、こうした慣例に則りさえすれば、何でもかんでも質問できるというわけではない。これはPQに限らず、クウェスチョン全般について言えることであるが、以下のような実質的あるいは慣例的な制約を守らなければならないことになっている(8)。

まず、手短であること。さらに、時事問題であって、仮定の話でないこと。議論を吹きかけたり、自分の意見を主張するのではなく、あくまでも事実を尋ねる姿勢に徹すること。王室を含めて、個人や団体等を中傷したり、院の議決や判決の批判をしないこと。とにかく質問の相手方たる大臣の責任に関わることを質問しなければならないのである。ただ、たとえ大臣の所管内のことであっても、大臣が関与できることでなければならないことは言うまでもない。マスコミの出した報告書とか個人の出した出版物が正しいか等といったことには大臣は関与できないのである。さらに、係争中の案件や売名行為になることもそうである。実際、約百程度の質問できない事項があり、シークレットサービスに関すること、防衛に関すること、企業秘密等が挙げられる。

ところで、会期中一度に限り、担当大臣に、以前質問することが許されなかった件に関し、今は答える用意があるか否かを尋ねることはできる。一度答えた質問については、同一会期中は再度質問することができない。また、大臣が情報開示もしくはそのために何らかの手をうつことを拒否した場合に、再度この件について質問する場合には、三ヶ月の間を置かなければならないことになっている。

質問ができるのは、約二週間前に質問の事前通告を行い、抽選によって選ばれた者である。ただし、補充質問が、その元の質問者、野党第一党党首、野党第二党党首及び議長が指名した議員に認められる。通例、補充質問は一回きりしか認められないが、特に、野党第一党党首には六問まで、野党第二党党首には二問までが優先的に認められる。

議事は、議事日程に記載された第一の質問から始まり、大臣の答弁が終わるやいなや、補充質問を希望する議員が一斉に立ち、議長の目をとらえようとする（catching the Speaker's eye）。議長は、まず元の質問者が補充質問を要求する場合は、これを優先して指名する。その後は、与野党が交互になるように質問者を指名する。その間、野党党首が補充質問を要求する場合は、これを優先する。一段落ついたところで第二の質問に移るが、元の質問が第一問と同じなので、あたかも補充質問のように進んで行くことになる。

五　クウェスチョンタイムの意義

では、クウェスチョンタイムの意義というか、そのメリットはどこにあるのだろうか。

一つは、多かれ少なかれ国政調査の性格を有しているという点であろう。

我が国では、第二次世界大戦後、アメリカ議会を参考にして、国政調査制度が導入され、もっぱら委員会がこの機能を担っているが、イギリス議会下院では、一九七九年に省庁別特別委員会が設置されるまでは、各省庁行政に対する監視機能はかなり弱く、その多くをクウェスチョンタイムに頼っていたと言ってよい。無論、それ以前は全く委員会による行政監視機能がなかったかと言うと、必ずしもそうではない。似たような仕組みが存在したことは事実であり、たとえば、六六年に設置された農業委員会をその一例として挙げることはできる。しかし、同委員会の設置自体、農業省が強く反対したこともあり、六九年にはほとんど活躍することなく消滅している(9)。こうした行政の監視を目的とした委員会に対する省庁側の反発は強く、うまく機能しきれなかったのがそれまでの現況であり、ましてや各省庁の所管全体にわたる委員会を設ける等と言ったことはほとんど不可能だったと言ってよい。それだけに、この七九年に設けられた省庁別特別委員会は、立法府による行政の監視を悲願としていた議員たちの努力の賜物であった。

ここで若干話はそれるが、それらの委員会の国政調査について言及すると、これらの委員会は、「各省及び関連の公的機関の歳出の状況、管理の及び政策のあり方を検証する」ことを目的として設置され[10]、現在、一六の特別委員会が存在する。

これらの委員会は、人を召喚し、書類や記録の提出を求める権限を有する。また、専門的なアドバイザーを雇うこともできる。しかし、実際には、理想どおりに活動していると評価することは難しい。まず、議員自身が特別委員会の活動にそんなに多くの時間を割けるわけではない。イギリスの下院議員の歳費は年約五万六千ポンド（約一千百万円）であり、当然のことながら別に本職を持っている議員が大半である。このため、委員会はせいぜい週に一回程度開くのがやっとの状況である。

また、組織自体も小さく、委員の数は一一人程度、それを補佐する事務局職員も五人程度にすぎず、能力に限界がある。

さらに、こうした物理的制約だけではない。権限上の制約も存在する。実は、委員会は原則的に上下両院の議員を召喚することができないのである。このことは、大臣を証人として喚問できないことを意味する。無論、委員会の要求があれば、通例どれかのレベルの大臣は出席することになっている[11]が、いずれにせよ最終的には首相が決めることである。

さらに、記録や書類を提出させるにしても、政府が所有もしくは占有する文書類は含まれない。無論、与党の院内総務から、一九七九年及び八一年にそれぞれ、大臣は努めて省庁別特別委員会の活動に協力すること、そして、もし特別委員会への情報開示を拒むことについて特に議院が重大な懸念を有している場合には、政府に割り当てられている時間において、この件に関する討論を行うという約束がなされていることは事実であるが[12]、絶対的に担保されたものではない。

最後に報告書であるが、これも原則的に全会一致で決めるため、内容はどうしても政府に厳しいものにはなりづらいことがある[13]。

こう見てくると、鳴り物入りで設けられたはずの省庁別特別委員会でさえ、その国政調査の権能は比較的弱いことが分かる。しかし、クウェスチョンタイムがその分を補っているかと言えば、それも疑問視されよう。一問一答式では当然ながら調査に限界があり、ミラー下院議事部長も、クウェスチョンタイムについて、「お互いが主張することが主で、むしろ双方の戦いといった様相を呈しているため、もともと実りある答えというのは期待できない」、「そもそも何か生産的な結論を出そうという制度ではない」としているほどである[14]。唯一の利点は、必ず閣内大臣に質問できるということであろうか。

国政調査という観点からクウェスチョンタイムを観察すれば、委員会への出席に時間を割けない議員にとって、わざわざ委員会に出る必要もなく、自分が少し疑問に思っていることを最高責任者に尋ねることができるくらいのメリットしかないと言っても差し支えないだろう。

六　討論技術鍛錬の場としてのクウェスチョンタイム

国政調査の権能が弱いとすれば、他にどういうメリットがあるのだろうか。

オーナッホ・マクドナルドは、ＰＱをウィットの戦い（a battle of wits）と称している。[15] 短い時間の中で、国民の関心や興味を引くことを一問一答式でやりとりするので、政策論議よりも相手の失点を稼ぐゲームといった感覚になる。ＰＱの効用を一言で表現すると、質問者と答弁者との咄嗟の判断力やうまい受け答えの技術を磨くことと言ってもよいだろう。質問者からすれば、このステージで新たな情報を引き出したり、首相を窮地に追い込むような訊問がそうそうできるわけではないが、首相と他の閣僚との政策をめぐる深刻な対立を突くことは可能である。[16] 一方、答弁者側からすれば、質問者の意地の悪い唐突な質問にどう対抗するかが試されるわけで、もっとも模範的な答弁が、「簡潔明瞭、全ての質問に完璧に答えており、危険な補充質問の口実も与えないが、内容は完全に一切の情報を明らかにしないもの[17]」というのも肯けるであろう。よく、「首相になるような政治家は、クウェスチョンタイムを自分のために使えるくらいでなければならない。自分の政策を何度も何度も訴え、反対党の政策をこっぴどくたたくことが大事だ」と言われる所以である。[18]

このため、ＰＱを定期的なものとした保守党のハロルド・マクミラン首相も、火曜日や木曜日のクウェスチョンタイムの前になると、具合が悪くなることも再三あったという。[19] ハロルド・ウィルソン首相も、クウェスチョンを苦にしない首相がいたら、議会制民主主義は危うくなると言っているくらいである。[20]

そもそも、こうした討論の伝統は少なくとも古代ローマにまで遡るもので、たとえば、帝政ローマでは、高等教育とも言うべきレトーリス・スコラ（rhetoris schola）で、政治家や弁護士の育成をはかっていたが、そこで主に教えられていたのは弁論術（ars oratoria）だったという(21)。

我が国の議員のキャリアプランを見ると、スピーチのうまさといったことは、その議員の出世にほとんど関係ないようである。たとえば、五五年体制下の与党では、基本的に当選回数が最大のメルクマールであり、新人議員の最大の職責は本会議や委員会への出席であり、その後当選回数を重ねるに従って、国対委員や委員会の理事となって、党内の調整、省庁との折衝、野党側との折衝等に汗をかき、さらに、党の部会長あるいは議院の委員長として、より高度な折衝をこなし、大臣あるいは党の三役等に出世していくというものであった。大事なのは、どれくらい各党等のカウンターパートナーと折衝できるか、そうした調整力、人脈だったのである。

これに対し、イギリスでは、初めて議員に当選した後に与えられる最初の討論の機会、これを俗に処女演説（maiden speech）というが、この出来にその後のキャリア形成がかかっていると言っても過言ではない(22)。さらに首相や大臣等への質問を重ねることで、その豊かな知識やすぐれた弁論術、人格などが政府や党の幹部に認知されることになる。そこで認められることにより、議会担当秘書（PPS）、政務次官や副大臣あるいは院内幹事（whip）等の階段を上り、大臣になることができるのである。要は、こうした発言の場が、大政治家になるための大きなステップになっているのである。

七　国家基本政策委員会の性格

我が国のこれまでの委員会は、常任、特別問わず議案の審査と国政調査とをその主要な任務としてきたが、国家基本政策委員会はすでに冒頭でも述べたように、もっぱら首相と野党党首の間で国政全般について討議を行うために設けられたものである。無論、この委員会も他の常任委員会と何ら変わるところはなく、「国家の基本政策に関する事項」という所管を有している（衆規第九二条）点から法案審査等ができないわけではないが、各党の合意[23]をもって、あえて党首同士の討論のみにその職責を特化させているのである。

その特徴としては、次の八点である[24]。

第一に、発言者は常に首相と野党党首（衆議院もしくは参議院において、所属議員一〇名以上を有する野党会派）であり、他の委員には発言する機会は与えられていない。

第二に、審査会長は初回は衆議院側の委員長が務め、その後は参議院側というように、交互に務めることになっている。基本的には会長の属する議院（衆第一委員室もしくは参第一委員会室）において開会するが、委員室の都合により他院となることもある。

第三に、委員数は、衆議院が三〇人、参議院が二〇人であり、委員会は当然各院単独でも開くことができるが、常に衆参合同審査会の形で行われる。

第四に、委員席は与野党が向き合う対面方式である。

第五に、首相と党首は、直接向き合って討議する。

第六に、首相以外の大臣は陪席する。

第七に、会期中週一回水曜日午後三時に開会する。野党党首に配分される討議時間（首相発言時間を含む）は総計四〇分で、その配分は基本的には会派所属議員数で按分することになるが、野党間の調整も可能であり、二回分を一回にまとめて行っても構わない。

第八に、議案や請願の審査は行わない。

なお、第七に関し、首相が衆議院もしくは参議院の本会議、予算委員会もしくは重要広範議案審査の委員会に出席する週には、本委員会（合同審査会）は開会しないことになっている。首相の負担を軽くするためである。

この委員会の特徴を実務面から見ると、これまではどういう議論を行うにも、必ず議題との関連性が求められ、それがたとえ一般質疑であっても、例えば財政金融とか国土交通といった所管の枠がはめられたが、こうした制限が全くなくなったことが大きいと言えよう。自由に話題を変えながら何でも質疑できるということになったのである。

イギリスのＰＱと我が国の党首討論との違いを挙げると、次の三点であろう。

第一に、ステージがイギリスでは本会議であるのに対し、我が国では衆参の委員会の合同審査会である。このため、主宰するのも、議長と審査会長という違いがある。

第二に、発言者であるが、我が国が首相と野党党首のみに限っているのに対し、イギリスでは、質問できるのは、約二週間前に質問の事前通告を行い、抽選によって選ばれた者である。ただし、補充質問がその元の質問者、野党第一党党首、野党第二党党首及び議長が指名した議員に認められている。

第三に、国家基本政策委員会（合同審査会）は、毎週必ず開かれるということが保証されていないことである。

八　国家基本政策委員会の現状

平成一二年一月の設置以来、党首討論が行われたのは、一二六回にすぎない（平成一五年末現在）。無論、この中には、小渕首相の病気入院といったやむをえない事情で中止になった場合もある（なお、本家のイギリスでは、首相が海外に出張して出られない場合等には、副首相等が代行する）が、それにしても、回数が少ないことは否めない事実である。この主な原因は、先述したように、首相が衆議院もしくは参議院の本会議、予算委員会もしくは重要広範議案審査の委員会に出席する週には、国家基本政策委員会は開会しないとの縛りがあるからであろう。

こうした現状に対し、与野党双方から国家基本政策委員会のあり方を問う声が出され、衆議院の議会制度協議会（議長の私的諮問機関だが、構成員は正副議長ならびに議院運営委員会理事及びオブザーバー）といった舞台で、見直しの論議が進められた。

見直しの要点としては、主に、委員会を必ず週一回開会すること、割り当て時間を拡大すること及び委員会の進め方を改善することの三点であった。

まず、開会の義務化であるが、これは先の縛りをどれほど緩和するかということと密接に関わっている。与党側とすれば、会期はそんなに長くなく、できるだけ予算や重要法案の審議の方を優先させたいという思いがあり、重要法案等が付託されていない（俗に言う「人質」がいない）委員会の開会は、大臣の日程等もあり、なるべく後回しにしたいということがある。

開会の義務化を阻む第二の理由は、トップを傷つけてはならないというどの組織にも共通する防衛意識である。首相が責められっぱなしで、与党側に何のメリットもないのなら、開かない方がましだということになる。しかし、こうした考えは何も政治だけに特有のものではない。民間企業においても、なるべく社長を傷つけないために、株主総会を総会屋に仕切らせてきたことは周知の事実である。こうしたトップが発言する機会を、これまでの業績や将来のビジョンを示す絶好の機会としてとらえず、消化試合程度のものと意識している中では決して根づかないのは言うまでもない。

次に、割り当て時間の拡大であるが、これについては、平成一五年二月七日の国家基本政策委員会両院合同幹事会により、全体で五分間延長することが決定された。今後の推移を見て行く必要があろう。(25)

ただ、ここで再認識しておかねばならないことは、これまで行われてきた予算委員会の総括質疑等は、それこそ大臣と委員の間で国政全般について一問一答の真剣なやり取りがなされていたのであり、実質的にはＰＱ以上の価値を有していたことである。実は、イギリス議会では、委員会において首相に質疑する機会はなく、本会議においても、緊急質問等を除けば、原則的にＰＱくらいしかその機会はなかったのであり、この点を十分考慮に入れなければならない。もし、党首討論に価値を持たせるとしたら、当然のことながら、予算委員会や重要法案審査の特別委員会における総括質疑等を超えるようなものを出さなければならないのである。

最後に、委員会の進め方に関する改善であるが、①席を近づける②予め討議のテーマを設定するという二つが考えられていたようである。(26)

席の接近とは、質疑者と答弁者の距離を縮め、双方に立ったままで討論させることで、議論を白熱化させようというものである。これには、双方がテレビの画面に同時に映るという効果も考慮に入れているようである。もう一つは、討議のテーマを絞ることで、散漫になりがちな討論を引き締めようというものである。しかし、これらの件については、正規に交渉のテーブルの上に載っていたわけではない。

九　今後の党首討論のあり方

当然のことながら、いかなる制度もメリットがなければ続かない。イギリスでクウェスチョンタイムとりわけPQが続いているのは、それだけのメリットがあるからである。それは、先に述べたように、簡単な国政調査の手段という点を除けば、①与野党双方とも、このステージでの攻防ぶりが国民に大きくアピールすることを承知しており、最大限これを使おうとすること②演説や質問をするということが議員のキャリアプランに組み込まれていることであろう。

ところが、我が国では、そのメリットがはっきり見えていない。その原因を突き詰めていくと、実は、問題は委員会のあり方等にあるのではなく、議会制度に対するポリシーそのものにあるのではないだろうか。

民主主義の要諦は、自分に関わることについては、その決定に自分も参加する権利がある、もし物理的に関係者全員が参加することができないなら、代表を出す権利があるという極単純なものである。これは、人類が社会的な営みを始めた頃からの原理であると言ってよいし、こうした考えはローマ法の中にも存在する。だが、この思想は、代表たちが内輪で納得し、決定すれば済むということを言うのではない。自分たちも代表の様々な議論を聞いた上で、その後に適正な手続きを経て決まったことに対しては、たとえ個人的に不満であっても納得しなければならないというのが、民主主義の原理なのである。

それゆえ、民主主義の母国ともいうべきイギリス議会等では、大臣がしゃしゃり出ても説明し、説得しようとということになる。我が国で、こうした傾向があまり見られないのは、議会が、国民や代表へのアピールの場というよりは、議案を成立させるための正規のプロセスという点に比重を置いて考えられているからではないだろうか[27]。

国家基本政策委員会の将来を考えていく上で大事なのは、まず第一に、党首討論を時間の短い毎週開かれる総括質疑と捉えることであろう。野党側からすれば、毎週定期的に国民にアピールできるわけで、政権獲得のための最高のステージということになる。

一方、与党側も、これを野党を撃破する最大のチャンスと考えるべきである。予算委員会を含めてこれまでの質疑中心の議事構造においては、政府側が一方的に野党側の攻撃を受けるだけの形となっていたが、これを転換して、首相にも野党側の政策なり政治理念を攻撃できるシステムにしたらどうだろうか。「受けて立ってやろう」、そして「あわよくば、野党側の攻撃を撃破し、相手の弱みを徹底的にたたいてやろう」ということが与党側のメリットとなるのである。イギリスでも、「答弁する首相は、質問者に反論したり、逆質問したりすることができる[28]」とされており、この点は、我が国でも委員会の申合せで決められると思われる。

第二は、我が国でも、弁論によって国民を説得しなければならない時代がすぐ目の前まで迫っており、発言者をイギリス議会並みに拡大し、与野党の委員たちに積極的に討議に参加させてはどうだろうか。

いずれにしても、制度を導入さえすれば、期待どおりに動くというものではない。最後は、それを理想的に動かしたいという意欲が制度を生かすのであり、積極的にメリットを作り出していかなければならないのである。

（1）　第九一回国会衆議院予算委員会（一九八〇、二、一）、塚本三郎議員の質疑に対する答弁。
（2）　拙書『衆議院――そのシステムとメカニズム』（東信堂、二〇〇二年）七四～七五頁。
（3）　同大綱では、従来の国会には「その時々の国政課題と対応策を機動的に論議しうる仕組みは完備されていない」として、「各議院の全議員を構成員とする「国家基本問題委員会」（仮称）を設置し、一定数の要求があった場合には、第一委員会室で自由参加により、自由に論議できるものとする」としていた。
（4）『議会政治研究』第五二号所収（議会政治研究会、一九九九年）。
（5）「バブル」という言葉の語源であり、南海会社が、議会の承認を得て南アメリカの諸港との貿易をほぼ独占し、このことが同社の株を急騰させたものの、結局暴落した事件。
（6）Oonagh McDonald『PARLIAMENT AT WORK』（Methuen London 1989）p. 148.
（7）前掲伊藤、一五〜一六頁。
（8）David Davis MP『The BBC Viewer's Guide To Parliament』（BBC Books 1990）p. 64.
（9）Paul Silk『How Parliament Works』Second edition（Longman 1989）p. 220.
（10）国政調査の重要性が従来から痛感されていたこともあって、一九七八年に、議事手続委員会（Procedure Committee）が、一二の特別委員会を設置し、年に八日に限り、特別委員会からの報告書を討論に当てること等を内容とする勧告を出したが、当時の与党労働党院内総務のマイケル・フットは消極的で、日の目を見るにいたらなかった。ところが、翌年の総選挙で保守党が勝利するや、セントジョン・スティーバス院内総務は、その勧告を若干手直しした案の討議を認め、最終的に採決に付して承認され、翌年から活動することになった。
（11）これらの特別委員会に、首相は出席しない慣例となっている（John Biffen『INSIDE THE HOUSE OF REPRESENTATIVES』（Grafton Books 1989）p. 141）。
（12）前掲 Paul Silk, p. 223.
（13）前掲 John Biffen, p. 141〜142.
（14）前掲伊藤、一二九頁。
（15）前掲 Oonagh McDonald, p. 147.
（16）同 p. 147〜148.
（17）J Harvey and L Bather『THE BRITISH CONSTITUTION AND POLITICS』Fifth Edition（MacMillan 1982）p. 146.
（18）前掲 Paul Silk, p. 194.

（19）　Halold Wilson「PRIME MINISTERIAL ANSWERABILITY」（『MINISTERIAL RESPONSIBILITY』（Oxford University Press 1989）p. 95）.
（20）　同 p. 95.
（21）　塩野七生『ローマ人の物語Ⅹ』（新潮社、二〇〇一年）二三一～二三五頁。
（22）　前掲 David Davis MP, p52。
（23）　国家基本政策委員会両院合同幹事会「運用に関する申合せ」（二〇〇〇、二、一六）。
（24）　前掲拙書、一五八～一五九頁。
（25）　平成一四年一一月一三日、社民党の土井たか子党首は国家基本政策委員会の廃止を強く滲ませる記者会見を行ったが、その不満の根本は割り当て時間の短さにあった。首相の答弁時間も含めて三分では一問問うのがやっとであり、平成一五年二月の見直しでも二分延びたにすぎない。
（26）　読売新聞（二〇〇三、一、一）。
（27）　山口二郎北海道大学教授も、「党首討論がつまらないのは、論争する術がリーダーの大事な資質であることが日本の政治に定着していない証拠だ」としている（読売新聞（二〇〇二、一〇、一四））。
（28）　シャーナ・ホール保守党院内幹事長顧問の発言（前掲伊藤、五一頁）。

党首討論を巡る若干の問題

大西　勉

Ⅰ　党首討論制度発足の経緯

一　制度の発足に至る経緯

二　制度発足への流れ

三　自民・自由合意以降の主な流れ

四　国会審議活性化法の立法過程

五　法成立後の運用協議の流れ

六　党首討論の実施後の流れ

Ⅱ　制度上の問題点

一　党首討論は党首のリーダーシップと討論能力が前提

二　二院制の下での党首討論

三　常任委員会合同審査会での党首討論

四　国家基本政策委員会の制度発足上の問題

五　予算委員会との競合関係

六　党首討論運営とその見直し論及び見直し主体について

七　議長の諮問機関その他の国会改革論

Ⅰ　党首討論制度発足の経緯

一　制度の発足に至る経緯

国会における審議の活性化を図るため、第一四五回国会、平成一一年七月二六日に成立した「国会審議の活性化及び政治主導の政策決定システムの確立に関する法律」（以下「国会審議活性化法」という）に基づき、第一四七回国会（平成一二年、つまり二〇〇〇年の常会）から衆参両院に常任委員会としてそれぞれ国家基本政策委員会が新設され、これらの合同審査会を舞台としていわゆる「党首討論」が始まった。

国会審議活性化法は、国会改革の一環として国会審議の在り方を見直そうとするもので、①政府委員制度の廃止、②副大臣等の設置、③国家基本政策委員会の設置を主な内容とするものである。

この法律が制定されるに至った背景には、従来の国会審議では、議員でない政府委員が答弁を行うという形がほとんどで、国家審議が形骸化している、本来国民から選ばれた議員同士が政策論議をするのが国会ではないのかとの批判・反省が高まっていた。そこで一連の国会改革の議論や内閣制度改革・中央省庁再編成等の行政改革の動きの中で、議員同士の議論によって国会審議を活性化させるため、政府委員制度の廃止と副大臣等の設置を制度化する動きが出てきた。こういう中で、議員によるイギリス議会の「クエスチョンタイム」視察という偶然のきっかけで、国家基本政策委員会の設置、つまり党首討論の場を設けるという制度が形成されることとなったものである。(1)

このように党首討論は、イギリス議会の「クエスチョンタイム」を参考に導入されたものであるが、イギリス議会のクエスチョンタイムとは制度・運営上様々な相違点がある。

① イギリス議会では、政策課題や時事問題について、政府に対し情報の開示や説明を求める手段として、口頭質問、緊急質問および書面質問の制度がある。クエスチョンタイムとは本会議の場で、議員が首相及び閣僚に口頭答弁を求める質問 —— Questios for oral answer —— を指すのである。(2)

② イギリスのクエスチョンタイムは、下院においては月曜から木曜までの本会議の冒頭に行われ、与野党議員の質問に対し、各省大臣が日を定めて答弁することになっている。中でもクエスチョンタイムのうち「首相に対する質問時間 —— Prime Minister's Question Time」は、水曜日の午後三時から三〇分間行われ、その時々の政策問題について質問の形で、野党党首その他与野党議員と首相との間で白熱の討論が行われる。

これに対して我が国では、党首討論は衆・参の国家基本政策委員会合同審査会の場で、総理大臣と野党党首との討議の形で行われる。毎週水曜日午後三時から四〇分間開かれるのが原則だが、総理が本会議・予算委員会等に出席する週には開会しないことになっている（資料一）。

二　制度発足への流れ

リクルート事件や消費税導入問題等を巡る紛糾の後、政治に対する国民の信頼回復を図る趣旨から、平成二年六月、衆議院の議会制度協議会において、各党から国会改革に関する各種提案がなされた。これらの提案では、議員同士の討論を重視し、政府委員の答弁を少なくしていこうという方向でほぼ一致している。

さらに政治不信を増長させた佐川急便事件及びゼネコン献金問題のなかで、政治改革推進をめぐり宮沢内閣に対する不信任決議案が可決された。その後、平成五年七月の第四〇回総選挙で、細川非自民連立内閣が誕生したが、そこで与党を占めることとなった新生党の小沢代表幹事は、同年一〇月、政府委員制度廃止の構想を発表した。

さらに平成八年六月には、土井議長・鯨岡副議長から「議員立法の活性化に関する一つの提言」が提出され、この中で政府委員を入れずに議員同士の自由な討議を実施すべきことが提唱された。

同年一〇月の第四一回総選挙（小選挙区比例代表並立制での第一回目の総選挙）後の第二次橋本内閣は、自民単独の少数内閣となったが、このとき、二一世紀を迎えるにあたって国政の色々な分野において改革を進めようとする雰囲気の中で、財政構造改革を目玉とし、中央省庁再編成・行政改革を含む「六つの改革」を提唱した。

こういう環境下では、国会においても改革は例外ではなかった。平成九年九月、第一四一回国会の冒頭には、政府委員二七六名の任命に対し慣例通り議長が承認を与えるかという問題で、新進・民主・太陽の野党三党が反対し、議院運営委員会において採決で政府委員承認を決定することとなった。また同年一一月にはこの野党三党が、政府委員制度の廃止や副大臣等の設置を内容とする、「国会審議の活性化を図るための国会法及び国家行政組織法等改正案」を提出した（これは野党提案の衆法で、委員会に付託されないまま廃案）。

平成一〇年七月の参議院通常選挙における、経済政策の失敗等への批判を受けての敗北を理由に橋本総理辞任、小渕内閣誕生となった。

同年一一月には、自民党と自由党の間で連立協議が行われ、小渕党首と小沢党首との間で、九項目からなる「いま直ちに実行する政策」（資料二）として連立合意がなされた。この合意のうち政治改革に係る部分は、①政府委員制度を廃止し、国会審議を議員同士の討論に改める、②与党議員は大臣・副大臣・政務次官等として政府に入り、与党と政府の一体化を図ることである[3]。この自・自合意によって、政府委員制度の廃止、副大臣制度の創設に向けて大きく前進し、やがて国会審議活性化法として集約される中で党首討論の制度実現を見ることになるのである。

三　自民・自由合意以降の主な流れ

前述の自・自連立合意を受けて、両党のプロジェクトチームによる実務者協議が行われ、平成一一年三月二四日、政策合意文書「政府委員制度の廃止及びこれに伴う措置並びに副大臣の設置等に関する合意」（資料三）を発表した。合意の主な内容は、①政府委員は次の一四六回国会から廃止する、②平成一三年省庁再編にあわせて政務次官を廃止し、副大臣・政務官を導入する、③対政府質疑は総理、国務大臣、副大臣、政務官等に対して行う、④細目的・技術的説明のため政府参考人を出席させることができること等であり、最終的に成立した国会審議活性化法の骨格はおおよそこの時点で固まっていたといえる。

これ以降の議論は、民主、明改、共産、社民を含め国対委員長の下で各党の衆・参両院議員による実務者協議の場に移行して行われた。このメンバーが五月に、イギリス議会制度の実情調査を行った際に、同国のクエスチョンタイムにならって党首討論を国会の場に導入しようという構想が浮上し、その導入実現に急速に傾いたと言われている（資料四）。

従来から同様の仕組を設けようという構想を持っていた民主党は、この導入に熱心であり、実務者協議において「総理と野党党首の恒常的な討論」を合意条件とし、これを与党も受け入れた。その際、自民党から、党首討論の導入に伴い総理の国会審議への出席を従来よりも制限するよう要求し、最終的には民主党もこれを受け入れること

となった。(4)

各党実務者協議は、自・自政策合意をベースとして、「国家基本政策委員会の設置」という新たな項目の追加など、いくつかの変更を加えた上で、六月一四日、自民、自由、民主、明改の四党による「国家基本政策委員会の設置、政府委員制度の廃止及び副大臣等の設置並びにこれらに伴う関連事項の整備等に関する合意」(資料五)がなされた。協議の中で、党首討論については、衆参それぞれで討論の場を設ける案や、本会議場で衆参両院議員が集まる案など、いくつかのアイデアが出されたが、最終的には各院に置かれた常任委員会が合同審査会を開くことができるという国会法の既存の枠組を活用することになった。

四　国会審議活性化法の立法過程

四党は、合意の後、六月一五日に、衆議院議院運営委員長に法案起草に向けての依頼を行った。

これを受けて、議院運営委員会では、国会法改正等小委員会に場を移して、同月二四日、国家基本政策委員会の設置、政府委員制度の廃止、副大臣等の設置に関し、法律案起草手続きを開始した。

中川小委員長・議院運営委員長は、小委員会の冒頭、六月一四日の各党協議会、翌一五日の国対委員長会談において、「国会審議の活性化及び政治主導の政策決定システムの確立に関する法律案政策要綱(案)」として取りまとめに各党が合意したこと、そして同要綱案に基づき議院運営委員会で立法化の協議着手の申し出があったことを説明し、各党協議会のメンバーでもある遠藤小委員から同要綱案の趣旨・概要の説明を求めた。

なお、この後の小委員会等での議論は、①人事院総裁等四名の政府特別補佐人の任命を規定するか、国会が出席を求めるとするか、②国家基本政策委員会の常任委員会としての制度上の疑念等の問題、③総理の国会審議への出席制限問題等が主なものであった。

自民、自由、民主、明改の賛成（共産、社民は反対）により、起草案は議院運営委員長提出とすることとなり、七月一三日、議院運営委員会で採決、同日の本会議で可決、参議院に送付された。法案は同月二六日、参議院議院運営委員会で可決、同日参議院本会議で可決、成立し、三〇日に公布された。

五　法成立後の運用協議の流れ

法律が成立した後も引き続き、その運用について、国対委員長の下に置かれた四党実務者協議の場で具体的な国会審議の在り方を議論し、平成一一年九月には、自民、自由、民主、明改の四党で「政府委員制度の廃止及び副大臣等の設置に伴う国会審議の在り方に関する申合せ事項（一四六回国会からの運用にかかるもの）」が合意され、同月一七日に国対委員長会談で報告された（資料六）。

これは、本会議、予算委員会、その他の委員会という場面ごとに、総理、閣僚、政務次官等の役割を示すとともに、総理の出席については党首討論の導入に伴い制限すること、議員同士または議員・大臣間の政策論争を活発に行うこと、また、次期一四六回国会で党首討論を試行的に実施することなどを主な内容としている。

なお、九月中旬には衆参両院議員が、我が国の党首討論の運営の参考にするため、イギリス議会のクエスチョンタイム（特に首相質問）を中心にイギリス議会制度の実情調査を行った（資料七）。

第一四六回国会において、次期常会からの本格実施に備えて、一一月一〇日及び一七日に、衆参の予算委員会合同審査会で、試行的に党首討論を行った。

それらを踏まえて、平成一一年一一月から、衆参の各党代表者による「新制度に関する両院合同協議会」において協議が進められ、翌一二年一月、第一四七回常会前に、「国家基本政策委員会等の運用等、国会審議の在り方に関する申合せ」（資料八）が合意された。この合意が、その後の国家基本政策委員会合同審査会の運営のベースとなる。

六　党首討論の実施後の流れ

平成一二年一月二〇日、第一四七回常会召集日、衆参両院に国家基本政策委員会が設置され、党首討論の制度の枠組は整ったが、実際に制度を運用するためには政党間での協議に基づく取決めが必要であった。党首討論の舞台となる合同審査会の運営協議機関として設置された両院合同幹事会における各党協議の末、二月一六日、「国家基本政策委員会合同審査会の運営についての申合せ」（資料九）が決定された。この申合せは、今までの各党実務者協議での合意内容をほぼ踏襲するものである。

この申合せにより、衆参の国家基本政策委員会は、原則として会期中の毎週水曜日午後三時から四〇分間、合同審査会を開き、総理と野党（衆・参いずれかで一〇名以上を有する野党会派）党首が、直接対面方式で討議を行うこととなった。

一方、開会状況は、総理が衆・参の本会議、予算委員会等に出席する週には開会しないとの申合せにより、制度発足の年は合計八回、平成一三年は七回、平成一四年は五回、平成一五年は六回開会された（資料一〇）。

この状況を踏まえて、野党側からは、①毎週定例的な開催、②討議時間の延長を中心に、運営申合せの見直しを強く要求し続けたが、与党側の抵抗により見直し協議は難航した。

なお、党首討論の制度発足後の平成一二年四月、「自・自」連立解消、小渕総理入院、小渕内閣から森内閣、さらに小泉内閣への政権移動があり、一方、野党民主党内での鳩山党首を巡る政治状況その他の政治環境の変化もあり、国会改革をめぐり、制度発足三年間のうちに、発足当初とは随分温度差が感じられる状況となった。(5)(6)

こういう中で、平成一三年一一月には綿貫衆議院議長から諮問を受けた「衆議院改革に関する調査会」から、「国政審議の活性化、実質化、透明性にむけて」という項目を含む答申が提出され、党首討論や予算委員会のあり方についても提言されている。

党首討論制度実施三年目の平成一四年の第一五五回臨時会では、民主党の党内事情（鳩山代表への党内の不満等）や小泉総理の発言をいわゆる「ワンフレーズ・ポリティックス」だとして批判が出るという背景もあり、党首討論をめぐって開会回数の少なさや内容の低調さを批判する意見が、与野党やマスコミから相次いだ。特に、野田保守党党首や土井社民党党首は、制度廃止を含めた見直しが必要との考えを記者会見で表明した。(7)

しかし、現場である国家基本政策委員会では、与野党ともに、せっかく発足した制度を廃止するのではなく、運営方法の改善を図りながら制度を存続させていこうという方向で終始一貫しており、衆議院の国家基本政策委員会が中心となり、討議時間の五分延長、毎週開催への柔軟な対応等について議論を重ねた。

このような水面下の努力を踏まえ、平成一五年一月二三日、第一五六回国会の冒頭に当たり、自民・民主の国対委員長会談で、「国家基本政策委員会合同審査会の運営についての申合せ」（平成一二年二月一六日）を一部見直すことに合意した。（資料一二）その内容は、①この申合せを遵守しながら、開会回数が増えるよう与野党とも努力する。②開催時間を四〇分から四五分に変更する。時間配分は従来通り野党間の調整とし、総理の発言時間を含めて四五分で終わるものとする。③合同審査会の会長は、衆議院と参議院の委員長が交互に努める（「申合せ」から、「毎会期、初回の会長は衆議院の委員長とする。」を削除。）、というものである。これを受けて、二月七日、両院合同幹事会において各党ともこの合意内容を了解し、同月一二日、第一五六回国会初回の合同審査会で、両院合同幹事会合意事項として報告された。

Ⅱ　制度上の問題点

一　党首討論は党首のリーダーシップと討論能力が前提

党首討論は元来、国会において政治家同士が議論を深めることによって国会審議の活性化を図るために導入されたものであり、政党の党首間でその時々の政治問題について言論で攻撃・防御し、それを国民および国会議員に提示して各党の政策、党首の見識、政権担当能力、指導力等を評価させようということが眼目となっている。そしてそれは、党首間の論争の中から各党の政策を浮き彫りにし、国民の目に見える形で提示し、最終的には政権の選択を国民に問うという意味では、政府委員制度の廃止、副大臣等の設置等とあいまって、政治主導の政策決定をも目指すものである。

党首討論の充実のためには、各党とも党内的には民主的な党構造の構築と、党首自身の党内リーダーシップの確立、及び言論・討論能力を発揮することが不可欠の前提である。

平成一四年の第一五四回通常国会で行われた計三回の党首討論について、平成一四年一〇月一四日付読売新聞では、「鳩山民主党代表の質問は迫力を欠き、先の党代表選で『デイベート（討論）能力のない党首は交代したほうがよい』と批判を浴びた。小泉首相の受け答えも身振りは大きいが、質問に正面から答えることを避け、はぐらかす場面が多い。議論がかみ合わないまま、不毛の時間が過ぎていくことが何と多いことか。山口二郎・北海道大学教授の評価は『党首討論がつまらないのは、論争する術がリーダーの大事な資質であることが日本の政治に定着していない証拠だ。』と手厳しい。」と記している。

他の新聞でも党首討論に対し否定的論調が見られるほか、野田保守党党首や土井社民党党首からは廃止論まで出されたり(7)、一部議員から党首討論ひいてはイギリス型議院内閣制に対する疑問すら出るなど、一時期、党首討論に対して否定的な意見が多かったように見受けられる。

最近の現実政治の動きを見ても、与党では抵抗勢力と言われるような党内勢力との確執、野党ではリーダーシップと相反するような各方面の動き、更には野党間での利害の対立等が顕著で、それらとの対応調整が優先課題とされざるをえない現実政治の中、その時々の政治環境、議会政治の構造上の問題も含め、党首討論をはじめとする国会審議を継続して着実に実施できるような環境の維持確保の必要性等も指摘されよう。

いずれにせよ、党首同士の討論が十分その機能を発揮するためには、色々な環境整備が必要だと思われる。今まで馴染みのなかった制度であるから、「面白くない、期待外れだ」との批判や「一部党首には時間が少ない(8)」等の根幹に関する問題はあるものの、党首討論の制度はこの四年間の経験と実績から、徐々に我が国の議会に定着する方向へ向かっていると言えよう(9)。

第一五六回通常国会での初回の党首討論が、平成一五年二月一二日に行われたが、翌日の日経新聞では、「昨年までは、鳩山氏は軽くあしらわれる場面が目立って、このため与野党の一部から『こんな党首討論なら廃止した方がいい』との声まで出るありさまだったが、今回、民主党代表菅直人氏の登場で党首討論に緊張感が出てきた。党首討論でイラク問題での本格的な外交論戦が展開されたことを評価したい。」「党首討論は国会論戦の最大のハイライトで、今後も充実・定着するよう与野党はさらに努力と工夫を重ねるべきである。」として、中身と制度について今後の発展を期待する姿勢を表している。(10)

二　二院制の下での党首討論

党首討論は、衆参両院の国家基本政策委員会という常任委員会が合同で開く合同審査会という場で開催される構造になっている。

二院制議会では、各院が独立してそれぞれ別個に権能を行使する原則であるが、その例外的制度として、両院協議会と合同審査会がある。

両院協議会は、憲法上、法律案、予算、条約、総理大臣の指名に関して衆参両院の意思が異なる場合に開かれることが想定されており、これを受けて国会法でその手続きの詳細が定められている。この規定の趣旨は、両院の意思が相違した場合に、いかにして国会としての意思を形成するかについての調整手続きである。

これに対し、合同審査会は、両院の常任委員会が「審査又は調査するため」開催されるもので、「その審査又は調査する事件については、法律に特別の定めのある場合を除いては、表決をすることができない」（常任委員会合同審査会規程第八条）とされているように、両院協議会のように国会の意思を決めるという性格を有していない。

そして、合同審査会で行われる党首討論は、両院の委員会がそれぞれ独立に行う「国政に関する調査」の一環として位置付けられている。ちなみに、憲法第六二条では、「両議院は、各々国政に関する調査を行い」と規定されている。このため、党首討論実施の手続きとしては、まず毎会期初めに、衆・参それぞれの国家基本政策委員会から議長に対する国政調査承認要求書が提出され、これには「国家の基本政策に関する調査」をしたいから承認を求めると記載されている。しかし、運営の実態は各院の委員会が行う通常の国政調査活動ではなく、両院の国家基本政策委員会が一つになって開く合同審査会の場で党首同士の一対一の討論・意見交換・攻撃防御発言ということであり、これを憲法六二条が規定する「両院各々が行う国政に関する調査」と言えるかどうか、いささか疑問が残る。

そして、党首討論に参加し発言できる野党党首は、「国家基本政策委員会合同審査会の運営申合せ」（資料九）に基づき、いずれかの議院で所属議員一〇名以上の政党の党首との要件がある。この要件に合う党首は、現在、全員衆議院議員であるところから、「参議院側の関係者からは、党首討論といっても参議院は場所を貸すだけで、何ら参加実感がないとして、参議院の出番がない党首討論など衆議院だけで行えばよく、参議院は予算委員会や決算委員会で行う方がいいとの潜在的な不満がある。」（平成一二年三月二日、東京新聞）と報道されている。[11]

この党首討論制度の導入に当たっては、二院制議会という立場を忖度し、衆参両院ができるだけ同じような立場で党首討論に参加でき、しかも早急に制度に乗せるという観点から、国会法上の出来合いの制度を利用して、国家基本政策委員会の合同審査会という形に落ち着いたものと推測されるが、二院制議会と常任委員会制度といった根幹への検討を十分にしないで走ってしまった懸念がないでもない。

次に、党首討論と直接関係しないものの、国会審議活性化法で政治改革の一環として設置された副大臣・政務官が、国会の委員会において与党の委員・理事を兼務できるかという問題がある。

平成一一年三月二四日の自民・自由合意文書（自・自プロジェクトチーム協議結果）（資料三）には、「大臣は原則として所管委員会に所属しない。副大臣・政務官は所管委員会の委員とする。」とされている。このため、衆議院の委員会では、与党側から、「議院内閣制の趣旨を踏まえ、イギリスと同様に内閣のメンバーたる副大臣・政務官が委員会の委員を兼ねるのみならず、理事をも兼務し、政府・与党の立場から閣法や政府の政策推進のため主導的役割を果たすべきだ」とするが、野党側は、「そこまでは行き過ぎで、理事の兼務は認められない」としている。そして現実には、平成一六年三月現在、衆議院の委員会の運用では、政務官は常任委員会委員を兼ねることはあるが、理事までは兼ねていない。参議院でも、実態は衆議院と同様、委員会において参議院議員たる副大臣・政務官が委員と兼任することは認められるが、理事の就任は認められていないようである(12)。

これらの問題は、二院制議会と議院内閣制での両院の役割分担を改めて問うものである。昨今、総理大臣の施政方針演説等を、アメリカ議会上下両院合同会議での大統領演説のように、日本でも同じ演説を衆参両院で二回も行わず、アメリカと同様一回で済ますことが可能かどうかという議論等も出ているが、いずれにせよ、これらは二院制の根幹にからむ問題でもある(13)。

三　常任委員会合同審査会での党首討論

国家基本政策委員会は、衆参合同で党首討論を行う場を設ける趣旨から、国会審議活性化法により国会法を改正し、衆議院・参議院ともに常任委員会として設置された。これを特別委員会でなく常任委員会としたことの意味は大きい。

この委員会の「国家の基本政策に関する事項」という所管は、本来、省庁別所管の形をとる常任委員会制度の中で、「予算」を所管する予算委員会や議院運営委員会、懲罰委員会と同じように、事項別所管ということになる（ちなみに、決算行政監視委員会は、決算その他の事項・会計検査院の所管に属する事項等を所管するところから、他の常任委員会と同様に省庁別所管とも考えられる。）。

このような事項別委員会は、本来、省庁別所管の常任委員会制度の例外で、時宜に応じて設置され、特定の事項についてのみ所管し、当該会期中それを審査又は調査する性格の委員会、すなわち特別委員会的な性格のものである。

常任委員会と特別委員会との最大の違いは、このように、特別委員会の場合、毎会期の初めに必ず本会議で設置の決議を必要とするが、常任委員会ではこの手続きを必要としないことである。国会運営の常として、特別委員会設置問題は、毎会期の冒頭でも、会期中でも、新たに設置問題が生じた場合には、往々にして政治的紛糾と混乱が生じうる問題なのである(14)。

そして今回、常任委員会とされた国家基本政策委員会は、政治的紛糾の原因となりうる設置問題という芽をつみとられ、国会法の改正がない限り、その設置を巡る争いから開放され、永続的に存続する生命を与えられたことになる。仮に、常任委員会である国家基本政策委員会を廃止しようとする場合は、国会法を改正しなければならず、これには大変な政治的エネルギーが必要となるので、そこまで無理をせず、むしろ存続させようとの判断が働くものと思われる。

この機微は、衆議院に小選挙区比例代表並立制が導入されたことと比肩し得る。この小選挙区比例代表並立制は、当初色々な反対論があり、現在でも一部には中選挙区制に戻そうとする動きが陰に陽にあるようだが、すでに同選挙制度で三回の総選挙が実施され、中選挙区制での選挙経験がない議員が四八〇名中二五六名の過半数を数えるに至り、この制度は根づいたと見る向きが多い。これが、法制度というものの重みというものであろう。

従って、国会審議活性化のため、常任委員会制度の枠組を利用して設けられた党首討論の制度を、今後どのように発展させていくかが一番の課題である。(15)

四　国家基本政策委員会の制度発足上の問題

党首討論の制度を創設することになったきっかけは、平成一〇年一一月、小渕・小沢両党首間で政府委員廃止と議員同士の討論促進を提唱した自民・自由連立合意であった。これらの実現に向けた自・自両党間での協議の後、与野党の実務者協議が設けられ、これが、政府委員廃止と副大臣制度実現に向けての協議の中で、イギリス議会のクエスチョンタイム制度を参考に党首討論導入の道を付けた。(16)

国会審議活性化法の立法化に向けた協議段階では、まず政党間の実務者協議機関、次いで国会対策委員長会談、その下の国対実務者協議機関、さらに立法作業段階では議院運営委員会、同国会法改正等小委員会が関与するというように、関係する機関等が広範に入り乱れるという極めて異例で複雑な形となっている。しかも、これらの関係機関は、この間の動きにおいて、「党首討論」を行う場を制度として創設することを急いだため、国家基本政策委員会と他の常任委員会（特に予算委員会）との所管、役割、運営方法といった基本的条件についての調整を十分行わないまま、制度発足に走ったというきらいがある。(17)

そして、法案成立・制度発足後には、協議の場としてさらに両院の国家基本政策委員会理事会、国家基本政策委員会両院合同幹事会（以下、「両院幹事会」という。）が加わり、一層複雑さが増すという状況になった。

このため、制度発足以来、政党間協議の中で決められた「国家基本政策委員会合同審査会の運営についての申合せ」（資料九）（以下、「運営申合せ」という。）に従って何回か党首討論を開催しているうちに、制度としての使いにくさや政治状況の変化による運営上の問題点が出てきたのであるが、そこで、この「運営申合せ」の見直しを論じるに当たって、誰が実質的な調整を行い決定するのかという問題が出てきた。

まず、「運営申合せ」は、最終的には両院幹事会が定めたものであるが、新制度に関する両院合同協議会での国会審議の在り方に関する四党申合せ（資料八）と直接にリンクするものである。従って、両院幹事会においてその見直しについて何度も真剣な議論が行われ、見直し案が合意寸前まで行ったこともあるが、四党申合せで合意された総理の国会審議への出席制限など国会審議の在り方全般と関連することもあり、結局合意に至らず、国会対策委員会に判断を委ねることとなった。この制度に関しては、政党の実務者議員が先鞭を付け、与野党の国会対策委員会（以下、「国対」という。）での協議を通じて骨格を決め、議院運営委員会が立法化したものであるから、現場の国家基本政策委員会の幹事会には運営見直しの決定権限がないという雰囲気が濃厚となり、国対レベルの特命的な実務者協議機関に差し戻すなど、議論の場が何回も移動したようである。

このような背景から、一体誰が、この党首討論の運営と制度の改革に関する諸問題を取り仕切るかが明確でなく、その決定は、事実上、その任にある議員の政治力や、時の政権に直接リンクする国会対策上の状況に左右されることが多い。従って、国会対策上の理由から国対が中心とならざるを得ない。しかし、国対は、制度改革にも制度改革阻止にも中心的な役割を果たすことにはなるが、現実の政治過程の中では、国対が本当に必要と判断する事態が生じない限り、国対自らが動くことは少ない。このため、現場の衆参両院の国家基本政策委員会の委員長や両院幹事会レベルでは、その本来の職責から、党首討論に関する諸般の決定は現場に任せるべきであると主張するが、実際には十分任されていないとの不満が強いようである。

この運営決定権と制度見直しの決定権の所在については、党首討論の在り方をめぐって顕著になったが、この問題は、議院運営委員会でも、予算委員会でも、他の委員会でも、基本的には多かれ少なかれ共通に抱えている構造問題である。つまり、総理大臣を、いつ、どこの委員会に出席させるかという問題や委員会の骨格を議論するという問題は、つまり、個々の委員会からの自主的活動要求と、国会全体の動きから来る制約との矛盾調整という大きな問題となるのである。

議院内閣制の下で、政府与党及び野党の国会活動の根幹を支える役割を、国会対策委員会という、政党の公式機関ではあるが議会の公式機関でないものが支えているという形になっている。ここに我が国議会の二重構造的性格が伺える。(18)

五　予算委員会との競合関係

予算委員会は、常任委員会として「予算」を審査対象としている。国家の諸々の機関が活動するには、すべて予算の裏付けや予算の関与なしには済まないところから、事実上、予算委員会の所管する「予算」(衆議院規則第九二条第一四号)の対象は、すべての所管に及ぶと理解されている。特に、予算委員会は、帝国憲法時代の議院法から連綿と続いており、現行憲法下でも昔の制度のいくつかが慣例となっている。例えば、分科会審査方式もその一つであり、衆議院委員会先例集には、「総予算は、委員会において総括質疑、一般質疑を行った後、分科会において審査し、さらに締めくくり総括質疑を行い、討論の後、これを議決する。」とされている。(19)

いずれにせよ、予算委員会の活動範囲・態様・審査スケジュールというものは、多くの議員や政府関係者やマスコミを含む関係各方面において、(まるでブランド商品のように)暗黙のルールとでも言えるようなイメージが浸透している。特に、総予算の審議において、基本的質疑と締めくくり質疑は、各党一巡するまで総理大臣以下全大臣の出席のもと、NHKテレビの全国放送が当然行われるものと理解されている。そして、これらの質疑では、国家予算に関係する基本的事項が対象になるので、総理以下全大臣に質疑されることが前提になっている。

つまり、予算委員会は、その長い歴史上の実績から、国家の基本政策に関する事項がその審査対象であると誰しもが認めている、いわば全委員会を代表する全体委員会のような機能を果たしている。(20)外交・防衛、財政、経済、政治倫理等、国政上の大きな問題から、個別的な末端行政の問題までが、質疑・審査の対象とされるのである。そして、この審査過程で、政治問題として取り上げられた部分以外は、事実上まったく議論の対象とされていない。確かに、議論の対象とされていない部分は大量にあり、予算委員会が特段の関心あるいは異議を示していない部分であるが、この部分に関しては、予算委員会が包括的に承認を与えていると見なされる構造になっている。

しかし、国会の財政処理に関する権能である予算審議権は、憲法上の重要な権能である。その権能行使とは、実質的に見て政治的論議に隠れて表に現われない部分、すなわち予算の詳細部分にこそ、審査の目を向けることではないのか。他の多くの国々での予算審議と違って、我が国の議会での予算審議には、予算書の詳細について議論するという慣習がほとんどないというのが実態である。(21)

それでは、今回新しく作られた常任委員会たる国家基本政策委員会は、その所管が予算委員会の所管とどのように関係するのか。

確かに、法文上は「予算」と「国家の基本政策」であり、同じでない。しかし、前述のように、予算委員会が主として「予算」を対象するというより、国政全般を見据えている以上、実態としては、両者の所管は重なり合っているといわざるを得ない。

ところが、衆議院規則第九三条には、一三番目の常任委員会たる国家基本政策委員会と一四番目の予算委員会とは、それぞれの所管事項が並べて規定されているだけで、本質部分の調整はなされていないも同然である。

党首討論の制度発足前、平成一一年九月一七日の自民・自由・明改・民主四党の国対委員長の下に置かれた実務者協議で合意された国会審議の運営申合せ事項（資料六）のうち、予算委員会に関するものは以下の通りである。

一、予算委員会の審議は、議員同士又は議員と国務大臣・政務次官との間の政策論争が、より活発に行われることが期待される。
二、細目的・技術的事項にわたる質疑については、政府参考人を招致する。
三、内閣総理大臣の予算委員会への出席は、基本的質疑（各党一巡）とする。
四、内閣総理大臣が予算委員会に出席する場合は、内閣法制局長官が陪席することができる。
五、国務大臣が予算委員会に出席できない場合には、政務次官が対応する。
六、基本的質疑を除き、答弁要求がない国務大臣については、出席しなくてもよいものとする。
七、質疑者は、原則として、前々日の正午までに質問の趣旨等について通告する。
八、予算委員会の審議に当たっては、今般の改革の趣旨にかんがみ、委員長の議事整理権を尊重しつつ、円滑かつ適正な審議が行われるよう相互に努めるものとする。

次に、「他の委員会」に関する合意事項は次の通りである。

一、委員会の審議は、議員同士又は議員と国務大臣・政務次官との関の政策論争が、より活発に行われることが期待される。

二、細目的・技術的事項にわたる質疑については、政府参考人を招致する。

三、内閣総理大臣の委員会への出席は、重要広範議案の基本的質疑のみとする。

四、内閣総理大臣が委員会に出席する場合には、内閣法制局長官が陪席することができる。

五、国務大臣が委員会に出席できない場合には、政務次官が対応する。

六、質疑者は、原則として、前々日の正午までに質問の趣旨等について通告する。

七、所管外の委員会への出席は、原則として政務次官が対応し、政府参考人を活用する。

八、委員会の審議に当たっては、今般の改革の趣旨にかんがみ、委員長の議事整理権を尊重しつつ、円滑かつ適正な審議が行われるよう相互に努めるものとする。

以上の合意事項を見ても分かるように、予算委員会やその他の委員会の運営に関する指針、総理や大臣の出席、政府参考人をどうするかは伺えるが、肝心の予算委員会と国家基本政策委員会との所管をどうするか、つまり、両委員会の住み分けについての指針が何ら言及されていない。また、予算審査の対象・内容についても何ら言及されていない。委員会の所管の分別という横の問題と、個々の委員会審査の対象・内容という縦の問題は、国会審議活性化法の関心事ではなく、国会制度運用の一般論として、議運委員会での取り扱い、あるいは従来通り「慣習」により現場で処理すべきもの、当事者間でうまく（互助の精神で）処理され、両委員会は共存できると考えたのかもしれない。

しかし、現実には、総理以下全大臣の出席を求めて、できるだけ多く何回でも予算審議又は予算の執行状況の国政調査を行いたい予算委員会（及びそのメンバー）と、総理以下全大臣を集めて、党首討論を毎週開きたい国家基本政策委員会（及びそのメンバー）との間では利害が対立し、両委員会を支障なく運営するのは大変難しい。現に、予算委員会の理事会では一部の野党の理事から、予算委員会へ総理の出席時間が減っているのはおかしい、予算審議への総理の出席を元の通りに戻すべきだとの声も出ているようである。

六　党首討論運営とその見直し論及び見直し主体について

党首討論の運営に関する最大の問題は、四〇分という短い時間と、毎週必ず開催されるとは限らない不確実性であると思われる。こうした党首討論の運営問題等を協議する機関として、国家基本政策委員会の合同審査会の下に、委員会の理事会に相当する「両院合同幹事会」が設置されている。

党首討論の運営の骨格については、国会審議活性化法の成立後も続けられた各党協議や、第一四六回国会における予算委員会での党首討論の試行を踏まえ、平成一二年一月、第一四七回国会常会直前に、衆参の各党議運理事から成る「新制度に関する両院合同協議会」において、「国家基本政策委員会等の運用等、国会審議の在り方に関する申合せ」として合意された（資料八）。

この申合せを受けて、平成一二年の初の党首討論開催に当たって二月一六日に開かれた両院幹事会で「国家基本政策委員会合同審査会の運営に関する申合せ」（いわゆる運営申合せ）が合意された（資料九）。

ここに至るまでの協議の中で、一部の野党から、①討議時間四〇分の延長論、②総理が予算委員会その他に出席する週に党首討論を開催しない条項の緩和論等が出されたが、「第一四七回国会における合同審査会の運営状況を踏まえ、……必要な場合には所要の見直しを行う。」との見直し条項が入れられ、近い将来での見直しを約束することで最終的には各党の合意が成立したものである。

党首討論が本格的に始まると早速、野党側から、総理の国会出席のため毎週開催ができないことへの不満が表明され、両院幹事会で毎週開催に向けた見直しを提案した。しかし、前述の「制度発足上の問題」で指摘したように、両院幹事会では事実上、決定権限を行使するに至らず、決定は国対に委ねるという形になっている。

これを受けて、平成一二年三月二二日、自民・民主国対委員長協議で、この国会会期中の運営に限定して、弾力的対応として「本会議に総理が出席する週であっても、党首討論を開催できるようにする」との合意がなされた。この結果、本会議へ総理が出席した週に党首討論が実現したことは同会期中に三回あった。しかし与党側は、今後の党首討論の運営については、あくまでも「運営申合せ」の原則は守るべきだとの基本姿勢は崩さなかった。

その後、両院幹事会の場でも、また、同幹事会の働きかけを受けた与野党国対・議運レベルでも、野党側の主張である①毎週定例日に開催すること、②討議時間を延長することを軸に議論が続けられたが、与党側の守りは堅く、合意は成らなかった。

こうした中、平成一二年一一月七日、与野党国対メンバーから成る実務者協議機関として「運営見直しプロジェクトチーム」が設置され、野党案を含めた国会審議運営全般（総理の国会出席等）の見直しについて協議を行った。与党からは、①一回毎にテーマを設定すること、②連立与党の党首も討議に参加することとするなどの意見も出されたが、協議は合意に至らなかった。

平成一三年の第一五一回常会の冒頭、両院幹事会は国対プロジェクトチームの報告を受け、改めて、現場の両院幹事会で見直し論議を進めることとし、衆参の委員長と与野党筆頭幹事の「六者協議」を設置し協議を行ったが、平行線のままで合意に至らなかった。

結局、現場には決定権がないとの雰囲気の中で、再度国対に議論を委ねた結果、五月三〇日、与野党国対委員長会談で「今国会は現行ルールに従って運営し、その後の国会改革の中で議論する」こととなった。

その後も、両院幹事会あるいは与野党国対プロジェクトチームの場で、見直しに向けた協議を断続的に行ったが、与野党の主張は相変わらず平行線をたどった。こういうこともあり、党首討論は、運営申合せに従って運用され、制度発足三年目の平成一四年は五回開かれたのみである。このような開会回数の少なさと内容の低調さについて、与野党の一部やマスコミから党首討論廃止論まで飛び出すなど厳しい批判が相次いだ。こういう中で、衆議院の国家基本政策委員会の理事が中心になって、討議時間の五分延長、毎週開催への柔軟な対応等について議論を重ねた。

このような国家基本政策委員会理事の水面下の努力を踏まえ、平成一五年一月二三日、第一五六回国会の冒頭に当たり、自民・民主の国対委員長会談で初めて「国家基本政策委員会合同審査会の運営についての申合せ（平成一二年二月一六日）」を一部見直すことに合意した。

その内容は、①この申合せを遵守しながら、開会回数が増えるよう与野党とも努力する。②開催時間を四〇分から四五分に変更する。時間配分は従来通り野党間の調整とし、総理の発言時間を含めて四五分で終わるものとする。③合同審査会の会長は、衆議院と参議院の委員長が交互に努める（「申合せ」から、「毎会期、初回の会長は衆議院の委員長とする。」を削除。）というものである。(22)

これを受けて、二月一二日、第一五六回国会初回の合同審査会において、この自民・民主国対委員長の合意内容が、二月七日の両院幹事会合意事項として報告され、形式的には初の「運営申合せ」の修正となった。

このように、党首討論の運営については、国対に関係する四党実務者機関（新制度に関する両院合同協議会）の「国家基本政策委員会等の運用等、国会審議の在り方に関する申合せ」を基本とし、常任委員会の機関としての国家基本政策委員会両院合同幹事会の決定になる「運営申合せ」に従って行われている。

そして、党首討論が始まってから表面化した運営上の問題点については、国対及びその下の実務者機関並びに衆・参両院の国家基本政策委員会の理事会及び両院幹事会が入り交じっての議論が行われている。

要するに、発足の経緯と国家基本政策委員会の重要性からして、国会運営上、関係する範囲が広く、影響するところが他の委員会と比べて大きいということから、これを取り仕切る機関及びそのメンバーが特に重要視されるということであろう。

この委員会をいつ、どういう理由で開催するかという運営上の問題については、他の委員会でも基本的には同じである。予算委員会について言えば、四月一日からの会計年度でスタートするという時間的制約要因により、審議パターンや審議日程の大枠については、与野党とも関係者間で共通のイメージがあるようだが、現実の予算審議での運営、特に総予算採決日時のポイントとなる公聴会の決定や集中審議の時期、基本的質疑と締めくくり質疑以外に総理大臣の出席を求めるタイミング、あるいは、その時々の政治問題をどのように処理し、いつ採決して予算を通すか、そして、これらの条件を審議日程にどのように組み込ませるか等々が常に問題となる。一方、党首討論については、総理が本会議・予算委員会等に出席しない限り毎週開くという原則の中で、どういう理由で開催をやめるのか、予定通り開催するかの攻防となるのである。

そこで、それを取り仕切る議員が、うまく主導権を発揮し処理することができれば、それは当該議員の成績評価となり、さらに政治家として将来性の評価の一つとして見なされる。

これらの問題は、一方では現実政治の権力闘争に絡む部分であり、国家基本政策委員会両院合同幹事会あるいは予算委員会理事会か国対委員会か、いずれが取り仕切るかは、その時々の担当議員の力量に左右される部分が多く、なかなか国会法等の制度論通り行くとは限らないのである。

なお参考のため、ここで党首討論制度導入時（第一四七回国会、平成一二年一月）前後の国会における総理大臣の出席回数実績を掲げておく（資料一二）。

七　議長の諮問機関その他の国会改革論

平成一一年（一部一二年）に国会審議活性化法が施行された後、諸々の政治状況の変化を踏まえ、平成一三年四月二日、綿貫衆議院議長は、瀬島龍三氏を代表とする私的諮問機関「衆議院改革に関する調査会」を設置し、国会改革のための具体策の提案を求めた。国会審議活性化の議論は、国会改革論がなされるとき常に出てくるもの一つで、綿貫議長の諮問機関の答申にも国会審議活性化と党首討論が掲げられ、党首討論については、テーマの事前公表、定例開催、党首間討論の外に担当大臣と野党の担当政策責任者間の討論の導入（シャドウ・キャビネット）等の提言がなされている。(23)(18) また、参議院でも、参議院改革協議会が活動を深めている。

政治状況の次第によっては、今後の国会改革の方向性は、議長の指導性の下で、議会制度協議会あるいは議院運営委員会といった国会の機関を中心に行われることになる可能性もある。その場合でも、国会審議活性化法とその下での党首討論や副大臣制に関し、解決されていない問題や今後生じ得る問題等についての議論を、国家基本政策委員会両院合同幹事会が行うのか、国会対策委員会が行うのか、それとも議院運営委員会理事会や議会制度協議会が行うのかについて定まったルールはない。従って、その時々の状況に応じて、最も適した機関・議員が行うことになろうかと思われる(24)。

今回の国会審議活性化法は、その立法作業過程で「政党の思惑が先にありき」とみられる節もあり、政治主導で導入が進められたと言えよう。その過程では、制度導入について色々な問題もあったようだし、各党によって温度差が見受けられもした。しかし、もし仮に、政党間交渉という形でなく、オーソドクスに、議会制度協議会等議長の諮問機関や議院運営委員会のような正規の機関に、これらの制度導入を委ねる形をとっていたら、そこでは全会一致を旨とするやり方や、従来の慣例との整合性重視の考え方、その他諸々の理由から、制度導入実現には相当の時間を要したであろうことは想像に難くない。

そういう意味で、党首討論の制度については、政党間交渉でなければ、これほど早く導入できなかったとの評価もあれば、反面、この制度が我が国の議会構造と必ずしもしっくり来るものでないと疑問視する向きもある。しかし、党首討論制度が出生してしまった以上、出生に係る問題にはこの際目をつぶり、時代に合致した制度になるような見直しを期待し、関係方面がこの制度をよい方向に発展させるよう不断の努力をすることが現実的である。

国会審議の活性化は、政治文化にかかるもので一朝一夕にできるものではない。時間をかけて構築していかざるを得ない国会でのインフラ整備のようなもので、与野党議員全員のたゆまぬ努力が必要なことは言うまでもない。ＴＶによるワイドショー型政治とか、劇場型政治などと、社会学的アプローチで色々論評されているが、政治の大衆性と同時に政治の専門性、民主性とリーダーシップをいかに確保するかは、議会制度の永遠の課題であろう。

その場合のポイントは、憲法の議院内閣制と二院制の下で、民主制と国民代表制の充実であり、概ね現状維持的・既得権益的・制度信仰的傾向が強いと批判されることの多い我が国議会の日本的政治文化を、いかにグローバルスタンダードをにらみながら現代的合理主義を導入していくかであろう。

（1） 国会審議活性化法制定の経緯については、伊藤和子、議会政治研究№52「国会審議活性化法制定とその内容」、佐々木勝実、同№55「国会審議活性化法に基づく国会審議――党首討論の実施手続きを中心に――」に詳しい。

（2） 議院内閣制では、内閣の存立基礎は議会の支持にかかっているから、内閣の議会に対する説明責任は重要である。各国では、この説明責任を内閣に対する口頭質問の形で制度化している（口頭質問が無いのは日本ぐらいといわれる。）。従って、党首討論だけでなく、口頭質問制度をも一緒に導入すべきであったとする考えもある（大山礼子、ジュリスト一一七七号、「党首討論とイギリス型議院内閣制」）。

（3） 副大臣・政務官を相当数増員し、そのポストに与党の有力議員を充て、一一〇名程度のチームが政府を構成するというイギリス型政党内閣のイメージがある。この場合、選挙の洗礼を受けた議員こそが責任を負うのであって、官僚でない。政府のメンバーは、与党の指導的立場の人が与党内の政治的位置付けに沿って登用される。そうして官僚・事務官は、その下で事務的仕事を果たすから、その責務は政治的任用と異なる。これに対し、ドイツ・プロシャ的な山縣有朋流超然内閣では、「政府委員」は、政党内閣に関与されず公平・中立な公務員が占めるべきであるとする対立概念である。これは、明治三一年の憲政党・隈板内閣で見られたように主要次官を政党員で占めた史実を思わせる。これら哲学の違いは、現在も陰に陽に存在する。公務員採用計画立案機能を人事院が持つか、内閣に移すべきかにつき、中島人事院総裁は、政党内閣が、中立重視の公務員採用計画に関与するのは問題とする超然主義的なスタンスを取るに対し、厚生省の局長経験者でもある熊代昭彦総務副大臣は政党内閣擁護論を述べ、対立している（平成一四年四月二七日、衆議院総務委員会）。

さらにまた、民主党は、各省の外局の長官とか内閣官房の主席参事官や首相付き秘書官など本来政治家若しくは政治的任用ポストと思われる地位に行政官が当てられ、行政官による政府機能への浸透がある一方、七〇年代以降の特長として、官僚主導政治に対する族議員といわれるように、内閣の外で特定利害関心を有する議員等による「部分政府」との二元構造状況があり、これら両面から責任ある内閣の阻害要因となっているので、英国のように政権党を内閣に取入れるべき、としている（平成一〇年一二月一八日、民主党政権運営委員会報告「新しい政府の実現のために」）。

参議院の野党議員の多くは、与党の多数が行政府に入り、国会の委員会に属し理事として、国会の運営に関与することは三権分立の原則を侵しかねないとする。

（4）　平成一四年一〇月一四日付読売新聞は、「伊藤氏ら民主党議員の念頭には、英国式の党首討論を導入できれば民主党に有利に働くとの思いがあった。当時の代表が討論を得意とする菅直人氏だったからだ。しかし、視察団の帰国後の自民・民主協議は難航した。以前から首相が国会日程に縛られすぎていると不満を抱いていた自民党が党首討論を創設する見返りとして、首相の委員会出席を制限するよう求めたのだ。大島さんは官邸がなかなかウンといわない、党首討論を納得させるには、このくらいは飲んでもらわないといってきた。結局、菅さんの決断で自民党の要求を受け入れた。」と報道している。

（5）　平成一四年八月七日付読売新聞は、「小泉内閣では大臣の任命こそ派閥の関与を排し総理主導を発揮したが、副大臣・政務官人事については、党側への丸投げしたとされている。この結果、任命された副大臣・政務官はそれぞれ思惑も違うし、連携もしていない。このような政治家の集団では官僚機構の中で、期待されたような機能を発揮できないと批判されている。国会審議活性化法の趣旨が活かされているとは言えない。更に、自民党では一時期、各省の副大臣・政務官と党の部会・政務調査会の役職と兼任させるこで政治主導・内閣主導を図る方向性を目指したが、その後、兼務させることで生じるポスト不足などの理由から骨抜きにし、後退しつつある。」と報道している。

これは、田中真紀子前外務大臣が、「自由にやれというから動こうとすると、スカートを誰かが踏んづけている、誰かと思えば、言ってる本人じゃないかという思いがしておりました。」（平成一四年二月二〇日、衆議院予算委員会）と同じパターンか。

（6）　小沢一郎議員（自由党党首）は、平成一五年二月四日の代表質問で、「政府委員制度の廃止と副大臣・政務官制度の導入は、自由党として、官僚支配を打破して国民主導の政治を確立し、政・官・業　癒着による政治腐敗を根絶するために不可欠の政治改革と考えましたが、自民党は単に、議員のポストを増やすとしか考えていませんでした。そのため今では、仕組みとしては残っているものの、政治家の官僚依存はむしろ、以前よりひどくなっていると思います。」と述べている。

このように、一時期燃え上がってもその後熱意が冷めていくことは、バブル崩壊以降の経済低迷に対し数度にわたる経済対策を打つが、それらは、ストップ・アンド・ゴー政策のくり返しで、結果的には景気浮揚に失敗したとされるのと同じ現象で、これは政治のシステム構築についても同様に行われているとも評しうる。つまり、日本的意思決定は同じようなパターンを踏むのでないか。

(7) 日経新聞によると、一一月七日、野田保守党党首は「予算委員会で各党党首が議論をした方がいい」とし、また、一一月一三日、土井社民党党首は、「党首討論の導入により予算委員会が形骸化している、また、予算委員会と異なり、党首討論では少数党の質問時間が十分には確保されないから、廃止を含めた見直しを考えるべきだ」と表明している(その後土井党首は、この発言を撤回し、党首討論の改革に向けて定例日の原則開催、討議時間について検討すべきとしている。)。

(8) 少数会派の不満は、例えば土井社民党党首のように、割り当てられた発言時間が五分弱しかなく、これでは、予算委員会で一人大体二〇分は与えられるので、予算委員会で質疑した方がましだ、党首討論より予算委員会の方が使いよい、とでも言うものである。しかし、党首討論での発言時間の割り振りは、野党間での協議に委ねられているが、実際には、野党間の利害から時間配分についての工夫ができず、ドント方式を採用した結果、五分弱となる。また、予算委員会は各党一巡の基本的質疑・総括質疑を二日間、おおよそ一四時間を各党勢力比ドント方式で配分し、理事会協議で微調整し二〇分程度の丸めた質疑時間にしている。それを当該会派に割り当て、当該会派が具体的質疑者を決定する。従って、予算委員会で土井党首が質疑・討議に立つと、社民党の他の議員は発言機会がその分減るという実態を踏まえていない。

(9) 与野党の議員の一部には、そもそも我が国の議会にイギリス流の二大政党システムが馴染むのかどうか、むしろ独・仏流の大陸的政治システムの方がよいのではないのかとの根本的疑問を呈する向きもある。

さらには、日本の政治文化を踏まえ、国会は内閣をチェックする機関であり、国会審議を活性化させなくてもよい、むしろ活性化は好ましいことではないとする前時代的な考えもありうる。

社会民主党という少数野党の立場から、大脇雅子参議院議員は、平成一一年七月二六日、参議院本会議で、「副大臣・政務官設置、政府委員の廃止が行政の透明化と官僚の説明責任をあいまいにする」とし、「与党と内閣の一体化により強権的政治の土壌が一層強まり、国会を形骸化し、官僚制の民主化をも阻害する危険性がないとは言えない。国家基本政策委員会も審議の意味も薄く、立法府活性化のためには、まず国会の政策立案機能を強化し、調査室・法制局の充実、法案の発議要件の緩和、議員間の自由討論が重要である。」としている。

(10)　平成一五年二月一三日、日経新聞社説。なお、この日の各社の論調もほぼ同様に、党首討論の意義を肯定的に認めている。

(11)　党首討論は、イギリス議会での首相に対する質問を参考にしたものであり、イギリスでは首相が下院議員であるから、また政治的ウエイトから、当然下院本会議場ということとなる。我が国では衆議院の本会議場で党首討論を行うと、議場の構造上困難が伴う。イギリス議会のような対面式議場は、セント・スチーブンス・チャペルのベンチを利用したイギリス特有の議場形態で、ヨーロッパの伝統的議場はローマの元老院方式が多いのではないか。我が国議会の議場もその方式だが、ひな壇という物理的構造から（ひな壇の下に鉄骨の梁があり、これは撤去できないとのこと）、与党のチームと野党のチームが向き合うにはなじみにくい。そこで、本会議場に次いで大きい第一委員室（予算委員会で使用）を使うことになったのだろう。

ちなみに、イギリス議会上院には、上院議員たる大臣が答弁するクエスチョンタイムの制度がある。ただし、下院のように特定の日に、特定の省庁あるいは首相に対する質問というのはない。

二回目の英国議会制度実情調査団の参議院側団長である岡野裕議員（予算委員長）は、「上院のクエスチョンタイムは実を為していないのが分かった。日本では衆参一本の委員会で行うことが正しいと再認識した。」としている。

(12)　椎名素夫参議院議員は、平成一一年七月二六日の本会議で、政務官の常任委員会理事兼任問題に疑問を呈し、兼任を容認する四党合意の存在（密約があったこと）を否定する発言をした。同氏はこの発言で、特に参議院において三権分立の基礎を揺るがすことのないよう、行政側と立法側が兼任することがないよう歯止めを設けようとしているように見える。

ちなみにイギリス議会下院では、大臣・政務次官等は、法案審査を行う常任委員会では委員となり、行政監督を行う省庁別特別委員会では委員とならない例である。

(13) 平成一五年二月二〇日衛藤征士郎議員その他の超党派の議員で、施政方針演説等の衆参一本化推進問題などから、衆参の対等合併を掲げ、「衆参両院を統合し、一院制を創る会」を発足させることを決めた。

一方、参議院は伝統的に決算委員会を重視し、第二院の存在をここに求めようとしている。そして平成一五年二月一四日の参議院改革協議会は、決算審査の促進を求めた。それを受けて、同月二一日の本会議で一三年度決算の審議を行った。確かにその趣旨は分かるし尤もであるが、現実は参議院でも予算委員会が最重要委員会と位置付けられ、予算委員会は全大臣出席の上で開く総括質疑(基本的質疑)一日分を決算委員会に譲る形で妥協した。つまり、参議院は名をとり、政府は実をとったことになる。しかし参議院では予算委員会と党首討論の競合問題、あるいは各委員会間での大臣取り合いという問題はあまり意識されていないのかどうか、そのあたりはよく分からない。

(14) 特別委員会の設置問題は、政治状況によっては大きな政治闘争、国会の混乱の火種になりうる。例えば、第一五〇回国会召集日の平成一二年九月二一日、参議院の比例代表選挙を非拘束名簿式比例代表制に改めようとする公選法改正案をめぐって、参議院本会議で公選特委は設置されたが、野党が委員名簿を提出しなかった。九月二九日斉藤議長が職権で野党委員を指名、野党は反発。一〇月六日改正案を院議付託。一〇月一三日、参議院公選特委で改正案を与党単独で可決。一〇月一六日、斉藤議長「内容修正」にわたる斡旋案を提示。与野党とも拒否。一〇月一九日、斉藤議長辞任。井上議長選出。

(15) 平成一五年二月一二日の党首討論の後、記者団の質問に対する小泉首相の「討論したかったら、予算委員会に党首がどんどん出てくればいいのにね。予算委員会、何時間でもできるんでしょう。」(同月一三日付日経新聞)との発言は、党首討論の意義をあまり重視しない立場からの発言である。確かに予算委員会は、国政の全般について議論する機能を有している。しかし、それでもなお国家基本政策委員会を設置し、政治主導の国会審議、政府委員制度を廃し、議員同士の討論を党首討論という見える形での実現を目指したのが、国会審議活性化法の趣旨である。法律が成立した以上、総理大臣は、誠実に法律を執行する義務がある（憲法第七三条一項）が、少なくともこの趣旨を理解していないと見える。（尤も議員によっては、二大政党制を目指す方向の党首討論制度に否定的な考えを持っている人もいよう。）さらに、議院内閣制で多数を占める会派が選んだ内閣総理大臣等が、国会運営に関する問題について問われても、それは国会の事だから内閣は関与しないとか、予算委員会で決められれば従うとか、終始逃げにまわることが多いが、それは、議院内閣制の議会で、与党党首は内閣と同時に議会に対しても指導力を発揮すべき立場であるのに、三権分立の論理を使い、その役割を放棄するような態度をとることになるので、決して誉められたものでない。問題は、前々任の党首のとき作った制度で、そのときに懸案のまま積み残しになっていたもの、つまり、党首討論に伴い、国家基本政策委員会と予算委員会その他の委員会をどう整理し、住み分けするかの常任委員会制度の再編問題と、党首討論の開催頻度と時間をいかに確保するかという国会内部の問題について、リーダーシップをどう発揮するかなのである。

(16)　国会審議活性化法に基づく党首討論の導入は、平成八年一〇月小選挙区比例代表並立制での初の総選挙となった第四一回総選挙の後、野党各党が紆余曲折を経て民主党に改称合流した平成一〇年四月以降に、自民、民主の二大政党による政権交代を（民主党が）想定した政治状況下で行われたものと考えられる。

(17)　予算委員会の所管は「予算」である。これは、その年度の国家の基本政策的部分も、既定経費、義務費等の事務的なものも含む国政全般が対象となる。国家基本政策委員会の所管は「国家の基本政策に関する件」だから、実質的に予算委の所管の一部が常に重なり合う形となる。

(18)　民間の有識者として、「新しい日本をつくる国民会議」（二一世紀臨調）は、平成一三年一一月八日、「首相主導を支える政治構造改革に関する提言――与党審査の見直しと内閣、政党、国会の再構築――」という提言を出しており、その中で、政府与党二元体制の克服、非公式な政党間折衝機関である「国会対策委員会」の廃止などを主張している。また、民主党の「新しい政府の実現のために」（前掲）は、国会対策を政党に依存する現行の方式を改め、可能な限り、政府の主導のもとに国会対策機能を整備すべき、としている。

しかし、議運の形骸化とそれに代わって国対の地位向上現象の背景には、議会の非効率性に対する逃げ道というものが一部あったのかもしれない。それなら、国会側にも、議事の正当性のため過剰に形式・手続きを踏む性癖といったものを、若干検討する必要があるのかもしれない。さらに、イギリス議会の「Usual Channels」という与野党国会運営責任者間の「通常の連絡路」の機能をどうやって作り、維持発展させていくかという本質的部分の配慮を無くしてはならない。現状の日本では、与野党国対委員長会談、各委員会での筆頭（理事）間協議がこれに相当するか。

(19) 参議院では、予算審議を予算委員会の下部機関である分科会で分担審査することから、他の常任委員会にそれら所管の予算審査を委嘱して他の常任委員会で審査してもらう委嘱審査方式を採用している。この方が、衆議院の予算委員会分科会方式より合理的と考えられる。

(20) 委員会の委員は、本来、専属性、永続性が想定されるものであるから、衆議院規則第三九条では、「委員に選任された者は、正当の理由がなければ、その任を辞することができない。」と規定している。しかし、実際の運営は、「正当の理由」が「政党の理由」と解され、割り当てられた委員と同じ会派の議員はいつでも事実上無制限に委員の差し替えができることとなっている。その結果、予算委員会も含めて、全ての委員会で、全議員がその希望する委員会で質疑・発言できるということになる。委員の専属性・永続性の原則は、希望議員を差し替え、その後元の委員を差し戻すことで維持している。これは、全ての議員がその関心のある分野の問題に議論でき得る道が開かれているということであり、生活の知恵というかうまい制度である。しかし反面、その分特定の分野を特定の委員に委ねる、専門化するという面が薄れざるを得ない。そうすると、我が国の議会では、委員会制度の中で議員が専門化するという道があまり期待できず、多かれ少なかれ、別の方法で専門化、特化を図らざるを得ないことになる。そうすると、すべての委員会が本会議のミニチュア版ということになり、すべての議員が専門家としてでなく、議員として発言の機会を保証されていることになる。

(21) 第一五四回国会、平成一四年の常会での衆議院予算委員会における一四年度総予算についての基本的質疑は二日間で一三時間五五分、一般質疑は八日間で五四時間一八分、集中審議は一日間で六時間二九分、公聴会は二日間で四時間四七分、分科会は二日間で八分科二一時間〇六分（但し与党のみ）、締めくくり質疑は半日間で二時間五五分となっている。この国会では、先に平成一三年度二次補正を処理したため、一月二二日から三月六日まで継続して審査された。この間、アフガニスタン復興支援国会議へのＮＧＯ参加不許可問題と議員の関与問題、それを巡る外務省の対応、外務大臣の責任等、さらに北方四島支援事業等の疑惑事件及びその関連事件が最大の論議の題目となった。こういう背景の中で、一月二九日、補正予算を野党各党欠席のまま与党単独で委員会、本会議とも可決、その後、国会正常化のため、田中真紀子外務大臣と外務次官の更迭（外相は翌日辞任表明）、鈴木宗男議院運営委員長の辞任となった。そして、二月二〇日には、総予算採決の条件となる公聴会の決定に関し、田中真紀子議員及び鈴木宗男議員に対する参考人質疑を行っている。そして三月六日の予算採決の目処が立ったところで、三月四日、鈴木宗男議員証人喚問決議を行っている（実際の証人尋問は三月一一日）。このように、予算審議は予算に絡むスキャンダル等の政治倫理的な分野に議論が偏在し、本来の財政・景気、経済、外交といった予算の本来部分に対する質疑、更には具体的な予算の細目に関する論議が少ないのが実態である。政権抗争を本来業務の一部とする政治家に、実務的な予算の細目について、冷静に分析するような役割を求めてもなかなか出来るものでないし、そういう仕事は本来事務職員が、議員を手助けし代替すべき仕事とも考えられる。

筆者の経験では、議員の依頼を受けて、一四年度予算組替え動議とは別に、一四年度予算案の修正案そのものを作ったことがあるが、これに際しての経験は、予算の積み上げ方式の呪縛というか、政府各省・財務省等の役人的予算編成の土俵に乗って、縦・横・斜めすべての整合性・完璧性を前提に予算修正の議論を行うことにすれば、国会サイドの議論と次元が異なる感じで、残念ながらその議論はかみ合わない。従って、国会が予算修正するには、積み上げ方式での土俵に乗らず、まず政治決定での予算の総枠と大きな枠取りを決定することで十分だとする意識を浸透させることである。そして、国会が決定したその大枠内で、内閣に予算の配賦計画・執行基準を決めさせるというスタンスを確立することが肝要と考えられる。

(22)　この合意は、瓦力衆議院委員長や、伊藤公介自民党筆頭理事その他の努力の賜物である。ポイントは、①時間の五分延長で、以前からの民主党石井一前筆頭理事の強い主張を取り入れたこと、②参議院の顔を立てて、合同審査会会長職の交替は、会期にかかわらず衆・参交互にしたこと、③申合せの遵守は譲らないものの、実質的に開会回数増へ努力するとの文言を入れたことである。

(23) 平成一三年一一月一九日に綿貫議長に提出された「衆議院改革に関する調査会答申」には、国政審議の活性化、実質化、透明性に向けてとして、「党首討論」は、テーマの事前公表とシャドーキャビネットとの討論も視野に入れること、予算委員会の議論は外交・防衛、経済政策、財政・税制問題、社会保障制度といった予算の骨格に関するもの等予算に即したものにし、政治倫理・スキャンダル等は別の場所でやるべしとし、国家基本政策委員会が設置されたことに鑑み、国家の基本的な政策についての議論は同委員会に譲るべきとしている。

また、学識経験者からは、「各委員会においても、与党と野党との対面式にして、質疑ばかりでなく与野党間討論を行ってはどうか。」という意見もあるが、これは注目に値する意見である。

(24) 前述の答申の主な論点は、①与党による法案の事前審査廃止、②国対委を廃し議会運営は公式の議運に、③党首討論を定例化し予算審議は経済・社会保障等の政策課題に限る等であり、議長はその取扱いを議会制度協議会に委ねたが、平成一四年一月八日付読売新聞は、「議会制度協は、①につき、政府与党間の問題であるとし、③については、国家基本政策委員会に検討をゆだねているとしている。その結果、議会制度協議会は、特別交通費、憲政功労年金等の議員特権の在り方にだけ検討課題をしぼっている、そして国会審議活性化に各党が消極的な理由として、与野党双方の思惑や利害が絡み調整が難しいのと、党首討論定例化は首相の拘束を嫌う与党の抵抗が強いこと、予算委員会の審議対象を経済問題等に限ることには野党側が反発している。」旨報道している。

(＊ 本稿はすべて個人の意見であり、国会、委員会等と関係するものではありません)

参考資料

資料一　日本とイギリスにおける党首討論の比較

	日本	イギリス
実施形態	衆議院・参議院の国家基本政策委員会合同審査会（討議）	下院本会議（口頭質問）
議事整理	会長（衆・参の国家基本政策委員長が交代で務める。）	下院議長
日時	毎週水曜日午後三時から四〇分間（ただし、総理が本会議又は予算委員会等に出席する週には開会しない。）	毎週水曜日午後三時から三〇分間（毎週必ず開会する。）
討議者	内閣総理大臣と野党党首	首相と ①抽選で選ばれた二〇名の下院議員（実際に質問できるのは一〇名程度） ②議長に指名された者 ③野党党首

資料二　「いま直ちに実行する政策」（抜粋）

（平成一〇年一一月一九日、小渕党首・小沢党首合意）

一　政治を国民の手に取り戻すために（政治・行政改革）

政治が責任を持って諸改革を推進する体制を確立するとともに、効率的で小さな政府を実現する。

①　政府委員制度を廃止し、国会審議を議員同士の討論形式に改める。そのために必要な国会法改正等の整備は次の常会において行う。

② 与党の議員は、大臣、副大臣（認証官）、政務次官あるいは政務補佐官として政府に入り、与党と政府の一体化を図る。そのため国家行政組織法改正等法制度の整備は次の常会において行う。

資料三 「政府委員制度の廃止及びこれに伴う措置並びに副大臣の設置等に関する合意」（抜粋）

（平成一一年三月二四日、自民・自由合意文書）

1 政府委員制度の廃止について

① 全廃する

② 廃止の時期は、第一四五回国会の次の国会からとする。

（中略）

2 副大臣等の設置について

① 内閣府及び各省に副大臣を置き、防衛庁に副長官を置く。（中略）

② 内閣府、各省及び防衛庁に政務官を置く。（中略）

③ 大臣、副大臣（副長官）及び政務官は国会において反論権を有する（議院運営委員会における申合せ事項）。

④ 二〇〇一年一月一日の省庁再編にあわせ、政務次官を廃止し、新たに副大臣（副長官）及び政務官を導入する。

3 経過措置

① 政務次官が大臣を補佐するため、出席し発言することができるよう、国会法を改正する。この場合、大臣及び政務次官は国会において反論権を有する（議院運営委員会における申合せ事項）。

② 現在各省庁におかれている政務次官を増員し、政務次官のうち一人が命により政策及び企画をつかさどることができるようにする。

（中略）

4 上記の措置は、第一四五回国会において一本の議員立法として成立させる。

5 施行期日

①　政府委員制度の廃止
第一四六回国会の召集日
②　政務次官の増員等
議員立法公布の日から起算して六月を超えない範囲内において政令で定める日
③　副大臣及び政務官の設置
別に法律で定める日（二〇〇一年の省庁再編にあわせて設置）

6　本会議及び委員会運営の在り方
今回の改正により、本会議、各委員会の運営の仕方は、大きく変わることとなる。国会を大臣又は副大臣・政務官と議員との議論の場としてゆくためには、議院運営委員会等において以下の事項について関係法規の改正を検討し、申合せをする必要がある。

⑴　本会議
副大臣、政務官も本会議で答弁することとなる。

⑵　委員会
①　審査又は調査の在り方（規則で定める。）
㈠　委員会が審査又は調査を行うときは、㈡の場合を除き、政府に対する委員の質疑は内閣総理大臣その他の国務大臣又は副大臣若しくは政務官等に対して行うこと。
㈡　委員会は、細目的又は技術的事項について審査又は調査を行う場合において、必要があると認めるときは、政府参考人の出頭を求め、その説明を聴くこと。
②　委員会への所属
・大臣は、原則として所管委員会には所属しない。
・副大臣、政務官は、所管委員会の委員とする。
③　常任委員会の数等

・省庁の再編に伴い常任委員会の種類及び数を見直す。
・常任委員の総数を削減する。
・委員会の定数を奇数とする。
・委員会運営の在り方、委員室の配置等について今後検討する。

資料四　「衆議院英国副大臣制度及び議会制度実情調査議員団」の構成

（平成一一年五月二日〜五月七日）

団長　大島　理森　議員（自民）
副団長　伊藤　忠治　議員（民主）
熊代　昭彦　議員（自民）
島　聡　議員（民主）
東　順治　議員（明・改）
井上　喜一　議員（自由）
東中　光雄　議員（共産）
深田　肇　議員（社民）

資料五　「国家基本政策委員会の設置、政府委員制度の廃止及び副大臣等の設置並びにこれらに伴う関連事項の整備等に関する合意」（抜粋）

（平成一一年六月一一日、自民・自由・民主三党合意文書、同月一四日、副大臣制度に関する協議会において公明・改革クラブも合意、同月一五日、与野党国対委員長会談で四党合意として確認）

Ⅰ　国家基本政策委員会の設置

衆参両院に常任委員会として国家基本政策委員会を設置し、合同審査を行う。委員会の設置は、平成一二年の通常国会からとする。

1　委員の構成は衆議院三〇名、参議院二〇名とする。

2　委員会の開催は次のとおりとする。

(1)　週一回、四〇分とする。

(2)　内閣総理大臣が衆・参の予算委員会に出席した週には、国家基本政策委員会の合同審査会は開催しない。

(3)　閉会中には開催しない。

(4)　四〇分間の用い方については、野党間で調整する。

(5)　運営要綱は別途定める。なお、質問は通告制とする。

3　総理の本会議、委員会への出席は別紙一のとおりとする。

Ⅱ　政府委員制度の廃止

1　従来の政府委員制度は次の国会より廃止する。

2　政務次官を増員するとともに、政務次官のうち一人は「大臣の命を受け、政策及び企画をつかさどる」ものとする。

3　政務次官の増員の数は八名とし、合計三二名（官房副長官を除いた数）とする。

4　これにより、答弁は大臣及び政務次官とする。

5　技術的・専門的質問については、政府職員を政府参考人として招致する。その招致手続きは簡素化する。

6　政務次官は委員として委員会に所属する。参議院における政務次官の理事就任については、野党の承認を得て、認めるものとする。

Ⅲ　副大臣及び大臣政務官の設置

1　副大臣の数は二二名（官房副長官を除いた数）、大臣政務官は二六名とする。

2　副大臣は、大臣の命を受け、政策及び企画をつかさどり、政務を処理し、並びにあらかじめ大臣の命を受けて大臣不在の場合その職務を代行する。

3　大臣政務官は、大臣を助け、特定の政策及び企画に参画し、政務を処理する。

4　副大臣及び大臣政務官は、本会議及び委員会において、議員の質問に対して答弁する。
5　技術的・専門的質問については、政府職員を政府参考人として招致する。その招致手続きは簡素化する。
6　副大臣及び大臣政務官は委員として委員会に所属する。参議院における大臣政務官の理事就任については、認めるものとする。

Ⅳ　内閣法制局長官等は別途検討課題とする。
Ⅴ　検討すべき課題
　議員の議会活動に対する補佐機構（調査局等）の充実強化については、二〇〇一年一月末までに組織等を整備する。
Ⅵ　倫理規範（別紙二）

（別紙一）　国家基本政策委員会設置に伴う内閣総理大臣の本会議・委員会への出席の在り方について

1　本会議
⑴　内閣としての基本的施策（施政方針演説、所信演説等及びこれに対する質疑）についての議事とする。
⑵　⑴以外の議事に関しては所管大臣が対応する。ただし、
　①　重要かつ広範な内容を有する議案についての趣旨説明に対する質疑（いわゆる全党もの）
　②　国家の利益に重大な影響を及ぼす事件等についての報告・質疑については、この限りでないものとする。
⑶　前項⑵の原則に基づき、国家の利益に重大な影響を及ぼすか等の認定は議運委員会で定める。

2　委員会
⑴　予算委員会の総括質疑（各党一巡）及び、重要かつ広範な内容を有する議案については、一。（二）①を適用し、委員会で協議して決める。

（別紙二）　副大臣及び大臣政務官倫理規範（略）

資料六　「政府委員制度の廃止及び副大臣等の設置に伴う国会審議の在り方に関する申合せ事項」（一四六回国会からの運用にかかるもの）（要旨）

（平成一一年九月一一日、自民・自由・民主・公明の四党実務者協議で合意、同月一七日、四党国対委員長合意）

1　政務次官

政務次官は、①本会議・委員会で議員に答弁・討論できる旨国会法に規定した趣旨から、国会審議においてその責務を積極的に果たす。②本会議において答弁者席に着席。③所管の委員会に所属し、原則として答弁者席に着席。

2　本会議

①議案の審議に係る総理の本会議への出席は重要広範議案の趣旨説明に対する質疑のみとする。（なお、次期国会において国家基本政策委員会に準ずる会議を試行的に実施する。）②総理の本会議出席には内閣法制局長官が陪席できる。③本会議については国務大臣が対応。大臣が出席できないときは、臨時代理又は政務次官が対応。④質疑者は原則前々日の正午までに質問の趣旨等を通告。

3　予算委員会

①予算委員会の審議は議員同士、議員と国務大臣・政務次官との政策論争が、より活発に行われることが期待される。②細目的・技術的事項の質疑については政府参考人を招致する。③総理の予算委員会出席は基本的質疑（各党一巡）とする。④総理の予算委出席には内閣法制局長官が陪席できる。⑤国務大臣が出席できないときは政務次官が対応。⑥基本的質疑を除き、答弁要求のない大臣については出席しなくてもよい。⑦質疑者は原則前々日の正午までに質問通告。⑧予算委員会の審議に当たっては、今般の改革の趣旨にかんがみ、委員長の議事整理権を尊重しつつ、円滑かつ適正な審議が行われるよう相互に務めるものとする。

4　他の委員会

①委員会の審議は議員同士、議員と国務大臣・政務次官との政策論争が、より活発に行われることが期待される。②細目的・技術的質疑は政府参考人を招致。③総理の委員会への出席は、重要広範議案の基本的質疑のみとする。④総理の委員会出席には内閣法制局長官が陪席できる。⑤大臣が委員会に出席できないときは政務次官が対応。⑥質疑者は原則前々

日の正午までに質問通告。⑦所管外委員会への出席は原則政務次官が対応。⑧委員会の審議に当たっては、改革の趣旨から委員長の議事整理権を尊重し、円滑・適正な審議に努める。

5　質疑者

①細目的・技術的質疑は政府参考人に対して行うよう努める。②細目的・技術的であるか否かは国会審議活性化の観点から判断される。

6　政府参考人

政府参考人は、①施策・業務に責任を持つ立場の者でなければならない。②質疑者の求め又は理事の協議により委員会の議決を経て、委員長が招致し答弁する。③委員会から招致された場合は速やかに対応しなければならない。④今般の改革の趣旨にのっとり、細目的・技術的事項について責任を持って説明する。⑤委員長の議事整理権に従うものとする。

7　一般的事項

①大臣が正当な理由で本会議・委員会に出席できない場合でも、政務次官をして審議の充実を図る。②政務次官を置かない国家公安委員会等は政府参考人を活用する。③二〇〇一年の省庁再編に合わせ、常任・特別委員会の種類、委員数、定例日等の見直しを行い、次の常会において必要な改正を行うものとする。④政府特別補佐人の両院議長の承認は、会期冒頭の両院の議運理事会でその処理について決する。⑤委員会において審査中の議案の担当局長等は当該委員会に陪席するよう努める。

8　見直し

本申合せについては、第一四六回国会以降の国会審議の状況を踏まえ、国会審議の活性化を図る観点から必要な見直しを行うものとする。

資料七　「英国議会制度等実情調査議員団」の構成

（平成一一年九月一四日～九月一八日）

総団長　衆議院議員　羽田　孜（民主）

衆議院議員
副団長　中山　正暉議員（自民）
逢沢　一郎議員（自民）
島　　聡議員（民主）
井上　義久議員（明改）
小沢　一郎議員（自由）
事務局長　西田　猛議員（自由）
穀田　恵二議員（共産）
（現地参加議員）
森　喜朗議員（自民）
冬柴　鐵三議員（明改）

参議院議員
副団長　岡野　裕議員（自民）
上野　公成議員（自民）
今泉　昭議員（民主）
山下　栄一議員（公明）
吉川　春子議員（共産）
三重野栄子議員（社民）
戸田　邦司議員（自由）
奥村　展三議員（参院）

資料八　「国家基本政策委員会等の運用等、国会審議の在り方に関する申合せ」（抜粋）

（平成一二年一月一八日、新制度に関する両院合同協議会における四党の合意）

一　国家基本政策委員会合同審査会（以下、基本政策委員会という）の運用
内閣総理大臣と野党（衆参いずれかの院において所属議員一〇名以上を有する野党会派）党首の直接対面討論を毎週一回四〇分間、水曜日午後三時より行う。
1　委員の構成は、衆議院三〇名、参議員二〇名とし、計五〇名による合同審査会とする。
2　基本政策委員会は、衆参両院の委員長が交互に会長となり、委員会を統括し、議事を整理する。初回の会長は衆議院の委員長とする。なお、会場の都合により、会長の属さない院の会議場においても開催することができるものとする。
3　運営について協議するため、衆院に理事八名（自民四、民主二、公明一、自由一）、参院に理事四名（自民二、民主

一、公明一）を置き、更に両院合同幹事会を設置する。衆参両院の委員長のほか、幹事の員数は両院併せて一一名（自民四、民主二、公明二、自由一、共産一、社民一）とする。理事を出していない会派はオブザーバー幹事とする。

4 委員会の構成員は、党首を中心とする政策責任者とする。

5 野党党首は委員として発言する。

6 四〇分間の各党の持ち時間については、野党間で調整する。

7 各院の本会議、予算委員会及び重要広範議案の委員会に総理が出席する週には、基本政策委員会は開催しない。

8 総理が、予定されたその週の基本政策委員会に出席できない場合の対応については、基本政策委員会幹事会において協議する。

9 野党党首が、その週の基本政策委員会に出席できない場合の対応については、野党間で調整し、幹事会において協議する。

10 国会閉会中は、基本政策委員会は開催しない。

11 野党党首は、討論の項目及びその要旨等を、原則として前々日の正午までに通告する。

12 基本政策委員会には、原則として閣僚が陪席する。

13 基本政策委員会には内閣法制局長官が陪席する。

14 基本政策委員会の委員席の配置は、与党と野党の対面方式とする。

15 パネル等の使用は原則として認めないものとし、真に必要な場合に限り予め幹事会に提出し、許可を得るものとする。

16 会長は、討論時間が定められた時間を超過することがないよう議事を整理する。

17 その週の基本政策委員会の全容をTV中継するものとする。

二 「国会審議活性化法」の施行に伴う国会審議の在り方

(1) 本会議

1 総理の本会議への出席は、重要広範議案の趣旨説明及びこれに対する質疑のみとする。

2 国家の利益に重大な影響を及ぼす事件等については、議院運営委員会理事会の協議の結果に基づき、総理が出席し、報告・質疑を行うものとする。

（中略）

⑵　予算委員会

1　総理の予算委員会への出席は、各党一巡の基本的質疑及びここ数年の実績を踏まえた締めくくり質疑のみとする。

（中略）

⑶　予算委員会以外の委員会

1　委員会は、重要広範議案の各党一巡の基本的質疑を行うにあたり、総理の出席を求めることができる。

（以下、省略）

資料九　「国家基本政策委員会合同審査会の運営についての申合せ」（概要）

（平成一二年二月一六日、国家基本政策委員会両院合同幹事会決定）

1　衆・参の国家基本政策委員会は合同審査会を開き、総理と野党（衆または参で所属議員一〇名以上を有する会派）党首との直接対面方式での討議を行う。

合同審査会においては、内閣と各党の基本政策及び時々の重要テーマについて総理と野党党首が相互に議論を展開するものとし、国家の基本政策を審議する委員会にふさわしい内容のものとする。

2　合同審査会は、会期中、週一回四〇分間、水曜日午後三時から開会する。ただし、総理が衆参の本会議、予算委員会、重要広範議案審査の委員会に出席する週には開会しない。閉会中には開会しない。

3　合同審査会の会長は、衆参の委員長が交互に務め、毎会期、初回の会長は衆院の委員長とする。会長に事故があるときは、会長の属する議院の理事が、会長の職務を行う。

4　開会場所は衆参の第一委員（会）室を交互に使用する。委員席の配置は、与党・野党の対面方式とする。

5　合同審査会の運営について協議するため両院合同幹事会を設置し、両委員長のほか両院併せて一一名の幹事（自民四、民主二、明改二、自由一、共産一、社民一）により構成する。理事の割当てのない会派についてはオブザーバー幹事とする。

6 四〇分の各党時間配分は野党間で調整する。時間には総理の発言時間も含む。

7 野党党首は委員として発言する。野党党首が出席できない場合の対応は、野党間で調整し、両院合同幹事会で協議する。

8 総理が出席できない場合の対応は、両院合同幹事会で協議する。

9 総理以外の国務大臣は原則として陪席する。内閣法制局長官は陪席する。

10 野党党首は、発言項目・要旨等を示し、原則として開会日の前々日正午までに通告する。

11 パネル等の使用は予め両院合同幹事会に提示し、会長の許可を得なければならない。

12 会議における発言は、会長の議事整理に従う。野党党首及び総理は、配分時間を厳守し、相互の発言時間を考慮しつつ簡潔に発言する。

13 開会通知は、衆・参の公報をもって行う。

14 傍聴、録音、撮影の許可は会長が行う。

15 本申合せについては、第一四七回国会における合同審査会の運営の状況を踏まえ、国会審議の活性化を図る観点から必要がある場合には、所要の見直しを行うものとする。

資料一〇（平成一五年一月、自由民主党、民主党国会対策委員長合意事項）

国家基本政策委員会の見直し

平成15年１月23日

⑴　開会回数の増加

平成12年２月16日の、「国家基本政策委員会合同審査会の運営についての申合せ」を遵守しながら、与野党とも誠意を持って開会回数が増えるよう努力する。

⑵　開催時間の変更

開催時間を、40分から45分に変更する。

時間配分については、従来通り野党間で調整するものとし、総理の発言時間を含めて45分で終わるものとする。

⑶　会長

合同審査会の会長は、衆議院の国家基本政策委員長と、参議院の国家基本政策委員長が交互に務めるものとする。（「申合せ」から、「毎会期、初回の会長は、衆議院の委員長とする」を削除する。）

中　川　秀　直

野　田　佳　彦

資料一一（合同審査会開会回数一覧）

（合同審査会開会回数一覧）

平成年	国会回次	会期日数（日）	定例日数（回）	開会回数（回）	年間合計開会回数
一二	一四七（常会）	一三五	二二	六	八回
	一四八（特別会）	三	一	○	
	一四九（臨時会）	一三	二	○	
	一五○（臨時会）	七二	一○	二	
一三	一五一（常会）	一五○	二三	五	七回
	一五二（臨時会）	四	一	○	
	一五三（臨時会）	七二	一○	二	
一四	一五四（常会）	一九二	二八	三	五回
	一五五（臨時会）	五七	八	二	
一五	一五六（常会）	一九○	二七	五	六回
	一五七（臨時会）	一五	二	一	
	一五八（特別会）	九	二	○	
一六	一五九（常会）	一五○	二○	二	二回
	一六○（臨時会）	八	一	○	

資料一二　党首討論制度導入前後の総理大臣国会出席回数一覧

総理大臣の国会出席回数調べ

年	国会	衆議院 本会議	衆議院 予算委員会	衆議院 その他の委員会	衆議院 計	合同審査会（党首討論）	参議院 本会議	参議院 予算委員会	参議院 その他の委員会	参議院 計	両院合計	両院合計（年）
平成八年	第一三六回国会	二七	一七	一三	五七	〇	一六	一四	六	三六	九三	一一〇
	第一三七回国会				〇	〇				〇	〇	
	第一三八回国会				〇	〇				〇	〇	
	第一三九回国会	五	二	三	一〇	〇	四	二	一	七	一七	
平成九年	第一三九回国会(閉)				〇	〇			一	一	一	一三五
	第一四〇回国会	二四	一六	一〇	五〇	〇	二二	一二	一〇	四四	九四	
	第一四一回国会	一一	五	五	二一	〇	九	二	七	一八	三九	
	第一四一回国会(閉)				〇	〇			一	一	一	
平成一〇年	第一四一回国会(閉)				〇	〇			一	一	一	一五五
	第一四二回国会	三〇	二一	二	五三	〇	一九	一六	一二	四七	一〇〇	
	第一四三回国会	八	五	六	一九	〇	一〇	五	六	二一	四〇	
	第一四四回国会	四	二	一	七	〇	四	二	一	七	一四	
平成一一年	第一四五回国会	二九	一三	一四	五六	〇	二九	一五	一三	五七	一一三	一三一
	第一四五回国会(閉)				〇	〇			一	一	一	

		平成一二年				平成一三年				平成一四年		平成一五年				平成一六年		
	第一四六回国会	第一四七回国会	第一四八回国会	第一四九回国会	第一五〇回国会	第一五一回国会	第一五二回国会	第一五二回国会（閉）	第一五三回国会	第一五四回国会	第一五五回国会	第一五六回国会	第一五七回国会	第一五八回国会	第一五八回国会（閉）	第一五九回国会	第一六〇回国会	
	四	一一		二	七	一一			八	一〇	五	一一	二			九	一	
	一	四		一	二	九	一		四	一一	二	一一	一	一		九		
	一	一			一				三	一〇	四	七	一	一		一二		
	六	一六	〇	三	一〇	二〇	一	〇	一五	三一	一一	二九	四	二	〇	三〇	一	
	二	六	〇	〇	二	五	〇	〇	二	三	二	五	一	〇	〇	二	〇	
	六	一一		二	七	一〇			七	一〇	六	一五	三			一〇	一	
	二	四		一	二	九		一	四	一〇	二	九	一	一		八		
	一				二	一			三	二	二	九	二		一	九		
	九	一五	〇	三	一一	二〇	〇	一	一四	二二	一〇	三三	六	一	一	二七	一	
	一七	三七	〇	六	二三	四五	一	一	三一	五六	二三	六七	一一	三	一	五九	二	
		六六				七八				七九		八二						

（単位は出席回数）

国会における法案審議の活性化

前田英昭

はじめに

法律は国民の権利義務関係を定める公文書であり、新たな立法はそれを変更するものである。権利義務関係の変更は、議会の同意を必要とすることが、イギリスでは一二一五年のマグナ・カルタ以来徐々に確立されてきた。議会は、エドマンド・バークが言う deliberate assembly（審議機関）である。議会用語で言われる「審議」という言葉はここに由来する。「ヘンリー・M・ロバート議事規則」（安藤仁介訳・監修）冒頭にはこう書かれている。その審議は言論によって行われる。国会における言論は、「発言」と総称され、趣旨説明（弁明）、質疑、討論その他に分けられる。また国会用語では、本会議の場合に「審議」、委員会の場合には「審査」という言葉が使われる。本会議と委員会のほかに、種々の非公式の会議があり、そこでも法案について協議がなされる。

本会議と委員会の関係については、イギリス型の本会議中心主義とアメリカ型の委員会中心主義に大別される。イギリス議院内閣制では、まず本会議で内閣提出法案の基本事項をめぐって与野党が激しく論戦を闘わす。本会議で基本事項が承認された法案は、委員会で細目について逐条審査される。委員会は法案審査のために設置される特別委員会であり、法案ごとに委員が任命される。本会議は、委員会の審査報告を聞いた後、全議員で再び法案全体について最終的に討論し、可否を決する。

これに対して、アメリカ大統領制では、議員提出法案は、提出されると所管の常任委員会に付託され、全体について委員会が審査し、可決すべきだと考えた場合、委員全員が公聴会で、利害関係者（政府関係者も含む）の意見を聞き、質疑応答を重ねた上、それを委員同士のマークアップ・セッション mark up session と呼ばれる非公開の会議に移して懇談的に協議し、内容を練り直し、最終的に確定された法案が本会議で可決される。

これが法案審査に見られる英米の違いである。日本は、旧帝国議会では、イギリス型の特別委員会方式を採用し、戦後の国会ではアメリカ型の常任委員会方式を採用した。いずれの場合も、外国の土壌で育った制度を日本に移植し、日本流に運用したため、外国の原型とは大きく違った法案審査方式ができ上がった。それゆえ、現在の日本の国会における法案審査を考える場合、大雑把ながら、英米二カ国の場合を念頭に置いて考えるのがわかりやすいであろう。イギリスは本会議における討論中心型である。アメリカは委員会における法案修正型である。イギリス議院内閣制では、首相及び閣僚は法案の議会提出から成立にいたるまで会議に自から出席し審査をリードする。これと対照的に、アメリカ大統領制では、大統領及び閣僚は、法案の勧告または資料提供以外、直接的には議会の法案審議に参加できず、議会運営は議会の自主性に任される「議会マター」であり、委員会が法案の成否の主導権を握る。法案成立の第一関門は、イギリス議会では本会議であり、アメリカ議会では委員会である。アメリカの政治学者ネルソン・ポルスビー Nelson W.Polsby は、この二つを「劇場型議会」Legislative Arena（議員による公開討論のフォーラム）と「変換型議会」Transformative Legislature という表現で対置させた。

一　「質疑」による審査

占領下、ＧＨＱのジャスティン・ウィリアムズ国会課長は、日本の国会を次のように酷評した。日本の「議会は西欧的意味では一度たりとも国の立法府であったためしがないこと、政治的威厳の中核だったこともなく、国民の意思を反映したこともないこと、国家政策を実行したことも、それを監督したこともない。……それはせいぜい無能（インポタント）なおしゃべり社交場と見られていたにすぎなかった」（「マッカーサーの政治改革」市雄貴・星憲一訳二一九頁）。国会は、ＧＨＱの民主化改革構想のサジェスチョンに従って、「有能な」立法機関となるべく、アメリカ型の委員会中心主義を採用し、日本国憲法下で、法案審議方式を旧議会の本会議中心主義から委員会中心主義に変えた。当初の国会における委員会中心主義は、①法案の委員会審査を必須要件とする、②委員会は法案を握りつぶすことができる、③委員会は議院の国政調査権を委譲される、④委員長は審査報告を行い、本会議における討論者を指名できる（衆議院規則一三六条）、⑤委員会を公開とする、⑥委員会審査報告書の充実、⑦常任委員長は議院の役員となる、⑧常任委員会に専門員を置くなどに見られる。

委員会中心主義を支える太い柱は、正副議長に次ぐ第三の議院の役員・常任委員長と、その常任委員長を補佐するために新たに導入された専門員である。常任委員会専門員は高度の専門家で、特別職・自由任用であり、報酬は地位相当額（大臣と次官の中間）が保障された。他面、専門員は、職務専念義務を課せられ兼職禁止、その地位を利用し関係行政部門に天下ることを防ぐため、辞職後二年間の行政各部への就職を禁じられた。

第二次大戦直後、アメリカ議会は行政の肥大化に対抗して一九四六年立法府改革法を制定して委員会職員の大幅増員を実現した。この議会職員の拡充強化は、行政官僚の台頭を抑えるのに効果的であった（Ｇ・Ｂ・ギャロウェイ「一九四六年立法府改革法の運用状況に関する報告」衆議院法制局）。これにならって、日本の国会活性化のためのカンフル注射として、国会に導入されたのが専門員制度である。ＧＨＱは、明治憲法下の旧行政官僚に新たな立法官僚を対峙させることができれば、国会の民主化改革を実現できると考えた。国立国会図書館と調査立法考査局の設置も、国会強化策の一環として実現された。

しかし、委員会中心主義は、わが国議院内閣制の土壌では容易には育たなかった。国会が審議する法案のほとんどは、旧議会と同じく内閣提出法案であり、行政官僚のつくった法案であった。第一回国会では、法案は内閣提出が百六十一件（百五十件成立）、議員提出が二十二件（成立八件）である。内閣提出法案は高度の専門的な知識と技術を備えた行政官僚の手によって作成されたものである。法案審査は付託された委員会における大臣の趣旨説明（及び政府委員の補足説明）で始まり、質疑—討論—採決の順序で行われる。審査の大半は質疑応答であり、次いで討論、採決で委員会の法案審査は終わる。その間に、公聴会や他の委員会との連合審査会が開かれることもある。法案審査は質疑中心であり、その間、各委員と委員会の構成メンバーでない大臣、政府委員（行政官僚）との間で一問一答が延々と繰り返される。

本来、国会における審査は、質疑の後、意見の交換と調整の段階を経て議決をもって終了する。提案者（主として政府）に対する（主として野党委員による）疑義の解明の後に、議員同士の意見交換なしに議決にいたる日本の国会における法案審査は、特殊であり、変則的である。つまり、①質疑が審査の大半を占める。②委員は、提案者である行政府の大臣及び政府委員に対して、「お伺いする」というスタイルで質問する。答弁は大臣・政府委員という行政府の者が行い、審査は行政府優位で行われる。③質疑の対象は、内閣提出法案中心である。帝国議会では、内閣提出法案優先審議が議院法に規定されていた。国会は、その規定を排除したが、従来通り内閣提出法案を優先審査する。④審査は、議員同士で行うのではなくて、会議体の構成メンバーでない大臣や政府委員が常時、主役として法案審査の委員会に出席し、委員の質疑に答える形で行われる。首相その他の大臣は、議員の有無にかかわらず、委員会に出席する。行政府の官僚も政府委員または説明員として委員会に出席し、質疑に答える。議院内閣制の国においては、大臣はすべて議員であるのが例であるが、日本の国会はこの例外である。⑤審査は、委員の質疑中心なので、委員同士の意見交換を行う機会がない。質疑終了後に討論が認められるが、この場合の討論は、委員の法案に対する賛否の意見を述べるだけで、委員同士の意見交換が行われるわけではない。

委員は、質疑の都度、「委員長」と発言の許可を求め、委員長から「〇〇君」と呼ばれてから発言を始める。他の議員は黙って聞くか、または目の前で繰り広げられる質疑応答におかまいなしに、いわゆる「内職」をする。法案審査なのに、誰一人として、いわゆる「穴あき法案」を卓上に置いて考え込んでいる姿は見られない。質疑者本人も、法案を持たずに、質問原稿を頼りに発言している。

これは日常的によく見られる法案の審査風景である。このように日本の国会における委員会審査は、外国と比べると、極めて異例である。

作家の野坂昭如氏が参議院選挙に当選し、内閣委員会に出席したとき、同氏は同僚議員に向かって質問を始めた。驚いた委員長は「速記をとめて」と叫び、野坂議員に「委員会審議とは政府に質問し政府が答えるもの。同僚議員に質問しないように」と注意した。野坂氏は納得せず「国会は討論の場であるはず。政府が答えるというが、さっきから大臣が立たず、役人が答えているではないか」と堂々の（本人いわく）「正論」を吐かれていた。野坂氏はその後「考えるところ」があって議員を辞職された。

また、憲法学者の宮澤俊義東大教授は、こういう国会の法案審査を見て、「会議体の体（てい）をなさず、個人による手紙のやりとりのようだ」と評されたことがある。委員会における口頭の質疑とは別に、議員は誰でも、「書面質問」により政府に答弁を求めることができる（国会法第七十五条）。

なお、こういう法案審査の前には、各委員の所属政党内の機関で法案の検討がなされる。特に与党の場合は法案提出前の「事前審査」がある。したがって、委員は相当程度法案の内容を知り、賛否の態度を決めてから委員会に出席する。

また、質疑中心の法案審査と言ったが、正確に言えば、審査段階に討論がないわけではない。衆議院規則第五十条は、質疑後に「討論が終局したときは……」と規定する。討論は質疑のあとで行われる。討論を行う機会はあるのだが、重要法案以外の場合は省略される例である。重要法案の場合の討論は、各党一人が代表して五分程度の賛否の意見を表明するにとどまる。各党は事前に法案に対する賛否を決めているので、討論は、一人一回限りで十分だとされている。一委員の討論は一回の発言で終わりで、各委員同士の間の激論が闘わされる機会は国会では見られない。

日本の国会における法案審査には「議員同士の討論がない」とよく言われるが、当然なのである。「討論」とは、本来、「自己と異なる意見を論駁し、自己の意見に同調するよう説得する発言である。そのためには、自己の賛否の意見を明確に表明するのみならず、相手の主張にも反論しなければならない。国会においては、政党の党議拘束が徹底しているので、討論において他の議員を説得することを期待できず、現在では、「討論とは単なる賛否を明らかにする発言となっている」（原度「議会法概要」二七二頁）。本来、討論は、クロス・イクザミネーションを前提とし、一回限りのものではあり得ないのであって、国会における「討論」はこのような世間で常識的に言われる「討論」とは異質のものなのである。

二 官僚・議員間質疑

1 政府委員

会議は会議体の構成員によって行われるのが会議の鉄則であるにもかかわらず、こういう委員以外の政府関係者が会議に出席して積極的に活動する法案審査は、旧帝国議会からの伝統であり、日本では珍しいことではない。帝国議会では、委員以外の総理大臣その他の国務大臣及び官僚（政府委員または説明員）が主導的に「何時タリトモ」自由に出席し（旧憲法第五十四条）、提案の趣旨説明、議員の質疑に対する答弁などのため自由に発言し、法律の成立を図ることができた。大臣等による提案の趣旨説明や答弁に対し、議員は法案提出の趣旨と内容を確かめるために、何回も質疑し、最後に賛成または反対し、さらに成立した後の法律執行上の要望を述べたり、法律施行にあたっての要望を「附帯決議」として付したりする。議会は、明治憲法下、「立法機関」ではなくて、天皇の立法権に対する「協賛機関」であった時代に生れた審議方式を、「立法機関」となったときに安易に踏襲すべきではなかった。例えば法案の条文に不明確ないし拡大解釈のおそれのある個所を発見すれば、国会が明確な条文に修正すれば、法律運用上のことを立法府が危惧する必要はなくなる。ＧＨＱはそれを期待し、附帯決議を付さないことを国会に求めた。その後、一時期、附帯決議は著しく減少したが、独立後、国会は再び附帯決議を復活し、重要法案についてはほとんど附帯決議付という現状である。

明治二十三年の第一回議会には十二人の各省次官が政府委員に任命されたが、その後、議案の審議に応じて増加の一途を辿った。これに危惧を感じた尾崎行雄は、「政府委員は内閣または国務大臣を代表する全権委員であるべきで、事務的な説明が必要な場合は「参考者」が委員会に出席すべきだとの動議を提出したが、否決された。また、政府委員の本会議及び委員会への出席・発言は、権利として自由にでき、通告の必要はなかった。その後、政府委員の数は増加の一途を辿った。大正十三年、政務次官新設に伴い、政府委員には政務次官が就任し、従来の各省次官は、事務次官と名を改めて、政府委員に就任しないのを原則にした。それ以後、政府委員の数は激減し、政務・事務次官分離前の第四十九回議会で百四人であったものが、分離後の第五十回議会では、政府委員は五十一人、第五十一回議会では四十八人に減少した。その後、漸増し、第七十回議会では政府委員は百三十六人に達し、その数は戦後まで続いた。

現行憲法第六十三条は「内閣総理大臣その他の国務大臣は……何時でも議案について発言するため議院に出席することができる。また、答弁又は説明のため出席を求められたときは、出席しなければならない。」と規定するのみで、政府委員については何も規定しなかった。国会は、従来の政府委員を認め、国会法第六十九条に「内閣は、国会において国務大臣を補佐するため、両議院の議長の承認を得て政府委員を任命することができる。」と規定した。これについて極東委員会（Far Eastern Commission）はＧＨＱにクレームをつけた。「国務大臣や国会議員以外に政府委員が国会で発言権を持つのは望ましくない。大臣あるいは政務次官が議院に出席して、各省の活動や彼らが提出した法案を説明し、審査に参加するのは当然のことであるが、国会議員以外の官僚が、大臣の代わりに出席し、発言することは、内閣の国会に対する責任の原則に反する」。これに対してＧＨＱは答えた。「国会法第六十九条の規定は、日本の立法府の歴史において長い間、培われてきた慣習に沿ったものである。この規定は、衆議院単独の発案で挿入され、衆議院で全会一致で承認されている。衆議院は新憲法によって与えられた権限を確保し、維持することに熱意を示してきた。この規定は、国会がその議事手続を律するために自らの手で制定した数々の規則の中の一つにすぎず、改正はいつでも可能である。それはまた、民主的原則を侵しておらず、内閣の国会に対する責任の原則を曲げるものでもない。このような細部にわたる点まで国会に変更を強要することは、確立されている占領政策からの極めて危険な逸脱と思料する」（「日本国憲法・検証」三巻　前田英昭「国会と政治改革」小学館文庫）。かくて日本官僚制は維持・温存された（辻清明「新版日本官僚制の研究」二四三頁）。

結局、政府委員については、「①政府委員を憲法規定から削除する、②戦前のように「何時タリトモ」発言できるのではなくて、議員から発言の要望があったときに限り発言を認める、③官僚が自ら発言を希望するときは委員長に事前通告する、④政府委員の任命は両院議長の承認事項とする」という条件で、政府委員は国会に生き残った。国会法に新たに加えられたこの歯止めは、何ら効果なく、政府委員に関する帝国議会の慣行は国会にも引き継がれた。国会になってから、議員でない官僚を政府委員として委員会に出席・答弁させることを問題とした指摘は何回となくあった。その代表的な一例を挙げる（昭和五十八年三月三日、衆議院予算委員会における小林進議員の発言）。

「政府委員と称する官僚の態度に了承できないものがある。時には政府委員たる資格の付与をやめて国会への出入りを禁ずることも考慮されたい。というのは、官僚答弁は目に余るものがある。議員が質問した場合、指名された主管大臣が答弁に立つ前に、むしろ大臣を牽制するような態度で官僚が飛び出してきて答弁席に立って、テコでも動かぬような姿勢を示している。これほど失礼な態度は従来見られなかった。本来、役人が答弁に立つときは、まず主管大臣が担当職員をして答弁させるという承諾を委員長と質問者に求め、そのうえで大臣から指示されて役人が答弁に立つというのが順序であり、従来の慣行である。こうして立法府の権威が保たれ、あるいは秩序も維持される。それを役人がさも議員に教えてやるような高圧的な態度で終始している。

こんな失敬なことは断じて許されることではない。こういう思い上がった役人に対しては、委員長は厳重な注意を与えられるとともに、政府委員になる資格を剥奪して、国会への出入りを禁ずるぐらいの処置を講ぜられること、そして委員会の権威秩序を保つべきである。」

確かに眼に余ることが日常的に見られたのであるが、それを許す体質が国会側にもあった。議員側の政府委員出席要求が余りにも多く、それが行政の停滞を招くという不満は政府側に絶えなかった。政府委員の国会出席による国会開会中の行政事務の停滞の実態は、行政管理庁の調査（昭和四十三年七月）によって明らかにされた。第五十八回国会の会期中（会期百六十日）に各省庁が作成した答弁資料は四、八〇九件に及び、その作成と質問要旨の掌握に忙殺された。各省庁の官房長、局長など、トップ管理者は政府委員として狩り出され、局長が国会に出席すれば、課長、課長補佐までが説明員または随行員として出席する。政府委員一人の平均出席は二十一回、中には五十回以上も出席した局長もあり、随行員は全省庁延べ三千人に上った。そのため、各省庁の決裁は遅れ、行政事務は滞り、残業のために職員の健康を害することにもなる。各省庁は、国会開会中、国会にかかりきりで、「国民のための行政」という本来の使命がおろそかになるという有様であったと、報告書には書かれている。

政府委員は「国会において国務大臣を補佐するため」内閣が両議院の議長の承認を得て任命する政府職員であり（国会法六十九条）、各省庁の政務次官のほか、内閣法制局長官、各省庁の局長級の職員など二百人―三百人が任命されていた。政府委員の最高記録は、昭和五十八年の第一〇一回国会の三五一人である。政府委員は、国会会期の冒頭に一括して任命され、主として委員会に出席し、議員の質問に答えた。政府委員が行う国会審議におけるいわゆる「官僚答弁」については、従来からさまざまな批判があった。

第百四十五回国会の平成十一年八月三日、六日、九日の三日間において参議院法務委員会審査中の通信傍受法案に対する質疑応答の際の政府関係の答弁者、答弁回数、答弁全体に対する割合は、法務大臣の答弁回数二十回、九%、会議録の行数で二百五十三行、政府委員（説明員を含む）の答弁は、二百六回、九一%、会議録の行数で三三九一行。これを見れば、法案審査における官僚の優位性は明らかである。具体的には、答弁者は、法務大臣のほかに、政府委員の法務省刑事局長、警察庁刑事局長、金融監督庁監督部長、通商産業省機械情報産業局長、郵政省電気通信局長、警察庁生活安全局長、事務局長（説明員）、警察庁長官である。

自民党調査によれば（平成九年三月二十三日　産経新聞）、政務次官が大臣に代わって行った国会答弁の回数では、過去五年間に一人の政務次官が三回以上行った例は七省庁にとどまり、一国会で五回以上答弁した例は、現職では閣僚級とされている中村正三郎大蔵政務次官だけであった。

2　政府（官僚）答弁

よく引用される政府答弁批判の代表例は、衆議院予算委員会における久保田円次防衛庁長官答弁（昭和五十五年二月一日）である。長官は、元陸将補によるソ連への機密漏洩事件で、塚本三郎民社党書記長に追及されたとき、思わず「これは重大な問題ですから、技術的な点もありますし、種々なる関係上、防衛局長から答弁をさせます」と答えた。久保田防衛庁長官は翌日辞任に追い込まれた。

政府委員の法案審査における答弁は「官僚答弁」と盛んに揶揄される。国会で議員がする質問があらかじめ予告されたもので、答弁は「質問とり」に基づいて官僚が用意したものだということは、別に秘密ではないし、これまでも紹介されてきた。

「質問とり」とは、質問者が決まると、閣僚等の答弁準備のため、各省庁が質問予定者から事前に内容を聞くのが通例であり、これを「質問とり」と言う。政府関係の内部文書では、「議員の予定質問の内容聴取」と言い、次の手順が決められている。①質疑内容は、単に質疑事項のみにとどまらず、質疑内容全体から、質疑事項の基調・意図を把握する。②答弁者の区分（局長、大臣、内閣総理大臣等）、官房決裁の要否、官房への参考配布の要否を判断する。③関係者協議により、答弁資料案の骨子を立てる。④必要に応じ右骨子について、総務課長、次いで局長の意向を伺う。⑤右の間、補佐等は、起案者、資料作成者、資料選定者、コピー担当係、浄書係、他課等の連絡など、全課員の役割分担を明確にしておく。⑥局長、総務課長の意向を受けた場合、関係者に説明の上、答弁資料の骨子を練る。⑦起案者は直ちに答弁資料作成にかかる。必要がある場合には、予備的な想定問答をも準備する。⑧起案者が作成した答弁資料（案）について、関係者が加筆訂正する。

また、政府委員には「五分間待機制」があった。審議ストップに際して政府委員は、「再開に備え五分以内に議場に戻れる場所で待機」を命ぜられるのだそうである。

しかし、事前に質問内容が通告されること自体はさして大きな問題ではない。細かい問題や専門的な問題については、事前通告がなければ答えられない問題もある。予定質問に対する答弁書を全くそのまま読む大臣もいれば、自分の考えを交えて答える大臣もいる。答弁を鵜呑みにして、「時間がないから先に進む」と言って、内容を確かめない議員もいる。こういう従来型の質疑応答をしていては、なんとも迫力のない国会論議になってしまう。

委員会審査を与党側がこれまでのように野党の攻撃を低姿勢で追及をかわす場であることをやめて、積極的な国民へのアピールの場として国会審議を位置づけるべきではないかということが言われ出した。これがない限り、国会審議は国民がテレビで見ても面白くないし、役に立つ情報は少ないし、自然と国民は国会から遠のいていく。議員同士がもっと議論するとか、大臣も質問に対する答弁だけでなくて、議員の主張に反論を行うことなどによって、法案審査を活性化すべきではないのかという声が次第に澎湃として起こる。

ところで、なぜ「質問とり」が慣例化したか。元官僚宮本政於氏は、「想定問答をつくるのは、官僚が国会を自分たちの支配下に入れておきたい、答弁する大臣に恥をかかせたくない」、この政官両者の要望がマッチしたからだという（佐高信、宮本政於「官僚に告ぐ」）。宮本氏は「答弁書作成四条件」を挙げる。①決して言質を取られず、責任の所在を明らかにされないようにする。②できるだけ現状維持の状態を保てるようにする。③聞いている誰もが不満を言えないような文章にする。④突っ込んでくる質問には上手にはぐらかし文体にする。

一口でいえば、「できるだけファジーに答える」のが基本的なパターンだということになる。チャーマーズ・ジョンソンは「通産省と日本の奇跡」の中で、官僚出身の内閣官房長官椎名悦三郎を例に挙げ、「慇懃に語るが、本質（サブスタンス）については何も語らない」のが政府答弁の極意だと述べている。

こういう逃げの姿勢では政治家同士のディベートは成り立たない。ディベートは、国際柔道と同じく、攻めなければ減点される。提案者の内閣には説明責任がある。法律は人の権利義務関係を変更する文書だから、「変える」者がその理由を説明し、「変えられる」国民を納得させなければ、本来、提案者は負けになるはずである。しかし日本の国会では、国内問題であるから、説明に積極的でなくても、負けにはならない。説明責任 accountability とは、日本では説明すれば済むと考えられているが、その元の言葉は、説明しても納得させられなければ責任が生ずることまで含むのである（ジェラルド・カーチス）。

3　外国議会の官僚

外国議会の状況はどうか。イギリス議会では、会議は議員（本会議）または委員（委員会）のみで行われる。首相は衆議院議員として他の議員と同格で本会議に出席する。官僚は構成員でないので本会議にも、委員会にも出席しない（ただし、調査のための特別委員会を除く）。衆議院議員である首相は貴族院の会議には出席しない。本会議では所管大臣が右側の前列の席に座れば、野党の影の首相が左側の前列に首相と向かい合って座る。委員会は、本会議を小型にした部屋で、所管大臣が、日本流に言えば、筆頭委員となり委員長の右側に座り、その隣に所管の副大臣が座り、反対側には野党の所管「影の大臣」が大臣と向き合って座る。議員同士で対等の立場でディベートが行われる。ディベートには争点があり、一条ごとに争点をめぐって論戦が繰り広げられる。これが逐条審査である。修正案は対案として提出され、争点を明確にさせる。委員のうち一番多く発言するのは、都市・郡部計画法案について見られるように大臣である（「表1」）。大臣は、与党の筆頭委員として、委員会の会議にオール出席し、一番多く発言する（三〇三回）。

行政府の官僚は法制専門家か担当部局の者が一人出席するが、発言することはない（本会議においても同様である。本会議場の端に所管部局の者が着席する。その場所は the official pew と呼ばれ、議場とは扱われない場所と決められている）。それを除いて、議場はあくまで議院の構成メンバーだけで議論する場とされている。

アメリカ議会でも会議は構成員のみで行われる。大統領は、年頭教書演説（日本の施政方針演説に相当）を除いて、議会に出席しない。政府関係者は、利害関係者と同じく、参考人として委員会に呼ばれて出席する。議員は政府の

表1　常任委員会（都市・郡部計画法案）

委員長・H・ガードン――1968・2・15－5・2期間中の24日間――

委員氏名	会議出席数	発言数	提出修正案の数				可決された修正案の数	
			実質	追加	字句	合計	記名表決	
							有	無
大　臣								
N.マクダーモット	24	303	11	33	30	44	1	43
A.スケヒントン	17	127	6	3	20	29		29
A.グリーンウッド	9	8						
I.デービス	20	1						
J.ハーバー	24							
与　党								
A.ブレンキンソープ	19	18	1	1		4		
E.ブルックス	20	31						
J.フレーザー	22	22	6	3		6	1	
F.ジャッド	19							
E.ローランズ	22	25	3	1		4		
J.シルバーマン	18	14	1			1		
J.ウェルプロプド	22	7	1			1		
計		556	29	10	50	89	2	72
野　党								
J.アラゾン	23	195	65		1	66		3
R.ボデー	17	19						
W.クレッグ	12	55	9	1		10		
R.アイルン	24	13						
O.マートン	19	57	24			24		
G.ページ	21	258	47	3	1	51		2
R.B.ピンク	21	6						
F.シルベスター	20	27	7			7		
計		630	152	4	2	158		5
合　計		1,186	181	14	52	247	2	77

意見を参考にはするが、独自の判断で採決に臨む。

ドイツ議会における官僚は、日本の政府委員のモデルとされた「事務委託者」Beauftragte として委員会に出席し、発言する。その役割りは四点に要約できる。①政府提出法案にかかわった者の発言は、自前の情報収集機関を持たない委員会には重要な情報源となる。また冒頭の趣旨説明を代行することが多い。②官僚は委員会と所管省との連絡調整役を務める。③官僚は法案の修正案作成上の法文調整役となる（「議会政治研究」三四号服部高宏「ドイツの立法過程に見る政党と官僚」）。なお、ドイツの高級官僚は党籍を持つ者が多い。

フランス議会では、本会議でも委員会でも議員同士の論議が重視され、閣僚の出席はまれである。

これら外国の例から教えられるのは、委員会は、日本のように、与党が野党の攻撃を低姿勢でかわす場ではなくて、より積極的な国民へのアピールの場、議員同士の論議の場、または修正の場であると位置づけられていることである。こういう視点が日本の国会には欠けている。

三　議員と党幹部

1　党議拘束

委員会審査では、党議拘束との関係が問題になる。

国会における政党は会派と呼ばれる。同一政党所属の衆議院または参議院の議員団が会派であり、議院内で活動を共にしようとする議員二人以上の団体が会派であるが、一政党だけでなくて、二つの政党所属議員が一緒になった統一会派も会派と認められる。通常、政党がそのまま議院の会派となるので、会派は党の下部機関のような形になり、議員の発言は党議の影響を大きく受ける。

会派の委員会に対する影響力は大きい。委員会の委員長、理事、委員は、「各会派の所属議員数の比率」によって会派に割り当てられ、会派の中で選ばれる。発言の時間、発言の順序等もすべて会派の所属議員数の比率によって按分される。また、委員会運営を協議決定する理事の数も会派の所属議員数の比率によって決められる。その結果、委員会運営は議員の最大の多数を擁する会派、つまり与党が運営の主導権を握る。国会は数の支配する世界である。各理事は、それぞれ所属会派（政党）の方針に従い、委員会の運営をその方針の方向に進めるよう努力する。

発言時間も、理事の協議に基づいて、まず全体の時間が決められ、それを各会派の所属議員数の比率に基づいて各会派に割り当てられる。したがって所属議員数の多い大会派が優先する。委員は、「議題について、自由に質疑し及び意見を述べることができる」（衆議院規則四十五条一項、参議院規則四十二条一項）のであるが、理事会において各会派の所属議員数を考慮してあらかじめ決定した順位の上位の委員から順次発言を求め、委員長がこれを許可するのが一般的である。

発言時間が会派の所属議員数の比率によって会派に割り当てられることにより、多数の所属議員を擁するいわゆる大会派は多くの発言時間を獲得し、所属議員数の少ない小会派は割り当て時間が少なくなる。発言時間においても大会派優先となり、小会派の委員の出番は、後順位となって大会派の委員の発言が終わるまで待つこととなる。

このような委員会における委員の発言順位の協定及び発言時間の割当ては、委員の自由かつ活発な言論を封殺し、委員会の審査手続を硬直化させ、その結果として、立法機関としての国会の機能低下を招来させている（松沢浩一「国会の立法活動としての委員会審査」（「日本国憲法の理論」佐藤功先生古希記念論文所収」参照））。したがって会派所属議員数の比率を各委員会ごとの会派所属委員数の比率に改めるとか、政府答弁者と与党委員を政府与党一体と考え、与党の質疑時間を除いて政府与・野党平等にするとか、委員は誰でも必ず発言の機会を与えられるとか、発言通告者の数を時間割り当ての基礎数にするとか、いろいろな改革意見があるが、国会の先例にとらわれて容易には実現しそうにない。なお、イギリス議会では政府答弁者と与党委員は同一人となる。

田中真紀子衆議院議員は、二〇〇三年、総選挙公示前に自民党を離党し、無所属で新潟五区で当選した後、国会では無所属で活動することはほとんどできないから、「民主党・無所属クラブ」に所属した。そういう議員の受け皿としても院内統一会派は活用される。

2　党議拘束の緩和

日本の政党の党議は他の議院内閣制の諸国と比べて極めて厳しい。党議が法案の委員会審査前に決められ、議員はそれに拘束される。同じ会派所属議員は、党議の範囲内でしか活動できない。これでは個々の議員の特性は失われ、委員会審査は硬直化する。したがって同会派所属議員の質問は、誰の質問であっても同じような内容にならざるを得ない。かくて委員会は「繰り返しの広場」Halle der Wiederfolungen（ラードブルフ）になり、審査の意義は失われる。委員会は、与野党各委員が自由な質疑応答により法案審査を通じて法案の本質を明らかにし、国民に問題の所在を理解させた上で、法律の内容を確定していく場ではないのか。アメリカ「変換型議会」では、議員は党議拘束にしばられずに自由に活動できる。党議拘束を見直そうという反省の声は、昭和四十六年、河野謙三参議院議長の自由討議の提案となってあらわれた。「委員会審議の形骸化を回避するため、政党間討議を含め、委員相互間の自由討議（この場合、円卓会議方式を採ることが望ましい）を積極的に進めることとする。特に……立案審議に自由討議を活用する。」

紆余曲折を経て、平成十四年一月七日、一つの参考案として、二十一世紀民間政治臨調は、次の「党議拘束に関する提言」を行った。

党議拘束のあり方

自民党にあっては、政府法案の事前審査により総務会で法案の承認を行えば、それが党議となり、以後、自民党議員はその拘束を受けて一字一句たりとも修正を口にすることができない。したがって自民党議員は法案の速やかな国会通過にしか関心を持たないことになる。一方の野党も、法案提出後に中央委員会等で党としての対応を決定すれば、以後、所属議員はその拘束を受ける。このような状況下では、国会審議の活性化は望むべくもない。

ところで、以上のような党議拘束のあり方は、諸外国と比較すると極めて特異なものである。先進国における党議拘束（国によっては、国民代表としての議員の地位を尊重するために、党議拘束は禁じられている）に比較すると、わが国の党議拘束は、次の特色を持つ。

一　院外の組織である政党本部が院内の事項で所属議員を拘束している（先進諸国では、院内の事項はその議院の議員のみが責任を負い、会派として意思統一を行うのはともかく、政党本部が直接議員を拘束することはない）。

二　一の結果として、わが国では党議拘束は衆議院と参議院をまたいで存在している（先進諸国では、院内会派の決定としての党議が両院をまたぐことはそもそもあり得ない）。

三　党議が国会審議の全過程を通じて所属議員を拘束している（先進諸国では、党議は、委員会での自由な活動の後、本会議での最終決定にあたって意思統一を行うものにすぎない）。しかも、このような党議の仕組みが国会の空洞化を招いているのみならず、憲法の理念に反する疑いもあることを考えると、国会の再生のためには各党とも思い切って党議のあり方を見直し、次のような対応をとる必要がある。

自民党の総務会決定の位置づけ

政府法案の自民党の事前審査における総務会決定は、単に与党として当該法案の提出を了解したとの意味にとどまるものとし、国会審議にあたって所属議員を拘束しないものとすべきである。

党議拘束の対象となるものの範囲

一般に、各党は、党綱領、選挙公約及び各国会会期の冒頭における党首の政策演説等に掲げたもの（掲げた範囲でのみ）以外は、党議拘束の対象外とすべきである。特に個人の信条や良心にかかわるものや、党派よりも選挙区地域により利害を異にするもの（例えば遷都先の決定等）は、党議拘束の対象としてはならない。党議拘束の対象とする場合には、その都度個々にその旨を決定すべきである。

衆参両院にまたがる党議拘束の禁止

党議拘束を行う場合にも、一律に衆参両院議員を拘束すべきではない。特に参議院については、その自主性を尊重すべきである。

党議拘束の時期と内容

党議拘束は、あくまでも議院の本会議での最終表決にあたっての投票態度の統一のためのものとし、それに先立つ委員会審査にあたっては、所属議員の活動の自由を保障すべきである。

一方、自民党は党議拘束について次のような見解を公表している。

自民党の党議拘束についての基本的な考え方（自民党党改革実行本部、平成九年七月二十九日）

わが党は一時期を除いて戦後の長きにわたって責任政党として政権を担ってきた。政権政党として内閣提出法案（内閣法）、わが党及びわが党所属議員が提出する議員立法などの政策決定に際しては、政調審議会、総務会など各種の機関で十分に開かれた議論を行ったうえで正式決定し、党所属議員が常に一致結束して行動してきたところであり、このことがわが党に対する国民の信頼をかち得てきた要因の一つでもあった。

議院内閣制におけるその責任の重さ、党としての一体性を確保するうえからも、最終決定（党議拘束）に従うことは、当然のことであるが、近年における国民のニーズの多様性、社会の変化などを考慮し、次に該当する場合は、その旨に当たらないものとする。

その政策が極めて議員個人の倫理観、価値観に判断を求める性格が強く、政調審議会で、個々の議員の自主的な判断を尊重すべきで、党として統一的に賛否を決することになじまないと判断された場合は、役員会、総務会など正規の手続を経たうえで党議拘束を解除するものとする。

また、党議拘束解除の形態については原則として自由とするが、その具体的対応については、総務会において決定するものとする。

なお、党議拘束事項において、それに従わなかった場合（棄権も含む）は、党紀委員会に諮るものとする。

自由な発言は、党議（自民党の場合には総務会）によって制約される。自由闊達な議論を促すには、事前に党議拘束をかけないことが一番望ましい（もっとも、党議がなければ対応できないという議員もないわけではない）が、それでは政党として統一した行動がとれないから、案件の内容や重要性に応じて拘束力に強弱をつけるとことが考えられるが、同時に党議拘束の時期も問題になる。党議は採決の段階において実行されることが必要なのであって、法案審議の早い段階で党議をかけることは望ましくない。人によってそれぞれ異なる意見を一つにまとめる必要上、投票の際に統一を図るため党議決定は不可欠なのである。委員会において自由に意見を述べる権利は議員に保障されるべきであろう。また、衆議院と参議院は別々の独立した存在であるし、会派は議院内の組織であるので、党議が衆参両院議員に同様にかけられ、委員会における発言までも規制されることは、委員会審査を無意味なものにするばかりか、参議院の存在価値を否定することにもなる。

委員会質疑に関して、佐藤吉弘「注解参議院規則」（九三頁）には次のように書かれている。

「委員会における審査は、委員が自由に質疑し、討論して、いわば結論を練り上げるような運営をするのが、あるべき姿であると考える。現在のように、何もかも理事会で協議して決めてしまい、委員会は単なる筋書の決まった芝居のようになってしまっては、活力も失われざるを得ない。もっと自然に、柔軟に、そうして自由闊達に意見が闘わされることが望ましい。こうした意味で手続の上でも、あまり質疑の段階、討論の段階等にとらわれず、自由な運営が行われるべきであって、もし手続が複雑、煩瑣になるからという理由で、発言の自由を制約するようなことがあるとすれば、本末を転倒したやり方であるといえよう」。

参議院で長年委員部長の要職にあって委員会の運営を補佐してこられた人が、退職に際して書き残された言葉だけに、重みがあり、頂門の一針として受けとらなければならない。

四　国会活性化法

1　副大臣

委員会審査の実態が、政府委員に対する質疑が中心であって、国会及び国民に対して直接の責任を負わない政府委員が、本来、政治家が担うべき政策論議の枢要な部分についてまで大きな影響力を持ってきたことを反省して、国会審議を議員同士の政策論争の場に引き戻すべきではないかとの機運が国会各会派の間に高まってきた。こういう事情を背景にして、平成十一年七月二十六日、第百四十五回国会で国会審議の活性化及び政治主導の政策決定システムの確立に関する法律（国会活性化法という）が成立した。明治憲法以来百十年続いた政府委員制度は廃止され、国会は国会議員同士の議論による政治主導の政策決定の主体となることが定められた。

国会活性化法の主な内容は、①国会における党首討論の導入、②国会における政治主導の議論の活性化、③政府委員制度の廃止と副大臣・大臣政務官の新設などである。

国務大臣、副大臣及び大臣政務官規範（平成十三年一月六日閣議決定）において、副大臣の服務は次のように定められた。

1、国務大臣、副大臣及び大臣政務官の服務等

(1)　服務の基本基準

国務大臣等（内閣総理大臣その他の国務大臣、副大臣（内閣官房副長官及び副長官を含む）及び大臣政務官

（長官政務官を含む。以下同じ。）は、国民全体の奉仕者として公共利益のためにその職務を行い、公私混淆を断ち、職務に関して廉潔性を保持することとする。

2、府省の大臣、副大臣及び大臣政務官の職務等

副大臣は、国会において答弁を行うとともに、必要に応じ国会等との連絡調整を行うものとする。国会提出法案については、副大臣が担当する法案を府省の大臣があらかじめ定め、副大臣は、その担当する法案に関して、責任をもって職務を遂行するものとする。

大臣政務官は、国会等との連絡調整を行うとともに、必要に応じ国会において答弁を行うものとする。

国会活性化法により、政府委員に代わって委員会に出席できるのは、国務大臣のほか、従来、大臣に代わって委員会で答弁していた各省庁の局長等の「政府委員」にかわる内閣官房副長官（三人）と副大臣・大臣政務官となった。また、政府特別補佐人（人事院総裁、内閣法制局長官、公正取引委員会委員長及び公害等調整委員会委員長）は、内閣から一定の独立性を有する機関の長としての特性にかんがみ、「政府特別補佐人」（四人）として、両議院の議長の承認を得て、委員会に出席できることとなった。従来は政府委員であったこれらの四人について特に規定を設けたのは、独立行政委員会に関する事項について総理が主任の大臣として答弁するのは適当でない等、各機関の特殊性を考慮したためである。政府側出席者は、大臣を除いて、従来の政府委員（約二百―三百人）から副大臣二十二人、大臣政務官二十六人、計四十八人に大幅減少することになった。

政府委員制度の廃止と副大臣、大臣政務官の導入は、国会審議の活性化と政治主導の政策決定システムの確立を目指した改革の一環として、イギリス・モデルを参考にして考えられたのであり、政治家同士の政策論争を国会審議の中心に据えようとするものである。そこでは、これまでの一方通行の質疑の場を、提出者側にも反論権を認め、

双方向の議論をする場へと変えていくことが想定されていて、名は質疑でも、新たな機能を持たせることを期待したのである。つまり委員会における法案審査を、従来のように大臣や官僚の提案の趣旨を聞いてそれを鵜呑みにするのではなくて、法案の目指す政策の是非を委員各位が論じ、国民の判断を仰ぐために行うようにすれば、国会を活性化できると考えられたのである。法案審査を民意を推し測る手段として機能させる。

それでは、質疑の段階で、例えば大臣が、質疑者に対して「あなたならどうする」と反問できるであろうか。確かに例外的に法案提出者が逆質問した例はある。第百二十六回国会、衆議院政治改革調査特別委員会で、二つの公職選挙法改正案（自民党案と日本社会党及び公明党案）についてそれぞれ提案者は質疑者に逆質問した（平成五年四月六日）。この場合、提案者と質疑者は二人とも衆議院議員であったから、互いに提案者に質問できたのであり、正確には討論というものではなかった。内閣提出の法案審査において提案者である大臣が質疑者に逆質問した例はこれまでにない。委員でない者が委員に質疑するのは、質疑の中の不明確な部分の意味を確認する以外になかろうし、まして質疑者に反論することはなかろう。また、技術的にも無理がある。大臣の発言はタイムリミットなし、委員の発言はタイムリミットありでは、質疑時間を無用に消費させられる委員は不満をつのらせるであろう。また問題が細目的・技術的だからといって、大臣に政府参考人が加勢するならば、質疑者は不平等を唱え、委員にも補佐人をと要求されよう。かつて政府委員に対抗して、議員にも補佐人を出席させて議員修正案の説明をさせてもらえないかという問題が提起されたことがある。

国会活性化法は、国会に欠けていた大臣対議員、政治家同士の論戦を活性化することを高らかに打ち上げたが、質疑は討論の準備段階にすぎず、討論は表決権のある委員によって議決行為の前に行われるのであって、大臣、副大臣等は、今のところ、大臣政務官を除いて、会議の構成員である委員になるわけでないから、討論に参加する資格はない。国会法は、議員の委員就任を義務付けたが、例外として大臣等が「辞任できる」ことを認めた。副大臣が委員を辞任するかどうかが注目された。期待に反して、大臣と副大臣は委員にならなかった。副大臣が委員兼理事に就任し、また国対委員を兼ね、議院運営委員会をリードし、さらに議員の質問とりもし、自らの考えをまとめて、委員会の席で委員の質疑に答えるならば、少なくとも官僚を抑えて政治主導を実現できる。副大臣が質問とりをしたが、官僚作成の答弁要旨を委員会の席で朗読するならば、政治主導にはならない。官僚のつくる答弁書を、副大臣が読むか、官僚が読むかの違いであって、中身は変わらない。しかし副大臣は、イギリスの場合と違って、委員に就任しなかった。したがって議員と大臣、副大臣との間で論戦を行うことに対する期待は消えた。大臣政務官だけ委員に就任したので、政務官と議員との間では討論は可能であるが、採決のための委員として審査に参加したのであって、討論に参加することはおそらくできなかろう。「政務官の委員会の役割は、政府案の質疑中、政府側の座席に位置し、委員としての委員会審査への参加は、大臣の答弁を補佐（代理）し、採決のときのみ委員席に戻り、常任委員としての役割りを果たすという極めて限定された委員会活動しか認められていない」（谷勝宏前掲書五七二頁）。国会では、討論の段階で議員と大臣等が論争することは、今のところ、会議のルールから見れば、幻想であり、あり得ないと考えなければならない。

視点を変え、論争できるとして、副大臣は政策論争において、大臣の代理として、法案の説明と議員の質疑に対する答弁を十分こなすことができるか、野党の攻撃に反論を加えることができるのか、疑問が残る。

まず、副大臣・大臣政務官は、内閣与党一体化を促進し、首相、大臣の主導性を強化するものであり、そのためには副大臣、大臣政務官の任命の仕方が問題になる。大臣主導の下で、副大臣、大臣政務官と官僚間の相互信頼と意思疎通を十分にするため、それらの任命を、国家行政組織法で「大臣の申し出により内閣が行う」（十六条）と規定したが、それは従来の政務次官についての規定を副大臣、大臣政務官について適用したにすぎない。政務次官については「大臣申し出」により任命された例は一度もなかった。副大臣、大臣政務官の任命は、一部の例外を除いて、相変わらず、法律の趣旨に反して、連立与党間、与党内の派閥バランス、当選回数主義等により、これまで通り任命されている印象を受ける。従来の慣例を廃止し、新設の副大臣及び大臣政務官の任命については、「大臣申し出」により適材適所の人事が行われなくては、政治主導の改革の趣旨を生かすことはできないと考えられる。

政務次官が「大臣を助け、政策及び企画に参加する」とあったのを、副大臣は「大臣の命を受け、政策及び企画をつかさどり」と改められた。これまで政務次官は「政策及び企画について大臣に対して助言を行うことにより、大臣の政治的な政策判断を補佐していたが、副大臣は政策及び企画について、いわゆるラインとして、大臣に次ぐ立場から、関係部局を指揮監督し、必要な政策判断や決裁を行うことになるとされた。「つかさどる」という法律用語は、このような意味で用いられているというのである。大臣政務官は、特定の政策及び企画について大臣に対し助言を行う。これにより、その活動が政府各省庁に決定的な影響を与えることができると期待されているのである。この点に関しては、平成十三年一月六日、省庁再編時の初閣議決定で「大臣決裁案件の関係副大臣等の事前決裁の常例化」が明記されている。

しかし第二次森内閣は、「当面、副大臣を大臣政務官と同様に、各省大臣のスタッフとして位置づける方針を採用した」（西尾勝「行政学」新版）。法律上は、一定の権限が与えられているわけでないのだから、実際にはスタッフ化せざるを得ないのではないかと懸念される。大臣以下、政治任命職の一体となった政治主導発揮のためには、従来の経緯にかんがみて、副大臣を省庁ラインの中、大臣の下に組み込む必要がある。

副大臣の大臣の代理は川口環境相病気欠席に代わる沓掛副大臣の閣議出席に見られたが、正式には「代理」ではなくて「陪席」であったといわれる。これに官僚のこだわりが感じられる。「適材」による主導力発揮、族議員を認めない内閣主導、内閣と与党の一体化が必要である。

副大臣会議は、各省間の縄張り争い等で重要政策課題への的確かつ機動的な対応や省庁の垣根を越えた総合的な企画立案ができなくなっているような場合、副大臣会議におけるハイレベルの政策調整を行うことができることになっている。法律に根拠を置く副大臣会議は、従来の政務次官会議と違って、重要政策そのものに関与し、方針を打ち出していくことができることになったが、事務次官等会議を存置したまま、これとは別に副大臣会議を設置した現状では、政治主導の政策調整にはほど遠く、副大臣会議は、従前の政務次官会議と同様に形骸化することが懸念される。なお、第一回副大臣会議で、事務次官会議の存続に批判が出たが、「副大臣会議が実質的なものになれば事務次官会議は名実ともに形式的なものになる」との意見が大勢を占め、事務次官会議存続は了承された。

2　審査のステージ分け

国会活性化法施行に当たり、衆議院国対委員長会談で法案審査の新方式を申し合わせた。

政府委員制度の廃止及び副大臣等の設置に伴う国会審議の在り方に関する申合せ事項（平成十一年九月十日）

（予算委員会を除く委員会について「政務次官」は「副大臣等」と読み替える。＊を付した）

1　委員会の審査は、議員同士又は議員と国務大臣・政務次官との間の政策論争が、より活発に行われることが期待される。

通常議案審査

提案理由説明
大臣又は政務次官（＊）

↓

質疑
対大臣
対政務次官（＊）

↓

細目的質疑
（必要により）
対政府参考人

↓

参考人
（必要により）

↓

〔修正案審査〕

↓

討論・採決

重要広範議案審査

提案理由説明所管大臣

↓

基本的質疑

対総理、大臣、政務次官（＊）

一般的質疑

対大臣
対政務次官（＊）

↓

細目的質疑
（必要により）
対政府参考人

参考人・公聴会
（必要により）

↓

〔修正案審査〕

↓

締めくくり質疑
対大臣、政務次官（＊）

↓

討論・採決

2　細目的・技術的事項にわたる質疑については、政府参考人を招致する。

3　内閣総理大臣の委員会への出席は、重要広範議案の基本的質疑のみとする。

4　内閣総理大臣が委員会に出席する場合は、内閣法制局長官が陪席できる。

5　国務大臣が委員会に出席できない場合は、政務次官が対応する。

6　質疑者は、原則として前々日の正午までに質問の趣旨等について通告する。質疑者は、今般の改革の趣旨にのっとり、細目的・技術的事項にわたる質疑については、政府参考人に対して行うよう努めるものとする。

7　所管外の委員会への出席は、原則として政務次官が対応し、政府参考人を活用する。

8　委員会の審査に当たっては、今般の改革の趣旨にかんがみ、委員長の議事整理権を尊重しつつ、円滑かつ適正な審査が行われるよう相互に努めるものとする。

（伊藤和子「国会審議活性化法制定とその内容」「議会政治研究」五二号参照）

また、平成十二年一月十八日「国家基本政策委員会等の運用等、国会審議のあり方に関する申合せ」（衆参与野党国対委員長会談）では細目が確認されている。「政務次官」は「副大臣等」と読み替える。

国会活性化法の施行に伴う国会審議のあり方（予算委員会以外の委員会）

① 委員会は、重要広範議案の各党一巡の基本的質疑を行うにあたり、総理の出席を求めることができる。
② 総理が委員会に出席する場合には、内閣法制局長官が陪席できる。
③ 所管の国務大臣が委員会に出席できない場合は、政務次官が対応する。
④ 政務次官は、委員会においては原則として答弁席に着席する。
⑤ 所管外の委員会への出席要請があった場合は、原則、政務次官が対応するが、政府参考人を活用する。
⑥ 政府参考人を招致する場合は、質疑通告の時点で予め要請し、理事間協議を経て、委員会において議決し、委員長が招致する。
⑦ 質疑の過程で政府参考人招致の要請があった場合は、理事間協議を経て、委員会において議決し、委員長が招致することができる。

4　政務次官

①政務次官は、所管の委員会に所属し、理事会に陪席できるものとする。

5　政府参考人

①　政府参考人は、執行する施策及び業務に責任ある立場の者であること。

②　政府参考人は、当該委員会の委員長より招致された場合には、速やかに対応しなければならない。

③　政務次官を置かない国家公安委員会等の場合は、政府参考人を活用する。

6　その他の検討事項

①　委員会審議においては、議員間の政策論争と技術的・細目的事項の質疑とのステージ分けを基本としつつ、二〇〇一年の委員会再編までに、円滑に運用されるよう、今後対応を検討するものとする。

②　委員会の座席配置については、対面方式を基本とし、それぞれの実情に応じたものとなるよう、各委員会において協議するものとする。

（東山哲道「衆議院における委員会改革の実際」「議会政治研究」五五号所収）

3　政策的質疑と細目的・技術的質疑

委員会審査においては、大臣・副大臣・大臣政務官に対する政策的質疑のほかに、政府参考人に対する技術的・細目的質疑も認める。こういう質疑に対して説明できるのは官僚であり、政府参考人として招致を求めることができる。政府参考人招致手続は一般の参考人の招致手続より簡便である。政府特別補佐人は、いつでも発言できるから、むしろその立場は強化されたとも言い得る。

少し推測を加えながら「申合せ」を分析すると、第一ステージで大臣との間で、次の第二ステージで副大臣との間で、それぞれ法案の基本的な柱について議員との政策論争を行い、さらに第三ステージで細目的・技術的事項について、政府参考人を呼んで質疑応答を行う。政策論争と細目的・技術的質疑とは場面（ステージ）を分けて行う。政策論争には政府参考人は不要だとされる。つまり、政府委員は廃止するが、かといって官僚が全くいない法案審査はあり得ない。実際に実務上の個々の条文や細かい実務面の説明をするときに、官僚を呼んで聞き質すことは当然あろう。それを政府参考人に対する質疑という形で行う。今までのような会期冒頭に政府委員に任命され、会期中いつでも委員会に出席できるのではなしに、特に質疑の必要があり、かつ国会側が要求した場合に、初めて出席・発言できることに改められた。大臣とその補佐役としての官僚が、従来通り隣りあわせて一緒に座われば、「政府委員」から「政府参考人」に名が変わったところで、議員の大臣に対する質疑についても、補佐役の官僚は「技術的」だと称して、直接答弁したり、補足説明をしてしまうに違いない。今まで「大臣の答弁の前に事務的なことを……」とか、「大臣の答弁を事務的に補足させていただく……」という官僚答弁は決して少なくなかった。それをなくすために、政治家同士、大臣と野党議員との間の質疑応答の場面は、骨太の政策論議だけをする場として完結させて、日時を別にして、改めて政府参考人に対して細目的・技術的な質疑だけをする場をつくる。その際、細目的・技術的な質疑だから、大臣に「並大名」のように委員会室に座ってもらうことは必要ない。これが望ましい改革の姿だとして、各党が「ステージ分け」の「申合せ」をした。この点は国会活性化のキー・ポイントである。ただし、ここで言う「論争」とは、発言のうちの何に属すのか、どういう形で論争をするのか、明確でない。

法案審査において大臣等が答弁するに相応しくない行政運営の細目的・技術的事項についての質疑に対して従来、政府委員として答弁していた政府職員を政府参考人として招致し、答弁させることにした（衆議院規則四十五条）。この参考人は、参考人の一類型であり、規則上、その招致にあたっては委員会の議決を要する（衆議院規則八十五条の二)。ただし、いわゆる学識経験者等の参考意見を聞くのとは異なり、まさに行政実務に関して説明を求めるのであって、出席説明は職務遂行の一環であることから、委員長名での公文書による本人への通知という手続によらずに、公務署を通じた通知という簡易な手続にした(衆議院規則八十五条の二第三項)。従来の政府委員とは異なり、大臣が「その件は局長に答弁させます」というのではなくて、政府参考人は、あくまで質疑者の要求または理事の協議により、委員会の議決を経て委員長が招致し、出席・答弁することとされている。質疑事項によっては、従来政府委員に任命されない課長クラスについて、審査に必要な場合は便宜的に説明員として出席・答弁させることがあったが、今後はこうした者も簡易な手続により招致される政府参考人と同扱いにされた。

この手続さえ経ていれば出席できる点が、活性化法運用上の問題になる。委員会の冒頭、委員長から発言を許可するかどうかを諮り、その上、発言範囲を「行政に関する細目的・技術的」事項に限定するという一片の了解事項だけで、従来の官僚主導を政治主導に変えることができるかどうか疑わしい。この障害を乗り越え、政治主導を実現するためには、副大臣に積極的な発言の努力とその能力とが特に求められる。

ステージ分けがその後の委員会運営の面でどう扱われたかは正確には承知していないが、国会活性化法制定五年経った現在、忘れられたかのように、目に見える改革は進んでいない。大臣出席の際は、恐らく局長等の政府参考人は同席しているのであろう。官僚の国会出席が細目的・技術的質疑のステージだけに限定されれば、本来の業務である行政執行の停滞は相当緩和される。そのために政府委員を廃止し国会百十年の歴史に終止符を打ったのである。したがって、このステージ分けによる開会日時別の質疑実施は、小さいようだが、大きな改革の第一歩であり、改革の成功を占う第一の試金石である。

委員会の座席配置については、「申合せ」では「与野党対面方式を基本とするが、各委員会の実情に応じた配置となるように」とのことであった。衆議院では、理事会等により、対面式や教室型の使用が協議されたが、予算委員会についてだけ、内閣対国会の関係であること等を理由に、従来の教室型の維持が決定された。参議院についてもほぼ同様である。村上正邦委員長時代、参議院予算委員会室では、政府委員席を大臣席から少し離して設けたことがある。その動機はともかくとして、政と官の座席及び答弁席を分離することは、国会活性化法の精神にかなったものである。委員会運営においてステージ分けをする改革が先であって、配席はその後の問題である。

五　常任委員会再編

衆議院、参議院の常任委員会を再編するための国会法改正が二〇〇〇年十一月三十日に行われ、また議院規則改正によって、常任委員会の委員の人数及び所管が改められた。平成十三年一月召集の通常国会から、衆議院、参議院の常任委員会は新体制でスタートした。今回の常任委員会の再編は、中央省庁の改革に合わせたものである。再編の結果、常任委員会には、①行政の内容を省庁別に所管するもの、②国家基本政策委員会、予算委員会、決算行政監視委員会というように横断的に行政に関する事項を所管するもの、③議院運営委員会及び懲罰委員会のように議院の自律に関する事項を所管するものの三種類に分けられる。今回、このうち常任委員会が再編された。

次に、委員会再編に関する申合せ（平成十二年十一月二十一日衆議院議院運営委員会）と、それに関する経過と問題点を取り上げる。

1　「常任委員会の種類は省庁別を再編の基本とし、十七常任委員会とする。したがって、総務、財務金融、文部科学、厚生労働、国土交通の各委員会の分割並びに農林水産及び環境委員会の統合要求については、省庁別の委員会対応とする。なお、社会資本整備委員会の要求については、その趣旨を踏まえ、議院運営委員会において、各国会ごとに設置される特別委員会も含め協議する。」

この常任委員会再編の経過から見ると、常任委員会の所管は各省別に定めることが原則のようにされており、中央省庁が新設・統合された場合、それに沿って常任委員会についても見直さなければならないように考えられてきた。したがって今回の常任委員会再編はその原則に従ったものと考えられるが、総務省、国土交通省のような巨大官庁が誕生した中央省庁の大改革に際しては、常任委員会再編のこれまでの原則そのものを見直す必要があったのではないかという疑問が残る。例えば各省が統合されたことにより膨張した行政事務の隅々にまで各委員会の行政監視の目が行き届くであろうか、増大するであろう法案の審査は十分なし得るであろうかという疑問が残る。

これでは、従来通り、国政の各専門分野別の委員会のままであり、所管事務に関しては深く掘り下げることができても、国政全般の視点から法案審査や行政監視をすることが難しく、族議員をなくせないし、各省による特定の議員への根回しは、相変わらず日常的に行われるであろう。このような縦割り行政に対応した委員会の弊害を除去するためには、横断的な広い視野から行政をチェックできる委員会を設置するか、または党首討論とか決算行政監視委員会の活動を充実するという方法をとることを考えなければならないのではなかろうか。民主党は、決算行政監視委員会の所管事項のうち、社会資本整備に焦点を当てて横断的な行政監視を行うため、社会資本整備委員会の設置を主張した。

なお、フランス国民議会の委員会には常任委員会と特別委員会の二種があるが、第二次大戦後の第五共和国憲法は、法案審査の都度に設置する特別委員会で審査することを原則とし、特別委員会を設けられないときの例外として、常任委員会で審査するものとした（憲法第四十三条二項）。しかし実際には、常任委員会が原則であって、特別委員会が例外となるのは、従来と変わりない。（山口俊夫「概説フランス法」上一七九頁）。

常任委員会の数は六つに限定された。常任委員会の数を六つに制限し、これを増加できないように憲法の中に規定した理由は、各委員会による関係省庁の利益代表としての行政介入と行政省庁との癒着を防止することにあった。常任委員会は事項別に改められた。ところが、この委員会の大幅な整理削減は、各委員会の所管事項の増大と委員数の膨張を招き、委員会活動の能率と慎重審議を極度に減退させているようである。六つの常任委員会の名称と委員数は、文化・家庭・社会問題委員会一二二人、外務委員会六一人、国防・軍事委員会六一人、財政・一般経済・計画委員会六一人、憲法・立法・一般行政委員会六一人、生産・流通委員会一二二人（勝山教子「フランス第五共和制における合理化された議院制の構造とその改革」、同志社法学四十巻六号）。

2　「常任委員会の所管については、野党の要求も受け入れ、内閣府の経済財政諮問会議及び総合科学技術会議を所管事項として明記しない。公安委員会及び公正取引委員会は、それぞれ内閣及び経済産業委員会の所管とする。」

所管の決定にあたっては、内閣府に防衛庁と同じように置かれることになった国家公安委員会と金融庁、さらに重要政策に関する会議として内閣府に置かれることになった経済財政諮問会議及び総合科学技術会議の扱いが問題になった。まず、金融庁を所管する委員会については、金融危機以来、大蔵省の事務を財政部門に限定しようとし、財務省とは別に内閣府に金融庁を置くことになったという経緯にかんがみ、国会における法案審査や国政調査についても、財政と金融の分離を徹底するために、財務省を所管する財務委員会と金融庁を所管する金融委員会とを別々に設置するか、金融庁の所管を内閣委員会にすべきだというのが与党自民党の主張であった。野党民主党は、財務委員会と金融委員会の設置を主張した。結局、委員会審査の効率化を図るという趣旨で、財務省と金融庁を合わせて所管する委員会として財務金融委員会が設置されることになった。

経済財政諮問会議及び総合科学技術会議を所管する委員会については、与党は、内閣府が内閣機能の強化のために他省庁よりも一段上に立って、行政全体を統括することとなった趣旨を受けて、内閣委員会をその強化された内閣府に対応するように充実して、これら重要政策に関する二つの会議を内閣委員会の所管とするよう提案した。

これに対して野党は強く反対した。経済財政諮問会議が国家予算の編成について戦略的に議論し、その議論を予算に反映させるという働きをするにもかかわらず、これを予算委員会の所管と定めなかったならば、予算委員会において経済財政諮問会議における審議状況に関して質疑することが許されなくなるのではないかと危惧された。政府与党を追及したり、行政監視に実効性を持たせるためには、いわば「人質」がなければ効果を奏しないため、予算という人質が確保される従来型の予算委員会の型を崩したくないという意向が野党には強かったようである。

内閣委員会は、所管の範囲が広いが、最近では法案審査より国政調査が重視される委員会であって、経済財政諮問会議等の問題を取り上げることができても、野党が付託法案を人質にして質疑効果を上げることは余り期待できない。これに対して、予算委員会で同じ問題を取り上げれば、政府与党の譲歩を引き出すことができ、委員会質疑の効果を上げることができる。

結局、与野党の合意を見出せず、経済財政諮問会議及び総合科学技術会議を所管する委員会については、衆議院規則上「明記しない」こととなった。しかし、議院規則上明文をもって定めなかったとしても、内閣委員会の所管事項の中に「他の常任委員会の所管に属さない内閣府の所管に関する事項」という一項があるので、この内閣府の二会議については内閣委員会の所管事項とされるものと思われる。

3　「国家基本政策委員会のあり方の見直しについては、野党側からの問題提起を踏まえ、議会制度協議会等において協議する。」

これについて法案審査を行わない委員会なので割愛するが、国会活性化法の主眼である政治家同士の討論という点では避けて通れないので、別途、最後に触れることにする。

4　「各委員会に逐条審査会（仮称）を設置し、政省令、規則について審査するとの要求については、政省令、規則の制定過程において、また制定後に各委員会で議論することは国政調査権から当然のことであり、妨げられるものではない。また、立法府として国会審議の活性化及び行政監視を一層促進する観点から、引き続き検討課題として議会制度協議会において協議する。」

逐条審査

委員会で逐条審議が行われないのが、日本の国会の特色であり、欠点である。旧帝国議会では逐条審議は行われていた。国会における逐条審査または項目別審査の事例は次の通りである（参議院は省略）。

衆議院　逐条または項目別に質疑を行った例

委員会	件名	審議日

文部　国立国語研究所設置法案（内閣提出）　二三・一一・一九
人事　国家公務員法の一部を改正する法律案（内閣提出）　二三・一一・二四
労働　公共企業体労働関係法案（内閣提出）　二三・一一・二八
文部　教育委員会法の一部を改正する法律案（内閣提出）　二四・一一・二三
文部　私立学校法案（内閣提出）　二四・一一・二六
特別　平和条約の締結、日米安保条約の締結について承認を求めるの件　二六・一〇・二〇
法務　会社更生法案（内閣提出）　二六・一〇・二四
地方　町村合併促進法の一部改正案（内閣提出）　二八・一二・八
地方　＊1　地方税法の一部改正案（内閣提出）　二九・三・九
　警察法案、警察法の施行法案（内閣提出）　二九・四・二七
文教　＊2　放送大学学園法案（内閣提出）　五四・五・三〇、六・一
＊1、2は項目別質疑

………

○衆議院の逐条審査の進め方（事例）

第十九回国会
昭和二十九年四月二十七日　衆議院地方行政委員会

警察法案外一件

○委員長　「本日より逐条審議を行うことになっております。まず第一章総則、これは第一条から第三条までであります が、これらについて質疑をお進めください。

委員長は以上のように発言し、総体質問を終了したとみなして逐条質問に入ることを宣告し、委員の質疑が行われ、委員会を終わるにあたって、「将来、逐条審議として質疑を進められるんことを望みます」と発言している。

四月二十八日　逐条審議に入る。

第一章「総則」について質疑を行う。西村議員は「逐条に外れるが、緊急として質問を行った後、限定された逐条質問に入る。

四月三十日　第一章の続きの質問を行い、次いで第二章（四条―十四条）を問題に供する。

五月六日　第三章（十五条―三十五条）

五月七日　第三章（十五条―三十五条）

一委員は関連質問を申し入れたが、委員長から自分の質問のとき行うよう注意される。

五月八日　第四章（三十六条―六十条）

五月十日　継続

五月十一日　第五、六、七章及び附則を問題に供する。

一委員は持ち時間内で緊急質問を行う。

五月十四日　首相質問を残して、質疑は終了した。首相に代わって副総理が出席し、委員は総括的質問を行った。

委員は修正案を提出し、趣旨説明をし、他の委員は質疑を行った。

原案と修正案を問題に供し、採決の結果、修正可決すべきものとして決定した。

「新しい日本をつくる国民会議」（二十一世紀臨調）は、二〇〇二年二月二十五日、会期不継続原則を廃止することを提案すると同時に、「逐条審議」を導入するなど、審議を拒否することよりも積極的に参加することが野党にとって最大の抵抗手段となり得るような新しい審議のあり方についても同時に検討されてしかるべきである。」と提案し、さらにその逐条審議について次のように述べている。

逐条審議は、議院内閣制を採用する諸国では一般的に採用されており、むしろ逐条審議を採用していない日本の国会の例は稀有に近い。逐条審議は、条文ごとに質疑、討論し、採決し、そのあとで、全体を一括して討論、採決する方式をとる。現在、委員会で行われている一問一答方式は、一見、合理的なようにも思われるが、エンドレスに繰り返される過程のようなもので、なかなか結論に終着しない。一方、逐条審議は、法案の早期成立を求める与党からは、法案の成立が長引くと言われるが、条文を一つずつこなしていけば、強行採決などしなくとも必ず出口にたどりつく合理的で予測可能性の高い仕組みである。また、野党からすれば、その法案に反対する場合には、条文ごとに反対の意思表示をし、あるいは修正案を提出することで法案審議を各駅停車に持ち込むことができる。国民に見える国会の場で議論することを通じて、より強い反対の意思表明を示すことも可能となる。

日本の国会は、逐条審議を避けるのみならず、最近では幾つもの法律を「〇〇一括法」という形でくくり、一括質疑・採決する方式が多用されるなど、法案の条文内容を丁寧に審議することをあまりにも省略しすぎるきらいがある。

政令の事前事後の審査

野党は、立法趣旨の実現を確認し、行政の裁量行為を抑制するために、政令を案の段階でチェックすべきだと主張する。これは野党だけの主張にとどまるものではない。国会が行った国民の権利義務関係の変更が国会の決定通り行政において実施されているかどうかを確認することは、国会の立法行為を完結するための国民に対する義務である。イギリスでは議会の承認は政令の効力発生要件であって、議会は、委任立法に関する委員会において、政令の事前事後の審査を行っている。しかし、日本では、憲法上、内閣は政令制定権を有するのだから、政令案を国会に示さなければならないと義務づけることは、内閣の権限を侵す恐れがあると考えられている。国会の委員会が政令を案の段階で公式に審議した例はない。ただし、法案審議の段階で、どのような政令をつくるのか質問し、説明を聞いたことや、法律制定後の段階において、委員会の非公式の会議で関係省庁から政令案の説明を聞いた例はある。国会における政令案の事前審査は今後の国会改革の検討課題とされるべきであろう。

現在の法律は、著しく専門性・技術性が高いから、国会は法律の細部まで決定することができず、政令に委ねることが多い。したがって行政の裁量権は拡大した。国会が官僚に委ねる裁量の範囲が著しく広く、これが憲法の三権分立の精神に反するのみならず、特定利益を主張するものが族議員を通じて官僚に働きかける余地を与える。法律の実施に当たって官僚がつくる政省令や通達は、国民にとっては法律以上の法律に等しく、その決定及び行政指導、個所付けなどを決める段階が、議員の口利きの格好の場となる。アメリカ商務長官顧問クライド・V・プレストウィッツは、「日本の法律は、実質的には法案が国会を通過した後に各省がつくるもののように思えた」(「議会政治研究」四号)と述懐しているが、この言葉ほど、日本の委任命令が抱える問題を端的に示した指摘は今までになかった。

利益団体の圧力は、イギリスでは行政府に向けられ、アメリカでは立法府に向けられる。日本では行政府に向けられるが、同じ行政府に向けられるイギリスとも違う。イギリスでは権力を集中する内閣が利益団体の圧力を一元的に処理するのに対して、日本では各省庁の官僚が個々別々に処理する。イギリスでは議員の入り込む余地がないが、日本では各議員が自由に官僚に接触し口利きし圧力をかけることができる。議員と官僚との間にあるはずの制度上の垣根を構築するのみならず、官僚の裁量の範囲を縮小しなければ、政・官の分離を行ったところで何の効果もない。

まず当面、考えられる改革は、委任する事項を限定すること、政令に譲る事項について、白紙委任するのではなくて、どのような内容のものになるかについて、委員会の法案審査段階においてその概要説明を求めること、政令ができた段階で、委員会に報告を求めることなどである。

災害対策基本法(昭和三十六年法律二二三号第一〇三条第四項)は、法律制定後に委任した命令の内容を国会に事後報告させることを規定している。これは例外であるとされるが、こういう報告を国会にさせるよう改めることが望ましい。さらに一歩進めて、イギリスのように、国会の事後承認を効力発生の要件にするとか、承認を得られない場合に効力を停止させるとか、そのような手続を導入することも将来の課題となろう。法律の制定によって委員会の仕事は終わるのではない。法律のアフターケアも委員会の仕事である。

5　「小委員会設置要求については、各委員会で協議する。」

小委員会は、従来からよく用いられているが、その設置は国会ごとに行われ、委員会が閉会中審査の決議を行わない限り、閉会と同時に存在しなくなる。今回、民主党は、特に所掌事務が雑多かつ広範囲な巨大行政庁を所管とする委員会に、分類可能な事項を審査の対象とする小委員会を常設するよう主張した（例　総務委員会に情報通信小委員会を、厚生労働委員会に厚生小委員会と労働小委員会を設置する）。これは小委員会を設置することによって法案等の実質的な審査を確保することを狙ったものである。これに対して、与党からは、小委員会は各委員会の判断により設けるべきであり、常設となれば小委員や定例日が固定され、柔軟な委員会運営ができなくなるとの反対論が出された。結局、これからの各委員会の運営に任されることになった。

6　「議案提出要件の緩和については、従前より議会制度協議会で協議しており、引き続き協議する。」

7　「常任委員会の種類、委員数及び所管は、必要に応じて見直しを行うものとする。」

委員数については、できるだけ少なくして兼務率を低下させたいという与党側の主張と、委員数をできるだけ多くして各委員会に小会派委員を出したいという小会派の主張が対立した。与党案を若干修正し、総委員数は衆議院では六百十となった。なお、再編された常任委員会については、「申合せ」では「必要に応じて見直しを行う」ことが確認されているが、実際に柔軟かつ機動的に見直しを行うためにも、常任委員会の種類及び委員数については、国会法ではなくて、議院規則で定めるべきだと思われる。

六　委員会報告書

委員会の法案審査の経過と問題点は、委員会（会）議録に記録され、かつ委員が国民の知りたいところを審査の過程で取り上げ、質問や議論をしなければ、国民は会議録を見ても法案の内容や問題点がわからないから、賛否の意見を言うことができない。したがって、まず、委員会または本会議における法案審議の充実が求められる。

委員会は審査した法案を委員の間で「可決すべきものと決定」した場合、最終的な意思決定機関である本会議に報告して、議員全員に可否の決定を委ねる。その際、委員長は、審査した法案の「結果」について委員会報告書を議長に提出する（衆議院規則八十六条、参議院規則七十二条）とともに、その「経過及び結果」について議院に口頭報告する（国会法五十六条）。この前者の報告書は、実際においては一枚だけの結果報告書であり、後者が本会議における四、五分間程度の委員長報告である。どちらも内容の乏しいものであって、国民が法律制定の経過を知る資料にはならない。

このように報告書に結果だけしか記載しないのは、帝国議会からの先例によったものと推測される。議院法第二十四条は委員長の口頭報告に「経過及結果」を要請するが、委員会報告書には「報告書」とだけ議院規則に書かれているため、結果だけしか記載しなかったのであろう。議院法の立法理由である「議院法説明」（明治二十一年九月「日本立法資料全集3」大石眞「議院法」）によると、委員長は報告書には審査終了の場合に「結果」を記載し、審査未了の場合には「経過」を記載するとある。

委員長の口頭報告に関する国会法の規定は、議院法と変わらないが、衆議院規則八十六条または参議院規則七十二条は、委員会報告書については、帝国議会時代の議院規則の「結果」だけの規定に代えて、「議決の理由、費用その他について簡明に説明した要領書」と規定することになった。この違いは大きい。常任委員会は、帝国議会と違って、単なる予備的審査機関ではなくて、第一次・実質的な審査機関になったことにかんがみ、その審査の経過と結果について内容のある報告書を提出することを期待されたものと解される。このことは理解されずに、帝国議会時代の旧慣習がいまだに続いている。

報告書は、付託された委員会の委員以外はほとんど知る機会のない案件の内容について議員が知るための参考資料となるものであり、このほか内閣の意見（国会法五十七条の三）を聞いた場合はその旨を、また附帯決議が付された場合はその旨を記載し、決議を添えるのが例である（「衆議院委員会先例集」百二十七）。そのため報告書は印刷の上各議員に配布される。

なお、参議院においては委員会報告書は、審査の結果を審査終了の当日、委員長から議長に提出しなければならない。そして別に委員会の決定の理由、費用その他について簡明に説明した要領書を作成し報告書に添付する。内閣の意見や附帯決議は要領書に記載する（参議院規則七十二条、参議院委員会先例録二七四号六十三年版）。

日本がモデルにしたアメリカ議会委員会の報告書は、日本と比べられないほど充実している。法案を本会議に報告する場合には、委員長は委員会スタッフに委員会報告書の作成を命ずる。委員会報告書には、法案の目的や逐条解説、委員会での審議経過、委員会としての原案に対する修正勧告、現行法に対する改正点の比較対照、関係省庁の法案に対する見解、法案に対する委員の賛成意見、反対意見、法案実施にあたってのコストの見積もり、経済への影響分析、修正案に対する記名投票結果などが盛り込まれている。

委員会報告書は議員全員に配布される。報告書は委員会活動を議員全体に伝える重要な情報である。それは、①

議員が本会議で委員会の勧告案通りに投票することを納得させるための、そして②立法過程や法案の趣旨を知るための貴重な資料であり、行政担当者の法律執行の際に、また司法関係者の裁判の際に、法律解釈の参考に資するといわれている。委員会報告書は千頁を超える大部のものが多い。

なお、アメリカには日本の委員会会議録に相当する各委員の発言を記録した会議録は公刊されていない。委員会の活動に関しては公聴会の記録と委員会報告のほかに、委員会が外部の専門家に委嘱した調査の結果など雑多な資料集であるコミッティ・プリントがある。これら資料はインターネットで利用できる（広瀬淳子「国会月報一九九六年十二月号」参照）。

七　今後の課題

1　「討論による政治」

今回の議員の政治主導による国会活性化は、結局のところ、「変換型議会」でなくて、「劇場型議会」指向であったと考えられる。「劇場型議会」の代表例はイギリス議会である。イギリス議会の中で演ぜられた「討論による政治」を生き生きと描いたのは、ウォルター・バジョット「英国憲政論」である。それに触発されて書いたハロルド・J・ラスキの「イギリス議会政治」の次の一節は熟読玩味する価値がある。

「われわれは、討論による政治を当然に思い、討論の結果に文句なく従うことを道徳的義務だと考えるものであるが、討論による政治がおそらくあらゆる種類の政治形態の中で最も珍しい点、及び、それが極めて難しいがゆえに、時の試練に耐えて継続した国が世界中で二、三しかない点を銘記しなければならない。相手が間違っているとあなたが信じている場合でさえ、相手に言いたいことを言わせること、疑いを抱き、または無関心な人々に、相手の言い分をあなたの信念に反して正しいと思い込ませる機会を設けること、あなたの信念がもろくも打ち砕かれるのを見て、その敗北の結果を日常の出来事の一つとして甘受すること、これらのことはすべて、万一現実に行われていなかったとしたならば、とうてい信じられないであろう。イギリス人は彼ら自身の業績に対する自画自賛の楽しみにふける自己満足の国民だといわれる。私は、衆議院の実際の働きを子細に考察すればするほど、イギリス人が彼らの業績を誇りに思うのには、それなりの理由があることが次第によくわかってくるのである。……衆議院はイギリスに存在する優れた人材を絶えず国政の上に確保できた。また、そのメカニズムを通して、国家の実権を握る人々は、衆議院における過半数を確保できないことが明らかになるや、その実権を放棄するよう習慣づけられてきた。衆議院における討論は、欠点があるにもかかわらず、またその意義を過大評価してはならないにせよ、二つの大きな利点がある。討論は、大きな問題が取り上げられるとき、発言する価値あるテーマについては何事によらず、誰かが必ず発言するということを保障してきた。しかも、その場合、大体において、国民の耳に達し、かつ国民を教育するのに十分なだけ発言されてきた。衆議院における真に重要な討論は、国内における最も優れた人々の大多数を傍聴者として自発的に参加させる機会となる。彼らは議院でなされた主張、発言内容を熱心に論及する。国内の主要な報道機関は、それについて論評を加える。任意団体は多数、それについて賛否の意思表示をする。衆議院は、弱点を持っていようとも、イギリス人を世界中のどの国民よりも政治的国民たらしめた」（ハロルド・J・ラスキ「イギリスの議会政治」前田英昭訳）。

ラスキによれば、イギリス型の討論による政治を成功させた国は世界に二、三しかないという。日本は二十一世紀の初めにそれに向かって驀進していこうとするのであるから、並大抵の努力では容易に成功するとは考えられない。国会活性化法は制定されたが、その成果が危ぶまれるのは当然であった。気のついた点をこれまで幾つか指摘したが、国会活性化法の目的である政治家同士による政策論議を実施する上で欠けていた基本的な論点がまだある。それを今後の課題として次に取り上げる。

まず、国会活性化・政治家同士の討論を求めると言いながら、実際にはそれに反するように、議員の間には、種々の理由から、本来の意味の討論を互いにしたがらない風潮があるように感じられる。それは日本人の心の中に深く根ざすものであろう。基本的には、公の席では本音の意見を言わず、相手の顔をつぶすなどやってはいけない部類の行為とされてきたとか、相手に異を唱えるにしても婉曲なやり方を選ぶとか、「和」の精神を叩き込まれた日本人特有の性格がネックになって、討論にはどうも積極的になれないのである。

イギリスの「ディベート」やフランスの「デバ」と言われる討論は、「私は」と切り出し、自分を矢面に立たせ、公の席で八方からの反論を蹴散らしながら、自分の論陣を張って相手を説得しようとし、わからなければわかるまで説明しようとする。

イギリス・ロンドンのハイドパークのスピーカーズ・コーナーにおいて、自分でビール瓶の箱を持ってきて、その上にのっかって演説を始めれば、次第に人が集まってくる。そこは、やじ、批判を押さえ込む技術を学ぶ有意義な場所である。東京の繁華街の真中でスピーカーでがなりたてているのとは大違いである。

黒岩徹「豊かなイギリス人」にはこう書いてある。「政治家にとって沈黙は鉄屑であり、雄弁こそ金である。言葉と言葉を投げ合い、からみあわせ、議論しつくすことが政治の基本である。言葉による闘争の激烈さゆえに、それをいやすユーモアが必要だったのだろう。だまっていればわかることはなく、しゃべってわからせることが生活の基本にある。言葉で攻撃されて言葉で反論できなければ、政治家としての資格に欠ける」。イギリス衆議院のクエスチョン・タイムがまさにその象徴である。日本の「党首討論」はそれを真似たものである。形はコピーできたが、その精神まではコピーできず、いまだに試行錯誤を重ねている。

「墨絵の空白は墨より雄弁に自分の言いたいことを悟らせる。相手にも自分にも、動きの余地、妥協の余地を残すように黒白をはっきりさせない。日本語は主語が隠されている。主語なしには錨を失い揺れ動く。『考えさせてください』の真意は『ノー』、いきなり『ノー』とは言わないかわりに、不愉快なことを綺麗な包み紙に包んでいるだけだ」（ハンス・W・ファーレンフエルト「儒教が生んだ経済大国」）。

「アメリカ人は公開討論を好み、公衆の前で見解の違いを論ずることに尻込みしない。日本人は公けの場での対決を避けて、できるだけ非公開の席で意見の相違を解決しようとする」（ジェラルド・カーチス「日本の政治をどう見るか」）。こういう姿勢が続く限り、官僚を排除しても、今度は議員が「官僚答弁」のようなファジーな言葉を使うのではないかと案じられる。国民が政治家同士の公の討論を期待することは、「血」の入れ替えをしなければならないほど、言うはやすく、実現はきわめて難しいのである。

2　自由な発言

質疑時間割当制

委員会において法案全部について議員が一人一人順番に質疑する法案審査のやり方は、委員会の審査を単調にする。

委員会審査における質疑は、一問一答方式で、かつ議員が自由に質問し、意見を述べる。それによって焦点や問題点が浮かび上がり、合意形成も容易になると期待される。しかしながら、実際の委員会審査においては、議員の発言の順序があらかじめ会派順で決められ、質疑の時間も割り当て制となっていて、時間の配分は各会派の所属議員数の比率に応じて、ドント式の計算方式で決められる。そのため、委員会審査では、法案に関する論点や問題点ごとに疑義を深く究明することは行われない。各委員が所属会派を代表して持ち時間の中で質疑し、意見を述べるにとどまっている。その結果、同じような議論が何度も繰り返されるし、質疑時間の割り当てのない委員は、ただひたすら他人の一問一答の聞き役になる。

対案一括審査

そこで「対案」の提出が考えられる。よく野党は政府案を批判ばかりしないで対案を出すべきだと言われる。その期待も多い（平成二年五月十七日朝日新聞、読売新聞両社説）。対案とは、複数の議案が同一事項に関する規定を有し、択一の関係にあるものを言い、修正案を提出するか、議員発議法案の形で提出するか、二つの方法が考えられる。

修正案は、議案の内容について疑義を解明したうえで提出されるものと考えれば、質疑終了後の段階に提出するものとなるが、議案に対する賛否の一つの表明であると考えれば、討論の段階に提出するものとなる。後者の討論中に修正案が提出される場合、原案に対する賛否と修正案に対する賛否が混淆する恐れがあり、また修正案について質疑の希望がある場合などの議事整理上の都合を考慮し、質疑を終局し、委員長が討論に入る旨を宣告する前に修正案の提出を認め、趣旨説明を行わせる例が多く見られる。趣旨説明に対しては質疑が行われた例もある。対案が議員立法の場合は、政府案との一括審査または並行審査が可能であり、これも例がある。委員長の両サイドに政府案提出者と法案発議議員が並び、委員の質疑を交互に受ける形で、原案と対案の二本同時に一括質疑応答を行う。修正案も対案として質疑の段階で提出できるように解釈を改めれば、一括・並行審査はスムーズにいく。こういう形の対案の審査は、政治家同士の討論ではないが、争点を国民に提示できるので、やり方次第では国会活性化につながられる。よく先例がないからできないという声を聞く。しかし先例は、誰かが合理的だと考えて新しいことを行うから生れるのであり、合理性を失えば自然とすたれていくし、いくべきものである。国会活性化法は議員同士、政治家同士の討論を期待してつくられたものである。対案一括並行審査はその精神にそっているので、大いに活用されるべきである（谷　勝宏「議員立法の実証的研究」五四九頁）。

第百四十回（一九九七年）国会の金融監督庁設置法案に対する民主党提出の修正案は、衆議院行政改革特別委員会で、政府法案、新進党対案と一緒に、二時間半の政党間質疑が行われた。これに対して、参議院でも、委員会で、民主党から修正案（動議）が出されたが、質疑終局後の提出で、質疑なしの討論のみで否決された（谷　勝宏・前掲書、五五二、五六九頁）。

自由討議

国会活性化法制定の際の「申合せ」にあるステージ分けのうち、第一及び第二ステージで政治家同士の論戦ができたとしても、依然として形の上では質疑であり、政治家同士、議員同士の論争でないことには変わりない。そこで考えられるのは、質疑が終わった段階で、質疑でもなく討論でもない「自由討議」を導入する。国会では、議題に対する説明でも、質疑でも、討論でもない発言に「討議」という言葉を当てる。新たに両院に設置された国家基本政策委員会は「総理と野党党首との討議」と決められ（平成十二年二月十六日国家基本政策委員会両院合同幹事会合意）、既に実施されている。

従来、主張され、また参議院で実施されたことのある自由討議は、あらかじめ決めたテーマについて全委員が自由に討議するものであったが、委員会の質疑を終えたところで、委員同士が自由に法案の問題について意見を述べ、他の委員の反論を聞くという形で自由討議を行えば、ディベートに似た形の議員同士の意見交換ができる。質疑の段階で内容を把握し、討論の段階で委員が賛否の意見を述べる。この規則に基づいた討論は党議拘束のかかったものだから、議員個人の意見を遠慮しなければならないことが多かろう。その公式の討論の前に、非公式と言うわけではないが、自由討議の段階を加えれば、法案に対する自由な政治家同士の意見交換ができる。このような審査は国会活性化法に相応しいものである。

平成四年六月四日、衆議院議院運営委員会で国会改革に関する自由討議が行われた。昨今の国会審議の状況では与野党の一般議員、特に当選回数の少ない若手議員は事実上、国会の場で発言する機会がないとして、発言の機会を設けられたいとする要求が、与野党国会対策委員会等の場で出ていた。若手議員の要望を入れ、また全国民に冷静な批判を受けようとする意見をも加味し、初のケースとして委員間討議が実施された。ルールは次の通り。①発言は自席で起立して行う。②発言は挙手により、委員長の指名に基づいて行う。③一回の発言は三分以内とする。④速記を付す。⑤報道は制限しない。こういう自由討議を通じて、法案について、従来の慣行の枠を越えて、委員同士が自由な意見交換をすることは、今後の国会活性化につながる。

国会職員の活用

次に、常任委員会専門員及び議院法制局参事の活用が考えられる。法案の提案趣旨説明に引き続いて、各会派共通項目に関して、常任委員会専門員が政策的な立場からの問題分析を、議院法制局参事が法律的立場からの問題分析を、それぞれ行い、それを基礎にして各委員がそれぞれ政府側に質疑する。また、政策的及び法律的な分析の説明にとどまらず、専門員及び参事が、その分析に基づいて各会派から提出された統一問題を政府側に聞き質し回答を得ることもあわせて行う。これによって重複質問をなくすとともに、議員が洩らした問題を補完することができる。また、国会専門家の手を借りることによって、細目的・技術的な部分にまで立法者の意思を確認することができるとともに、議員は、政治家としての立場または国民代表の立場から、政策論争に専念できることになる。

中間発言

日本の場合に比べて、外国の場合、会議は何か活気が感じられる。会議中、大勢の人が発言することと、発言者同士が意見を交わすことが、緊張感をかもし出すのであろう。発言中の者に対する発言は、日本の国会では、野次や私語しか考えられないが、外国の議会では「中間発言」とか「中断発言」といわれるポイントを明らかにするための発言があり、一定のルールに従って許される。イギリスの衆議院事務総長キャンピオンの著書「衆議院手続入門」の中には「誤りを正すとか、説明を求める場合で、しかもそのときに発言しなければ発言の意味を失う場合に限られる」とある。その場合、「名誉ある議員 honorable menber、言葉を挟んで失礼ですが」とか、「名誉ある議員が着席する前に」と切り出すのが礼儀だとされている。アメリカでも同じようである。

近藤英明参議院事務総長は、昭和二十五年三月二十九日、参議院懲罰委員会で、「アメリカ議会では、質疑という形式の発言はない。ほとんどディベートである。討論の最中に反対側の方が質問される。この場合、一々手を挙げて合図し、ウィル・ザ・ジェントルマン・イールド・ツーミー（譲ってください）と言う。発言者が気前よく「よろしい」と返事すると、発言を求めた方が例えば「資料の名が違う」と言う。発言中の者が「ごもっとも」ということもあれば、「自分の調べでは、これで間違いない」といって発言を続けることもある。発言者に痛手を与えることになりそうな発言でも、ほとんど拒否されない。発言中で都合が悪いと思えば、発言の申し出を断ってもよいのである。

フランス国民議会の議院規則五十四条には、中断発言について、「すべての議員は、議長に発言を要求し、その許可を得た後でなければ発言できない。例外的に他の発言者による発言中断を認められる場合も同様とする。その場合の発言は五分を超えてはならない。中断発言希望議員も、議長に通告する。議長は、中断発言者に発言を認める順序を決定する」。

ドイツ連邦議会ではポイントを明らかにする発言を中間質疑 Zwischenfrage と言い、「希望者は最寄りの議席マイクの前で手を挙げる。議長は、発言の区切りのいいところで「質疑を認めるか」と発言者に聞く。認める場合、「どうぞ」Bitte、認めない場合「お断りする」Ich bedauere と答える。質疑は簡明に行い、二回まで認められる」。

日本でも「質疑に対する質疑」は認められていたが、国会になってからの昭和五十三年の「衆議院先例集」では、質疑に対する質疑の事例が削除されている。これは、この時点で衆議院では質疑に対する質疑を認めないことが確定したことを意味するのであろう。貴族院では、昭和十四年、第七十四回議会で、質疑に対する質疑を認めるかどうかは、その内容を聞いたうえで議長が決すると裁定している。

およそ人の発言には、ちょっとした思い違いや言い違いとか、相手に理解されないような言い回しがつきまとうものである。その間違いをただし内容を正確にとらえようとするのは、発言を聞く者、言いかえれば、議事に参加する者の自然の行為であり、言論機関としての議院にとっても要請されるところである。その意味において質疑に対する質疑を含め、発言中の者に対する質疑は、各国で見られるように、本来、日本でも認められるべき性格のものであった。これは議事が円満にスムーズに行われることを前提にして初めて理解される。発言中の者に対する質疑が乱用されると、議事進行は妨げられ、ましてや本来のポイントを明らかにする目的を離れて議事妨害の手段にでも使われようものならば、議事はたちまち混乱してしまう。こういう趣旨から質疑に対する質疑は認めるべきでないとされたのである。また、この趣旨から、政府与野党の対立が激しかった衆議院において原則禁止、それほど対立が激しくなかった貴族院において原則容認の相反した態度がとられたことが理解できる。要は、間違いなく正確に話すことである。したがって、質疑に対する質疑は、原稿を用いて発言する慣習ができると、その必要性がなくなった。あらかじめ準備した原稿を用いる発言においては思い違いや言い違いのあろうはずはない。今日、質疑に対する質疑の禁止をはじめ、野次に応酬してはならないとか、議事進行発言を控えるとか、その他発言に関する慣行は、発言の硬直化とか本会議の形式化といわれる現象を生み出す一つの大きな要因となっている。

こういうふうに議員間に言葉のやりとりが認められるところでは、比較的容易に議員同士の議論が行われるようになるのであろう。反対に、こういう雰囲気のない日本のようなところでは議員同士の意見交換する習慣は生れにくいのであろう。発言時間割当制は委員同士の意見交換を促すことを妨げる。

関連質問

また日本の法案審査においては関連質問がないのも特色である。参議院では関連質問があった。関連質問とは、会議において議題とされた議案に対する質疑中、その発言に付随して、他の者が関連して疑義を質す発言のことを言う。関連質問は、発言の通告をしない者から、他の者の発言を聞いて発言を希望するものであって、発言者の発言が終わってしまった後では発言の意味が薄れる場合に特に認められるのであり、日本版中間質疑である。

昭和四十九年秋の参議院文教委員会で、社会党委員の質疑を聞いているうちに反対意見を述べたくなった有田一壽自民党委員は、発言希望を委員長に申し出ると、委員長は「そんな慣例はないので無理。しかし相手の議員が『いい』と言えば例外的に認める」と言われた。有田はOKをとり、反対意見を述べた。長老議員は「議員同士の討論なんて前代未聞。今後二度とないのでは……」とびっくり仰天。有田いわく「これでは何のための審査か。あきれたよ」（昭和六十一年五月二十日産経新聞）。

参議院議員田中寿美子は、参議院を回顧して「国会審議は、自由に関連質問に立てた昔に比べ、面白くなくなりました。今は委員会の関連質問の項目まで事前に提出するのが慣例になっている。丁丁発止の論議、緊張感あふれる審議とはほど遠いと田中さんは嘆く」（昭和五十八年十一月二十一日毎日新聞）。国会には、言論機関に相応しくない慣例ができてしまった。

「参議院は衆議院と違い、関連質問がかなり自由にできる慣例なので、狙撃兵の役で活躍する場面が見られる」（昭和三十九年三月十一日産経新聞）。

現在の関連質問は、割り当てられた委員の質問の途中で同一会派の別の委員が質問することを言うのであって、これもあらかじめ決められた委員が行い、質問内容も通告することになっている。

衆議院の委員会室の多くは学校の教室方式で、質問者は発言台に出て行う。参議院の委員会室は円卓方式で、質問者は自席で起立して行う。関連質問は円卓方式が生んだ参議院独自の慣例である。

3　新たな政・官・与党関係の構築

国会活性化法に基づいて国会は議員同士の議論による政治主導を進めるのに並行して、政治家・官僚・与党関係が論ぜられた。

政官分離

議院内閣制では、与党幹部が首相や大臣になって行政のトップを構成する。そのトップのところで議員は大臣を兼務し、立法と行政とは融合するが、その下のところでは立法と行政は明確に分離される。官僚は中立であり、政官の間におのずから越えてはならない制度上の「垣根」ができていた。イギリスでは官僚が内閣提出法案の内容について議員に説明に行くことはない。行く必要があれば、出向くのは議員を兼ねる大臣、副大臣に限られる。閣議はこのことを大臣規範で確認している。「大臣本人は、省庁の活動と政策について政党の会議で説明することができる」。「大臣は官僚に対して、いかなる党の大会、またはその政策別もしくは主題別グループ会議に出席または参加するよう要請すべきではない。官僚が公的な立場で政党の政治組織が主催または後援する会議への招待を受けるべきでないことは、公務における確立された原則である」。法律による禁止ではないが、政官は実際上接触しない慣例ができ上がっている。議会自らも議員の「行為規範」を定め、議員が「金銭などの提供者を代表して、その提供者だけの利益にかかわる事項に関して、行政府の大臣や官僚と接触すること」を自制した。行為規範違反者は、同僚議員の申し立てにより、中立機関である議会コミッショナーまたは議会倫理・特権委員会の審査を経て制裁の対象にされる。これは行政の中立性を守るための姿勢のあらわれである。しかし実際に官僚が省外で誰かと直接接触せざるを得ない場合も出てこよう。その場合は、証拠の残る手紙を書く慣習ができている。このような政官分離の構造の上に、議会においては議員のみによって法案審議を行う慣習ができていた。

日本の事情はこれとは違っていた。百年以上続いた政府委員制度を廃止したが、政官関係の基本構造は変わらなかった。内閣から法案が国会に提出されると、その立案者である官僚は、各党のところに行って説明にあたる。これはレクチャーと呼ばれる。議員は個人的に官僚を呼んだり、自ら官庁に必要に応じて自由に出かける。政と官が日常的に相互に交錯し接触する、もちつ・もたれつの関係にある。

日本では、国会改革に遅れながらも、「政官癒着」を断ち切るために政官接触制限が取り上げられた。平成十四年三月、小泉首相の私的諮問機関「国家基本戦略会議」は次の案を提出し（平成一二年三月二十日「選挙情報」）、首相に了承された。

① 議員が各省庁へ働きをする場合、接触相手は閣僚、副大臣、政務官に限定する。
② 議員が官僚に圧力をかける可能性がある場合、閣僚が当該議員を事情聴取する。
③ 官僚が族議員に接触する場合、上司に報告する。

四月十日、政府は閣僚懇談会で、議員から省庁への不当な圧力があれば、官僚に任せずに、閣僚や副大臣、政務官が責任をもって対応するよう申し合わせた。

政府は政治家による省庁への不当な圧力を排除するための指針の骨格を定めた。

①官僚が国会議員と接触する場合は、閣僚や副大臣らに報告し、やりとりをメモする。②メモの作成・保存には幹部職員が関与する。③メモの公開の適否は閣僚、副大臣が判断し、閣僚、副大臣、政務官の指示・判断に基づい

て対応する。

指針は、小泉首相の指示に基づき、官僚と議員の接触のあり方や、議員とのやりとりを公開するルールを定めたものである。官僚が議員と接触する場合は、閣僚らに報告するよう義務づけている。メモの作成・保存に課長級以上の幹部職員を関与させるのは、与党内に「経験不足の若手職員のメモは信頼できない」との懸念があるためである。

自民党の国家基本戦略会議がまとめた政官接触制限についてのルールづくりの作成は評価できる。しかし、自民党はこれに強く反対した。小泉首相は、官僚への接触を大臣、副大臣、政務官に限るとした議員・官僚ルール案を撤回したという。

与党事前審査制廃止

与党審査は、一九六二年二月十三日付赤城宗徳総務会長の名で大平官房長官に出された一通の書簡、「各法案提出の場合は閣議決定に先立って総務会に御連絡願い度し」に始まる。これに基づいて、閣議決定の案件は事前に与党審査にかけられるようになり、やがてそれが慣例化した。与党は法案の生殺与奪の権限を握るようになった。逆に首相のリーダーシップは著しく低下した。与党が事前審査を行い、承認した法案は、与党の数の力により、野党の態度いかんによって早い遅いの違いはあれ、おしなべて委員会を通過し、成立に至る。与党審査が、政党という法律上非公式な場で行われるため、そこで与党議員の法案成立に向けての影響力の行使が、いかなる方法で行われようとも、法律上の責任が問われにくい。その上、委員会審査は空洞化する。こうして与党の事前審査は批判の的にされた。

二十一世紀臨調は、二〇〇一年十一月二十一日、与党による事前審査・承認慣行の廃止を提言して、次のように述べている。

「憲法は内閣の議案提出権を定めている。しかしながら、わが国では「政府・与党二元体制」が常態化する中にあって、与党による事前審査が厳格に制度化され、このことが内閣の議案提出権を著しく制約し、首相を中心とする内閣のリーダーシップ確立の妨げとなっている。また、非公開で行われる与党審査は族議員による不当な介入の温床となり、国会を空洞化させる原因ともなっている。

そこでこの際、当面においては、内閣は独自の判断で法案を国会に提出できるという憲法の定める原則を改めて確認するとともに、与党審査そのものは否定しないまでも、少なくも与党による事前の了承がなければ内閣は国会に法案を提出できないとする、これまでの与党にある「事前審査・承認慣行」だけは早急に廃止する必要がある。かりに、内閣が提出した法案に対し与党議員の側に異論がある場合には、与党議員は国民注視の国会の場で十分な審議を行い、必要な修正を加えることができる。

なお、これまで与党審査の場であった与党政務調査会長は、今後は政府に対する政策提案や議員立法の立案、次の選挙に臨む党の綱領や選挙公約の立案の場として、その役割を転換していくことが望まれる。」

国会審議の活性化及び政治主導の政策決定システムの確立に関する法律という大きな名称の法律までつくって進めようとした鳴り物入りの国会活性化は、政・官・与党関係の整理を残したために、小手先だけの改革に終わるのではないかと危惧される。

外国の例を見ても、与党による法案の事前審査がある国はほとんどない。イギリスでは、内閣が法案を決定し国会の承認を得て執行する。与党が内閣の足を引っ張る形で国の政策決定に関与することはない。政府主導を実質的な意味で支えるため、与党の有力メンバーが洩れなく内閣に集められ、政府には約百三十名の与党議員が参加するのである。

フランス議会では、与党による事前審査がない代わり、議会に法案が提出された後の委員会審査で、与党による法案修正が行われるケースが多い。

ドイツ連邦議会の委員会は、アメリカ型とイギリス型の中間に位置し、本会議では与野党の激しい論戦が行われる一方で、ほぼ省庁別に設置された委員会で実質的な審査が行われる。非公開で行われる委員会の討論は、政府を加えた議員同士のフリー・トーキングの性格が強いといわれる。この委員会と並行して、各会派内の作業部会でも法案審査が行われ、その結果を委員会審査に反映させている。委員会の審査報告の後、第二読会が開かれ、各条ごとに討論と表決が行われる。その後、第三読会で最終的な議決が行われる。

作業部会は会派内の部会である。会派はおのおの委員会に対応した部会を持ち、細目にわたり審査し、党としての賛否の態度決定や修正案作成などは、この段階で行われる。政党の部会による協議はいわば中間審査である。

選挙民の多様な要求が連邦議会内のわずか四つの政党に代表されるわけではなく、各党の内部にいろいろな意見が存在する。それが各会派にもあらわれる。党員は基本的に同一の政治的見解を有するとはいえ、必ずしもすべての細部において一致するわけではない。そのため、会派内では活発かつ熾烈な討論が行われる。

4　族議員と常任委員会

昭和二十七年、創刊間もない法律雑誌「ジュリスト」（三号）の無署名の記事は、常任委員会が議員立法利権化の温床となりつつあることに対して警鐘を鳴らした。

「常任委員会は、各行政分野の利益代表機関としての利己的な活動や関係各省と結びついた官僚の代弁機関としての近視眼的な活動に没頭している……限り、本会議における審議が形式化され、国会両院そのものも、政府当局も十分に批判し反省するいとまもないうちに、全体として不統一、不調和な法律が次々生まれ、生まれるべき法律がつぶされたり歪められたりしてゆく状態である。……こうした動きをするに至ったのには政府と政党にも問題があろうが、各官庁の度しがたいセクショナリズムにより、政府を出し抜いて代弁機関としての常任委員会を利用するという悪弊に基づくことも少なくないであろう。われわれの恐れるのは、こうした常任委員会を中心とする動きが、国民の国会に対する信頼を失わせしめ、国会不信任の方向に走る原因を積み重ねつつあるのではないかということである」。

委員会所属議員は、所管の関係省庁を担当する立場から、関連省庁の行政、法律、予算、政省令の制定から幹部要員に至るまで熟知するところとなり、所管別委員会はあたかも関係省庁の出先機関のような存在となる。

与党・自民党政務調査会は、「自由民主党の採用する議案の調査と研究及び立案等に従事する政策機関」（党規則）であり、部会その他の機関を持つ。そのうち部会は、党の政策決定や利益調整の最前線となるところで、国会の常任委員会や政府各省庁に対応する形で設置されている。議員は必ず一つの常任委員会に所属するとともに、それに対応する部会の委員にもなる。部会は政策決定・調整の場として、政府の政策形成過程の中で重要な役割を果たすとともに、関係省庁との連絡の場ともなる。こうして特定の分野について強力な影響力を持つ議員で、政府が立法政策の決定に当たって了承を得なければならない実力者が党内に生まれた。これが「族議員」と呼ばれる。

常任委員会は政府各省庁の所管に対応する形で設置されている。委員会の委員は各省庁の所管する分野の法案を審議し決定する。特定分野の利害関係者は、関係省庁の動きと委員会に関連する自民党政調部会の動きに異常な関心を寄せ、ここに陳情する。与党である自民党の場合、委員は、政調部会の構成メンバーとして、法案の作成と成立に決定的役割を果たすことができる。省庁側は所管の法案を審査する委員会に出席して答弁に当たるだけでなく、法案の通過促進を図って部会にも出席する。こういう三者の密接な相互依存関係から、委員会は関係議員をロビイスト化する土壌となり、ここから「建設族」「商工族」「農林族」とか言われるような「族議員」が生まれる。その結果、委員と各省庁との癒着問題を併発する。ロビイストという名称は、アメリカにおいて、利益団体が議会のロビーで議員に働きかけたことに由来する。

常任委員会制度は、議員を特定の問題についての専門家とし、その専門知識によって突っ込んだ審査や調査を行うのに適するようになっていて、これによって委員会は、特定の利害関係者と結びつきやすいのみならず、各省庁と密接に結びついて、そのセクショナリズムをそのままに反映し、一部の利益代弁機関となるといわれてきた。常任委員会制度と利権との関係について、衆議院事務局では、当時、次のような考え方で、制度の問題ではなくて、議員の自覚と自粛の問題であると考えていた。

「常任委員会は、各省庁別がいけなければ、事項別にするほかない。……議員から発議された法律案は、その所管の常任委員会に付託されて審査されるが、委員会提出の法律案は、委員会に付託されることなしに、本会議で直ちに審査される。しかも、委員会では、各議員から提案されたものをよく審査して、本会議で審議するに及ばないと決定した議案は、その決定した日から七日以内に議員二十名以上から本会議にかけるようにとの要求がない限りは、そのままその議案を廃案としてしまうことになっているのである（国会法五十六条）。これをもってもわかるように、国会は法律をつくる唯一の役所なのであるから、その仕事に最もよく能率を上げるための便宜な機構は、いくつもの部門に分けることとか、その名称を変えることが、決して国会法改正の本質ではない。ゆえに立法権の行使に関する点については、現行制度は少しも欠陥がないように思われる。常任委員会と業者との関係について云々されているが、これは制度とは何も関係がないように思われる。業者は水の低きにつくがごとく、中心権力をめがけて集まるのは当然であって、昔は国会は単に協賛機関にすぎなく、権力の中心ではなかったから、スキャンダルが少なかったのであって、今は国権の最高機関で、法律をつくる実力者であるから、業者が集まってくるのであって、スキャンダルを制度上完全に断つなら、実権のない機関としてその権限を内閣に昔のように移すほかはないであろう。したがって、これらの問題は、制度上の問題ではなく、自覚と自粛の問題に帰着するであろう」（衆議院事務総長鈴木隆夫文書　昭和二十九年）。

この議員の「自覚と自粛」の内面についてベァワルド教授は「日本人と政治文化」（二〇六―七頁）で、次のように述べている。

「委員会の委員になると、政府施策のどれかの領域に普通通暁することができるし、委員会に出席した大臣や他の政府委員に質問をする機会も与えられる。そういう意味において、委員会の質疑応答というのは、広く国民に情報を伝達することである。建前としては、こういった委員会活動は、ある特定の法案―公共政策に対して国会の外側からの影響力が及ぶ可能性を持つことになる。そういう可能性は潜在的にはあるかもしれないが、政府代表は問題の実質的な内容をはぐらかしてしまうから、黒白がはっきりつくことなどほとんどない。よしんば質問に対する答えが十分なされたとしても、多数党が何とかかんとかして折り合いをつけた挙句、法案支持に回ってしまうから、その限り法案の通過ないし阻止に対する力は僅少になってしまう。

普通、国会議員たちは委員会段階の審査を軽く見ている。自民党議員の場合はだいたいの傾向として、これを厄介もの扱いしたり時間の浪費だと考えている。なぜなら、実質的な決定はすでになされているとするからである。野党議員の場合は、委員会で質疑を行うことが自民党の意思遂行を遅らせることになっても、提出法案に魂を入れるという点では、つまり政府施策を形成するという点では、審議そのもののインパクトは、まず、ないと言えるほどのものだということを知っており、挫折感を感じているのである。要するに、関係者全員が国会の委員会制度については大いに不満なのである。

こういう漠然とした状況にもかかわらず、現在の委員会制度が変更される見通しは今のところないと言えよう。委員会の現状について挫折感を吐露した国会議員たちは、私が、「もし委員会がそんなに無用の長物なら、なぜ、全部やめてしまわないのですか」と尋ねると、虚をつかれたように仰天したのであるが、右に述べた結論は、こうした国会議員の多くの人たちと議論を交わし、その結果として出てきたものである」。

同教授は、族議員対策を委員会による公開の審査と党議拘束に求めて次のように言う。「ベテラン議員が族議員となり、本来、官僚の仕事を監督する任にあると考えられているのに、官僚のとりこになってしまったり、本来、利益集団の活動を抑制する任にあると思われているのに、利益集団のとりこになるということを促進している」。こういうときこそ党議が、「有力な利益団体や先任官僚と党の指導者たちとの間を緊密にするリンクを断ち切ることができれば、族議員に対する批判の芽をつぶすことができる」（「日本の国会の委員会制度」「法政論叢」四一巻三・四号所収）。この処方箋は「内閣・与党の一元化」に通ずる。

5 党首討論

国会活性化法による一連の改革のメインは「党首討論」である。

党首討論のメリットは、当面の国政問題について、集中的に質問ができ、総理の生の考えを聞くことができることであるが、開催回数が少な過ぎるし、従来通りの質疑応答形式では、政治指導には直接結びつかない。党首討論の定例日を国会開会中の毎週水曜日の午後三時から四十分、その後五分延長して四十五分間に改めたが、初めの四年間にわずか二十八回、年平均七回では少な過ぎる。イギリス衆議院のクエスチョン・タイムは、開会中の水曜日には必ず三十分間開催される。また質問時間は、ゴングで始まるボクシングと同じく、延長はない。短い時間だから毎週やれるし、毎週やるからホットな問題についての生の声が聞ける。クエスチョン・タイムはアメリカ大統領の記者会見に相当する。イギリスでは、記者よりも、国民に選ばれた与野党議員によって質問される方がベターだと考える。短い「攻め」の応酬は自然と丁丁発止のディベートになる。自席発言だから質問応答は極めてスムーズにいく。このスピードが緊張感をつくり出す。日本でも、定時に開会、一回一分程度の質疑応答、持ち時間過ぎたら直ちに次の質問者に交代する。イギリスをモデルにするならば、ここまで真似しなければ同じ効果を発揮できない。

また、党首討論導入に伴い、本会議については、従来は議案の趣旨説明・質疑を行う場合に、総理が必ず出席していたものが、総理が法案の審議で本会議に出席するのは重要広範議案の趣旨説明、質疑の場合に限ると改められた。また予算委員会については従来の審査方法を大幅に改め、総理の出席回数が減らされた。その結果、総理の本会議等の出席日数が減った。首相の国会における出席発言回数は、党首討論により増えた分だけ、ほかが削られた計算になるので、回数としてはプラス・マイナス・ゼロ、趣向を変えただけで、これで改革に値するのか疑問が残る。

6　国会の審議時間

最近の本会議と委員会の審議時間は、左記のとおりで、日本の国会が外国議会に比べて著しく少ないのが目立つ（一九九五年の年間提出法案件数、成立件数・％、審議時間（日本の旧帝国議会昭和七年は政党内閣最後の年である。）。

提出件数　アメリカ下院　四五四二件　本会議可決件数六一一件　可決率一三％
　　　　　日本衆議院　　一八〇件　　可決件数一三四件　　　　七四％

審議時間　アメリカ下院　本会　二四四四時間　委員会　三七九六時間
　　　　　日本衆議院　　本会　五五時間　　　　　　　九三一時間
　　　　　イギリス下院　本会　一三一五時間

昭和七年（六一、六二、六三回議会）衆議院
　　　　本会　　　七五時間　　委員会　　一二三九時間

明治二三年　日本衆議院、第一回議会　二五一時間一九分

＊アメリカについてはVital Statistics on Congress、イギリスについてはH.C. Papers、旧帝国議会については衆

議院報告、衆議院議事摘要、国会については衆議院「調査」等参照。

これによると、日本議会の会議時間数は、アメリカ議会及びイギリス議会に比べて、間違いでないかと疑いたくなるほど少ないのがわかる。

国民から発し国民に回帰する民意の循環路を構築することが議会制民主政治である。国会はその民意の循環路のいわば心臓部に当たる。国会の法案審議は、その心臓部の血液循環機能に相当する。イギリスの政治学者ギャビン・ドルウリィは、立法過程を四つに分類した。①何を法律とすべきかの着想段階、②それを議論して、種々の意見や利害を調整して法律案にまとめる作業段階、言い換えれば「協議と成文化」の段階、③新たにつくる法律の中身について議会における審議を通じて、同僚議員や広く国民の理解を得られるように説得する正統化 legitimation の段階（Norton はこれを legitimisation という）、④実施段階である。国会議員は①②③のどの段階にも参加できるが、審議段階は③の段階であり、議決で終わる。会議時間が長ければ国民が納得するというわけではないが、余りにも少ない情報量では、国民に納得を求めようとすること自体が無理である。国会は民意の循環路としての機能を果たすため審議し、情報を国民に発信する。最後の決定は多数決による。

アーネスト・バーカー教授は、議会の討論の目線を、議会内から議会外の国民に移して行うべきことを強調した（「現代政治の考察」一九四二年）。「議会が内閣や国民との接触を保ちながら討論しないとすれば、議会は実質的には機能停止になるのであり、議会は国民全体の討論という潮流から離れて一つの沈滞した水たまりに落ち込んでしまう」。その「水たまり」に落ち込んだのが太平洋戦争時の日本の議会である。昭和十五年二月二日の斉藤隆夫の議員除名、十六年十一月十九日の宮澤胤勇の議員辞職、十八年十月二十六日の中野正剛の逮捕自殺、二十年一月二十二日の中谷武世の懲罰召集、いずれも政府批判演説で議会を去った。首相に対する質問演説は、「建設的でない」ことを理由に第七十六議会から衆議院では中止、貴族院も同調した。かわって東条首相の演説回数は増え、第八十一回議会で、本会議六回、一七、五六六字、委員会で一四八回、九五、四七〇字、これは、近衛首相の第七十六回議会発言の本会議三回、一、八九〇字、委員会五三回、一〇、六二〇字の約九倍の分量であった。戦時議会においては、議員の発言は少なく、首相への拍手は多かった。イギリス議会には拍手はない。国会は言論が必要なのであって、拍手は無用である。歴史の教えるところは、法案審査の活性化が、国民に目線を置いた情報発信源としての国会の充実にあるということである。

イギリス議会下院における議会質問制度の現況

木下　和朗

序

「質問」とは、議員が議題と関係なく、国政一般について内閣に対し事実の説明を求め、または所見を質すことである。質問は、本会議ないし委員会において議題に関する疑義を質す「質疑」と区別される。我が国の現行議会法規において、質問は、「簡明な主意書」（質問主意書）を以て行う書面質問が原則であり、議長の承認――議長の承認を得られないときは、異議申立てに基づく議院の承認――を要する（国会法第七四条）。口頭による質問は「緊急を要するとき」に限り、議院の議決により行うことができる[1]（同法第七六条）。制度運用においても、口頭質問は緊急質問のほか認められていない。しかも、緊急質問は、天災地変、騒擾等に関するもので、議院運営委員会において緊急やむを得ざるものと認められたものに限り、院議を以て許可されるので（衆議院先例第四二二号。参議院もほぼ同様の取扱いである。参議院先例第二七三号）、実例が乏しい上、第一〇三回国会（一九八五年一〇月一四日召集）以降は行われてない[2]。また、質問主意書の運用も従来は低調と言える状況にあった[3]。

学説において、質問は、議員の権能の一つとして列挙されるか、説明されるにとどまる[4]。議会質問制度への関心は必ずしも高くない。ただし近時、次のような諸説が注目される。

第一に、現行制度の最大の問題点として口頭質問を事実上禁止している状況が批判され、口頭質問を制度化して活用を図るべきことが主張される[5]。この理由としては、①議会質問制度は、政府活動全般にわたる問題を自由に選択して、政府から情報開示ないし説明を常時求める点で、議院内閣制下における議会の政府統制機能の重要な一翼を担うものであること、②口頭質問は、本会議において実施されるのが通常形態であり、多くの議員（とりわけ野党会派所属議員及び平議員）に発言の機会を与える点で、言論の府として本会議審議の活性化に資することが挙げられる。事実、比較議会制度の観点から、議院内閣制を採用する国の議会のうち、日本の国会のみが口頭質問の手続を有していない旨が指摘されている。[(6)]また、大日本帝国憲法（明治憲法）下の帝国議会衆議院においては、日本国憲法下の議会法規と同様の枠組みの下で先例の蓄積により口頭質問が実施されていた。[(7)]

第二に、憲法理論及び解釈上の対応として、「質問制度（本会議における口頭の質疑・質問）は議院内閣制の論理の要求であり、憲法六三条の要請でもある」[(8)]ことから、質問権は、「議員」の権能でなく、政府統制権の一部をなす「議院」の権能と位置づけるべきあるとする有力説がある。すなわち、議院法の起草過程において、井上毅に代表されるような立憲政治の原則に由来する議院の質問権という思考が見られ、その後、議院法が「議員の質問権」を規定した（第四八条～第五〇条）にもかかわらず、初期の議院法学説を含めて、有力な学説が議院の質問権という位置づけを説き続けていたという経緯に照らして、日本国憲法下の国会法の規定が「議院の質問権という議院内閣制に基づく立憲的観念を不要として、消滅させるわけではあるまい」とする。[(9)]さらに、従来の通説が、日本国憲法第六三条に定める「答弁又は説明のため」という文言は「なくても同じ」であるとし、特段の法的意味を認めないのと異なり、[(10)]三月二日案第六四条において「答弁又は説明のため出席を求められたとき」に対応する部分が「質問又ハ質疑ニ対スル答弁ヲ要求セラレタルトキ」とされていたという憲法成立過程に照らして、第六三条は「議院内閣制の一環としての口頭質問制度を予定した」規定と解している。[(11)]当該説に拠ると、このような解釈論は議院内閣制に基づく議院の質問権という観念を前提として、初めて合理的に領会できるとしている。

また、現行制度をめぐっても、注目に値する動向を見出すことができる。第一に、国会審議の活性化及び政治主導の政策システムの確立に関する法律（平成一一〔一九九九〕年法律第一一六号。国会審議活性化法）に基づき、イギリス議会下院の首相質問をモデルとする党首討論制が導入されたことである。[12] 第二に、いわゆる五五年体制が崩壊して連立政権期に入り（細川護熙内閣の成立。一九九三年八月九日）、質問主意書の提出を政府統制の一環として活用していく傾向が野党を中心に見られることである。この傾向は、第四二回総選挙（二〇〇〇年六月二五日）において当選した民主党所属議員に顕著である。[13] 関連して、衆・参両議院のウェブサイトにおいて質問主意書及び答弁書の本文などが公表され、広く閲覧可能となるに至ったことも重要である。[14]

本稿は、以上に述べた学説及び制度運用における動向を念頭に置きつつ、我が国の議会質問制度を考察するための準備作業として、イギリス議会下院[15]（House of Commons）における議会質問制度（parliamentary questions）――大臣に対する口頭及び書面質問[16]――の現況を概観、検討するものである。[17]

一　現行制度

下院における質問の基本的な制度内容及び機能はこの五〇年間大きく変化していない。ただし、手続に関しては、第二次世界大戦以後しばしば特別委員会の調査対象になり、幾度か改正を経ている。[18] 現行制度は、[19] 二〇〇二年一〇月二九日、下院の現代化（modernization）プランの一環として、二〇〇二年議事手続委員会第三次報告書による勧告[20]を承けて改正された[21]後のものである。

1　類　型

議会質問は、①本会議の質問時間において質問し大臣等から口頭による答弁を求める、口頭質問（Oral Questions）[22]、②大臣等から文書による回答を得る、書面質問（Written Questions）に区別される。口頭質問の特別形態として、③首相質問（Prime Minister's Questions）のほか、④緊急質問（Urgent Questions）、⑤省庁横断質問（Cross-cutting Questions）がある。これらは、通常の口頭質問と異なる準則が一部適用される。

2　質問及び答弁の主体

質問を行い、答弁するのは下院議員に限られる。一般に、大臣（ministers）に対して質問が行われる。ただし、大臣以外に、国教会財務委員会（Church Commissioners）を代表する議員、公会計委員会[23]（Public Account Commission）委員長、下院委員会（House of Commons Commission）を代表する議員、財務及び管理委員会（Finance and Service Committee）委員長、選挙委員会に関する議長の委員会（Speaker's Committee on the Electoral Commission）を代表する議員及び院内委員会（Domestic Committees）の委員長が答弁できる[24]。

3　口頭質問

口頭質問に係る手続は、①質問の通告、②なされる質問の選択及び順位付け、③質問時間における質問及び答弁、

④補充質問という基本構造をとる。

(1) 質問時間及び当番制

会期中、開議の後形式的議事[25]を経た一時間弱、すなわち、月曜日の午後二時三五分から午後三時三〇分まで、火・水・木曜日の午前一一時三五分から午後〇時三〇分まで、質問時間（Question Time）が割り当てられる[26]。

大臣その他の答弁者は当番制（rota）により質問時間に出席する。半会議期（half term）ごとに当番表（Order of Questions）が作成され、質問時間の開催日ごとに答弁を担当する省庁等及び順位が指定される。これらの指定は、「通常の経路」（usual channels）を通じた政府と野党との合意に基づき、政府が決定する[27]。ただし、首相質問は現在、水曜日正午から午後〇時三〇分までの三〇分間に定例化されている。財務省（Her Majesty's Treasury）など質問を多く受ける主要省庁が第一位になっている場合は通常、当該省庁を担当する大臣に対する質問のみで質問時間が終了する。したがって、ほぼ一ヶ月で全省庁が一巡するように配当される。

質問時間には原則として、当番にあたる省庁の全大臣（閣内大臣、担当大臣及び政務官）が出席する。どの質問にどの大臣が答弁するかは省庁内における個々の大臣の責任に依拠する。通常、省庁を掌理する閣内大臣が最も重要な政治事項を答弁することになる[28]。閣内大臣が上院議員の場合、下院議員である同じ省庁の担当大臣ないし政務官が答弁する。

政府は当番制に関する決定権を有する。一九九七年五月、Tony Blair 政権は、首相時間の定例時間に関して当該権能を行使し、首相質問の定例化（一九五九年）以降続いてきた火曜日及び木曜日の週二回各一五分から、現行の水曜日の週一回三〇分に変更した。また、二〇〇三年六月に大法官府（Lord Chancellor's Department）が法務省

（Department for Constitutional Affairs）へ改組された際のように、省庁再編にともなう当番の変更も政府が決定している。

(2) 通　告

議員は、書面を以て議事部（Table Office）[29]に議長が定める形式で通告（notice）する（H.C.S.O. No. 22(1)）。議長が定める形式とは、議員本人または議員を代理する権限のある者によって直接にまたは郵送により提出することをいう。[30]加えて、二〇〇三年一月から、議員は、認証システムを用いた電子メイルによっても質問を提出できるようになった。[31]議員本人が通告を直接提出しない場合、各通告につき、議員本人による署名、または、通告者たる議員を代理する議員による署名がなされなければならない。通告においては、口頭答弁または書面回答の何れを求めるものか（H.C.S.O. No. 22(3)）、質問者たる議員名、質問内容及び名宛人を示さなければならない。質問に係る利害関係の申告も同時に求められる。利害がある旨の申告がなされた場合、当該質問は、議員名の前に［R］という印が付されて通告表ないし議事日程に登載される。[32]

通告期限は、選択された通告を印刷及び回覧するために、質問に対する答弁予定日前に少なくとも二日間（金、土及び日曜日を除く）をおくという要件の下、議長の裁量により定められる（H.C.S.O. No. 22(5)）。現在、答弁予定日の金・土及び日曜日を除いて三日前の午後〇時三〇分である。具体的には、月曜日に答弁される質問の場合は先週の火曜日、火曜日の場合は先週の水曜日、水曜日の場合は先週の木曜日、木曜日の場合は同じ週の月曜日となる。[33]議院が三日以上延会する場合、議長は、延会中の質問提出に関する措置を定める覚書きを公報（Vote）とともに印刷及び回覧させる（H.C.S.O. No. 22(6)）。一九七二年以降、下院決議に基づき、通告できる質問数に①一日あたり二質問以下かつ②大臣一人に一質問までという制限がある。[34]

(3) 質問の選択及び順位付け

通告を受理された質問は、議事部においてその許容性の審査（後述）を経て、「切り混ぜ」（shuffle）と称される、抽選による質問時間に行われる質問の選択及び順位付けにかけられる。切り混ぜは、通告期限の午後〇時三〇分直後、[35]コンピュータが基数までの質問を無作為に順次選択するという方法によって実施される。切り混ぜを通じて選択された質問のみが翌日の通告表（Notice Paper）及び質問時間当日の議事日程（Order of Business）に登載される。登載される質問の基数（quota）は、省庁に配分される質問時間内に答弁し得る質問数を考慮して定められる。二〇〇三年一月以降は次の通りである。[36]①五五分の場合、二五件、②五〇分の場合、二〇件、③四五分の場合、二〇件、④三〇分の場合、一五件、⑤一五分の場合、一〇件、⑥一〇分の場合、八件。具体的に当てはめると、首相の場合一五件、主要省庁の大臣の場合二五件の質問が選択されることになる。切り混ぜによって選択されなかった質問は、書面質問へ変更など特に指示が議員から無い限り無効となり、通告表に登載されず、答弁を得ることもない。

(4) 質問・答弁及び補充質問

質問時間における進行は議長の議事整理権に服する。議長は、切り混ぜによって決定された順位に従って質問者を指名する。質問者は、時間の節約のため、質問を朗読することはなく、議事日程に登載された自らの質問番号を告げるのみである。大臣は口頭で答弁する。質問者は、答弁に満足しない場合、口頭による補足質問（supplemen tary question）が可能である。議長の判断により、質問者以外の議員からの補充質問が認められる場合がある。

質問時間は厳格に定められているので、議事日程に登載された全ての質問が時間内に答弁されることは滅多に無い。したがって、補足質問を含めた質問一件の所要時間につき、議長は、時間内に答弁される質問件数と質問一件あたりの補足質問数とのバランスに配慮する必要がある。また、議長は、補足質問及び答弁が簡潔・簡明に行われるよう議員ないし大臣へ必要に応じて注意を喚起し、さらに、答弁が長過ぎないか、質問時間を討議（debate）の機会として用いようとしていないかをチェックする権限をも有する。現在、時間内に答弁される質問件数は一五〜二〇件、質問一件あたり三〜四分程度である。なお、慣行上、質問に対して長時間にわたる答弁を希望する大臣は、答弁の重要性が認められる場合は質問時間終了後に改めて答弁すること、または、議事速記録（Official Report of the Parliamentary Debates, *as known also* "Hansard"）に答弁を掲載することができる。質問時間内に答弁を得ることできなかった質問は書面回答がなされる。

4　書面質問

(1)　種　類

議院規則上、議員は書面質問の回答期日（特定日の議事速記録への登載）を指定できる（H.C.S.O. No. 22(3)）。したがって、書面質問は、①期日を指定しない通常の書面質問と②期日指定の書面質問に区別される。

(2) 通　告

通告方法は口頭質問と同様である。書面質問の通告に関する制限は、口頭質問に比べて少ない。通常の書面質問に関しては、会議日であれば随時通告できる。通告期限及び通告数に対する制限は無い。期日指定の書面質問の場合、議員は、遅くとも希望期日の二日前（土曜日及び日曜日を除く）に配付される通告表に登載されるように通告することを要する（H.C.S.O. No. 22(4)(a)）。加えて、質問数についても、一日あたり五件以下に制限される(37)(H.C.S.O. No. 22(4)(b))。通告を受けた質問は、議事部による許容性の審査を経て、翌日の通告表に登載される。通告表において、期日指定質問は冒頭にN印を付して通常の書面質問と区別される。

(3) 書面回答

書面質問に対する回答は、議員等に送付されるとともに、書面回答（written answer）として翌日の議事速記録に登載される(38)。期日を指定した場合、大臣は、通告にて指定された期日に議員へ回答することを要する（H.C.S.O. No. 22(4)）。ただし、大臣が期日に回答の保留（「可能な限り早期に回答する」旨）を「回答」することは可能である。通常の書面質問に関して、下院は、大臣は一週間以内に回答するように努力すべきであるという見解を支持している(39)。

なお、回答のうち「書簡による回答」（will write）と称するものもある。「大臣が改めて書簡を差し上げます。（I will write to the Hon. Member ...）」という回答である。大臣から議員へ後に送付される書簡は、議事速記録に登載されないが、下院図書館（House of Commons Library）に所蔵され議員の利用に供される。また、下院広報局（House of Commons Information Office）は、一般からの問い合わせに応じて当該書簡のコピーを提供できる(40)。

(4) 大臣による書面声明

従来、書面質問を利用する「誘導質問」(planted question) という慣行が存した。これは、本会議において大臣声明[41] (ministerial statement) を行う程重要ではないが議院の記録に公式に留めたい事項がある場合、協力する平議員が省庁によって起案された「誘導質問」を提出し、大臣が当該質問に対する書面回答という形で声明を行うものである。[42] 誘導質問は、回答すなわち声明日の一会議日前に通告され、声明当日の議事日程に初めて登載される。[43] しかし、このような慣行は、不明瞭であり、濫用され得る。[44] 二〇〇二年議事手続委員会第三次報告書は、政府からの提案を入れ、誘導質問に代えて書面声明 (written statement) の制度化を勧告した。[45] 当該勧告は二〇〇二年下院規則改正によって実現した。下院議員である大臣は、通告日から五会議日以内の指定する期日に文書の形式による大臣声明を行う旨の意思を通告できる (H.C.S.O. No. 22A)。文書声明は、指定日の議事日程に通告が登載された後、翌日の議事速記録に全文が登載される。

5　緊急質問

緊急質問 (Urgent Questions) は、二〇〇二―〇三年会期以前に「非公式通告質問」(Private Notice Questions) と称されていた手続である。[46] 議長は、質問時間の終了後 (質問時間が無い金曜日は午前一一時)、緊急性を有すると認められ、かつ、重要な国政事項 (matters of public importance) または議事の日程等 (arrangement of business) の何れかに関わる口頭質問を行うことを許可できる (H.C.S.O. No. 21(2))。したがって、緊急質問は、①重要な国政事項に係る狭義の緊急質問と②議事の日程等に係る議事質問 (business question) に区別される。

緊急質問の手続は、通告を除いて口頭質問と同様である。緊急質問を行おうとする議員は、月曜日ならば正午まで、火・水・木曜日ならば午前一〇時三〇分まで、金曜日ならば午前一〇時までに、質問内容並びに質問が緊急性及び重要性を有する理由を議長へ提出するとともに、答弁を求める大臣に非公式に通告する。(47)

狭義の緊急質問が認められる件数は少ない。他方、議事質問は、木曜日の質問時間終了後、影の下院院内総務の質問に下院院内総務（Leader of the House of Commons）が答弁するという形式で行われる。答弁に続いて、影の院内総務のほか多数の議員による補足質問が行われ、翌週の議事日程が決定される。ただし近時、質問時間終了後に大臣声明がなされる場合は、大臣声明終了後、議事声明（business statement）という形式で同様の手続が行われる。(48)

6　省庁横断質問

省庁横断質問（Cross-cutting Questions）は、二〇〇三年一月から新たに実施されている、ウェストミンスターホールにおける会議(49)（sitting in Westminster Hall）の口頭質問制度である（H.C.S.O. No. 10(3)）。省庁横断質問においては、複数の所管省庁から大臣が出席し、複数の省庁の責任にまたがる主題に関する口頭質問が行われる。手続は口頭質問とほぼ同様である。ただし、通告の名宛人が政府である、政府側で主に答弁する大臣を決定できるが、一つの質問に複数の大臣が答弁できるといった点が異なる。一会期あたり四回実施されることが予定されている。(50)第一回の省庁横断質問（二〇〇三年一月二三日）は、青少年政策を主題として、文化・メディア及びスポーツ省（Department of Culture, Media and Sport）、教育及び職業省（Department of Education and Skills）、保健省（Department of Health）並びに内務省（Home Office）から大臣が出席して行われた。(51)

二　質問の許容性

1　議員の質問に対する議院の自律的規律

議員の質問権の限界に関しては、議院が質問形式及び内容を自律的に規律する一方、大臣は答弁の内容に責任を負うことが原則である。すなわち、①通告段階における質問内容及び形式の許容性（admissibility）の有無、②許容性が認められた質問に対して大臣が答弁する義務の有無という二段階で問題となる。

下院は、政府が下院の討議を含む議事日程に対する統制を確立する一方、討議の例外形式としつつも、議員個人が議院において発言する機会を確保するために質問手続を発展させてきたという歴史的背景の下、質問の形式及び内容を規律する準則を発展させてきた。当該準則は、新たな状況や問題が生ずるごとに議長裁定（Speaker's ruling）を発することを通じて、多年にわたり蓄積され、議長及びこれを代理する議事担当書記（Clerks at the Table）によって執行されている(52)。手続上、質問を当該準則その他の下院規則に適合させることに関しては、書記が義務を負う。通告を受けた質問が準則に違反すると判断された場合、書記は、どのように変更するならば質問が準則に適合し得るかを議員に助言する。議員が書記による助言を承服できないとき、議員は質問を議長に提出できる。議長は当該質問の許容性を最終的に判断する。ただし、各会期においてこのように議長に提出される質問は極めて少数である(53)。

しかしながら、このような議院による「自己規制」は、議員の質問権に対する不当な制約――「大臣の責任を追及する際の議院の正当な活動を妨害する拘束衣（straitjacket）」――になり得るという懸念がある。一九七二年議会質問特別委員会報告書は、①議長は、質問に係る主要準則に一致しているかを審査する際、実務の変更を是認する権限を有していること、②以前の裁定の蓄積による効果が不当に規制的になることは許されず、以前の裁定に反することを唯一の理由として、裁定の準則に収まり得る質問を許可しないことは認められるべきでないことを勧告した(54)。当該勧告は、一九九一年議事手続委員会第三次報告書においても支持され(55)、下院自体によっても是認されている。

2　基本原則

質問の許容性を規律する基本原則は、先例の蓄積による形成にもかかわらず比較的単純であり、一九世紀末以降変わることなく運用されている。すなわち、①質問は「情報を与えるというよりはむしろ求める、または、行為を促すものでなければならない」こと、②質問は「大臣が責任を負う事項に関するものでなければならない」こと、③質問は「同一会期中になされた答弁（または答弁の拒否）によって完全にカヴァーされるものであってはならない」ことである(56)。これらの原則については、下院及び政府双方から支持されている。許容性に係る原則を包括的に精査した一九九一年議事手続委員会第三次報告書は、基本原則に関して「批判する証拠は何ら得られず、したがって、本委員会はいかなる修正も勧告しない」と結論した(57)。政府もまた、当該報告書に対する応答の中で「基本原則の変更を支持する立場にないことに同意する(58)」旨を表明している。ただし、準則の具体的内容に立ち入ると、質問の特質に基づく実質的内容を有するものがある一方、議院における討議の準則が質問に拡張適用された過ぎないものや些細と思われるものまで、その重要性は極めて多様である。(59) Erskine May は以下の限界を列挙している。(60) なお、大臣責任制から導かれる質問の許容性に関する準則は節を改めて言及する。

3　限　界

質問は、議院における発言内容に適用される準則に従わなければならないほか、以下にまとめられるより詳細な制約に服する。

(1) 内容及び形式一般

第一原則に関わる限界である。具体的には、次の通りである。①質問においては、質問者から情報を伝達してはならず、回答を示唆すること、特定の視点を示してはならない。②意見表明を求める質問、または、主張、意見表明、推論、責任転嫁または非難を含む質問は許されない。③質問は、結果として短時間の発言になってはならない。したがって、過度に長い質問は許されない。これに関連して、①質問には、❶不要な形容、または、❷修辞的・論争的・皮肉的若しくは不快な表現を含んではならず、②質問の基礎となる事実は質問の枠内で簡潔に示し、その正確性について質問者たる議員が責任を負う。

(2) 質問事項

① 個人の品性及び行為

実体的動議（substantive motion）に基づいてのみ討議することが許される人物（大法官［Lord Chancellor］、下院議長、下院及び上院議員、連合王国の上位裁判所［superior court of the United Kingdom］の裁判官等[61]）の品性及び行為を問題とする質問は許されない。このほかの人物に関しては、官吏ないし公人としての地位を別にして行為を問題とする質問は許されない。また、友好国（friendly foreign country）またはその元首に関する礼を失した質問も許されない旨が裁定されている。

② 王　室

君主の称号または国王の影響を議会に直接持ち込む質問、君主または王室に問題を投げかける質問は許されない。

③ 国王大権

国王大権のうち君主個人の権限である事項に関して信任関係にある国王の助言者たる大臣に質問することは許される。しかし、栄典の授与、聖職者の任用（ecclesiastical patronage）、枢密顧問官（Privy Councillor）の任免及び下院の解散に関して首相が君主になした助言については質問できない旨が裁定されている。

④ 議院の議決等

下院・上院にかかわらず、議院の議決を批判する質問は許されない。以前の答弁をさらに明確にすることを求めるという目的を別にして、同一会期中の討議または質問及び答弁に言及する質問も許されない。また、個々の発言時間に関する質問は許されない旨の議長裁定も存する。

⑤ 訴訟係属中の事柄

訴訟係属中の事柄については議題とせず、かつ、言及しないという訴訟係属規則[62]（sub judice rule）は、動議及び討議と同様、質問にも適用される。質問が通告後に訴訟係属中の事柄に該当することが判明する、または、訴訟係属中の事柄になった場合、議員に質問の撤回が求められる、当該（口頭）質問の通告が議事日程に既に登載されているならば、議長が質問を許可しないといった取扱いがなされる。

⑥　地方分権

Blair政権の下、地方分権（devolution）が憲法改革（constitutional reform）の一つとして実施されてきた。[63]一九九九年七月、一九九八年スコットランド法（Scotland Act 1998[c. 46]）及び一九九八年ウェールズ政府法（Government of Wales Act 1998[c. 38]）に基づき設置された、スコットランド議会（Scotland Parliament）及びウェールズ議会（National Assembly for Wales）にウェストミンスター議会から権限が委譲された。[64]これに伴い同年一〇月二五日、下院は、議事手続委員会の勧告に基づき「大臣への質問」と題する決議を行った。[65]当該決議に拠ると、立法によりスコットランド議会及びウェールズ議会に委譲された事項に関する質問は原則として提出できない。[66]当該決議は北アイルランドに係る事項に関しても適用される。

三　質問と大臣責任制

1　大臣の説明責任と質問

イギリス憲法に関する伝統的説明に拠ると、基本原則の一つとして、大臣責任制（ministerial responsibility）が認められる。大臣責任制とは、政府が大臣を通じて議会に対して責任を負うという憲法習律（constitutional convention）上の原則であり、①内閣の連帯責任（collective responsibility）及び②大臣の単独責任（individual responsibility）

から構成される。連帯責任及び単独責任は、異質の要素を含む複数の原理ないし準則にさらに区別される。今日においては、議会に対する責任として、大臣の単独責任のうちの一つである説明責任（accountability）が重視されている。(67)このことは、後述する通り、大臣責任に関する下院及び上院の決議並びに大臣規範が確認している。

政府の「情報を得ることまたは行動を迫ること(68)」を目的とする下院における質問は、議員が政府の責任――とりわけ大臣の説明責任――を追及する過程の本質部分であると解される。(69)しかし他方、大臣責任制を理由として、質問の許容性に係る限界が導かれ、質問に対する答弁の拒否または不完全な答弁という運用がなされる。つまり、大臣責任制は、議員の質問権の行使を基礎づけるとともに制約するという両面において作用するのである。そこで以下、大臣責任制の観点から、質問の許容性に係る準則、答弁に係る準則及び実際を概観することにする。

2　質問の許容性

前述した質問の許容性に係る第二原則は、議院側から解する、大臣責任制から導かれる議員の質問権の限界を示している。すなわち、大臣への質問は、当該大臣が公的に責任を負う事項――政策の声明若しくは政策事項に係る意図、または、行政若しくは立法活動――に関するものでなければならない。当該原則の具体的内容は次のようにまとめられる。(70)

(1)　大臣間の責任配分に係る限界

他の大臣がより直接に責任を負う事項、または、大臣に他の大臣に対して影響力を行使することを求める質問は許されない。実務上、質問内容については他の大臣が責任を負っているという理由に基づき、大臣に通告された質問が他の大臣へ転送されることがある。転送は、大臣に裁量があり、議院側が――議長、議事部、議員の何れも――統制する余地は無い。政府は議会に対して連帯責任を負っており、どの大臣が質問に答弁するのが最も適任かを大臣が決定しなければならないからである。(71) また、議会に責任を負わない大臣の活動を取扱う質問はできない旨の議長裁定もある。他方、既に発表された決定に関する省庁間の議論に関しては、大臣はこれに答弁する傾向にある。実務上、質問がなされた会期中における大臣の答弁パターンに基づき判断されている。

なお、省庁の大臣への口頭質問は、大臣間で答弁を分担するため、合理的に特定された主題を示すように質問文を起案するものとされる。

(2)　大臣の権限に係る限界

政府の責任に関係しない、野党の政策に関わる質問は許されない。非常に制限または特定された状況を処理する立法を求める質問、及び、立法の一般内容について質問する際に個別の事案を引用することは許されない。大臣はこれら限定された事案の処理に関する権限及び責任を有しないと今日解されるからである。提案された立法の効果に関する情報提供を求める質問が許される一方、議院へ提出された法律案に対する詳細な修正を示唆する質問は許されない。

(3)　司法府及び法律問題に係る限界

裁判官及び裁判所職員（royal court official）を名宛人とする質問、並びに、裁判官及び裁判所職員（court official）

の活動に言及する質問は許されない。裁判所の権能に属する、法律問題（question of law）――議会制定法、国際文書または大臣自身の権能の解釈など――に係る見解の表明を求める質問も許されない。しかしながら、特定事案における大臣の活動の根拠法規を質問すること、ある大臣の責任を定義するように首相に質問することは可能である。

(4) 政府が責任を負わない、または、責任が制限されている機関に係る限界

地方当局、議会制定法に基づく機関、または、銀行、証券取引所、会社若しくは労働組合その他政府が責任を負わない機関または人物の管轄下にある事項を処理するように求める質問は許されない。これらの機関の活動に関して、行動を促すまたは情報を求める質問も許されない。ただし、政府が当該機関に関して収集した情報については質問できる。

国営企業、及び、以前の国営企業の業務監査機関（regulator）を含むその他の公法人（public body）に関する質問にも制限がある。制定法に基づき設置された当該機関への質問は、当該制定法その他の立法によって大臣の責任とされる事項、大臣が関与したと知られた事項に制限される。この点、下院は一九九三年一一月、「国営企業その他の公法人に係る質問の領域において……とりわけ、従前の答弁が規則的パターンを欠いていることが明らかである場合、議事部は、大臣責任制のテストを適用する際、疑わしきは議員に少しでも有利に解する」旨の議事手続委員会勧告[72]を承認している。[73]以後、実務上、当該公法人に対する許容性の限界は、大臣による答弁パターンに大きく依拠して判断されている。

(5) その他の限界

報道された事項、私人に関わる事項、外国の人物によってなされた声明に関する論評を求める質問は許されない。王立委員会（Royal Commission）への証言その他の事項に関わる事項、特別委員会委員長若しくは議院の諸部局の長の権限に属する事項に関する質問は許されない。

3　ブロック制の廃止

(1) 内　容

大臣責任制から導かれる質問権の制限は従来、前述した質問の許容性に加えて、「ブロック制」（system of blocks）と称される、長年にわたり確立してきた慣行と密接に結びついてきた。ブロック制とは、歴代の政府が答弁を拒否してきた、または「事柄の性質上秘密である」一定の範疇に属する質問をなすことは許されないという慣行である。[74] 当該慣行は、質問の許容性に係る第三原則である、会期中に既に答弁された質問と同一内容の質問を繰り返すことは許されないという同一会期中における再質問の制限を拡張解釈したものである。質問に対する答弁の拒否もまた、それ自体「答弁したこと」と取り扱われるからである。ただし、大臣が特定の質問に対して行動を起こすこともまたは情報を提供することを拒否した場合、三ヶ月後に改めて同一内容の質問を行うことができる。この結果、ブロックの範疇に属する質問は、議事部へ質問を通告した段階において、許容性を欠く質問として制限されることになる。ブロックに該当する質問か否かは、一会期中一回のみテストすることが許されるほか、総選挙に拠らない政権交替後も可能である。

(2) 批判及び議事手続委員会の廃止勧告

しかし、ブロック制に対しては過度の自己規制であると強く批判されてきた。なぜなら、ブロックされる質問の範疇が、議会質問委員会の古典的な列挙に拠るならば、安全保障のための措置の詳細、放送局の番組内容に関して大臣が留保している権限及び国有化された企業の日常運営の詳細をはじめとして、広汎にわたるからである[75]。一九九一年議事手続委員会第三次報告書は、ブロック制の妥当性を検証し、以下のように述べて、その廃止を勧告した[76]。「ブロック制を執行する際、議事部は、提出が許されない広汎な範疇の一つに特定の質問が該当するかに関して独自に判断しなければならない。そして、以前の複数の会期にわたり〔大臣が〕ブロックした答弁を引用しなければならない。このことは、議事部を不快な地位に置き、ブロック制は大臣を質問から防護するようなものだという理解できる——たとえ誤りであるとしても——非難に至るのである」(para. 111)。「大臣は、議事部が質問を排除するブロック制に依拠するよりもむしろ、政策上の理由に基づき答弁を拒否していることを、自らの責任において、見せるべきであるという重要な反論がある」(para. 113)。他方、「いかなる場合であれ、特定の主題を取り扱う質問のうち限定された範囲についてのみブロック制を維持することは妥当ないし実行可能（desirable and practicable）と解されない。議事部がブロックの適用を中止するならば質問数がより増加するということは、本委員会が考えるに、それほど重要でなく、むしろ、実務の変更により、重要な象徴的変化（an important symbolic and presentational change）が議事部の役割にもたらされるであろう」(*ibid.*)。「したがって、ブロック制は廃止されるべきであり、将来、質問が大臣による従前の答弁の実際を理由に許容性を有するか否かを決定する際、議事部は、同一会期中になされた答弁のみに依拠すべきである」(para. 114)。

政府は一九九三年、当該勧告に対して、「許容性に係る準則及びブロック制は本質的に、議長の指揮下にある議事部にとっての問題である。……許容性に係る準則の変更によって大臣の答弁に関する裁量は影響を被らないであろう。」と、答弁に関する大臣の裁量を留保しつつブロック制の廃止を容認する旨を応答した。(77) この応答を承けて、議事手続委員会はブロック制廃止の実施を改めて勧告した。(78) 同年一一月四日、下院は、議事手続委員会と政府が合意した制度改正の実施を求める一九九三年議事手続委員会第一次報告書を承認する旨を決議し、ブロック制を廃止した。(79)

この結果、「事柄の性質上秘密である」事項に係る質問の提出に対する制限が完全に取り払われた。大臣は、会期ごとにを拒否しなければならず、再質問の制限も、質問の字句にのみ適用され、より一般的な質問事項には及ばない。どの質問に対して答弁するか否かは大臣側に委ねられる問題となったのである。(80) この点において、下院が大臣の説明責任の確保を図ろうとする姿勢を見て取ることができるのである。

4　大臣の説明責任の準則化

議院において許容性が認められた質問といえども、これに対して大臣が答弁するかは別個の問題である。政府は質問によって求められる情報提供を謝絶する究極の権限を有する。(81) ただし、大臣が質問時間に出席しない、書面質問を無視するということが認められるわけでない。答弁について、大臣責任制を根拠とする大臣の裁量が認められるのである。ブロック制が廃止された現在においても、再質問の制限がある以上、大臣による裁量行使は質問権に対する強力な制限となり得る。

(1) 一九九七年決議

従来、大臣が質問に対していかなる内容の答弁をなすべきかは憲法習律の解釈問題であった。しかし、一九九〇年代以降、公職倫理基準委員会第一次報告書[82]（Nolan 報告書。一九九五年五月）及び Scott 報告書[83]（一九九六年二月）を契機として、大臣の単独責任を構成する準則が成文化されるに至っている。

下院は一九九七年三月、大臣責任に関する決議を行い[84]、上院もほぼ同内容の決議を行った[85]。当該決議は、「大臣は、自らが掌理する省庁及び行政法人（Next Steps Agencies）の政策、決定及び活動に関して、議会に説明及び釈明する義務を負う」として議会に対する大臣の説明責任を謳う（第一項）。その上で、次のように述べて、説明責任に関する原則及び例外を明らかにした。「大臣が、正確かつ誠実な情報を議会へ提供し、可能な限り早い機会にいかなる不注意による過誤をも訂正することは、最重要である。議会へ誤解を故意に与えた（knowingly mislead）大臣は、首相へ自らの辞任を申し入れることが期待されるであろう」。（第二項）。「大臣は、議会に対して可能な限り率直に発言するものとし、情報の提供を拒否することは当該情報の公開が公益（public interest）に反し得るときに限られる。この公益は、関連する議会制定法及び政府の政府情報へのアクセスに関する実施要領（第二版、一九九七年）に従い決定するものとする」（第三項）。

(2) 政府の内部規則

一九九七年決議の内容は、政府によっても、内部規則を通じて是認されている。第一に、大臣規範（ministerial code）が、一九九七年決議と同様の文言を以て大臣の説明責任を確認する[86]（第一条第五項(ii)〜(iv)）。当該規定は、公職倫理基準委員会第一次報告書の勧告[87]に基づき、「職務遂行における国政上の行為及び個人的行為に係る最高の基準」（第一条第一項）を示す条項として、Blair 政権発足時に発布された大臣規範（一九九七年七月）において新設されたものである。

第二に、大臣は実務上、質問を拒否する場合、政府情報へのアクセスに関する実施要領（Code of Practice on Access to Government Information）に照らしてその理由を明らかにすることが要請される。実施要領は、元来、中央政府が保有する情報の公開制度を実施するための内部規則であるが、[88]下院公役務委員会の勧告及び政府の応答を踏まえて、[89]議会質問に対して答弁する際の基準としても依拠されるようになった。

実施要領に拠ると、「全ての場合において、公開が本規範の第二部において特定された公益に反する場合を除いて情報を公開するという前提に基づく」ことが原則である（第一部第二項）。非公開事由に関しては、公開によって生じ得る害悪が情報を提供することによる公益を優越することを要件に、有害（harm）及び予断（prejudice）をもたらすと推定される、以下の一五事由を列挙している（第二部）。①国防、安全保障及び国際関係、②内部の議論及び助言、③王室との交信、④法の実現（law enforcement）及び裁判手続（legal proceedings）、⑤移民及び国籍、⑥経済の効果的管理及び租税の徴収、⑦公役務の効果的管理及び運営、⑧公職への雇用及び任用並びに栄典、⑨長大な要請または要請の濫用（voluminous or vexatious requests）、⑩公表される若しくは近く公表される予定である情報。または、その公表が、発表または公表が計画される若しくはその可能性がある内容（materials）に関して、損害（例えば、身体的または財産的損害）を生じ得る情報、⑪調査、統計及び分析、⑫個人のプライヴァシー、⑬第三者の商業上の秘密、⑭秘密を条件に提供された情報（information given in confidence）、⑮法令その他の制限。

第三に、大臣のために答弁を起案する公務員を対象として、議会質問に対する答弁の起案に関する官吏への指針（Guidance to Officials on Drafting Answers to Parliamentary Questions）が制定される。[90]当該指針は、大臣規範に定められた大臣の説明責任に基づく情報提供義務に留意を促し（第一項）、「義務を充足するように大臣を補佐することは公務員の責任である」とする（第二項）。その上で、答弁を起案する際の指針として、以下の諸点を挙げている。①関連する情報を、完全に、可能限り簡明に、かつ、費用に関する指針に従い提供するように処理すべく全ての質問にアプローチすること（第三項）。②可能な限り公開するという要求とその公開が公益に資さないことがあり得る情報を保護するという要求との間に対立があると思われる場合、実施要領に優位する議会制定法または政府情報へのアクセスに関する実施要領に従い、非公開とすべきか否かをチェックすべきこと（第三項）。③費用が過大になることを理由に情報提供を拒否する場合、容易に提供できる要請された情報は提供することを前提とすべきであること（第四項）。④公開が政治上の困惑または行政上の不都合につながり得ることのみを理由として、情報を非公開としてはならないこと（第五項）。⑤公開と非公開との間で特に微妙な比較衡量（particularly fine balance）がなされた点に関して、答弁の草案が非公開の方針を採用する場合、または、通常は公開されない種類の情報を公開することを提案する場合、大臣にこの点への注意を明確に促すべきであること（第六項）。⑥実質内容を有する情報（material information）が差し控えられ、結果として議会質問へ完全に答弁できない旨を結論する場合、実施要領の関連非公開事由、過大な費用を要すること、または、情報が提供可能な状態にないことを引用してこの点を明らかにする答弁を起案すべきであること（第七項）。⑦文言上は真実であるとはいえ、誤解を与えるものである（mis leading）との推測を生じさせるような答弁を起案しないこと（第七項）。

5　答弁の実際と下院特別委員会による調査

現在、質問に対する大臣の答弁は、前項にて述べた諸準則に照らして限界が画されつつある。それでは、大臣および省庁は議会質問に十分に答えているのであろうか。この点、下院特別委員会（select committees）の一つである公役務委員会（Public Service Committee）及び行政特別委員会（Public Administration Select Committee）(91)が、議事部によって作成された、質問に対する答弁拒否に関する覚書に基づき、答弁の実際を定期的に調査し、下院へ報告書を提出していることが注目される。

特別委員会による調査が措置される経緯は次のようにまとめられる。Scott 報告書は、イラクへの国防関係装備及び兵器への転用可能物品の輸出疑惑を調査したが、調査上の論点の一つとして、議会質問における大臣の説明責任を取り上げた。当該報告書は、「政府の活動についての議会質問に対して情報を積極的に提供する大臣の義務は、……大臣責任制という重要な憲法原則の中心にある。大臣が当該義務を完全に履行するという公益は……終始重視されるべきである」という立場をとった(92)。その上で、一九八四年一二月から一九九〇年八月までの間、イラク及びイランへの兵器輸出に係る政策の遂行において、政府は「完全な情報を議会に提供すべきであるという公益を終始一貫して過小評価し(93)」、「大臣責任制という憲法原則によって課されている義務を履行してこなかった(94)」と厳しく批判したのである。Scott 報告書による批判などを承けて、公役務委員会は、大臣責任制に関する包括的調査を実施し、一九九六年七月、第二次報告書『大臣の説明責任と被制裁責任』を公表した(95)。この中において、大臣が議会に対して可能な限り率直であるための政治的措置が検討され、「議事部は会期ごとに、大臣が情報提供を拒否した議会質問に対する答弁を一覧にした覚書――当該覚書は公表され得る――を特別委員会へ提出する(96)」旨が勧告された。

この結果、二〇〇三―〇四年会期までの間、一九九五―九六年会期分の質問から二〇〇一―〇二年会期分の質問まで六次にわたり調査が実施されている(97)。

行政特別委員会による調査を通じて、質問に対する大臣の答弁をめぐる次のような問題点が指摘されている(98)。①答弁拒否の理由として政府情報へのアクセスに関する実施要領が定める非公開事由を援用する実務が定着しつつある一方、実施要領の非公開事由を援用しない省庁が依然として存在している。②質問に対する答弁の保留及び遅滞が見られる(99)。③不十分ないし無関係の内容の答弁が見られる。④答弁費用の過大(100)または情報の不存在を理由とする答弁拒否に不適切な事例が見られる。加えて、議会へ誤解を与え得る答弁が依然として存する旨の学説の指摘もある(101)。

跋

以上に述べたところから、イギリス議会下院における議会質問制度の現況の一端は明らかになったと思われる。すなわち、本会議における討議の例外形式としつつも議員個人による発言の機会を確保するという歴史的背景を踏まえて、大臣の説明責任を追及する機能を果たすべく、質問の形式、内容及び手続に関する詳細な規律を行い、さらに、答弁内容に関して特別委員会による精査を以て、幾つか運用上の問題点を抱えながらも、議会質問制度の実効性を図ろうとしているのである。とりわけ、大臣責任制の観点からなされる質問の形式及び内容に対する規律をめぐる運用は、我が国における書面質問の健全な発展とって多くの示唆を含むものである(102)。

他方、大臣への口頭質問に関して、議員の間における不満が存するほか(103)、その制度構造及び運用が政府に有利に形成されていると指摘されることも事実である。しかし、比較議会制度の観点からは、これらの不満ないし批判を額面通りに受け取ることはできない。一九九九―二〇〇〇年会期の場合、三六、七八一件の書面質問及び五、七四七件の口頭質問が提出されるという運用の下における不満及び指摘であり、我が国における議会質問制度とは現状において大きく異なるからである。ただし、我が国における口頭質問の導入、書面質問及び党首討論制の活性化を考察する際、イギリスにおける不満及び指摘を分析することは有意義な知見を得る手がかりとなろう。(104)

この点をはじめ残された課題は数多いが、ひとまず擱筆し、改めて考察する機会を得たい。

（1）　浅野一郎＝河野久（編著）『新・国会事典――用語による国会法解説――』（有斐閣・二〇〇三年）一五七―五八頁、国会法規研究会「国会にかんする法規(73)――国会の活動(46)――」時の法令一六四三号（二〇〇一年）七五頁以下参照。

（2）　大山礼子「討論の場としての議会――口頭質問の盛衰をめぐって――」レファレンス四七八号（一九九〇年）四頁以下、一〇頁、一一頁（表5）、大石眞「国会改革をめぐる憲法問題」法学論叢一四一巻六号（一九九七年）一頁以下、一五―一六頁。

（3）　鴫谷潤＝藤田昌三「質問主意書の制度と現状」立法と調査一四六号（一九八八年）三五頁以下、鴫谷潤「文書質問制度の現状――議会用語としての『質問』と『質疑』の違い――」国会月報三五巻四七七号（一九八八年）二六頁以下、大石・前掲註(2)一七―一八頁参照。

（4）　宮沢俊義『憲法〔改訂五版〕』（有斐閣・一九七三年）二四九―二五〇頁、清宮四郎『憲法Ⅰ――統治の機構――〔第三版〕』（有斐閣・一九七九年）二二四頁、清水睦『憲法〔改訂新版〕』（南雲堂深山社・一九七九年）三四二頁、小林直樹『憲法講義　下〔新版〕』（東京大学出版会・一九八一年）一六六―一六七頁、杉原泰雄『憲法Ⅱ　統治の機構』（有斐閣・一九八九年）二七六―二七七頁、伊藤正己『憲法〔第三版〕』（弘文堂・一九九五年）四三八頁、佐藤幸治『憲法［第三版］』（青林書院・一九九五年）二〇一頁、佐藤功『日本国憲法概説［全訂第五版］』（学陽書房・一九九六年）四三〇頁、野中俊彦＝中村睦男＝高橋和之＝高見勝利『憲法Ⅱ［第三版］』（有斐閣・二〇〇一年）一〇一—〇二頁［高見勝利］、高橋和之『立憲主義と日本国憲法』（放送大学教育振興会・二〇〇一年）二二一—二二頁、長谷部恭男『憲法［第三版］』（新世社・二〇〇四年）三五二頁など参照。

（5）とりわけ国会実務に精通する研究者が指摘している。前田英昭「議会の質問と情報公開」駒澤大学法学部政治学論集五〇号（一九九九年）一〇七頁以下、同「議会質問と内閣責任」梧陰文庫研究会（編）『井上毅とその周辺』（木鐸社・二〇〇〇年）所収二九五頁以下、大山礼子『国会学入門［第二版］』（三省堂・二〇〇三年）一二九—一三一、一七五—一七七頁、同「審議手続」『岩波講座　現代の法3　政治過程と法』（岩波書店・一九九七年）所収一八一頁以下、二〇〇—二〇一頁、同「党首討論とイギリス型議院内閣制」ジュリスト一一七七号（二〇〇〇年）九三頁以下、九五—九六頁、大石眞「憲法問題としての『国会』制度」佐藤幸治＝初宿正典＝大石眞（編）『憲法五十年の展望Ⅰ——統合と均衡——』（有斐閣・一九九八年）所収一三九頁以下、一七七—一七八、一九四—一九五頁、上田章「国会と行政」同（編）『国会を考える4　国会と行政』（信山社・一九九八年）所収一頁以下、二八—二九頁など参照。同旨の見解として、松井幸夫「国会の国政監督」樋口陽一（編）『講座・憲法学　第五巻　権力の分立【1】』（日本評論社・一九九四年）所収一八三頁以下、一九九頁、孝忠延夫「国会による政府・行政統制」高橋和之＝大石眞（編）『憲法の争点［第三版］』（ジュリスト増刊・一九九九年）所収一七八頁以下、一七九頁参照。

（6）Gaston Bruyneel, *Interpellations, Questions and Analogous Procedures for the Control of Government Actions and Challenging the Responsibility of the Government*, Const. & Parl. Info. no. 115, 66 (1978).

（7）帝国議会における口頭質問の発展につき、大山・前掲註(2)一一—一四頁、前田英昭「消えた口頭質問」同『明治・大正・昭和・平成　エピソードで綴る　国会の100年』（原書房・一九九〇年）所収一五四頁以下、同・前掲註（5）「議会質問と内閣責任」二九九—三一六頁など参照。

（8）大石眞『議会法』（有斐閣・二〇〇一年）一一七頁。同旨の見解として、孝忠・前掲註(5)一七九頁など参照。

（9）大石眞『議院法制定史の研究——日本議会法伝統の形成——』（成文堂・一九九〇年）九六頁、三一〇—三一三頁、同（編著）『議院法』（信山社・一九九一年）八九頁。

（10）宮沢俊義（芦部信喜補訂）『全訂日本国憲法』（日本評論社・一九七八年）四八五頁、佐藤功『憲法（下）〔新版〕』（有斐閣・一九八四年）八〇二頁など参照。

（11）大石眞『憲法史と憲法解釈』（信山社・二〇〇〇年）一七四―一七五頁、大石・前掲註（5）一七九頁。

（12）党首討論制につき、佐々木勝実「国会審議活性化法に基づく国会審議――党首討論の実施手続を中心に――」議会政治研究五五号（二〇〇〇年）七頁以下、前田英昭「国会の先例は語る（65）常任委員会合同審査会――党首討論をどこでやるべきか――」国会月報四七巻六一三号（二〇〇〇年）五二頁以下、同「国会の先例は語る（66）国家基本政策委員会――党首討論をどのように定着させるか――」国会月報四七巻六一四号（二〇〇〇年）六二頁以下、大山・前掲註（5）「党首討論とイギリス型議院内閣制」参照。

（13）「クリップボード：『はぐらかし』と戦う武器」毎日新聞二〇〇四年三月一二日朝刊、「質問主意書の提出増加、民主の活用目立つ――佐藤元議員への〝答弁〟も。」日本経済新聞二〇〇四年三月一七日朝刊。

（14）*See*, 〈http://www.shugiin.go.jp/index.nsf/html/index_shitsumon.htm〉; 〈http://www.sangiin.go.jp/japanese/topic/syui.html〉(visited: 1 June 2004). 現在、衆議院については第一四八回国会（二〇〇〇年七月四日召集）以降の質問主意書及び答弁書の本文並びに経過に関する情報が、参議院については第一回国会（一九四七年五月二〇日召集）以降の質問主意書及び答弁書の本文が閲覧できる。なお、従来から質問書と答弁書はあわせて衆参各議院の本会議録（官報号外）に掲載されている（衆議院規則第二〇〇条第一五号、参議院規則第一五七条、参議院先例第三七七号）。

（15）イギリス議会上院（House of Lords）も質問制度を有する。ただし、本稿においては、紙幅の都合からこれに言及せず、別に考察する機会をもちたい。下院との最大の相違は、討議（debate）をともなう口頭質問が認められる点である。*See generally*, Robert Blackburn & Andrew Kennon, Griffith & Ryle on Parliament: Functions, Practice and Procedures 685-90 (2d ed. 2003); Robert Rogers & Rhodri Walters, How Parliament Works 304-6 (5th ed. 2004); Donald Shell, *Questions in the House of Lords*, in Mark Franklin & Philip Norton (ed.), Parliamentary Questions 150ff. (1993).

（16）口頭質問のうち首相質問に関しては、別個の検討を要する固有の問題点があり、我が国の党首討論制との比較を含めた別稿を予定しているので、本稿においては検討の対象としない。

（17）イギリス下院における議会質問制度に関する邦語文献として、前田英昭「質問権と答弁義務」同『イギリス議会政治の研究』（渓林出版社・一九九〇年）所収一二一頁以下、同「クェッション・タイム」同書所収一四〇頁以下、大山・前掲註（5）「党首討論とイギリス型議院内閣制」のほか、校正段階で接し得たものとして、田中孝和「議会における質問制度と大臣の責任——イギリスにおける議会質問制度を参考に——」阪大法学五三巻五号（二〇〇四年）一七一頁以下がある。

（18）改正史につき、*see* H.C. 622（2001-02）, Third Report from the Select Committee on Procedure, Parliamentary Questions, paras. 8-16.

（19）*See generally*, Erskine May, Parliamentary Practice 339-58（23d ed. by Sir William McKay 2004）; Blackburn & Kennon, *supra* note 15, at 361-76; Paul Evans, Handbook of House of Commons Procedure 58, 74-80（4th ed. 2003）; Rogers & Walters, *supra* note 15, at 281-304; House of Commons Information Office, Parliamentary Questions（House of Commons Factsheet P1, Procedure Series）（revised ed. 2003）. *See also* Helen Irwin, Andrew Kennon, David Natzler & Robert Rogers, *Evolving Rules*, in Mark Franklin & Philip Norton（ed.）, Parliamentary Questions 23ff.（1993）.

（20）H.C. 622（2001-02）, Third Report from the Select Committee on Procedure, Parliamentary Questions.

（21）391 H.C. Deb. cols. 813-14（29 Oct. 2002）. 議事手続委員会による勧告のうち下院現代化委員会が支持した点（H.C. 1168-I [2001-02], Second Report from the Select Committee on Modernisation of the House of Commons, Modernisation of the House of Commons: A Reform Programme, para. 79）が規則改正及び変更された。議院規則の改正は二〇〇三年一月一日から施行された。

（22）口頭質問は、本会議以外にも、スコットランド、ウェールズ及び北アイルランドの各大委員会（Scottish, Welsh and Northern Ireland Grand Committee）において実施されることがある（H.C.S.O. Nos. 94, 103, 110）。

（23）一九八三年会計検査法（National Audit Act 1983 [c. 44]）に基づき会計検査局（National Audit Office）に設置さ

れた機関。下院特別委員会の一つである公会計特別委員会（Committee of Public Accounts, H.C.S.O. No. 148）と別の機関である。

（24）詳細につき、May, *supra* note 19, at 344-45.

（25）祈祷（prayer）、個別案件に係る議事（private business）及び文書議会提出の動議（motion for unopposed return）。

（26）下院規則は、①開催する曜日、②議院が開議して一時間を超えずに質問時間を行う旨のみを規定している（H.C.S.O. No. 21 (1), (2)）。具体的な質問時間には変遷がある。以前は、月曜日から木曜日まで祈祷の午後二時三〇分までの時間（午後二時四五分までに開催する）が、質問時間に割り当てられていた。

（27）House of Commons Information Office, *supra* note 19, at 5-6.

（28）Rogers & Walters, *supra* note 15, at 290, 295.

（29）元来、議員は通知を議場において書記へ手交していた。しかし、質問数増加の結果、この慣行は実際的でなくなり、一九四〇年、議事部が設置された。

（30）Evans, *supra* note 19, at 76.

（31）二〇〇二年改正に基づく措置である。二〇〇三年四月までの三ヶ月間で、一六四人の議員が電子メイルによる提出のための登録を行い、そのうち九五人がメイルを利用して通告した。メイルによる提出件数は全質問の一五%であり、そのうちの半数が特定の議員（一四人）によるものである。Rogers & Walters, *supra* note 15, at 289.

（32）May, *supra* note 19, at 340.

（33）北アイルランド、ウェールズ及びスコットランドの各相（Secretary of State for North Ireland, Wales and Scotland）並びにスコットランド法務総裁（Advocate General）に対する質問の場合、印刷及び回覧のため少なくとも四日前（金、土及び日曜日を除く）をおくという要件があるので（H.C.S.O. No. 22 (5) (a)）、通告期限は五日前の午後一二時三〇分となる。

（34）848 H.C. Deb. cols. 992-1070 (18 Dec. 1972). 議会質問特別委員会の勧告に基づく。H.C. 393 (1971-72), Report of the Select Committee on Parliamentary Questions, para. 19. 一九七二年議決はこのほか、一〇会議日（sitting day）の間に八質問までという制限を課していた。しかし、一九九一年議事手続委員会は、通告表に登載される質問数が制限される結果、当該制限はその使命を終えたとして廃止を勧告し、廃止された。*See* H.C. 178 (1990-91), Third Report from the Select Committee on Procedure, Parliamentary Question, paras. 22-24.

（35） 二〇〇二年改正に基づく措置である。

（36） 二〇〇二年改正に基づく措置である。二〇〇二年議事手続委員会第三次報告書は、一九九七年に定めた基数（①一時間の場合、四〇件、②五〇分の場合、三五件、③四五分の場合、三〇件、④三〇分の場合、三〇件、⑤一五分の場合、一五件、⑥一〇分の場合、一〇件）の削減を勧告していた。H.C. 622 (2001-02), *supra* note 18, paras. 42-43. 基数に関しては、議長が今後定期的に審査することになっている。

（37） 二〇〇二年規則改正による。二〇〇二年議事手続委員会第三次報告書は、期日指定質問の濫用に対する懸念（二〇〇〇—〇一年会期の場合、書面質問の四八％が期日指定質問である上、このうち三分の二が最も早い回答期日を指定していた）及び省庁側の回答保留の増加を背景として、「省庁による圧力を緩和することで、保留される回答数が十分に減少する結果になることを期待」し、期日指定質問数の制限を勧告していた。H.C. 622 (2001-02), *supra* note 18, paras. 69-73.

（38） 質問文は、回答日の質問一覧簿（Question Book）にも掲載される。

（39） May, *supra* note 19, at 342.

（40） House of Commons Information Office, *supra* note 19, at 12.

（41） 通常、質問時間終了後、新政策の発表などさまざまな目的を以て大臣が議院において行う声明。主要な声明の一つとして、財務相（Chancellor of the Exchequer）による予算原案声明（pre-budget statement）がある。詳細につき、*see*, May, *supra* note 19, at 358-60; Blackburn & Kennon, supra note 15, at 376, 471-75.

（42） Rogers & Walters, *supra* note 15, at 302.

（43） House of Commons Information Office, *supra* note 19, at 11.

（44） Rogers & Walters, *supra* note 15, at 302; Evans, *supra* note 19, at 79.

（45） H.C. 622（2001-02）, *supra* note 18, para. 82.

（46） 二〇〇二年改正にともなう措置である。二〇〇二年下院現代化委員会第二次報告書は、非公式通告質問という名称は「技術的であり素人（uninitiated）にとって理解しがたい」として名称変更を勧告していた。H.C. 1168-I（2001-02）, *supra* note 21, para. 81.

（47） Evans, *supra* note 19, at 80.

（48） 議事質問につき、*see*, May, *supra* note 19, at 357; Blackburn & Kennon, *supra* note 15, at 373-74; Evans, *supra* note 19, at 60.

（49） ウェストミンスターホールにおける会議とは、本会議と並行する時間帯にウェストミンスターホールの大委員会室（Grand Committee Room）にて行われる同時並行会議（parallel sitting）である（H.C.S.O. No.10）。下院現代化委員会の勧告に基づき、一九九九―二〇〇〇年会期から実施されている。*See,* H.C. 60（1998-99）, First Report form Select Committee on Modernisation of the House of Commons, The Parliamentary Calendar: Initial Proposals, paras. 84-116; H.C. 194（1998-99）, Second Report form Select Committee on Modernisation of the House of Commons, Sittings of the House in Westminster Hall. 当該会議は、特別委員会報告書に関する討議など、本会議における審議時間を配当することが難しい案件を討議する新たなフォーラムとなっている。詳細につき、*see*, May, *supra* note 19, at 309-312; Blackburn & Kennon, *supra* note 15, at 382-83; Rogers & Walters, *supra* note 15, at 268-70; Evans, *supra* note 19, at 50-54.

（50） House of Commons Information Office, *supra* note 19, at 10.

（51） 398 H.C. Deb. cols. 143WH-62WH（23 Jan. 2003）.

（52） Blackburn & Kennon, *supra* note 15, at 363-64.

（53） House of Commons Information Office, *supra* note 19, at 4.

（54） H.C. 393（1971-72）, *supra* note 34, para. 19.

(55) H.C. 178 (1990-91), *supra* note 34, para. 120.

(56) H.C. 178 (1990-91), *supra* note 34, para. 84; Irwin *et al.*, *supra* note 19, at 32.

(57) H.C. 178 (1990-91), *supra* note 34, para. 84.

(58) H.C. 687 (1992-93), First Report from the Select Committee on Procedure, Parliamentary Questions, para. 30.

(59) Robert Borthwick, *Questions and Debates*, in S. A. Walkland (ed.), The House of Commons in the Twentieth Century 476, 482 (1979).

(60) May, *supra* note 19, at 345-54.

(61) May, *supra* note 19, at 386-87.

(62) 681 H.C. Deb. col. 1417 (23 Jul. 1963).

(63) イギリスにおける地方分権に関する邦語文献につき、松井幸夫「イギリス憲法の現代的展開と地域的分権」島大法学四五巻四号（二〇〇二年）三七頁以下、境勉「ブレア首相の憲法改革（四）——変わりゆく英国——」自治研究七六巻六号（二〇〇〇年）八〇頁以下など参照。

(64) スコットランド議会をめぐる動向につき、大山礼子『比較議会政治論——ウェストミンスターモデルと欧州大陸型モデル——』（岩波書店・二〇〇三年）一三八—一七二頁参照。

(65) 議決の正文につき、*see* H.C. 3 (2003-04), Standing Orders of the House of Commons: Public Business 2003 (2), pp. 143-44.

(66) 質問が許される例外は次の通りである。(a)中央政府が分権執行部（devolved executive）に要請できる情報を求める質問。(b)①ウェストミンスター議会へ提出された若しくは提出予定である法律案に含まれる事項に係る質問、②中央政府と分権執行部と間の協約その他の調整に関する運用に関連する事項に係る質問、③中央政府の大臣が職務上の関心を払ってきた事項に係る質問。(c)中央政府の大臣が行政権を留保している分野について大臣による行為を促す質問。

(67) 本稿においては、大臣責任制に関して詳細に論じ得ない。さしあたり近時の邦語文献として、上田健介「イギリス内閣制度と首相（二）・完――首相の権限と政府の連帯責任――」法学論叢一四九巻三号（二〇〇一年）五四頁以下、田中孝和「行政組織における大臣の責任――イギリスにおける大臣個別責任の内容と範囲――」阪大法学五三巻一号（二〇〇三年）二七三頁以下など参照。

（68）　May, *supra* note 19, at 345.

（69）　*See e.g.*, H.C. 820 (1997-98), Fourth Report from the Select Committee on Public Administration, Ministerial Accountability and Parliamentary Questions, para. 1; H.C. 1086 (2001-02), Ninth Report from Public Administration Select Committee, Ministerial Accountability and Parliamentary Questions, para. 1; H.C. 622 (2001-02), *supra* note 18, para. 1.

（70）　May, *supra* note 19, at 348-50.

（71）　Blackburn & Kennon, *supra* note 15, at 366; House of Commons Information Office, *supra* note 19, at 8. 質問を転送した場合、省庁がその旨を質問者たる議員及び議事部へ通告する。

（72）　H.C. 178 (1990-91), *supra* note 34, para. 119; H.C. 687 (1992-93), *supra* note 58, para. 58.

（73）　231 H.C. Deb. col. 588 (4 Nov. 1993).

（74）　H.C. 178 (1990-91), *supra* note 34, para. 110.

（75）　範疇の一覧につき、*see* H.C. 393 (1971-72), *supra* note 34, Appendix 9.

（76）　H.C. 178 (1990-91), *supra* note 34, paras. 111-114.

（77）　H.C. 687 (1992-93), *supra* note 58, para. 54.

（78）　*Id.*, para. 55.

（79）　231 H.C. Deb. col. 588 (4 Nov. 1993).

（80）　H.C. 313-I (1995-96), Second Report from the Public Service Committee, Ministerial Accountability and Responsibility, I: Report, together with the proceedings of the Committee, paras, 38-39.

（81）　H.C. 622 (2001-02), *supra* note 18, para. 7.

（82） Cm. 2850-I~II (1995), First Report of the Committee on Standards in Public Life, Standards in Public Life. なお、松井幸夫「議員活動の法的規制——イギリス『公生活の基準に関する委員会』報告を参考に——」ジュリスト一一七七号（二〇〇〇年）一二六頁以下参照。

（83） H.C. 115 I~V (1995-96), Report of the Inquiry into the Export of Defence Equipment and Dual-use Goods to Iraq and Related Prosecutions.

（84） 292 H.C. Deb. cols. 1046-47 (19 Mar. 1997).

（85） 579 H.L. Deb. cols. 1056-62 (20 Mar. 1997).

（86） 最新版は二〇〇一年七月に公表されている。正文につき、*see* 〈http://www.cabinet-office.gov.uk/propriety_and_ethics/ministers/ministerial_code/index.asp〉。なお、大臣規範の前身である一九九二年五月に公表された大臣行為規範（Questions of Procedure for Ministers）につき、田中誠「英国の大臣行為規範」レファレンス五五四号（一九九七年）五三頁以下参照。

（87） Cm. 2850-I (1995), *supra* note 82, para. 3.15.

（88） 一九九四年四月四日に施行され、最新版は二〇〇二年八月に公表されている。正文につき、*see*, 〈http://www.dca.gov.uk/foi/ogcode982.htm/〉, 〈http://www.dca.gov.uk/foi/ogcode983.htm/〉(visited: 25 May 2004)。実施要領は、二〇〇五年一月に予定される二〇〇〇年情報公開法（Freedom of Information Act 2000 [c. 36]）の全面施行後、同法の規定に代わることになっている。

（89） H.C. 313-I (1995-96), *supra* note 80, paras. 70, 154; H.C. 67 (1996-97), First Special Report from the Public Service Committee, Government Response to the Second Report from the Committee (session 1995-96) on Ministerial Accountability and Responsibility, pp. xv-xvi.

（90） 最新版は二〇〇二年九月に公表されている。正文は、Department for Constitutional Affairs, Code of Practice on Access to Government Information Monitoring Report for 2002, Appendix 7（〈http://www.dca.gov.uk/foi/codprac02/app7.htm/〉 [visited: 25 May 2004]）に掲載されている。

(91)　行政特別委員会の任務は、①議会行政監察員（Parliamentary Commissioner for Administration）、イングランド・スコットランド及びウェールズの保健行政監察員（Health Service Commissioners for England, Scotland and Wales）、並びに北アイルランド行政監察員（Parliamentary Ombudsman for North Ireland）が下院へ提出した報告書、並びに、当該報告書に関連する事項を検討すること、②省庁によって遂行される行政の質及び基準に関する事項、その他行政組織（civil service）に関係する事項を審議することである（H.C.S.O. No. 146(1)）。

(92)　H.C. 115-I (1995-96), *supra* note 83, para. D1.165; H.C. 115-IV (1995-96), *supra* note 83, para. K8.2.

(93)　H.C. 115-I (1995-96), *supra* note 83, para. D1.165.

(94)　H.C. 115-I (1995-96), *supra* note 83, D4.63.

(95)　H.C. 313-I~III (1995-96), Second Report from the Public Service Committee, Ministerial Accountability and Responsibility.

(96)　H.C. 313-I (1995-96), *supra* note 80, para. 68.

(97)　*See*, H.C. 234 (1996-97), First Report from the Public Service Committee, Ministerial Accountability and Responsibility, paras. 11-14; H.C. 820 (1997-98), Fourth Report from the Select Committee on Public Administration, Ministerial Accountability and Parliamentary Questions; H.C. 821 (1998-99), Fourth Report from the Public Administration Committee, Ministerial Accountability and Parliamentary Questions; Report together with the Proceedings of the Committee and Memoranda of Evidence; H.C. 61 (2000-01), Second Report from Public Administration Select Committee, Ministerial Accountability and Parliamentary Questions: Report, Proceedings and Memoranda of Evidence; H.C. 1086 (2001-02), Ninth Report from Public Administration Select Committee, Ministerial Accountability and Parliamentary Questions; H.C. 355 (2003-04), Third Report from Public Administration Select Committee, Ministerial Accountability and Parliamentary Questions.

(98)　*See* Barry Hough, *Ministerial Responses to Parliamentary Questions: Some Recent Concerns*, [2003] P. L. 211, 215-19 (2003). なお、田中・前掲註(17)二二五四―二二五九頁参照。

(99) この一因として期日指定質問の「濫用」が挙げられる。この結果、一日あたりの提出数が制限された(本稿一4(2)及び註(37)参照)。
(100) 上限は二〇〇二年四月から六〇〇ポンドである。財務省は、同時期の書面質問一件に対する回答に要する平均費用を一二九ポンド、口頭質問一件に対する回答に要する平均費用を二九九ポンドと見積もっている。383 H.C. Deb. cols. 579W-80W (11 Apr. 2002).
(101) Hough, *supra* note 98, at 219.
(102) 二〇〇四年八月五日の記者会見において、細田博之官房長官が質問主意書の提出制限を求める旨を発言し、翌日の衆議院議院運営委員会理事会において、質問主意書提出数の「激増」を理由として、提出につき「必要のあるものは事前に理事間で協議する」という抑制的運用が合意された旨が報道された。「政府『質問主意書、制限を』急増に悲鳴、野党は反発」朝日新聞二〇〇四年八月七日朝刊。しかし、我が国の書面質問制度の発展にとって必要なことは、提出数の制限でなく、質問及び答弁内容を規律する準則の充実であろう。
(103) ハンサード協会(Hansard Society)による調査(二〇〇〇年七月実施、一七九名の下院議員が回答)に拠ると、大臣への口頭質問が政府から情報及び説明を得るメカニズムとして「非常に有効である」と「有効である」とを合わせた回答は全体の二五・一%(三・九%、二一・二%)に過ぎなかった。Report of the Hansard Society Commission on Parliamentary Scrutiny, The Challenge for Parliament: Making Government Accountable, Appendix 4, p. 131 (2001). 他方、議事手続委員会による調査(二〇〇一年一一月実施、一六六名の議員が回答)に拠ると、大臣への口頭質問が、情報を公共にもたらす、政治的討議に貢献する、及び、執行府の責任を追及するに際して「非常に有効である」と「有効である」とを合わせた回答は全体の四三%(一〇%、三三%)であった。H.C. 622 (2001-02), *supra* note 18, Annex B, p. 42.
(104) H.C. 622 (2001-02), *supra* note 18, Annex C, p. 48. に拠る。なお、口頭質問は、切り混ぜによる選択を経て通告表及び議事日程表に掲載された数である。

上田　章先生　御略歴及び主要著作一覧

上田 章先生 御略歴・主要著作目録

経歴

大正一五年五月五日 京都市にて出生
昭和一八年三月 京都府立一中卒業
昭和二〇年三月 旧制第三高等学校卒業
四月 東京大学法学部政治学科入学
昭和二三年三月 東京大学法学部政治学科卒業
四月 衆議院主事補
七月 衆議院法制局主事
昭和二五年一一月 司法試験合格
昭和三二年五月 衆議院法制局第二部第二課長
昭和三七年七月 衆議院法制局第三部第一課長
昭和四四年四月 衆議院法制局第二部第一課長
昭和四七年七月 衆議院法制局第一部副部長
昭和四八年四月 法政大学社会学部兼任講師（憲法学担当）（昭和五四年三月まで）

昭和五〇年 九 月　衆議院法制局第五部長
昭和五一年 九 月　衆議院法制局第四部長
昭和五二年 二 月　衆議院法制局第三部長
昭和五六年一〇月　衆議院法制局第一部長
昭和五八年 四 月　衆議院法制局法制次長
　　　　　 九 月　衆議院法制局長（平成元年六月まで）
平成 三 年 二 月　日本弁護士連合会資格審査会委員委嘱（平成元年六月まで）
　　　　　 五 月　弁護士登録（第二東京弁護士会所属）
平成 四 年 四 月　国会議員の秘書に関する調査会委員委嘱（衆議院議長）（平成三年一二月まで）
平成 五 年 五 月　白鷗大学法学部教授
　　　　　 八 月　政策担当秘書選考採用審査認定委員会委員任命（衆議院議長）（現在に至る）
平成 八 年 四 月　土井衆議院議長を囲む「国会改革に関する委員会」委員委嘱（平成八年九月まで）
　　　　　一一月　白鷗大学図書館長（平成九年三月まで）
平成 九 年 三 月　勲二等旭日重光章受章
　　　　　 四 月　白鷗大学法学部定年退職
平成一二年一〇月　白鷗大学評議員
平成一三年 四 月　衆議院職員倫理審査会委員長任命（衆議院議長）（現在に至る）
　　　　　 七 月　衆議院改革に関する調査会委員委嘱（衆議院議長）（平成一三年一一月まで）
　　　　　　　　　白鷗大学監事

平成一五年 二月　国会議員の秘書に関する調査会委員委嘱（衆議院議長）（平成一五年九月まで）

業　績

① 著　書

一　会社更生法（共著）（一九五三・二）布井書房
二　民商法辞典（執筆者代表）（一九五八・八）学陽書房
三　改正会社更生法（共著）（一九六三・六）布井書房
四　労働基準法（新版詳解法学便覧）（一九七〇・一〇）評論社
五　条例・規則の読み方・つくり方（第四次改定版）（共著）（一九九一・三）学陽書房
六　憲法（共著）（一九九三・一）ぎょうせい
七　議員立法の研究（共著）（一九九三・二）信山社
八　法令キーワード辞典（編集代表）（一九九三・五）第一法規出版
九　議員と議員立法─議員立法についての元衆議院法制局長との〈対論〉（一九九七・四）公人の友社
一〇　国会と行政（編著）（国会を考える4）（一九九八・一二）信山社
一一　条例規則の読み方・つくり方（全訂新版）（共著）（二〇〇一・四）学陽書房

② 学術論文

一 憲法と国会（シリーズ）憲法上の期間を定めた規定について 「法令解説資料総覧」 （一九八八・一）第一法規出版
二 国会の召集 「法令解説資料総覧」 （一九八八・二）第一法規出版
三 国会の会期・会期不継続の原則 「法令解説資料総覧」 （一九八八・三）第一法規出版
四 議員立法点描（其の一）「法令解説資料総覧」 （一九八八・四）第一法規出版
五 議員立法点描（其の二）「法令解説資料総覧」 （一九八八・五）第一法規出版
六 議員立法点描（其の三）「法令解説資料総覧」 （一九八八・六）第一法規出版
七 予算と法律 「法令解説資料総覧」 （一九八八・七）第一法規出版
八 国会における決算の審査 「法令解説資料総覧」 （一九八八・九）第一法規出版
九 違憲判決と国会 「法令解説資料総覧」 （一九八八・一〇）第一法規出版
一〇 国会と請願 「法令解説資料総覧」 （一九八八・一二）第一法規出版
一一 第一回国会以来の議員立法とその特徴 議会政治研究 一二号 （一九八九・一二）
一二 第一一六臨時国会の概観 ジュリスト九五二号 （一九九〇・三）
一三 議員立法における治安関係立法について ― 静穏保持法を中心として 北大法学論集四一巻一号（議員立法の研究所収） （一九九〇・一一）
一四 国会決議の法的考察 議会政治研究 一六号 （一九九〇・一二）
一五 委員会審議の活性化と議員立法

北大平成二年度科学研究費補助金研究成果報告書（議員立法の研究所収）（一九九一・三）
一六　廃案・継続審査案件　法学教室　一九九三年九月号　一五六号（一九九三・九）
一七　議院証言法（一九八八年）改正の立法過程　白鷗法学創刊号（一九九四・四）
一八　国会改革への一つの提言　白鷗法学第二号（一九九四・九）
一九　国会改革の一項目としての議院立法の活性化について
日本法政学会法政論叢　第三一巻（一九九五・五）
二〇　議院証言法の改正点とその経緯　議会政治研究　三二号（一九九五・五）
二一　議院立法の「いま」と「これから」　法学セミナー　一九九六年七月号（一九九六・七）
二二　議院立法の活性化―その現状と展望　議会政治研究　四〇号（一九九六・一二）
二三　国会五〇年・法律制定の側面（対談）（上）議会政治研究　四一号（一九九七・三）
二四　国会五〇年・法律制定の側面（対談）（中）議会政治研究　四二号（一九九七・六）
二五　立法過程の問題点―議院立法の活性化を中心に―白鷗法学第九号（一九九七・一〇）
二六　国会五〇年・法律制定の側面（対談）（下）議会政治研究　四四号（一九九七・一二）
二七　政治倫理関係の法制の概観と展望　日本法政学会法政論叢　第三五巻第二号
（一九九九・五）
二八　議員秘書　法学教室　二〇〇二年九月号　二六四号（二〇〇二・九）

執筆者一覧（執筆順）

大石　　眞	（おおいし　まこと）	京都大学大学院教授
駒村　圭吾	（こまむら　けいご）	慶應義塾大学法学部・同大学法務研究科助教授
大石　和彦	（おおいし　かずひこ）	白鷗大学法学部助教授
島貫　孝敏	（しまぬき　たかとし）	衆議院庶務部副部長
松本　　進	（まつもと　すすむ）	元衆議院法制局第三部長・元十文字学園女子短期大学教授
阿部　信行	（あべ　のぶゆき）	白鷗大学法学部教授
中村　睦男	（なかむら　むつお）	北海道大学総長
荒木　教夫	（あらき　のりお）	白鷗大学法学部教授
高見　勝利	（たかみ　かつとし）	国立国会図書館専門調査員
笠井　真一	（かさい　しんいち）	衆議院法制局第一部第一課長
髙藤　　昭	（たかふじ　あきら）	法政大学名誉教授・元衆議院法制局参事
松尾　英夫	（まつお　ひでお）	社団法人民事法情報センター理事・元白鷗大学法学部教授
高内　寿夫	（たかうち　ひさお）	白鷗大学法学部教授
渡辺　　賢	（わたなべ　まさる）	帝塚山大学法政策学部教授
堀越　栄子	（ほりこし　えいこ）	日本女子大学家政学部教授
山口　和人	（やまぐち　かずと）	国立国会図書館総務部主任参事
大曲　　薫	（おおまがり　かおる）	国立国会図書館調査及び立法考査局国会レファレンス課課長補佐
谷　　福丸	（たに　ふくまる）	前衆議院事務総長
鬼塚　　誠	（おにつか　まこと）	衆議院事務次長
正木　寛也	（まさき　ひろや）	衆議院法制局参事
行平　克也	（ゆきひら　かつや）	衆議院委員部議院運営課課長補佐
駒崎　義弘	（こまざき　よしひろ）	衆議院事務総長
向大野新治	（むこおおの　しんじ）	衆議院議事部副部長
大西　　勉	（おおにし　つとむ）	衆議院調査局長
前田　英昭	（まえだ　ひであき）	前駒澤大学法学部教授
木下　和朗	（きのした　かずあき）	熊本大学法科大学院助教授

立法の実務と理論

上田章先生喜寿記念論文集

初版第1刷発行　2005年3月30日

編　者

中村睦男

大石　眞

発行者

袖山貴＝村岡侖衛

発行所

信山社出版株式会社

113-0033　東京都文京区本郷6-2-9-102

TEL 03-3818-1019　FAX 03-3818-0344

印刷　松澤印刷株式会社　　製本　渋谷文泉閣

ISBN4-7972-5318-5-C3032